FIFA 룰 마스터북

FIFA RULE

FIFA 룰 마스터북

MASTER BOOK

신동재
지음

RHK
알에이치코리아

경기장 밖의 90분

축구를 업으로 삼아 살아오며, 저는 늘 두 세계를 동시에 바라봐 왔습니다. 하나는 잔디에서 선수와 감독, 구단과 팬이 뒤엉키는 뜨거운 세계이고, 다른 하나는 규정과 판결문, 계약서의 문장들 속에서 조용히 작동하는 차가운 법의 세계입니다. 두 세계는 서로 다른 언어를 쓰는 것처럼 보이지만, 실제로는 같은 결승선을 향해 달립니다. 그리고 그 결승선은 언제나 '경기'가 아니라 '결정'입니다. 누가 뛸 수 있는지, 어디까지 이동할 수 있는지, 어떤 계약이 살아남는지, 어떤 행위가 '실수'로 끝나고 어떤 행위가 커리어를 끝내는지 등의 결정 대부분은 경기장 밖, 단 한 줄의 문장에서 출발합니다.

제가 이 책을 쓰게 된 직접적인 계기는 의외로 한국에서 걸려온 새벽의 전화 한 통이었습니다. 고객의 자문에 응하던 중, 중요한 사안일수록 FIFA 규정이 실제로 어떻게 적용되는지 확인이 필요했습니다. 한국에서의 실무 경험과 규정 이해로 답할 수 있는 부분도 있었지만, '국제 규범이 현장에서 어떻게 읽히고, 어떤 논리로 결론이 만들어지는지' 더 정교하게 확인해야 할 지점들이 있었습니다.

그래서 저는 미국에서 스포츠 변호사로 활발히 활동하는 한 멘토에게 연락을 했습니다. 여러 사례를 놓고 이야기를 나누던 중, 멘토가 무심히 이런 질문을 던졌습니다.

"그런데 한국에는 실무자가 바로 활용할 수 있을 정도로 FIFA 규정을 체계적으로 정리한 국문 자료가 있나?"

그 순간 저도 모르게 "있습니다"라고 대답했습니다. 정확히 말하면, '있어야 한다'는 마음이 "있습니다"라는 말로 튀어나온 것이었습니다. 통화를 끊고 나서야, 그 한마디가 일종의 빚이 되어 제 어깨에 올라앉았습니다.

곧바로 인터넷을 뒤졌습니다. 혹시 제가 놓친 자료가 있지 않을까 싶었습니다. 그러나 결과는 냉정했습니다. 아주 미세한 부분이 조각조각 번역되어 있거나, 특정 조항 몇 개를 발췌해 소개한 글이 전부였습니다. 핵심 규정의 구조를 한눈에 잡아 주는 국문 자료는 사실상 없었습니다. 번역이 있다 해도 문장을 그대로 옮긴 수준이어서, 실제 사건과 어떻게 연결되는지, 분쟁이 발생했을 때 어느 논점이 살아 움직이는지까지 안내해 주지는 못했습니다. 그날 제가 했던 "있습니다"라는 말은, 현실에는 존재하지 않는 책의 제목처럼 공중에 떠 있었습니다.

저는 그때 깨달았습니다. 우리가 '없다'고 말하지 못했던 것은 단지 자료의 부재가 아니라, 구조의 부재였다는 사실을요. 규정이 없는 게 아니라, 규정을 이해 가능한 언어로 바꾸고, 실무에서 던질 수 있는 질문의 형태로 재구성해 주는 다리가 없었습니다. 이 책은 그 다리를 만들기 위한 시도에서 출발했습니다. 솔직히 고백하자면, 한 번의 작은 허세가 저를 책상 앞으로 끌어 앉힌 셈입니다. 그러나 그 부끄럼은 곧 확신으로 바뀌었습니다. '누군가는 해야 하는 일이라면, 내가 현장에서 쌓아 온 경험과 질문으로 시작해 보자.'

축구 규정은 흔히 에이전트에게는 '시험용으로 외우는 것', 변호사에게는 '문제가 생겼을 때나 꺼내 보는 책' 정도로 여겨집니다. 하지만 FIFA의 핵심 규정들은 단순한 참고 자료가 아닙니다. 오늘날 세계 축구를 움직이는 헌법이자 형법이며, 윤리 규정이자 노동법입니다. 그 문장들은 추상적 선언이 아니라, 놀랍도록 구체적인 결정의 장치입니다. 같은 사건도 어느 조항을 어떻게 읽느냐에 따라 결론이 달라지고, 동일한 사실관계도 절차를 한 번 놓치는 순간 전혀 다른 운명으로 흐릅니다. 저는 그 장면들을 여러 번 보았습니다. '규정 한 줄'이 선수의 커리어와 구단의 시즌, 때로는 한 나라 축구의 흐름까지 바꿔 놓는 장면을요.

그럼에도 많은 당사자가 규정을 '남의 언어'로 느낍니다. 원문은 법률 용어로 쓰여 있고, 텍스트는 방대하며, 개정 주기도 빠릅니다. 그 결과, 현장에서는 규정이 아니라 관행이 먼저 작동하고, 관행은 때때로 불공정함과 억울함을 낳습니다. 제가 만난 선수와 가족, 구단 실무자들이 느끼는 불공정의 상당수는 '규정이 없어서'가 아니라 '규정을 모르거나, 잘못 이해해서' 발생했습니다.

이 책은 그 간극을 메우고자 합니다. 단순 번역을 넘어, 각 규정이 어떤 맥락에서 등장했고 어떤 사건에서 어떻게 작동했는지를 함께 보여 드리고자 했습니다. 규정을 읽는 이유가 '문제를 피하기 위해서'가 아니라, 문제가 생기기 전에 스스로 지키고 더 약한 당사자를 보호하기 위해서라는 믿음이 이 책의 중심에 있습니다.

그래서 이 책은 학술 논문도, 시험 대비 요약집도 아닙니다. 원문에 충실하되, 현장이 던지는 질문의 형태로 다시 정리했습니다. '이 상황에서 내가 확인해야 할 조항은 무엇인가?', '상대방이 내게 요구하는 것이 규정상 가능한가?', '분쟁이 생기면 쟁점은 어디로 모이는가?' 같은 질문들에 답하는 구조로 구성했습니다. 규정은 단지 처벌 도구가 아니라, 선택의 지도입니다. 규정을 무시하거나 억지로 비틀어 얻는 단기적 이익이 결국 선수와 구단, 나아가 축구 생태계 전체를 해친다는 사실을 저는 여러 사건을 통해 확인해 왔습니다. 공정함은 이상이 아니라, 장기적으로 가장 효율적인 전략이기도 합니다.

이 책은 특정 독자층만을 위해 쓰이지 않았습니다. 먼저 구단 프런트와 협회 실무자 여러분께는, 그동안 '관행'이라는 이름으로 처리해 오던 업무를 FIFA 규정의 언어로 다시 점검해 볼 수 있는 참고서가 되기를 바랍니다. 선수 등록, ITC, 훈련 보상금, 연대 기여금, 징계 집행처럼 매 시즌 반복되는 행정과 의사 결정이 실제로 어떤 조항 위에 서 있는지, 어느 지점에서 분쟁의 단초가 되는지를 조문과 사례의 논리로 짚어 봅니다.

동시에 선수와 가족, 특히 해외 진출을 고민하는 유소년 선수와 부모님께도 이 책이 '최소한의 방어선'이 되기를 바랍니다. 에이전트나 구단의 설명에만 의존하지 않고, 스스로 권리와 의무의 윤곽을 확인할 수 있어야 합니다. 트라이얼 제안을 받았을 때 무엇을 확인해야 하는지, 유소년 국제 이적 규정이 허용하는 범위와 조건은 무엇인지, 계약서에 자주 등장하지만 설명을 듣기 어려운 조항들은 실제로 어떤 위험과 기회를 만드는지, 그 판단의 기준을 드리고자 했습니다.

마지막으로 현장에서 선수와 구단 사이를 오가며 땀 흘리고 계신 동료 에이전트와 변호사 여러분께 이 책을 바칩니다. 이미 익숙하다고 여겼던 규정과 판례를 다른 각도에서 다시 보며, 'FIFA의 눈으로 보면 지금 우리의 실무는 어떻게 보일까?', '분쟁이 생겼을 때 이 구조는 방어 가능한가?'라는 질문을 끝까지 붙잡고 싶었습니다. 이 책은 모든 답을 미리 정해 둔 해설서라기보다, 여러분의 경험과 만나며 더 단단해지는 '사고의 틀'에 가깝습니다.

현재 FIFA는 『법률 핸드북(Legal Handbook)』이라는 이름으로 징계, 이적, 구단 라이선싱, 경기장 안전 등 총 17개 규정을 하나로 묶어 제공합니다. 각각 중요한 텍스트이지만, 선수·구단·에이전트가 일상에서 부딪히는 질문에 직접 답을 주는 규정은 그중 일부에 집중되어 있습니다. 경기장 안전이나 시설·장비처럼 주로 협회·구단 정책의 영역에 머무는 규정도 적지 않기 때문입니다. 그래서 이 책은 17개를 모두 훑기보다, 계약·이적·징계·에이전트 실무와 직접 맞닿아 있는 7개 핵심 규정을 중심으로 설명합니다. '방대한 숲을 전부 외우는 것'이 아니라, '길이 생기는 지점부터 지도에 표시하는 것'이 더 현실적인 공부이자 실무라고 믿기 때문입니다.

읽는 방법은 자유롭습니다. FIFA 에이전트 시험을 앞두고 계신다면 필요한 조항부터 찾아보셔도 좋고, 현장에서 특정 사건을 다루고 계신 분이라면 해당 규정부터 살펴본 뒤 앞뒤 맥락을 넓혀 가셔도 됩니다. 다만 어디에서 시작하시든, 이 규정들이 서로 고립된 조각이 아니라 하나의 체계로 연결되어 있다는 감각만은 놓치지 않으셨으면 합니다. 권한과 제재, 행동 기준, 계약과 이동은 서로 맞물린 톱니바퀴입니다. 하나를 이해할수록 다른 하나가 더 입체적으로 보일 것입니다.

무엇보다 이 책은 '완결을 가장한 시작'입니다. 변화는 계속될 것이고, 규정 역시 그에 맞춰 다시 쓰일 것입니다. 저는 그 변화의 이유와 방향을 독자와 함께 추적하고 싶습니다. 축구가 더 공정해질수록 경기장은 더 흥미로워지고, 선수의 커리어는 덜 불안해지며, 에이전트와 변호사의 역할은 더 분명해집니다. 그리고 어쩌면, 제가 새벽에 무심코 해 버린 그 "있습니다"라는 말이, 이제는 거짓말이 아니라 현실이 될지도 모릅니다. 이 책이 그 작은 증거가 되기를 바랍니다.

2026년 1월 저자 신동재

FIFA 윤리규정 (CODE OF ETHICS) 2023년 개정본   257

FIFA 선수의 지위 및 이적 규정 2025년 7월 개정본
(REGULATIONS ON THE STATUS AND TRANSFER OF PLAYERS)

FIFA 축구재판소 절차 규칙   2025년 개정본 · 523
(PROCEDURAL RULES GOVERNING THE FOOTBALL TRIBUNAL)

FIFA 클리어링 하우스 규정　2025년 8월 개정본　571
(CLEARING HOUSE REGULATIONS)

FIFA 에이전트 규정 (FOOTBALL AGENT REGULATIONS) `2025년 개정본` 621

FIFA 정관

(STATUTES)

2024년 개정본

※ 이 내용은 집필 당시(2026.1.) 기준으로 최신 버전의 개정본을 바탕으로 구성되었습니다.

'정관'이라는 말이 낯설 수 있습니다. 정관은 법인의 조직과 활동을 규율하는 근본 규칙으로, 법인의 권한을 정해진 범위 안에 한정합니다. 법인을 설립하려면 반드시 정관을 갖춰야 하고, 법인격 없는 단체도 이에 준하는 규약이나 회칙을 두는 것이 일반적입니다. 국제축구연맹(FIFA)은 전 세계 축구협회를 하나로 묶어 국제 축구 질서를 조율하고 각종 대회를 운영하는 중심 기구입니다. 이 책은 FIFA 정관(Statutes)에서 출발합니다.

FIFA 정관은 대한축구협회(KFA)와 같은 회원협회(Member Association)가 FIFA에 어떻게 가입·자격 정지·제명되는지, 월드컵을 비롯한 FIFA 주관 대회를 누가 어떤 절차로 유치하고 개최하는지를 규정합니다. 축구연맹(Confederation)·회원협회·리그·구단 사이의 관계도 큰 틀에서 제시합니다. 경기 규칙을 제정·개정하는 국제축구평의회(International Football Association Board, IFAB)와의 관계, 아시아 축구연맹(AFC)을 비롯한 대륙별 축구연맹과의 권한 분담 구조도 여기서 규율합니다. 그 위에 FIFA 선수의 지위 및 이적 규정(Regulations on the Status and Transfer of Players, RSTP), 징계규정(Disciplinary Code), 윤리규정(Code of Ethics), 각종 대회규정이 차례로 쌓입니다.

정관은 단순한 운영 규칙 모음이 아닙니다. 인권 존중, 차별 금지, 정치·종교적 중립, 성평등, 청소년 보호, 도핑·불법 베팅·승부 조작에 대한 무관용 등 오늘날 축구가 지향해야 할 가치를 선언하고 있습니다. 또한, 회원협회의 독립성과 제3자 간섭 금지 원칙을 천명하고, 분쟁 발생 시 FIFA 축구재판소(Football Tribunal)와 스포츠중재재판소(Court of Arbitration for Sport, CAS)로 이어지는 절차의 뼈대도 제공합니다.

FIFA 정관은 이 기본 틀을 유지하면서 시대 변화에 맞춰 계속 다듬어져 왔습니다. 대표팀 자격과 협회 변경 규정은 다중 국적, 이민·난민 이슈가 일상화된 현실을 반영해 더 세밀해졌습니다. 인권·비차별·지속 가능성(Sustainability) 조항은 월드컵 개최지 선정, 대회 운영, 상업 파트너십 전반을 관통하는 공통 기준으로 자리 잡았습니다. FIFA 평의회(Council)와 사무국(General Secretariat), 독립위원회, 축구재판소, CAS로 이어지는 거버넌스·사법 구조는 누가 무엇을 결정하고 누가 어떻게 견제하는지를 명확히 보여 주며, 과거의 위기와 개혁을 거치며 점차 정교해졌습니다.

이 책에서는 먼저 정관의 전체 구조를 큰 그림으로 짚은 뒤, 각 조문을 차례로 따라가며 그 의미와 적용 모습을 살펴봅니다. 모든 조문을 외울 필요는 없습니다. '이 사안이 정관 어디에서 어떻게 다루어지는가', 'FIFA는 왜 이런 구조를 선택했는가'를 스스로 짚어볼 수 있는 틀을 함께 만드는 것이 목표입니다. 이어질 역사적 흐름과 조문별 해설을 연결고리 삼아, '세계 축구의 헌법'을 하나의 살아 있는 체계로 이해하는 데 이 책이 도움이 되기를 바랍니다.

1904년: 창립 정관의 탄생

FIFA 정관(Statutes)의 역사는 단순한 규정집의 변천사가 아닙니다. 세계 축구가 걸어온 길과 나란히 놓인 기록이자, 축구가 어떻게 유럽의 취미 활동을 넘어 인류 보편의 문화로 성장했는지를 보여 주는 하나의 헌법적 연대기이며, 국제 축구의 시대적 기록입니다. 정관의 조항 하나하나에는 당시의 세계 질서, 스포츠에 대한 생각, 정치·사회적 갈등이 새겨져 있으며, 오늘날에도 '살아 있는 규범'으로 국제 축구 질서를 떠받치고 있습니다.

1904년 5월 21일, 파리. 프랑스, 벨기에, 네덜란드, 덴마크, 스웨덴, 스위스, 그리고 스페인을 대표해 참석한 마드리드 FC(현 레알 마드리드 CF) 관계자들이 한자리에 모였습니다. 각국이 각자의 규칙과 이해관계에 따라 운영하던 축구를 하나의 국제적 틀로 묶기 위해, 이들은 새로운 연맹과 그 헌장을 만들기로 합의합니다. 이때 채택된 FIFA 창립 정관은 단순한 협약 문서를 넘어, '유럽 대륙의 구기 종목'을 '세계 질서 속의 축구'로 끌어올리겠다는 선언이자 약속에 가까운 것이었습니다.

최초의 정관은 FIFA의 명칭, 본부, 회원 자격, 회비, 국제경기 승인 절차, 경기 규칙 준수 의무 등 가장 기초적인 사항만을 담고 있었습니다. 그러나 이 간결한 조항들 속에서도 이미 '회원협회 간 국제경기를 통합된 규칙과 절차 아래 관리한다'는 구상이 분명히 드러납니다. 초대 회장으로 선출된 프랑스의 루베르 게랭(Robert Guérin)은 이 기본 원칙을 실제 제도로 정착시키는 데 힘을 쏟았고, 이러한 조직적 기틀은 훗날 FIFA가 세계 스포츠 질서의 중심축으로 지리 잡는 출발점이 되었습니다.

1906년: 암스테르담 사무국과 행정 기반

창립 이후 FIFA는 곧 '이념적 선언'만으로는 조직을 유지할 수 없다는 사실을 깨닫습니다. 1906년, 암스테르담에 FIFA 최초의 상설 사무국이 설치되면서 연맹은 단순한 연락망 수준을 넘어 독자적인 행정 능력을 갖춘 국제 스포츠 기관으로 변모하기 시작합니다.

비록 소수 인력으로 운영되는 작은 사무국이었지만, 이곳을 통해 회원협회와의 공식 서신 교환, 회비 징수, 국제 친선경기 승인 및 일정 조정, 기본 재정 관리 등이 가능해졌습니다. 정관이 '무엇을 해야 하는지'를 정했다면, 암스테르담 사무국은 '그것을 어떻게 집행할 것인지'를 담당한 첫 기구였다고 볼 수 있습니다.

1910~1916년: 첫 비유럽 회원과 경기 규칙의 국제적 권위

FIFA의 세계화는 유럽 밖에서 시작되었습니다. 1910년 남아프리카가 첫 비유럽 회원국으로 가입하면서 FIFA는 처음으로 유럽 대륙을 넘어선 회원을 맞이합니다. 이어 1912년 아르헨티나, 1913년 칠레가 차례로 합류하며 남미 국가들이 FIFA의 일원이 되었고, 남미 축구는 이후 월드컵 창설과 국제대회 성장의 결정적 축이 됩니다.

1913년 FIFA는 국제축구평의회(IFAB)에 합류합니다. IFAB는 1886년 잉글랜드, 스코틀랜드, 웨일스, 아일랜드 네 축구협회가 경기 규칙을 통일하기 위해 만든 기구로, 오늘날까지 '경기 규칙(Laws of the Game)'을 제정하는 입법기관입니다. FIFA가 여기에 정식 파트너로 참여하고, FIFA 정관에 'IFAB가 제정한 경기 규칙을 존중한다'는 원칙을 명시함으로써, 경기 규칙의 단일성과 권위를 제도적으로 받아들이게 됩니다.

또한 1916년에는 남미 축구연맹(CONMEBOL)이 창설되며, FIFA 산하 대륙별 축구연맹 가운데 가장 먼저 탄생한 조직이 되었습니다. 이는 특정 대륙이 스스로 지역 대회를 조직하고, FIFA는 그 위에 전 세계적 질서를 구축하는 이중 구조의 시작이었고, 이후 유럽·아시아·아프리카 등 다른 대륙별 축구연맹 설립의 선례가 됩니다.

1924년: 국제 심판 명부와 아시아의 첫 발자취

1924년 FIFA는 9개국이 추천한 34명으로 구성된 '국제 심판 명부'를 작성합니다. 각 회원협회가 국제경기를 맡을 수 있는 심판을 FIFA에 추천하고, FIFA가 이를 공인하는 구조가 만들어진 것입니다. 이는 정관이 규정한 '국제경기의 조직과 감독'이라는 추상적 권한이 경기 운영이라는 구체적 영역에서 실질적으로 구현된 사건이었고, FIFA의 규제권이 눈에 보이는 형태로 행사되기 시작한 계기이기도 합니다.

이 명부에 네덜란드령 동인도(현재의 인도네시아) 협회가 포함되면서, FIFA 기록에 아시아가 처음으로 공식 등장합니다. 네덜란드령 동인도 협회는 이후 FIFA를 탈퇴했고, 이에 따라 1925년 가입한 태국이 현재까지 가장 오래된 아시아 회원협회로 남아 있습니다. FIFA 정관의 '보편성' 원칙이 유럽과 아메리카를 넘어 아시아로 확장되기 시작한 상징적 순간이라 할 수 있습니다.

1928~1930년: 월드컵의 구상과 실현

1928년 암스테르담 총회는 축구사의 중대한 전환점이 되었습니다. 당시 FIFA는 국제올림픽위원회(IOC)가 주관하던 올림픽 축구 종목을 넘어, 연맹 스스로 주최하는 세계 대회를 창설하기로 결의합니다. 이는 단순한 이벤트가 아니라, 정관에 명시된 '국제대회를 조직·관장한다'는 권한을 독자적으로 행사하기로 한 첫 결정이었습니다.

그 결실이 바로 1930년 우루과이 월드컵입니다. 독립 100주년을 맞은 우루과이는 이미 1924년 파리, 1928년 암스테르담 올림픽에서 연속 금메달을 획득하며 세계 최강의 입지를 굳힌 상태였고, FIFA는 이러한 상징성과 실력을 고려해 첫 개최국으로 우루과이를 선정합니다.

1930년 월드컵에는 남미 7개국, 유럽 4개국, 북미 2개국 등 총 13개국이 참가했습니다. 결승전에서 개최국 우루과이가 아르헨티나를 꺾고 '쥘 리메(Jules Rimet) 컵'을 들어 올린 이 대회는, FIFA가 더 이상 규정과 행정만을 담당하는 연맹이 아니라, 전 세계가 공유하는 최고 수준의 축구 경쟁을 조직·연출하는 주체로 자리 잡았음을 보여 준 사건이었습니다.

1932년: 본부의 상설화와 제도적 안정성

1932년 FIFA 본부가 네덜란드 암스테르담에서 스위스 취리히로 이전하면서, FIFA는 정치적으로 중립적인 영토와 안정적인 법적 환경을 갖춘 상설 본부를 확보하게 됩니다. 그전까지는 회장이 바뀔 때마다 본부 소재지가 함께 이동하는 경우도 있었지만, 취리히 정착 이후 FIFA는 스위스 법에 따른 비영리 협회 형태의 상설 기관으로 기능하게 됩니다. 오늘날 FIFA가 국제 스포츠법·스포츠 거버넌스 논의의 중심지로 인식되는 데는 이 시기부터 축적된 '취리히의 FIFA'라는 이미지가 큰 역할을 했습니다.

제2차 세계대전 전후 재편: 1946년 룩셈부르크 총회와 영국의 복귀

제2차 세계대전은 국제 교류를 사실상 중단시키며 FIFA의 실질적 활동을 크게 제약했습니다. 전쟁 직후인 1946년 룩셈부르크 총회에서 FIFA는 조직 재건을 선언하고, 오랫동안 이탈해 있던 잉글랜드·스코틀랜드·웨일스·북아일랜드 4개 영국(United Kingdom) 협회의 복귀를 받아들입니다. 이는 축구 종주국들의 귀환이자, 경기 규칙과 국제대회 운영에 관한 FIFA의 권위를 한층 공고히 하는 계기가 되었습니다.

이듬해인 1947년 5월 10일, 글래스고 햄던 파크(Hampden Park)에서는 영국 대표팀(4개 협회 연합)과 유럽 연합팀이 맞붙는 특별 경기가 열렸습니다. 6 – 1이라는 스코어로 끝난 이 경기는 단순한 친선전이 아니라, 전후 축구의 재개와 FIFA 재건을 기념하는 상징적 무대였고, 당시 언론은 이를 '세기의 경기(Match of the Century)'라고 부르기도 했습니다. 이 경기 수익 전액이 FIFA 재정 회복을 위해 기부되었다는 점에서, 정관이 규정하는 회원협회의 연대와 지원 의무가 실제로 구현된 대표적인 사례로 남았습니다.

같은 시기 아시아와 아프리카의 신생 국가들이 속속 FIFA에 가입하기 시작하면서, FIFA는 더 이상 유럽 중심 단체가 아니라 전 세계를 포괄하는 '211개 회원협회' 체제로 나아가는 토대를 마련합니다. 1948년 런던에서는 잉글랜드 축구협회와 공동으로 첫 국제 심판 강습회가 열렸고, 이 무렵 회원협회 수는 68개에 이릅니다. 같은 해 뉴질랜드가 가입하면서 오세아니아를 대표하는 첫 회원이 된 것도, 정관이 지향하는 지리적 보편성이 확장되는 중요한 이정표였습니다.

1950~1960년대: 축구연맹 체계와 차별 금지 원칙

1950년 브라질 리우데자네이루에서 열린 FIFA 총회는 FIFA 역사상 처음으로 유럽 밖에서 개최된 총회였습니다. 명목상 '세계 연맹'을 넘어 실제 의사결정 무대까지 유럽 바깥으로 옮겨 갔다는 점에서 상징성이 큽니다.

이 시기를 전후해 유럽 축구연맹(UEFA, 1954), 아시아 축구연맹(AFC, 1954), 아프리카 축구연맹(CAF, 1957), 북중미카리브 축구연맹(Concacaf, 1961), 오세아니아 축구연맹(OFC, 1966)이 차례로 설립되면서, 오늘날과 같은 여섯 대륙별 축구연맹 체계가 자리 잡습니다. 이후 FIFA 정관은 이들 축구연맹의 지위와 권한, FIFA와의 관계를 명문화함으로써 'FIFA ― 축구연맹 ― 회원협회'로 이어지는 삼단 구조의 세계 축구 거버넌스를 제도화합니다.

1960년 로마 총회에서는 모든 형태의 차별을 규탄하는 결의가 채택되었고, 1962년에는 차별 금지 문구가 처음으로 FIFA 정관에 명시됩니다. 오늘날 정관 제4조에 규정된 '비차별·평등·인권 존중' 원칙은 바로 이 시기의 결의와 조항을 뿌리로 두고 있습니다. 남아프리카 공화국의 인종차별 정책(아파르트헤이트)에 대한 국제적 비판이 거세지던 시기였다는 점을 고려하면, FIFA 정관은 비교적 이른 단계에서 차별 금지를 자신의 목적 조항 안으로 끌어들인 셈입니다.

1970~1980년대: 상업화와 권리의 체계화

1970년 멕시코 월드컵에서 옐로·레드 카드 제도가 도입되며, 경기 규칙은 시각적으로도 명료한 징계 시스템을 갖추게 됩니다. 1974년에는 새로운 월드컵 트로피가 공개되어, 우승국이 영구 보유할 수 있었던 '쥘 리메 컵'과는 다른 개념의 상징물이 등장합니다. 이 과정에서 FIFA는 월드컵 관련 상표, 트로피, 대회 명칭 등에 관한 권리가 자신에게 귀속된다는 점을 점차 분명히 합니다.

이 시기는 텔레비전 중계와 스폰서십이 폭발적으로 성장한 시기이기도 합니다. 정관과 관련 규정은 방송·마케팅 권리의 귀속을 FIFA와 각 축구연맹·회원협회 간 일정한 구조 속에 배치하고, FIFA가 전 세계 중계권과 마케팅 권리를 통합 관리하는 체계를 제도화합니다. 그 결과 FIFA는 단순한 규제자(Regulator)를 넘어, 글로벌 축구산업의 핵심 권리 보유자이자, 분배자로시의 성격을 갖추게 됩니다.

1990~2000년대: 법치와 독립성 강화, 도핑 규제와 여자축구의 제도화

1990년대 이후 FIFA는 폭발적인 경제적 성장과 함께 정치적 개입, 부패, 승부 조작 등 구조적 도전에 직면합니다. 이에 대응해 FIFA 정관은 스포츠중재재판소(CAS)의 관할을 명시하고, FIFA·축구연맹·회원협회·구단·선수·임원·에이전트 간 분쟁이 최종적으로 CAS에서 해결될 수 있도록 분쟁 구조를 재정비합니다. 동시에 회원협회는 제3자의 간섭 없이 독립적으로 운영되어야 한다는 원칙을 강화해, '정치적 중립성'과 '협회 독립'이 정관상 명시된 의무로 자리 잡게 됩니다.

사법 구조 측면에서 FIFA는 징계위원회(Disciplinary Committee)와 항소위원회(Appeal Committee)를 유지하는 한편, 2006년 뮌헨 총회에서 윤리위원회(Ethics Committee)를 독립적인 세 번째 사법기구로 설치합니다. 같은 시기 정관 제60조가 개정되어, 세계반도핑기구(World Anti-Doping Agency, WADA)가 도핑 관련 사건에 대해 CAS에 항소할 수 있는 권한이 명문화됩니다. 이는 FIFA가 세계반도핑규약(World Anti-Doping Code, WADC)에 부합하는 구조를 완성한 조치로 평가되며, 도핑 문제에 관한 국제 스포츠법 질서와의 정합성을 확보하는 계기가 되었습니다. 이후 2012년 윤리위원회는 조사부와 재판부로 분리되어, 조사와 판정을 다른 기구가 담당하는 현대적 구조를 갖추게 됩니다.

한편 여자축구도 이 시기에 정관의 틀 안에 본격적으로 편입됩니다. 1991년 중국에서 열린 제1회 여자 월드컵은 단순히 새로운 대회의 출범이 아니라, 정관에 규정된 '축구의 발전과 증진'이라는 목적 조항이 성평등과 여성 참여 확대라는 가치로 확장된 사건이었습니다. 이후 FIFA는 여자 월드컵, 연령별 여자 대회, 여자축구 개발 프로그램 등을 정관 및 관련 규정에 반영하며, 국제 축구 질서의 한 축으로서 여자축구의 위상을 제도적으로 인정하기 시작합니다.

이처럼 1990~2000년대의 정관은 법치와 절차, 협회의 독립, 도핑 방지, 여자축구 발전이라는 네 가지 축을 중심으로 국제 축구 질서를 재구성해 나갑니다.

2015~2016년: 구조 개혁과 거버넌스 혁신

2015년, 미국과 스위스 수사 당국이 수십 년간 이어진 뇌물·돈세탁·사기 혐의를 바탕으로 FIFA 고위 관계자를 대거 기소하면서, FIFA는 역사상 최대 규모의 부패 스캔들에 직면합니다. 이 사건은 집행부 중심 구조에 깊게 뿌리내린 이해충돌과 권력 집중 문제를 드러냈고, 결국 FIFA는 정관 차원의 근본적 거버넌스 개혁을 피할 수 없게 됩니다.

2016년 2월 취리히에서 열린 임시 총회에서, 오랫동안 회장을 중심으로 주요 정책과 의사결정을 담당하던 집행위원회(Executive Committee)는 공식적으로 폐지되고, 대신 FIFA 평의회(Council)가 신설됩니다. 평의회는 FIFA의 사명·전략·정책·가치를 설정하고 감독하는 전략 기관으로, 실제 행정 집행은 사무국(General Secretariat)이 담당하는 이원적 구조가 정관에 명시됩니다. 이를 통해 정치적·전략적 의사결정과 상업·행정 집행이 분리되면서 권한과 책임의 경계가 한층 명확해졌습니다.

또한 FIFA 회장과 평의회 구성원의 임기는 최대 12년(4년 임기, 3회)으로 제한되었고, 각 축구연맹은 평의회 구성 시 최소 1명의 여성 위원을 반드시 선출해야 한다는 조항이 도입됩니다. 후보자에 대해서는 독립적인 적격성·청렴성 심사가 의무화되었고, 회장·평의회 구성원·사무총장·주요 독립위원회의 보수 공개, 이해충돌 방지 규정이 정관 및 거버넌스 규정에 명문화되었습니다.

이와 함께 거버넌스·감사·준법위원회 등 독립위원회 체계가 정관상의 구조로 자리 잡으면서, FIFA는 과거의 불투명하고 비공식적인 네트워크에 의존하던 운영 방식에서 벗어나 현대적 기업 거버넌스에 가까운 규범 구조를 도입했습니다. 정치적·전략적 방향은 평의회가, 행정 및 상업 집행은 사무국이 담당하는 이 이원 구조는 오늘날 FIFA 정관의 거버넌스 장 전체를 관통하는 핵심 틀입니다.

2020~2024년: 대표팀 자격 규정과 현대적 가치

최근 정관 개정에서 특히 눈에 띄는 부분은 복수 국적 선수의 대표팀 자격 및 변경 규정입니다. 2020년 총회에서 채택된 개정으로, 만 21세 이전에 제한된 수(예: 3경기 이하)의 A매치에 출전한 선수는 일정 기간이 지난 뒤 다른 협회를 대표할 수 있는 길이 열렸습니다. 어린 시절 가족과 함께 이주했거나 이중 국적을 가진 선수들이 너무 이른 시점에 한 국가에 '묶이는'(Cap-tied) 문제를 완화하기 위한 조치로, 선수의 자기결정권과 다양성을 반영한 변화로 평가됩니다.

2024년 방콕에서 열린 제74차 FIFA 총회에서는 최신판 FIFA 정관이 채택되었고, 인권 존중과 비차별 원칙이 다시 한번 전면적으로 강조되었습니다. 정관 제3조는 'FIFA는 국제적으로 인정된 모든 인권을 존중할 것을 약속하며, 이러한 권리의 보호를 위해 노력한다'는 문구를 통해 조직 차원의 인권 의무를 명확히 선언합니다. 같은 총회에서 인종차별 행위에 대한 의무적 제재, 인권·차별 문제에 대한 FIFA의 책임 강화 방향이 논의·결의되면서, FIFA 정관은 스포츠 규정집을 넘어 인권·다양성·포용성의 기준을 담는 문서로 진화하고 있습니다.

이처럼 FIFA 정관은 1904년 파리에서 출발한 소박한 규약이, 120년에 걸친 조직 개편과 대회 운영, 상업·분쟁·인권 규범의 축적을 거쳐 오늘날의 종합적인 통치 규범으로 자리 잡은 결과물입니다. 각 시대마다 축구가 마주한 요구와 위기를 반영하며 개정·정비되어 온 과정 자체가, 곧 세계 축구 질서를 형성해 온 FIFA의 '헌법적 여정'을 이루고 있습니다.

오늘날 FIFA 정관은 FIFA와 6개 축구연맹, 211개 회원협회, 수많은 구단과 선수·관계자가 따라야 할 기준이자 국제 축구 질서를 떠받치는 살아 있는 규범으로 기능하고 있습니다.

1. FIFA: 국제축구연맹(Fédération Internationale de Football Association)

2. 협회(Association): FIFA로부터 인정받은 축구협회. 문맥상 다른 의미가 명백하지 않은 한, 이는 FIFA의 회원협회를 의미함

3. 리그(League): 협회(Association) 산하의 조직

4. 영국 협회(British Associations): 영국 내 4개의 협회, 즉 잉글랜드 축구협회(The Football Association), 스코틀랜드 축구협회(The Scottish Football Association), 웨일스 축구협회(The Football Association of Wales) 및 북아일랜드 축구협회(The Irish Football Association)를 말함

5. IFAB: 국제축구평의회(The International Football Association Board)

6. 국가(Country): 국제연합(UN) 회원국 과반수로부터 독립국으로 승인된 국가

7. 축구연맹(Confederation): 동일한 대륙(또는 동화 가능한 지리적 지역)에 속하며 FIFA로부터 인정받은 협회들의 그룹

8. 총회(Congress): FIFA의 최고 입법 기구

9. 평의회(Council): FIFA의 전략 수립 및 감독 기구

10. 평의회 사무국(Bureau of the Council): 본 정관 제38조에 정의된 평의회의 사무국(Bureau)

11. 경기 규칙(Laws of the Game): FIFA 정관 제7조에 따라 IFAB가 제정한 협회 축구(Association football)의 규칙

12. 회원협회(Member Association): 총회에 의해 FIFA 회원 자격이 승인된 협회

13. 임원(Official): FIFA, 축구연맹, 회원협회, 리그 또는 구단의 이사(Board Member, 평의회 위원 포함), 위원회 위원, 심판 및 부심, 지도자(감독 및 코치), 트레이너 및 기타 기술, 의무(Medical), 행정 사항을 담당하는 사람, 그리고 그 외 FIFA 정관을 준수할 의무가 있는 모든 사람(선수, 축구 에이전트 및 매치 에이전트 제외)

14. 구단(Club): 협회(FIFA의 회원협회인 경우)의 회원, 또는 회원협회가 인정한 리그의 회원으로서 대회에 최소 한 팀 이상을 출전시키는 단체

15. 선수(Player): 협회에 등록(Licensed)된 모든 축구 선수

16. **협회 축구**(Association Football): 경기 규칙에 따라 FIFA, 축구연맹 또는 회원협회가 주관하고 FIFA가 관리하는 경기

17. **공식 대회**(Official Competition): FIFA 또는 축구연맹이 주관하는 대표팀 간의 대회

18. **이해관계자**(Stakeholder): FIFA의 회원협회 또는 기구가 아니지만 FIFA의 활동에 이해관계나 관심이 있어 FIFA의 조치, 목표 및 정책에 영향을 주거나 받을 수 있는 개인, 실체 또는 조직. 특히 구단, 선수, 지도자, 프로 리그 및 축구 팬을 포함함

제1장. 일반 조항(General Provisions)

제1조. 명칭과 본부(Name and headquarters)

제2조. 목적(Objectives)

제3조. 인권(Human rights)

제4조. 비차별·평등·중립(Non-discrimination, equality and neutrality)

제5조. 우호 관계 증진(Promoting friendly relations)

제6조. 선수(Players)

제7조. 경기 규칙(Laws of the game)

제8조. 기구·임원 및 기타 관계자의 행동(Conduct of bodies, officials and others)

제9조. 공식 언어(Official languages)

제2장. 회원 자격(Membership)

제10조. 가입, 자격 정지 및 제명(Admission, suspension and expulsion)

제11조. 가입(Admission)

제12조. 가입 신청 절차(Request and procedure for application)

제13조. 회원협회의 권리(Member associations' rights)

제14조. 회원협회의 의무(Member associations' obligations)

제15조. 회원협회 정관(Member associations' statutes)

제16소. 성지(Suspension)

제17조. 제명(Expulsion)

제18조. 탈퇴(Resignation)

제19조. 회원협회와 그 기구의 독립성(Independence of member associations and their bodies)

제20조. 구단·리그 및 기타 구단 단체의 지위(Status of clubs, leagues and other groups of clubs)

제3장. 명예회장, 명예부회장 및 명예회원(Honorary President, Honorary Vice-President and Honorary Member)

제21조. 명예회장, 명예부회장 및 명예회원(Honorary president, honorary vice-president and honorary member)

제4장. 축구연맹(Confederations)

앞서 살펴본 목차는 FIFA 정관의 전체 구조를 한눈에 보여 줍니다. 정관은 FIFA의 기본 정신과 핵심 가치에서 출발해, 회원협회의 권리와 의무, 조직 기구의 구성과 권한, 대회 운영 원칙, 재정 및 회계 관리, 분쟁 해결과 중재 절차에 이르기까지 전 세계 축구 운영의 모든 축을 아우르고 있습니다.

그리고 이를 뒷받침하는 정관 적용규정과 총회 의사규칙(Standing Orders of the Congress)은 이러한 원칙들을 실제 절차와 집행 단계로 이어 주어, FIFA의 거버넌스 체계가 일관되게 작동할 수 있도록 합니다.

이제 이 체계를 바탕으로 각 장·절 및 조문별 내용을 더욱 구체적으로 살펴보겠습니다.

제1조. 명칭과 본부(Name and headquarters)

1. FIFA는 스위스 민법 제60조 이하의 규정에 따라 설립된 협회입니다.

2. FIFA의 본부와 법적 주소지는 FIFA 총회(Congress)의 의결로 정합니다.

해설 FIFA가 스위스 민법 제60조에 근거한 '협회'로 설립되었다는 점은 중요한 함의를 갖습니다. 스위스 민법상 FIFA는 비영리 목적의 단체로서, 별도의 정부 인가 없이 정관 작성과 등기만으로 법인격을 취득할 수 있습니다. 이는 FIFA가 어떤 국가의 직접적인 감독이나 통제를 받지 않고 독립적으로 운영될 수 있는 법적 기반이 됩니다.

FIFA가 본부를 스위스 취리히에 둔 것은 단순한 지리적 선택이 아닙니다. 스위스는 국제올림픽위원회(IOC), 유럽 축구연맹(UEFA), 국제농구연맹(FIBA) 등 70개 이상의 국제 스포츠 기구가 본부를 둔 '국제 스포츠의 중심지'로 불립니다. 영세중립국으로서 국제 분쟁에 휘말릴 위험이 낮고, 스포츠중재재판소(CAS)가 스위스 로잔(Lausanne)에 위치해 있어 분쟁 해결 인프라가 잘 갖춰져 있습니다. 또한 국제기구에 대한 면세 혜택과 유리한 조세 환경을 제공하며, 스위스 법이 협회의 내부 자치를 폭넓게 인정한다는 점도 중요한 요인입니다.

본부 위치를 FIFA 총회가 결정한다는 규정은 FIFA의 민주적 거버넌스 구조를 보여 줍니다. 총회는 211개 회원 축구협회로 구성된 FIFA의 최고 의결기관으로, 본부 이전과 같은 중대 사안이 소수 집행부가 아닌 전체 회원의 합의로 결정됨을 명시한 것입니다. 이는 FIFA가 특정 국가나 세력의 영향력 아래 놓이는 것을 구조적으로 방지하려는 장치이기도 합니다.

제2조. 목적(Objectives)

FIFA의 목적은 다음과 같습니다:

    a. 축구의 발전을 지속적으로 도모하고, 청소년 및 개발 프로그램을 통해 교육적·문화적·인도적 가치를 실현하여 전 세계적으로 축구를 보급함

    b. 자체적인 국제대회를 조직함

c. 축구 및 관련 사안에 관한 규정과 조항을 제정하고, 그 집행을 보장함

d. 정관, 규정, FIFA의 결정, 경기 규칙을 위반하지 않도록 적절한 조치를 취하여 모든 형태의 협회 축구를 관리·통제함

e. 성별과 연령에 관계없이 모든 사람이 축구에 참여할 수 있도록 접근성과 자원을 보장하기 위해 노력함

f. 여자축구의 발전을 촉진하고, 모든 수준의 축구 거버넌스에서 여성의 완전한 참여를 보장함

g. 부패, 도핑, 승부 조작 등 경기·대회·선수·임원·회원협회의 무결성을 위협하거나 협회 축구의 남용을 초래할 수 있는 모든 행위와 관행을 방지하기 위하여 정직·윤리·공정경기를 증진함

h. 풋살, 비치사커, e스포츠 축구 대회를 포함한 모든 형태의 축구를 규율·육성·진흥함

해설　　제2조는 FIFA 정관의 핵심 중 하나로, 단순히 경기 조직만이 아니라 축구가 지닌 사회적·문화적 가치까지 포괄합니다. (a)에서 볼 수 있듯 FIFA는 축구를 단순한 스포츠가 아닌 인류의 교육적·문화적 자산으로 인식하고 있으며, (f)는 여자축구의 권리 보장과 참여 확대를 명시적으로 규정해 현대적 가치 변화를 반영하고 있습니다. 또한 (g)는 승부 조작, 부패, 도핑 방지 등 국제 스포츠 거버넌스에서 가장 민감한 쟁점들을 포함하여 FIFA의 규범적 책무를 강조합니다. 마지막 (h)는 축구의 다양한 변형 종목까지 제도적으로 인정하여, FIFA가 단일 종목을 넘어선 글로벌 축구 생태계 전체를 포괄하고 있음을 보여 줍니다.

제3조. 인권(Human rights)

FIFA는 국제적으로 인정된 모든 인권을 존중하며, 이러한 권리의 보호를 증진하기 위해 노력합니다.

해설　　이 조항은 FIFA의 모든 활동과 회원협회 운영에 국제적으로 통용되는 인권 기준이 직접 적용됨을 분명히 합니다. 인권 존중은 단순한 선언적 가치가 아니라, FIFA 규정과 정책을 해석·집행할 때 최우선적으로 고려되는 기준입니다. 따라서 월드컵 개최지 선정, 경기 운영 방식, 선수와 관계자의 처우, 나아가 상업적 파트너십 체결에 이르기까지 인권 원칙이 기본적 잣대로 작동합니다. 이는 FIFA가 단순히 경기 규칙을 관리하는 수준을 넘어, 보편적 가치 실현에 책임을 지는 국제기구임을 보여 주는 대표적 규정입니다.

　　제3조는 2016년 2월 FIFA 임시 총회(Extraordinary Congress)에서 정관에 추가되었습니다. FIFA

는 국제 스포츠 기구 최초로 UN 기업과 인권 이행 지침(UN Guiding Principles on Business and Human Rights)을 채택하고 이를 정관에 명문화한 단체입니다. 이 조항의 도입에는 UN 기업과 인권 이행 지침의 저자인 존 러기(John Ruggie) 교수가 자문 역할을 수행했으며, 그의 권고에 따라 2017년 5월 FIFA 인권정책(Human Rights Policy)이 공식 발표되었습니다. 같은 해 3월에는 인권자문위원회(Human Rights Advisory Board)가 설립되어 FIFA의 인권 관련 정책과 이행 상황을 독립적으로 검토·권고하는 역할을 맡았습니다.

하지만 제3조의 실질적 적용과 그 한계를 가장 극명하게 보여 준 사례가 2022 FIFA 카타르 월드컵입니다. 2010년 개최지 선정 이후 카타르에서는 경기장, 도로, 호텔 등 대회 인프라 건설을 위해 대규모 이주노동자가 투입되었습니다. 영국 가디언(Guardian)지의 2021년 조사에 따르면, 2010년부터 2020년 사이 인도, 파키스탄, 네팔, 방글라데시, 스리랑카 출신 이주노동자 6,500명 이상이 카타르에서 사망한 것으로 집계되었습니다. 다만 이 수치는 해당 기간 카타르 내 해당 국적 이주민 전체 사망자를 포함한 것으로, 카타르 대회조직위원회 측은 월드컵 건설현장과 직접 관련된 사망자는 이보다 훨씬 적다고 반박했습니다. 많은 사망 사례가 적절한 조사 없이 '자연사' 또는 '심장마비'로 처리되었다는 비판도 제기되었습니다.

국제앰네스티(Amnesty International)와 휴먼라이츠워치(Human Rights Watch) 등 국제 인권단체들은 카팔라(Kafala, 이주노동자의 체류·고용 자격을 특정 고용주에 종속시키는 중동 특유의 후원 제도) 하에서 발생한 임금체불, 여권압류, 직장이동 제한, 출국허가 요건, 극한의 고온 환경 노출 등의 문제를 문서화했습니다. 카타르 정부는 2017년부터 최저임금 도입, 카팔라 제도 개혁, 노동자 보호 법안 등 일련의 개혁 조치를 시행했으나, 인권단체들은 이러한 개혁이 실질적으로 이행되고 있는지에 의문을 제기해 왔습니다.

2024년 11월 말 FIFA 인권·사회책임 소위원회(Sub-Committee on Human Rights and Social Responsibility)는 기업 인권 자문 컨설팅 회사인 Human Level이 작성한 보고서를 공개했습니다. 보고서는 '2010년부터 2022년까지 일부 노동자에게 심각한 인권 침해가 발생했다'고 인정하면서, 'FIFA가 일부 침해에 기여했다는 신뢰할 만한 주장이 가능하다'고 결론지었습니다. 아울러 FIFA에 레거시 펀드를 노동자 보상에 활용하라고 권고했습니다.

그러나 FIFA는 보고서 공개 이틀 전, 50,000,000달러(USD) 규모의 레거시 펀드를 세계보건기구(WHO), 세계무역기구(WTO), 유엔난민기구(UNHCR)와 협력한 국제 개발 프로그램에 사용하겠다고 발표했습니다. 이 펀드에는 노동자 직접 보상이 포함되지 않았습니다. FIFA는 카타르가 2018년 설립한 노동자지원보험기금(Workers' Support and Insurance Fund)이 이미 3억 5천만 달러 이상을 노동자들에게 지급했다는 점을 강조했으며, 보고서에 대해서도 '이 연구는 구제 의무에 대한 법적 평가를 구성하지 않는다'고 밝혔습니다. 인권단체 연합은 월드컵 상금 총액과 동일한 4억 4천만 달러 규모의 보상 기금 조성을 요구했으나, FIFA가 이 대회에서 약 75억 달러의 수익을 올린 점을 고려하면 레거시 펀드 규모는 상대적으로 미미하다는 비판이 제기되었습니다.

카타르 사례는 제3조가 지향하는 인권 보호의 이상을 현실에서 구현하는 것이 얼마나 복잡한 과제인지를 보여 줍니다. FIFA가 국제 스포츠 기구 최초로 인권 조항을 정관에 명문화한 것은 분명한 진전이지만, 이번 사례에서 드러난 것처럼 제도와 실행 사이의 간극을 좁히는 과제가 여전히 남아 있습니다. 그렇지만 이 조항의 존재로 인해 국제사회가 FIFA에 인권 책임을 요구할 수 있는 규범적 근거가 마련되었고, 향후 월드컵 개최지 선정과 운영에서 인권 실사(Due Diligence)가 더욱 강화될 것으로 기대됩니다.

해설 제4조는 FIFA 정관에서 가장 포괄적인 평등 규정으로, 국제 축구 전반에서 발생할 수 있는 모든 형태의 차별을 법적으로 차단하는 역할을 합니다. 인종, 성별, 장애, 언어, 종교, 정치적 견해뿐 아니라 성적 지향, 재산, 출생 등까지 폭넓게 차별 사유를 열거한 것은 현대 인권 담론을 충실히 반영한 것이며, 위반 시 정지나 제명과 같은 중대한 제재가 뒤따를 수 있음을 명확히 함으로써 선언적 규정에 그치지 않는 강행 규정으로 기능하고 있습니다.

이 원칙을 현실 속에서 구현하기 위해 FIFA는 규정 정비, 징계 절차 운용, 교육 프로그램, 캠페인 등 다양한 수단을 병행해 왔습니다. 그 가운데 하나가 'No Discrimination' 캠페인으로, FIFA 월드컵 카타르 2022 대회에서 특히 부각된 바 있습니다. 당시 선수단이 대형 배너를 들고 입장하거나 주장이 전용 완장을 착용하고, 경기장 전광판과 공식 방송을 통해 차별 반대 메시지가 반복적으로 송출되면서, 차별적 행위가 초래하는 파괴적 결과를 전 세계에 알리고 축구에서 차별을 근절하겠다는 FIFA의 의지를 상징적으로 드러내는 계기가 되었습니다. FIFA는 이러한 캠페인들을 통해 수억 명의 전 세계 관중에게 '차별은 결코 용납될 수 없다'는 메시지를 각인시키려 하고 있습니다.

정치·종교 문제에 대한 중립성 원칙 역시 FIFA의 국제적 정체성을 떠받치는 핵심입니다. 각국 협회가 자국의 정치·종교적 이해관계에 얽힐 수밖에 없는 현실 속에서, FIFA가 중립을 지키는 것은 대회 운영과 규정 집행의 공정성을 확보하는 전제 조건입니다. 다만 인권 보호, 차별 방지, 공정경기 확보 등 FIFA 정관상 목적과 직접적으로 연관된 사안에서는 제한적 예외를 허용하여, 중립성 원칙이 단순한 형식적 구호가 아니라 실질적 가치 수호를 위한 기준으로 작동하도록 하고 있습니다.

제5조. 우호 관계 증진(Promoting friendly relations)

1. FIFA는 다음 각 호의 영역에서 우호적 관계 증진을 위해 노력합니다.

   a. 회원협회, 축구연맹, 구단, 임원 및 선수 간의 관계

   b. 인도주의적 목적을 위한 사회 전반에서의 관계

2. FIFA는 회원협회, 축구연맹, 구단, 임원 및 선수 사이에서 발생할 수 있는 모든 분쟁을 해결하기 위한 제도적 수단을 제공합니다.

해설 제5조는 FIFA의 본질적 책무가 단순히 경기 운영에 국한되지 않고, 축구를 매개로 한 국제적·사회적 관계를 증진하는 데까지 확장된다는 것을 보여 줍니다. 제1항은 축구 내부의 이해관계자—회원협회, 축구연맹, 구단, 임원, 선수—사이에 협력과 화합을 도모하고, 동시에 축구가 사회 전반의 인도주의적 가치 실현에도 기여해야 함을 천명하고 있습니다.

또한 제2항은 FIFA가 단순한 주정자가 아니라, 제도적으로 분쟁 해결 절차를 보장해야 하는 책임 주체임을 명확히 합니다. 이는 국제 스포츠에서 자주 발생하는 이해관계 충돌, 예컨대 이적·등록 분쟁, 대회 참가 문제, 협회의 권한 다툼 등에 대해 FIFA가 최종적인 중재자 역할을 수행한다는 의미입니다. 따라서 제5조는 FIFA가 축구를 통해 화합과 인도적 가치를 증진하는 동시에, 제도적 안정성을 보장하는 기구임을 규정적으로 드러내는 조항이라 할 수 있습니다.

해설   이 조항은 FIFA가 선수와 관련된 제도 전반을 관할할 권한을 평의회에 부여하고 있음을 분명히 보여 줍니다. 그 범위에는 선수 등록과 이적 절차, 훈련보상 제도, 국가대표팀 차출 보호와 같은 핵심 정책이 포함됩니다. 이러한 권한을 통해 FIFA는 글로벌 차원에서 선수의 권익을 보장하는 동시에, 구단·대표팀·회원협회 간의 이해관계를 조율하는 제도적 기반을 마련합니다. 다만 구체적인 세부 규율은 중반부에서 다루게 될 'FIFA 선수의 지위 및 이적 규정(RSTP)'에 상세히 규정되어 있습니다.

해설   제7조는 협회 축구의 경기 규칙(Laws of the Game)을 제정·개정할 권한이 국제축구평의회(IFAB)에 전속됨을 명시합니다. IFAB는 FIFA와 영국 협회로 구성되며, 영국 협회는 잉글랜드·스코틀랜드·웨일스·북아일랜드의 4개 축구협회로 이루어집니다. IFAB의 조직과 의사결정 방식은 IFAB 정관에 따릅니다.

IFAB는 1886년에 설립되어 FIFA(1904년 설립)보다 18년 앞섭니다. 축구의 경기 규칙은 FIFA가 존재하기 전부터 영국 4개 협회가 관리해 왔고, FIFA는 1913년에 이 기존 체계를 존중하며 합류했습니다. 이 역사적 경위가 오늘날까지 IFAB의 독립적 지위가 유지되는 배경입니다.

참고로 IFAB의 의결권은 영국 4개 협회가 각 1표씩, 나머지 회원협회 전체를 대표하여 FIFA가 4표를 행사해 총 8표로 구성됩니다. 규칙 개정에는 4분의 3 이상, 즉 6표 이상의 찬성이 필요하므로, FIFA는 최소 2개 영국 협회의 동의 없이는 규칙을 바꿀 수 없고, 영국 협회들도 FIFA의 동의 없이는 개정안을 통과시킬 수 없습니다. 이 구조는 축구의 전통과 국제적 현실을 모두 존중하는 공동 거버넌스 모델로, 어느 한쪽의 일방적 결정을 방지하는 상호 견제 장치입니다.

한편, 풋살과 비치사커의 규칙은 IFAB가 아닌 FIFA 평의회가 제정합니다. 이는 두 종목이 협회 축구(Association Football)의 파생 종목으로서 IFAB의 역사적 관할 범위에 포함되지 않기 때문입니다.

각 회원협회는 자국 대회나 리그를 운영할 때 IFAB가 정한 규칙을 그대로 적용해야 하며, IFAB가 명시적으로 허용한 일부 예외적 변형을 제외하고는 임의로 규칙을 바꾸는 것이 허용되지 않습니다. 이를 통해 전 세계 어디에서나 판정 기준과 경기 운영 방식의 통일성과 예측 가능성이 보장됩니다.

제8조. 기구·임원 및 기타 관계자의 행동(Conduct of bodies, officials and others)

1. 모든 기구와 임원은 활동을 수행함에 있어 FIFA의 정관, 규정, 결정 및 윤리규정(Code of Ethics)을 준수하여야 합니다.

2. FIFA 평의회(Council)는 예외적인 상황에서 해당 축구연맹과 협의하여 회원협회(Member Association)의 집행기구를 직무에서 해임할 수 있으며, 이를 일정 기간 정상화위원회(Normalisation Committee)로 대체할 수 있습니다. 이는 '정관 적용규정(Regulations Governing the Application of the Statutes)' 제3조에 규정되어 있습니다.

3. 축구와 관련된 모든 개인과 조직은 FIFA의 정관과 규정을 준수하고, 동시에 페어플레이 원칙을 지켜야 합니다.

해설　제8조는 FIFA의 규범 체계가 단순히 조직 내부에만 머무는 것이 아니라, 임원과 회원협회는 물론 축구와 관련된 모든 개인과 단체에 동일하게 적용된다는 점을 분명히 합니다.

1항은 임원과 각 기구가 부담하는 윤리적·법적 의무를 명확히 하면서, FIFA 윤리규정(Code of Ethics)을 포함시켜 단순한 행정 절차 준수를 넘어선 높은 수준의 도덕적 책임을 요구합니다. FIFA 윤리위원회는 2006년에 창설되어 2011년 대폭 개편되었고, 2015년 대규모 부패 스캔들 이후 조직 개혁이 단행되었습니다. 현재 윤리규정은 뇌물, 이해충돌, 승부 조작뿐 아니라 차별 발언까지 규율 범위에 포함하고 있습니다.

2항은 회원협회 집행부가 기능 부전 상태에 빠지거나 위법 상황에 놓인 경우, FIFA 평의회가 해당 집행부를 해임하고 '정상화위원회(Normalisation Committee)'를 설치할 수 있는 권한을 규정합니다. 정상화위원회는 이론적 장치가 아니라 실제로 자주 활용되며, 최근 사례로는 아이티(2021년), 짐바브웨(2023년) 등의 축구협회에 설치되었습니다. 주로 내부 분쟁, 재정 비리, 정부의 협회 개입 등의 상황에서 발동됩니다. FIFA는 회원협회의 자율성을 매우 중시하여, 정부가 축구협회에 개입하면 '제3자 개입'으로 간주해 해당 협회의 자격을 정지시킵니다. 이 조항은 회원협회에 문제가 생겼을 때 개입할 수 있는 주체는 해당 국가 정부가 아니라 오직 FIFA뿐이라는 원칙을 암묵적으로 선언하는 것이기도 합니다.

3항은 축구에 직·간접적으로 관여하는 모든 개인과 단체가 FIFA 규정과 페어플레이 원칙을 준수해야 한다는 점을 선언함으로써, FIFA 규범의 적용 범위를 전 세계 축구 생태계 전체로 확장합니다. 국제 축구가 단일한 법질서와 공통의 가치 체계 아래에서 운영될 수 있는 근본적 토대가 여기에 있습니다.

제9조. 공식 언어(Official languages)

1. 아랍어, 영어, 프랑스어, 독일어, 포르투갈어, 러시아어, 스페인어는 FIFA의 공식 언어입니다. 회의록, 공식 서신, 규정, 결정 및 공고는 영어, 프랑스어, 스페인어로 작성되며, 필요에 따라 아랍어, 독일어, 러시아어, 포르투갈어로도 작성될 수 있습니다. 만약 문구 해석에 차이가 있을 경우, 영문본이 기준입니다. 회원협회는 자국 언어로의 번역을 스스로 책임져야 합니다.
2. 총회(Congress)에서는 자격을 갖춘 통역사가 FIFA 공식 언어로 통역을 제공합니다. 대의원(Delegate)은 모국어로 발언할 수 있으나, 반드시 공인 통역사를 통해 FIFA 공식 언어 중 하나로 통역이 이루어져야 합니다.

해설 제9조는 FIFA의 공식 언어 체계를 규정함으로써, 다국적 기구로서의 운영 원칙을 명확히 하고 있습니다. 제1항은 영어, 프랑스어, 스페인어를 기본 행정 언어로 지정하면서도, 필요시 다른 공용 언어를 보조적으로 활용할 수 있도록 하여 실무적 유연성을 확보하고 있습니다. 특히 '영문본이 최종 해석의 기준'이라는 점을 명시하여, 규정 해석의 혼란을 방지하는 기준점을 마련한 것이 특징입니다.

　제2항은 FIFA 총회와 같은 다국적 회의에서 의사소통의 원활성을 보장하기 위한 절차를 담고 있습니다. 대의원이 자국어로 발언할 자유는 보장하되, 반드시 FIFA 공용 언어 중 하나로 통역될 수 있도록 책임을 지워 국제적 통일성을 유지하고 있습니다. 이는 FIFA가 언어적 다양성과 국제적 소통 효율성 사이의 균형을 제도적으로 구현한 사례라 할 수 있습니다.

제10조. 가입, 자격 정지 및 제명(Admission, suspension and expulsion)

FIFA 총회(Congress)는 평의회(Council)의 권고에 따라 회원협회(Member Association)의 가입 승인, 자격 정지, 제명 여부를 최종 결정합니다.

해설　제10조는 FIFA 회원협회(Member Association)의 지위 변화와 관련된 핵심 절차를 규정합니다. FIFA에 새롭게 가입하거나, 기존 회원의 자격을 정지·제명하는 결정은 모두 총회(Congress)의 권한에 속합니다. 다만 총회가 직접 전 과정을 주도하는 것은 아니며, 먼저 평의회(Council)가 심사와 검토를 거쳐 권고(Recommendation)를 제출합니다. 총회는 이 권고를 바탕으로 최종 결정을 내리게 되며, 이는 FIFA의 최고 의사결정 기구인 총회의 민주적 정당성과 평의회의 사전 심사 기능이 결합된 구조라고 할 수 있습니다.

따라서 제10조는 FIFA 회원 자격의 변동이라는 중대한 사안에서 절차적 정당성과 정치적 합의를 동시에 확보하려는 장치로 이해할 수 있습니다. 특히 새로운 회원협회의 가입, 정치적·법적 이유로 인한 자격 정지, 규정 위반에 따른 제명 같은 사안은 국제적 파급력이 크기 때문에, FIFA는 이를 총회의 권한으로 두어 전 세계 회원의 의사를 반영하는 방식을 취하고 있습니다.

제11조. 가입(Admission)

1. 자국 내 모든 형태의 축구를 조직하고 감독할 책임이 있는 모든 협회는 회원협회가 될 수 있습니다. 따라서 모든 회원협회는 자체 조직 구조에 모든 관련 축구 이해관계자를 참여시킬 것을 권장합니다. 본 조 제5항에서 정한 경우를 제외하고, 각 국가에서는 하나의 협회만 회원협회로 인정됩니다.
2. 회원 자격은 해당 협회가 소속 축구연맹의 회원인 경우에만 허용됩니다. 평의회는 가입 절차에 관한 규정을 발표할 수 있습니다.
3. 회원협회가 되기를 희망하는 모든 협회는 FIFA 사무국(General Secretariat)에 서면으로 신청해야 합니다.
4. 해당 협회의 법적으로 유효한 정관이 가입 신청서에 동봉되어야 하며, 다음의 의무 조항을 포함해야 합니다:

    a. FIFA 및 관련 축구연맹의 정관, 규정, 결정을 항상 준수할 것

    b. 현행 경기 규칙을 준수할 것

    c. 본 정관에 명시된 바와 같이, 스포츠중재재판소(CAS)를 인정할 것

5. 4개의 영국 협회는 각각 FIFA의 개별 회원협회로 인정됩니다.

6. 본 조항은 기존 회원협회의 지위에 영향을 미치지 않습니다.

해설   '단일 협회 원칙'은 한 국가에는 원칙적으로 하나의 축구협회만 FIFA 회원이 될 수 있고, 그 협회가 먼저 자신이 속한 대륙별 축구연맹(예: UEFA, AFC)에 가입해야 비로소 FIFA 회원 자격을 얻는다는 취지입니다. 다만 영국(United Kingdom)은 축구의 발상지라는 역사적 특수성이 인정되어 예외적으로 잉글랜드(FA), 스코틀랜드(SFA), 웨일스(FAW), 북아일랜드(IFA) 등 4개 협회가 각각 독립된 FIFA 회원입니다. 월드컵·유로 등 FIFA/UEFA 대회에서는 '영국 단일 대표팀'이 아니라 각 협회가 별도로 참가합니다.

여기서 그린란드 사례를 살펴보면, 이 원칙이 실제로 어떻게 작동하는지 잘 드러납니다. 그린란드는 덴마크령 자치 지역으로, 지리적으로는 북아메리카에 더 가깝지만 정치적으로는 덴마크에 속합니다. UEFA는 2001년, FIFA는 2004년 정관 개정을 통해 신규 회원에 대해 'UN 회원국 다수가 독립국으로 승인한 국가'(A State Recognised as Independent by a Majority of Members of the United Nations) 요건을 도입했습니다. 그린란드는 이러한 요건을 충족하지 못해 UEFA 가입이 불가능했고, 대륙별 연맹 소속 없이는 FIFA 가입도 자동으로 막히게 되었습니다.

이를 극복하기 위해 2024년에는 지리적 구분에 따른 북중미카리브 축구연맹(Concacaf)에 가입을 신청했습니다. Concacaf는 UEFA나 FIFA와 달리 '독립국' 요건이 없고 'Concacaf 내 국가 또는 영토(Country or Territory of Concacaf)'면 가입이 가능하여, 프랑스령 기아나·괴들루프·마르티니크 등 비수권 영토도 회원으로 두고 있습니다. 그러나 2025년 6월 임시총회에서 만상일치로 가입이 거부되었습니다. 구체적인 사유는 공개되지 않았으나, 학술 연구에 따르면 장거리 원정 부담, 경기장 인프라 문제, 정치적 고려 등이 복합적으로 작용했을 가능성이 있습니다.

반대로 같은 덴마크령인 페로 제도(Faroe Islands)는 1988년 FIFA, 1990년 UEFA에 가입하여 꾸준히 월드컵 예선에 참가하고 있습니다. 두 사례가 갈리는 핵심은 가입 시점입니다. 페로 제도는 2001년(UEFA)과 2004년(FIFA)의 정관 개정으로 독립국 요건이 강화되기 전에 이미 회원 자격을 얻었고, 이후 규정 변경은 기존 회원에게 소급 적용되지 않았습니다. 동일한 헌법적 지위를 가진 두 지역이 전혀 다른 결과를 맞이한 것은 결국 '언제 가입했느냐'의 차이에서 비롯됩니다.

한편, FIFA 정관 2022년판까지 존재했던 '아직 독립하지 않은 지역도 소속 국가 협회의 승인을 받아 가입 신청 가능'하다는 예외 조항이 2024년 정관에서 삭제되었습니다. 이로써 비주권 국가가 FIFA에 신규 가입할 수 있는 마지막 법적 경로마저 공식적으로 폐쇄되었습니다.

또한 FIFA는 모든 신규 회원협회의 정관에 스포츠중재재판소(CAS) 관할 인정 조항을 반드시 포함하도록 요구합니다. 이는 국제 분쟁이 각국 사법제도나 정치적 영향이 아닌, 일관되고 공정한 절차에 따라 해결되도록 하는 장치입니다. 결국 FIFA 가입은 단순한 스포츠 행위가 아니라, 국제 스포츠 거버넌스 체계와 규범을 수용하는 제도적 선택임을 보여 줍니다.

제12조. 가입 신청 절차(Request and procedure for application)

1. 평의회(Council)는 총회(Congress)에 가입 승인 여부를 제안하며, 신청 협회는 그 사유를 총회에 제시해야 합니다.
2. 가입이 승인되면, 해당 협회는 즉시 모든 회원권과 의무를 가지며, 대의원(Delegate)은 즉시 선거권과 피선거권을 가집니다.

해설 제12조는 FIFA 회원 가입의 최종 권한이 총회에 있음을 전제로, 평의회가 신청 협회의 가입서를 심사해 총회에 승인 여부를 제안하고, 신청 협회가 총회에서 가입 사유를 직접 제시하도록 하는 절차를 규정합니다. 총회가 승인을 의결하면 해당 협회는 즉시 FIFA 회원으로서 모든 권리와 의무를 취득하며, 대의원은 승인 직후부터 선거권과 피선거권을 포함한 의사결정 참여 권한을 갖습니다. 실무적으로는 단일 협회 원칙 준수와 해당 축구연맹(Confederation) 선행 가입 여부 등 상위 규정과의 정합성을 평의회 단계에서 점검하되, 승인 자체는 총회가 결정한다는 점이 핵심입니다.

제13조. 회원협회의 권리(Member associations' rights)

1. 회원협회(Member Association)는 다음과 같은 권리를 가집니다.

    a. 총회(Congress)에 참여할 권리

    b. 총회 안건에 포함될 제안을 제출할 권리

    c. FIFA 회장 및 평의회(Council) 후보자를 추천할 권리

    d. FIFA 거버넌스 규정(Governance Regulations)에 따라 모든 FIFA 선거에 참여하고 투표할 권리

    e. FIFA가 주관하는 대회에 참가할 권리

    f. FIFA의 지원 및 개발 프로그램에 참여할 권리

    g. 본 정관과 기타 규정에 따라 발생하는 모든 권리를 행사할 권리

2. 이러한 권리의 행사는 본 정관 및 적용 가능한 규정에 명시된 다른 조항에 따릅니다.

 제13조는 FIFA에 가입한 회원협회가 갖는 주요 권리를 열거한 조항입니다. 이는 회원협회가 FIFA 내에서 단순히 이름만 올려두는 존재가 아니라, 의사결정·참여·지원의 실질적 주체로서 기능함을 보여 줍니다.

첫째, 회원협회는 총회(Congress)에 참여하고 안건을 제안할 권리를 가집니다. 나아가 FIFA 회장 및 평의회(Council) 후보자를 추천하고, FIFA 거버넌스 규정에 따라 모든 선거에서 투표할 권리를 보장받습니다. 이는 FIFA 의사결정 구조가 회원협회들의 민주적 참여 위에 세워져 있음을 의미합니다.

둘째, 회원협회는 FIFA 주관 국제대회에 참가할 권리를 갖습니다. 이는 단순한 경기 출전권을 넘어, 소속 국가·지역의 대표성을 행사하는 권리로 이해할 수 있습니다. 동시에 FIFA가 제공하는 지원 및 개발 프로그램에도 참여할 수 있어, 기술·행정·재정적 지원을 받을 기회를 확보하게 됩니다.

셋째, 회원협회는 FIFA 정관과 각종 규정에서 발생하는 모든 권리를 행사할 수 있습니다. 이는 구체적으로 열거된 항목 외에도 FIFA 제도 안에서 정해진 추가 권리들이 자동으로 보장됨을 뜻합니다.

다만, 이러한 권리는 본 정관과 기타 규정에서 정한 조건과 의무를 준수하는 범위 안에서만 보장됩니다. 권리와 의무가 균형을 이루는 구조 속에서 FIFA 회원으로서의 지위가 유지되는 것입니다. 실제로 2022년 러시아의 우크라이나 침공 직후, FIFA와 UEFA는 러시아 축구협회(RFU)의 국제대회 참가 자격을 무기한 정지시켰습니다. 이에 따라 러시아는 2022 카타르 월드컵 유럽 예선 플레이오프에 출전하지 못했고, 상대였던 폴란드가 부전승을 거뒀습니다. 러시아는 스포츠중재재판소(CAS)에 항소하며 '회원협회로서 대회에 참가할 권리'가 침해되었다고 주장했으나, CAS는 FIFA와 UEFA가 '예상치 못한 전례 없는 상황'에 대응할 권한 범위 내에서 행동했다며 항소를 기각했습니다. 이 사례는 'FIFA가 주관하는 대회에 참가할 권리'가 정관과 규정의 준수를 전제로 보장된다는 점을 명확히 보여 줍니다.

제14조. 회원협회의 의무(Member associations' obligations)

1. 회원협회(Member Association)는 다음과 같은 의무를 가집니다:

   a. FIFA 정관, 규정, 지침 및 FIFA 기구의 결정을 언제나 성실히 준수하고, 또한 FIFA 정관 제49조 제1항
   에 따른 항소 절차에서 스포츠중재재판소(CAS)가 내린 판결을 준수하여야 함

   b. FIFA가 주관하는 대회에 참가하여야 함

   c. 회비를 납부하여야 함

   d. 소속 회원들이 FIFA 정관, 규정, 지침 및 기구의 결정을 준수하도록 보장하여야 함

   e. 최고 의결기구를 정기적으로 소집하여야 함(최소 2년에 1회 이상)

   f. FIFA 정관 요건에 부합하는 자체 정관을 비준하여야 함

   g. 협회 직속의 심판위원회를 설치하여야 함

   h. 경기 규칙(Laws of the Game)을 존중하여야 함

   i. 협회 업무를 독립적으로 운영하며, 제3자의 간섭을 받지 않도록 보장하여야 함(정관 제19조에 따름)

   j. 모든 형태의 차별을 방지하고 이에 맞서 싸워야 함

   k. 여자축구의 발전과 모든 수준에서의 여성 참여를 촉진하여야 함

   l. 본 정관 및 기타 규정에서 발생하는 모든 의무를 성실히 이행하여야 함

2. 위 의무를 위반한 회원협회는 본 정관에서 정한 제재를 받을 수 있습니다.

3. 제1항 (i)에서 규정한 독립성 유지 의무를 위반한 경우, 제3자의 개입에 해당 회원협회의 과실이 없더
   라도 제재가 부과될 수 있습니다. 각 회원협회는 소속 임원이나 기구 구성원의 중대한 과실이나 고의
   적 불법행위로 인해 발생한 모든 행위에 대해 FIFA에 책임을 집니다.

해설 이 조항은 회원협회의 기본 의무를 포괄적으로 규정하며, 그중에서도 '제3자 간섭 방지'는 FIFA가 회원 자격 유지의 핵심 조건으로 가장 엄격하게 집행하는 사항입니다. 이를 위반할 경우 협회는 자격 정지, FIFA 및 축구연맹 주관 대회 참가 금지 등 중대한 제재를 받게 됩니다.

'제3자 간섭'이란 회원협회가 독립적으로 수행해야 할 의사결정이나 운영에 외부 단체, 정부 또는 기타 제3자가 부당한 영향력을 행사하는 것을 뜻합니다. 예컨대 국가 정부가 특정 인사의 집행부 임명·해임을 강요하거나, 협회의 규정·선거 절차·대표권 행사에 직접 개입하는 행위가 이에 해당합니다. 이러한 원칙은 협회의 자율성과 독립성을 보장하기 위한 것으로, 내부 선거, 규정 제·개정, 대표팀 구성, 국제대회 참가 여부 등 모든 사안이 외부 압력 없이 이루어져야 하는 것을 전제로 합니다. FIFA는 이를 침해하는 행위를 '협회 독립성 위반'으로 간주하고, 즉각 징계 절차를

개시합니다.

2022년 8월, FIFA는 인도 축구협회(AIFF)가 외부 세력의 부당한 개입을 받았다고 판단해 즉각 정지 처분(Suspension)을 내렸습니다. 당시 인도 대법원이 임시 관리위원회를 설치해 협회 운영권을 행사하면서, FIFA 정관 제19조가 보장하는 '회원협회의 독립성'이 심각하게 훼손된 것이 핵심 사유였습니다. 이로 인해 AIFF는 FIFA 회원으로서의 권리를 상실했고, 특히 FIFA 주최 대회였던 FIFA U-17 여자 월드컵 2022의 개최권이 박탈될 위기에 놓였습니다.

다만 FIFA는 해당 처분과 동시에 회복 조건을 명확히 제시했습니다. AIFF가 본래의 행정 체제를 복원하고, 민주적 절차에 따라 집행부 선거를 치러야 한다는 것이었습니다. 인도 측은 긴급히 선거를 준비해 집행부 권한을 정상화했음을 FIFA에 보고했고, FIFA는 불과 열흘 만에 정지 조치를 해제했습니다. 결과적으로 인도는 예정대로 2022년 10월에 U-17 여자 월드컵을 개최할 수 있었습니다.

이 사례는 제3자 간섭이 회원협회의 독립성과 자율성을 얼마나 중대하게 침해할 수 있는지, 그리고 FIFA가 이를 어떻게 신속히 제재하고 회복 절차를 마련하는지를 보여 주는 대표적 사례입니다. 나아가 외부 개입으로 인한 제재와 그 해제 과정이 단순한 행정 문제가 아니라, 대회 개최 여부와 선수·관중의 권익, 국가의 국제적 이미지에까지 직결될 수 있음을 잘 보여 줍니다.

제15조. 회원협회 정관(Member associations' statutes)

회원협회(Member Association)의 정관은 건전한 거버넌스 원칙에 부합해야 하며, 최소한 다음 사항을 반드시 포함해야 합니다.

    a. 정치와 종교 문제에서 중립을 유지하도록 규정하여야 함

    b. 모든 형태의 차별을 금지하도록 규정하여야 함

    c. 독립성을 보장하고 어떠한 정치적 간섭도 배제하도록 규정하여야 함

    d. 사법기구의 독립성을 보장하도록 규정하여야 함(삼권분립 원칙)

    e. 모든 이해관계자는 경기 규칙(Laws of the Game), 충성, 정직, 스포츠맨십, 페어플레이의 원칙과 함께 FIFA 및 해당 축구연맹의 정관, 규정, 결정에 동의하고 이를 존중하도록 규정하여야 함

    f. 모든 이해관계자는 스포츠중재재판소(CAS)의 관할과 권위를 인정하고, 분쟁 해결 수단으로서 중재 절차에 우선권을 부여하도록 규정하여야 함

    g. 회원협회는 심판 제도, 도핑 방지, 선수 등록, 구단 라이선스, 징계 조치(윤리적 위반 포함), 대회 무결

성 보호 조치 등과 관련된 사안을 규율할 일차적 책임을 지도록 규정하여야 함

h. 의사결정 기구의 권한을 명확히 규정하여야 함

i. 의사결정 과정에서 이해충돌을 회피하도록 규정하여야 함

j. 입법 기구는 민주주의 원칙에 따라 구성되고, 축구에서의 성평등 보장을 고려하도록 규정하여야 함

k. 매년 독립적인 회계 감사를 실시하도록 규정하여야 함

해설　　제15조는 회원협회 정관의 필수 요건을 상세히 규정하고 있으며, FIFA가 강조하는 건전한 거버넌스(Good Governance)의 기준을 집약적으로 담고 있습니다. 정치·종교적 중립, 차별 금지, 독립성 보장 등은 협회의 자율성과 공정성을 유지하기 위한 핵심 조건입니다. 특히 (d)의 사법기구 독립은 협회 내부에서 발생하는 징계·분쟁 사안이 외부 영향 없이 공정하게 처리되도록 하기 위한 제도적 장치입니다.

　　또한 (f)에서 스포츠중재재판소(CAS)의 관할을 명시적으로 인정하도록 한 것은, 국제 스포츠 분쟁 해결 체계와의 정합성을 보장하기 위한 것입니다. 나아가 (g)는 협회가 단순 행정 단위가 아니라, 심판 제도 운영, 도핑 방지, 선수 등록, 구단 라이선스 관리 등 구체적이고 실질적인 감독·규율 책임을 지닌다는 점을 분명히 합니다.

　　(j)의 대표 민주주의와 성평등 고려는 현대 스포츠 거버넌스에서 가장 강조되는 가치로, 협회 운영이 폐쇄적이지 않고 다양성을 반영해야 한다는 것을 규정합니다. 마지막으로 매년 독립적인 회계 감사 의무는 투명성과 책임성을 제도적으로 담보하는 장치로, FIFA가 재정적 청렴성을 핵심 가치로 보고 있는 것을 보여 줍니다.

제16조. 정지(Suspension)

1. 총회(Congress)는 평의회(Council)의 요청에 따라 회원협회(Member Association)의 자격을 정지시킬 수 있습니다. 다만, 평의회는 총회 의결 없이도 즉시 회원협회 의무의 중대한 위반에 대해 자격을 잠정 정지시킬 수 있으며, 이는 다음 총회에서 추인되지 않으면 자동 해제됩니다.

2. 총회에서 자격 정지를 확정하려면, 참석하여 투표할 자격이 있는 회원 4분의 3 이상의 찬성이 필요합니다.

3. 정지된 회원협회는 모든 회원권을 행사할 수 없으며, 다른 회원협회도 해당 협회와 스포츠 교류를 할 수 없습니다. 징계위원회는 추가 제재를 부과할 수 있습니다.

해설 정지 제도는 FIFA 회원 자격을 박탈하는 것이 아니라 일정 기간 동안 권리를 중단시키는 임시적 조치입니다. 평의회(Council)가 긴급 상황에서 신속히 잠정 정지를 내릴 수 있도록 한 뒤, 반드시 총회의 추인을 거치도록 한 것은 권한 남용을 방지하고 견제와 균형을 유지하기 위한 장치입니다.

특히 총회에서 자격 정지를 확정하려면 출석하여 투표할 자격이 있는 회원의 4분의 3 이상 찬성이 필요하다는 점은 주목할 만합니다. 이는 FIFA 의사결정 중에서도 가장 높은 수준의 의결 요건으로, 회원 자격 정지가 국제 축구 공동체 전체에 미치는 중대성을 잘 보여 줍니다.

정지에 들어간 협회는 투표권뿐 아니라 FIFA 주관 대회 참가, 재정 지원금 수령, 각종 프로그램 참여 등 모든 회원권이 제한되며, 다른 협회 역시 해당 협회와의 스포츠 교류가 금지됩니다. 또한 FIFA는 회원협회가 최소한의 책임을 다하도록 4년간 FIFA 대회에 두 차례 이상 참가하지 않은 협회에는 자동적으로 총회 투표권을 제한하도록 규정하고 있습니다. 이는 권리와 의무의 균형을 제도적으로 구현한 장치로, 국제 축구 질서에 적극적으로 기여하지 않는 협회는 FIFA의 의사결정에도 참여할 수 없다는 원칙을 확인해 줍니다.

제14조에서 살펴본 인도 축구협회(AIFF)의 사례와 마찬가지로, 2025년 2월 FIFA는 콩고 축구협회(FECOFOOT)가 외부 세력의 간섭으로 본부 행정권을 정당한 집행부가 행사하지 못하는 상황이 발생했다고 판단해 즉각 정지 처분을 내렸습니다. 이때 외부 세력은 콩고 체육부와 연계된 일부 인사들이었으며, 이들은 협회 본부 건물을 점거하고 독자적으로 총회를 열어 새로운 임원진을 선출하려는 시도를 벌였습니다. FIFA는 이를 명백한 '제3자 간섭'으로 규정하고, 정지 해제를 위해 협회 본부 공간을 정상 집행부에 반환하고 독립적 운영을 보장할 것을 조건으로 제시했습니다. 이후 해당 요건이 충족되자 2025년 5월 정지가 해제되었습니다.

이 사건은 정지가 단순히 징벌적 의미에 머무르지 않고 협회의 독립성과 자율성을 회복시키는 교정적 수단으로 기능한다는 점을 잘 보여 줍니다. 나아가 외부 세력의 부당 개입이 국제대회 개최와 참가, 재정 지원, 국가의 축구 행정 신뢰도와 국제적 이미지에까지 직접적인 영향을 줄 수 있음을 단적으로 확인할 수 있는 사례로 평가됩니다.

해설　제명은 회원협회 지위를 박탈하여 FIFA 회원 자격을 전면 상실시키는 가장 중대한 제재 수단입니다. 그 사유는 (a) FIFA에 대한 재정 의무 불이행, (b) FIFA 정관·규정·결정의 중대한 위반, (c) 해당 국가에서 축구를 대표하는 협회 지위의 상실로 엄격히 한정됩니다. 이러한 요건은 제명이 단순한 행정적 처분이 아니라, 국제 축구 공동체의 신뢰와 질서를 근본적으로 훼손하는 예외적 상황에서만 발동되도록 하기 위한 안전장치입니다.

절차적 문턱 역시 가장 높습니다. 제명 결의가 유효하려면 먼저 투표권을 가진 회원협회의 과반수가 총회에 출석해야 하고, 유효 투표 중 4분의 3 이상이 찬성해야 합니다. 출석 정족수와 의결 정족수를 모두 충족해야 하는 이중 요건은 FIFA 의사결정에서 최고 수준의 보호장치로서, 제명이 단순한 다수결로 처리될 수 없는 중대 사안임을 분명히 보여 줍니다.

실무적으로 제명은 해당 협회가 회원협회 지위에서 누리던 모든 권리와 권한의 상실로 이어지며, 국제대회 참가와 FIFA 프로그램 및 각종 지원 체계에서도 완전히 배제됩니다. 따라서 FIFA가 제명을 실제로 발동하는 경우는 극히 드물며, 통상적으로는 정지(Suspension) 조치가 먼저 활용됩니다.

그렇지만 남아프리카 공화국 사례는 '최후의 수단'이 현실에서 작동한 대표적 선례로 자주 언급됩니다. 당시 백인 중심이었던 남아공의 축구 협회(FASA)는 아파르트헤이트 정책을 축구 행정에 반영하며 인종차별 구조를 고수했고, FIFA는 1961년 정지 조치를 내렸다가 1963년 일시 해제한 뒤 1964년 다시 정지를 부과했습니다. 이후에도 차별 정책이 시정되지 않자, FIFA는 1976년 몬트리올 총회에서 남아공을 제명하는 결의를 채택했고, 남아공은 국제 축구 무대에서 장기간 고립되었습니다.

1991년 남아공 내 축구 단체들이 통합되어 비인종(Non-racial) 원칙에 기반한 새로운 단체인 남아프리카 공화국 축구협회(SAFA)가 출범했고, FIFA는 1992년 7월 3일 SAFA의 가입을 승인하면서 남아공은 회원 자격을 회복했습니다. 이 사례는 FIFA가 제명을 최후의 수단으로만 행사한다는 점을 보여 주는 동시에, 축구 규범이 비차별·평등 등 보편적 가치와 결합할 때 국제 스포츠 거버넌스가 얼마나 강력한 제재 메커니즘으로 기능할 수 있는지를 보여 주는 역사적 선례입니다.

1. 회원협회(Member Association)는 회계기간 말에 탈퇴할 수 있으며, 탈퇴 의사는 최소 6개월 전에 FIFA 사무국에 서면(등기우편)으로 제출해야 합니다.

2. 탈퇴 효력은 해당 협회가 FIFA 및 다른 회원협회에 대한 재정 의무를 모두 이행할 때까지 발생하지 않습니다.

해설 탈퇴는 회원협회가 자발적 의사에 따라 FIFA와의 관계를 종료하는 절차이지만, 그 효력이 발생하기 위해서는 엄격한 요건이 충족되어야 합니다. 첫째, 탈퇴 의사는 최소 6개월 전에 공식적으로 통지해야 하며, 반드시 등기우편 등 서면 형식으로 제출해야 합니다. 이는 절차적 명확성을 확보하기 위한 장치입니다. 둘째, FIFA와 타 회원협회에 대한 재정 의무가 남아 있는 경우에는 탈퇴가 효력을 가질 수 없습니다. 이는 회원협회가 국제 축구 공동체의 일원으로서 부담한 책임을 다하지 않은 상태에서 일방적으로 관계를 종료하는 것을 방지하기 위한 제도적 장치입니다. 결국 제18조는 탈퇴라는 권리를 인정하면서도, 이를 무제한적으로 행사할 수 없도록 하여 FIFA와 회원협회 간의 관계가 책임과 의무의 균형 속에서 유지되도록 하고 있습니다.

1. 회원협회(Member Association)는 제3자의 부당한 간섭 없이 독립적으로 업무를 관리해야 합니다.

2. 협회의 모든 기구는 해당 협회 내에서 선출 또는 임명되어야 하며, 정관에는 선출·임명 과정의 완전한 독립성을 보장하는 민주적 절차가 규정되어야 합니다.

3. 이 요건을 충족하지 않고 선출·임명된 기구는 FIFA로부터 인정받지 못합니다.

4. 제2항 요건에 부합하지 않는 기구가 내린 결정도 FIFA로부터 인정받지 못합니다.

   제19조는 FIFA가 회원협회의 내부 운영 자체에 직접 개입하지는 않지만, 협회의 독립성과 민주적 절차가 반드시 보장되어야 한다는 전제를 분명히 하고 있습니다. 이는 회원협회가 정치적 압력이나 정부 간섭, 혹은 외부 세력의 영향 아래 운영되는 것을 방지하기 위한 핵심 규정입니다.

특히 제2항은 협회의 모든 기구가 반드시 내부 선거 또는 임명을 통해 구성되어야 하며, 그 과정이 민주적이고 독립적이어야 하는 것을 강조합니다. 따라서 외부 권력에 의해 강제로 구성된 기구나 절차적 정당성이 결여된 기구는 FIFA에서 전혀 인정되지 않습니다. 나아가 제3항과 제4항은 해당 기구 자체뿐 아니라 그 기구가 내린 모든 결정까지 무효로 처리함으로써, 외부 간섭의 정당성을 원천적으로 차단하고 있습니다. 이는 FIFA가 정치적 중립과 자율성을 전 세계적으로 일관되게 유지하기 위해 가장 엄격하게 적용하는 규정 중 하나입니다.

앞서 제14조(회원협회의 의무) 및 제16조(정지)에서 살펴본 인도 AIFF 사례와 콩고 FECO-FOOT 사례는 바로 이러한 제19조 원칙이 실제로 어떻게 적용되는지를 보여 주는 대표적 예시입니다. 두 사례 모두 정부 또는 제3자의 개입으로 협회 기구의 민주적 정당성이 훼손되었고, FIFA는 이를 이유로 회원 자격 정지 등 강력한 제재를 내린 바 있습니다. 이는 제19조가 선언적 규정에 그치지 않고, 실제 집행 단계에서 FIFA가 얼마나 엄격히 적용하는지를 입증합니다.

제20조. 구단·리그 및 기타 구단 단체의 지위(Status of clubs, leagues and other groups of clubs)

1. 회원협회(Member Association)에 소속된 구단, 리그 또는 기타 구단 단체는 해당 회원협회에 소속되며, 그 인정을 받아야 합니다. 회원협회의 정관은 이들 단체의 권한 범위와 권리·의무를 명시해야 하며, 해당 단체의 정관·규정은 회원협회의 승인을 받아야 합니다.
2. 회원협회는 소속 구단이 외부 기구의 간섭 없이 독립적으로 회원 자격 관련 결정을 내릴 수 있도록 보장해야 합니다. 이는 구단의 법인 형태와 무관하게 적용되며, 어떠한 개인·법인(지주회사, 자회사 포함)도 두 개 이상의 구단에 대해 경기의 무결성을 위협할 수 있는 형태의 지배권(의결권 과반, 지분 과반, 이사회 과반 확보 등)을 행사해서는 안 됩니다.

   제20조는 크게 두 가지 원칙을 규정하고 있습니다.

첫째, 회원협회 우위 원칙입니다. 모든 구단·리그 및 구단 단체는 반드시 해당 국가 회원협회의 감독과 승인을 받아야 하며, 독자적으로 FIFA와 직접적인 관계를 맺을 수는 없습니다. 이는 축구 행정 구조에서 회원협회의 지위를 최상위로 두는 FIFA의 기본 질서를 반영합니다.

둘째, 구단 독립성 보장 원칙입니다. 구단은 외부 권력이나 이해관계자의 간섭 없이 독립적으로 운영되어야 하며, 경기의 공정성과 무결성을 위협할 수 있는 복수 구단 소유(Multi-Club Ownership)는 엄격히 금지됩니다. 동일인이 두 개 이상의 구단에 지배권을 행사하면 이해충돌과 경기 조작의 위험으로 이어질 수 있기 때문입니다. 1999년 ENIC 사건은 이 원칙이 실제로 적용된 대표적 사례입니다. 영국 투자그룹 ENIC plc가 그리스의 AEK 아테네(AEK Athens F.C.)와 체코의 슬라비아 프라하(SK Slavia Prague) 구단을 동시에 소유하자, 유럽 축구연맹(UEFA)은 동일 소유권 하에 있는 두 구단이 같은 유럽 대회에 참가하는 것을 금지했습니다.

스포츠중재재판소(CAS)는 이 금지 조치가 이해충돌 방지와 스포츠 무결성 보호라는 정당한 목적을 추구하며 필요하고 비례적인 조치라고 판단하여 UEFA의 손을 들어주었고, 이 판정은 이후 복수 구단 소유 규제의 선례로 자리 잡았습니다.

이 규정은 투자 구조 설계, 인수·합병(M&A), 구단 지배구조 구성 시 반드시 고려해야 하는 요소로서, 단순한 행정 조항을 넘어 국제 축구 시장의 투명성과 신뢰를 지탱하는 제도적 장치입니다.

제21조. 명예회장, 명예부회장 및 명예회원

(Honorary president, honorary vice-president and honorary member)

1. 총회(Congress)는 FIFA 평의회(Council) 전직 구성원 중 축구에 현저한 공헌을 한 인물에게 명예회장, 명예부회장 또는 명예회원 칭호를 수여할 수 있습니다.

2. 이러한 지명은 평의회가 제안합니다.

3. 명예회장·명예부회장·명예회원은 총회에 참석하여 토론에 참여할 수 있으나, 표결권은 없습니다.

해설 이 조항은 FIFA 조직에 장기간 봉사하거나 특별한 공로가 있는 전직 평의회 구성원을 예우하기 위한 규정입니다. 해당 직위는 표결권이 없다는 점에서 실질적 의결권은 없지만, 총회 참석과 토론 참여를 통해 의사결정 과정에 영향력을 행사할 수 있으며, 그 상징적 의미도 큽니다. 또한, 평의회의 추천 절차를 거친다는 점에서 정치적·외교적 고려가 반영될 수 있으며, 이는 FIFA 내부 네트워크와 명예직 제도의 특징을 보여 줍니다.

다만 명예직은 단순한 예우에 그치지 않으며, 윤리적 문제가 발생할 경우 논란의 대상이 될 수 있습니다. 대표적인 사례가 주앙 아벨란제(João Havelange)입니다. 아벨란제는 1974년부터 1998년까지 24년간 FIFA 회장을 역임한 뒤 명예회장 칭호를 받았으나, 2012년 재임 중 뇌물수수 사실이 밝혀졌습니다. FIFA 윤리위원회는 그의 행위가 '도덕적·윤리적으로 비난받아 마땅하다'고 판단했고, 제프 블라터(Sepp Blatter) FIFA 회장은 명예회장직 박탈을 공언했습니다. 그러나 아벨란제는 2013년 4월 '건강 및 개인적 사유'를 이유로 스스로 사임했습니다. 이 사례는 명예직이라 하더라도 FIFA의 윤리 기준에서 예외가 될 수 없음을 보여 줍니다.

제22조. 축구연맹(Confederations)

1. FIFA가 인정하는 축구연맹(Confederation)은 다음과 같습니다. 각 연맹은 FIFA로부터 권한을 인정받으며, 정관에 규정된 권한 범위 내에서 독자적으로 업무를 수행합니다:

   a. 남미 축구연맹(CONMEBOL)

   b. 아시아 축구연맹(AFC)

   c. 유럽 축구연맹(UEFA)

   d. 아프리카 축구연맹(CAF)

   e. 북중미카리브 축구연맹(Concacaf)

   f. 오세아니아 축구연맹(OFC)

2. 예외적으로 FIFA는 지리적으로 속한 대륙의 연맹이 아닌 다른 대륙의 축구연맹에 가입하는 것을 승인할 수 있습니다. 이 경우 해당 축구연맹의 의견을 반드시 청취해야 합니다.

3. 각 축구연맹의 권리와 의무는 다음과 같습니다:

   a. FIFA 정관, 규정 및 결정의 준수 및 집행

   b. FIFA와 모든 분야에서 긴밀히 협력하여 FIFA 목적(제2조) 달성과 국제대회 개최

   c. 위원회 의장·부의장·위원 후보 제안

   d. 국제경기 일정에 따라 축구연맹 내 구단 대항전 개최

   e. 국제대회 및 구단·리그 창설 시 FIFA 승인 확보

   f. FIFA 권고에 따라 가맹 희망 단체에 '잠정회원(Provisional Member)' 지위 부여 가능(단, FIFA 주관 대회 본선 참가 불가)

   g. FIFA와의 회의·협의를 통한 관계 유지 및 문제 해결

   h. FIFA 평의회 위원으로 선출된 소속 인사들이 상호 존중하고 규정을 준수하도록 보장

   i. FIFA 상설위원회와 긴밀히 협력하는 위원회 설치

   j. FIFA 승인하에 타 축구연맹 소속 협회의 대회 참가

   k. 축구 발전을 위한 공동 프로그램·코스·회의 등 실행

   l. 법적 의무 수행에 필요한 기구 설립

해설 제22조는 FIFA와 여섯 축구연맹(Confederation) 간의 권한 분담과 협력 구조를 규정하고 있습니다. FIFA는 국제 규범의 일관성을 보장하면서도, 각 연맹이 대륙별 특성과 상황에 맞는 대회 운영과 정책을 펼칠 수 있도록 자율성을 부여합니다. 이를 통해 FIFA는 전 세계 축구의 통일성과 다양성을 동시에 확보합니다. 특히 '잠정회원(Provisional Member) 제도'와 '타 연맹 소속 협회의 대회 참가 예외 허용'은 FIFA 행정에서 중요한 유연성을 보여 줍니다. 잠정회원은 FIFA 및 해당 연맹의 승인 절차를 거쳐 가입을 추진하는 단계이지만, FIFA 주관 공식대회에는 참가할 수 없습니다(다만 친선전이나 일부 비공식 대회 참가 가능). 또한 특정 조건이 충족되면, 지리적·정치적 요인에 따라 다른 연맹 소속 협회의 대회 참가를 예외적으로 허용할 수 있습니다.

또한 제2항의 대표적인 사례로, 호주 축구협회(Football Australia)는 지리적으로는 오세아니아에 속함에도 불구하고 2006년 FIFA 승인을 받아 오세아니아 축구연맹(OFC)에서 아시아 축구연맹(AFC)으로 소속을 변경한 바 있습니다. 이는 자국 대표팀의 경기력 제고, 월드컵 예선에서의 경쟁력 강화, 상업적·마케팅 시장 확대를 동시에 노린 전략적 결정이었으며, FIFA 정관이 허용하는 '연맹 변경'의 대표적인 선례로 자주 언급됩니다.

제23조. 축구연맹의 정관(Confederations' statutes)

각 축구연맹(Confederation)의 정관은 '건전한 거버넌스(Good Governance)' 원칙에 부합해야 하며, 최소한 다음 사항을 반드시 포함해야 합니다:

a. 정치와 종교 문제에서 중립을 유지할 것

b. 모든 형태의 차별을 금지할 것

c. 독립성을 보장하고 어떠한 정치적 간섭도 배제할 것

d. 사법기구의 독립성을 보장할 것(삼권분립 원칙)

e. 모든 이해관계자는 경기 규칙(Laws of the Game), 충성·정직·스포츠맨십·페어플레이의 원칙과 함께 FIFA 및 해당 연맹의 정관·규정·결정을 존중할 것

f. 모든 이해관계자는 스포츠중재재판소(CAS)의 관할과 권위를 인정하고, 분쟁 해결 수단으로서 중재

절차에 우선권을 부여할 것

g. 심판 제도, 도핑 방지, 선수 등록, 구단 라이선스, 징계 조치(윤리적 위반 포함), 대회 무결성 보호 조치 등과 관련된 사안을 연맹이 일차적으로(Primarily) 규율할 것

h. 의사결정 기구의 권한을 명확히 규정할 것

i. 의사결정 과정에서 이해충돌을 회피할 것

j. 입법 기구는 대표 민주주의 원칙에 따라 구성되며, 축구에서의 성평등 보장을 고려할 것

k. 매년 독립적인 회계 감사를 실시할 것

해설　　제23조는 축구연맹(Confederations)이 자체 정관을 제정할 때 반드시 담아야 할 핵심 원칙을 규정합니다. 이는 앞서 제15조에서 회원협회의 정관에 요구된 기준과 거의 동일한 구조를 갖고 있으며, FIFA가 전 세계적으로 동일한 거버넌스 표준을 관철시키려는 의도를 반영합니다. '건전한 거버넌스'란 정치·종교적 중립, 차별 금지, 독립성 보장, 사법기구의 독립 등을 포함하는 원칙으로, 이는 연맹 운영의 기본 원칙입니다. 또한 스포츠중재재판소(CAS)의 관할을 인정하고 중재 절차를 우선시하도록 한 것은 국제 스포츠 분쟁 해결에서 FIFA와 연맹이 공통된 기준을 따르도록 하는 장치입니다.

　　특히 (g)가 중요합니다. 축구연맹은 심판 제도 관리, 도핑 방지, 선수 등록 및 구단 라이선스 제도, 징계와 윤리 문제, 대회 무결성 보호 조치 등 구체적이고 실무적인 감독 책임을 갖습니다. 이를 통해 FIFA는 중앙집권적 구조에만 의존하지 않고, 지역별 특성과 상황에 맞는 규율을 연맹이 직접 관리하도록 하고 있습니다. 또한 매년 독립적인 회계 감사 의무는 연맹 차원의 재정 투명성과 책임성을 보장하는 제도적 장치입니다. 결국 제23조는 축구연맹이 FIFA의 원칙을 따르면서도, 독립적이고 투명한 운영 체계를 갖추도록 요구하는 규정이라 할 수 있습니다.

제24조. 기구(Bodies)

1. 총회(Congress)는 FIFA의 최고 입법기관입니다.

2. 평의회(Council)는 FIFA의 전략 수립 및 감독 기능을 수행하는 기구입니다.

3. 사무국(General Secretariat)은 FIFA의 집행, 운영 및 행정 기능을 담당합니다.

4. 상설위원회 및 특별위원회(Standing and ad hoc committees)는 평의회와 FIFA 사무국을 보좌·지원하며, 구성·기능·직무는 FIFA 거버넌스 규정(Governance Regulations)에 따라 정해집니다.

5. 독립위원회(Independent Committees)는 FIFA 정관과 적용 규정에 따라 업무를 수행합니다.

6. 축구재판소(Football Tribunal)는 FIFA 정관과 적용 규정에 따라 기능을 수행합니다.

7. 독립 감사인(Independent Auditor)은 스위스 법에 따라 FIFA의 회계 및 재무제표에 대한 감사를 수행합니다.

해설　제24조는 FIFA의 조직 구조를 단순 나열하는 것을 넘어, 현대적 거버넌스 철학이 담긴 권력 분립의 청사진을 제시합니다. FIFA의 최고 주권 기구인 총회(Congress)는 모든 회원협회의 의사를 대변하며 정관 개정과 같은 최고 입법권을 행사하고, 여기서 위임받은 평의회(Council)는 월드컵 개최지 선정 등 장기적 비전과 전략을 수립하는 핵심 감독 기구의 역할을 합니다. 평의회가 설정한 전략적 방향을 실질적으로 집행하고 FIFA의 일상적 운영을 총괄하는 것은 행정부 역할을 하는 사무국(General Secretariat)의 몫입니다. 이러한 입법 및 집행 권력에 대한 견제와 균형은 독립된 사법 및 감독 기구들을 통해 이루어집니다. 축구재판소(Football Tribunal)는 선수 이적 및 계약 분쟁을 독립적으로 판단하여 절차적 공정성을 담보하며, 윤리위원회와 같은 독립위원회(Independent Committees)는 규범을 자의적 개입 없이 적용합니다. 마지막으로, 독립 감사인(Independent Auditor)은 외부에서 재정 투명성을 확보하는 최종 안전장치로서 기능합니다.

　실제로 이러한 유기적인 권력 구조는, 기존의 FIFA 집행위원회(Executive Committee)를 대체해 2016년 FIFA 임시 총회에서 평의회(Council)가 설립된 사례에서 볼 수 있듯이 과거 거버넌스 위기 이후 축구 행정의 현대화와 투명성·책임성을 강화하려는 FIFA의 명확한 의지를 보여 줍니다.

> ### 제25조. 총회(Congress)
>
> 1. 총회(Congress)는 정기총회(Ordinary Congress)와 임시총회(Extraordinary Congress)로 구분되며, 대면·원격회의(전화, 화상) 등 다양한 방식으로 개최할 수 있습니다.
> 2. 정기총회는 매년 1회 개최되며, 평의회가 날짜와 장소를 결정해 최소 4개월 전 회원협회에 통보합니다. 공식 소집은 최소 1개월 전에 하며, 의사일정·회장 보고·재무제표·감사보고 등을 포함합니다.
> 3. 평의회(Council)는 언제든 임시총회를 소집할 수 있습니다.
> 4. 전체 회원협회(Member Association)의 5분의 1 이상이 서면으로 안건과 함께 요청하면 임시총회를 소집해야 하며, 요청일로부터 3개월 이내에 개최해야 합니다.
> 5. 임시총회의 소집 통지는 최소 2개월 전에 이루어져야 하며, 의사일정 변경은 불가합니다.

해설 제25조는 FIFA의 최고 입법 기구인 총회의 운영 방식을 규정함으로써, 조직의 민주적 정당성과 절차적 안정성을 보장하는 핵심적인 조항입니다. 이 규정은 총회를 연례적인 책무성을 묻는 장(정기총회)과 긴급 현안에 대응하는 장(임시총회)으로 이원화하여, 각기 다른 목적에 맞는 절차적 안전장치를 마련하고 있습니다.

정기총회(Ordinary Congress)는 매년 개최되며, 평의회가 제출하는 재무제표와 독립 감사인의 보고서 등을 통해 회원협회들이 FIFA 행정부의 운영 성과와 재정 건전성을 공식적으로 감독하고 평가하는 핵심적인 연례 책임(Accountability) 메커니즘으로 기능합니다. 최소 4개월 전 장소 통보, 최소 1개월 전 공식 소집이라는 엄격한 사전 고지 기간은 각 회원협회가 의사일정을 충분히 숙지하고 민주적 의사결정에 참여할 준비를 하도록 보장하는 필수적인 절차적 권리입니다.

반면, 임시총회(Extraordinary Congress)는 FIFA의 권력 구조 내에서 중요한 견제와 균형(Checks and Balances)의 원리를 구현합니다. 평의회가 필요에 따라 소집할 수도 있지만, 회원협회 5분의 1의 요청만으로도 강제적으로 소집될 수 있다는 점이 핵심입니다. 이는 소수 회원협회의 의견일지라도 FIFA의 최고 의사결정 테이블에 안건을 상정할 수 있도록 보장하는 강력한 민주적 장치입니다. 특히 '요청일로부터 3개월 이내 개최'와 '의사일정 변경 불가'라는 규정은 평의회가 회원들의 요구를 지연시키거나 안건의 본질을 희석시키는 것을 원천적으로 차단하여, 특정 현안에 대한 신속하고 집중적인 논의를 가능하게 합니다.

결론적으로 제25조는 단순한 회의 규칙을 넘어, FIFA의 모든 권력이 회원협회로부터 나온다는 대원칙을 절차적으로 뒷받침합니다. 정기총회를 통해 예측 가능한 행정 감독을, 임시총회를 통해 긴급한 현안에 대한 회원 주도의 대응을 가능하게 함으로써, 총회가 국제 축구의 흐름을 바꾸는 최고 의사결정 기구로서 실질적인 권위를 행사하도록 보장하는 것입니다.

해설　이 조항은 FIFA 총회에서 각 회원협회의 투표권과 대표단 구성 원칙, 그리고 축구연맹 및 평의회 위원의 참여 범위를 규율합니다.

먼저, 각 회원협회는 총회에서 한 표의 투표권을 가지며, 최대 3명의 대표단을 파견할 수 있습니다. 대표단 구성 시 최소 1명은 여성이 포함되도록 권장하는 것은 성평등 및 다양성 증진을 위한 FIFA의 정책적 의지가 반영된 부분입니다. 투표권은 오직 출석한 협회에 한해 인정되며, 회의에 직접 참석하지 않으면 행사할 수 없습니다. 다만 전화·화상 회의 등 원격 방식으로 참석하는 경우는 출석으로 인정됩니다. 대면 총회에서는 위임장이나 서신 투표가 불가능하지만, 원격 총회의 경우에는 서신·온라인 투표가 허용됩니다. 이는 회의 방식에 따라 투표 제도가 달리 적용되는 점을 보여 줍니다.

대표단은 반드시 해당 협회의 소속이어야 하고, 협회 내 적법한 절차를 거쳐 임명되어야 합니다. 이는 대표단이 개인적 이해관계자가 아니라, 협회의 공식적인 의사를 대변하도록 하기 위한 제도적 안전장치입니다. 또한 각 축구연맹은 총회에 대표단을 보낼 수 있지만, 투표권은 없는 참관인 자격으로만 참여할 수 있습니다. 이는 FIFA 의사결정권이 어디까지나 회원협회에 귀속된다는 점을 분명히 합니다.

평의회(Council) 위원은 임기 중 소속 협회의 대표단으로 임명될 수 없습니다. 이는 평의회 위원이 이중적 역할을 수행하면서 발생할 수 있는 권한 중복과 이해충돌을 방지하기 위한 장치입니다.

마지막으로, 회장은 총회 의사규칙에 따라 총회 진행을 주재합니다. 이는 총회의 절차와 질서를 유지하고, 모든 결의와 표결이 정관 및 의사규칙에 따라 공정하게 이루어지도록 보장하는 역할을 합니다. 실무적으로 제26조는 FIFA 총회가 회원협회 단위의 민주적 의사결정 구조를 기반으로 운영되며, 성평등, 절차적 정당성, 이해충돌 방지라는 가치들을 함께 추구하고 있음을 보여 줍니다.

제27조. FIFA 회장·평의회·거버넌스·감사·준법위원회 의장단 및 사법기구 후보 자격

(Candidates for the office of FIFA president, for the council and for the chairpersons, deputy chairpersons and members of the governance, audit and compliance committee and the judicial bodies)

1. 회원협회(Member Association)만이 FIFA 회장 후보를 제안할 수 있습니다. FIFA 회장 후보로 등록하기 위해서는 최소 다섯 개 회원협회의 지지를 받아야 합니다. 회원협회는 총회(Congress) 개시 최소 4개월 전까지 FIFA 사무국(General Secretariat)에 서면으로 후보를 통지해야 하며, 이때 최소 다섯 개 회원협회의 지지 선언을 함께 제출해야 합니다. 후보자는 선수, 임원, 협회 관계자 등으로서 최근 5년 중 2년 이상 협회 축구에 적극적으로 관여한 경력이 있어야 하며, FIFA 거버넌스 규정(Governance Regulations)에 따른 적격성 심사를 통과해야 합니다.

2. FIFA 사무국(General Secretariat)은 총회 개최 최소 1개월 전까지 모든 회원협회에 회장 후보 명단을 통보해야 합니다.

3. (단, 제4항에서 정한 경우를 제외하고) 회원협회만이 평의회(Council) 후보를 제안할 수 있습니다. 회원협회는 해당 축구연맹(Confederation) 총회 개최 최소 3개월 전에 후보를 해당 축구연맹에 제출해야 하며, 축구연맹은 마감일로부터 5일 이내에 제출된 후보자 명단을 FIFA 사무국에 서면으로 통보해야 합니다. 각 회원협회는 오직 1명의 후보만 제안할 수 있으며, 2명 이상을 제안할 경우 그 제안들은 무효가 됩니다. 후보자는 반드시 해당 축구연맹 소속이어야 합니다.

4. 각 축구연맹에서 선출되는 여성 평의회 구성원(최소 1명)은 본 정관 제33조 제5항에 따라 선출 절차가 진행됩니다.

5. 평의회 구성원은 해당 축구연맹 총회에서 회원협회의 투표로 선출되며, FIFA 거버넌스 규정에 따른 적격성 심사를 반드시 통과해야 합니다. FIFA는 평의회 선거 과정을 감독합니다.

6. FIFA 회장 및 평의회 후보 자격에 관한 세부 요건은 FIFA 거버넌스 규정에 따릅니다.

7. 평의회(Council)는 총회에 대해 FIFA 거버넌스·감사·준법위원회(Governance, Audit and Compliance Committee) 및 사법기구(Judicial Bodies)의 의장·부의장·위원 후보를 제안합니다. 또한 평의회는 위원회별 정원 수를 정하고, 총회 개시 최소 4개월 전에 사무국에 서면으로 후보 명단을 제출해야 합니다.

8. 사법기구 의장·부의장·위원 후보자는 FIFA 거버넌스 규정에 따라 검증위원회(Review Committee)의 적격성 심사를 통과해야 합니다.

9. 거버넌스·감사·준법위원회의 의장·부의장·위원 후보자는 FIFA 거버넌스 규정에 따라 FIFA 윤리위원회(Ethics Committee) 조사부의 적격성 심사를 통과해야 합니다.

해설　이 조항은 FIFA의 최고 리더십(회장, 평의회 위원)과 독립적인 감독 기구(주요 위원회 및 사법기구) 구성원의 선출 자격 및 추천 절차를 규정하는 핵심적인 '관문(Gatekeeping)' 조항입니다. 단순히 자격 요건을 나열하는 것을 넘어, FIFA 권력 구조의 정당성과 리더십의 무결성을 보장하기 위한 다층적인 검증 장치를 명시하고 있습니다.

FIFA 회장직은 전 세계 축구를 대표하는 자리인 만큼, 후보자는 최소 5개 회원협회의 지지를 받아야 합니다. 이는 무분별한 후보 난립을 막고 최소한의 국제적 신망을 갖춘 인물만이 후보가 될 수 있도록 하는 일차적인 필터링 장치입니다. 더불어 '최근 5년 중 2년 이상 축구계에 적극 관여'라는 경력 요건은 후보자가 축구 행정에 대한 실질적인 이해와 경험을 갖추도록 보장합니다.

반면, FIFA 평의회 위원 후보는 각 축구연맹의 의사를 반영하는 지역 대표성을 확보하기 위해 다른 절차를 따릅니다. 후보자는 소속 회원협회의 제안을 받아 소속 축구연맹 총회에서 선출됩니다. 이는 FIFA의 권력이 특정 지역에 집중되지 않고 전 세계에 고르게 분포되도록 하는 중요한 구조적 원리입니다.

모든 후보자에게 공통적으로 적용되는 가장 중요한 절차는 바로 FIFA 거버넌스 규정에 따른 적격성 심사(Eligibility Check)입니다. 이는 과거의 부패 스캔들 이후 FIFA가 도입한 개혁의 핵심으로, 후보자의 윤리성, 재정적 투명성, 범죄 경력 등을 독립적으로 검증하여 FIFA의 리더십이 높은 수준의 무결성을 유지하도록 하는 최종적인 안전장치입니다.

제28조. 정기총회 의제(Ordinary congress agenda)

1. 사무총장(Secretary General)은 평의회(Council)와 회원협회(Member Association)의 제안에 기초하여 의사일정
   을 작성합니다. 회원협회가 총회(Congress)에 안건을 제출하고자 할 경우, 간단한 설명과 함께 총회 개
   최 최소 2개월 전에 서면으로 FIFA 사무국에 제출해야 합니다.

2. 정기총회의 의사일정에는 다음 사항이 포함됩니다:

   a. 총회가 정관에 따라 소집 및 구성되었음을 선언하는 절차

   b. 의사일정 승인

   c. 회장의 연설

   d. 회의록 검토를 위한 5개 회원협회 지정

   e. 개표위원(Scrutineers) 임명

   f. 회원협회의 정지 또는 제명(해당되는 경우)

   g. 직전 총회 회의록 승인

   h. 활동 보고(직전 총회 이후의 활동 포함)

   i. 거버넌스·감사·준법위원회(Governance, Audit and Compliance Committee) 보고

   j. 연간 재무제표 및 감사보고서 제출(연결 재무제표 포함)

   k. 연간 재무제표 및 감사보고서 승인

   l. 예산 승인

   m. 신규 회원 승인(해당되는 경우)

   n. 정관, 정관 적용규정, 총회 의사규칙 개정안 표결(해당되는 경우)

   o. 회원협회 및 평의회가 제출한 제안 토의(제1항의 기한 내 제출된 경우)

   p. 감사인 임명(해당되는 경우)

   q. 회장의 선출 또는 해임(정관에 따른 경우)

   r. 다음 위원회의 의장·부의장·위원 선출 또는 해임(평의회 제안에 따른 경우):

      i.   징계위원회(Disciplinary Committee)

      ii. 윤리위원회(Ethics Committee)

      iii. 항소위원회(Appeal Committee)

      iv. 거버넌스·감사·준법위원회(Governance, Audit and Compliance Committee)

   s. FIFA 월드컵 및 FIFA 여자 월드컵 개최국 선정에 관한 표결(해당되는 경우)

3. 정기총회의 의사일정은 총회에 출석한 투표권이 있는 회원의 4분의 3 이상이 동의하는 경우에 한하

해설　제28조는 FIFA 정기총회의 의사일정과 운영 절차를 구체적으로 규정한 조항으로, 총회가 단순한 형식적 절차가 아니라 FIFA 운영의 핵심을 이루는 실질적 의사결정 과정임을 보여 줍니다.

첫째, 사무총장의 역할과 안건 제출 절차입니다. 의사일정은 사무총장이 평의회와 회원협회의 제안을 종합하여 작성하는데, 회원협회가 안건을 제출하려면 총회 개최 최소 2개월 전에 서면으로 제출해야 합니다. 이는 절차적 예측 가능성을 확보하고 모든 회원이 충분히 준비할 수 있도록 하기 위한 장치입니다. 안건 제출 시 간략한 설명을 요구하는 것 역시 총회 토의의 효율성과 투명성을 높이기 위한 조치입니다.

둘째, 정기총회 필수 의제의 범위입니다. 정기총회는 단순한 회의가 아니라 FIFA의 전반적 운영을 점검하고 향후 방향을 설정하는 자리이므로, 회계 및 재무 승인, 회장 연설과 보고, 감사보고서, 예산안 심의와 승인, 신규 회원 승인 등 기본 운영 사안이 반드시 포함됩니다. 나아가 FIFA 회장 선출과 해임, 징계위원회·윤리위원회·항소위원회 등 핵심 사법기구의 구성, FIFA 월드컵 및 여자 월드컵 개최국 선정과 같은 중대한 결정들도 모두 총회 의제에 포함됩니다. 이런 점에서 정기총회는 FIFA 거버넌스에서 정치·행정·사법·재정이 교차하는 '결정의 집약체'라 할 수 있습니다.

셋째, 의사일정 변경 요건입니다. 정기총회의 의사일정은 출석한 투표권이 있는 회원의 4분의 3 이상이 동의해야만 변경할 수 있습니다. 이는 총회가 정치적 이해관계나 즉흥적 결정에 흔들리지 않도록 절차적 안정성을 보장하기 위한 장치입니다. 이처럼 높은 정족수를 요구하는 것은 FIFA가 의사일정을 단순히 조정 가능한 목록이 아니라 국제 축구 질서에 관한 중대한 결정의 '약속'으로 간주함을 의미합니다.

역사적으로도 FIFA 정기총회는 국제 축구의 향방을 결정짓는 중대한 순간들이 펼쳐진 무대였습니다. 정관 개정, 회원협회 승인과 제명, 회장 선거, 월드컵 개최국 결정 등 국제 축구를 규정하는 핵심 사안들이 모두 정기총회에서 다루어져 왔습니다. 이러한 맥락에서 제28조는 단순한 절차 규정이 아니라 FIFA의 민주성과 정당성을 제도적으로 뒷받침하는 근간이라 할 수 있습니다.

제29조. 정관·규정 채택 및 개정(Adoption of and amendments to the statutes, the regulations governing the application of the statutes and the standing orders of the congress)

1.　총회는 FIFA 정관(Statutes), 정관 적용규정(Regulations Governing the Application of the Statutes), 총회 의사규칙

(Standing Orders of the Congress)을 채택하고 개정할 권한을 가집니다.

2. 정관 개정 제안은 회원협회 또는 평의회(Council)가 간단한 설명과 함께 서면으로 FIFA 사무국(General Secretariat)에 제출해야 합니다. 회원협회가 제출한 제안은 최소 두 개 이상의 회원협회의 서면 지지를 받아야만 유효합니다.

3. 정관 개정안에 대한 표결이 유효하려면, 투표권이 있는 회원협회의 과반수가 총회에 출석해야 합니다.

4. 정관의 채택 또는 개정은 출석하여 투표할 자격이 있는 회원협회 중 4분의 3 이상의 찬성으로 확정됩니다.

5. 정관 적용규정과 총회 의사규칙의 채택 또는 개정 제안 역시 회원협회 또는 평의회가 간단한 설명과 함께 서면으로 사무국에 제출해야 합니다.

6. 정관 적용규정과 총회 의사규칙의 채택 또는 개정은 출석한 회원협회의 유효 투표 과반으로 확정됩니다.

해설　　제29조는 FIFA 규범 체계의 핵심인 정관(Statutes), 그 실행 규정인 정관 적용규정, 그리고 총회의 운영 절차를 규정한 총회 의사규칙의 채택 및 개정 절차를 명확히 규정하고 있습니다.

우선, FIFA의 최고 규범인 정관을 개정하려면 회원협회 또는 평의회가 제안할 수 있으며, 회원협회 제안은 반드시 두 개 이상의 회원협회 지지를 받아야 합니다. 개정안은 총회에서 투표권이 있는 회원협회의 과반수 출석과, 출석 회원의 4분의 3 이상의 찬성을 얻어야 확정됩니다. 이는 FIFA 규범 중에서도 가장 엄격한 절차 요건으로, 정관이 사실상 FIFA의 헌법적 지위를 갖고 있음을 보여 줍니다.

반면, 정관 적용규정과 총회 의사규칙은 정관보다 하위 규범으로 분류되며, 채택 및 개정 요건 역시 상대적으로 완화되어 있습니다. 출석한 회원의 단순 과반(실투표자 수의 50% 초과) 찬성만으로도 확정이 가능하여, 실무적 유연성을 확보할 수 있도록 설계되어 있습니다.

결국 제29조는 FIFA 규범 체계의 위계와 개정 절차의 차이를 동시에 드러냅니다. 정관은 헌법적 성격을 지니기 때문에 높은 찬성 비율을 요구하지만, 세부 집행 규정은 환경 변화와 실무적 필요에 신속히 대응할 수 있도록 개정 문턱을 낮춘 것입니다.

제30조. 선거·기타 결의·의결정족수(Elections, other decisions, requisite majority)

1. 선거는 비밀투표로 진행되어야 합니다.

2. 투표를 요하는 다른 모든 결정은 거수 또는 전자 계수 방식으로 이루어져야 합니다. 만약 거수로 안건

에 대한 명확한 과반수가 나오지 않을 경우, 알파벳 순서로 회원협회를 호명하는 기명투표(Roll Call Vote)를 진행해야 합니다.

3. 회장 선거의 경우, 후보가 한 명뿐이면 총회는 추대로 회장을 선출하기로 결정할 수 있습니다. 그 외의 경우, 후보가 두 명 이하이면 유효 투표수의 단순 과반(실투표자 수의 50% 초과)이 필요합니다. 회장 선거에 세 명 이상의 후보가 있는 경우, 1차 투표에서는 출석하여 투표 자격이 있는 회원협회 투표수의 3분의 2가 필요합니다. 2차 투표부터는 단 두 명의 후보가 남을 때까지 가장 적은 수의 표를 얻은 후보가 탈락합니다.

4. 평의회(Council) 위원은 본 정관 제27조 제5항에 따라 회원협회에 의해 선출되어야 합니다.

5. 각 축구연맹 회장은 직권(Ex Officio)으로 평의회의 부회장이 됩니다.

6. 각 부회장 및 평의회 위원은 FIFA 거버넌스 규정에 따라 심사위원회가 실시하는 자격 심사를 충족해야 합니다.

7. 각 사법기구 및 거버넌스·감사·준법위원회(Governance, Audit and Compliance Committee)의 의장, 부의장, 위원 선거에서는 공석에 대해 가장 많은 표를 얻은 후보가 선출됩니다.

8. 총회에 의한 각 사법기구 및 거버넌스·감사·준법위원회의 의장, 부의장, 위원 선거는 일괄적으로 진행될 수 있습니다. 그러나 최소 10개 회원협회의 요청이 있을 경우, 특정 후보에 대한 개별 투표가 실시되어야 합니다.

9. 정관에 별도 규정이 없는 한, 선거, 투표 및 기타 결정이 유효하기 위해서는 유효 투표수의 단순 과반으로 충분합니다.

10. 추가 세부 사항은 총회 의사규칙에 규정되어 있습니다.

해설　이 조항은 FIFA 총회와 평의회에서 선거 및 의사결정을 어떻게 진행하고, 어떤 정족수를 충족해야 효력이 발생하는지를 규정합니다.

먼저, 선거는 원칙적으로 비밀투표로 진행됩니다. 이는 자유롭고 독립적인 의사 표현을 보장하기 위한 민주적 절차입니다. 반면, 선거 이외의 다른 의결은 거수 또는 전자 계수 방식으로 처리됩니다. 거수로 과반 여부가 불분명한 경우에는, 회원협회를 영어 알파벳 순서대로 호명하여 기명투표를 실시함으로써 명확한 결과를 도출합니다.

FIFA 회장 선거에는 일반적인 비밀투표 규칙에 더해, 단독 후보일 때 적용되는 예외 규정이 있습니다. FIFA 정관 제30조 제3항은 회장 선거에서 후보자가 한 명뿐인 경우, 총회가 비밀투표를 생략하고 이른바 '추대(Acclamation)' 방식으로 회장을 선출할 수 있다고 규정합니다. 이 조항은 실제 선거에서도 두 차례 사용되었습니다. 지아니 인판티노(Gianni Infantino) 현 회장은 2019년 파리에서 열린 제69차 총회와 2023년 키갈리에서 열린 제73차 총회에서 모두 단독 후보로 출마해, 두 번 모두 총회의 추대로 각각 재선과 3선이 확정되었습니다. 이 사례는 단독 후보 추대 규정이 실무에서 어떻게 작동하는지를 보여 주는 대표적인 예입니다.

후보자가 두 명 이하라면 단순 과반(실투표자 수의 50% 초과)이 필요하며, 세 명 이상인 경우에는 1차 투표에서 3분의 2 득표가 요구됩니다. 이후 투표에서는 최저 득표자가 탈락하는 방식으로 반복해, 최종적으로 두 후보가 남을 때까지 진행됩니다. 이는 FIFA 회장 선출 절차의 공정성과 정당성을 높이기 위한 다단계 구조입니다.

평의회(Council) 위원은 FIFA 정관 제27조 제5항에 따라 회원협회가 선출합니다. 또한 각 축구연맹 회장은 직권(Ex Officio)으로 FIFA 평의회 부회장이 됩니다. 부회장 및 평의회 위원은 FIFA 거버넌스 규정에 따른 자격 심사를 통과해야 하며, 이는 FIFA 지도부의 청렴성과 자격 요건을 보장하기 위한 필수 절차입니다.

사법기구와 거버넌스·감사·준법위원회의 의장, 부의장, 위원 선거에서는 최다 득표자가 당선됩니다. 이 선거는 원칙적으로 일괄적으로 진행되지만, 최소 10개 회원협회가 요청하면 개별 투표로 전환됩니다. 이는 선거 방식의 효율성을 유지하면서도, 소수 회원의 권리와 투명성을 보장하는 장치입니다. 정관에 별도 규정이 없는 한, 선거와 기타 모든 결정은 유효 투표수의 단순 과반으로 결정됩니다. 보다 구체적인 절차적 세부 사항은 총회 의사규칙에 규정되어 있습니다.

실무적으로 제30조는 FIFA 총회의 민주적 정당성과 의사결정의 예측 가능성을 보장합니다. 특히 회장 선거 절차, 평의회 위원 구성, 사법기구 선출 방식 등은 FIFA 조직의 투명성과 책임성을 유지하는 핵심 장치로 작동합니다. FIFA 에이전트 시험 대비 관점에서는 네 가지 포인트를 기억해야 합니다. 첫째, 선거는 비밀투표가 원칙이라는 점, 둘째, 회장 선거는 후보 수에 따라 절차가 달라지며 다단계 투표 구조를 가진다는 점, 셋째, 축구연맹 회장은 직권으로 부회장이 된다는 점, 넷째, 일반 결의와 선거는 단순 과반으로 의결되지만, 특별히 규정된 경우 더 높은 정족수가 필요하다는 점입니다.

제31조. 회의록(Minutes)

1. 사무총장(Secretary General)은 총회(Congress) 회의록 작성의 책임을 집니다.

2. 총회 회의록은 회원협회(Member Association)가 지정한 인사가 검토합니다.

 제31조는 총회의 회의록 작성과 검토 절차를 규정하고 있습니다. 회의록은 총회의 모든 결정을 공식적으로 기록하는 문서이자, FIFA 운영의 투명성과 정당성을 담보하는 핵심 자료입니다. 작성 주체는 사무총장으로, FIFA 행정의 최고 책임자가 기록의 정확성과 완전성을 보장해야 합니다. 반면, 검토 주체는 회원협회가 지정한 인원으로, 이는 FIFA 내부 행정만이 아니라 회원협회가 직접 참여하여 기록의 객관성과 공정성을 확보하려는 장치입니다.

> ### 제32조. 의결 효력 발생일(Effective dates of decisions)
>
> 총회(Congress)에서 통과된 결의는, 별도의 발효일 지정이 없는 한, 총회 종료 후 60일째에 효력이 발생합니다.

 이 조항은 결의의 효력 발생 시점을 명확히 하여, 회원협회가 준비할 수 있는 유예기간을 보장합니다. 다만, 총회에서 특정 발효일을 정한 경우에는 그 날짜를 따릅니다.

제33조. 회장, 부회장 및 평의회의 구성과 선출

(Composition, election of the president, vice-presidents and the members of the council)

1. 평의회는 37명의 위원으로 구성됩니다:

   a. 총회에서 선출된 1명의 회장

   b. 8명의 부회장

   c. 28명의 기타 위원(평의회의 모든 위원은 선출되는 즉시 FIFA의 최상의 이익과 전 세계적인 축구의 증진 및 발전을 위해 충실하고, 헌신적이며, 독립적으로 행동할 의무와 책임을 집니다)

2. 회장은 FIFA 월드컵이 열린 다음 해에 총회에서 4년 임기로 선출됩니다. 임기는 회장이 선출된 총회가 끝난 후 시작됩니다. 어떠한 인물도(연속 여부와 관계없이) 3선을 초과하여 회장직을 맡을 수 없습니다. 부회장 또는 평의회 위원으로 재임했던 이전 임기는 회장의 임기 제한을 결정하는 데 고려되지 않습니다.

3. 평의회 위원들은 각 축구연맹 총회에서 회원협회들에 의해 4년 임기로 선출됩니다. 그들의 임기는 선출된 총회가 끝난 후 시작됩니다. 평의회 위원은 (연속 여부와 관계없이) 3선을 초과하여 재임할 수 없습니다.

4. 각 축구연맹은 평의회에 다음과 같은 인원을 배정받습니다:

   a. 남미 축구연맹(CONMEBOL): 부회장 (1), 위원 (4)

   b. 아시아 축구연맹(AFC): 부회장 (1), 위원 (6)

   c. 유럽 축구연맹(UEFA): 부회장 (3), 위원 (6)

   d. 아프리카 축구연맹(CAF): 부회장 (1), 위원 (6)

   e. 북중미카리브 축구연맹(Concacaf): 부회장 (1), 위원 (4)

   f. 오세아니아 축구연맹(OFC): 부회장 (1), 위원 (2)

5. 각 축구연맹의 회원들은 평의회에 최소 한 명의 여성 위원을 선출하도록 보장해야 합니다. 만약 한 축구연맹의 회원들이 평의회에 여성 후보를 선출하지 않을 경우, 해당 축구연맹의 여성 위원에게 배정된 자리는 해당 축구연맹이 상실한 것으로 간주되며, 다음 평의회 위원 선거까지 공석으로 유지됩니다.

해설 제33조는 FIFA 평의회의 구조, 선출 절차, 연맹별 의석 배분, 성평등 조항, 직무대행 절차를 종합적으로 규정한 조항입니다. 평의회는 FIFA의 핵심 행정 의사결정 기구로서, FIFA 전체 거버넌스의 중심에 자리합니다. 평의회는 FIFA 회장, 부회장, 그리고 각 축구연맹에서 선출된 위원들로 총 37명으로 구성됩니다. 회장은 4년 임기에 최대 세 차례까지만 연임할 수 있어 장기 집권을 방지하는 장치가 마련되어 있으며, 이는 FIFA의 리더십 교체 주기를 제도적으로 보장합니다.

의석 배분은 각 대륙 축구연맹의 규모와 축구계에 대한 영향력을 반영하여 이루어집니다. UEFA, AFC, CAF는 상대적으로 많은 의석을 차지하고 있으며, 이는 세계 축구의 지역적 균형과 대표성을 확보하기 위한 구조입니다. 특히 각 연맹은 반드시 최소 1명의 여성 위원을 포함해야 하며, 이를 충족하지 못하면 해당 의석은 공석으로 남습니다. 이는 FIFA가 성평등을 조직 운영의 핵심 원칙으로 제도화하고 있음을 보여 주는 강력한 조치입니다.

권력 집중을 방지하기 위해 동일한 회원협회 출신 인사는 동시에 두 명 이상 평의회에 참여할 수 없으며, 회장이 직무를 수행할 수 없는 경우에는 최장기 재임 부회장이 권한을 대행합니다. 평의회 내에서 공석이 발생하면 해당 축구연맹이 후임을 선출하도록 하여 조직 운영의 연속성을 보장합니다.

현재 평의회 구성원은 FIFA 공식 홈페이지에서 언제든지 확인할 수 있습니다. 이 여성 위원 의무 규정이 실제로 어떻게 적용되고 있는지 보여 주는 좋은 예로, 본서 발행 시점 기준 활동 중인 여성 위원들은 다음과 같습니다.

파스칼 반담(Pascale Van Damme / UEFA 위원)

칸야 케오마니(Kanya Keomany / AFC 위원)

소니아 풀포드(Sonia Fulford / Concacaf 위원)

신디 콘(Cindy Cone / Concacaf 위원)

마리아 솔 무뇨스(Maria Sol Muñoz / CONMEBOL 위원)

조해나 우드(Johanna Wood / OFC 위원)

카니자트 이브라힘(Kanizat Ibrahim / CAF 위원)

결국 제33조는 FIFA 평의회의 구성 원칙, 성평등 보장, 권력 분산, 직무대행 규정을 통해 조직 운영의 안정성과 공정성을 제도적으로 담보하는 조항입니다. 연맹별 의석 배분 구조, 여성 위원 의무 규정, 회장 임기 제한과 같은 요소들은 FIFA 에이전트 시험에서도 반복적으로 다뤄지는 핵심 포인트이므로 반드시 숙지해야 할 부분입니다.

제34조. 평의회의 권한(Powers of the council)

1. 평의회(Council)는 FIFA의 사명, 전략적 방향, 정책 및 가치를 정의하며, 특히 전 세계 축구의 조직과 발전 및 관련 사안을 관할합니다.

2. 사업 및 재정 사항과 관련하여, 평의회는 다음을 규정합니다:

   a. FIFA 상업 계약의 체결 기준, 정책 및 절차

   b. 축구 발전 보조금 지급에 관한 기준, 정책 및 절차

   c. FIFA 운영 비용에 관한 기준, 정책 및 절차

   d. FIFA의 기타 모든 사업 및 재정 사항에 관한 기준, 정책 및 절차

   평의회는 사업 및 재정 사항의 집행과 관리를 사무국에 위임하며, 사무국은 회장과 평의회의 권한 및 감독하에 운영됩니다.

3. 평의회는 FIFA 전체 운영을 사무국을 통해 감독합니다.

4. 평의회는 예산과 연간 감사 재무제표(연결 재무제표 포함)를 승인하며, 재무위원회가 작성한 연차 보고서를 총회에 제출합니다.

5. 평의회는 축구재판소(Football Tribunal)의 부서와 상설위원회의 의장·부의장·위원을 임명합니다.

6. 평의회는 징계위원회, 윤리위원회, 항소위원회, 거버넌스·감사·준법위원회의 의장·부의장·위원 선출을 총회에 제안합니다.

7. 평의회는 필요시 언제든 특별위원회(Ad Hoc Committee)를 설치할 수 있습니다.

8. 평의회는 FIFA를 대표하여 국제축구평의회(IFAB) 총회에 참석할 세 명의 대표를 임명합니다(회장 포

해설　　FIFA 평의회(Council)는 단순히 지역 대표들이 모인 자리가 아니라, FIFA 거버넌스의 핵심 권한을 행사하는 최고 행정 의사결정 기구입니다. 연맹별 부회장 및 위원 배정은 회원협회 수만을 기준으로 하지 않고, 각 연맹의 축구 역사, 국제대회 성과, 시장 규모, 정치적 영향력까지 종합적으로 고려하여 결정됩니다.

예컨대 유럽 축구연맹(UEFA)은 세계 축구에서의 압도적인 영향력과 시장 규모를 반영해 부회장 3명과 위원 6명으로 가장 많은 의석을 차지하고 있습니다. 아시아 축구연맹(AFC)과 아프리카 축구연맹(CAF)은 회원협회 수와 시장 범위가 큰 점을 반영하여 각각 부회장 1명과 위원 6명을 배정받았고, 남미 축구연맹(CONMEBOL)과 북중미카리브 축구연맹(Concacaf)은 회원협회 수는 상대적으로 적지만 남미와 북중미카리브 지역의 경쟁력과 상징성을 인정받아 각각 부회장 1명과 위원 4명을 확보했습니다. 오세아니아 축구연맹(OFC)은 규모와 영향력이 가장 작아 부회장 1명과 위원 2명만 배정되었습니다. 이러한 구조는 FIFA가 단순한 인구 비례가 아니라 축구계에서의 위상과 정치적 균형을 동시에 반영하고 있음을 보여 줍니다.

제34조는 평의회의 권한을 세 가지 축으로 규정합니다. 첫째, 정책·재정 권한입니다. 평의회는 FIFA의 사명과 전략을 수립하고, 상업 계약·재정 지원·운영 비용 등 FIFA의 모든 사업적·재정적 사안을 최종 결정합니다. FIFA 재정이 중계권과 스폰서십 같은 대규모 상업 계약에 크게 의존한다는 점에서 이 권한은 거버넌스의 중심축입니다. 둘째, 임명·감독 권한입니다. 평의회는 사무총장을 임명·해임할 수 있으며, 상설위원회와 축구재판소 인사 임명 권한도 가집니다. 이를 통해 FIFA 사무국과 행정 전반을 직접 감독하며, 사실상 집행부 전체를 통제하는 권한을 행사합니다. 셋째, 대회 관련 권한입니다. 평의회는 FIFA 대회의 일정과 참가 규모를 결정할 수 있습니다. 다만 FIFA 월드컵과 여자 월드컵 개최국 결정은 총회 권한으로 남겨져 있습니다. 이는 FIFA의 최고 의

사결정권이 총회에 있음을 확인하는 동시에, 평의회와 총회의 권한을 명확히 구분하는 장치입니다.

결국 제34조는 FIFA 평의회가 정책·재정, 인사·감독, 대회 운영이라는 세 가지 핵심 권한을 통해 FIFA를 실질적으로 이끄는 기구임을 보여 줍니다. 동시에 총회가 가지는 궁극적 권한과 균형을 이루도록 설계되어 있다는 점에서, FIFA 에이전트 시험에서도 '월드컵 개최국은 총회 결정', '사무총장 임명·해임은 평의회 권한', '재정·상업 계약은 평의회 권한'의 구분이 중요합니다.

제35조. 회장(President)

1. 회장은 FIFA를 대표합니다.

2. 회장은 평의회(Council)가 정한 FIFA의 사명, 전략 방향, 정책 및 가치를 보호·실현하고, 긍정적인 이미지를 조성하도록 노력해야 하며, 특히 FIFA 사무국(General Secretariat)을 통해 이를 구현합니다.

3. 회장은 FIFA, 축구연맹, 회원협회, 정치·국제기구 간의 관계를 발전시키는 역할을 합니다.

4. 회장은 총회 및 평의회 회의를 주재하며, 총회(Congress)에서는 표결권을 갖지 않고 평의회에서만 1표의 표결권을 행사합니다.

5. 회장의 권한과 직무는 FIFA 거버넌스 규정(Governance Regulations)에 더 상세히 규정됩니다.

해설　제35조는 FIFA 회장의 지위와 권한을 요약한 조항입니다. 회장은 FIFA를 대표하는 상징적·외교적 리더로서, 조직의 비전과 가치를 내외부에 알리고 수호하는 중심 인물입니다. 그러나 그 권한은 무제한적이지 않으며, 총회와 평의회를 주재하면서도 단지 1표의 표결권만을 가진다는 점에서 절대 권력자가 아닌 '조정자'의 위치에 있습니다.

회장은 평의회가 정한 전략과 정책을 보호·실현하고, 사무국을 통해 조직 운영을 조율합니다. 즉, 회장의 본질적 역할은 직접 집행이 아니라 FIFA의 방향성을 제시하고 국제적 이미지를 관리하는 데 있습니다. 동시에 FIFA와 각 축구연맹, 회원협회, 나아가 국제기구와의 관계를 발전시켜 축구의 국제적 위상을 강화해야 할 책무도 맡고 있습니다.

현직 회장 지아니 인판티노(Gianni Infantino)는 2016년 2월 26일 처음 FIFA 회장으로 선출된 이후, 2019년과 2023년에 각각 재선에 성공하며 현재 세 번째 임기를 수행하고 있습니다. 첫 임기는 전임자의 잔여 임기를 승계한 것이어서 다소 짧았지만, 2019년에는 단독 후보로 나서 만장일치에 가까운 지지를 받아 정식 4년 임기를 시작했습니다. 이후 2023년에도 재선에 성공해 임기는 2027년까지 이어집니다. 그의 사례는 FIFA 회장이 단순한 행정 책임자를 넘어 국제 스포츠 외교와 글로벌 축구 거버넌스 전반에 영향을 미치는 위치임을 잘 보여 줍니다. 결국 제35조는 FIFA 회장을 상징적 리더, 정책 조정자, 외교적 대표자라는 세 가지 축으로 정의하면서, FIFA 의사결정 구조가 특정 개인의 권력 집중이 아니라 제도적 균형 위에서 운영되도록 하는 핵심 조항이라 할 수 있습니다.

제36조. 사무국(General secretariat)

1. FIFA 사무국(General Secretariat)은 사무총장(Secretary General)의 지휘 아래, 다음과 같은 업무를 수행합니다:

    a. 대회 및 관련 업무 조직, 규정·방침·결정 준수

    b. 상업 계약 집행·운영, 표준·정책 준수

    c. FIFA 발전기금 집행·관리

    d. FIFA 운영·행정 전반 수행 및 예산 집행

2. 사무국은 회장과 평의회의 감독을 받습니다.

3. 권한·직무는 FIFA 거버넌스 규정(Governance Regulations)에 규정됩니다.

해설　제36조는 FIFA의 거대한 조직을 움직이는 행정적 엔진이자 중앙 신경망인 사무국의 역할과 책임을 정의합니다. 사무총장(Secretary General)의 지휘 아래, 사무국은 FIFA의 모든 실무를 총괄하는 집행 기구입니다. 월드컵과 같은 글로벌 대회를 조직하는 것부터 수십억 달러 규모의 상업 계약을 이행하고, 전 세계 회원협회에 분배되는 'FIFA Forward 발전기금'과 같은 핵심 프로그램을 관리하는 일까지, FIFA의 비전과 정책을 현실로 만드는 모든 과정이 사무국을 통해 이루어집니다.

이 조항의 핵심은 평의회(전략·감독)와 사무국(집행·운영) 간의 명확한 권력 분담을 제도화한 데 있습니다. 평의회가 FIFA의 '나아갈 방향'을 결정하면, 사무국은 그 방향에 맞춰 '실제로 움직이는' 역할을 합니다. 특히 사무국이 회장과 평의회의 감독을 받는다는 점은, 막강한 행정력과 예산 집행 권한을 가진 실무 조직이 선출된 리더십의 통제 아래 투명하고 책임감 있게 운영되도록 보장하는 필수적인 거버넌스 원칙입니다.

따라서 FIFA 에이전트 시험에서는 사무총장이 FIFA의 실질적인 최고운영책임자(COO) 역할을 수행한다는 점과, '전략적 의사결정 기구인 평의회'와 '그 결정을 집행하는 사무국'의 관계를 정확히 이해하는 것이 핵심적인 평가 요소가 될 수 있습니다.

해설　　제37조는 FIFA 행정부의 수장인 사무총장의 위상을 규정합니다. 사무총장은 FIFA라는 거대 조직의 일상적인 운영과 관리를 총괄하는 최고 실무 책임자로서, 현대 기업의 최고운영책임자(COO)에 해당하는 역할을 수행합니다.

이 조항의 핵심은 정치적 리더십(회장·평의회)과 전문적 경영(사무총장)을 분리하는 현대적 거버넌스 원칙을 반영한 점입니다. 사무총장을 선출직이 아닌, 평의회 임명직으로 둔 것은 행정부 수장이 정치적 선거 과정에서 벗어나 전문성과 경영 능력을 기준으로 선임되도록 하기 위함입니다. 동시에 임명과 해임 권한을 평의회가 보유함으로써, 사무총장과 사무국 전체가 선출된 대표 기구에 대해 직접적인 책임을 지는 구조가 형성됩니다.

2016년 파트마 사무라(Fatma Samoura)의 임명 사례가 이러한 절차를 잘 보여 줍니다. 인판티노 회장은 2016년 5월 멕시코시티에서 열린 제66차 FIFA 총회에서 사무라를 사무총장 후보로 지명했고, FIFA 평의회가 이를 승인했습니다. 사무라는 이후 제37조에 따라 독립 검증위원회(Review Committee)의 적격 심사를 통과한 뒤 같은 해 6월 20일 정식 취임했습니다. FIFA 112년 역사상 최초의 여성이자 비유럽인 사무총장이었던 그녀는 UN에서 21년간 근무한 경력을 바탕으로 임명되었으며, 이는 축구계 내부 인사가 아닌 외부 전문가도 전문성을 기준으로 발탁될 수 있음을 보여 주는 사례입니다.

한편, 사무라의 전임자였던 제롬 발케(Jérôme Valcke)는 월드컵 티켓 암거래, 경비 남용, TV 중계권 관련 비위 등 부패 혐의로 2015년 9월 직무정지 처분을 받았고, 2016년 1월 FIFA 긴급위원회에 의해 해임되었습니다.

사무라가 2023년 말 퇴임한 이후에는 사무부총장이었던 마티아스 그라프스트룀(Mattias Grafström)이 2023년 10월 평의회 결정으로 사무총장 대행에 임명되었고, 2024년 5월 방콕에서 열린 제74차 FIFA 총회 직전 평의회 회의에서 정식 사무총장으로 임명되었습니다. 이처럼 사무총장의 임명과 해임, 그리고 적격 심사 절차는 실제로 작동하고 있으며, 제37조는 FIFA 행정부의 전문성과 책임성을 동시에 확보하기 위한 제도적 장치로 기능하고 있습니다.

제38조. 평의회 사무국(Bureau of the council)

1. 평의회 사무국은 평의회 회의 사이에 긴급히 결정을 내려야 하는 사안을 처리하며, FIFA 회장과 6개 축구연맹 회장이 당연직으로 참여합니다.
2. 회장은 회의를 소집하며, 긴급 시에는 비대면으로 의사결정을 내릴 수 있고 그 결정은 즉시 효력을 갖습니다.
3. 평의회 사무국의 결정은 차기 평의회에서 승인받아야 합니다.
4. 회장이 불참 시 최장기 재임 부회장이 대리하며, 필요시 대리인을 지정할 수 있습니다.
5. 대리인은 동일 축구연맹 출신이어야 하며, 이해충돌이 없어야 합니다.

해설 제38조는 FIFA의 평의회 사무국(Bureau of the Council)을 규정한 조항으로, 본 평의회 전체 회의가 열리기 전이라도 긴급 사안을 처리할 수 있도록 마련된 일종의 '긴급 집행기구'입니다.

평의회 사무국은 FIFA 회장과 6개의 축구연맹 회장으로 구성됩니다. 인원이 제한적이기 때문에 신속성과 기동성이 보장되며, 국제 스포츠 행정에서 발생할 수 있는 예측 불가능한 사건이나 위기 상황에 즉각 대응할 수 있습니다. 의사결정은 회의 소집 없이도 비대면으로 진행될 수 있으며, 결정은 곧바로 효력을 가집니다. 그러나 이러한 권한이 남용되는 것을 방지하기 위해, 평의회 사무국의 모든 결정은 반드시 차기 평의회에서 승인 절차를 거쳐야 합니다. 이는 긴급성과 민주적 정당성 사이의 균형을 맞추려는 제도적 장치입니다.

또한 대리 규정도 엄격히 마련되어 있습니다. 회장이 불참할 경우 최장기 재임 부회장이 대행하며, 필요하다면 대리인을 지명할 수 있습니다. 단, 대리인은 반드시 동일한 축구연맹 출신이어야 하고 이해충돌이 없어야 합니다. 이러한 제한은 FIFA가 권한 위임 과정에서도 투명성과 공정성을 지키려는 원칙을 반영합니다. 결국 제38조는 FIFA 평의회가 위기 대응의 속도와 제도적 견제 장치를 동시에 갖추도록 설계된 조항입니다.

제39조. 상설위원회(Standing committees)

1. FIFA의 상설위원회는 다음과 같습니다:

    (1)   재무위원회(Finance Committee)

    (2)   개발위원회(Development Committee)

    (3)   남자 국가대표팀 대회위원회(Men's National Team Competitions Committee)

    (4)   여자 국가대표팀 대회위원회(Women's National Team Competitions Committee)

    (5)   남자 구단 대회위원회(Men's Club Competitions Committee)

    (6)   여자 구단 대회위원회(Women's Club Competitions Committee)

    (7)   올림픽 축구위원회(Olympic Football Committee)

    (8)   남자 유소년 대회위원회(Youth Boys' Competitions Committee)

    (9)   여자 유소년 대회위원회(Youth Girls' Competitions Committee)

    (10)   풋살위원회(Futsal Committee)

    (11)   비치사커위원회(Beach Soccer Committee)

    (12)   남자축구 이해관계자 위원회(Men's Football Stakeholders Committee)

    (13)   여자축구 이해관계자 위원회(Women's Football Stakeholders Committee)

    (14)   회원협회위원회(Member Associations Committee)

    (15)   심판위원회(Referees Committee)

    (16)   의무위원회(Medical Committee)

    (17)   남자 선수위원회(Men's Players Committee)

    (18)   여자 선수위원회(Women's Players Committee)

    (19)   남자 지도자위원회(Men's Coaches Committee)

    (20)   여자 지도자위원회(Women's Coaches Committee)

    (21)   팬 위원회(Fans Committee)

    (22)   기술개발위원회(Technical Development Committee)

    (23)   여자축구 개발위원회(Women's Football Development Committee)

(24) 아마추어·유소년 축구위원회(Grassroots and Amateur Football Committee)

(25) 대외협력위원회(Institutional Relations Committee)

(26) 법률위원회(Legal Committee)

(27) 경기장 및 보안위원회(Stadium and Security Committee)

(28) 반인종차별·반차별위원회(Anti-Racism and Anti-Discrimination Committee)

(29) 사회공헌위원회(Football Social Responsibility Committee)

(30) 축구 기술·혁신·디지털 전환위원회(Football Technology, Innovation and Digital Transformation Committee)

(31) 상업·마케팅 자문위원회(Commercial and Marketing Advisory Committee)

(32) 홍보·커뮤니케이션위원회(Media and Communications Committee)

(33) e스포츠위원회(Football Esport Committee)

(34) 축구미래위원회(Future of Football Committee)

(35) 경기 규칙위원회(Laws of the Game Committee)

2. 각 상설위원회의 권한과 직무, 구성 및 구조는 FIFA 거버넌스 규정(Governance Regulations)에 상세히 규정됩니다.

3. 평의회는 필요시 새로운 위원회를 잠정적으로 설치할 수 있으며, 이후 정식으로 위 목록에 포함시킬 수 있습니다.

4. 상설위원회는 평의회에 보고하며, 각자의 전문 분야에서 평의회에 자문하고 지원합니다.

5. 상설위원회의 구성원은 동시에 평의회의 구성원이 될 수 있습니다.

6. 상설위원회의 의장, 부의장, 위원은 평의회의 임명으로 결정되며, 제안권자는 회원협회, FIFA 회장, 축구연맹, 사무총장입니다. 임기는 4년이며, 평의회는 필요시 언제든 직무 해임을 할 수 있습니다. 평의회는 또한 위원회 내 적절한 여성 대표성을 반드시 보장해야 합니다.

7. 상설위원회 후보자는 FIFA 거버넌스 규정에 따라 검증위원회(Review Committee)의 적격성 심사를 통과해야 합니다.

8. 평의회와 각 위원회는 필요시 긴급 또는 특정 사안을 처리하기 위해 소위원회(Sub-committee) 또는 평의회 사무국(Bureau)을 설치할 수 있습니다.

해설　　제39조는 FIFA 평의회의 '싱크탱크(Think Tank)'이자 전문 기술 자문 네트워크로서 기능하는 상설위원회의 방대한 구조와 운영 원칙을 명시합니다. 재무, 대회 운영부터 반인종차별, e스포츠, 디지털 전환에 이르는 35개 위원회의 존재는 현대 축구가 단순한 스포츠를 넘어 거대한 글로벌 산업으로 확장되었음을 보여 주는 증거이며, 이에 체계적으로 대응하기 위한 FIFA의 조직적인 노력을 보여 줍니다.

이 위원회들의 핵심 역할은 독립적으로 의사결정을 내리는 것이 아니라, 각 전문 분야에 대한 심도 있는 분석과 현실적인 조언을 통해 평의회의 정책 결정을 지원하는 자문기구로 기능하는 것입니다. 모든 위원회의 임명과 해임 권한이 최종적으로 평의회에 귀속된다는 점은, 위원회의 전문적 논의가 평의회의 전략적 방향과 일치하도록 보장하는 중요한 통제 장치입니다. 즉, 위원회는 전문성을 제공하되, 그 방향성은 선출된 기구인 평의회가 결정하는 명확한 상하 관계를 가집니다.

또한 모든 위원회는 4년의 임기, 검증위원회를 통한 엄격한 적격성 심사, 여성 대표성 보장 의무 등 FIFA의 핵심 거버넌스 원칙을 동일하게 적용받습니다. 이는 위원회의 전문성이 투명성과 책임성의 토대 위에서 발휘되어야 하는 것을 의미합니다. 동시에 평의회가 필요에 따라 새로운 위원회나 소위원회를 설치할 수 있도록 한 규정은, 새롭게 등장하는 축구계의 현안에 신속하고 유연하게 대응할 수 있는 조직적 탄력성을 부여합니다. 결론적으로 상설위원회는 평의회가 효과적으로 의사결정을 내리는 데 필요한 전문 지식과 실무적 기반을 제공하는 핵심 인프라입니다.

해설　제40조는 FIFA가 필요에 따라 구성할 수 있는 전문가 패널을 규정하고 있습니다. 이는 특정 기술적·전문적 분야에 대한 자문을 위해 마련된 기구로, 상설위원회와는 달리 한시적·유동적 성격을 가집니다.

전문가 패널은 평의회, 회장, 사무총장이 필요하다고 판단할 경우 설치되며, 구성원은 해당 과업을 수행하는 기간 동안 임명됩니다. 패널의 규모와 임명 여부는 평의회·회장·사무총장이 결정하며, 의장·부의장·구성원은 회원협회·회장·축구연맹·사무총장의 제안에 따라 평의회가 임명합니다. 후보자는 FIFA 검증위원회의 적격 심사를 거쳐야 하며, 패널의 역할·권한·운영 방식은 FIFA 거버넌스 규정에 의해 세부적으로 정해집니다.

전문가 패널의 특징은 크게 두 가지입니다. 첫째, 유연성입니다. 상설위원회와 달리 고정된 구조가 아니며, FIFA가 필요로 하는 특정 주제나 과업에 맞춰 구성·운영되다가 목적이 달성되면 해체될 수 있습니다. 둘째, 전문화입니다. FIFA 정책이나 대회 운영에서 기술, 경기 규칙 해석, 지속가능경영(Sustainability) 등 특정 분야에 깊이 있는 전문성을 보완하는 역할을 수행합니다.

대표적 사례로, 2022년 FIFA 월드컵 카타르 대회를 앞두고 FIFA는 '탄소 중립'과 '환경 친화적 대회 운영'을 목표로 전원 여성 전문가로 구성된 지속가능경영 패널을 설치했습니다. 이 패널에는 환경 및 ESG 전문가, 건축·시설 기준 전문가 등이 참여하여 경기장 건설과 대회 운영 전반의 환경 기준 설정, 탄소 배출 저감 전략 수립에 기여했습니다. 이는 특정 대회와 목표를 위해 한시적으로 운영되는 전문가 패널의 성격을 잘 보여 주는 사례입니다.

> **제41조. 연례 회원협회 회의**(Annual member associations conference)
>
> FIFA는 매년 1회 자체 비용으로 회원협회 회장 및 주요 임원을 대상으로 한 회의를 개최하며, 축구 발전, 무결성, 사회적 책임, 거버넌스, 인권, 경기 조작 방지, 성평등, 청소년 보호, 보안 등 주요 현안을 다룹니다.

해설   제41조는 FIFA가 매년 1회, 자체 비용으로 회원협회 회장 및 주요 임원을 대상으로 회의를 개최하도록 규정하고 있습니다. 이 회의에서는 축구 발전, 무결성(Integrity), 사회적 책임, 거버넌스, 인권, 경기 조작 방지, 성평등, 청소년 보호, 보안 등 FIFA가 중점적으로 다루는 핵심 의제들이 논의됩니다.

이 회의는 FIFA와 전 세계 회원협회 최고위층 간의 정책 교류와 현안 공유의 장으로, FIFA가 중요하게 여기는 가치와 기준을 전 세계 회원협회가 동일하게 이해하고 실행할 수 있도록 하는 역할을 합니다. 다시 말해, FIFA가 단순히 규정을 제정하는 것을 넘어, 회원협회와 함께 공통의 의제와 우선순위를 확인하고 실행 방향을 조율하는 플랫폼인 셈입니다.

제42조. 제도적 독립성(Institutional independence)

독립위원회 및 위원은 FIFA 정관·규정에 따라 FIFA의 이익을 위해 독립적으로 업무를 수행해야 합니다.

해설 　제42조는 FIFA의 독립위원회 및 위원이 정관과 규정에 따라 FIFA의 이익을 위해 독립적으로 업무를 수행해야 하는 것을 규정하고 있습니다. 이는 곧 위원회의 의사결정이 외부 이해관계나 내부 정치적 압력에서 자유로워야 한다는 뜻이며, FIFA 거버넌스에서 공정성과 투명성을 보장하는 핵심 원칙으로 작용합니다. 다시 말해, FIFA가 국제 스포츠 행정에서 신뢰를 확보하기 위해 반드시 지켜야 할 제도적 기반이 바로 이 독립성 조항입니다.

이 조항이 현재의 형태로 강화된 배경에는 2015년 FIFA 부패 스캔들이 있습니다. 2015년 5월 미국 연방수사국(FBI)과 법무부(DOJ)가 FIFA 고위 임원 등 14명을 공갈협박 공모, 전신사기, 자금세탁 혐의로 기소하면서 FIFA는 창립 이래 최대의 위기를 맞았습니다. 이 사건을 계기로 FIFA는 2016년 2월 취리히 임시총회에서 대대적인 거버넌스 개혁안을 의결했고, 독립위원회의 제도적 독립성 보장은 그 핵심 축 가운데 하나였습니다. 개혁안은 집행위원회(Executive Committee)를 폐지하고 37인 평의회(Council)로 대체하는 한편, 회장과 평의회 위원, 사법기구 위원의 임기를 최대 3회로 제한하고, 기존 감사·준법위원회의 독립성을 강화하는 동시에 거버넌스위원회와 검증위원회를 신설하여 내부 감시 기능을 강화하는 내용을 담았습니다. 제42조는 이러한 개혁의 정신을 정관에 명문화한 조항으로, 독립위원회가 회장이나 평의회의 정치적 영향력으로부터 자유롭게 활동할 수 있는 제도적 토대를 마련한 것입니다.

제43조. 거버넌스·감사·준법위원회(Governance, audit and compliance committee)

1. 거버넌스·감사·준법위원회는 필요한 인원으로 구성되며, 다른 FIFA 기구의 구성원은 포함될 수 없습니다. 위원은 거버넌스, 재정, 법률 분야의 경험과 전문성을 갖추어야 하며, FIFA 운영에 영향을 미칠 수 있는 의사결정에는 관여할 수 없습니다.

2. 위원 후보자 및 현직 위원은 FIFA 거버넌스 규정(Governance Regulations)에 따른 독립성 요건을 충족해야

하며, FIFA 윤리위원회(Ethics Committee) 조사부가 실시하는 적격성 심사를 통과해야 합니다.

3. 의장, 부의장, 위원은 총회에서 선출되며, 임기는 총회 종료 시점부터 4년간입니다. 이들은 총회의 결의에 의해서만 해임될 수 있습니다.

4. 의장, 부의장, 위원은 최대 3회(연속 여부와 무관)까지 연임할 수 있습니다.

5. 의장, 부의장 또는 위원이 사임하거나 직무수행이 불가능할 경우, 평의회는 차기 총회까지 대행할 인사를 임명하며, 이후 총회에서 잔여 임기를 수행할 정식 후임자를 선출합니다.

6. 위원회는 총회에 보고합니다.

7. 위원회는 평의회를 보좌·감독하며, FIFA의 재무·거버넌스·준법 관련 사항을 점검합니다. 또한 FIFA 거버넌스 규정에 따른 집행 준수 여부를 감독하며, 사무국을 감독할 권한도 가집니다.

8. 위원회는 FIFA 기구 구성원들이 제출하는 이해충돌 관련 신고서를 검토합니다.

9. 위원회는 FIFA의 재무회계 보고의 완전성과 신뢰성을 보장하기 위해 재무제표, 연결 재무제표, 외부 감사 보고서를 검토합니다. 또한 발전기금의 배분과 흐름을 포함한 FIFA 재정 운영을 감시하고, 필요 시 적절한 FIFA 기구에 시정 조치를 권고할 수 있습니다.

10. 위원회는 다음과 같은 하위 기구를 설치합니다:

    a. 검증위원회(Review Committee)

    b. 인권·지속가능경영 소위원회(Human Rights and Sustainability Sub-Committee)

    c. 보수 소위원회(Compensation Sub-Committee)

11. 검증위원회는 FIFA 회장, 평의회, 상설위원회, 사법기구, 축구재판소, 사무총장 후보 및 현직자의 자격 심사와 독립성 검증을 수행합니다.

12. 인권·지속가능경영 소위원회는 FIFA의 인권, 아동 보호, ESG 문제 관련 사항을 거버넌스·감사·준법위원회에 자문합니다.

13. 보수 소위원회는 FIFA 회장, 평의회, 사무총장의 보수 규정을 정하고, 개별 보수 내역을 공개합니다.

14. 위원회의 권한, 구성, 협력 방식, 절차에 관한 세부 사항은 FIFA 거버넌스 규정에 결정됩니다.

해설   제43조는 FIFA 내부의 투명성과 책임성을 제도적으로 보장하기 위한 핵심 장치입니다. 위원회 구성원은 다른 FIFA 기구에 속할 수 없으며, FIFA 거버넌스 규정에 따른 독립성 심사와 적격성 검증을 거쳐야만 임명될 수 있습니다. 이러한 절차는 위원회의 의사결정이 내부 정치적 이해관계나 외부 압력에서 자유로울 수 있도록 보장하기 위한 장치입니다.

위원회는 FIFA의 예산, 재무제표, 외부 감사 보고서를 검토하고, 특히 개발기금과 같은 재정적 흐름을 면밀히 감시함으로써 FIFA의 재정 투명성을 확보하는 역할을 합니다. 또한 위원회는 세 가지 하위 기구를 운영하여 FIFA 투명 경영의 핵심 축을 형성합니다. 검증위원회는 회장, 평의회, 사법기구 후보 및 현직자의 자격과 독립성을 심사하고, 인권·지속가능경영 소위원회(Human Rights and Sustainability Sub-Committee)는 인권 보호, 아동 보호, 환경, 지속 가능한 대회 운영 문제를 다룹니다. 마지막으로 보수 소위원회는 FIFA 회장, 평의회 위원, 사무총장의 보수 규칙을 제정하고 보수 수준을 확정하는데, 이들의 보수는 반드시 공개되어야 한다는 점에서 국제 스포츠 기구 중에서도 높은 수준의 투명성을 요구하는 제도라 할 수 있습니다. 따라서 제43조는 FIFA의 재정 운영, 인권·환경 책임, 그리고 임원의 보수까지 아우르는 거버넌스 핵심 조항입니다.

제44조. 사법기구(Judicial bodies)

1. FIFA의 사법기구는 다음과 같습니다:

    a. 징계위원회(Disciplinary Committee)

    b. 윤리위원회(Ethics Committee)

    c. 항소위원회(Appeal Committee)

2. 징계위원회와 항소위원회는 의장, 부의장 및 일정 수의 위원으로 구성됩니다. 윤리위원회는 조사부(Investigatory Chamber)와 재판부(Adjudicatory Chamber)로 나뉘며, 각각 의장 1명, 부의장 2명, 그리고 일정 수의 위원으로 구성됩니다. 사법기구는 직책 배분 시 회원협회의 다양성과 여성 대표성을 고려해야 합니다.

3. 사법기구는 집합적으로 필요한 지식, 능력, 전문성을 갖추어야 하며, 특히 의장과 부의장은 법률 실무 자격을 보유해야 합니다.

4. 징계위원회와 항소위원회의 의장·부의장, 그리고 윤리위원회 양 부서의 의장·부의장 및 위원들은 FIFA 거버넌스 규정(Governance Regulations)에 따른 독립성 요건을 충족해야 하며, 검증위원회(Review Committee)의 적격성 심사를 통과해야 합니다.

5. 의장·부의장 및 사법기구 위원은 총회에서 선출되며, 다른 FIFA 기구의 일원이 될 수 없습니다. 임기는 총회 종료 시점부터 4년간이며, 총회의 결의 없이는 해임될 수 없습니다.

6. 의장·부의장 및 위원은 최대 3회(연속 여부와 무관)까지 연임할 수 있습니다.

7. 의장·부의장 또는 위원이 임기 중 사임하거나 직무수행이 불가능하게 된 경우, 평의회가 차기 총회까지 대행자를 임명하며, 이후 총회에서 잔여 임기를 수행할 후임자를 선출합니다.

해설 제44조는 FIFA의 사법적 기능을 담당하는 세 가지 기구, 즉 징계위원회, 윤리위원회, 항소위원회를 규정합니다. 징계위원회는 FIFA 규정 위반 행위에 대해 제재를 결정하는 기구로서, 경기 질서와 제도적 규율을 유지하는 역할을 합니다. 윤리위원회는 부패, 이해충돌, 불법 행위 등 FIFA 내부의 윤리적 사안을 전담하며, 조사부와 재판부로 나뉘어 독립적으로 운영됩니다. 이를 통해 FIFA는 윤리적 위반에 대한 조사와 판결을 엄격히 분리하여 공정성을 강화하고 있습니다. 항소위원회는 FIFA 내부에서 이루어진 결정에 대한 최종 심급으로 기능하며, 사법 절차의 완결성을 보장합니다.

이러한 사법기구는 독립성과 전문성을 보장받아야 하며, 특히 의장과 부의장은 반드시 법률 실무 자격을 갖춘 전문가여야 한다는 점에서 FIFA의 사법기구가 단순한 행정 기구를 넘어 준사법적 성격을 지니고 있음을 보여 줍니다. 또한 구성 과정에서 여성 대표성을 반영하고 회원협회의 다양성을 고려하도록 한 점은 FIFA가 사법기구 운영에서도 균형과 포용성을 중시한다는 것을 보여 줍니다. 따라서 제44조는 FIFA가 공정하고 독립적인 사법 절차를 통해 규율과 윤리를 유지하는 구조를 제도화한 조항이라 할 수 있습니다.

제45조. 징계위원회(Disciplinary committee)

1. 징계위원회의 기능은 FIFA 징계규정(Disciplinary Code)에 의해 규율됩니다.

2. 징계위원회는 FIFA 징계규정에 따라 회원협회, 구단, 임원, 선수, 축구 에이전트, 매치 에이전트(Match Agent)에 대해 제재를 부과할 수 있습니다.

3. 다만 회원협회의 정지(Suspension) 및 제명(Expulsion)에 관한 권한은 총회와 평의회에 속하므로, 징계위원회의 권한은 이에 종속됩니다.

4. FIFA 징계규정은 평의회가 제정합니다.

5. 징계위원회는 자체 규정 개정안을 마련하여 평의회에 제안할 수 있습니다.

해설 제45조는 FIFA 징계위원회의 권한과 역할을 규정합니다. 징계위원회는 FIFA 사법기구의 핵심 축으로서, FIFA 징계규정(Disciplinary Code)에 근거하여 제재를 부과합니다. 제재 대상은 회원협회, 구단, 임원, 선수는 물론 축구 에이전트와 매치 에이전트까지 포괄하여 매우 광범위하게 설정되어 있습니다. 다만 회원협회의 정지 및 제명처럼 FIFA 전체 질서에 중대한 영향을 미치는 사안은 예외입니다.

2022년 러시아의 우크라이나 침공 직후 내려진 러시아의 국제대회 참가 자격 정지 결정이 대표적 사례로, 이 결정은 징계위원회가 아닌 FIFA 평의회 사무국에서 직접 내려졌습니다. 이처럼 정치적·국제적 파급력이 큰 회원 자격 문제는 준사법기구가 아닌 최고 의결기구가 직접 판단해야 한다는 원칙이 실제로 관철되고 있습니다. 한편, FIFA 징계규정의 제정 권한은 평의회에 있고, 그 적용과 집행 권한은 징계위원회에 부여됩니다. 징계위원회는 실무 경험을 바탕으로 규정 개정안을 마련하여 평의회에 제안할 수 있으나, 최종 제정 권한은 평의회가 보유합니다. 이처럼 규범의 제정과 집행이 명확히 분리되어 있습니다.

제46조. 윤리위원회(Ethics committee)

1. FIFA 윤리규정에 따라 운영되며, 조사부(Investigatory Chamber)와 재판부(Adjudicatory Chamber)로 나뉩니다.
2. 선수, 지도자, 관계자, 에이전트 등에 대한 제재를 부과할 수 있습니다.
3. FIFA 윤리규정 개정안을 평의회에 제안할 수 있습니다.

해설　윤리위원회는 FIFA와 축구계 전반에서 발생하는 윤리 위반 사안을 전담하는 핵심 사법 기구입니다. 구조적으로 조사부와 재판부로 나뉘어 운영되는데, 조사부는 사건의 사실관계 조사와 증거 수집을 담당하고, 재판부는 이를 바탕으로 징계를 포함한 최종 결정을 내립니다. 이러한 이원 구조는 권한을 분리함으로써 독립성과 공정성을 보장하는 장치로 기능합니다.

윤리위원회가 다루는 사안은 부패, 이해충돌, 뇌물수수, 권력 남용 등 축구의 무결성을 심각하게 위협하는 중대한 위반 행위입니다. 제재의 범위 역시 폭넓어, 선수·에이전트·임원 개인은 물론 FIFA 내부의 고위 관계자까지 포함될 수 있습니다. 따라서 윤리위원회는 FIFA의 투명성과 청렴성을 제도적으로 담보하는 핵심 기구라 할 수 있습니다.

제47조. 항소위원회(Appeal committee)

1. FIFA 징계규정(Disciplinary Code)과 윤리규정(Code of Ethics)에 따라 운영됩니다.

해설　　항소위원회(Appeal Committee)는 FIFA 내부 사법 절차에서 최종 심급에 해당하는 기구입니다. 제1항이 명시하듯 이 위원회는 FIFA 징계규정과 윤리규정에 따라 운영되며, 제2항에 따라 징계위원회(Disciplinary Committee)의 결정에 대한 항소를 심리합니다. 심리 결과 필요하다면 원심 결정을 변경하거나 시정할 수 있는 권한을 갖습니다. 따라서 FIFA 내부적으로는 사실상 마지막 구제 수단으로 기능합니다.

제3항은 항소위원회 결정의 효력을 규정합니다. 항소위원회의 결정은 FIFA 내부에서 최종적이며, 설령 당사자가 스포츠중재재판소(CAS)에 제소할 수 있는 경우라 하더라도 그 구속력은 유지됩니다. 이는 FIFA 내부 사법권의 자율성을 보장하면서도, 국제 스포츠 법제와의 정합성을 확보해야 한다는 원칙을 반영한 장치입니다. 결국 항소위원회는 FIFA의 독립적 사법권을 완결하는 동시에, CAS와 연결되는 다리 역할을 수행합니다.

이러한 구조가 실제로 작동한 사례로 2025년 말레이시아 축구협회(FAM) 선수 자격 위조 사건을 들 수 있습니다. FAM은 가브리엘 아로차(Gabriel Arrocha), 파쿤도 가르세스(Facundo Garcés) 등 7명의 외국인 선수에 대해 말레이시아 혈통을 근거로 대표팀 자격을 신청하면서, 선수들의 조부모가 말레이시아에서 출생했음을 증명하는 출생증명서를 제출했습니다. 그러나 FIFA 조사 결과 해당 조부모들의 실제 출생지는 아르헨티나, 브라질, 스페인, 네덜란드로 확인되었고, 징계위원회는 2025년 9월 징계규정 제22조(위조 및 변조) 위반을 인정하여 FAM에 대해 350,000스위스 프랑(CHF)의 벌금을, 선수 각각에 12개월 활동 정지 및 2,000스위스 프랑의 벌금을 부과했습니다. FAM과 선수들은 제2항에 따라 항소위원회에 상고했으나, 항소위원회는 2025년 11월 청문회를 거쳐 모든 항소를 기각하고 원심 제재를 전부 확정했습니다. 나아가 항소위원회는 FAM 내부 운영에 대한 추가 조사와 브라질·아르헨티나·네덜란드·스페인·말레이시아 형사 당국에 대한 위조 사실 통보를 지시했습니다. 제3항이 규정하듯 이 결정은 FIFA 내부에서 최종적 구속력을 가지며, FAM은 CAS 제소 의사를 밝힌 상태입니다. 이 사건은 징계위원회에서 항소위원회로, 그리고 CAS로 이어지는 FIFA 사법 체계에서 항소위원회가 내부 최종심으로서 원심을 재심사하고 확정하는 역할을 한다는 것을 명확히 보여 줍니다.

제48조. 축구재판소(Football tribunal)

1. 축구재판소(Football Tribunal)는 축구 관련 분쟁과 규제 신청에 대해 판결하며, 세 개의 부서로 구성됩니다:

   a. 분쟁해결부(Dispute Resolution Chamber, DRC)

   b. 선수지위부(Players' Status Chamber, PSC)

   c. 에이전트부(Agents Chamber, AC)

2. 축구재판소의 기능은 평의회(Council)가 발행하는 절차 규칙에 따라 운영됩니다.

3. 회원협회, 구단, 선수, 임원, 에이전트 등에 대해 FIFA 정관·징계규정에 따른 제재를 부과할 수 있습니다.

4. 제재 권한은 총회(Congress)와 평의회의 회원 자격 정지·제명 권한에 종속됩니다.

5. 자체 규정 개정안을 평의회에 제안할 수 있습니다.

해설　　제48조는 FIFA 내부 사법 체계의 핵심 기구인 축구재판소(Football Tribunal)의 구성과 권한을 규정합니다. 축구재판소는 국제 축구에서 발생하는 분쟁과 규제 신청에 대해 판결하는 준사법적 기관으로, 세 개의 전문 부서로 구성됩니다. 분쟁해결부(DRC)는 선수와 구단 간 계약 분쟁, 훈련보상금 및 연대기여금 청구 등을 심리하고, 선수지위부(PSC)는 선수 자격, 국제이적, 감독 관련 분쟁을 담당하며, 에이전트부(AC)는 2023년 10월부터 FIFA 에이전트 규정(Football Agent Regulations, FFAR)에 따른 대리인 관련 분쟁을 처리합니다. FIFA 축구재판소 보고서 2024/25에 따르면, 2024년 7월부터 2025년 6월까지 처리된 사건·신청·문의 건수는 총 21,633건으로 역대 최다를 기록했습니다.

축구재판소는 평의회가 발행하는 절차 규칙에 따라 운영되며, 회원협회·구단·선수·임원·에이전트 등에 대해 FIFA 정관과 징계규정에 따른 제재를 부과할 수 있습니다. 다만 회원협회 자격정지나 제명과 같이 정치적 성격이 강한 결정은 축구재판소의 관할이 아니라 총회와 평의회의 고유 권한으로 남겨져 있습니다. 이는 FIFA 내부에서 사법 기능과 정치·거버넌스 기능을 제도적으로 분리하기 위한 장치입니다.

　　축구재판소는 자체 규정 개정안을 평의회에 제안할 수 있는 권한도 보유하며, 결정에 불복할
경우 21일 이내에 스포츠중재재판소(CAS)에 항소할 수 있습니다. 이로써 축구재판소는 FIFA 내부
사법 체계의 최전선에서 분쟁을 해결하는 동시에, CAS와 연계되는 국제적 사법 절차의 관문 역할
을 수행합니다.

제49조. 스포츠중재재판소(Court of arbitration for sport)

1. FIFA는 스위스 로잔(Lausanne)에 있는 스포츠중재재판소(CAS)를 인정하며, FIFA·회원협회·축구연맹·구단·선수·임원·에이전트 간 분쟁 해결을 위임합니다.

2. CAS의 스포츠중재 규칙이 적용되며, FIFA 규정과 스위스 법이 우선합니다.

3. CAS 판결문 중 FIFA 관련 사안은 FIFA가 공표할 수 있습니다.

해설　제49조는 FIFA와 스포츠중재재판소(CAS)의 관계를 규정하며, CAS를 FIFA 사안의 국제 최종 중재기관으로 명시하고 있습니다. FIFA 내부 절차인 징계위원회·항소위원회·축구재판소를 거친 사건은 CAS로 제소될 수 있으며, CAS의 판정은 최종적이고 구속력을 갖습니다.

스포츠중재재판소(CAS)는 FIFA뿐 아니라 IOC, 올림픽, 각국 및 국제스포츠연맹(IFs)의 분쟁까지 관할하는 기구로, 국제 스포츠법 체계에서 사실상 최고 사법기구로 평가됩니다. FIFA 사건에서 CAS는 자체 규칙(CAS Code)을 적용하되, FIFA 규정과 스위스 법이 함께 준거법으로 적용됩니다. 이는 FIFA 본부가 스위스 취리히에 위치한다는 점과 연결되며, 국제 스포츠 분쟁의 일관성을 확보하는 법적 근거가 됩니다.

또한 FIFA는 투명성과 공공성을 강화하기 위해, CAS가 내린 FIFA 관련 판정문을 공표할 수 있는 권한을 갖습니다. 이를 통해 판례 축적과 국제 스포츠 법질서의 예측 가능성을 높이고 있습니다. 따라서 FIFA 에이전트 시험에서는 CAS가 FIFA 사안의 국제 최종 중재기관이라는 점, 법적 근거가 CAS 규칙·FIFA 규정·스위스 법이라는 점, 그리고 FIFA가 CAS 판결문을 공표할 수 있다는 점이 자주 출제되는 핵심 포인트입니다.

제50조. 스포츠중재재판소의 관할(Jurisdiction of CAS)

1. FIFA 또는 산하 기구의 최종 결정을 받은 날로부터 21일 이내에 스포츠중재재판소(CAS)에 항소해야 합니다.

2. 내부 절차를 모두 거친 후에만 CAS 제소가 가능합니다.

3. CAS는 다음 사안은 관할하지 않습니다:

   a. 경기 규칙 위반

   b. 최대 4경기 또는 3개월 이하의 출전 정지(도핑 제외)

   c. 국가 분쟁해결기구(NDRC) 판정에 대한 승인 여부 결정

   d. 협회·연맹 규칙에 따라 독립적·정식 구성된 중재판정에 항소하는 경우

4. 항소는 효력정지 효과가 없으나, FIFA나 CAS가 효력정지를 명할 수 있습니다.

5. FIFA와 세계반도핑기구(WADA)는 도핑 사건에 대해 CAS 항소 권한을 가집니다.

해설　스포츠중재재판소(CAS)는 FIFA 관련 사건의 국제 최종 중재기관이지만, 그 관할은 일정한 제한이 있습니다. 무엇보다 중요한 점은 제소 기한이 21일이라는 점과, FIFA 내부 절차를 모두 거친 뒤에만 CAS 제소가 가능하다는 요건입니다. 이 기한은 엄격하게 적용되어, 기한이 지나면 항소권 자체를 상실할 수 있습니다.

2015년 CAS의 가장 중요한 사건 중 하나로 꼽히는 에마뉘엘 에부에(Emmanuel Eboué) 대 FIFA 사건은 이 21일 기한의 엄격성을 극명하게 보여 줍니다. 전 아스널(Arsenal) 수비수 에부에는 2010년 에이전트 세바스티앵 부아소(Sébastien Boisseau)와 2년간의 전속 대리 계약을 체결했으나, 2011년 갈라타사라이 SK(Galatasaray S.K.)로 이적하면서 다른 에이전트를 이용했습니다. 이에 부아소가 FIFA에 계약 위반을 제소했고, 2012년 FIFA 선수지위부(PSC) 단독판사는 에부에에게 배상금 지급을 명했습니다. 에부에의 변호사는 이유가 기재된 결정(Motivated Decision)을 요청했으나, 관련 서류를 받은 후에도 21일 이내에 CAS 항소를 제기하지 않았습니다. 5~6개월이 지나도 에부에가 한 푼도 지급하지 않자 에이전트는 FIFA 징계위원회에 제재를 요청했고, 2014년 9월 징계위원회는 30,000스위스 프랑(CHF)의 벌금과 함께 120일의 유예기간을 부여하면서, 이 기간 내 채무 불이행 시 채권자가 1년 활동 금지를 요청할 수 있다고 결정했습니다. 에부에는 이번에 CAS에 항소했으나, CAS 패널은 원래 PSC 결정의 본안을 새롭게 심리할 의사가 없었습니다. 선수가 최초 결정에 대해 항소할 기회가 있었음에도 기한이 지났기 때문입니다. 결국 2016년 3월, 에부에는 선덜랜드 AFC(Sunderland A.F.C.)와 계약한 지 불과 3주 만에 1년간 모든 축구 활동 금지 처분을 받았고, 구단은 즉시 계약 해지를 통보했습니다. 결국 그는 자신의 이적 과정에 실제로 관여하지도 않은 전 에이전트에게 거의 1,000,000유로(EUR)를 지급해야 했습니다. 최초 결정에 대해 21일 이내라는 항소 기한을 준수하지 못한 것이 수년에 걸친 법적 분쟁과 사실상 선수 경력의 종말로 이어졌습니다.

CAS는 특정 사안에 대해서는 관할을 명시적으로 배제하고 있습니다. 대표적인 예가 경기 규칙 위반과 단기 출전 정지(4경기 이하 또는 3개월 이하, 단 도핑은 제외)에 해당하는 사건입니다. 이는 경기 운영이나 일상적 징계와 같은 문제는 FIFA 내부에서 처리하고, 국제적·법적 성격이 큰 사건만 CAS가 다루도록 제한하기 위한 구조입니다. 특히 도핑 사건의 경우에는 예외적으로 세계반도핑기구(WADA)도 항소 권한을 가집니다. 2018년 페루 국가대표 파올로 게레로(Paolo Guerrero) 사건에서 FIFA 항소위원회가 6개월로 감경한 제재를 WADA가 CAS에 항소하여 14개월로 강화시킨 것이 대표적 사례입니다. 이는 도핑 문제를 국제 스포츠 차원에서 통일적으로 관리하려는 글로벌 법제의 흐름을 반영합니다.

제51조. 분쟁 해결 의무(Obligations relating to dispute resolution)

1. 축구연맹(Confederation), 회원협회(Member Association), 리그(League)는 스포츠중재재판소(CAS)를 독립적 사법기구로 인정해야 하며, 소속 회원·선수·임원·에이전트 등은 CAS의 판정을 반드시 준수하도록 보장해야 합니다. 동일한 의무는 FIFA가 공인한 축구 에이전트(Football Agent)와 매치 에이전트(Match Agent)에게도 적용됩니다.

2. FIFA 규정에 특별히 명시된 경우를 제외하고, 일반 법원의 소송 제기는 금지됩니다. 특히 FIFA 규정이 정한 잠정 조치(Provisional Measures)에 대해서도 일반 법원에 제기하는 것은 허용되지 않습니다.

3. 회원협회는 반드시 자체 정관 또는 규정에 다음 내용을 삽입해야 합니다:

   a. 협회 내부 분쟁이나 리그·구단·선수·임원 등 축구 관계자의 분쟁을 일반 법원에 제기하는 것은 금지

   b. 단, FIFA 규정이나 국제적 법 규정이 명시적으로 일반 법원의 관할을 인정하는 경우는 예외

   c. 일반 법원으로의 제소가 금지된 경우, 분쟁은 협회·축구연맹 규칙에 따른 독립적이고 정식으로 구성된 중재기구 또는 CAS에 제기

또한 회원협회는 이 규정이 반드시 지켜지도록 필요한 경우 의무 조항을 회원에게 부과해야 하며, 이를 위반하는 당사자에게 제재를 부과할 수 있습니다. 모든 항소 역시 반드시 중재기구 또는 CAS로 제기되어야 하며, 일반 법원에 제소해서는 안 됩니다.

해설　제51조는 FIFA가 국제 축구 사법 체계의 독립성과 통일성을 보장하기 위해 마련한 핵심 규정입니다. 가장 중요한 원칙은 축구 관련 분쟁이 일반 법원이 아니라 FIFA 규정에 따른 중재 절차를 통해 해결되어야 한다는 점입니다. 이를 위해 FIFA는 회원협회, 리그, 구단, 선수, 임원, 에이

전트 등 모든 이해관계자가 스포츠중재재판소(CAS)를 국제 스포츠의 최종 중재기구로 인정하고 그 판정에 구속되도록 요구합니다.

이 규정이 존재하는 이유는 국제 축구 분쟁이 전 세계적으로 단일한 법질서 속에서 일관되게 처리되어야 하기 때문입니다. 만약 각국의 일반 법원이 축구 분쟁을 개별적으로 관할하게 되면, 국가마다 서로 다른 판결이 내려져 국제 축구의 통일성과 안정성이 무너질 수 있습니다. 따라서 FIFA는 원칙적으로 일반 법원 소송을 금지하고, FIFA 규정이 명시적으로 허용하는 극히 제한된 경우에만 예외를 인정합니다. 특히 FIFA 규정이 정한 잠정 조치(Provisional Measures)에 대해서도 일반 법원의 관여는 명시적으로 배제됩니다.

이 원칙이 실제로 어떻게 작동하는지를 보여 주는 대표적인 사례가 스위스 클럽 FC 시옹(FC Sion) 사건입니다. 2008년 FC 시옹은 이집트 클럽 알 아흘리(Al-Ahly)와 계약 기간이 남아 있던 골키퍼 에쌈 엘 하다리(Essam El-Hadary)를 영입했습니다. 이에 대해 알 아흘리가 FIFA에 제소하자, FIFA 분쟁해결부(DRC)는 시옹에 2년간 선수 등록 금지 처분을 내렸고, 이 결정은 CAS와 스위스 연방대법원에서 모두 확정되었습니다. 그러나 2011년 여름, FC 시옹은 이적 금지 기간이 아직 유효함에도 불구하고 6명의 신규 선수를 영입했습니다.

스위스 축구리그(SFL)가 이들의 등록을 거부하자, FC 시옹과 해당 선수들은 FIFA/CAS의 스포츠중재 절차를 따르지 않고 스위스 민사법원에 소송을 제기했습니다. 발레(Valais)주 마르티니(Martigny) 민사법원은 선수들에게 유리한 판결을 내렸고, 이에 따라 스위스 국내 리그에서는 해당 선수들의 출전이 허용되었습니다. 그러나 문제는 UEFA 유로파리그에서 발생했습니다. FC 시옹은 플레이오프에서 스코틀랜드의 셀틱(Celtic)을 합계 3-1로 꺾었지만, 이 과정에서 부적격 선수들을 출전시켰습니다. UEFA는 셀틱의 항의를 받아들여 양 경기 모두 몰수패 처리했고, FC 시옹은 대회에서 퇴출되었습니다.

FC 시옹은 이에 불복하여 보(Vaud)주 민사법원에서 UEFA에 대회 복귀를 명령하는 잠정 조치를 받아냈습니다. FC 시옹 측은 'UEFA도 스위스에 본부를 두고 있으므로 스위스 법원의 결정을 따라야 한다'고 주장했지만, CAS는 2011년 12월 UEFA의 결정을 지지하면서 보주 법원의 잠정 조치를 해제했습니다. CAS는 'UEFA가 유럽 차원에서 규정을 통일적으로 적용해야 모든 참가 클럽 간의 형평성이 보장된다'고 판시했습니다. 이후 FIFA는 스위스 축구협회(SFV)에 FC 시옹을 징계하지 않으면 스위스 전체를 국제 축구에서 제명하겠다고 경고했습니다. 만약 제명이 발효되면 FC 바젤(Basel)은 챔피언스리그 16강에서 바이에른 뮌헨(Bayern Munich)과의 경기를 치를 수 없게 되는 상황이었습니다. 결국 스위스 축구협회는 FIFA의 요구에 따라 FC 시옹에 36점을 감점하여 리그 최하위(-5점)로 강등시켰고, 6명의 선수들에게도 각각 5경기 출전 정지 처분을 내렸습니다. 선수들이 스포츠중재 시스템 대신 일반 민사법원에 제소했다는 것이 제재의 직접적인 사유였습니다.

이 사건은 제51조의 핵심 원칙을 실증적으로 보여 줍니다. 일반 법원에서 유리한 판결을 받더라도 FIFA/UEFA 규정을 위반하면 국제대회 참가가 차단되며, 개별 클럽의 위반은 해당 국가 축구협회 전체에 대한 제재로 확대될 수 있습니다. 선수 개인도 스포츠중재 절차를 우회하여 일반 법원에 제소할 경우 징계 대상이 됩니다. 각 회원협회는 이러한 원칙을 반드시 자국 정관과 규정에 삽입해야 하며, 소속 리그·구단·선수·임원 등에게 의무적으로 부과해야 합니다. 이를 이행하지 않거나 위반하는 경우 FIFA는 해당 회원협회에 대한 자격 정지까지 포함한 강력한 제재를 가할 수 있습니다. 이처럼 FIFA는 개별 국가의 법체계와 관계없이 스포츠중재재판소(CAS)를 중심으로 한 국제적·통합적 사법 질서를 강제하고 있습니다.

제52조. FIFA 결정의 이행(Implementation of decisions)

1. 축구연맹, 회원협회 및 리그는 FIFA 정관상 최종적이며 불복할 수 없는 것으로 규정된 FIFA 기관의 모든 결정을 전적으로 준수해야 합니다.
2. 이들은 소속 회원, 선수 및 임직원이 해당 결정을 준수하도록 필요한 모든 조치를 취해야 합니다.
3. 축구 에이전트 및 매치 에이전트에게도 동일한 의무가 적용됩니다.

해설　　제52조는 FIFA의 규율 체계가 단순한 권고가 아닌 실질적 구속력을 갖는 법적 위계질서임을 확립하는 조항입니다. FIFA의 최종 결정은 축구연맹, 회원협회, 리그로 이어지는 명령의 연쇄를 통해 즉시 이행되어야 하며, 각 단체는 소속 선수와 임직원의 준수까지 보장해야 합니다. 이는 FIFA가 전 세계 이해관계자를 직접 통제하지 않고도 회원 조직을 통해 규율 체계를 유지하는 효율적인 거버넌스 장치입니다.

이 조항의 실효성을 보여준 사례가 러시아 제재 관련 이적료 분쟁입니다. 2022년 러시아의 우크라이나 침공 이후 서방의 경제 제재로 러시아 구단에 대한 송금이 사실상 불가능해지자, 유럽 구단들은 불가항력을 주장하며 지급 의무 면제를 요청했습니다. 그러나 FIFA 축구재판소는 13건 중 12건에서 '제재의 존재가 채무에 영향을 미치지 않는다'고 판정하며, 45일 내 지급 또는 선수 등록 금지라는 최후통첩을 내렸습니다. 대부분 유럽 구단은 결국 이적료를 지급했고, 이는 국제 정치적 격변 속에서도 FIFA 결정의 즉시 이행 원칙이 관철됨을 보여 줍니다.

FIFA 회람 제1628호는 이 집행 체계를 더욱 정교화합니다. 금전 지급 의무 미이행 시 해당 구단에는 6점 감점과 선수 등록 금지가 자동 부과되며, 반복 위반 시 강등까지 가능합니다. 핵심은 이 제재의 이행 주체가 회원협회라는 점입니다. 협회가 국내에서 제재를 집행하지 않으면 FIFA 대회 참가 자격 박탈로 이어질 수 있어, FIFA는 개별 구단을 직접 통제하지 않고도 결정의 이행을 강제할 수 있습니다.

제53조. 제재(Sanctions)

전항의 의무를 위반할 경우, FIFA 징계규정(Disciplinary Code)에 따라 제재가 부과됩니다.

해설　　FIFA 결정 불이행은 회원협회, 구단 및 개인 모두에 대해 징계 대상이 되며, 벌금, 참가 정지 및 자격 정지 등이 적용될 수 있습니다.

제54조. 회계기간(Financial period)

1. FIFA의 회계기간은 4년 주기이며, 월드컵 대회 본선이 종료된 다음 해 1월 1일에 시작합니다.

2. 수입·지출은 회계기간 단위에서 균형을 이루도록 관리하며, 향후 주요 사업은 적립금으로 보장합니다.

3. 사무총장은 매년 12월 31일 기준으로 FIFA 및 자회사의 연결재무제표를 작성합니다.

해설　제54조는 FIFA의 재정 운영이 일반적인 국제기구와 달리 월드컵 4년 주기를 기준으로 설계되어 있음을 보여 주는 조항입니다. FIFA는 4년에 한 번 개최되는 월드컵을 통해 막대한 수익을 창출하며, 이 수익이 조직 전체 재정의 압도적인 비중을 차지합니다. 이에 따라 회계기간 역시 통상적인 연 단위가 아니라, 월드컵이 끝난 해의 다음 해 1월 1일부터 시작하여 다음 월드컵 직전까지 이어지는 장기 재정 주기로 운용됩니다. FIFA가 제도적으로도 '월드컵 중심 조직'이라는 성격을 분명히 드러내는 구조입니다.

또한 FIFA는 균형 재정 원칙을 명문화하여, 하나의 4년 주기 안에서 수입과 지출이 균형을 이루도록 요구하고 있습니다. 여기에 적립금(Reserves) 제도를 두어 월드컵 이후 상대적으로 수익이 감소하는 시기에도 개발 프로그램, 회원협회 지원, 조직 운영을 안정적으로 지속할 수 있도록 재정 건전성을 확보합니다. 단일 메가 이벤트에 재정을 의존하면서도, 장기 재정 계획과 비축 재원을 통해 그 리스크를 관리하려는 장치라 할 수 있습니다.

결국 제54조는 첫째, 월드컵을 중심에 둔 재정 구조를 어떻게 설계하고 있는지, 둘째, 그 구조 속에서 균형 재정 원칙과 적립금 제도를 통해 어떤 방식으로 안정성을 확보하는지, 셋째, 그룹 단위 회계 공시를 통해 재정 운영의 투명성과 책임성을 어떻게 담보하는지를 종합적으로 보여 주는 핵심 규정입니다.

제55조. 감사(Auditors)

감사인(Auditor)은 연결재무제표를 포함한 연간 재무상태를 감사해 평의회 승인 후 총회에 보고합니다. 감사인 임기는 3년이며, 연임할 수 있습니다.

해설　제55조는 FIFA의 재정 투명성과 책임성을 확보하기 위해 외부 감사 제도를 규정하고 있습니다. 감사인은 FIFA의 연간 재무제표뿐만 아니라 자회사를 포함한 연결 재무제표까지 감사하여 조직 전체의 재정 상황을 검증합니다. 감사 보고는 스위스 민법에 따라 작성되어 국제적 법적 기준을 충족해야 하며, 총회에 제출됨으로써 모든 회원협회가 FIFA 재정 상태를 공유하고 감시할 수 있도록 하고 있습니다. 감사인의 임기는 3년으로 정해져 있어 지나치게 단기적이지 않으면서도 주기적인 교체 가능성을 열어두어 감사의 독립성을 보장합니다. 동시에 연임이 가능하여 전문성과 연속성 역시 확보할 수 있는 구조를 갖추고 있습니다.

제56조. 회비(Membership subscriptions)

1. 연회비는 매년 1월 1일 납부하며, 신규 회원은 승인 후 30일 이내 납부합니다.

2. 금액은 4년마다 총회가 평의회 권고를 받아 정하며, 전 회원 동일하고 1,000달러(USD) 이하입니다.

해설　제56조는 FIFA 회원협회(Member Association)의 연회비 납부 원칙을 규정하고 있습니다. 연회비는 매년 1월 1일에 납부해야 하며, 신규 회원은 승인일로부터 30일 이내에 회비를 납부해야 합니다. 금액은 4년마다 총회가 평의회의 권고를 받아 결정하며, 모든 회원에게 동일하게 적용됩니다. 또한 상한은 1,000달러(USD)로 설정되어 있습니다.

　이러한 규정은 FIFA의 주요 재원이 회비가 아니라 상업권 및 대회권 수익에 기반한다는 점을 전제로 한 형평성 있는 설계입니다. 즉, 부유한 협회와 재정이 열악한 협회 모두 동일하게 낮은 금액을 납부함으로써 재정 부담을 최소화하고, FIFA가 상업적 수익을 통해 전체 운영을 뒷받침하는 구조를 반영한 것입니다. 회비 결정을 4개년 주기에 맞춘 점 역시 제54조의 회계 주기(월드컵 중심 4년 단위)와 긴밀히 호응하는 체계라 할 수 있습니다.

제57조. 상계(Settlement)

FIFA는 채권을 정산하기 위하여 회원협회(Member Association)의 재무계정에서 금액을 차감할 수 있습니다.

해설　본 조항은 FIFA가 회원협회로부터 발생한 각종 채권을 효율적으로 집행할 수 있도록 하는 규정입니다. 회원협회가 납부해야 하는 제재금, 연회비, 대회 분담금, 미수금 등은 일반적인 청

구 절차를 거치지 않고, FIFA가 직접 해당 협회의 재무계정에서 차감하는 방식으로 정산됩니다. 이는 제56조의 회비 체계 및 제58조의 부담금 규정과 연계되어, FIFA 재정 운영의 실질적 집행 단계를 뒷받침합니다.

따라서 본 조항은 회원협회의 납부 지연이나 불이행을 방지하고, FIFA가 전 세계적으로 통일된 재정 질서를 유지할 수 있도록 하는 강제적 집행 장치로서의 의미를 갖습니다.

해설 제58조는 국제경기에서 발생하는 재정적 부담금(Levy) 부과 권한을 규정한 조항입니다.

이 조항의 핵심은 이중 권한 구조를 인정한다는 점입니다. AFC와 같은 축구연맹은 A대표팀 간 국제경기에 부담금을 부과할 수 있고, 개별 회원협회 역시 자국 영토 내 경기에 별도 부담금을 부과할 수 있습니다. 예를 들어, 서울에서 한국과 일본의 A매치가 열릴 경우, AFC와 대한축구협회가 각각 부담금을 부과할 수 있습니다. 이러한 구조는 연맹 차원의 재정 기반 확보와 협회의 자율성 사이에서 균형을 도모한 결과입니다.

적용 대상이 A대표팀 간 공식 국제경기로 한정된다는 점도 주목할 필요가 있습니다. 청소년 경기, 구단 국제대회, 비공식 친선경기 등은 이 조항의 적용을 받지 않습니다. 이는 상업적 가치가 가장 높은 A매치를 중심으로 재정 수입 구조를 설계하되, 다른 경기 유형에 대한 개최 유인은 보호하려는 현실적 선택으로 볼 수 있습니다.

다만 이 조항에는 부담금의 상한선이 명시되어 있지 않습니다. 연맹이나 협회가 과도한 부담금을 부과할 경우 이를 직접 제한하는 규정이 없어, 경기 유치 경쟁력 약화나 소규모 협회의 재정 압박, 나아가 연맹-협회 간 분쟁으로 이어질 가능성이 있습니다.

정리하면 제58조는 국제 축구 재정 운영에서 연맹과 협회 간 권한 분담, 대표팀 중심의 수익 구조, 그리고 자율 규율 원칙을 보여 주는 규정입니다. 실무적으로는 국제경기 유치 시 연맹 부담금을 포함한 총비용을 사전에 산정해야 하며, 연맹별로 부담금 수준이 상이하므로 이를 반드시 확인할 필요가 있습니다.

제59조. 대회 및 행사에서의 권리(Rights in competitions and events)

1. FIFA, 회원협회(Member Association) 및 축구연맹(Confederation)은 각 관할 내 대회·행사에서 발생하는 모든 권리의 원소유자입니다(재정, 영상, 음성, 복제, 방송, 멀티미디어, 마케팅, 프로모션, 상표 및 저작권 관련 권리 포함).

2. 평의회(Council)가 권리의 활용 범위·방식을 결정하며, 전속·공동·전면 위탁 등 특별 규정을 둘 수 있습니다.

해설　제59조는 FIFA와 회원협회, 축구연맹이 FIFA 대회와 행사에서 발생하는 모든 상업적·재정적 권리의 원소유자임을 명확히 규정하고 있습니다. 이는 방송권, 마케팅권, 멀티미디어 콘텐츠권 등 오늘날 국제 스포츠에서 가장 중요한 수익원이 되는 권리들이 FIFA 체계 내에서 독점적으로 관리됨을 의미합니다.

권리의 범위는 단순한 방송권을 넘어 오디오·비디오 녹음, 온라인 스트리밍, 마케팅과 프로모션, 대회 엠블럼과 같은 상징물, 그리고 저작권법상 발생하는 각종 권리까지 포함됩니다. 이러한 권리들은 FIFA의 주수입원이자 글로벌 축구산업의 핵심 자산이라고 할 수 있습니다.

이 권리의 행사 방식은 FIFA 평의회가 결정하며, 필요할 경우 구체적인 규정을 제정할 수 있습니다. 이를 통해 FIFA는 전 세계적으로 동일한 상업 운영 모델을 유지하면서도, 각 시장의 상황에 따라 유연하게 대응할 수 있는 구조를 갖추고 있습니다. 실무적으로는 FIFA 월드컵 방송권 판매, 글로벌 스폰서십 계약, 디지털 콘텐츠 유통 등이 모두 이 조항을 근거로 이루어집니다.

제60조. 배포 승인(Authorisation to distribute)

1. FIFA·회원협회(Member Association)·축구연맹(Confederation)은 경기의 영상·음성·데이터 매체 배포를 독점적으로 승인합니다(내용·시간·장소·기술·법적 측면 제한 없음).

2. FIFA 평의회(Council)가 이를 위한 특별 규정을 제정합니다.

　　제60조는 제59조가 규정한 권리의 귀속과 연계되어, 실제 배포 승인 권한을 규정하는 조항입니다. 다시 말해 제59조가 '누가 권리를 소유하는가'를 명시한다면, 제60조는 '그 권리를 어떻게 유통·배포할 수 있는가'를 관리하는 관문 역할을 합니다. 경기와 관련된 모든 미디어(영상, 음성, 데이터)는 FIFA, 회원협회, 축구연맹의 승인 없이는 배포될 수 없습니다. 이를 통해 FIFA는 미디어 상업화의 전 과정을 단일 체계 안에서 관리하며, 중앙집권적 구조를 통해 상업적 가치를 극대화합니다.

다만 이 독점적 권한이 항상 시장에서 인정받는 것은 아닙니다. 2025년 FIFA 클럽월드컵 중계권 협상에서 애플(Apple)과의 협상이 결렬되고 BBC·ITV 등 주요 방송사가 서브 라이선스를 거부하자, FIFA는 결국 DAZN과 약 10억 달러 규모의 계약을 체결하며 63경기 전체를 무료로 제공하기로 했습니다. 이는 독점적 승인 권한을 보유하더라도 시장 수요가 뒷받침되지 않으면 협상력이 제한될 수 있음을 보여 줍니다.

이 권리의 범위는 단순한 방송권을 넘어 데이터 권리까지 포함합니다. 경기 통계, 선수 추적 시스템, 인공지능 분석 자료 등도 FIFA의 승인 체계 안에 편입되며, 이는 신기술 기반의 데이터 활용까지 통합 관리하려는 전략을 보여 줍니다. 다만 선수 경기력 데이터의 무단 상업화에 대한 법적 분쟁(프로젝트 레드카드 등)이 진행 중이어서, FIFA 정관상 데이터 배포 승인 권한과 개인정보보호법상 선수의 데이터 권리 간 긴장 관계가 향후 쟁점이 될 수 있습니다.

승인 권한은 FIFA 평의회가 제정하는 특별 규정에 따라 운영되므로, FIFA의 상업 전략과 거버넌스가 직접적으로 반영됩니다. 결과적으로 제60조는 FIFA의 상업적 통합 관리 시스템을 뒷받침하는 핵심 규정으로서, 글로벌 미디어·데이터 시장에서 FIFA의 독점적 지위를 제도적으로 보장하는 역할을 합니다.

제A절. FIFA 대회 본선(FIFA final competitions)

제61조. 대회 개최지(Competition venues)

1. 평의회(Council)는 FIFA가 주관하는 대회 본선의 개최지를 결정합니다. 다만 FIFA 월드컵과 FIFA 여자 월드컵 대회 본선의 개최지는 총회(Congress)가 본 조항 제2항에 따라 결정합니다.

2. FIFA 월드컵과 FIFA 여자 월드컵 본선 개최지는 최적의 개최국을 선정하기 위해 다음 절차에 따라 선정됩니다:

   a. 평의회가 발행하는 절차 규정에 따라 사무국은 공정하고 투명한 입찰 절차를 수립하여 모든 자격 있는 회원협회가 입찰할 수 있도록 초청하며, 입찰과 개최 요건 및 선정 기준을 명시함

   b. 사무국은 모든 입찰이 규정과 요건을 충족했는지 평가한 보고서를 작성하여 평의회에 제출하며, 이 보고서는 공개함

   c. 평의회는 보고서를 검토한 후 최대 세 개의 입찰안을 선정하여 총회에 제출하며, 이 과정은 공개투표로 진행되고 투표 결과와 회원협회의 표결 내역은 공개함

   d. 총회는 평의회가 제출한 후보 중 개최국을 선출함. 첫 투표에서는 유효 투표의 절대 과반수(전체 구성원 수의 50% 초과)가 필요하며, 과반을 얻지 못하면 최저 득표자가 탈락. 이 과정을 반복하여 최종적으로 두 후보가 남을 때까지 진행한 후 단순 과반수(실투표자 수의 50% 초과) 득표로 개최국을 정함. 모든 투표 결과와 회원협회의 표결 내역은 공개함

3. 총회는 원직적으로 한 번의 회의에서 두 번 이상의 FIFA 월드컵 개최권을 동시에 부여할 수 없습니다. 다만 평의회가 특별히 승인하는 경우 예외가 인정됩니다.

4. 동일 축구연맹 소속 회원협회에 FIFA 월드컵 개최권이 2회 연속으로 부여될 수 없습니다.

해설   제61조는 FIFA 월드컵 개최지 선정 절차를 규정한 핵심 조항입니다. 일반적인 FIFA 주관 대회는 평의회(Council)가 개최지를 결정하지만, 월드컵은 정치적·상업적 파급력이 막대한 만큼 FIFA 최고 의사결정 기구인 총회(Congress)가 직접 결정합니다.

절차는 공정성과 투명성 확보에 중점을 두고 설계되어 있습니다. FIFA 사무국은 평의회 지침

에 따라 입찰 절차를 마련하고, 입찰 조건과 선정 기준을 사전에 공개해야 합니다. 사무국은 각 입찰안을 평가한 보고서를 평의회에 제출하고, 평의회는 이를 바탕으로 최대 세 개의 후보안을 총회에 상정합니다. 이 과정은 전면 공개되며, 총회 표결 결과와 개별 회원협회별 투표 내역 또한 공개됩니다.

총회 표결은 다단계 방식을 따릅니다. 첫 투표에서 과반 득표자가 없을 경우 최저 득표안을 탈락시키고, 최종적으로 두 후보만 남았을 때 단순 과반으로 개최국을 확정합니다. 또한 동일한 총회에서 두 차례 이상의 월드컵 개최지를 동시에 배정할 수 없고, 같은 축구연맹 소속 협회가 연속으로 개최권을 확보하는 것도 금지됩니다. 이는 개최권 배분의 공정성과 지역적 균형을 보장하기 위한 장치입니다.

이 절차는 과거의 불투명한 경험을 교훈 삼아 마련된 것입니다. 2010년 당시 집행위원회(Executive Committee)가 비밀투표로 2018년 러시아와 2022년 카타르를 개최지로 선정하는 과정에서 부패 의혹이 불거졌습니다. FIFA는 미국 연방검사 출신 변호사 마이클 가르시아(Michael J. Garcia)에게 독립 조사를 의뢰했고, 그는 2년간의 조사 끝에 보고서를 제출했습니다. 이른바 가르시아 보고서(Garcia Report)는 일부 부적절한 관행을 지적했으나 결정적 증거는 확인하지 못했습니다. 그러나 FIFA가 요약본만 공개하자 가르시아는 자신의 결론이 왜곡되었다며 항의 끝에 사임했고, 이 사건은 FIFA 투명성에 대한 국제적 불신을 증폭시켰습니다.

이 사건은 FIFA 개혁의 분수령이 되었습니다. 2016년 임시 총회에서 집행위원회가 평의회로 대체되었고, 개최지 결정 권한은 소수의 집행위원에서 전체 회원협회로 이관되었습니다. 그 첫 사례가 2018년 모스크바 제68차 총회로, FIFA 역사상 최초로 전체 회원협회 공개투표를 통해 2026년 월드컵 개최국(캐나다·멕시코·미국 공동 개최)이 선정되었습니다.

따라서 제61조는 FIFA가 과거의 실패에서 교훈을 얻어 개최지 선정의 정당성과 투명성을 제도적으로 담보하기 위해 마련한 조항으로, FIFA 거버넌스 개혁을 상징하는 대표적 규정입니다.

제62조. 국제경기 일정표(International match calendar)

평의회(Council)는 축구연맹(Confederation)과 협의해 구속력 있는 국제경기 일정표(International Match Calendar, IMC)를 편성합니다.

해설 제62조는 국제경기 일정표(IMC)가 구속력 있는 규범임을 명시하고 있으며, FIFA, 연맹, 협회, 리그, 구단, 선수 모두에게 적용됩니다. IMC는 대표팀 경기와 리그 일정의 충돌을 방지하기 위한 조정 장치로, 선수 차출 의무를 규정하여 국가대표팀과 구단 간의 이해관계를 체계적으로 조율합니다.

구단이 선수 차출을 거부하는 주된 이유는 선수 보호와 운영 부담입니다. 핵심 선수가 국가대표팀에 차출되면 부상 위험이 커지고 리그 경기 운영에 차질이 생길 수 있기 때문입니다. 이러한 부담을 최소화하기 위해 FIFA는 IMC 기간 중에는 구단이 차출을 거부할 수 없도록 규정하는 반면, 차출에 대한 제도적 보상 장치를 마련하고 있습니다.

반면 IMC에 포함되지 않은 대회의 경우, 구단은 차출을 정당하게 거부할 수 있습니다. 대표적인 사례가 2020 도쿄 올림픽(2021년 개최)의 모하메드 살라(Mohamed Salah) 차출 논란입니다. 올림픽 축구는 원칙적으로 23세 이하 대회이지만, 각국은 연령 제한 없이 3명의 와일드카드 선수를 선발할 수 있습니다. 이집트축구협회(EFA)는 2019-20 시즌 프리미어리그 19골로 리버풀(Liverpool F.C.)의 30년 만의 리그 우승에 기여하고, 2020-21 시즌에도 22골을 기록하며 세계 최정상급 공격수로 자리매김한 살라를 와일드카드로 선발하고자 했습니다. 살라 본인도 참가 의사를 밝혔고, 이집트 올림픽대표팀 감독 샤우키 가립(Shawky Gharib)은 살라가 자신의 올림픽 구상에서 핵심 선수라고 공언했습니다.

그러나 리버풀은 차출을 거부했습니다. 올림픽이 FIFA 공식 경기 일정에 포함되지 않아 구단에 선수 차출 의무가 없었기 때문입니다. 게다가 올림픽 축구 결승이 8월 7일로 예정되어 있어, 살라가 참가할 경우 리버풀의 프리시즌 전체를 놓치고, 코로나19 격리 규정으로 인해 8월 14일 개막하는 프리미어리그 초반 경기 출전마저 불투명한 상황이었습니다. 2022년 1월 아프리카 네이션스컵 일정도 거부 사유 중 하나였습니다. 시즌 중 이미 핵심 선수를 한 차례 잃게 되는 상황에서, 프리시즌까지 내줄 수 없다는 판단이었습니다.

결국 살라는 대회에 참가하지 못했고, 이 사건은 IMC 적용 대회와 비적용 대회의 구분, 그리고 구단의 정당한 거부권 행사를 보여 주는 대표적 사례로 남았습니다.

제63조. 국제경기 및 대회(International matches and competitions)

1. 평의회(Council)는 국제경기·대회 조직 규정을 투명성, 비차별 및 비례성 원칙에 따라 제정합니다.

2. FIFA·관할 축구연맹·회원협회의 사전 승인 없이 국제경기·대회는 열릴 수 없습니다.

3. 필요시 추가 규정을 둘 수 있고, 규정에 없는 라인업 승인 기준도 정할 수 있습니다.

4. 관련 규정에 따른 승인 절차와 별개로, 최종 승인 권한은 FIFA에 있습니다.

해설 제63조는 국제경기와 대회의 개최 승인 절차를 명확히 규정하고 있으며, 그 기본 구조는 사전 승인 의무(허가제)와 FIFA 최종 승인권(일원화)으로 요약됩니다. 우선, 평의회가 국제대회 규정을 제정할 때는 반드시 투명성, 비차별, 비례성 원칙을 준수해야 하며, 이를 통해 승인 과정이 공정하고 합리적으로 운영되도록 보장합니다. 또한 FIFA, 축구연맹, 회원협회의 허가 없이는 어떠한 국제경기나 대회도 개최될 수 없음을 명확히 하여, 비공식적이거나 무단으로 개최되는 대회를 차단합니다.

아울러 FIFA는 필요할 경우 추가 규정이나 승인 기준을 마련할 수 있는 권한을 보유하여, 급변하는 국제 축구 환경에도 대응할 수 있도록 제도적 유연성을 확보하고 있습니다. 마지막으로 승인 절차와 관련해 분쟁이 발생할 경우 최종 판단권은 FIFA에 있음을 명시하여, 축구연맹과 회원협회 간 이해관계 충돌 시에도 FIFA가 최종 권위를 가진다는 점을 분명히 하고 있습니다. 따라서 제63조는 FIFA가 국제경기와 대회를 일관된 기준과 절차 아래 관리하면서도, 권한의 귀속점을 명확히 해 국제 축구 질서의 통일성과 안정성을 보장하는 핵심 조항입니다.

제64조. 교류(Contacts)

1. 회원협회 또는 축구연맹의 잠정회원(Provisional Member)에 소속된 선수 및 팀은, FIFA의 승인을 받지 않는 한, 회원협회나 잠정회원에 소속되지 않은 선수 또는 팀과 경기를 하거나 어떠한 형태의 스포츠 교류도 할 수 없습니다.

2. 회원협회 및 그 소속 구단은 다른 회원협회의 영토에서 해당 협회의 사전 승인을 받지 않고는 경기를 치를 수 없습니다.

　　제64조는 FIFA 체계 밖에서 이루어지는 경기나 교류를 엄격히 제한하는 규정으로, 국제 축구 질서의 일관성과 제도적 통일성을 확보하기 위한 장치입니다. 첫째, FIFA 체계에 가맹된 선수나 팀은 반드시 FIFA 승인 절차를 거쳐야만, FIFA에 가맹되지 않은 팀과 경기를 하거나 교류할 수 있습니다. 이는 FIFA의 승인 없는 모든 활동을 '무단 교류'로 간주하여 제재할 수 있도록 하며, FIFA 체계 밖의 비공식 단체 활동을 원천적으로 차단하는 역할을 합니다. 둘째, 회원협회와 그 소속 구단은 타 회원협회의 영토에서 경기를 치르기 위해 반드시 해당 협회의 사전 승인을 받아야 합니다. 이는 국가별 축구협회의 자율성과 영토 주권을 존중하는 원칙을 반영한 것으로, 승인 없는 활동은 협회의 권한을 침해하는 행위로 간주됩니다.

　　결국 제64조는 FIFA가 국제 축구에서 승인 절차의 독점적 지위를 보장함으로써, 모든 교류와 경기가 FIFA 규율 체계 안에서만 이루어지도록 하는 제도적 장치입니다.

> ### 제65조. 승인(Authorisation)
> 회원협회에 소속된 협회, 리그 또는 구단은 예외적인 상황에서만 다른 회원협회에 가입하거나 그 회원협회의 영토에서 열리는 대회에 참가할 수 있습니다.
>
> 각 경우마다, 양쪽 회원협회, 해당 축구연맹(Confederation), FIFA의 승인이 반드시 필요합니다.

　　제65조는 국제 축구 거버넌스의 근간을 이루는 '영토성의 원칙'을 명확히 하고, 이에 대한 예외를 극히 제한적으로 허용하기 위한 규정입니다. 원칙적으로 모든 리그와 구단은 소속 회원협회의 영토적 관할권 내에서만 활동해야 하며, 이는 각국의 리그 시스템, 선수 등록, 징계 권한 등 축구 행정의 주권을 보호하기 위한 필수적인 전제입니다. 따라서 이 조항은 국경을 넘나드는 대회 참가를 '예외적인 상황'에서만 가능하도록 제한합니다. 이를 위해 관할권이 중첩되는 양 회원협회의 동의는 물론, 해당 축구연맹이 대륙 내 경쟁 구도의 균형에 미칠 영향을 검토해야 하며, 최종적으로 FIFA가 글로벌 규범에 부합하는지 여부와 선례를 감독하는 다단계 승인 절차를 거치도록 요구합니다.

　　결국 제65조는 '예외적 허용 및 4자(양 협회, 연맹, FIFA) 승인'이라는 엄격한 절차를 통해 개별 구단의 특수한 요구와 국제 축구계의 안정적인 질서 유지라는 두 가치 사이의 균형을 맞추는 정교한 제도적 안전장치입니다.

제66조. 해산(Dissolution)

FIFA가 해산되는 경우, FIFA의 모든 자산은 FIFA 본부가 위치한 국가의 최고법원으로 이전되며, FIFA가 재설립될 때까지 'Bonus Pater Familiae' 원칙, 즉 선량한 관리자의 주의 의무에 따라 신탁 형태로 보관됩니다.

해설   국제기구 해산 시 자산 분배는 법적 분쟁의 소지가 크므로, FIFA는 이를 본부 소재국의 최고법원에 일임하는 방식으로 명확히 규정했습니다. 'Bonus Pater Familiae'는 로마법에서 유래한 개념으로, 재산을 자신의 이익을 위해 사용하지 않고 성실하고 주의 깊게 관리해야 한다는 의무를 의미합니다. 따라서 FIFA 자산은 사적 전용이나 남용 없이 보전됩니다. 현재 FIFA 본부는 스위스 취리히에 위치하므로, 자산의 관리 주체는 스위스의 최고 사법기관인 스위스 연방대법원이 됩니다.

제67조. 경과 규정(Transitory provisions)

1. 2016년 4월 27일 이전에 선출·임명된 위원회 구성원에 대해서는, FIFA 정관 제33조·제43조·제44조에서 규정하는 임기 제한이 해당 위원의 임기 종료 시점부터 적용됩니다.
2. FIFA 본부와 법적 주소는 스위스 취리히에 두며, 이는 총회가 제1조 제2항에 따라 변경 결정을 할 때까지 유지됩니다.

해설   제1항은 2016년 정관 개정으로 도입된 임기 제한 규정을 소급 적용하지 않고, 기존 위원의 권리를 보장하기 위한 조치입니다. 이는 법적 안정성과 신뢰보호 원칙을 반영한 것입니다. 제2항은 FIFA 본부의 소재지 변경이 총회 권한임을 재확인하며, 본부 이전은 상징성과 법적 파급력이 크기 때문에 정치적 합의가 필수적입니다.

해설　발효일을 총회 종료일로부터 60일 후로 정한 것은, 회원협회들이 제·개정된 정관을 자국 규정에 반영할 수 있는 시간을 확보하도록 설계한 것입니다. 이러한 발효일 산정 방식은 규정의 적용 시점은 물론, 징계 및 행정 절차의 유효성을 판단할 때도 중요한 기준으로 작용합니다.

정관 적용규정

(Regulations Governing the Application of the Statutes)

제1장. FIFA 가입 신청(Application for Admission to FIFA)

제1조. 가입 신청(Application for admission)

평의회는 특별 규정을 통해 FIFA 가입 신청 절차를 정할 수 있습니다.

해설 제1조는 FIFA 가입 절차의 구체적 운영 권한을 평의회(Council)에 위임하는 근거 조항입니다. 본문 정관에서는 최소한의 원칙만 규정하고, 실제 절차의 세부 내용은 평의회가 제정하는 특별 규정(Implementing Regulations)에 위임함으로써, FIFA는 유연성과 일관성을 동시에 확보할 수 있도록 설계했습니다.

실무적으로는 신청 양식과 제출 서류(정관, 법인등록증, 대의기구 구성, 선거 규정 등), 심사 단계, 심사 기준, 심사 기한, 보완 요구 및 재심 절차가 일괄적으로 규정됩니다. 심사 단계는 서류 심사, 현장 실사, 축구연맹 의견 수렴으로 나뉘며, 심사 기준에는 정관이 FIFA 정관과 합치하는지, 경기 규칙 준수 여부, CAS 관할 인정, 제3자 간섭 금지 조항 포함 여부 등이 포함됩니다.

이러한 구조는 전 세계 각국의 법제와 제도적 차이를 고려해야 하는 FIFA의 특성상, 획일적 규정보다는 상황별 유연성을 보장할 필요가 있기 때문입니다. 다만, 정관에 명시된 '단일 협회 원칙(One Association per Country)'과 '축구연맹 가입 선행 요건'은 예외 없이 적용되어 국제 축구 질서의 일관성을 유지합니다.

FIFA 가입을 희망하는 협회의 입장에서는 신청 초기 단계부터 자국의 법제와 정관·규정을 FIFA 표준에 맞춰 정비하는 것이 중요합니다. 이렇게 준비해야 총회 최종 표결에서 불확실성을 줄이고 승인 가능성을 높일 수 있습니다. 결과적으로 제1조는 형식적으로는 간단한 규정이지만, 실제로는 FIFA 신규 회원 가입 절차 전반을 뒷받침하는 제도적 기초 조항이라 할 수 있습니다.

해설　제2조는 FIFA 가입 절차에서 축구연맹과 총회의 이중 심사 구조를 규정하고 있습니다. 먼저 평의회는 해당 축구연맹이 제출하는 최종 보고서를 근거로 신청 협회가 FIFA 가입 요건을 충족했는지를 판정합니다. 요건이 충족되었다고 판단되면, 다음 단계인 총회에서 회원 전체가 참여하는 표결을 통해 최종 승인 여부가 결정됩니다.

이 과정을 이해할 때, FIFA 가입은 2단계 게이트키핑(Gatekeeping) 구조로 보는 것이 적절합니다. 1차 관문은 축구연맹입니다. 연맹은 해당 지역의 실정에 밝다는 이점을 바탕으로 신청 협회의 법적 독립성, 거버넌스 체계, 선거 절차, 사법기구의 독립성, CAS 관할 인정 여부, 경기 규칙 준수, 제3자 간섭 배제, 여성 대표성 확보, 회계 투명성 등을 종합적으로 점검한 뒤 최종 보고서를 제출합니다. 평의회는 이 보고서를 근거로 신청 협회가 기술적·규범적 요건을 충족했는지 여부를 판정하는 필터 역할을 수행합니다.

2차 관문은 총회입니다. 총회는 단순히 요건 충족 여부를 넘어, 정치적 정당성과 회원 공동체의 동의를 확보하는 절차입니다. 총회에서 승인이 이루어지는 순간, 해당 협회는 FIFA 정관상 회원권과 의무를 즉시 부여받습니다. 따라서 신청 협회는 총회 의결일을 대비해 조직 구조, 재정 체계, 징계 및 윤리규정을 사전에 정비하여 즉각 실행 가능한 상태를 마련해 두는 것이 필요합니다. 반대로 축구연맹 단계에서 미흡 판정을 받은 경우에는, 정관 개정, 위원회 설치, 선거 재실시 등 구체적인 보완 요구가 내려지므로 이를 신속히 이행하는 것이 재심사에서 통과하기 위한 관건이 됩니다.

결국 제2조는 FIFA 가입이 단순한 행정 절차가 아니라, 연맹의 기술적 심사와 총회의 정치적 승인이라는 이중 검증 구조를 통해 정당성과 실질성을 동시에 확보하려는 제도적 장치임을 보여 줍니다.

제3조. 정상화위원회(Normalisation committees)

1. 정상화위원회(Normalisation Committee)의 목적은 특정 회원협회를 지원하고 그 권리와 이익을 보호하는 데 있습니다.

2. 정상화위원회의 임명 및 운영 절차는 FIFA 사무국이 해당 축구연맹과 협의하여 수행합니다. 이 절차에는 위원회의 임무, 임기, 위원 선출 및 임명 기준이 포함됩니다.

3. 정상화위원회의 임무는 회원협회의 상황에 따라 달라질 수 있으나, 일반적으로 다음 사항을 포함합니다:

   a. 회원협회의 일상 업무 관리

   b. FIFA 사무국과 협의하여 해당 협회의 정관 및 기타 규정을 검토·개정할 필요성을 결정하고, FIFA 정관에 따른 원칙과 요건을 준수하도록 보장하는 것

   c. 회원협회의 새로운 집행기구 선거를 조직하고 관리하는 것

4. 정상화위원회는 특정 기간을 정해 임명되며, 이 임기는 합리적이어야 하고 해당 협회의 상황에 맞춰 조정됩니다. 필요시 평의회(Council)는 위원회의 임기를 연장할 수 있습니다.

5. 정상화위원회는 적정하고 균형 잡힌 수의 위원으로 구성되며, 후보자는 FIFA 거버넌스 규정(Governance Regulations)에 따른 검증위원회(Review Committee)의 적격성 심사를 통과해야 합니다.

6. 평의회(Council)는 정상화위원회의 임명과 운영 절차에 관한 추가 규정을 제정할 수 있습니다.

해설 제3조에 규정된 정상화위원회는 FIFA가 회원협회의 주권(Sovereignty)에 직접 개입할 수 있는 예외적이고 최종적인 거버넌스 도구입니다. 이는 FIFA가 각국 축구 행정의 독립성을 존중하면서도, 그 행정이 마비되거나 외부의 부당한 간섭(특히 정부 개입)으로 인해 FIFA 정관의 핵심 원칙이 훼손될 때, '정관의 수호자'로서 개입할 수 있는 권한을 제도적으로 보장하는 장치입니다.

정상화위원회의 임무는 단순히 행정을 대리하는 것을 넘어, 명확한 단계별 로드맵에 따라 수행됩니다. 우선 협회의 일상 업무를 직접 관리해 행정 공백을 메우고 조직을 안정시키는 비상 개입 단계를 거쳐, FIFA 표준 정관에 부합하도록 현지 정관을 개정하여 거버넌스 붕괴의 근본 원인을 해결하는 구조적 개혁 단계로 나아갑니다. 최종적으로는 공정하고 투명한 선거를 조직하여 합

법적인 새 집행부가 구성되면 모든 권한을 이양하고 해산하는 정상화 및 권한 이양 단계로 임무를 완수합니다.

2016년 아르헨티나 축구협회(AFA)의 사례는 이 과정의 전형을 보여 줍니다. 회장 선거 무효와 정부 개입으로 독립적인 거버넌스가 붕괴하자, FIFA는 정상화위원회를 설치하여 협회 운영을 안정시키고 정관을 개정한 뒤, 2017년 새로운 회장 선거를 성공적으로 치러 정상적인 집행부에 권한을 돌려주었습니다.

결론적으로 정상화위원회는 FIFA가 회원협회의 자율성을 침해하는 상시적 기구가 아니라, 협회가 자력으로 정상적인 기능을 회복할 수 없을 때 한시적으로 작동하는 '최후의 수단(Last Resort)'입니다. 이는 FIFA의 중앙 권위와 회원협회의 자치권 사이의 긴장 관계를 조율하며, 궁극적으로는 회원협회가 민주적이고 독립적인 거버넌스를 회복하도록 돕는 과도기적 통치 기구라 할 수 있습니다.

제4조. 매치 에이전트(Match agents)

1. 매치 에이전트는 친선경기 개최를 주선할 수 있습니다.

2. 매치 에이전트는 FIFA 라이선스를 보유해야 합니다.

3. 평의회는 매치 에이전트의 직무·규율을 규정하는 '매치 에이전트 규정'을 제정합니다.

해설　매치 에이전트는 '공식 대회가 아닌' 친선경기 주선 전문가로, 구단·대표팀 간 교류전이나 상업적 이벤트 매치를 연결합니다. FIFA 라이선스 요건은 국제경기의 공정성과 계약 안전성을 보장하기 위한 장치이며, 무허가 주선은 징계 사유가 됩니다. 규정은 계약 서식, 수수료 한도, 이해충돌 방지 조항, 분쟁 해결 절차 등을 포함합니다.

제5조. 축구 에이전트(Football agents)

1. 선수·감독·구단·리그·협회는 선수 이적·고용계약 체결 시 축구 에이전트(Football Agent)의 서비스를 이용할 수 있습니다.

2. 축구 에이전트는 FIFA 라이선스를 보유해야 합니다.

3. 평의회(Council)는 축구 에이전트의 직무·규율을 규정하는 'FIFA 에이전트 규정(FFAR)'을 제정합니다.

해설　제5조는 축구 에이전트를 FIFA 정관에 명문화함으로써, 이적 및 고용계약에서 공식적인 중개인으로 규정하고 있습니다. 축구 에이전트는 선수와 구단 간 계약이 원활히 체결되도록 돕는 전문 중개인으로, 계약 협상, 서류 준비, 시장 조사, 조건 조율 등을 수행합니다. 에이전트 활동을 위해서는 FIFA가 발급하는 라이선스가 필요하며, 지원자는 자격·평판·전문성에 대한 검증 절차를 거쳐야만 이를 취득할 수 있습니다. 이 제도는 무자격자나 비전문 중개인의 진입을 차단하고, 시장의 질서를 유지하기 위한 장치입니다.

　또한 FIFA는 2023년 FIFA 에이전트 규정(FFAR) 개정본을 통해 에이전트 규율을 대폭 강화했습니다. 개정안에는 수수료 상한제 도입, 이해충돌 방지, 미성년자 대리 시 추가 인증 의무 등이 포함되어 있습니다. 이는 선수 보호와 이적시장의 투명성 강화를 위한 핵심 조치입니다. 실무적으로는 축구 에이전트(Football Agent)와 매치 에이전트(Match Agent)의 역할을 구분해야 합니다. 축구 에이전트는 선수와 구단 간 계약을 다루는 반면, 매치 에이전트는 경기 주최 및 중개 업무를 담당합니다. 결국 제5조는 FIFA 이적시장의 질서를 확립하고 선수 권익을 보호하는 제도적 토대이자, 축구 에이전트 제도를 글로벌 기준으로 통일하는 근거 규정으로 평가할 수 있습니다.

제6조. 원칙(Principles)

1. 거주 요건에 의존하지 않는 '영구 국적'을 가진 사람은 해당 회원협회의 대표팀에서 뛸 자격이 있습니다.

2. 국적을 보유하는 것과 국적을 취득할 자격을 갖는 것은 구분됩니다. 선수는 다음의 경우 국적을 보유한 것으로 봅니다:

   a. 출생 등으로 자동적으로 국적을 취득하여 추가적인 행정 절차(국적 포기 등)를 요구받지 않는 경우

   b. 귀화 절차를 통해 국적을 취득한 경우

3. 본 정관 제10조에 명시된 조건을 제외하면, 이미 한 협회의 공식 경기(부분 출전 포함)에 참가한 선수는 다른 협회의 대표팀 경기에는 출전할 수 없습니다.

4. 제7~10조의 적용을 위해 '해당 협회 영토에 거주'한다는 것은 일정 기간 그 영토에 실제로 체류한 것을 의미합니다.

   a. 다음과 같은 사유로 인한 단기 부재는 거주 기간 산정에 영향을 미치지 않음:

      i. 개인적 사유로 인한 단기 해외 체류

      ii. 축구 비시즌 기간의 휴가

      iii. 부상이나 질병 후 치료 및 재활을 위한 해외 체류

      iv. 축구 고용 관계로 인한 해외 원정

   b. 다음과 같은 경우에는 거주 기간이 중단되며, 기간 계산은 초기화됨:

      i. 선수가 다른 협회 소속 구단으로 이적한 경우

      ii. 위 (a)에 해당하지 않는 사유로 영토를 이탈한 경우

5. 제6조 제4항 (a)에도 불구하고, 특별한 사정이 없는 한 선수는 1년(12개월) 동안 최소 183일 이상 해당 협회 영토에 실제 거주해야만 해당 연도 거주 요건을 충족한 것으로 간주합니다.

6. 제7~10조의 적용을 위해, 자격 여부나 협회 변경에 관한 모든 신청은 축구재판소(Football Tribunal)의 절차 규칙에 따라 처리됩니다.

 제6조는 FIFA 대표팀 자격의 기본 원칙을 규정한 조항으로, 국적·거주·출전 이력이라는 세 가지 축을 중심으로 구성되어 있습니다. 우선 국적만 보유했다고 해서 곧바로 대표팀 자격이 주어지는 것은 아니며, FIFA 규정이 정한 추가 조건을 충족해야 합니다. 이는 각국의 국적법과 축구계에서의 자격 요건을 조율하기 위한 장치입니다.

또한 출전 이력과 관련해, 이미 한 협회의 공식 경기에 출전한 선수는 다른 협회의 대표팀으로 뛸 수 없다는 원칙이 적용됩니다. 이는 대표팀 자격의 중복을 방지하기 위한 핵심 규정입니다. 거주 요건도 명확히 규정됩니다. FIFA는 단순한 법적 주소가 아니라 실제적 체류를 기준으로 삼으며, 통상 12개월 중 183일 이상 체류해야 요건을 충족합니다. 이는 귀화 선수의 대표팀 자격을 엄격히 관리하기 위한 제도적 장치입니다. 휴가, 부상 치료, 원정 등은 거주 기간 산정에서 제외되지 않지만, 다른 협회 소속 구단으로 이적하는 경우에는 거주 기간이 초기화됩니다. 결과적으로 제6조는 대표팀 자격을 단순한 국적 소지 여부에 맡기지 않고, 실질적 체류와 출전 이력에 따라 엄격히 제한하는 규정입니다.

제7조. 다수 협회를 대표할 수 있는 국적

(Nationality entitling players to represent more than one association)

1. 제6조에 따라 둘 이상의 협회를 대표할 수 있는 국적을 가진 선수는, 다음 중 하나 이상을 충족해야 해당 협회 대표팀에서 뛸 수 있습니다:

   a. 해당 협회 영토에서 출생

   b. 부모 중 한 명이 해당 협회 영토에서 출생

   c. 조부모 중 한 명이 해당 협회 영토에서 출생

   d. 해낭 협회 영토에서 최소 5년 이상 거주

2. 공통 국적을 가진 협회는 제1항 (d)의 기간 요건을 삭제하거나 연장하는 합의를 할 수 있으며, 이 합의는 평의회 승인을 받아야 합니다.

3. 공통 국적을 가진 협회 목록은 FIFA 사무국이 회람문(Circular)으로 공지합니다.

 이 조항은 복수 국적을 가진 선수가 대표팀을 선택할 때 단순히 국적 보유만으로는 자격이 주어지지 않으며, 반드시 출생지·부모 또는 조부모의 출생·장기 거주 중 하나 이상의 객관적 연결고리가 필요하다는 원칙을 천명합니다. 이는 이른바 '스포츠적 귀화'나 금전적 유인에 따른 무분별한 대표팀 활동을 방지하고, 선수와 대표팀 사이에 역사적·가족적·사회적 연고가 존재해야 한다는 점을 제도적으로 확인하는 장치입니다.

또한 공통 국적(Common Nationality)을 공유하는 협회는 상호 합의를 통해 제1항 (d)의 거주 요건을 삭제하거나, 반대로 기간을 더 엄격하게 연장할 수 있으며, 이러한 합의는 반드시 FIFA 평의회의 승인을 받아야 합니다. 이처럼 공통 국적 체제를 인정받는 협회 목록은 FIFA 사무국이 정기적으로 발송하는 회람문(Circular)을 통해 공지됩니다. 실제로 영국의 4개 지역(잉글랜드, 스코틀랜드, 웨일스, 북아일랜드), 덴마크의 페로 제도, 네덜란드의 퀴라소/아루바, 미국의 푸에르토리코 등은 역사적·법적 연고를 근거로 공통 국적 합의의 대상이 되어 왔습니다.

실무에서는 본 조항이 복수 국적 선수의 최초 대표팀 자격 판단에 적용되고, 이후 대표팀 변경 문제는 별도의 규정(예: '새 국적 취득'에 관한 규정 및 대표팀 변경 승인 절차)에 따라 심사됩니다. 따라서 선수의 출생지, 가족적 배경, 거주 이력, 과거 국제경기 출전 여부를 종합적으로 검토해야 하며, 이는 특히 청소년 대표팀 발탁과 성인 대표팀 간 자격 충돌 문제에서 자주 쟁점이 됩니다. 결국 제7조는 FIFA가 국적과 대표팀 자격 사이의 연관성을 엄격히 규정함으로써, 국제 축구 무대에서의 정당성·투명성·형평성을 확보하고자 하는 핵심 규정이라 할 수 있습니다.

제8조. 새로운 국적의 취득(Acquisition of a new nationality)

1. 제6조 제1항에 따라 새로운 국적을 취득하고, 제6조 제3항에 규정된 바와 같이 국제경기 출전 경력이 없는 선수는, 다음 조건 중 하나 이상을 충족해야 새로운 협회의 대표팀에서 뛸 수 있습니다:

   a. 해당 협회 영토에서 출생

   b. 부모 중 한 명이 해당 협회 영토에서 출생

   c. 조부모 중 한 명이 해당 협회 영토에서 출생

   d. 해당 협회 영토에서 장기간 거주한 경우:

      i. 만 10세 이전에 거주 시작: 최소 3년

      ii. 만 10세부터 만 18세 미만에 거주 시작: 최소 5년

      iii. 만 18세 이후 거주 시작: 최소 5년

2. 1(d)(ii)에 해당하는 경우, 선수는 다음을 입증해야 합니다:

   a. 해당 협회 영토로의 이주가 대표팀 출전을 목적으로 한 것이 아님을 증명

   b. 소속 협회를 통해 FIFA 축구재판소(Football Tribunal)에 적격성 심사 요청 제출

　　　제8조는 귀화 선수가 대표팀에서 뛰기 위해 충족해야 할 요건을 규정하고 있습니다. 이 조항은 단순히 국적을 취득했다고 해서 곧바로 대표팀 자격이 부여되는 것이 아님을 명확히 하며, 국적과 대표팀 사이의 실질적 연결고리를 확보하려는 취지를 담고 있습니다. 대표팀 자격을 위해서는 출생, 부모·조부모의 혈통 또는 일정 기간의 장기 거주 등 객관적인 연고 요건을 반드시 충족해야 합니다. 특히 FIFA는 연령별로 거주 요건을 차등화하여, 어린 나이에 이주할수록 사회·문화적 동화 가능성이 높다는 점을 반영하고 있습니다. 이에 따라 만 10세 이전 이주는 최소 3년, 만 10세 이상 18세 미만 이주는 최소 5년, 성인 이후 이주는 최소 5년의 거주 요건이 적용됩니다.

또한 FIFA는 청소년기에 이주한 경우, 대표팀 출전 목적의 단순 귀화를 방지하기 위해 목적성 심사를 강화하고 있습니다. 이 과정에서 FIFA 축구재판소(Football Tribunal)는 서류, 증빙, 진술 등을 종합적으로 검토하며, 선수의 계약 이력, 거주지, 학업 기록, 생활 기반 등이 중점적으로 살펴보는 요소가 됩니다. 실무적으로는, 예를 들어 만 15세에 이주하여 현지에서 학업을 마치고 리그에 진출한 선수라면 비교적 수월하게 대표팀 자격 승인을 받을 수 있습니다. 반대로 성인이 된 후 단기간 체류 후 귀화한 선수라면 단순한 대표팀 목적이 아닌 취업, 결혼, 장기 거주 등 합리적 이유를 명확히 입증해야 승인 가능성이 높아집니다.

> ### 제9조. 무국적자(Stateless individuals)
>
> 1. 다음 요건을 모두 충족하는 선수는 특정 협회의 대표팀에서 뛸 자격을 인정받을 수 있습니다:
>
>   a. 어떠한 국적도 보유하지 않은 경우
>
>   b. 거주국의 국내법에 따라 영구적으로 국적을 부여받을 수 없는 경우
>
>   c. 해당 협회 영토에서 최소 5년 이상 거주한 경우
>
>   d. 해당 협회 영토로 이주한 목적이 대표팀 출전을 위한 것이 아님을 입증할 수 있는 경우
>
> 2. 제1항에 따라 자격 승인을 받고자 하는 선수는 반드시 해당 협회를 통해 FIFA 축구재판소(Football Tribunal)에 자격 심사를 요청해야 합니다.

　　　무국적자는 어느 나라의 법에도 그 나라의 국민으로 인정되지 않는 사람을 뜻합니다. 국제 인권 규범에서는 이러한 사람들의 이동과 권리 보장을 위해 여러 기준을 마련하고 있으며, FIFA 역시 대표팀 자격 규정에서 예외 통로를 두고 있습니다.

무국적자의 대표팀 자격 규정은 국제인권법, 특히 무국적자 지위에 관한 1954년 협약과 연계

됩니다. FIFA는 국적이 없는 선수들이 '대표팀에서 뛸 기회'를 통해 국제무대에 설 수 있도록 길을 열어두었지만, 남용 방지를 위해 거주 기간(5년)과 목적성 요건을 엄격히 적용합니다. 예를 들어, 난민캠프에서 성장한 무국적 청소년이 해당 국가 리그에서 장기간 활동한 경우에는 승인 가능성이 높지만, 단기간 체류 후 신청하는 경우에는 대표팀 경쟁력 확보를 위한 인위적 귀화 시도로 간주될 수 있습니다. 이 규정은 특히 분쟁지역 출신 선수나 국적 불인정 상태의 소수민족 선수에게 실질적인 기회를 제공하는 한편, '스포츠 국적 쇼핑'을 억제하는 기능도 합니다.

제10조. 협회 변경(Change of association)

1. 선수는 단 한 번만 대표팀 변경을 신청할 수 있으며, 이는 자신이 국적을 보유한 다른 회원협회로의 변경만 가능합니다.

2. 대표팀 변경은 다음의 경우에 한하여 허용됩니다:

   a. 선수가:

   i. 현재 협회의 공식 경기('A매치'를 제외한 모든 등급)에서 출전한 경력이 있고,

   ii. 첫 공식 경기 출전 당시 이미 변경하려는 협회의 국적을 보유하고 있었을 경우

   b. 선수가:

   i. 현재 협회의 공식 경기('A매치' 제외)에 출전했으나,

   ii. 첫 출전 당시 변경하려는 협회의 국적을 보유하지 않았고,

   iii. 마지막 경기 출전 당시 만 21세 미만이었으며,

   iv. 제7조 또는 제8조의 요건을 충족한 경우

   c. 선수가:

   i. 현재 협회의 'A매치' 공식 경기에서 출전한 적이 있고,

   ii. 첫 출전 당시 이미 변경하려는 협회의 국적을 보유하고 있었으며,

   iii. 마지막 출전 당시 만 21세 미만이었고,

   iv. 'A매치'에 3경기 이하 출전했으며,

   v. 마지막 출전 이후 최소 3년이 경과했으며,

   vi. FIFA 월드컵 본선이나 연맹별 대회 본선에는 출전하지 않았을 경우

   d. 선수가:

   i. FIFA 가입 이전 협회의 공식 경기에 출전했으나, 그 이후 변경하려는 협회가 FIFA에 가입한 경우

　　ii. 첫 출전 당시 변경하려는 협회의 국적을 보유하고 있었거나, 해당 국가가 UN 회원국으로 승인

　　　된 즉시 국적을 취득한 경우

　　iii. 제7조 또는 제8조 요건을 충족한 경우

　e. 선수가:

　　i. 현재 협회의 'A매치'에 출전했으나,

　　ii. 정부 결정에 따라 본인의 의사와 무관하게 영구적으로 국적을 상실했고,

　　iii. 변경하려는 협회의 국적을 보유하고 있는 경우

3. 새로운 협회 소속으로 경기에 출전한 이후에는, 다시 이전 협회로 복귀할 수 없습니다.

4. 제2항에 근거해 변경을 신청하는 선수는 반드시 해당 협회를 통해 FIFA 축구재판소(Football Tribunal)에

　자격 심사를 요청해야 합니다.

5. 다음의 경우, 선수는 다시 이전 협회로 복귀를 신청할 수 있습니다:

　a. 대표팀 변경 승인을 받았으나,

　b. 새로운 협회 소속으로 어떠한 경기(공식·비공식)에도 출전하지 않았을 경우

6. 제5항에 따른 신청 역시 해당 협회를 통해 축구재판소에 제출해야 합니다.

7. 대표팀 변경 신청을 한 선수는 FIFA가 최종 결정을 내릴 때까지 어떤 대표팀 경기에든 출전할 수 없습

　니다.

해설　　　제10조는 대표팀 변경 제도의 구체적인 절차와 요건을 규정하고 있습니다. 우선 선수는 평생 단 한 번만 대표팀 변경을 신청할 수 있으며, 반드시 자신이 국적을 보유한 협회로만 변경이 가능합니다. 주요 허용 사례는 다음과 같습니다. 첫째, 이미 청소년 경기나 'A매치'가 아닌 공식 경기에 출전한 경우에는 변경이 허용될 수 있습니다. 둘째, 'A매치' 출전 경험이 있더라도 출전 당시 만 21세 미만, 총 3경기 이하 출전, 월드컵 또는 연맹선수권 본선 미출전 및 마지막 출전 후 최소 3년 경과라는 조건을 모두 충족하면 변경이 가능합니다. 셋째, 협회의 FIFA 가입 여부가 변동된 경우나, 선수 본인의 의사와 무관하게 국적을 상실한 경우에도 예외적으로 허용됩니다.

　　　절차적으로는 모든 변경 신청이 반드시 FIFA 축구재판소(Football Tribunal)의 심사를 거쳐야 하며, 심사 결정 전까지는 새로운 협회 소속으로 대표팀 경기에 출전할 수 없습니다. 또한 변경 승인을 받았다 하더라도 새로운 협회에서 아직 경기에 나서지 않았다면 원 협회로 복귀할 수 있는 예외 규정도 존재합니다. 결국 제10조는 청소년 시절 대표팀 출전 경험이나 국가 상황 변화로 인해 선수의 대표팀 선택권이 과도하게 제한되지 않도록 일정한 기회를 부여하는 동시에, 대표팀 변경

제도의 남용을 방지하기 위해 엄격한 요건과 단 한 번의 기회만 허용하는 장치를 마련한 것입니다.

옌스 카스트로프(Jens Castrop): 독일에서 대한민국으로의 협회 변경 근거

2025년 대표팀 협회 변경과 관련해 가장 큰 주목을 받은 사례는 옌스 카스트로프 선수입니다. 그는 2003년 독일 뒤셀도르프에서 한국인 어머니와 독일인 아버지 사이에서 태어났습니다. 대한민국 국적법상 부 또는 모가 대한민국 국민인 경우 자녀는 출생과 동시에 대한민국 국적을 취득할 수 있으나, 카스트로프는 출생 당시 한국에 출생신고를 하지 않아 독일 단독 국적 상태였습니다. 이후 2025년 2월 독일 주재 한국 영사관에서 출생신고를 완료했고, 같은 해 5월 한국 여권을 발급받아 한국-독일 복수국적자가 되었습니다. 어머니가 한국 출생이므로 제7조에서 규정한 부모의 출생지에 따른 연고 요건도 충족합니다.

카스트로프는 2018년부터 2024년까지 독일 연령별 대표팀(U-16~U-21) 공식 경기에 출전한 경력이 있습니다. 원칙적으로 한 협회의 공식 경기에 출전한 선수는 다른 협회로의 변경이 제한되지만, 제10조 제2항은 특정 요건을 충족하는 경우 예외적으로 협회 변경을 허용합니다. 카스트로프의 경우 제10조 제2항 (b)가 적용됩니다. 해당 조항은 선수가 현재 협회의 공식 경기(A매치 제외)에 출전했으나 첫 출전 당시 변경하려는 협회의 국적을 보유하지 않았고, 마지막 경기 출전 당시 만 21세 미만이었으며, 제7조 또는 제8조의 요건을 충족한 경우 협회 변경을 허용합니다. 카스트로프는 독일 성인 대표팀 A매치에 출전한 적이 없고, 2018년 첫 청소년 대표팀 출전 당시에는 한국 국적을 보유하지 않은 상태였으므로 이 조항의 적용 대상이 됩니다.

언론에 따르면 독일축구협회는 마지막까지 카스트로프의 마음을 돌리려 했습니다. 'A대표팀 스카우팅 롱리스트에 포함됐다'며 설득을 시도했고, 2년 후 유럽축구선수권 예선에 출전할 수 있다는 전망도 전해왔습니다. 그러나 카스트로프는 한국행을 선택했고, 제10조 제4항에 따라 대한축구협회를 통해 FIFA 축구재판소에 자격 심사를 요청했습니다. FIFA는 2025년 8월 11일 그의 협회 변경 요청을 공식 승인했습니다. 결국 옌스 카스트로프는 한국 국적 취득과 부모 출생지 요건을 충족하는 동시에, A매치 출전 경력이 없는 청소년 대표팀 출신 선수에게 적용되는 제10조 제2항 (b)의 예외 규정에 해당하여 2025년부터 대한민국 대표팀 자격을 적법하게 확보하게 되었습니다.

제11조. 승강제 원칙(Principle of promotion and relegation)

1. 구단의 국내 리그 참가 자격은 원칙적으로 스포츠 성적에 따라 결정됩니다. 구단은 특정 디비전에 잔류하거나, 시즌 종료 시 승격 또는 강등됨으로써 국내 리그 참가 자격을 얻습니다.

2. 스포츠 성적 외에도 구단의 국내 리그 참가는 라이선스 절차상의 기타 기준에 좌우될 수 있으며, 이 경우 스포츠, 시설, 행정, 법률 및 재정적 요건이 중점적으로 고려됩니다. 라이선스 결정에 대해서는 회원협회의 항소 기구를 통한 심사가 가능해야 합니다.

3. 스포츠 경기의 무결성을 해치면서 스포츠 성적에 의한 자격 취득 또는 국내 리그 라이선스 취득을 용이하게 할 목적으로 구단의 법적 형태나 회사 구조를 변경하는 것은 금지됩니다. 여기에는 본부 이전, 명칭 변경, 구단 간 지분 이전 등이 포함됩니다. 금지 결정에 대해서는 회원협회의 항소 기구를 통한 심사가 가능해야 합니다.

4. 각 회원협회는 국내 사안에 대한 결정 권한을 가지며, 이를 리그에 위임할 수 없습니다. 각 축구연맹은 자체 관할 내에서 둘 이상의 협회가 관련된 사안을 결정합니다. FIFA는 둘 이상의 축구연맹이 관련된 국제적 사안을 결정합니다.

해설　제11조는 축구 리그 운영의 핵심 가치인 경기력 중심의 공정성을 제도적으로 명문화한 조항입니다.

무엇보다 경기 실적 우선 원칙을 천명하여, 리그 승격과 강등은 반드시 경기장에서의 결과를 기준으로 해야 한다는 점을 분명히 합니다. 이는 축구의 본질적 경쟁 가치를 제도적으로 보장하는 장치입니다. 또한 FIFA는 리그의 안정성과 신뢰성을 확보하기 위해 라이선스 제도를 병행할 수 있도록 허용하고 있습니다. 경기력 외에도 구단의 재정 건전성, 행정 역량, 경기장 및 인프라 요건 등이 참가 자격의 요소로 반영될 수 있으며, 이를 통해 리그의 지속 가능성과 투명한 운영을 보장합니다.

비경기적 수단을 통한 편법 승격은 엄격히 금지됩니다. 구단의 법적 형태 변경, 본부 이전, 지분 이전 등을 통해 상위 리그 진출을 시도하는 행위는 리그의 공정성과 신뢰성을 훼손하므로 명확히 제재 대상이 됩니다.

관할 구분 역시 명확합니다. 국내 리그 운영 문제는 각 회원협회가 독자적으로 관리하며, 이를 리그에 위임할 수 없습니다. 그러나 분쟁이 복수의 협회 또는 축구연맹 간 차원으로 확대될 경우, FIFA가 최종 관할권을 행사합니다.

한편, 미국 메이저리그사커(MLS)는 승강제 없이 프랜차이즈 모델로 운영되며, 확장팀이 경기 실적과 무관하게 리그에 진입하는 구조입니다. FIFA는 미국 시스템이 승강제 규정을 위반한다고 공식적으로 지적하지는 않았으나, 규정의 문언과 미국 방식 사이에는 충돌이 존재합니다. 이 사례는 제11조 제2항에서 허용하는 '라이선스 절차상의 기타 기준'이 어디까지 확대 적용될 수 있는지에 대한 논쟁을 보여 줍니다.

제12조. 경기 규칙의 개정(Amendments to the laws of the game)

1. FIFA는 국제축구평의회(IFAB) 연례총회 종료 후 1개월 내에 모든 개정 사항을 회원협회에 통보해야 합니다.

2. 회원협회는 새 시즌 시작 전(7월 1일까지)에 개정 사항을 시행해야 하며, 시즌이 진행 중인 경우에는 예외가 허용될 수 있습니다.

3. 회원협회는 IFAB가 발행한 개정 사항을 가능한 한 빨리 적용해야 합니다.

해설　　제12조는 경기 규칙(Laws of the Game)의 제·개정 권한과 그 집행 절차를 규정하고 있습니다. 경기 규칙의 제·개정 권한은 IFAB에 있으며, FIFA는 개정 사항을 모든 회원협회에 전달하고, 각 협회가 이를 준수하도록 감독하는 집행 주체로서 역할을 수행합니다.

새로운 경기 규칙은 일반적으로 각국 리그가 새 시즌을 시작하기 전, 즉 7월 1일까지 반영해야 합니다. 이는 규칙 변경으로 인한 경기 운영의 혼란을 방지하기 위한 원칙입니다. 다만, 안전성이나 공정성과 직접적으로 연관된 사항은 예외적으로 시즌 도중이라도 즉시 적용될 수 있습니다. 최근 사례로, 2025-26 시즌부터 골키퍼 볼 소유 시간 제한이 6초에서 8초로 변경되고 위반 시 상대팀에 코너킥이 부여되는데, 이 규칙은 정규 시행일 전인 2025년 6월 14일 FIFA 클럽월드컵부터 먼저 적용되었습니다.

실무적으로 이 조항은 FIFA가 전 세계 회원협회가 동일한 경기 규칙을 적용하도록 강제함으로써, 경기 규칙의 보편성과 통일성을 유지하는 데 의미가 있습니다. 따라서 각국 리그는 국내 일정과 무관하게 국제 표준 규칙을 준수해야 하며, 이를 통해 전 세계 축구가 동일한 기준 아래 운영되도록 보장됩니다.

제13조. 심판 및 부심의 지명(Nomination)

1. 국제경기 배정 심판·부심은 중립국 소속임이 원칙이며, 당사국 협의로 예외를 둘 수 있습니다.

2. 지명된 심판·부심은 FIFA 공식 국제 심판 명단에 등재되어야 합니다.

해설　　제13조는 국제경기에서 심판과 부심의 지명 원칙을 규정하며, 핵심은 중립성과 전문성의 확보입니다.

국제경기에 배정되는 심판과 부심은 원칙적으로 경기에 참가하는 어느 팀의 소속 협회와도 관련이 없는 중립국 출신이어야 합니다. 이는 경기의 공정성을 담보하기 위한 핵심 장치로서, 심판이 특정 팀에 유리한 판정을 내릴 가능성을 구조적으로 차단할 수 있습니다. 다만 심판 수급의 현실적 어려움이나 지역 대회의 특수성 등을 고려하여, 당사국 간 합의가 이루어지면 예외적으로 당사국 소속 심판 배정이 가능합니다.

지명된 심판과 부심은 반드시 FIFA 공식 국제 심판 명단에 등재되어 있어야 합니다. 각국 축구협회 심판위원회가 자국 심판을 FIFA에 추천하며, FIFA는 이를 심사하여 명단을 구성합니다. 등재를 위해서는 체력 테스트 통과, 일정 연령 요건 충족, 경기 운영 능력 및 평가 점수 등 종합적인 기준을 만족해야 합니다. 이를 통해 국제무대에서 활동하는 심판들이 일정 수준 이상의 전문성과 신뢰성을 갖추도록 보장합니다.

본 조항은 중립국 원칙으로 이해충돌을 방지하고, FIFA 국제 심판 명단 등재 요건으로 심판의 자질을 객관적으로 검증함으로써 경기의 공정성과 권위를 유지하는 데 기여합니다.

제14조. 경기 보고서(Report)

1. A매치 주심은 경기 종료 후 48시간 내에 FIFA와 경기 개최국 회원협회에 보고서를 제출해야 합니다.

2. 보고서는 주관 회원협회가 제공한 공식 양식으로 작성합니다.

3. 보고서에는 모든 징계 조치와 그 사유를 기록합니다.

  경기 보고서는 FIFA의 경기 관리·징계 절차의 1차 자료입니다. 징계 조치(퇴장·경고 등)와 사유를 명확히 기록함으로써 추후 징계위원회 심의의 근거가 됩니다. 보고 지연이나 부실 작성은 심판 평가에 직접적인 불이익을 초래합니다.

제15조. 심판 비용 보전(Reimbursement)

1. 국제경기에 참가하는 주심 및 부심은 다음의 권리를 가집니다:

   a. 일당 수당(Daily Allowance)

   b. 여행 경비 보상

   FIFA는 심판 및 부심이 받을 수 있는 금액, 여행 등급, 그리고 보상 대상 일수를 정합니다.

2. 주심 및 부심에게 지급해야 할 금액은 개최 회원협회가 경기 당일에 환전이 용이한 통화로 지급해야 합니다.

3. 국제경기에서 주심 및 부심의 숙박비와 식비는 개최 회원협회가 부담합니다.

  제15조는 국제경기에 배정된 심판진이 어떤 방식으로 보상받는지를 규정하고 있습니다. 심판에게 지급되는 보상은 단순한 활동비가 아니라, FIFA가 정한 일당 수당과 여행 경비를 포함한 국제 기준에 따른 정식 보상 체계입니다. FIFA는 금액과 여행 조건을 표준화하여 모든 심판이 대회와 장소를 불문하고 일관된 대우를 받도록 보장합니다.

보상은 반드시 경기 개최 당일에 즉시 지급되어야 하며, 심판이 현장에서 바로 사용할 수 있도록 환전이 가능한 통화로 제공되어야 합니다. 이는 국제경기 운영 과정에서 발생할 수 있는 지불 지연이나 환율 변동 문제를 예방하기 위한 장치입니다.

또한 심판의 숙박 및 식비는 경기 개최 회원협회가 전액 부담해야 하며, 이를 통해 심판이 금전적 부담 없이 경기 운영에만 집중할 수 있는 환경을 보장합니다. 이처럼 심판에게 공정하고 투명한 보상을 제공함으로써, 금전적 이해관계로 인한 잠재적 충돌을 차단하고 FIFA가 국제 심판 배정·운영에 대한 세계적 표준을 확립하는 역할을 합니다.

제16조. 목적(Objectives)

1. FIFA는 적합한 물적·인적 자원을 직접 사용하거나, 회원협회·축구연맹에 위임하거나, 축구연맹과 협력하는 방식으로, FIFA 정관에 따라 설정된 목표를 달성하고 유지해야 합니다.

2. FIFA 정관 제2조 (g)에 따라, FIFA는 특히 불법 베팅, 도핑, 인종차별에 대해 우선적으로 대응하며, 이러한 행위는 금지되고 제재 대상이 됩니다.

해설　이 조항은 FIFA의 집행수단과 우선 대응 분야를 명확히 합니다. 이는 FIFA가 중앙집권적으로 모든 사안을 직접 처리하기보다는 상황에 따라 지역 단위의 전문성과 효율성을 활용할 수 있도록 하는 구조입니다.

또한 제2항은 FIFA가 '특히 주력해야 하는 분야'를 규정합니다. 불법 베팅은 경기 조작(Match-fixing)과 직결되어 축구에 대한 신뢰를 훼손하고, 도핑은 경기 공정성을 파괴하며, 인종차별은 경기장 안팎에서 선수·관중의 안전과 평등을 침해합니다. 세 분야 모두 FIFA 징계규정상 중대 위반에 해당하며, 실무에서는 경기 몰수, 장기 출전 정지, 벌금, 심지어 협회·구단 자격 정지까지 이어질 수 있습니다.

제17조. 시행(Enforcement)

FIFA 정관 적용규정(Regulations Governing the Application of the Statutes)은 2024년 5월 17일 총회에서 채택되었으며, 채택 즉시 시행됩니다.

해설　일반적인 FIFA 정관은 채택일로부터 일정 기간 후 발효(예: 60일)되지만, '정관 적용규정'은 행정·절차적 성격이 강하므로 즉시 효력이 발생합니다. 이는 규정 개정으로 인한 혼란을 최소화하고, 새 규정이 필요한 사안(대표팀 자격 심사, 협회 변경 승인, 라이선스 절차 등)에 대해 지체 없이 적용할 수 있도록 하기 위함입니다.

총회 의사규칙
(Standing Orders of the Congress)

제1조. 총회 참석(Participation in the congress)

1. 각 회원협회(Member Association)는 최대 3명의 대표를 총회(Congress)에 파견할 수 있으며, 모두 발언권을 가집니다. 대표 중 최소 1명은 여성일 것을 권장합니다.

2. 대표 명단(투표권자 포함)은 총회 개회 전 사무국에 제출해야 하며, 투표권자는 반드시 1번으로 기재됩니다.

3. FIFA는 각 회원협회 대표 3명의 총회 기간 숙박·여비를 부담하며, 평의회가 관련 지침을 마련합니다.

해설 이 조항은 FIFA 총회에 참석하는 대표단의 구성 방식과 FIFA가 제공하는 지원 체계를 규정하고 있습니다. 대표단은 최대 3명으로 구성될 수 있으며, 성별 다양성을 장려하기 위해 최소 1명의 여성을 포함하도록 권장됩니다. 이는 FIFA가 강조하는 성평등과 다양성 가치를 절차적으로 반영한 것입니다.

총회에 참석한 모든 대표는 발언권을 가지지만, 투표권은 반드시 1명에게만 부여됩니다. 투표권자는 대표단 명단의 1번으로 지정되며, 이는 의결 과정에서 혼선을 방지하고 절차적 명확성을 보장하기 위한 장치입니다. 또한 FIFA는 모든 회원협회의 동등한 참여를 보장하기 위해 대표단의 숙박과 여비를 부담합니다. 이는 재정 여건이 열악한 회원협회라도 총회 참석을 포기하지 않도록 하기 위한 제도적 안전망으로, FIFA 의사결정 과정에서 형평성을 확보하는 중요한 수단입니다.

제2조. 의장(Chair)

1. 회장(President)은 총회(Congress)를 주재합니다. 회장이 참석할 수 없는 경우, 최장기 재임 부회장이 대리하며, 부회장이 모두 부재한 경우에는 총회가 평의회 구성원 중 한 명을 선출하여 의장을 맡깁니다.

2. 의장은 총회가 총회 의사규칙에 따라 엄격히 운영되도록 보장하며, 개회와 폐회를 선언하고 토론을 진행합니다. 총회가 달리 결정하지 않는 한, 의장은 대의원(Delegate)에게 발언권을 부여하고 모든 논의를 주재합니다.

3. 의장은 토론 중 질서를 유지할 책임이 있으며, 토론을 방해하는 대의원에 대해 다음과 같은 조치를 취할 수 있습니다:

   a. 주의 촉구(Call to Order)

   b. 경고(Reprimand)

   c. 한두 차례 회기에서의 퇴장 조치(Exclusion)

4. 위와 같은 조치에 대해 항소가 제기되면, 총회는 즉시 토론 없이 결정을 내려야 합니다.

해설   제2조는 FIFA 총회 운영에서 의장이 갖는 권한과 책임을 구체적으로 규정한 조항입니다. 총회는 원칙적으로 회장이 주재하되, 회장이 부재할 경우에는 최장기 재임 부회장이, 이마저도 불가능한 경우에는 평의회 구성원 중에서 선출된 인사가 의장을 맡도록 되어 있습니다. 이러한 규정은 어떠한 상황에서도 총회가 중단되지 않고, 지휘권이 공백 없이 승계되도록 하여 회의 운영의 연속성과 안정성을 확보하기 위한 장치입니다.

의장은 총회 절차 전반을 관리하는 역할을 수행합니다. 개회와 폐회를 선언하고, 발언권을 부여하며, 토론의 진행 순서와 방식을 정하는 등 회의가 정관과 의사규칙에 따라 원활하게 운영되도록 책임을 집니다. 아울러 토론 과정에서 질서를 해치는 대표에 대해서는 주의를 촉구하고, 필요하다면 경고를 거쳐 회기 퇴장까지 명할 수 있는 단계적 제재 권한을 부여받습니다. 이를 통해 총회 토론이 특정 대표의 무질서한 행동으로 방해받지 않고, 공정하고 집중도 높게 진행되도록 하는 것이 핵심 목적입니다.

또한 의장의 이러한 조치에 대해 대표단이 이의를 제기할 수 있는 즉시 항소 절차도 마련되어 있습니다. 대표단이 불복 의사를 밝힐 경우, 총회는 별도의 토론 없이 지체 없이 표결을 통해 의장의 조치를 유지할 것인지 여부를 결정해야 합니다. 이와 같은 구조는 회의 진행을 불필요하게 지연시키지 않으면서도, 의장의 권한 행사에 대한 민주적 통제와 절차적 공정성을 동시에 보장하는 장치로 이해하면 좋겠습니다.

제3조. 개표위원(Scrutineers)

총회(Congress) 개회 시 적정 수의 개표위원을 선임하여 투표용지 배부·회수·개표를 관리하며, 평의회가 필요시 전자투표 장비를 사용할 수 있습니다.

해설 총회의 투표 절차의 신뢰성을 확보하기 위한 규정입니다. 개표위원은 투표용지의 배부, 회수, 집계를 직접 관리하며, 필요시 전자투표 장비 사용까지 감독합니다. 이는 선거·표결 결과에 대한 투명성과 공정성을 보장하기 위한 장치입니다.

제4조. 통역사(Interpreters)

공식 언어 통역사는 사무국이 임명하며, 총회의 모든 절차에서 사용됩니다.

해설 국제 기구로서 FIFA 총회는 다언어 환경에서 운영되므로, 공식 통역사의 배치가 필수적입니다. 사무국이 이를 임명하여 모든 절차에서 공용어가 원활히 사용되도록 보장합니다. 이는 회원협회의 평등한 발언권과 참여권을 제도적으로 담보하는 장치입니다.

제5조. 토론(Debates)

1. 의제에 포함된 각 안건의 토론은 반드시 간단한 보고로 시작합니다. 보고자는 다음 중 한 명이 될 수 있습니다:

    a. 의장(Chair) 또는 이를 위해 지정된 평의회(Council) 구성원

    b. 평의회가 지정한 위원회의 대표자

    c. 해당 안건을 의제에 포함하도록 요청한 회원협회(Member Association)의 대의원(Delegate)

2. 보고가 끝난 후, 의장이 토론을 개시합니다.

해설 의사결정 과정에서 토론은 사전 보고서 발표를 통해 기초가 마련된 뒤 시작됩니다. 보고자는 의장, 위원회 대표, 혹은 해당 안건을 요청한 회원협회 대표로 한정되어, 토론의 주제와 맥락이 분명하게 제시되도록 하고 있습니다.

제6조. 발언자(Speakers)

1. 발언권은 요청 순서에 따라 부여됩니다. 발언자는 반드시 발언 허가를 받은 후에만 발언할 수 있으며, 총회 연단(Rostrum)에서 발언해야 합니다.

2. 같은 안건에 대해 모든 발언 신청자가 발언을 마치기 전에는 동일 인물이 두 번째로 발언할 수 없습니다.

해설　발언 기회는 신청 순서에 따라 공정하게 배분되며, 동일 안건에 대해서는 한 차례 발언만 허용됩니다. 이는 특정 이해관계자에게 발언권이 과도하게 집중되는 것을 방지하고, 총회 진행의 효율성을 확보하기 위한 원칙입니다.

제7조. 제안(Proposals)

1. 모든 제안은 반드시 서면으로 제출해야 합니다. 현재 논의 중인 안건과 관련 없는 제안은 토론에 상정될 수 없습니다.

2. 모든 수정안 역시 서면으로 작성하여 토론에 부치기 전에 의장에게 제출해야 합니다.

해설　총회에 상정되는 제안은 반드시 서면으로 제출되어야 하며, 수정안 역시 동일한 요건을 충족해야 합니다. 이는 기록의 명확성과 절차적 정당성을 보장하여, 향후 분쟁 발생 시 근거 자료로 활용할 수 있게 합니다.

제8조. 절차 동의안 및 토론 종결(Procedural motions and closing of debates)

1. 절차 동의안이 제기되면, 해당 동의안에 대한 표결이 이루어질 때까지 본안에 대한 토론은 중단됩니다.

2. 토론 종결 동의안이 제기되면, 곧바로 별도의 토론 없이 표결에 부쳐집니다. 동의안이 가결될 경우, 표결 전에 발언 신청을 한 회원협회만 발언권을 행사할 수 있습니다.

3. 의장은 원칙적으로 토론을 종결하며, 총회가 다수결(유효 투표의 단순 과반)로 달리 결정하지 않는 한 이를 따릅니다.

 토론을 조기에 종결할 필요가 있을 경우 절차 동의안이 활용됩니다. 이 동의안이 가결되면 즉시 표결로 넘어가며, 총회가 불필요하게 지연되는 것을 방지합니다. 민주적 운영과 효율적 진행 간 균형을 맞추려는 규정입니다.

제9조. 표결(Votes)

1. 비밀투표는 금지됩니다. 대리투표(Proxy)나 서면투표(Letter Voting)는 대면 총회에서 허용되지 않습니다. 다만, 총회가 원격(전화·화상 회의 등)으로 개최되는 경우에는 서면투표·온라인투표가 허용됩니다.

2. 각 표결 전에 의장 또는 의장이 지정한 인물이 제안의 내용을 낭독하고, 투표 절차(정족수 포함)를 설명해야 합니다. 이에 대해 이의가 제기되면 총회가 즉시 결정합니다.

3. 최소 15개 회원협회가 요청하면 기명투표(Roll Call Vote)를 실시할 수 있습니다.

4. 누구도 투표를 강제받지 않습니다.

5. 원칙적으로 투표는 거수(투표카드 사용) 또는 전자투표 방식으로 진행됩니다.

6. 제안은 제출된 순서대로 표결에 부쳐집니다. 두 개를 초과하는 주요 제안이 있는 경우, 차례대로 표결하며 대의원(Delegate)은 그중 하나에만 투표할 수 있습니다.

7. 수정안에 대한 수정(Alterations to Amendments)은 원안 수정 전에 먼저 표결하며, 수정안은 본안 표결 전에 처리합니다.

8. 반대 투표가 없는 제안은 가결된 것으로 간주됩니다.

9. 의장은 표결 결과를 확인한 후 이를 총회에 공표합니다.

10. 표결 중 및 결과 발표 전까지는 누구도 발언할 수 없습니다.

 제9조는 FIFA 총회에서의 투표 방식과 절차를 명확히 규정하고 있습니다. 우선 대면 총회에서는 비밀투표와 대리투표가 금지되며, 표결은 원칙적으로 거수나 전자투표를 통해 공개적으로 진행됩니다. 다만 원격회의의 경우에는 서면이나 온라인 방식도 허용됩니다.

투표 절차는 의장이 제안 내용을 설명하고 정족수를 확인하는 것으로 시작됩니다. 만약 이에 대해 이의가 제기되면, 총회가 즉시 판단을 내려야 합니다. 또한 기명투표는 최소 15개 회원협회가 요구할 경우 진행할 수 있습니다. 이는 투표의 투명성과 책임성을 높이기 위한 장치입니다.

표결의 원칙도 명확합니다. 제안은 제출된 순서대로 처리되며, 다수의 제안이 있을 경우 대의원은 한 제안에만 투표할 수 있습니다. 수정안이 제시된 경우에는 반드시 본안 표결에 앞서 수정안을 먼저 표결해야 합니다. 아울러 반대표가 전혀 없는 경우에는 별도의 표결 절차 없이 자동으로 가결된 것으로 간주됩니다. 질서 유지를 위해 표결 중에는 발언이 금지되며, 의장이 결과를 확인·선포할 때까지 모든 대의원은 절차를 준수해야 합니다.

제10조. 선거(Elections)

1. 선거는 비밀투표 방식으로 진행됩니다. 투표는 투표용지(Ballot Papers) 또는 전자투표기(Televoters), 전자 집계 시스템을 통해 실시할 수 있으며, 이 시스템은 선거의 비밀을 보장해야 합니다. 단, FIFA 회장 선거는 전자투표기 방식으로 진행할 수 없습니다. 사무총장은 개표위원(Scrutineers)의 지원을 받아 투표용지 배부·회수 및 개표, 또는 전자투표기의 배부·집계를 관리합니다.

2. 배부된 투표용지의 수는 개표 전에 의장이 반드시 공표해야 합니다.

3. 회수된 투표용지 수가 배부된 수와 같거나 적으면 선거는 유효합니다. 그러나 회수된 투표용지가 배부된 수를 초과하면 투표는 무효로 선언되며, 즉시 새로운 투표가 실시됩니다.

4. 의장은 각 투표의 결과를 공표합니다.

5. 사무총장은 회수·집계된 투표용지를 봉투에 즉시 밀봉하며, 총회 종료 후 100일이 지나면 이를 폐기합니다.

해설 선거는 철저히 비밀투표로 진행되며, 투표용지의 배부·회수 수량이 일치하지 않을 경우 무효 처리됩니다. 이는 부정선거를 방지하고 선거 과정의 정당성을 확보하기 위한 절차적 안전장치입니다.

제11조. 다수결 계산(Calculation of majorities)

1. 단순 과반수(Simple Majority, 실투표자 수의 50% 초과)는 수집된 유효 투표용지 수 또는 전자적으로 집계된 유효 투표 수를 기준으로 계산합니다. 이때 무효표, 백지표, 조작된 전자투표, 기권표는 산정에서 제외됩니다.

2. 절대 과반수(Absolute Majority, 전체 구성원 수의 50% 초과)는 투표에 출석하여 투표권을 가진 회원협회 수를 기준으로 계산합니다.

3. 선거에서 한 회원협회가 동일한 투표용지에 한 후보자에게 2표 이상을 기재하거나, 전자투표를 통해

해설 　결정 방식에서 단순 과반과 절대 과반의 구분을 명확히 하여, 선거 및 표결 과정의 합법성과 정당성을 보장합니다. 이는 의결의 기준을 분명히 함으로써 불필요한 해석상의 분쟁을 예방하는 기능을 합니다.

제12조. 시행(Enforcement)

이 규정은 2024년 5월 17일 총회에서 채택되었고, 채택 즉시 시행되었습니다.

FIFA 정관은 이 책의 시작점이자, 이후에 다루게 될 모든 규정과 사례를 관통하는 기본 틀입니다. 정관 안에는 FIFA가 어떤 조직인지, 회원협회·축구연맹·리그·구단·선수·에이전트가 어떤 위계와 관계 속에서 움직이는지, 누가 무엇을 결정하고 누가 그 결정을 감독·통제하는지가 하나의 구조로 그려져 있습니다. 더 나아가 인권, 비차별, 독립성, 공정경기, 도핑·불법 베팅·승부 조작에 대한 무관용 원칙까지, 국제 축구가 지향해야 할 가치도 함께 담겨 있습니다.

그러나 정관만으로는 '원칙과 구조'의 수준에 머무릅니다. 정관이 FIFA라는 건물의 설계도라면, 그 안에서 실제로 사건이 발생했을 때 어떤 절차를 밟고, 어떤 기준으로 판단하며, 당사자에게 어떤 권리가 보장되는지는 개별 규정들이 구체화합니다. 정관 제43조·제44조·제45조가 거버넌스·감사·준법위원회와 사법기구의 권한을 선언적으로 규정했다면, 이를 실제로 작동시키는 세부 규칙은 별도의 규정에 담겨 있습니다.

따라서 FIFA 정관을 이해하는 것은 단지 '규정 하나를 읽었다'는 수준에 그치지 않습니다. 이후에 다룰 여러 규정들이 어디에 기반을 두고 있는지, 왜 그런 구조가 선택되었는지를 파악하기 위한 출발점이 되기 때문입니다. 예를 들어 특정 사안이 내부 심사에서 시작해 FIFA 항소 절차를 거쳐 스포츠중재재판소(CAS)까지 이어질 수 있는지 판단하려면, 정관에 규정된 권한 분배와 절차 구조를 먼저 알아야 합니다. 그래야 개별 규정의 조문이 평면적인 문구를 넘어, 실제 분쟁의 흐름과 맞물린 입체적인 규범으로 보이기 시작합니다.

이제 다음 섹션에서는 이 거버넌스 구조 위에서 실제 위반 행위가 어떻게 다루어지는지 살펴봅니다. FIFA 징계규정(Disciplinary Code)입니다.

FIFA 징계규정

(DISCIPLINARY CODE)

2025년 9월 개정본

'FIFA 징계규정(Disciplinary Code)'은 전 세계 축구에서 발생하는 각종 위반 행위의 판단 기준, 절차, 제재 수위를 정리한 FIFA의 '징계 기본법'입니다. 경기장 안의 반칙뿐 아니라 문서 위조, 결정 불이행, 경기 조작, 차별과 같은 '축구 밖'의 위반까지 포괄하며, 궁극적으로 경기의 공정성과 조직 질서, 나아가 국제 축구에 대한 신뢰를 지키는 데 목적을 둡니다.

이 규정은 FIFA 정관과 각종 내부 규범(규정·회람·지침·결정) 및 국제축구평의회(IFAB)의 경기 규칙(Laws of the Game)을 최우선적인 해석 기준으로 삼고, 필요할 때에는 스위스 법 등 일반법을 참조하는 다층적 위계 속에서 작동합니다. 그 결과 FIFA 내부 규범 질서를 중심으로 하면서도 일반법의 보편 원칙과 조화를 이루는 '개방형' 법체계를 형성합니다.

징계규정은 단순히 '벌금 액수'나 '출전 정지 경기 수'를 나열한 표가 아닙니다. 무엇을 위반으로 볼 것인지, 누가 어떤 증거와 입증 기준에 따라 결정을 내릴 수 있는지, 항소와 재심이 어떤 요건에서 허용되는지를 하나의 절차 틀 안에 담고 있습니다. 징계위원회와 항소위원회, 축구재판소, 스포츠중재재판소(CAS)로 이어지는 사법 구조가 이 규정을 토대로 움직이며, 제재의 실질적 집행을 위해 스포츠적 승계자(Sporting Successor) 개념, 결정 불이행에 대한 추가 제재, 전 세계 효력 확장, 법률구조 제도 등 여러 장치가 함께 작동합니다.

따라서 FIFA 징계규정을 이해한다는 것은 '어떤 행동을 하면 몇 경기 출전 정지가 된다'는 수준을 넘어서, 국제 축구가 공정성·무결성·인권·안전을 지키기 위해 어떤 방식으로 스스로를 통제하는지 읽어 내는 작업입니다.

현대적 의미에서의 FIFA 징계 집행 체계가 본격적으로 자리 잡은 것은 2005년판 'FIFA 징계규정' 이었습니다. 그 이전까지 징계는 대회 조직위원회나 각국 회원협회의 재량에 따라 산발적으로 처리되었습니다. 그러나 FIFA는 2005년 징계규정을 대폭 정비하여, 경기 중의 단순 반칙부터 경기 외적 위반 행위에 이르기까지를 아우르는 일관된 기준과 절차를 확립했습니다. 이는 전 세계 모든 이해관계자가 동일한 원칙을 따르도록 한 제도적 토대이자, 국제 축구 징계제도의 근대적 전환점이 되었습니다.

그 후 가장 주목할 만한 변화는 2005년 제정 이후 약 15년 만에 이뤄진 2019년 전면 개정입니다. FIFA는 이를 '혁신적 접근'이라 명명하며, 오랜 기간 큰 변화가 없었던 기존 규정을 근본적으로 개편했습니다. 여섯 축구연맹과 다양한 이해관계자의 협의를 거쳐 마련된 이번 개정은 조문 수를 147개에서 72개로 줄여 구조를 간결하게 정비했고, 절차를 보다 명확하고 투명하게 개선했습니다. 이 규정은 2019년 7월 15일부터 발효되었습니다.

내용적으로는 인종차별과 차별 행위에 대한 무관용 원칙이 강화되어, 심판이 세 단계 절차를 거쳐 경기를 중단할 경우 해당 경기는 자동 몰수되도록 했습니다. 피해자는 징계 절차에 직접 참여할 권리를 보장받았으며, 재범자나 중대한 차별 행위가 있는 경우 교육과 다양성 증진을 위한 예방 프로그램을 의무적으로 시행하도록 했습니다. 또한 FIFA 징계위원회(Disciplinary Committee)가 경기 조작 사건에 대한 단독 관할권을 확보하면서, 조작 사건의 처리 절차가 단순화되었습니다.

재정 집행력도 획기적으로 강화되었습니다. 스포츠중재재판소(CAS) 판결을 포함한 모든 결정을 FIFA가 강제 집행할 수 있게 되었고, 미지급금을 해결하지 않는 구단에게는 이적 금지 등의 제재가 부과됩니다. 또한 채무 회피를 위해 구단이 명칭이나 구조를 변경하더라도 FIFA는 이를 '스포츠적 승계자(Sporting Successor)'로 간주하여 책임을 물을 수 있도록 했습니다. 경제적 여건이 열악한 당사자에게는 법률 지원과 무료 대리인이 제공되고, 도핑 및 승부 조작 사건에 대해서는 당사자의 요청 시 청문을 공개할 수 있도록 절차적 투명성도 확대되었습니다. 아울러 FIFA는 2019년 4분기에 법률 전용 웹사이트(legal.fifa.com)를 개설하여 주요 판결과 법적 자원을 공개하며 접근성을 높였습니다.

가장 최근의 주요 변화는 2023년 및 2025년의 개정입니다. 2023년 개정은 2022년 12월

16일 FIFA 평의회(Council)에서 채택되어 2023년 2월 1일부터 발효되었습니다. 가장 주목할 점은 성적 학대·괴롭힘·착취에 대한 시효 폐지입니다. 이제 이러한 행위는 시효 제한 없이 기소할 수 있으며, 피해자는 절차의 당사자로서 모든 절차적 권리를 보장받고 결정 통보와 항소권까지 인정됩니다. 또한 FIFA는 축구연맹과 회원협회에 대해 도핑, 승부 조작, 성적 학대·괴롭힘 관련 제재가 내려질 경우 이를 FIFA에 즉시 보고하도록 의무를 부과했습니다. 이와 함께 독립 무결성 전문가(Independent Integrity Expert) 제도가 신설되어 승부 조작 및 윤리 위반 조사에 직접 참여하고, 필요할 경우 공공 기관과 협력해 징계 절차를 제안할 수 있도록 했습니다.

2025년 5월 회람문(Circular)을 통해 발표된 개정 징계규정에서는 이 역할이 '징계 및 윤리 검사(Disciplinary and Ethics Prosecutor)'로 명칭이 변경되어 능동적 집행 권한이 강화되었습니다. 아울러 인종차별에 대한 제재가 대폭 강화되어 최대 벌금이 5,000,000스위스 프랑(CHF)으로 상향되었고, FIFA가 회원협회의 인종차별 관련 징계 결정에 대해 CAS에 항소하거나 조치가 미흡할 경우 개입할 수 있는 권한을 확보했습니다. 모든 회원협회는 2025년 12월 31일까지 자국 규정을 새 징계규정에 맞춰 정비해야 합니다.

이러한 일련의 변화는 FIFA 징계규정이 단순한 경기 규칙 집행을 넘어, 투명성과 책임성을 담보하는 국제 스포츠 거버넌스의 핵심 장치로 진화했음을 분명히 보여 줍니다.

정의(DEFINITIONS)

별도로 정의되지 않은 용어는 FIFA 정관 및 기타 관련 FIFA 제반 규정의 정의를 준용합니다.

앞서 살펴본 바와 같이 FIFA 징계규정은 국제 축구 질서를 지탱하는 기본 틀이며, 그 목적·적용 범위·절차적 원칙이 체계적으로 마련되어 있습니다. 이제 이러한 큰 틀을 조항별로 어떻게 나누어 규율하고 있는지, 각 장과 조항을 하나씩 살펴보겠습니다.

제1조. 목적(Object)

이 규정은 FIFA 규정 위반 행위를 유형별로 정의하고, 이에 따른 제재를 결정하며, 해당 사안을 심리·판정하는 FIFA 사법기구의 구성과 기능, 그리고 절차를 규정합니다.

해설 쉽게 말해 '무엇이 위반인지', '누가 심리하는지', '어떻게 진행하는지'를 모두 담은 FIFA 징계의 기본법입니다. 이후 장(위반 유형, 절차, 특례 등)은 이 목적 조항을 실제로 구현하는 구조로 설계되어 있습니다.

제2조. 적용 범위: 실체법(Scope of application: substantive law)

1. FIFA가 주관하는 모든 경기·대회에 적용되며, 축구연맹 또는 각국 회원협회 관할에 속하지 않는 축구 경기·대회에도 적용됩니다(단, 본 규정에서 별도 예외를 둔 경우는 제외).
2. FIFA의 법정 목적을 침해하거나 FIFA 규정 위반에 해당하지만, 다른 FIFA 기관의 관할에 속하지 않는 사안에도 적용됩니다.

해설 1차 적용 대상은 어디까지나 'FIFA가 직접 주관하는 영역'이지만, 실제 효력 범위는 이보다 훨씬 넓습니다. FIFA의 목적 달성을 저해하는 행위라면, 별도의 특별 규정(예: 윤리규정 등)이 우선 적용되지 않는 한, 기본적으로 이 징계규정이 제재의 출발점이자 기본 틀로 작동한다고 이해할 수 있습니다.

제3조. 인적 적용 범위(Scope of personal application)

다음 주체들은 본 규정을 준수해야 합니다:

1. 회원협회
2. 회원협회 소속 회원(특히 구단)

3. 임원

4. 선수

5. 경기임원

6. FIFA 공인 축구 에이전트

7. FIFA 공인 매치 에이전트

8. 단일리그(Single-entity Leagues)

9. FIFA가 지정·임명하여 경기·대회·행사 관련 직무를 수행하는 자

해설　이 조항은 FIFA 징계규정의 적용 대상을 명확히 규정하고 있습니다. 흔히 징계규정이라고 하면 경기장에서 뛰는 선수만을 떠올리기 쉽지만, 실제 적용 범위는 훨씬 넓습니다. 우선, 회원협회와 소속 구단은 조직 자체로서 규정의 직접적인 적용을 받습니다. 이는 단순히 선수 개인의 잘못이 아니라, 구단이나 회원협회 차원의 관리 소홀이나 조직적 문제까지 제재할 수 있도록 하기 위함입니다.

또한 임원·선수·경기임원과 같이 경기 운영에 직접 관여하는 자연인뿐만 아니라, FIFA가 임명한 직무수행자까지 포함됩니다. 예컨대 FIFA가 특정 대회의 감독관이나 조직위원을 임명했을 경우, 이들 역시 본 규정의 적용을 받습니다.

특히 중요한 부분은 에이전트입니다. FIFA 라이선스를 보유한 축구 에이전트와 매치 에이전트는 선수·구단과의 계약이나 이적 과정에서 막대한 영향력을 행사합니다. 따라서 FIFA는 이들을 규정 적용 대상에 명시적으로 포함시켜, 경기장 밖에서 발생할 수 있는 위반 행위까지도 제재할 수 있는 근거를 마련했습니다. 결국, FIFA 징계규정은 단순히 선수 개인의 반칙을 다루는 규정이 아니라, 국제 축구 생태계에 관여하는 모든 주체를 포괄하는 규율 체계라는 점을 보여 줍니다. 이는 국제 축구의 무결성과 질서를 유지하기 위한 FIFA의 강력한 관리 의지를 반영하는 조항입니다.

제4조. 시간적 적용 범위(Scope of temporal application)

1. 본 규정은 발효일 이후에 발생한 모든 징계 위반에 적용됩니다.

2. 본 규정은 발효일 이전에 발생한 징계 위반에도 적용되지만, 이전 규정이 더 가벼운 제재를 정하고 있는 경우에는 그 더 가벼운 제재를 적용합니다.

해설　이 조항은 징계규정의 적용 시점과 관할 유지 원칙을 명확히 제시합니다. 우선 원칙적으로 새 규정은 장래의 행위에만 적용되며, 과거 행위에 대하여 더 무거운 제재를 소급하여 부과할 수는 없습니다. 다만 예외적으로, 이전 규정이 더 가벼운 제재를 규정하고 있는 경우에는 그 경미한 제재를 적용합니다. 이는 이른바 '유리한 법 원칙'으로, 징계 절차에서도 인권 보장과 법적 신뢰를 확보하기 위한 장치입니다. 예컨대 과거 규정에서는 벌금만 가능했으나 개정 규정에서 활동 금지까지 허용하게 되었다면, 개정 전 행위에는 과거 규정의 벌금만 부과됩니다. 이때 '더 가벼운 제재'의 판단은 제재 체계 전체를 기준으로 해야 하며, 유리한 조문만을 따로 떼어 혼합 적용하는 방식은 허용되지 않습니다.

　다음으로 관할 회피 방지 원칙이 작동합니다. 위반 당시 FIFA 관할에 있던 선수·임원·구단 관계자가 이후 퇴직·이적·탈퇴 등을 이유로 FIFA 관할 밖으로 벗어났다 하더라도, 이미 개시된 징계 절차는 그 사유만으로 자동 중단되지 않습니다. 이는 조직을 떠나는 방식으로 책임을 회피하려는 시도를 차단하고, 규정 집행의 실효성을 보장하기 위한 것입니다. 따라서 실무에서는 위반 행위의 일자, 그 시점의 신분, 적용 규정의 버전과 제재 체계를 문서와 증빙으로 명확히 특정해 두는 것이 무엇보다 중요합니다.

해설　이 조항은 FIFA 사법기구가 어떤 법적 근거를 토대로 판단을 내리는지를 규정합니다. 가장 기본이 되는 것은 FIFA 내부의 규범 체계입니다. FIFA 정관과 규정, 그리고 경기 규칙은 국제 축구 질서를 이끌어가는 핵심 규범으로, FIFA 징계와 분쟁 해결의 출발점이 됩니다. 그러나 모든 상황이 FIFA 규정만으로 해결될 수 있는 것은 아닙니다. FIFA 본부가 스위스 취리히에 위치해 있기 때문에 스위스 법은 FIFA 절차에서 보충적 적용법으로 자리 잡고 있습니다. 실제로 계약·재정 문제나 절차적 권리 보장 등 국제 사법적 해석이 필요한 경우 스위스 민법·상법 규정이 빈번히 참조됩니다.

또한 FIFA 사법기구는 필요할 경우 타당하다고 판단되는 기타 법률도 적용할 수 있습니다. 예컨대 국제적 인권 규약이나 특정 국가의 강행규정이 문제 해결에 불가피하다면, 이를 보충적으로 원용할 수 있는 여지를 남겨둔 것입니다. 즉, 이 조항은 FIFA가 독자적인 폐쇄 체계가 아니라, 국제 스포츠 법제와 일반 법 체계 사이의 교량 역할을 하며 규범을 적용한다는 점을 보여 줍니다. FIFA의 규범 질서가 우선하되, 필요할 때는 스위스 법과 국제적 법리를 끌어와 균형 잡힌 판단을 내릴 수 있도록 설계된 것입니다.

제6조. 징계 조치(Disciplinary measures)

1. 자연인(Natural Person)과 법인(Legal Person) 모두에게 부과 가능한 제재:

   a. 경고(Warning)

   b. 견책(Reprimand)

   c. 벌금 또는 그 밖의 금전적 조치(Fine or pecuniary measure)

   d. 상금·트로피 등 수상 실적 환수(Return of awards)

   e. 타이틀 박탈(Withdrawal of a title)

   f. 재판 과정에서 발생한 금전적 의무의 이행 명령(Order to fulfil a financial obligation)

2. 자연인(Natural Person)에게만 부과 가능한 제재:

   a. 일정 경기 수 또는 기간 동안의 출전 정지(Suspension for matches/period)

   b. 드레싱룸·벤치 출입금지(Ban from dressing rooms or benches)

   c. 축구 관련 모든 활동 금지(Ban on football-related activity)

   d. 사회봉사(Community football service)

   e. 축구 에이전트 라이선스 정지·박탈(Suspension/withdrawal of football agent licence)

   f. 매치 에이전트 라이선스 정지·박탈(Suspension/withdrawal of match agent licence)

3. 법인(협회·구단)에게만 부과 가능한 제재:

   a. 신규 선수 등록 금지(Ban on registering new players)

   b. 무관중 경기(Playing a match without spectators)

c. 제한 관중 경기(Playing a match with limited spectators)

d. 중립 경기장 개최(Playing on neutral territory)

e. 특정 경기장 사용 금지(Ban on playing in a particular stadium)

f. 경기 결과 무효(Annulment of match result)

g. 승점 삭감(Deduction of points)

h. 하위리그 강등(Relegation)

i. 대회 참가 배제(Expulsion from competition)

j. 몰수패(Forfeit)

k. 재경기 명령(Replaying a match)

l. 예방계획 이행 명령(Implementation of a prevention plan)

m. 훈련보상 몰수(Forfeiture of training rewards)

n. 제휴 구단 배상(Payment of restitution to an affiliated club)

o. 구단·협회에 대한 특정 금액 지급 명령(Payment to a club/association)

4. 원칙적으로 벌금은 최소 100스위스 프랑(CHF)부터 최대 1,000,000스위스 프랑까지 부과될 수 있습니다. 다만, 이 규정의 특정 조항과 관련하여 부과되는 벌금은 예외적으로 그 범위를 초과할 수 있습니다.

5. 회원협회는 대표팀 선수 및 임원에게 부과된 벌금에 대해 연대책임을 집니다. 이는 구단 소속 선수 및 임원에 대해서도 동일하게 적용됩니다.

6. 본 규정상의 징계 조치는 상황에 따라 병과될 수 있습니다.

해설　여기서 말하는 '자연인(Natural Person)'은 선수, 감독, 임원, 에이전트처럼 자기 이름으로 권리와 의무를 부담하는 개인을 뜻합니다. 이에 대응하는 개념은 구단·협회와 같은 법인(Legal Person)입니다. FIFA 규정 전반에는 이 두 개념이 자주 등장하므로, 어떤 규정이 개인에게만, 어떤 규정이 조직에만 적용되는지, 그리고 어떤 제재를 누구에게 부과할 수 있는지를 이해하는 출발점이 됩니다.

제6조는 FIFA 징계규정이 인정하는 제재 수단의 전체 목록을 보여 주면서, 그 제재가 자연인과 법인 중 누구를 대상으로 할 수 있는지, 대상에 따라 적용 범위와 성격이 어떻게 달라지는지를 구조적으로 정리한 조항입니다. 이 조항을 이해해 두면 이후 각 위반 유형 조항에서 '어떤 상황에 어떤 제재를 선택할 수 있는지'를 읽어낼 수 있습니다.

자연인에게는 출전 정지, 드레싱룸·벤치 출입금지, 사회봉사, 축구 관련 모든 활동 금지, 에이전트·매치 에이전트 라이선스 정지·박탈 등 주로 자격과 활동을 직접 제한하는 제재가 내려집니다. 이러한 조치는 개인의 국제경기 참가 자격, 중개·행정 등 직업 활동, 업계 내 평판과 지위에 곧바로 영향을 미치며, 실제로 선수의 무단 이탈, 에이전트의 불법 중개, 임원의 부패·비위와 같은 사안에서 특히 자주 활용됩니다.

반대로 법인(협회·구단)에 대해서는 조직 전체를 겨냥한 제재가 중심이 됩니다. 신규 선수 등록 금지, 무관중·제한 관중 경기, 중립 경기장 명령, 특정 경기장 사용 금지, 승점 삭감, 강등, 대회 참가 배제, 몰수패, 재경기 명령 등은 모두 구단이나 협회의 운영과 경기 결과에 직접적인 타격을 주는 수단입니다. 재정적 불투명성, 경기 조작, 제3자 개입과 같은 중대한 사건에서는 승점 삭감·강등이 벌금과 함께 병과되어 구단 운영에 중대한 제약을 가한 사례가 적지 않습니다.

벌금은 일반적으로 최소 100스위스 프랑(CHF)에서 최대 1,000,000스위스 프랑까지 부과될 수 있으며, 일부 중대 위반(예: 차별 행위)에 대해서는 예외적으로 그 상한을 초과하는 제재도 허용됩니다. 회원협회는 대표팀 선수 및 임원에게 부과된 벌금에 대해 연대책임을 지며, 구단 역시 소속 선수 및 임원에 대해 동일한 책임을 집니다. FIFA가 개인만이 아니라 조직 전체에 감독·관리 책임을 지우는 구조라는 점을 보여 줍니다.

아울러 징계 조치는 필요에 따라 복수 병과가 가능하므로, 하나의 사건에서 승점 삭감, 무관중 경기, 벌금이 동시에 부과될 수 있고, 이 경우 제재의 실질적 무게는 단일 제재와 비교하기 어렵습니다. 실무에서는 위반의 성격(개인적 vs 조직적), 결과의 중대성, 반복 여부 등이 제재 선택의 핵심 기준이 되며, FIFA 징계위원회·항소위원회와 스포츠중재재판소(CAS) 판례는 일관되게 '비례의 원칙(Proportionality)'을 확인해 왔습니다. 즉, 제재는 위반 행위의 심각성, 고의성, 재범 여부에 비례해야 하며, 이는 오늘날 국제 스포츠 법리에서 확립된 기본 원칙입니다.

제7조. 지침(Directives)

1. 지침은 대상자에게 특정한 행위를 요구합니다.

2. FIFA 사법기구는 징계 조치 외에도, 해당 징계 조치가 어떠한 방식으로 집행되어야 하는지를 규정하는 지침을 내릴 수 있습니다. 여기에는 징계 조치가 집행되는 날짜와 조건이 포함될 수 있습니다.

3. FIFA 사법기구는 또한 회원협회나 구단이 제8조 또는 제17조에 따라 책임을 지는 경우, 해당 손해에 대한 배상을 명할 수도 있습니다.

해설 이 조항은 징계 절차에서 '지침(Directive)'의 성격을 규정합니다. 흔히 징계 조치는 벌금·출전 정지와 같이 '형벌적 성격'을 띠지만, 지침은 그와 달리 실제 집행을 구체화하는 행정적 명령에 가깝습니다. 예컨대 벌금형이 선고되었다면, 단순히 '벌금을 부과한다'에서 끝나는 것이 아니라 '30일 이내에 지정 계좌로 송금할 것', 혹은 '분할 납부 시 사전 승인을 받을 것'과 같은 이행 조건이 지침으로 함께 내려질 수 있습니다. 이는 제재가 선언적 조치에 그치지 않고, 실제로 집행되어 효과를 발휘하도록 하기 위한 장치입니다.

또한 회원협회나 구단이 구성원의 행위로 인해 손해배상 책임을 지게 되는 경우, FIFA는 배상 이행 의무를 지침으로 명시할 수 있습니다. 이는 단순히 제재를 가하는 차원을 넘어, 피해 회복까지 제도적으로 담보하려는 취지입니다. 결국 지침은 FIFA 징계규정에서 '실질적 집행력'을 보완하는 도구라 할 수 있습니다. 제재가 '무엇을 금지하거나 처벌하는가'를 말한다면, 지침은 '어떻게, 언제, 어떤 방식으로 이행할 것인가'를 규정하여 징계의 실효성을 보장합니다.

제8조. 책임(Responsibility)

1. 본 규정에서 달리 정하지 않는 한, 위반 행위는 고의나 과실 여부와 관계없이 제재 대상이 됩니다. 특히 회원협회와 구단은 그 회원, 선수, 임원, 서포터 또는 그들을 대신하여 직무를 수행하는 다른 사람의 행위에 대해 책임을 질 수 있으며, 해당 회원협회나 구단에 과실이나 귀책사유가 없다는 점이 입증되더라도 이러한 책임 원칙은 그대로 적용됩니다.
2. 미수에 해당하는 행위도 제재 대상이 됩니다.
3. 위반 행위에 가담하거나 타인을 선동·방조하여 위반에 이르게 한 사람도 제재를 받을 수 있습니다.

해설 제8조는 FIFA 징계규정의 핵심 원칙인 엄격책임(Strict Liability)과 단체책임(Collective Responsibility)을 규정합니다.

첫째, 엄격책임의 원칙입니다. 제1항 전단은 '위반 행위는 고의나 과실 여부와 관계없이 제재 대상이 됩니다'라고 명시하고, 후단에서는 '과실이나 귀책사유가 없다는 점이 입증되더라도 이러한 책임 원칙은 그대로 적용됩니다'라고 재확인합니다. 즉, 회원협회나 구단은 선수·임원·서포터 등 자신을 위해 활동하는 자의 행위에 대해, 지시나 과실이 없었음을 주장하더라도 책임을 면할 수 없습니다.

이 원칙이 실제로 적용된 대표적 사례가 2019년 10월 유로 2020 예선 불가리아 대 잉글랜드

경기입니다. 당시 소피아의 바실 레프스키 경기장에서 불가리아 관중 일부가 잉글랜드의 흑인 선수들—특히 타이론 밍스(Tyrone Mings)와 마커스 래시포드(Marcus Rashford)—을 향해 원숭이 소리를 내고 나치식 경례를 하는 등 인종차별적 행위를 저질렀습니다. 경기는 UEFA의 인종차별 대응 프로토콜에 따라 전반에만 두 차례 중단되었고, UEFA는 불가리아 축구협회에 1경기 무관중 처분, 1경기 집행유예(2년), 85,000유로(EUR)의 벌금을 부과했습니다. 불가리아 축구협회는 해당 관중의 행위를 지시하거나 용인한 바 없었지만, 엄격책임 원칙에 따라 서포터의 행위에 대한 책임을 지게 되었습니다.

둘째, 미수범 처벌 원칙입니다. 제2항은 위반 행위가 최종적으로 완결되지 않았더라도 그 시도 자체를 징계 대상으로 삼습니다. 이는 승부 조작, 문서 위조, 도핑 은폐 등에서 예방 효과를 강화하기 위한 장치입니다.

셋째, 공동정범(공모·교사·방조)에 대한 책임입니다. 제3항은 직접 위반을 저지르지 않았더라도 이를 유도하거나 지원한 경우 동일한 제재를 부과합니다. 이로써 징계 책임이 실행자뿐 아니라 배후의 조력자와 공모자까지 확장됩니다.

결국 제8조는 개인의 일탈을 개인의 문제로 한정하지 않고 조직 전체의 책임으로 확장하여, 회원협회와 구단이 소속 구성원은 물론 서포터의 행위까지 철저히 관리·감독하도록 강제하는 구조입니다.

제9조. 주심의 판정(Decisions of the referee)

1. 경기장에서 내려진 심판의 결정은 최종적이며 FIFA 사법기구가 재심할 수 없습니다.
2. 다만 심판의 결정에 명백한 오류(예: 징계 대상자의 신원을 오인한 경우)가 있는 경우, FIFA 사법기구는 해당 결정의 징계적 결과만을 심리할 수 있습니다. 신원 착오가 발생한 경우에는 실제 위반 행위를 지지른 자를 상대로 본 규정에 따라 징계 절차가 개시될 수 있습니다.
3. 두 번째 경고로 인한 퇴장 조치에 대해 항의할 수 있는 경우는, 심판이 선수의 신원을 오인한 경우에 한합니다.
4. 심각한 불법 행위가 발생한 경우, 심판이나 부심이 해당 사건을 목격하지 못하여 어떠한 조치도 취하지 못했더라도 징계 조치는 취해질 수 있습니다.
5. 경기 결과에 대한 항의 규정은 심판의 결정이 경기 규칙(Laws of the Game)의 명백한 위반에 해당할 때 여전히 적용됩니다.

  이 조항은 경기 중 주심의 판정은 최종적이며 FIFA 사법기구가 이를 다시 심리할 수 없다는 원칙을 규정합니다. 이는 경기 규칙(Laws of the Game)의 기본 정신으로, 심판의 권위를 존중하고 경기 후 끝없는 논쟁을 방지하기 위한 절차적 안전장치입니다.

그러나 이 원칙은 절대적이지 않으며, 다음과 같은 중대한 예외가 규정되어 있습니다.

첫째, 심판의 결정에 명백한 오류, 특히 징계 대상자의 신원 오인이 발생한 경우입니다. 잘못된 선수에게 옐로카드나 레드카드를 부과한 경우, FIFA 사법기구는 해당 결정의 징계적 효과에 대해서만 심리할 수 있으며, 실제 위반자를 특정해 징계 절차를 개시할 수 있습니다. 두 번째 경고로 인한 퇴장(경고 누적 퇴장)의 경우에도 심판이 선수 신원을 잘못 특정했을 때에 한해 항의가 허용됩니다. VAR 도입 이후 신원 오인은 VAR이 개입할 수 있는 네 가지 상황(득점, 페널티킥, 다이렉트 레드카드, 신원 오인) 중 하나로 지정되어 실시간 교정이 가능해졌습니다.

둘째, 심각한 불법 행위(Misconduct)가 있었음에도 심판이나 부심이 이를 보지 못해 어떠한 조치도 취하지 못한 경우, FIFA 사법기구가 사후 징계를 내릴 수 있습니다. 이는 경기 중 놓친 중대 비위에 대해 실질적 정의를 확보하기 위한 보완 장치입니다. 2014년 월드컵에서 루이스 수아레스(Luis Suárez)가 조르조 키엘리니(Giorgio Chiellini)를 깨문 사건이 대표적입니다. 심판은 사건을 놓쳤으나, FIFA 징계위원회는 사후 영상 검토를 통해 국제경기 9경기 출전 정지, 4개월 활동 금지, 100,000스위스 프랑(CHF)의 벌금을 부과했습니다.

2006년 월드컵 결승 지네딘 지단(Zinedine Zidane)-마르코 마테라치(Marco Materazzi) 박치기 사건도 제4항의 적용 사례입니다. 경기 중 퇴장 결정은 최종적으로 유지되었고, FIFA는 별도로 사후 징계를 진행하여 지단에게 3경기 출전 정지와 7,500스위스 프랑의 벌금을, 마테라치에게 '반복적 도발'을 이유로 2경기 출전 정지와 5,000스위스 프랑의 벌금을 부과했습니다.

셋째, 심판 판정이 경기 규칙의 명백한 위반에 해당할 경우, 경기 결과 자체에 대한 항의가 가능합니다. 다만 이 조항의 적용에는 한계가 있습니다. 2010년 월드컵 8강에서 수아레스가 가나의 결승골을 손으로 막아낸 사건에서, 심판은 레드카드와 페널티킥을 정확히 선언했습니다. FIFA는 추가 징계를 검토했으나, 심판이 규칙대로 판정했으므로 1경기 자동 출전 정지 외 추가 제재 없이 경기 결과도 유지되었습니다.

실무적으로 제9조는 '심판 판정의 최종성'과 '중대한 오류 또는 놓친 비위에 대한 사후적 시정 가능성'이라는 두 원칙을 균형 있게 담고 있습니다.

해설 제10조는 FIFA 규정 위반 행위에 대한 징계 절차 개시 가능 기간, 즉 공소시효를 규정하고 있습니다. 이는 법적 안정성과 절차적 정의를 보장하기 위한 장치로, 일정 시간이 경과하면 설령 위반 사실이 드러나더라도 징계 절차를 개시할 수 없도록 하여 무제한적 소급 처벌을 방지합니다.

먼저, 위반 유형별로 시효 기간이 차등 설정되어 있습니다. 경기 중 발생한 반칙이나 비신사적 행위와 같은 일반적인 위반은 2년으로 짧게 규정됩니다. 이는 경기 상황이 빠르게 변하고 증거 확보도 어렵기 때문에 일정 기간이 지나면 사실관계 확인 자체가 곤란해진다는 점을 고려한 것입니다. 그 밖의 대부분의 일반적 위반 행위는 5년의 시효가 적용됩니다. 반면, 도핑, 미성년자 국제이적 위반, 승부 조작처럼 축구의 근간을 흔드는 중대한 위반은 10년이라는 장기간의 시효가 설정됩니다. 이러한 사안은 은폐가 용이하고, 장기간 경과 후에야 밝혀지는 경우가 많기 때문입니다.

장기 시효가 왜 필요한지를 보여 주는 대표적인 사례가 ISL 뇌물 스캔들입니다. 전(前) FIFA 회장 주앙 아벨란제(João Havelange)와 그의 사위이자 전 브라질축구협회 회장 히카르두 테이셰이라(Ricardo Teixeira)는 1992년부터 2000년 사이에 FIFA 마케팅 파트너였던 ISL(International Sport and Leisure)로부터 방송권 계약 대가로 총 41,000,000스위스 프랑(CHF)의 뇌물을 수수한 것으로 밝혀졌습니다. 그러나 ISL이 2001년 약 3억 달러의 부채를 안고 파산한 이후에야 회계 내역이 공개되기 시작했고, 두 사람의 뇌물수수 사실이 공식적으로 확인된 것은 2012년이었습니다. 문제는 당시 스위스 형사법상 상업 뇌물(Commercial Bribery)이 범죄로 규정되지 않았고, 시효 또한 만료되어 형사처벌이 불가능했다는 점입니다. 결국 두 사람은 ISL 청산인에게 소액을 지급하는 합의로 재판을 피했고, FIFA 윤리위원회는 '도덕적·윤리적으로 비난받아 마땅한 행위'라고 판정하면서도 당사자들이 이미 사임한 상태여서 추가 제재 없이 사건을 종결했습니다. 이 사건은 중대한 부패 행위가 장기간 은폐될 경우 시효 만료나 법률 미비로 책임 추궁 자체가 불가능해질 수 있음을 보여 주었고, FIFA가 이후 뇌물·승부 조작 등 중대 위반에 대해 10년(조사 개시 시 최대 15년)의 장기 시효를 도입하는 계기가 되었습니다.

시효 기산점도 세분화되어 있습니다. 일반적으로는 위반 행위를 저지른 날로부터 계산되지만, 반복적 행위라면 가장 최근 위반일이 기준이 되고, 일정 기간 지속된 위반은 행위 종료일을 기준으로 합니다. 또한 축구재판소(Football Tribunal)나 스포츠중재재판소(CAS) 판정이 최종 확정된 경우에는 그 날로부터 새롭게 계산됩니다. 이는 위반의 성격과 절차적 상황을 모두 반영해 공소시효가 합리적으로 적용되도록 한 장치입니다.

또 중요한 점은, 시효는 모든 절차적 행위에 의해 중단된다는 것입니다. FIFA나 이해당사자가 공식적으로 절차를 개시하거나 관련 조치를 취하면 시효가 멈추고, 그 순간부터 다시 새롭게 기산됩니다. 이는 위반자가 단순히 시간을 끌어 시효 만료로 책임을 회피하지 못하도록 막는 효과가 있습니다.

결국 제10조는 FIFA 징계 절차가 무한정 과거로 소급되지 않도록 하면서도, 중대한 위반에는 장기적 책임을 묻고, 절차적 지연으로 인한 회피를 차단하는 균형적 규정입니다. ISL 사건의 교훈이 반영된 현행 시효 체계는 실무적으로 구단, 선수, 임원 모두가 자신들의 위반 가능 행위에 대해 어느 시점까지 징계 위험이 남아 있는지를 명확히 알 수 있게 하여, 법적 예측 가능성과 안정성을 높이는 역할을 합니다.

제11조. 보고 의무(Duty to report)

1. 제3자의 위반 또는 미수를 즉시 징계위원회 사무국(Secretariat of the Disciplinary Committee)에 보고해야 합니다.
2. 근거 없는 신고는 제재 대상이 됩니다.

  이 조항은 FIFA 징계규정이 모든 이해관계자에게 부과하는 적극적 보고 의무를 규정합니다. 핵심은 단순히 자신의 위반을 피하는 데 그치지 않고, 다른 사람이 규정을 어기는 것을 목격하거나 알게 되었을 경우에도 이를 즉시 FIFA 징계위원회 사무국에 알릴 책임이 있다는 점입니다. 침묵하거나 은폐하는 행위는 곧 규정 위반으로 간주될 수 있으며, 이는 FIFA가 규정 준수 문화를 조직 전체로 확산시키려는 의도를 잘 보여 줍니다.

동시에 이 조항은 허위 신고의 위험성도 함께 명시합니다. 확인되지 않은 사실을 근거 없이 제기하거나 무책임하게 고발하는 행위는 또 다른 위반으로 처리되어 제재를 받을 수 있습니다. 즉, '보고하지 않아도 제재, 허위로 보고해도 제재'라는 이중 구조가 형성된 셈입니다. 이는 제도의 남용을 막으면서도 신뢰할 수 있는 보고 체계를 유지하기 위한 장치입니다.

실무적으로는 선수, 임원, 에이전트 등 누구라도 FIFA 규정 위반 정황을 알게 되면 지체 없이 보고해야 하며, 이를 소홀히 하면 '보고 의무 위반' 자체가 징계 사유가 됩니다. 반대로 성급하게 사실 확인 없는 신고를 하면 허위신고에 따른 역제재를 받을 수 있으므로, 보고 과정에서는 철저한 신중함이 요구됩니다. FIFA 에이전트 시험 대비 관점에서 많은 수험생이 '보고 의무가 있다'까지만 기억하고 허위 신고도 제재 대상이라는 점을 놓치는 경우가 많습니다. 그러나 FIFA는 보고 의무와 허위신고 제재를 동시에 규정해 균형을 맞추고 있습니다.

또한 FIFA는 실무 현장에서 누구든 쉽게 위반 사실을 알릴 수 있도록 온라인 신고 포털(Reporting Portal)을 운영하고 있습니다. 이는 절차적 접근성을 높여 실제로 보고 의무가 작동할 수 있도록 한 장치로, FIFA가 규정 준수 문화를 제도적으로 뒷받침하고 있음을 보여 줍니다.

제12조. 협조 의무(Duty to collaborate)

1. 모든 당사자는 절차 전반에 걸쳐 신의성실(Good Faith)하게 행동해야 합니다.
2. 본 규정의 적용 대상자는 사실관계를 규명하기 위해 FIFA 기구·위원회·산하기관·행정부서의 정보 요청에 성실히 응해야 합니다.
3. 특히 사건의 사실관계나 규정 위반 여부를 명확히 하기 위해 필요한 증거를 요청받으면 반드시 제출해야 합니다.
4. 협조 의무를 위반한 당사자는 관련 FIFA 사법기구로부터 적절한 제재를 받을 수 있습니다.
5. 당사자가 협조하지 않고, 특히 정해진 기한을 무시한 경우에도 FIFA 사법기구는 보유한 자료만으로 사건에 대해 결정을 내릴 수 있습니다.

  이 조항은 FIFA 징계 절차에서 당사자에게 부과되는 적극적 협조 의무를 규정합니다. FIFA 사법기구는 사실관계 확인과 위반 여부 판단을 위해 자료 제출, 설명 요구, 증거 제시 등을 명할 수 있으며, 당사자는 이에 반드시 성실히 응해야 합니다. 이는 단순한 협조 요청을 넘어, FIFA가 절차의 원활성과 진실 규명을 위해 당사자를 적극적 협력자로 위치시키는 규정입니다.

만약 당사자가 이를 소홀히 하거나 거부한다면, 그 자체가 곧 별도의 제재 사유가 됩니다. 즉, 원래의 위반 사실과는 별개로 '협조 의무 불이행'만으로도 징계가 가능하다는 의미입니다. 실제 사례에서도 구단, 선수, 에이전트가 자료 제출을 지연하거나 정해진 기한을 무시한 경우, 본안 심리에 들어가기 전에 제재가 내려진 경우가 적지 않습니다.

또한 당사자가 협조하지 않는다고 해서 절차가 중단되는 것은 아닙니다. FIFA 사법기구는 보유한 자료만으로도 결정을 내릴 수 있으며, 이는 대체로 당사자에게 불리한 판단으로 이어질 수 있습니다. 따라서 실무적으로는 '협조하지 않으면 오히려 불이익이 가중된다'는 점이 핵심입니다.

제1절. 경기 규칙 위반 행위(Infringements of the laws of the game)

제13조. 공격적 행위 및 페어플레이 원칙 위반

(Offensive behaviour and violations of the principles of fair play)

1. 협회와 구단, 그리고 그 소속 선수·임원 및 그들을 대신해 직무를 수행하는 모든 사람은 경기 규칙(Laws of the Game), FIFA 정관(Statutes), FIFA의 규정·지침·결정 등을 준수해야 하며, 항상 페어플레이·충성·청렴의 원칙을 따라야 합니다.

2. 다음과 같은 행위는 징계 대상이 될 수 있습니다:

   a. 기본적인 품위 규칙을 위반하는 행위

   b. 자연인 또는 법인을 모욕하는 행위(모욕적 제스처·표시·언어 사용 포함)

   c. 스포츠 이벤트를 비스포츠적 시위의 장으로 이용하는 행위

   d. 축구 및 FIFA의 명예를 실추시키는 행위

   e. 연령 제한 대회에서 선수 신분증상의 나이를 조작하는 행위

해설   이 조항은 단순히 경기 규칙을 준수하는 차원을 넘어, 축구라는 스포츠와 FIFA라는 조직 전체의 품위와 명예를 유지하기 위한 행동 기준을 제시합니다. 모든 참여자는 경기장 안팎에서 기본적인 품위를 지켜야 하며, 언어·제스처·표정·온라인 게시물을 포함한 모든 형태의 모욕적 행위가 금지됩니다.

또한 스포츠와 직접 관련 없는 정치적·사회적 시위나 메시지를 경기장에서 전파하는 행위는 허용되지 않고, FIFA의 평판을 손상시키는 언행 역시 제재 대상이 됩니다. 특히 연령 제한 대회에서의 나이 조작은 선수 자격 자체를 왜곡하는 중대한 위반으로 간주되어 엄격히 다뤄집니다. 전반적으로 이 조항은 FIFA가 중시하는 무결성, 공정성, 존중의 가치를 직접적으로 반영하고 있으며, 위반 시에는 높은 수준의 제재가 부과될 수 있습니다.

제14조. 선수 및 임원의 위반행위(Misconduct of players and officials)

1. 선수 및 임원은 아래에 명시된 불법 행위에 대해 출전 정지 징계를 받으며, 그에 따라 벌금이 부과될 수 있습니다:

   a. 상대 팀의 득점 또는 명백한 득점 기회를 저지하여 퇴장당한 선수는 1경기

   b. 상대 선수 또는 경기임원 외의 사람(관중 등)에게 비신사적 행위를 한 경우 최소 1경기 또는 상응하는 기간

   c. 언행으로 항의하여 퇴장당한 임원은 최소 1경기

   d. 다가오는 경기에 출전 정지를 받거나 궁극적으로 경고 기록을 없애기 위한 목적을 포함하여, 의도적으로 옐로카드나 레드카드를 받은 경우 최소 1경기

   e. 심각한 반칙 행위의 경우 최소 2경기

   f. 어떠한 수단으로든 경기에서 관중을 도발한 경우 최소 2경기

   g. 경기임원이 잘못된 결정을 내리도록 유도하거나 그들의 판단 착오를 이용하여 잘못된 결정을 내리게 하려는 명백한 의도를 가지고 행동한 경우 최소 2경기 또는 특정 기간

   h. 폭력 행위의 경우 최소 3경기

   i. 상대 선수 또는 경기임원 외의 사람에 대한 폭행(팔꿈치 사용, 주먹질, 발길질, 깨물기, 침 뱉기, 때리기 포함)의 경우 최소 3경기 또는 상응하는 기간

   j. 경기임원에 대한 비신사적 행위의 경우 최소 4경기 또는 상응하는 기간

   k. 경기임원을 위협하거나 협박한 경우 최소 10경기 또는 상응하는 기간

   l. 경기임원에 대한 폭행(팔꿈치 사용, 주먹질, 발길질, 깨물기, 침 뱉기, 때리기 포함)의 경우 최소 15경기 또는 상응하는 기간

2. 제1항 (b), (f), (j), (k)에 기술된 불법 행위는 경기장 밖(소셜 네트워크를 통한 경우 포함)에서 발생했더라도 본 규정의 각 제재 대상이 됩니다.

3. 출전 정지가 경기 수로 이행되어야 하는 경우, 해당 팀이 실제로 치른 경기만이 정지 이행으로 계산됩니다. 출전 정지가 이행된 것으로 간주되기 위해 해당 선수나 대회의 팀 시트에 선수가 포함될 필요는 없습니다.

4. 경기(전후 포함) 또는 대회의 맥락에서 공개적으로 타인을 증오나 폭력행위로 선동하는 선수나 임원은 심각한 경우 최소 6개월간 모든 축구 관련 활동 금지 및 최소 5,000스위스 프랑(CHF)의 벌금으로 제재 받습니다. 위 제재에 더하여, 특히 위반 행위가 소셜 네트워크 또는 대중 매체(언론, 라디오, 텔레비전 등)를 통해 이루어졌거나 경기 당일 경기장 안 또는 주변에서 발생한 경우, 최소 벌금은 20,000스위스 프랑이 됩니다.

5. 만약 국가대표팀이나 구단이 부적절하게 행동할 경우(예: 한 경기 동안 심판이 5명 이상(풋살의 경우 3명 이상)의 선수에게 개별 징계 제재를 부과한 경우), 해당 회원협회나 구단에 대해서도 징계 조치가 취해질 수 있습니다.

6. 모든 경우에 추가적인 징계 조치가 부과될 수 있습니다.

해설 이 조항은 선수와 임원의 위반행위에 대해 행위 유형별로 최소 제재 기준을 세밀하게 규정하고 있습니다. 가장 큰 특징은 심판 관련 행위에 대한 무관용 원칙입니다. 단순한 판정 불복은 최소 1경기 출전 정지로 끝나지만, 위협이나 폭행으로 이어질 경우 최소 10경기에서 15경기 출전 정지라는 중대한 제재가 내려집니다. 이는 FIFA가 경기 질서와 심판 권위를 절대적으로 보호한다는 강력한 메시지를 담고 있습니다. 또한 이 조항은 경기 외부 행위까지 제재 범위에 포함합니다. SNS나 언론을 통한 모욕, 폭력 선동이 대표적 사례인데, 실제로 이러한 행위는 경기장 내 사건보다 더 큰 파급력을 지니므로 FIFA는 이를 더욱 엄격히 다룹니다. 따라서 선수나 임원은 경기 중뿐만 아니라 경기 밖, 나아가 온라인 공간에서도 동일한 규율을 적용받습니다.

집행 방식 또한 중요한 포인트입니다. 출전 정지는 반드시 해당 팀이 실제로 치른 경기에서만 소화되며, 단순히 명단에서 제외되는 것으로는 제재가 끝난 것으로 인정되지 않습니다. 이는 구단이 제재를 형식적으로 회피하지 못하도록 한 장치입니다. 아울러 증오 발언이나 폭력 선동은 장소와 매체를 불문하고 중대한 위반으로 취급됩니다. 이러한 경우 최소 6개월 활동 금지와 함께 벌금이 병과되며, 특히 언론이나 SNS에서 발생하면 벌금은 곧바로 20,000스위스 프랑(CHF) 이상으로 상향됩니다.

마지막으로, 특정 경기에서 동일 팀 소속 다수 선수에게 제재가 내려질 경우 개인 책임을 넘어 구단이나 회원협회 자체가 징계를 받게 됩니다. 이는 조직 전체에 대한 관리·감독 책임을 강화하는 규정으로, 선수 개인의 일탈을 곧바로 구단 차원의 문제로 연결시킨다는 점에서 실무적으로 매우 큰 의미를 가집니다.

1. 인종, 피부색, 민족성, 국적, 사회적 출신, 성별, 장애, 성적 지향, 언어, 종교, 정치적 또는 그 밖의 의견, 재산, 출생 또는 기타 지위, 그 밖의 어떠한 사유를 근거로 국가·개인·집단의 존엄이나 인격을 경멸적·차별적·비하적 언행으로 침해한 자는, 최소 10경기 또는 특정 기간의 출전 정지, 또는 그 밖의 적절한 징계 조치를 부과받습니다.

2. 회원협회 및 구단은, 경기 중 선수·경기임원·코치·타 팀 임원이나 그 밖에 공식적 역할을 수행하는 자에게 인종차별적 학대를 가한 혐의로 기소되었거나 유죄로 판단된 자가 경기장에 입장하지 못하도록, 필요한 그리고 합리적인 모든 조치를 취해야 합니다. 이는 소셜 미디어를 포함한 디지털 플랫폼이나 서면 매체를 통한 행위도 포함됩니다.

3. 경기 중 인종차별적 학대가 발생한 경우, 심판은 관련 규정과 통지문에 따라 FIFA의 '3단계 차별 금지 절차'를 시행합니다. 이 절차에 따라 심판은 경기를 일시 중단하고, 경기를 정지(중단 유지)하며, 경기를 포기(Abandon)할 수 있습니다.

4. 경기 중 관중으로부터 인종차별적 학대를 당한 선수나 임원은, 관련 FIFA 규정이나 기타 정해진 방식에 따라 지정된 제스처 등을 사용해 심판에게 이를 알릴 수 있습니다. 심판은 위 제3항의 첫 번째 단계(경기 일시 중단)를 즉시 시행할 수 있습니다. 이어서 개최 구단·회원협회 또는 주최기관은 해당 관중이 있는 구역으로 필요한 인원을 즉시 배치해 학대 행위를 중단시키기 위한 조치를 취해야 합니다. 선수 또는 임원은 가해자로 보이는 사람을 지목하고 가능한 경우 퇴장 조치를 요청할 수 있습니다. 안전상 이유로 즉시 퇴장이 불가능하고 학대가 계속되는 경우, 심판은 학대가 멈출 때까지 FIFA의 3단계 차별 금지 절차 중 두 번째 단계를 시행할 수 있습니다.

5. 심판이 인종차별적 학대를 직접 확인했고, 제3항에 따른 3단계 절차 중 두 번째 단계(경기 정지)가 시행된 경우, 해당 학대를 당한 선수 또는 임원은 징계위원회에 '피해자 진술서(Victim Statement)'를 제출할 수 있습니다. 관련 구단이나 회원협회가 선수 또는 임원이 주장한 인종차별적 학대를 반박할 만한 충분한 증거나 설명을 제공하지 못하는 경우, 선수 또는 임원의 진술을 받아들입니다. 이러한 경우, 모든 관련 사정을 고려한 후, 귀책사유가 있는 구단이나 회원협회에 대해 해당 경기를 몰수패로 처리할 수 있습니다.

6. 대표팀이나 구단의 서포터 1인 이상이 제1항의 행위를 한 경우, 해당 회원협회 또는 구단은 과실이나 귀책이 없음을 입증하더라도 다음의 징계 조치를 받을 수 있습니다:

    a. 초범의 경우, 관중 수를 제한한 경기 개최와 더불어 최소 20,000스위스 프랑(CHF)의 벌금을 부과함. 다만 이로 인해 해당 회원협회 또는 구단에 불합리하게 과도한 재정적 부담을 주는 경우에는 예외

적으로 1,000스위스 프랑까지 감액할 수 있음. 또한 본 규정 제6조 제4항에 대한 예외로, 경기 중 선

수·경기임원·코치·타 팀 임원이나 기타 공식적 역할 수행자에 대한 인종차별적 학대 사건에서 부과

될 수 있는 벌금의 상한은 5,000,000스위스 프랑임

b. 재범이거나 반복적 사건인 경우, 또는 사안의 성격상 필요하다고 판단되는 경우, 예방계획의 이행,

벌금, 승점 감점, 무관중 또는 제한적 관중 경기를 한두 차례 추가 실시, 특정 경기장 출전 금지, 경기

몰수, 대회 퇴출 또는 하위 디비전 강등 등 징계 조치를 해당 회원협회 또는 구단에 부과할 수 있음

7. 해당 사법기구는, 해당 회원협회 또는 구단이 FIFA와 협력하여 차별 근절 및 재발 방지를 위한 종합적

실행계획을 수립·이행하겠다고 약속하는 경우, 위 최소 제재에서 벗어날 수 있습니다. 이 계획은 FIFA

의 승인을 받아야 하며, 최소한 다음의 세 영역을 포함하고 정기적으로 효과성을 검토합니다:

a. 교육 활동(서포터와 일반 대중을 대상으로 한 커뮤니케이션 캠페인을 포함)

b. 경기장 보안 및 소통 조치(가해자에 대한 축구 내 제재 적용 방식, 형사 절차로의 이관 정책, 변화 창출을 위한

서포터·인플루언서와의 대화 포함)

c. 파트너십(서포터·NGO·전문가·이해관계자와 협력하여 실행계획의 자문·지원 및 효과적이고 지속적인 이행

보장)

8. 본 규정의 적용을 받는 자로서 잠재적인 차별행위의 피해자가 된 사람은, 해당 사법기구의 초청에 따

라 구두 또는 서면의 '피해 영향 진술서(Victim Impact Statement)'를 제출할 수 있습니다. 또한 사법기구의

절차에서 이유가 기재된 결정(Motivated Decision)을 요청할 권리, 이 규정의 적용 가능한 조항에 따라 항

소를 제기하고 징계 항소 절차에서 당사자로서 절차에 참여할 권리를 가집니다.

9. 예외적인 사정이 없는 한, 차별행위 또는 인종차별적 학대로 인해 심판이 경기를 포기(Abandon)한 경

우, 해당 경기는 몰수패로 선언됩니다.

 본 조항은 FIFA가 인종차별을 포함한 모든 형태의 차별행위를 가장 중대한 위반 행위 중 하나로 간주하고 있음을 보여 줍니다.

우선, 개인 차원에서는 인종, 피부색, 민족성, 국적, 성별, 종교, 언어, 성적 지향, 장애 등 어떠한 사유로도 타인의 존엄과 인격을 훼손하는 발언이나 행동을 금지합니다. 이를 위반한 자는 최소 10경기 출전 정지 또는 특정 기간의 출전 정지, 그 밖의 적절한 징계를 받게 됩니다. 이는 단순한 비신사적 행위가 아니라 축구의 근간을 해치는 중대한 위반으로 취급된다는 점을 분명히 한 것입니다.

다음으로 회원협회와 구단의 책임이 강조됩니다. 서포터나 관계자가 인종차별적 학대를 저

질렀다면, 해당 협회나 구단은 고의나 과실 여부와 관계없이 징계를 받습니다. 초범의 경우에도 벌금과 제한적 관중 경기 개최가 부과되고, 재범이거나 사건의 중대성이 크면 승점 감점, 무관중 경기, 경기장 사용 금지, 대회 퇴출, 강등까지 이어질 수 있습니다. 이는 '관중은 구단의 책임'이라는 원칙을 제도화한 것으로, 협회와 구단이 사전에 예방 활동과 관리 체계를 갖추도록 강제하는 효과를 갖습니다.

특히 본 조항은 피해자 보호 장치도 포함합니다. 경기 중 인종차별적 학대를 당한 선수나 경기임원은 지정된 방식으로 심판에게 이를 알릴 수 있으며, 심판은 FIFA의 3단계 절차(경기 일시 중단, 경기 정지, 경기 포기)를 즉시 시행할 수 있습니다. 이러한 절차를 통해 피해자는 침묵을 강요당하지 않고 즉각적인 보호를 받을 수 있으며, 심판은 경기 운영권을 활용해 학대 행위를 중단시킬 수 있습니다. 만약 경기가 포기(Abandon)로 이어진 경우, 원칙적으로 해당 경기는 몰수패로 처리됩니다.

아울러 피해 선수나 임원은 징계 절차에서 피해자 진술서(Victim Statement) 또는 피해 영향 진술서(Victim Impact Statement)를 제출할 수 있고, 이유가 기재된 결정(Motivated Decision)을 요구하거나 항소 절차에 직접 참여할 권리를 보장받습니다. 여기서 '이유가 기재된 결정'이란 단순히 결론만 통보하는 것이 아니라, 해당 결정에 이르게 된 사실관계, 법적 근거, 판단 이유를 명시한 결정문을 의미합니다. 이 용어는 본 규정 전반에 걸쳐 자주 등장하므로 기억해 두면 좋습니다. 이유가 기재된 결정을 통해 피해자는 징계 결과가 어떤 논리와 증거에 기반했는지 확인할 수 있고, 필요시 이를 토대로 항소 여부를 판단할 수 있습니다. 이는 피해자가 단순한 참고인이 아니라 절차의 주체로서 존중받도록 설계된 부분입니다.

또한 FIFA는 차별 근절을 위한 종합 실행계획을 구단과 협회에 요구할 수 있습니다. 이 계획에는 교육 활동, 경기장 보안과 소통, NGO 및 전문가와의 협력 같은 요소가 반드시 포함되어야 하며, FIFA의 승인을 받아 정기적으로 효과성을 검증받아야 합니다. 이러한 계획을 성실히 이행하는 경우, FIFA는 최소 제재를 완화할 수 있습니다.

이처럼 본 조항은 단순히 사후적 처벌에 그치지 않고, 사전 예방과 피해자 보호를 동시에 제도화함으로써 인종차별 대응에 있어 강력하고 체계적인 틀을 마련하고 있습니다.

제16조. 경기 미개최 및 중단(Unplayed matches and abandonment)

1. 불가항력(Force Majeure)이 아닌, 특정 팀의 행위나 회원협회·구단의 귀책사유로 인해 경기가 예정대로

시작되지 않거나 끝까지 진행되지 못한 경우, 해당 회원협회·구단은 최소 10,000스위스 프랑(CHF)의 벌금을 부과받습니다. 경기는 몰수패 처리되거나 재경기가 선언됩니다.

2. 필요한 경우 FIFA 사법기구는 해당 회원협회·구단에 추가 징계를 부과할 수 있습니다.

3. 경기가 중단되었다가 처음부터 다시 치러질 경우, 중단된 경기에서 받은 모든 경고는 취소됩니다. 그러나 불가항력 등으로 경기가 중단되었다가 중단 시점부터 재개되는 경우, 중단 전 받은 경고는 그대로 유효하며 남은 시간 동안 적용됩니다. 만약 중단된 경기가 재개되지 않는다면, 당시까지 받은 모든 경고와 퇴장은 그대로 유지됩니다.

해설 이 조항은 경기가 예정대로 치러지지 못했을 때, FIFA가 어떻게 책임을 규율하고, 경기 결과와 징계 기록을 정리하는지를 명시합니다.

첫째, 책임 사유와 불가항력(Force Majeure)의 구분이 핵심입니다. 태풍, 지진, 팬데믹과 같은 불가항력 상황에서는 팀이나 회원협회가 책임을 지지 않습니다. 그러나 특정 팀의 행동, 회원협회의 관리 소홀, 구단의 준비 미흡 등 귀책사유로 경기가 시작되지 않거나 끝까지 치러지지 못한 경우, 해당 회원협회·구단은 최소 10,000스위스 프랑(CHF)의 벌금을 부과받습니다. 이 경우 FIFA는 경기를 몰수패 처리하거나 재경기를 명령할 수 있습니다. 이는 단순한 경기 중단을 방치하지 않고, 책임을 명확히 하여 대회의 공정성을 지키려는 장치입니다.

둘째, FIFA는 필요할 경우 벌금 외에도 추가 징계를 부과할 수 있습니다. 예컨대 승점 삭감, 경기장 사용 금지, 더 무거운 금전 제재 등 조직적 차원의 징계가 뒤따를 수 있습니다. 이는 단순히 경기 결과만이 아니라 축구 기강과 대회의 질서를 유지하는 수단입니다.

셋째, 경고와 퇴장 기록 처리는 실무적으로 중요한 요소입니다. 경기가 중단된 후 전부 재경기되는 경우에는 중단된 경기에서 받은 경고는 모두 취소되지만, 퇴장은 그대로 유지됩니다. 반대로 중단된 시점부터 경기를 재개하는 경우에는, 경고와 퇴장 모두 유효하게 이어집니다. 만약 경기가 아예 재개되지 않는다면, 중단 시점까지의 모든 경고와 퇴장 기록이 그대로 확정됩니다. 이는 선수의 징계 이력이 대회 차원에서 명확히 관리되도록 보장하는 규정입니다.

실무적으로 제16조는 경기 자체의 성패를 넘어, 책임 귀속·징계 기록 관리·대회 신뢰성 확보라는 세 가지 측면에서 중요합니다. 예컨대 관중 난입으로 경기가 중단되면, 구단은 벌금과 몰수패뿐 아니라 선수들의 경고·퇴장 기록까지 관리해야 하며, 이 모든 요소가 다음 경기와 대회 운영에 직결됩니다.

제17조. 경기 질서 및 안전(Order and security at matches)

1. 경기 개최 구단과 회원협회는 경기장 안팎에서 경기 전·중·후의 질서와 안전에 대해 책임을 집니다. 서포터의 부적절한 행동에 대한 책임과는 별개로, 그들은 본 조 제2항에 열거된 경우를 포함하여 어떠한 사건에 대해서도 책임을 지며, 경기 운영 과정에서 어떠한 과실도 없음을 입증하지 못하는 한 징계 조치와 지침의 대상이 될 수 있습니다. 특히 회원협회, 구단, 그리고 경기 개최를 주관하는 공인 매치 에이전트는 다음 사항을 이행해야 합니다:

   a. 경기의 위험 정도를 평가하고, 특히 고위험 경기일 경우 이를 FIFA에 통보할 의무를 짐

   b. 기존 안전 규정(FIFA 규정, 국내법, 국제 협약 등)을 준수·이행하고, 경기장 안팎에서 요구되는 모든 안전 조치를 경기 전·중·후에 취할 의무를 짐

   c. 경기 관계자와 원정팀 선수 및 임원의 안전을 보장할 의무를 짐

   d. 지역 당국에 정보를 제공하고, 적극적이고 효과적으로 협력할 의무를 짐

   e. 경기장 안팎에서 법과 질서를 유지하고, 경기가 적절히 운영되도록 보장할 의무를 짐

2. 협회와 구단은 서포터가 아래와 같은 부적절한 행동을 한 경우에도, 경기 운영상 과실이 없음을 입증하더라도 징계 조치와 지침의 대상이 됩니다:

   a. 경기장 난입 또는 난입 시도

   b. 물건 투척

   c. 폭죽 등 물품 점화

   d. 레이저 포인터나 유사 전자기기 사용

   e. 스포츠 행사에 부적절한 메시지를 전달하기 위한 제스처, 언어, 물건이나 기타 수단의 사용-특히 정치적·이념적·종교적이거나 모욕적 성격을 지닌 경우

   f. 기물 파손 행위

   g. 국가 연주 중 소란 행위

   h. 경기장 안팎에서 발생하는 기타 무질서 또는 규율 위반 행위

해설　　개최 측은 경기 질서·안전에 광범위한 책임을 지며, 서포터의 부적절한 행위에 대해서는 사실상 엄격책임 원칙이 적용됩니다. 즉, 경기장 안팎에서 발생하는 모든 사건은 주최 회원협회나 구단이 책임을 지며, 이는 고의나 과실 여부와 무관하게 적용됩니다. 다시 말해 '관중의 돌발 행동이었으니 우리 잘못이 아니다'라는 항변은 면책 사유가 되지 않습니다. 경기 주최자는 국제·국내 안전 규정을 철저히 준수하고, 예상 가능한 위험에 대비한 예방 조치를 마련해야 합니다. 특히 심

판진과 원정팀의 안전은 FIFA가 가장 민감하게 다루는 영역으로, 이를 소홀히 할 경우 단순 벌금에 그치지 않고 승점 삭감, 경기장 사용 금지, 몰수패와 같은 중대한 제재로 이어질 수 있습니다.

이 원칙이 극명하게 드러난 사건이 바로 2014년 10월 14일 UEFA 유로 2016 예선 세르비아 – 알바니아 경기입니다. 경기 도중 드론이 알바니아 민족주의 기표를 내걸고 경기장 상공에 나타나자, 관중 난입과 폭력 사태, 물건 투척이 이어지며 경기가 중단되었습니다. UEFA 징계위원회는 세르비아에 대해 3 – 0 몰수패, 승점 3점 삭감, 두 경기 무관중이라는 징계를 부과했고, 양 팀 모두 100,000유로(EUR)의 벌금을 받았습니다. 이후 CAS는 '경기 중단의 근본 원인은 주최 측의 안전 관리 실패'라고 판단하여 알바니아의 3 – 0 승리를 확정했고, 세르비아의 승점 삭감·무관중 제재는 그대로 유지되었습니다. 이 사건은 관중의 돌발적 행동조차 주최 측의 관리 책임 범위에 포함된다는 점을 확인시켜 준 대표적 판례입니다.

비슷한 맥락에서 2021년 9월 2일 헝가리 – 잉글랜드 월드컵 예선에서도 관중들의 인종차별적 행동, 폭죽 사용, 물건 투척, 계단 봉쇄 등이 발생했습니다. FIFA는 헝가리 축구협회에 홈경기 2경기 무관중(둘째 경기는 조건부 유예)과 200,000스위스 프랑(CHF)의 벌금을 부과했습니다. 이 역시 관중 행위에 대한 엄격책임을 엄격히 적용한 사례입니다.

따라서 경기 질서와 안전은 '공동 책임'이 아니라 주최 측의 절대적·전속적 책임으로 간주합니다. 실무적으로는 경기장 내 보안 인력 배치, 관중 안전 교육, 현지 당국과의 긴밀한 협력이 단순한 선택이 아니라 사실상 법적 의무에 가깝습니다. FIFA 에이전트 시험 대비 관점에서는 엄격책임 원칙, 제재 사유가 되는 관중 행위 유형, 그리고 주최 측의 필수 안전 조치들을 정확히 구분해두는 것이 핵심입니다.

제18조. 항의(Protests)

1. 협회와 그 소속 구단은 항의를 제기할 권리를 가집니다. 항의는 FIFA 법무 포털(Legal Portal)을 통해 징계위원회에 서면으로 제출되어야 하며, 경기 종료 후 24시간 이내에 해당 사유를 명시해야 합니다.

2. 24시간 기한은 연장될 수 없습니다. 다만 대회의 원활한 운영을 위해, 해당 대회의 대회규정은 항의 제기 기한을 더 단축할 수 있습니다.

3. 항의 수수료는 1,000스위스 프랑(CHF)이며, 항의 제기 시 납부해야 합니다. 항의가 전부 인용되는 경우에만 환불됩니다.

4. 항의는 다음과 같은 경우에만 적법한 것으로 인정됩니다:

a. 자격이 없는 선수가 경기에 출전한 경우(해당 선수가 FIFA 규정에 따른 조건을 충족하지 못한 경우)

b. 경기장이 부적합한 상태였던 경우(이 문제는 심판에게 사전에 서면으로 통보되었거나, 경기 중 상대팀 주장 앞에서 구두로 보고·관찰된 경우)

c. 심판의 명백한 오류(본 규정 제9조에서 정의된 경우) - 이 경우 항의는 심판의 명백한 오류로 인한 징계 적 결과에 대해서만 제기할 수 있습니다.

해설   이 조항은 회원협회(Member Association)와 그 소속 구단이 경기와 관련된 특정 사안에 대해 공식적으로 항의할 권리를 보장합니다. 항의는 반드시 FIFA 법무 포털(Legal Portal)을 통해 서면으로 제출되어야 하며, 경기 종료 후 24시간 이내에 구체적인 사유가 명시되어야 합니다. 이 기한은 연장 불가 원칙이 적용되며, 오히려 대회규정에 따라 더 짧게 단축될 수도 있습니다. 이는 경기 운영의 신속성과 확정성을 보장하기 위한 장치입니다.

항의 제기에는 1,000스위스 프랑(CHF)의 수수료가 부과되며, 항의가 전부 인용될 때에만 환불됩니다. 이는 무분별한 항의를 억제하고, 실질적으로 타당성이 있는 사안만 절차에 회부되도록 하기 위한 제도적 장치입니다.

항의가 적법한 것으로 인정되는 경우는 제한적으로 규정되어 있습니다. 첫째, 자격이 없는 선수가 출전한 경우입니다. 예컨대 선수 등록이나 징계 이력 등 FIFA 규정상 출전 자격 요건을 충족하지 못했음에도 경기에 나선 경우입니다. 둘째, 경기장이 부적합한 상태였던 경우입니다. 다만 이는 단순히 사후적으로 주장할 수 있는 것이 아니라, 경기 전 심판에게 서면으로 통보되었거나 경기 중 상대 팀 주장 앞에서 구두로 보고·관찰된 경우에 한해 인정됩니다. 셋째, 심판의 명백한 오류가 있었던 경우입니다. 다만 이는 본 규정 제9조에서 정의된 바와 같이, 심판의 명백한 오류가 징계적 결과에 미친 경우로 제한됩니다. 즉, 경기 진행과 결과 자체는 존중되지만, 징계적 효과에 대해서만 항의가 허용됩니다.

대표적인 사례가 2018 러시아 월드컵 남미 예선에서 발생한 칠레와 페루의 볼리비아 항의 사건입니다. 2016년 9월, 볼리비아는 페루전(2-0 승)과 칠레전(0-0 무)에서 수비수 넬슨 카브레라(Nelson Cabrera)를 교체 출전시켰습니다. 카브레라는 파라과이 출신으로 2007년 파라과이 대표팀 친선 경기에 출전한 이력이 있었고, 2013년 볼리비아로 이주하여 귀화했습니다. 볼리비아 국내법상 3년 거주로 귀화가 가능했지만, FIFA 규정은 5년 연속 거주를 요구했습니다. 칠레와 페루는 이를 근거로 FIFA에 공식 항의를 제기했고, FIFA 징계위원회는 두 경기 모두 3-0 몰수패 처리하고 볼리비아에 12,000스위스 프랑(CHF)의 벌금을 부과했습니다. 볼리비아는 CAS에 항소하며 '항의가

24시간 기한을 넘겨 제기되었다'고 주장했으나, CAS는 'FIFA가 징계규정에 따라 2년 내에 자체적으로 징계 절차를 개시할 권한이 있다'며 항소를 기각했습니다. 흥미로운 점은, 칠레가 항의로 승점 2점을 얻었지만 페루 역시 3점을 얻어 최종 순위에서 칠레를 골득실로 앞서 월드컵 본선에 진출했다는 것입니다. 칠레는 자신이 제기한 항의로 인해 오히려 탈락하는 결과를 맞았습니다.

실무적으로 제18조는 경기와 관련된 항의가 엄격히 제한된 범위에서만 허용된다는 점을 분명히 합니다. 이는 축구 경기의 불확실성과 논란이 무한히 이어지는 것을 방지하고, 동시에 중대한 위반 사항에 대해서는 정당한 이의를 제기할 수 있도록 균형을 맞추려는 취지입니다. 다만 볼리비아 사례에서 보듯, 항의 제기 시에는 그 결과가 자신에게 어떤 영향을 미칠지를 신중히 고려해야 합니다.

해설 이 조항은 경기 자격 관리의 엄격성을 분명히 선언하는 규정입니다. FIFA는 선수 자격을 경기 무결성의 출발점으로 간주하며, 이를 위반했을 경우 단순한 행정적 실수라 하더라도 강력한 징계를 부과합니다. 구조 자체는 단순합니다. 자격 미달 선수의 출전이 확인되면 해당 팀은 경기 결과가 몰수패로 처리되고, 동시에 벌금이 부과되는 공식이 적용됩니다. 이는 경기 결과의 공정성을 지키기 위한 최소한의 안전장치로, 구단이 선수 등록과 자격 검증 의무를 다하지 못했을 때 그 책임을 구단이 직접 부담하도록 하는 장치입니다. 따라서 위반은 선수 개인의 잘못에만 머무르지 않고, 구단의 관리·감독 소홀에 대한 책임으로까지 확장되며, 경우에 따라 선수 본인도 출전 제한 등 별도의 징계를 추가로 받을 수 있습니다.

제재 절차는 크게 두 갈래로 나뉩니다. 첫째, 상대 팀이 정식으로 항의를 제기하고 그 결과 자격 미달이 확정되면, 해당 팀은 몰수패 처리와 함께 최소 6,000스위스 프랑(CHF)의 벌금을 부과받습니다. 둘째, 상대 팀이 항의를 제기하지 않았더라도 FIFA 징계위원회가 직권으로 사안을 인지하여 조사에 착수하고, 자격 위반이 확인될 경우 동일하게 제재를 내릴 수 있습니다. 이는 선수 자격 문제를 단순히 '상대 팀이 신고하면 다루는 사안'으로 보지 않고, FIFA가 스스로 나서서 관리·집행해야 하는 엄격한 관리 대상으로 취급한다는 점에서 의미가 큽니다.

자격 미달 선수 출전 사례로는 제18조에서 다룬 볼리비아-넬손 카브레라 사건이 있으나, 여기서는 직권 조사(Ex Officio)가 적용된 다른 사례를 소개합니다. 2025년 3월 21일, 남아공은 2026 월드컵 아프리카 예선에서 레소토를 2-0으로 꺾고 조 1위를 유지했습니다. 그러나 미드필더 테보호 모코에나(Teboho Mokoena)가 이전 두 경기(베냉전, 짐바브웨전)에서 경고를 받아 1경기 출전 정지 상태였음에도 경기에 출전한 사실이 확인되었습니다. 상대팀 레소토가 항의를 제기하지 않았음에도 FIFA 징계위원회는 직권으로 조사에 착수했고, 남아공 축구협회(SAFA)가 FIFA 징계규정 제19조와 2026 월드컵 예선 규정 제14조를 위반했다고 판단하여 해당 경기를 3-0 몰수패로 선언하고 10,000스위스 프랑의 벌금을 부과했습니다. 모코에나 본인에게는 경고 처분이 내려졌습니다. 이로 인해 남아공은 조 1위에서 2위로 추락했고, 월드컵 직행 티켓 확보가 불투명해졌습니다. 이 사례는 제19조 제3항의 직권 조사 권한이 실제로 어떻게 작동하는지를 보여 주며, 경고 누적 관리와 같은 기본적인 행정 사항도 소홀히 하면 치명적인 결과로 이어질 수 있음을 경고합니다.

실무적으로는 구단이 선수 등록 서류, 신분 확인, 자격 요건(나이, 이적 절차, 징계 누적 여부 등)을 조금이라도 소홀히 관리하면, 단 한 번의 실수만으로도 경기 결과가 몰수되고 추가 벌금까지 이어질 수 있는 고위험 영역입니다. 따라서 구단 입장에서는 경기 출전 명단 확정 전 선수 자격을 재차 검증하는 내부 프로세스를 갖추고, 징계 누적이나 이적 절차 미비 등 리스크 요소를 사전에 차단하는 것이 필수적인 규정 준수 사항으로 이해해야 합니다.

제20조. 승부 조작 및 경기 조작(Manipulation of football matches and competitions)

1. 경기의 진행, 결과 또는 그 외 요소를 직접·간접적으로 부당하게 조작하거나, 이를 시도·공모하는 모든 행위는 중대한 위반으로 간주합니다. 위반자는 최소 5년간 축구 관련 활동 금지와 함께 최소 100,000스위스 프랑(CHF)의 벌금을 부과받으며, 사안이 특히 중대할 경우 영구 활동 금지까지 선고될 수 있습니다.

2. 선수 또는 관계자가 제1항의 행위를 한 경우, 해당 소속 구단이나 회원협회는 경기 몰수, 대회 참가 자격 박탈 또는 해당 선수·관계자의 대회 참가 불가라는 제재를 받을 수 있습니다. FIFA는 상황에 따라 이와 별도의 추가 제재를 병과할 수 있습니다.

해설　이 조항은 FIFA 징계규정 중에서도 가장 강경한 조항으로, 승부 조작(Match-fixing)과 경기 조작(Manipulation)을 다룹니다. 여기서 중요한 점은 실제 경기 결과에 영향을 주었는지 여부와 관계없이, 시도 또는 공모 단계만으로도 중대한 위반으로 간주된다는 것입니다. 기본 제재는 최소 5년간 축구 관련 활동 금지와 최소 100,000스위스 프랑(CHF)의 벌금이며, 사안이 특히 중대한 경우에는 영구 활동 금지(Expulsion)까지 선고될 수 있습니다. 이는 FIFA가 이 분야에서 무관용 원칙을 적용하고 있음을 잘 보여 줍니다.

책임은 개인에 한정되지 않습니다. 소속 선수나 임원이 승부 조작에 가담하면, 해당 구단·협회도 감독·관리 의무 위반으로 연대책임을 집니다. 실제로 경기 몰수, 대회 참가 자격 박탈, 승점 삭감, 강등, 선수 등록 금지와 같은 조직적 제재가 내려질 수 있습니다. FIFA는 승부 조작을 '개인의 일탈'로 축소하지 않고 조직 차원의 책임을 묻는 원칙을 분명히 하고 있습니다.

또한 본 조항은 보고 의무(Reporting Duty)를 명시합니다. 승부 조작 관련 접촉이나 정황을 알고도 보고하지 않으면, 은폐나 방조로 간주되어 최소 2년간 활동 금지와 15,000스위스 프랑의 벌금이 부과됩니다. 즉, '알고도 보고하지 않는 행위' 자체가 독립된 위반으로 처벌 대상이 됩니다. 이와 함께 FIFA 징계위원회는 경기장 안팎을 불문하고 직접 조사할 권한을 가지며, 각국 회원협회나 연맹이 내린 승부 조작 관련 제재를 FIFA가 전 세계적으로 확장 집행할 수 있습니다. 따라서 한 국가에서 내린 판정은 FIFA 질서 안에서 국제적 구속력을 갖게 됩니다.

사례에서도 이러한 원칙은 확인됩니다. 2013년 엘살바도르축구연맹(FFSFUT)은 대표팀 경기 승부 조작에 가담한 선수 14명을 영구 제명했고, FIFA 징계위원회는 이를 전 세계적 효력으로 확장하여 해당 선수들이 어느 국가에서도 축구 활동을 할 수 없도록 했습니다. 2019년에는 FIFA 징계위원회가 싱가포르 승부 조작 브로커 윌슨 페루말(Wilson Raj Perumal)이 조직한 국제경기 조작에 가담한 시에라리온 국가대표팀 주장 이브라힘 카르고(Ibrahim Kargbo), 베냉 국가대표 세이다스 촘모고(Séidath Tchomogo) 등 7명에게 영구 활동 금지를 선고했습니다.

실무적으로 구단과 회원협회는 선수·코치·임직원을 대상으로 정기적인 윤리 및 규정 교육을 시행하고, 내부 감시 체계와 익명성이 보장된 신고 채널을 운영해야 합니다. 또한 비정상적인 경기 패턴이나 베팅 흐름을 탐지할 수 있는 모니터링 시스템을 갖추는 것이 필수적입니다. 특히 각국 회원협회의 제재가 FIFA를 통해 곧바로 국제적 효력을 가질 수 있다는 점을 늘 염두에 두어야 합니다. 결국 제20조는 FIFA 징계규정 전체에서 가장 무관용적 성격을 드러내는 조항으로, 축구 경기의 무결성과 글로벌 신뢰를 보호하기 위한 최후의 보루라 할 수 있습니다.

제21조. 결정 불이행(Failure to respect decisions)

1. FIFA의 기관, 위원회, 산하기관 또는 CAS가 내린 금전적 성격의 결정 또는 FIFA의 요청에 따라 선수, 코치, 구단 등 제3자나 FIFA에 지급해야 할 금액의 전부 또는 일부를 지급하지 않았거나, 비금전적 성격의 최종 결정을 이행하지 않은 자는 다음과 같은 제재의 대상이 됩니다:

   a. 결정 불이행에 대해 벌금 및 관련 추가 징계 조치를 부과받을 수 있으며, 필요한 경우

   b. 해당 금액의 지급 또는 비금전적 결정의 이행을 위한 최종 기한이 부여됨

   c. FIFA 기관 등의 금전적 결정에 대한 항소사건에서 CAS 결정과 관련하여 징계위원회가 내린 결정일을 기준으로 채권자에게 연 18%의 이자를 지급하도록 명령될 수 있음

   d. 구단의 경우, 위 최종 기한 경과 후에도 의무를 이행하지 않거나 정해진 기간 내 전액 이행하지 않으면, 전액 지급 또는 비금전적 결정의 이행이 완료될 때까지 신규 선수 등록 금지 제재가 부과됨. 또한 반복적 불이행(예: 결정 통지 이후 연속된 전체 등록 기간 3회 이상 신규 등록 금지 제재가 집행된 경우), 재범 또는 중대한 위반이 있는 경우, 또는 어떠한 사유로든 전면적 등록 금지 제재를 부과·집행할 수 없는 경우에는, 신규 등록 금지에 더하여 승점 감점이나 하위 디비전 강등이 명해질 수 있음

   e. 회원협회의 경우, 위 최종 기한 경과 후에도 의무를 이행하지 않거나 정해진 기간 내 전액 이행하지 않으면, 추가 징계 조치가 내려질 수 있음

   f. 자연인(Natural Person)의 경우, 위 최종 기한 경과 후에도 의무를 이행하지 않거나 정해진 기간 내 전액 이행하지 않으면, 특정 기간 동안 축구 관련 모든 활동에 대한 금지가 부과될 수 있으며, 그 밖이 징계 조치도 부과될 수 있음

2. FIFA 기관·위원회·실체·산하 조직 또는 스포츠중재재판소(CAS)가 내린 금전적 결정에 관해서는, 채권자나 그 밖에 해당 징계 절차의 최종 결과(요청이 있는 경우 이유가 기재된 결정 포함)에 대한 통지를 받을 권리가 있는 이해당사자의 요청이 있어야만 징계 절차를 개시할 수 있습니다.

3. 제재 대상자가 최종 기한을 무시한 경우, FIFA 또는 관련 협회(구단 또는 자연인이 관련된 사건의 경우)는 부과된 제재를 집행합니다. 구단에 대한 신규 선수 등록 금지, 자연인에 대한 축구 관련 활동 금지, 회원협회에 대한 징계 조치가 CAS 또는 FIFA의 금전적 결정에서 발생한 의무 불이행과 관련하여 이 조항에 따라 집행된 상태에서, 채무자가 해당 결정을 이행했다는 신빙성 있는 증빙을 FIFA에 제출하면,

그러한 금지나 조치는 잠정적으로 해제될 수 있습니다. 채권자에게는 실제 지급이 이루어졌는지 확인을 요청합니다.

   a. 채무자가 정확한 정보를 제공하고 금전적 의무를 전액 이행한 경우, 금지나 조치는 영구적으로 해제된 것으로 간주함

   b. 채무자가 부정확한 정보를 제공하였거나 금전적 의무를 전액 이행하지 않은 경우, 징계위원회는 금지나 조치를 재부과하고 추가 징계 조치를 부과할 수 있음

4. 불이행 당사자의 '스포츠적 승계자(Sporting Successor)' 또한 불이행 당사자로 간주되어 본 조의 의무를 부담합니다. 스포츠적 승계자의 해당성 판단 기준에는 본점 소재지, 명칭, 법적 형태, 팀 컬러, 선수, 주주 또는 이해관계자, 소유구조, 해당 대회의 종류 등이 포함됩니다.

5. FIFA 기관·위원회·실체·산하 조직 또는 스포츠중재재판소(CAS)가 내린 금전적 결정과 관련하여, 채권자는 권리 보호를 위해 신속히 법적 조처를 하고, 특히 관련 국내 도산·파산 절차에서 적극적으로 채권을 신고해야 합니다(다만 해당 절차에서 직권(Ex Officio)으로 채권이 등록되는 경우는 예외).

   a. 채무자는 국내 도산·파산 절차 개시 사실을 알게 된 날로부터 15일 이내를 포함하여, 적시에 합리적인 방식으로 채권자에게 통지해야 하며, 절차에서의 채권자의 권리와 채권 신고 방법을 안내할 것

   b. 채무자로부터 절차 개시 사실을 통지받았음에도 정당한 사유 없이 채권 신고를 하지 않은 채권자는 태만으로 간주됨

   c. 금전적 결정이 내려졌을 때 해당 국내 절차의 채권 신고 기간이 이미 만료되어 재개할 수 없는 경우에는, 채권자가 채권을 신고하지 못하였더라도 태만으로 보지 않음

6. 관련 협회 내의 권한 있는 의사결정 기구가 구단에 대해 내린 금전적 또는 비금전적 결정은, 그 결정을 내린 기구가 속한 협회가 본 조의 원칙과 적용 가능한 징계규정에 따라 집행해야 합니다. 협회가 결정을 집행하지 않으면 벌금이 부과되며, 불이행이 지속될 경우 추가 징계 조치가 내려질 수 있습니다.

7. 관련 협회 내의 권한 있는 의사결정 기구가 자연인에 대해 내린 금전적 또는 비금전적 결정은, 그 결정을 내린 기구가 속한 협회가 집행해야 합니다. 단, 당해 자연인이 그 사이 다른 협회에 등록·자격 취득을 하였거나 다른 협회 소속 구단에 고용된 경우에는 해당 새로운 협회가 본 조의 원칙과 적용 가능한 징계규정에 따라 집행해야 합니다. 협회가 결정을 집행하지 않으면 벌금이 부과되며, 불이행이 지속될 경우 추가 징계 조치가 내려질 수 있습니다.

8. 축구재판소(Football Tribunal) 또는 FIFA가 신규 선수 등록 금지(국내 또는 국제)나 공식 경기 출전 제한 등 징계 조치를 수반하는 금전적 결정을 내린 경우, FIFA와 관련 회원협회는 이를 자동으로 집행합니다.

해설　　이 조항은 FIFA, CAS, FIFA 산하 기구가 내린 최종적·구속력 있는 결정을 선수, 코치, 구단, 협회 등이 이행하지 않을 경우 적용되는 제재 규정입니다. FIFA 절차의 실효성을 담보하는 핵심 조항으로, 집행 강제의 중심에는 FIFA 징계위원회(Disciplinary Committee)가 위치합니다.

결정 불이행에 대해 부과될 수 있는 제재는 매우 폭넓습니다. 기본적으로 벌금과 추가 징계가 내려질 수 있으며, 재정적 채무가 있는 경우에는 지급 기한이 설정되고 완납 시까지 연 18%의 지연이자가 부과될 수 있습니다. 구단이 기한 내 채무를 이행하지 않으면 신규 선수 등록 금지 제재가 내려지고, 불이행이 계속될 경우 그 기간이 연장됩니다. 반복 위반이나 중대한 위반 시에는 승점 감점이나 하위 디비전 강등까지 명령될 수 있습니다. 회원협회나 개인 역시 결정을 따르지 않을 경우 일정 기간 모든 축구 활동이 금지되는 중대한 제재를 받을 수 있습니다.

실제 사례로 2025년 보도된 대한축구협회(KFA)와 광주FC 사건을 들 수 있습니다. 광주FC는 2023년 알바니아 공격수 자시르 아사니(Jasir Asani) 영입 과정에서 발생한 연대기여금 약 3,000달러(USD)를 미납했고, 이에 FIFA는 2024년 12월 17일자로 광주FC에 신규 선수 등록 금지 제재를 부과했습니다. 그러나 광주FC는 내부 행정 인수인계 및 시스템 관리 프로세스의 미비로 해당 징계를 인지하지 못한 채, 이듬해 겨울 이적시장에서 10여 명의 선수를 영입하여 K리그1·코리아컵·AFC 챔피언스리그 엘리트 경기에 출전시켰습니다. KFA 역시 FIFA의 등록 금지 공문을 광주FC에 전달했음에도 후속 확인 절차 없이 선수 등록을 승인하는 행정적 오류가 발생했습니다.

이후 광주FC는 미납 연대기여금을 납부해 2025년 5월경 1차 제재를 해제받았으나, '등록 금지 상태에서 선수 등록이 진행되었다'는 사실이 확인되면서 추가 징계 절차가 개시되었습니다. FIFA는 공문에서 '광주FC와 대한축구협회가 FIFA의 등록 금지 결정을 어긴 사실이 명백하다'며, 이 행위가 FIFA 징계규정 제21조 '결정 불이행' 조항에 해당한다고 지적했습니다. 그 결과 FIFA 징계위원회는 2025년 9월 KFA에 벌금 30,000스위스 프랑(CHF)(향후 1년간 유사 위반이 없을 경우 집행유예)을, 광주FC에는 향후 두 차례 등록 기간에 대한 신규 선수 등록 금지와 10,000스위스 프랑의 벌금을 부과했습니다. 다만 광주FC의 두 번째 등록 기간에 대한 등록 금지는 1년간 유예되어, 실질적으로 2026년 상반기 정기 등록 기간에만 선수 영입이 제한됩니다.

이 사건은 두 가지 중요한 함의를 갖습니다. 첫째, FIFA 결정의 집행 책임이 개별 구단에 그치지 않고 해당 회원협회까지 수직적으로 확장된다는 점입니다. 회원협회는 FIFA 결정을 단순히 전달하는 데 그쳐서는 안 되며, 이를 시스템에 반영하고 실제 집행까지 완료해야 합니다. 둘째, 비교적 소액의 채무 불이행(이 사건의 경우 약 3,000달러)이라도 등록 금지라는 중대한 제재로 이어질 수 있으며, 이를 방치하면 후속 징계가 누적될 수 있다는 점입니다.

이 조항은 스포츠적 승계자(Sporting Successor) 개념도 명문화하고 있습니다. 구단이 명칭, 법적 형태, 본점 소재지, 팀 컬러, 선수단 구성, 주주·이해관계자 구조 등을 변경하더라도 실질적 동일성을 유지하면서 책임만 회피하려는 경우, 승계 구단 역시 동일한 채무와 제재를 부담합니다. 이는 파산, 명칭 변경, 법인 전환 등을 통해 제재를 우회하려는 시도를 원천적으로 차단하기 위한 장치로, 구단 인수·합병이나 구조조정을 검토할 때 반드시 고려해야 하는 요소입니다.

회원협회의 집행 의무도 명확히 규정되어 있습니다. 회원협회 산하 의사결정 기구가 내린 결정을 집행할 책임은 해당 회원협회에 있으며, 이 의무를 다하지 않을 경우 회원협회 자체가 FIFA로부터 벌금 및 추가 징계를 받습니다. 선수나 코치가 다른 회원협회에 새로 등록된 경우에는 새로운 회원협회가 이전 협회의 결정을 존중하고 집행해야 할 의무를 부담합니다.

CAS 결정 불이행에 대해서도 FIFA 규정에 따른 징계 절차가 개시될 수 있으며, 이는 2019년 7월 15일 이후 개시된 CAS 절차부터 적용됩니다. FIFA는 CAS 판정에 대해서도 스포츠 제재를 통해 국제적 구속력을 부여함으로써, 국제 스포츠중재 제도의 권위와 실효성을 함께 보장하고 있습니다.

실무적으로 제21조는 선수 이적, 계약 해지, 금전 지급 의무 등과 관련된 사건에서 가장 빈번히 활용되는 규정입니다. FIFA는 직접적인 강제집행 권한(예컨대 재산 압류권)이 없지만, 선수 등록 금지, 활동 금지, 대회 참가 제한 등 스포츠 제재를 통해 사실상 강제집행에 준하는 효과를 달성합니다. 축구계에서 계속 활동하려는 구단이나 개인에게 이러한 제재는 경제적 제재보다 더 강력한 압박으로 작용하기 때문입니다.

제22조. 문서 위조 및 변조(Forgery and falsification)

1. 축구 관련 활동에서 문서를 위조하거나, 진정한 문서를 변조하거나, 위조·변조된 문서를 사용하는 자는 벌금과 함께 최소 6경기 또는 12개월 출전 정지 제재를 받습니다.

2. 협회나 구단은 소속 임원 또는 선수가 저지른 문서 위조나 변조 행위에 대해 책임을 질 수 있습니다.

해설 　문서 위·변조 규정은 FIFA 징계규정(Disciplinary Code) 전체 가운데서도 제재 수위가 상당히 높은 편에 속하는 강력한 조항입니다. 경기 결과, 선수 등록, 이적, 연령, 국적, 징계 이력 등은 모두 문서를 통해 관리되는데, 이를 새로 꾸며내거나(위조), 실제 문서를 고쳐 쓰거나(변조), 이미 그런 위·변조 사실을 알고도 그 문서를 사용하는 행위는 축구 시스템 전반에 대한 신뢰를 근본적으로 훼손하는 것으로 평가됩니다. 그래서 단순히 벌금으로 끝나지 않고, 최소 6경기 출전 정지 또는 최소 12개월 출전 정지 가운데 하나를 반드시 병과하도록 되어 있습니다. 위반 내용의 성격과 규모, 반복 여부, 고의성 등을 고려해 이보다 더 무거운 제재가 내려질 여지도 충분히 있습니다.

제2항은 이 문제가 개인 차원에만 그치지 않는다는 점을 강조합니다. 협회나 구단 소속의 임원이나 선수가 문서를 위·변조했다면, 해당 개인뿐 아니라 그가 속한 협회나 구단도 함께 책임을 질 수 있습니다. 선수 등록 서류를 조직적으로 조작한다거나, 연령·국적을 속이기 위해 구단 차원에서 개입하는 상황을 가정한 구조입니다. 즉, '선수가 알아서 한 일'이라고 선을 그어 책임을 회피하려 해도, 해당 조직이 감독·관리 의무를 다하지 못한 점에 대해 징계를 받을 수 있다는 의미입니다. 이런 이유로 구단과 협회는 등록·이적·징계 관련 서류의 진정성과 정확성을 내부적으로 재검증하는 절차를 반드시 갖추고 엄격하게 운영해야 합니다.

제2항이 실제로 적용된 대표적 사례가 1988년 멕시코 '카치룰레스(Cachirules)' 스캔들입니다. 멕시코축구협회(FEMEXFUT)는 1989 FIFA 세계청소년선수권대회 예선인 1988 Concacaf U-20 토너먼트에 최소 4명의 연령 초과 선수를 고의로 출전시켰습니다. 출생 서류를 위조해 실제 나이를 속였는데, 수비수 아우렐리오 리베라(Aurelio Rivera)의 경우 규정 연령보다 4살이나 많았습니다. 멕시코 언론이 협회 자체 발행 연감과 대회 제출 서류 간 연령 불일치를 발견해 보도하면서 사건이 불거졌고, 미국·과테말라 등 여러 협회가 Concacaf에 공식 항의를 제기했습니다. FIFA는 1988년 6월 30일, 과거 유사 사례에서 청소년대회 참가 금지에 그쳤던 것과 달리 '강력한 경고 효과'를 위

해 멕시코의 성인 대표팀을 포함한 모든 국가대표팀에 2년간 국제대회 참가 금지 처분을 내렸습니다. 이로 인해 멕시코는 1988 서울 올림픽과 1990 이탈리아 월드컵에 출전하지 못했고, 협회 임원 다수가 영구 자격 정지 처분을 받았습니다. 이 사건은 청소년 선수의 연령 위조가 협회 차원의 조직적 행위로 인정될 경우, 해당 협회 전체가 국제무대에서 퇴출당할 수 있음을 보여 준 전례로, 제2항의 '협회 책임' 원칙이 얼마나 엄격하게 적용될 수 있는지를 극명하게 드러냅니다.

해설 이 조항은 FIFA 징계규정이 독립적으로만 작동하는 것이 아니라, 특정 분야의 개별 규정과 동시에 적용되는 구조임을 분명히 합니다. 도핑, 축구 에이전트, 매치 에이전트, 클리어링 하우스와 같은 영역은 각기 전문적인 규정 체계를 갖추고 있지만, 해당 영역에서 위반이 발생했을 경우 특별 규정의 제재와 더불어 FIFA 징계규정이 중첩적으로 적용됩니다.

예를 들어, 도핑 위반이 적발되면 FIFA 반도핑 규정(Anti-Doping Regulations)에 따른 출전 정지나 자격 정지 처분이 내려지는데, 여기서 끝나는 것이 아니라 본 징계규정에 따른 벌금이나 추가 제재가 함께 병과될 수 있습니다. 마찬가지로 에이전트가 수수료 규정을 위반하거나 이해충돌 행위를 했을 경우에도 FIFA 에이전트 규정(FFAR)에 따른 제재와 함께 FIFA 징계규정(Disciplinary Code)이 동시에 적용되어 훨씬 무거운 처벌로 이어질 수 있습니다.

이 구조는 FIFA가 분야별 전문성과 동시에 통합적 집행력을 확보하기 위한 장치입니다. 특정 위반을 단일 규정으로만 다루는 것이 아니라, 징계규정을 병행 적용함으로써 제재의 포괄성과 실효성을 극대화하고 있는 것입니다.

사건을 다룰 때는 '어떤 특별 규정이 적용되는가'만 확인해서는 충분하지 않습니다. 반드시 FIFA 징계규정이 추가로 적용되는지 여부까지 함께 검토해야 하며, 실제로 제재 수위가 합산되어 예상보다 훨씬 무거워질 수 있다는 점을 유념해야 합니다.

제24조. 제재의 집행(Enforcement of sanctions)

1. 징계 제재를 집행할 수 있는 시효는 5년입니다.

2. 시효는 최종 결정이 발효된 날부터 기산됩니다.

해설　이 조항은 FIFA 징계규정에서 제재의 집행 가능 기간을 명확히 규정한 부분입니다. FIFA 는 징계 결정을 무제한적으로 집행하는 것을 허용하지 않고, 5년이라는 시효를 두어 법적 안정성과 예측 가능성을 보장합니다. 여기서 중요한 점은 시효의 기산점입니다. 단순히 징계 결정이 내려진 날이 아니라, 그 결정이 실제로 발효된 날을 기준으로 계산해야 합니다. 예를 들어, 징계 결정이 5월 1일에 내려졌더라도 발효일이 6월 1일로 정해져 있다면, 시효는 6월 1일부터 5년간 계산됩니다.

　이 차이는 실무에서 자주 혼동되는 부분입니다. 발효일과 결정일을 구분하지 못하면 집행 시효를 잘못 계산해, 실제로는 이미 시효가 만료된 제재를 집행하거나 반대로 여전히 유효한 제재를 무효로 처리하는 오류가 발생할 수 있습니다. 이러한 실수는 곧바로 법적 분쟁이나 집행 무효로 이어질 수 있기 때문에 구단, 회원협회, 에이전트 모두 반드시 발효일을 정확히 확인해야 합니다.

제25조. 징계의 종류와 범위 결정(Determining the disciplinary measure)

1. FIFA 사법기구(Judicial Bodies)는 위반 행위의 객관적 요소와 주관적 요소를 모두 고려하여 제재의 종류와 범위를 결정합니다.

2. 제재는 전 세계적으로 일괄 적용될 수도 있지만, 상황에 따라 특정 지역이나 특정 경기·대회에만 한정될 수 있습니다.

3. 제재를 정할 때는 사건의 모든 관련 사정을 평가하며, 위반자가 위반 사실을 자진하여 밝히거나 다른 위반을 적발하는 데 실질적으로 협력한 경우 이를 감경 사유로 참작할 수 있습니다.

4. FIFA 사법기구는 필요하다고 판단되면 제재를 완화하거나 면제할 수 있는 재량권을 가집니다.

[해설]　이 조항은 FIFA 징계규정의 집행 방식에서 중요한 원칙인 '맞춤형 적용'을 명문화한 것입니다. 동일한 규정 위반이라도 사건의 맥락과 행위자의 태도에 따라 제재의 수위는 달라질 수 있습니다. 폭력성, 고의성, 반복성 같은 요소는 가중 사유로 작용하여 더 무거운 제재를 불러옵니다. 반대로 위반자가 스스로 사실을 인정하고 조사 과정에서 적극적으로 협조하거나 피해 회복에 기여한 경우에는 감경 사유로 반영될 수 있습니다. 실제로 승부 조작을 시도했더라도, 자진 신고 후 조사에 기여한 사례에서는 활동 금지 기간이 감경된 바 있습니다.

　　또한, 제재의 적용 범위가 반드시 전 세계적으로 확대되는 것은 아닙니다. 특정 지역이나 특정 대회에 한정된 제재가 내려질 수 있는데, 이는 제재의 효과를 상황에 맞게 조정하여 불필요한 불이익을 막고 비례성의 원칙을 보장하기 위함입니다. 무엇보다 FIFA 사법기구는 규정을 기계적으로만 적용하지 않고 사건의 맥락을 반영해 합리적으로 판단할 수 있는 재량권을 보유합니다. 따라서 FIFA 징계는 일률적인 형벌이 아니라 사건별 특수성을 반영한 '살아 있는 제도'로 기능합니다.

제26조. 재범(Recidivism)

1. 재범은 이전에 같은 성질·중대성의 위반이 있었고, 해당 결정이 통보된 후 아래 기간 내 다시 위반을 저지른 경우로 정의됩니다:

   a. 최대 2경기 출전 정지에 해당하는 제재였던 경우: 1년 이내

   b. 질서·안전 위반 관련 제재였던 경우: 2년 이내

   c. 승부 조작·부패 관련 제재였던 경우: 10년 이내

   d. 기타 모든 경우: 3년 이내

2. 재범은 가중사유로 간주됩니다.

3. 도핑 위반 재범의 경우 FIFA 반도핑 규정(Anti-Doping Regulations)에 따릅니다.

[해설]　이 조항은 징계 절차에서 재범(Recidivism)의 개념과 그 효과를 명확히 규정합니다. 재범은 단순히 위반이 반복되었다는 사실만으로 성립하지 않으며, 반드시 이전 위반이 동일하거나 유사한 성질과 중대성을 가졌을 것, 그리고 그에 대한 징계 결정이 정식으로 통보된 이후 일정 기간 내 새로운 위반이 발생했을 것이라는 요건이 충족되어야 합니다.

　　재범으로 간주되는 기간은 위반의 성격에 따라 차등적으로 적용됩니다. 최대 2경기 출전 정

지에 해당하는 경미한 위반은 1년, 경기 질서·안전에 관한 위반은 2년, 일반적 위반은 3년, 그리고 FIFA가 가장 중대하게 다루는 승부 조작 및 부패 사건은 무려 10년 동안 재범 상태가 유지됩니다. 도핑 위반은 FIFA 반도핑 규정(Anti-Doping Regulations)에 따라 별도로 규율되며, 세계반도핑기구 (WADA)의 국제 기준과도 일치합니다.

재범은 가중사유로 작용하여 동일한 유형의 위반이 반복될 경우 제재 수위가 점차 높아집니다. 벌금 증액, 추가 경기 무관중, 경기장 폐쇄, 승점 삭감 등 더욱 무거운 제재가 병과될 수 있으며, FIFA와 UEFA 모두 이러한 누적 원칙을 적용합니다.

앞서 제17조에서 본 세르비아 – 알바니아 드론 사건(2014년)은 주최 측 안전 관리 실패로 중대한 제재를 받은 대표적 초범 사례였습니다. 그러나 세르비아는 이후에도 관중 난동과 인종차별 행위가 반복되었습니다. 2023년 1월 FIFA는 카타르 월드컵 스위스전 관련 선수·팬 비행으로 세르비아에 50,000스위스 프랑(CHF)의 벌금과 25% 경기장 폐쇄의 징계를 부과했습니다. 2024년 12월 UEFA 네이션스리그에서는 스위스 원정 중 알바니아 국기 소각 시도 등으로 173,000유로(Euro)의 벌금과 홈·어웨이 경기 제한 조치를 받았습니다. 이어 2025년 6월 안도라전에서도 인종차별적 관중 행위가 발생해 FIFA가 50,000스위스 프랑(CHF)의 벌금과 15% 경기장 폐쇄의 징계를 부과했고, 같은 해 9월 잉글랜드전 관련 차별 행위로 80,000스위스 프랑의 벌금과 20% 경기장 폐쇄가 추가되었습니다. 모두 동일한 유형(관중의 차별·무질서) 위반으로, 앞선 결정이 통보된 후 2년 이내 반복된 것이어서 제26조 제1항 (b) 기준상 재범에 해당합니다. 결과적으로 세르비아는 유사 위반을 거듭하면서 제재 수위가 점차 강화되는 전형적인 재범 가중의 흐름을 보여 주었습니다.

징계 실무에서 가장 먼저 살펴봐야 할 것은 첫 번째 위반이 어떤 성질과 중대성을 가진 행위로 분류되었는가 하는 점입니다. 동일한 행위라도 단순 경기 규정 위반으로 보느냐, 경기 질서·안전 위반으로 보느냐에 따라 재범으로 인정되는 기간이 달라지고, 그 결과 제재의 무게 역시 크게 달라질 수 있습니다. 그래서 실제 사건을 다룰 때에는 위반 행위의 성격을 어떻게 특정히느냐가 매우 중요합니다.

제27조. 징계 집행의 유예(Suspension of implementation of disciplinary measures)

1. FIFA 사법기구는 징계 제재의 집행을 전부 또는 일부 유예하기로 결정할 수 있습니다.

2. 집행을 유예하는 경우, 제재 대상자는 1년에서 4년 사이의 집행유예 기간에 놓이게 됩니다.

3. 집행유예를 받은 자가 유예기간 중 유사한 성격과 중대성을 가진 또 다른 위반을 저지른 경우, 사법기

해설 이 조항은 FIFA 사법기구가 부과한 징계 제재의 집행을 일정 조건 아래 유예할 수 있도록 허용합니다. 이는 절대적 처벌 일변도의 접근이 아니라, 피징계인에게 재기의 기회와 준법 태도 관찰의 시간을 부여하려는 장치라 할 수 있습니다.

집행유예는 제재의 전부 또는 일부에 대해 인정될 수 있으며, 유예기간은 1년에서 4년 사이로 설정됩니다. 이 기간 동안 피징계인은 FIFA의 엄격한 감시 하에 놓이며, 추가 위반 없이 성실히 활동할 경우 실제 제재는 집행되지 않습니다.

그러나 집행유예는 조건부 혜택에 불과합니다. 유예기간 중에 유사한 성격과 중대성을 가진 또 다른 위반이 발생하면, 사법기구는 즉시 집행유예를 철회하고 원래의 제재를 전부 집행합니다. 이때 새롭게 부과될 제재는 별도로 유지되므로, 피징계인은 누적된 제재를 감수해야 합니다. 따라서 집행유예를 받은 자는 사실상 '마지막 기회'를 부여받은 것이며, 이 기회를 놓치면 훨씬 더 무거운 결과를 맞이하게 됩니다.

특히 FIFA는 경기 조작(Match Manipulation) 사건에서는 집행유예를 전면적으로 배제합니다. 승부 조작은 축구의 무결성과 신뢰를 근본적으로 훼손하는 범죄적 행위로 간주되므로, 어떤 조건부 선처도 허용되지 않는다는 FIFA의 무관용 원칙이 반영된 부분입니다.

실무적으로 이 조항은 징계의 탄력적 운영을 가능하게 하면서도, 중대한 위반에 대해서는 엄격한 태도를 견지합니다. 예를 들어, 초범이거나 경과가 비교적 가벼운 사안에서는 집행유예를 통해 자율적 개선 기회를 부여할 수 있지만, 승부 조작처럼 근본적 무결성을 침해하는 사건에서는 예외를 두지 않고 반드시 제재가 집행됩니다.

제28조. 몰수패(Forfeit)

1. 몰수패가 선고되면 해당 팀은 11인제 축구(Eleven-a-Side Football)에서는 3-0, 풋살에서는 5-0, 비치사커에서는 10-0 패배로 간주됩니다. 다만 경기 종료 시점의 실제 점수가 해당 팀에 더 불리하다면, 그 결과를 그대로 유지합니다.
2. 몰수패가 선언된 경기에서 발부된 경고는 취소되지 않습니다.

 몰수패는 FIFA 징계규정에서 가장 대표적이고 상징적인 제재 방식으로, 경기 규율 위반에 대한 최후의 수단이라 할 수 있습니다. 기본적으로 11인제 축구는 3-0, 풋살은 5-0, 비치사커는 10-0이라는 표준 스코어가 적용되지만, 실제 경기에서 이미 이보다 더 큰 점수 차로 패하고 있었다면 그 불리한 결과가 최종적으로 유지됩니다. 다시 말해 규정 위반으로 몰수패가 선고되더라도 이미 경기에서 6-0으로 지고 있었다면 최종 스코어는 6-0으로 기록됩니다. 이는 규정 위반이 오히려 팀에 유리하게 작용하지 않도록 하기 위한 장치입니다.

몰수패는 단순히 경기 결과만 변경하는 제재가 아닙니다. 해당 경기에서 받은 경고는 그대로 유지되기 때문에 선수 개인의 징계 누적에도 영향을 미칩니다. 이는 구단 차원의 위반이 선수 개개인의 기록과도 연결될 수 있음을 보여 주며, 규정을 지키지 않았을 때의 대가가 경기 차원뿐 아니라 선수 관리 차원에서도 무겁게 부과된다는 점을 의미합니다.

실무적으로 구단이 몰수패를 당하는 경우 피해는 경기 결과 손실에 그치지 않습니다. 승점을 잃게 되고, 경고 누적으로 인한 선수 출전 정지가 이어질 수 있으며, 국제적 이미지와 명예에도 큰 타격을 입습니다. 따라서 구단은 선수 등록 절차, 경기 운영, 선수 관리 등 모든 영역에서 규정을 철저히 준수해야 하며, 몰수패는 규정 위반이 가져올 수 있는 결과가 얼마나 치명적인지를 단적으로 보여 주는 제도적 경고라 할 수 있습니다.

제29조. 무관중 경기(Matches to be played without spectators)

해당 FIFA 사법기구가 달리 정하지 않는 한, 징계로 인해 무관중 경기가 명령된 경우, 원칙적으로 어떠한 관중도 입장할 수 없습니다. 다만 다음의 예외 인원은 입장이 허용됩니다:

a. 방문 구단 또는 회원협회에서 발급한 카테고리 1 티켓 소지자 최대 200명, 각 회원협회별 VIP 게스트 최대 20명

b. 팀당 선수 포함 최대 55명으로 구성된 선수단 및 관계자

c. 공인 방송사 및 언론인(기자·사진기자)

d. 경기 안전 업무를 담당하는 경찰 및 보안 요원

e. 경기장 시설 관리(잔디, 조명, 안내판 등) 및 경기 운영(볼보이, 사전 행사에 참여하는 아동과 보호자 등)에 필요한 인력

f. 축구연맹 및 FIFA 대표단 최대 75명

g. FIFA 및 축구연맹의 파트너사 소속 인원(초청권 소지자)

h. 만 14세 이하 아동 최대 1,000명(학교·아카데미 단체, 보호자 동반, 무료 입장)

해설　　무관중 경기는 경기 질서와 안전을 심각하게 해친 사건, 예를 들어 관중 난동이나 차별 구호, 폭력 사태 등이 발생했을 때 부과되는 중대한 제재입니다. 그러나 FIFA는 무관중 상태에서도 경기 운영과 중계, 안전, 기본적인 행정이 정상적으로 이루어져야 한다는 점을 고려해 제한적인 예외 인원의 입장을 허용하고 있습니다. 특히 흥미로운 부분은 만 14세 이하 아동 최대 1,000명까지 무료 입장을 허용한다는 규정입니다. 이는 징계 상황에서도 축구의 교육적 가치와 미래 세대에 대한 접근을 포기하지 않겠다는 FIFA의 정책적 배려로 볼 수 있습니다. 다시 말해, 제재를 내리되 어린이들에게는 축구를 접할 기회를 제공함으로써 '징계 속의 교육적 메시지'를 전달하려는 의도라 할 수 있습니다.

　　구단은 무관중 경기 제재를 받았을 때 허용된 인원 범위와 조건을 철저히 준수해야 합니다. 이를 어길 경우 추가 제재가 내려질 수 있으며, 실제로 팀 관계자 인원이 제한된 55명을 초과하거나, 등록되지 않은 언론인을 출입시키거나, 허용되지 않은 일반 관중을 입장시킨 사례는 모두 별도의 징계 사유가 됩니다. FIFA 에이전트 시험 대비 관점에서는 무관중 경기에도 예외적으로 입장이 허용되는 인원이 존재한다는 점, 그 범위에 선수단·언론·보안 인력·FIFA 대표단뿐 아니라 만 14세 이하 아동 1,000명의 무료 입장이 포함된다는 점, 그리고 이러한 규정을 위반할 경우 구단이 다시 징계를 받을 수 있다는 점을 기억해 두어야 합니다.

제30조. 일반 규칙(General rule)

1. FIFA 사법기구는 본 규정의 적용 범위 내에서 발생한 행위에 대해 조사·소추·제재할 관할권을 가집니다.

2. 축구연맹, 회원협회 및 기타 스포츠 단체는 각자의 관할 내에서 해당 행위를 조사·소추·제재할 책임을 집니다. 특히 축구연맹은 FIFA가 조직하지 않은 경우에 한하여, 동일 연맹 소속 대표팀 또는 구단 간의 친선경기 및 대회에 관한 징계 사안에 관할권을 가집니다.

3. FIFA는 다음에 관한 징계 사안에 관할권을 가집니다. FIFA가 조직하는 경기 및 대회, 국제 'A매치'(티어 1 국제경기), 서로 다른 축구연맹에 소속된 대표팀 또는 구단 간의 친선경기 및 대회, 그리고 서로 다른 축구연맹의 회원협회 소속 구단에 등록된 선수들로 구성된 초청팀이 참가하는 경기입니다.

4. 각 회원협회는 국내 징계 절차와 관련되거나 그에 필요로 되는 문서를 다른 회원협회에 송부·통지하거나 정보를 제공하는 등 상호 협력할 의무가 있습니다. 회원협회가 이러한 방식으로 협력하지 않는 경우, 본 규정에 따른 제재가 가해질 수 있습니다.

5. 축구연맹과 회원협회는 도핑, 축구 경기 및 대회의 조작, 성적 학대 또는 괴롭힘 등 중대한 위반과 관련하여, 각자의 사법기구가 부과한 제재를 즉시 FIFA에 통보해야 합니다.

6. 예외적 상황에서, FIFA는 인종차별에 대한 FIFA의 전 지구적 입장을 지원하기 위해 설치된 관련 패널 또는 위원회와의 협의를 거친 후, 경기 중 선수·경기임원·코치·다른 팀 임원 또는 공식적 역할을 수행하는 그 밖의 사람에 대한 인종차별적 학대 사건과 관련하여, 해당 회원협회의 사법기구가 내린 결정이 본 규정 제15조에 배치된다고 보이는 경우, 스포츠중재재판소(CAS)에 항소를 제기하기로 결정할 수 있습니다.

7. FIFA 사법기구는 본 규정의 적용 범위에 속하는 중대한 위반, 특히 도핑, 승부 조작, 차별에 관하여, 원칙적으로는 축구연맹·회원협회·기타 스포츠 단체의 관할에 속하더라도, 개별 사안에서 타당하다고 판단되고 다음 요건 중 하나에 해당하는 경우에는 조사·소추·제재할 권리를 보유합니다. FIFA가 해당 사실을 인지한 날로부터 90일 이내에 권한 있는 축구연맹·회원협회·기타 스포츠 단체가 공식 조사를 개시하지 않은 경우, 또는 관련 축구연맹·회원협회·스포츠 단체가 해당 사안의 관할을 FIFA에 부여하

해설   이 조항은 FIFA 징계 사법기구의 권한과, 축구연맹 및 각국 회원협회의 권한이 어떻게 배분되는지를 규정합니다. 기본 구조는 FIFA는 국제적·초국적 사건을, 축구연맹과 회원협회는 자국·소속 연맹 차원의 사건을 담당한다는 원칙입니다.

먼저 FIFA 사법기구는 본 규정의 적용 범위 내에서 발생하는 행위를 조사·기소·제재할 권한을 가집니다. 반면 축구연맹, 회원협회, 기타 스포츠 단체는 각자의 관할 내에서 발생한 사건에 대해 조사와 제재를 책임집니다. 예를 들어, 동일한 축구연맹 소속 대표팀이나 구단 간의 친선 경기·대회는 FIFA가 아닌, 해당 축구연맹이 관할합니다. FIFA가 직접 관할하는 범위도 구체적으로 명시됩니다. FIFA가 주관하는 모든 경기·대회, 국제 A매치, 서로 다른 축구연맹 소속 대표팀·구단 간의 경기·대회, 그리고 서로 다른 회원협회 선수들로 구성된 초청팀 경기 등은 FIFA가 관할합니다. 이는 FIFA가 국제적 차원의 징계 절차를 일원적으로 관리하는 구조를 보여 줍니다.

또한 각 회원협회는 다른 회원협회와 협력해 관련 문서 전달이나 징계 절차에 필요한 정보를 제공할 의무가 있습니다. 이를 소홀히 할 경우 회원협회 자체가 제재 대상이 될 수 있습니다. 아울러 축구연맹과 회원협회는 도핑, 경기 조작, 성적 학대, 괴롭힘 등 중대한 위반에 관한 자국 사법기구의 제재를 즉시 FIFA에 보고해야 합니다. FIFA는 이를 근거로 사건을 국제적 차원에서 파악하고, 필요할 경우 직접 개입할 수 있습니다.

특히 FIFA는 도핑, 경기 조작, 차별과 같은 중대한 위반에 대해서는 언제든 직접 관여할 권한을 가집니다. 비록 사건이 축구연맹이나 회원협회의 관할에 속하더라도, 관할 단체가 FIFA에 사건이 알려진 날로부터 90일 이내에 절차를 개시하지 않거나, 관할권을 FIFA에 이양하기로 합의한 경우 FIFA가 사건을 처리할 수 있습니다. 이는 중대한 사안이 방치되거나 축소되는 것을 막기 위한 제도적 안전장치입니다.

주목할 점은, 2023년 규정이 2025년에 개정되면서 중대 위반에 대한 FIFA의 직접 개입 권한이 강화되었다는 것입니다. 과거에도 FIFA는 도핑, 승부 조작, 차별과 같은 중대한 사안에 대해 관할 기관이 일정 기간 내에 조사를 시작하지 않으면 직접 개입할 수 있었습니다. 그러나 2025년 개정본에서는 인종차별 문제에 대한 개입 절차가 대폭 강화되었습니다. 경기 중 인종차별 사건이 발생할 경우, 관할 협회가 신속히 조치를 취하지 않으면 FIFA가 즉시 징계 절차를 개시할 수 있게 되었습니다. 이는 인종차별에 대한 무관용 원칙을 명확히 하고, 미온적 대응을 방지하기 위한 조치입니다.

마지막으로 FIFA는 이중 심리 금지(Ne Bis In Idem) 원칙을 적용합니다. 동일한 당사자와 동일한 원인에 대해 FIFA의 다른 기구가 이미 최종 결정을 내린 사건은 다시 다룰 수 없으며, 새로운 청구는 부적법으로 간주됩니다. 이는 절차적 안정성과 최종성을 보장하기 위한 장치입니다. 실무적으로 제30조는 FIFA 징계 절차의 관할권 분배·중대한 사안의 FIFA 직접 개입·협회의 보고 의무·이중 심리 금지라는 네 가지 축을 통해 절차적 효율성과 국제적 일관성을 보장하는 규정이라 할 수 있습니다.

제31조. FIFA 사법기구 구성(Composition of the FIFA judicial bodies)

1. FIFA 사법기구(Judicial Bodies)는 다음으로 구성됩니다:

   a. 징계위원회(Disciplinary Committee)

   b. 항소위원회(Appeal Committee)

2. 각 사법기구는 의장, 부의장, 필요에 따라 정해지는 수의 위원으로 구성됩니다.

3. 의장단 및 위원은 FIFA 평의회(Council) 제안으로 총회(Congress)에서 선출하며, 임기는 4년입니다.

해설　이 조항은 FIFA 사법기구의 구조와 인적 구성을 규정합니다. FIFA의 징계 체계는 1심과 2심을 구분하는 이중 구조로 운영되며, 이는 절차적 정당성과 투명성을 보장하기 위한 핵심 장치입니다.

1심 역할을 하는 징계위원회는 FIFA 규정 위반 사건을 최초로 심리하고 제재를 부과하는 기구이고, 2심 역할을 하는 항소위원회는 징계위원회의 결정을 다시 검토할 수 있는 상급 심리 기관입니다. 이 체계 덕분에 당사자는 이중 심급 절차를 통해 보다 공정한 판단을 받을 권리를 보장받습니다. 각 사법기구는 의장과 부의장을 중심으로 필요에 따라 위원이 배치되며, 이들은 FIFA 평의회의 제안을 받아 총회에서 선출됩니다. 임기는 4년으로 설정되어 있어 정기적인 검증과 교체를 통해 기구의 민주적 정당성과 운영의 투명성을 담보합니다.

실무적으로는 FIFA 징계 사건이 어떻게 단계적으로 처리되는지를 이해하는 것이 중요합니다. 징계 사건은 먼저 징계위원회에서 개시되어 1심 판단이 내려지고, 이에 불복이 있을 경우 항소위원회에서 다시 판단을 받게 됩니다. 이러한 절차는 FIFA 사법 절차 전반의 신뢰성을 높이는 동시에, 단일 기구의 독단을 방지하는 역할을 합니다. FIFA 에이전트 시험 대비 차원에서는 FIFA 사법기구가 징계위원회와 항소위원회의 이중 구조로 운영된다는 점, 위원들이 FIFA 평의회의 제안에 따라 총회에서 선출된다는 점, 그리고 임기가 4년으로 명문화되어 있다는 점을 반드시 기억해야 합니다.

> ### 제32조. 독립성 및 공정성(Independence and impartiality)
>
> 1. FIFA 사법기구의 의장, 부의장 및 기타 위원들은 공정성을 유지해야 하며, FIFA 거버넌스 규정(Governance Regulations)에 규정된 독립성 기준을 충족해야 합니다.
>
> 2. FIFA 사법기구 위원(Member)은 자신의 독립성이나 공정성에 정당한 의문이 제기될 수 있는 경우, 또는 이해충돌이 존재하는 경우 해당 사안에 대한 심리나 결정에 참여해서는 안 됩니다. 또한, 이러한 사유가 있는 경우 즉시 공개해야 합니다.
>
> 3. 위와 같은 사유로 회의에 참여하지 않기로 한 위원은 지체 없이 의장에게 통보해야 합니다.
>
> 4. 특정 위원의 독립성이나 공정성에 대해 정당한 의문이 제기되는 경우, 당사자는 사법기구가 사건을 심리하기로 한 날짜 최소 이틀 전까지 해당 위원에 대한 기피를 신청할 권리가 있습니다.
>
> 5. 의장은 이러한 기피 신청에 대해 결정합니다. 기피 신청이 의장을 대상으로 제기된 경우에는 부의장, 또는 부의장이 부재할 경우 가장 오래 재직한 위원이 그 기피 여부를 결정합니다.

해설　이 조항은 FIFA 사법기구의 위원들이 사건을 심리하고 판정하는 과정에서 반드시 독립성과 공정성을 유지해야 한다는 원칙을 명문화합니다. 이는 FIFA 절차의 정당성과 국제적 신뢰를 확보하는 데 있어 핵심적 토대입니다.

사법기구의 의장·부의장 및 모든 위원은 FIFA 거버넌스 규정(Governance Regulations)에 정해진 독립성 기준을 충족해야 합니다. 외부의 영향이나 내부 이해관계에 얽매이지 않고, 순수하게 사실과 규정에 근거하여 결정을 내려야 합니다.

위원 개인의 이해충돌(Conflict of Interest) 가능성도 엄격히 관리됩니다. 위원이 사건의 당사자와 개인적 이해관계를 맺고 있거나, 공정성을 의심할 만한 사유가 있다면 스스로 그 사건의 심리에 참여할 수 없습니다. 이 경우 반드시 해당 사실을 즉시 공개하고, 회의 불참 의사를 의장에게 통보해야 합니다. 이는 사법기구의 독립성을 보장하는 동시에, 절차적 투명성을 강화하는 장치입니다.

당사자에게도 기피권(Challenge Right)이 부여됩니다. 사건 당사자는 특정 위원의 독립성이나 공정성에 정당한 의문이 있는 경우, 심리 예정일 최소 이틀 전까지 기피를 신청할 수 있습니다. 기피 사유는 명확히 제시되어야 하며, 그 판단은 원칙적으로 의장이 담당합니다. 다만 기피 신청이 의장 본인에게 제기된 경우에는 부의장, 부의장이 부재한 경우 가장 오래 재직한 위원이 이를 결정합니다. 이를 통해 의장조차도 예외가 될 수 없다는 원칙이 확인됩니다.

실무적으로 제32조는 FIFA 사법 절차가 국제 스포츠 분쟁 해결에서 신뢰받을 수 있는 근거를 제공합니다. 만약 위원의 독립성과 공정성이 보장되지 않는다면, FIFA 절차의 결과는 스포츠중재재판소(CAS) 등 상급 기구에서 무효화될 가능성이 큽니다. 따라서 이 조항은 단순한 선언이 아니라 FIFA 사법 절차의 정당성을 유지하기 위한 필수적 안전장치입니다.

제33조. 회의(Meetings)

1. 의장, 부의장 또는 그들이 부재한 경우 가장 오래 재직한 위원의 요청에 따라, 그리고 잠재적 위반의 중대성에 따라 사무국(Secretariat)은 각 회의에 필요한 인원의 수를 소집합니다.

2. 회의는 단독판사(Single Judge)로도 개최될 수 있습니다.

3. 의장, 부의장 또는 그들이 부재한 경우 단독판사가 회의를 주재하며, 본 규정이 부여한 권한에 따라 결정을 내립니다.

해설　이 조항은 FIFA 사법기구의 회의 운영 방식을 규정한 것으로, 사건의 성격에 맞게 유연한 절차를 운영할 수 있도록 합니다. 원칙적으로 회의는 의장이 소집을 요청하고, 사무국이 필요한 위원을 불러 진행됩니다. 그러나 반드시 다수 위원이 모여야만 심리가 가능한 것은 아니며, 사건의 중대성이나 긴급성에 따라 단독판사가 사건을 전담해 심리하고 결정을 내릴 수도 있습니다.

이 제도는 징계 절차의 신속성과 효율성을 보장하기 위한 장치입니다. 비교적 단순하거나 긴급한 사건은 단독판사가 즉각적으로 결정을 내려 절차 지연을 방지할 수 있고, 반대로 사건이 중대하거나 복잡한 경우에는 여러 위원이 참여하는 패널 심리를 통해 보다 심도 있는 논의와 판단이 이루어집니다.

사건을 실제로 다룰 때는, 당사자가 FIFA 징계 절차에 직면한 사건이 단독판사 관할인지, 아니면 위원회 패널 관할인지에 따라 대응 전략이 달라질 수 있다는 점을 먼저 확인해야 합니다. 단독판사 사건은 비교적 신속하게 결론이 내려질 수 있는 만큼 초기에 제출하는 의견서·증거자료의 내용과 방향이 특히 중요하고, 위원회 패널이 심리하는 사건은 보다 장기적인 일정과 심문 절차를 염두에 두고 체계적인 변론 전략을 준비해야 합니다.

해설　이 조항은 FIFA 징계 절차에서 비밀 유지 의무를 규정하여 절차의 공정성과 신뢰성을 보장하는 장치입니다. FIFA 사법기구의 구성원은 물론, 징계 절차에 참여하거나 그 대상이 된 자 역시 모든 관련 정보를 비밀로 지켜야 하며, 공개가 필요할 경우 반드시 의장의 서면 허가를 받아야 합니다. 여기서 말하는 비밀 유지란 단순히 내부 문서를 외부로 유출하지 않는 수준을 넘어섭니다. 언론 인터뷰, SNS 게시물, 사적인 자리에서의 발언 등 외부로 전달될 수 있는 모든 형태의 발설이 포함됩니다. FIFA는 이러한 위반을 엄격히 다루며, 특히 사법기구 구성원이 비밀 유지 의무를 위반할 경우 별도의 절차 없이 자동으로 직무 정지가 내려집니다. 이는 FIFA가 내부 기구의 신뢰를 철저히 보호하려는 강력한 메시지라 할 수 있습니다.

　　사건 당사자나 이해관계자가 언론 대응을 할 때는 각별한 주의가 필요합니다. 징계 절차가 진행 중이라는 사실을 외부에 알리거나, 내부 논의 내용을 언급하는 것만으로도 추가 제재로 이어질 수 있기 때문에, 모든 발언은 반드시 사법기구가 허용한 범위 안에서 이뤄져야 합니다. FIFA 에이전트 시험 대비 차원에서는 두 가지를 특히 기억해 두어야 합니다. 첫째, 모든 정보는 서면 허가 없이는 공개할 수 없다는 원칙이 적용된다는 점, 둘째, 사법기구 구성원이 이 원칙을 위반할 경우 별도의 심리 없이 즉시 직무에서 배제된다는 점입니다. 이 두 가지 규정은 FIFA 징계 절차의 신뢰성과 정당성을 떠받치는 중요한 안전장치라고 이해하면 좋습니다.

제35조. 사무국(Secretariat)

1. FIFA 사무국(General Secretariat)은 FIFA 사법기구에 사무국을 두고, FIFA 본부 차원의 필요한 지원·인프라·인력을 제공합니다. FIFA 사법기구는 법률자문 또는 전문가의 지원을 받을 수 있습니다.

2. 사법기구 사무국은 행정 업무를 관장하며, 회의에서 내려진 결정을 문서로 작성합니다.

3. 사법기구 사무국은 사건기록을 관리합니다. 의결된 결정문과 관련 서류는 최소 10년간 보존합니다.

4. 사법기구 사무국은 경고, 퇴장, 경기 출전 정지에 대한 기록을 유지하며, 이는 FIFA 중앙 데이터 저장 시스템에 보관합니다. 징계위원회 사무국은 해당 기록을 관련 회원협회 또는 구단에 서면으로 확인·통지하고, 최종(본선) 대회의 경우에는 해당 대표단장(또는 대회별로 그가 지정한 자)에게 통지합니다. 관련 기록의 완전성을 보장하기 위해, 축구연맹은 자체 대회에서 부과되어 FIFA 대회 또는 향후 축구연맹 주최 대회로 이월될 가능성이 있는 모든 제재를 FIFA에 통보해야 합니다.

5. 사법기구 사무국은 필요한 조사를 직권(Ex Officio)으로 수행합니다.

6. 조사에 적용되는 일반 원칙은 다음과 같습니다:

    a. FIFA는 본 규정의 적용 범위에 속하는 위반 혐의에 대해 조사할 수 있음

    b. 원칙적으로 조사가 개시되면 관련 당사자에게 통지하나, 그러한 통지가 적절하지 않다고 판단되는 경우에는 예외로 하며, 조사는 서면 질의, 포렌식 업체 등 제3자와의 협업, 필요시 개인에 대한 신문 등으로 진행되고, 이 밖에도 현장 점검, 문서 제출 요구, 전문가 의견 의뢰 등 다양한 조사 절차를 사용할 수 있음

조사 과정에서 본 규정 범위의 위반이 있었음을 시사하는 새로운 증거 또는 사실이 드러나면, 조사는 재개될 수 있습니다.

해설　이 조항은 FIFA 사법 절차에서 사무국이 수행하는 핵심적 역할을 규정합니다. 사무국은 단순한 행정 지원 기관을 넘어 사건 기록 관리, 징계 통보, 데이터베이스 구축, 직권 조사까지 담당하는 절차의 실질적 운영 축이라 할 수 있습니다.

　가장 중요한 부분은 기록 관리와 보관 의무입니다. FIFA는 징계 사건의 결정문과 관련 기록을 최소 10년간 보관하며, 이는 이후 유사 사건에서 참고 판례로 활용되거나 제재 이력 확인을 위해 쓰입니다. 또한 경고, 퇴장, 출전 정지 기록은 중앙 데이터 시스템을 통해 통합 관리되고, 각 축구연맹과 회원협회는 이를 FIFA에 보고해야 합니다. 이러한 구조는 징계 집행의 국제적 일관성을 보장하기 위한 장치입니다.

　사무국의 또 다른 중요한 기능은 조사 권한입니다. 사무국은 필요할 경우 직권으로 조사를 개

시할 수 있으며, 이 과정에서 서면 질의, 외부 기관 협력, 현장 조사, 전문가 의견 수집 등 준사법적 권한을 폭넓게 행사할 수 있습니다. 나아가 새로운 증거가 나타날 경우 이미 종결된 사건도 재개할 수 있다는 점에서 FIFA 사무국의 조사 권한은 매우 유연하면서도 강력합니다.

제36조. 징계 및 윤리 검사(Disciplinary and ethics prosecutors)

1. 사무국은 FIFA 규정 위반 가능성에 대한 필요한 조사를 지원하기 위하여 '징계 및 윤리 검사(Disciplinary and Ethics Prosecutor)'를 임명할 수 있습니다.

2. 임명된 징계 및 윤리 검사는 징계 절차의 개시를 요청할 수 있으며, 회원협회·구단·개인에 대한 징계 조치 부과를 제안할 수 있습니다.

3. 징계 및 윤리 검사는 공정성을 유지하고, FIFA 거버넌스 규정(Governance Regulations)에서 정한 독립성 기준을 충족해야 합니다. 임명에 관한 요건과 조건, 그리고 직무에 관한 사항은 이 주제를 다루는 회람문(Circular)에 따라 정해집니다. 검사의 임기는 4년으로 제한되며, 징계 및 윤리 검사 명단은 FIFA 평의회(Council)의 승인에 부쳐집니다.

해설 제36조는 FIFA가 징계규정과 윤리규정의 집행을 보다 전문적이고 체계적으로 강화하기 위해 마련한 '검사 제도'에 관한 규정입니다. FIFA 사무국은 규정 위반이 의심되는 사건을 다룰 때 필요한 경우 징계 및 윤리 검사를 임명할 수 있으며, 이들은 징계 절차 개시를 요청하거나 구체적인 징계 조치 부과를 제안할 수 있습니다. 즉, FIFA 내부에서 사실상 기소자(Prosecutor) 역할을 담당하는 독립적 직위라 할 수 있습니다.

검사는 반드시 FIFA 거버넌스 규정에서 정한 독립성과 공정성을 충족해야 하며, 이해충돌 없이 직무를 수행해야 합니다. 임기는 4년으로 제한되며, 특정 인물이 장기간 권한을 독점하는 것을 방지합니다. 또한 징계 및 윤리 검사 명단은 FIFA 평의회(Council)의 승인을 통해 확정되므로, 절차적 정당성과 투명성이 보장됩니다.

여기서 중요한 변화가 있습니다. 2025년 5월 회람문(Circular)을 통해 발표된 개정 전까지는 '청렴성 전문가(Integrity Expert)' 제도가 운영되었으나, 2025년 6월 시행된 개정 FIFA 징계규정에서는 이를 '징계 및 윤리 검사(Disciplinary and Ethics Prosecutor)'로 대체했습니다. 기존 청렴성 전문가는 조사 지원과 의견 제시에 그치는 역할이었다면, 새로운 검사 제도는 보다 명확한 기소 권한과 절차적 지위를 부여받아 징계·윤리 체계의 법적 성격을 강화한 것입니다.

결국 제36조는 FIFA 징계·윤리 체계가 단순한 행정 절차를 넘어, '조사 – 기소 – 재판'의 구조를 갖춘 준사법적 체계로 진화했음을 보여 줍니다. 이는 FIFA가 과거 내부 절차의 불투명성과 정치적 개입 문제를 개선하고, 국제 스포츠법의 법치주의 원칙을 강화하려는 시도입니다.

해설 이 조항은 FIFA 사법기구와 사무국이 징계 절차를 수행하는 과정에서 발생할 수 있는 법적 위험으로부터 이들을 보호하기 위한 일종의 안전장치입니다. 독립적인 사법 판단을 내려야 하는 위치에 있는 만큼, 구성원과 직원들이 소송이나 손해배상 책임에 대한 두려움 때문에 위축되지 않고 직무를 수행할 수 있도록 보장하는 것이 핵심 취지입니다.

다만 이러한 면책이 무제한적 권한을 보장한다는 뜻은 아닙니다. 단순한 실수나 경미한 과실에 대해서는 책임을 묻지 않되, 고의적인 위법 행위나 중대한 과실의 경우에는 보호 범위에서 제외됩니다. 다시 말해 선의와 합리적 주의의무 범위 내에서 이루어진 판단과 행위는 제도적으로 보호하되, 명백히 잘못된 행동에 대해서는 여전히 책임을 지도록 하는 균형 구조입니다.

사법 시스템 운영 측면에서 보면, 이 규정은 한편으로는 FIFA 사법기구의 권위와 독립성을 제도적으로 뒷받침하면서, 다른 한편으로는 책임의 한계를 명확히 하여 내부 구성원들의 행동이 자의적으로 흐르지 않도록 하는 견제 장치 역할을 합니다. 결국 이 면책 조항은 독립성 보장과 책임성 유지라는 두 가지 원칙을 절묘하게 결합해 FIFA 징계 시스템의 신뢰를 뒷받침하는 핵심 규정이라 할 수 있습니다.

해설 제38조는 FIFA 징계·윤리 절차에서 기한이 언제부터 언제까지 어떻게 계산되는지, 그리고 기한을 넘겼을 때 어떤 법적 효과가 발생하는지를 명확히 규정함으로써, 절차의 안정성과 예측 가능성을 보장하는 조항입니다.

첫째, 기산점은 문서가 통지된 다음 날부터 시작되며, 기한의 마지막 날 중앙유럽 표준시 자정까지 요구된 행위가 완료되면 적법하게 기한을 준수한 것으로 봅니다. FIFA가 스위스 법과 CET를 기준으로 삼는 이유는 본부가 취리히에 위치한 국제기구로서, 전 세계 이해관계자에게 동일한 시간 기준을 적용하기 위함입니다. 이는 시간대가 다른 국가 사이에서도 절차적 일관성과 공정성을 확보하기 위한 장치입니다.

둘째, 공식 공휴일과 비근무일도 원칙적으로 기한에 포함됩니다. 다만 매년 12월 20일부터 다음 해 1월 5일까지는 기한 계산이 중단됩니다. 연말연시 휴무 기간 동안 당사자가 현실적으로 권리를 행사하기 어려운 사정을 반영한 예외 규정으로, 이 기간은 사실상 '절차적 휴지기'로 보호받는 셈입니다. FIFA가 규정상으로 연말 기간을 명시적으로 차단해 둔 것은, 절차적 권리 보장 측면에서 다른 국제 스포츠기구와 비교해도 상당히 엄격하고 독특한 설계라 볼 수 있습니다.

셋째, 회원협회 외의 개인(선수, 코치, 구단 등)이 준수해야 하는 기한은 원칙적으로 문서를 실제로 송달할 책임이 있는 소속 회원협회가 문서를 수령한 다음 날부터 시작됩니다. 이는 FIFA가 전 세계에 걸쳐 균질한 통신·송달 인프라를 직접 확보하기 어렵다는 현실을 인정하고, 각 지역 회원협회에 송달 책임을 위임함으로써 제도의 실효성을 확보하려는 구조입니다. 다만 문서가 당사자 본인이나 법률대리인에게도 직접 송부된 경우에는, 더 이상 회원협회 수령일이 아니라 당사자가 실제 문서를 받은 날을 기산점으로 삼습니다. 회원협회가 의도적으로 전달을 지연하거나, 인프라 한계로 인해 당사자가 권리 행사 기회를 상실하는 상황을 방지하기 위한 보완 장치입니다.

넷째, 기한의 마지막 날이 FIFA 본부가 위치한 스위스 취리히 주의 토요일·일요일·공휴일과 겹칠 경우, 기한은 다음 근무일로 자동 연장됩니다. 이때 기준이 되는 것은 각국의 공휴일이 아니라, 어디까지나 FIFA 본부가 있는 취리히의 법정 휴일이라는 점이 중요합니다. 다시 말해 전 세계 어디에서 사건이 발생했든, 기한 계산의 최종 기준점은 스위스 취리히의 달력입니다.

다섯째, 기한을 지키지 못하면 당사자는 해당 절차적 권리를 상실합니다. FIFA 절차에서 기한 준수는 단순한 형식 요건이 아니라, 권리의 존부 자체를 좌우하는 실체적 요건으로 기능합니다. 항소, 재심, 서면 제출, 비용 납부 등 모든 권리 행사는 정해진 기한 내에 이루어져야만 유효하며, 기한을 넘기는 순간 그 권리는 더 이상 행사할 수 없습니다.

여섯째, FIFA 규정에 의해 명시된 기한은 연장될 수 없습니다. 이는 절차의 신속성과 확정성을 최우선 가치로 두는 FIFA 절차의 기본 원칙을 반영합니다. 국내 사법절차처럼 사유를 소명해 기한 연장을 요청하거나 법원이 재량으로 기한을 유예해 주는 제도는 존재하지 않습니다. 한 번 정해진 기한은 예외 없이 그대로 적용됩니다.

실제 사건을 다루는 입장에서 보면, 제38조는 FIFA 절차에서 가장 자주 문제가 되는 조항 중 하나입니다. 항소나 재심이 형식적으로 기각되는 사건을 살펴보면, 상당수가 기한 계산을 잘못했거나 CET 기준, 연말 기한 중단 규정 등을 정확히 이해하지 못한 데서 비롯됩니다. FIFA 에이전트 시험 대비 관점에서는 다음 여섯 가지를 반드시 정리해 두어야 합니다. 문서 통지 다음 날부터 기한이 시작된다는 점, 기준 시간이 CET 자정이라는 점, 12월 20일~1월 5일은 기한 계산에서 제외된다는 점, 회원협회 수령일과 당사자 직접 수령일의 기준이 다르다는 점, 기한의 마지막 날이 취리히의 휴일과 겹치면 다음 근무일로 연장된다는 점, 그리고 FIFA 규정상 기한은 어떠한 경우에도 연장 불가라는 점입니다. 이 틀만 정확히 잡아두면, 절차적 실무와 시험 대비 두 측면에서 모두 제38조를 안정적으로 이해하고 활용할 수 있습니다.

1. FIFA 징계 절차에서는 모든 유형의 증거가 제출될 수 있습니다.

2. 증거를 채택하고 어떤 방식으로 평가할지는 전적으로 관할 사법기구의 재량에 속합니다.

3. FIFA 징계 절차에서의 입증 기준은 관할 사법기구가 '상당한 확신(Comfortable Satisfaction)'을 가지는 정도입니다.

 이 조항은 FIFA 징계 절차에서 증거 활용과 판단 기준을 규정합니다. 가장 중요한 특징은 증거의 형식에 제한을 두지 않는다는 점입니다. 문서, 영상, 증언, 디지털 자료 등 어떠한 형태의 증거도 제출할 수 있으며, 이를 채택하고 어떻게 평가할지는 전적으로 관할 사법기구의 재량에 달려 있습니다. 이는 절차의 형식적 제약보다 실질적 진실 규명을 우선하는 접근 방식이라 할 수 있습니다.

입증 기준은 '상당한 확신(Comfortable Satisfaction)'으로 규정됩니다. 이는 국제 스포츠 징계 절차에서 널리 적용되는 독자적 기준으로, 형사 절차에서 요구되는 '합리적 의심을 넘어(Beyond Reasonable Doubt)'보다는 완화되어 있으나, 민사 절차의 '우월한 개연성(Balance of Probability)'보다는 더 엄격합니다. 다시 말해 FIFA 징계 절차는 형사 재판 수준의 확실성을 요구하지는 않지만, 단순히 개연성만으로 결론을 내릴 수도 없는 중간 단계의 증명 수준을 적용합니다. 이는 경기 현장의 돌발 상황이나 국제적 사건의 특수성을 고려할 때 형사 수준의 엄격한 입증은 현실적으로 불가능하지만, 동시에 민사 수준의 가벼운 기준만으로는 축구의 무결성을 보장하기 어렵다는 이유에서 마련된 장치입니다.

스포츠중재재판소(CAS) 판례는 이 기준을 더 정교화했습니다. '상당한 확신'은 고정된 단일 기준이 아니라 혐의의 심각성에 따라 요구되는 확신 수준이 달라지는 유동적 기준(Sliding Scale)으로 운용됩니다. CAS 2010/A/2172(Oriekhov) 사건과 CAS 2013/A/3256(페네르바체(Fenerbahçe) v. UEFA) 사건에서 확립된 이 원칙에 따르면, 승부 조작이나 도핑처럼 중대한 혐의일수록 더 높은 수준의 확신이 요구됩니다. 또한 스포츠 기구는 국가 수사기관과 달리 강제 수사 권한이 없으므로, 형사 절차 수준의 입증을 요구하면 사실상 제재가 불가능해진다는 현실적 고려도 이 기준의 배경입니다.

징계 실무에서 이 기준은 징계위원회가 폭넓은 증거를 인정하되, 일정 수준의 확신에 도달했을 때만 결론을 내릴 수 있다는 의미를 갖습니다. CAS가 실제로 인정한 증거 유형에는 형사 수사 자료(도청 기록 포함), 베팅 패턴 분석, 경기 퍼포먼스 분석, 익명 증인 진술 등이 포함되며, 불법적으로 수집된 증거라 하더라도 진실 규명에 결정적인 경우 채택될 수 있습니다. 이들 증거가 종합적으로 판단했을 때 '상당한 확신' 수준에 이르면 제재가 가능해집니다.

제40조. 경기임원 보고서(Match officials' reports)

경기임원(Match Official)의 보고서나 추가 보고·서신에 기재된 사실은 정확한 것으로 추정됩니다. 다만 그 부정확성을 입증하는 증거를 제출할 수 있습니다.

 이 조항은 FIFA 징계 절차에서 경기임원 보고서(Match Officials' Reports)의 법적 지위를 규정합니다.

경기임원 보고서란 주심(Referee), 부심(Assistant Referee), 제4심(Fourth Official), VAR 심판(Video Assistant Referee) 등 경기 운영을 담당하는 공식 임원들이 작성하는 공식 문서로, 경기 중 발생한 주요 사건(득점, 반칙, 퇴장, 관중 소요 등), 규칙 위반 상황, 경기 후 추가 발생한 징계 관련 사실들이 상세히 기록됩니다. FIFA 징계 절차에서는 이 보고서가 원칙적으로 정확성과 신뢰성이 추정되는 증거로 인정되며, 곧바로 핵심 자료로 활용될 수 있습니다. 이러한 규정은 경기 운영의 일관성과 안정성을 확보하기 위한 장치이기도 합니다.

그러나 이 추정은 절대적인 것이 아닙니다. 당사자는 영상자료, 추가 증언, 포렌식 분석 등 다양한 방식으로 보고서의 오류를 입증할 수 있으며, 설득력 있는 반증이 제시될 경우 사법기구는 보고서의 추정을 뒤집고 다른 판단을 내릴 수 있습니다.

실제 징계 절차에서는 경기임원 보고서가 매우 강력한 증거로 평가되므로, 이를 뒤집기 위해서는 단순한 주장만으로는 부족합니다. 영상 분석, 공식 경기 기록, 제3자의 독립적인 증언 등 명확하고 객관적인 자료를 제시해 보고서의 신빙성을 구체적으로 흔들어야 합니다.

제41조. 입증책임(Burden of proof)

1. 징계 위반 사실에 대한 입증책임은 FIFA 사법기구(Judicial Bodies)에 있습니다.

2. 권리를 주장하는 당사자는 주장 사실의 입증책임을 지며, 관련 증거를 절차 중 모두 제출해야 합니다.

   당사자가 당시 알았거나 알 수 있었던 사실·증거도 포함됩니다.

3. 도핑 위반의 경우, FIFA 반도핑 규정(Anti-Doping Regulations)이 적용됩니다.

 이 조항은 FIFA 징계 절차에서 입증책임의 구조를 명확히 규정합니다. 원칙은 단순합니다. 규정 위반이 실제로 있었다는 점은 FIFA 사법기구가 입증해야 하고, 반대로 면책이나 감경과 같은 권리 주장을 하는 경우에는 그 주장을 펼치는 당사자가 직접 입증해야 합니다. 다시 말해, FIFA가 징계 절차를 개시했다면 위반 사실을 먼저 증명할 책임은 FIFA 측에 있지만, 피징계자가 '감경 사유가 있다'거나 '면책 사유가 존재한다'라고 주장한다면 그 사실을 스스로 증명해야 한다는 구조입니다.

또한 당사자는 자신이 알고 있었거나 합리적으로 알 수 있었던 모든 증거를 절차 중에 제출해야 하며, 이를 누락하면 불리하게 평가될 수 있습니다. 이는 절차 도중 뒤늦게 유리한 증거를 제출하는 것을 방지하고, 신속성과 공정성을 동시에 확보하려는 장치입니다.

도핑 사건은 일반 징계 절차와는 다른 특수한 입증 구조가 적용됩니다. FIFA 반도핑 규정은 '선수의 책임(Strict Liability)' 원칙을 채택하고 있기 때문에, 금지약물이 검출되면 기본적으로 선수에게 책임이 추정됩니다. 이 경우 선수는 약물이 어떻게 체내에 들어왔는지, 또는 의학적 필요성과 같은 예외 사유를 스스로 입증해야 하며, 따라서 일반 사건보다 훨씬 무거운 입증 부담을 지게 됩니다.

징계 절차에서 피징계자는 단순히 FIFA 측의 입증을 공격·반박하는 소극적인 태도에 머물러서는 안 됩니다. 면책이나 감경을 주장하려면 그에 부합하는 자료를 사전에 충분히 준비해 직접 제출해야 하며, 이를 소홀히 하면 스스로의 방어권을 온전히 행사하기 어렵습니다.

2024년 폴 포그바(Paul Pogba) 사건은 도핑 사건에서 입증책임이 어떻게 작동하는지를 보여 주는 대표적 사례입니다. 유벤투스 FC(Juventus FC) 소속이던 포그바는 2023년 8월 우디네세 칼초(Udinese Calcio)전 이후 실시된 도핑 검사에서 DHEA 양성 판정을 받았고, 이탈리아 반도핑재판소는 4년 출전 정지를 선고했습니다. 엄격책임 원칙에 따라 금지약물이 검출된 이상 위반 자체는 자동으로 성립했고, 여기서 입증책임은 포그바 측으로 전환되었습니다. 포그바는 플로리다 소재 의사가 처방한 보충제를 통해 해당 물질을 자신도 모르게 섭취했다는 점, 그리고 경기력 향상 의도가 전혀 없었다는 점을 직접 입증해야 했습니다. 스포츠중재재판소(CAS)는 포그바 측이 제출한 의료기록과 보충제 처방 경위 등을 검토한 결과 비의도적 위반이었음을 인정하여 18개월로 감경했습니다. 이 사건은 도핑 위반에서 선수가 면책이나 감경을 주장하려면 스스로 그 사유를 입증해야 한다는 원칙이 실제로 어떻게 적용되는지를 잘 보여 줍니다.

제42조. 증인(Witnesses)

1. 증인은 절대적·완전한 진실을 말해야 하며, 질문에 대해 자신이 아는 한 최선의 지식과 판단에 따라 답해야 합니다.

2. 증인을 요청한 당사자는 증인의 출석을 보장해야 하며, 출석과 관련된 모든 비용과 경비를 부담해야 합니다.

해설　이 조항은 FIFA 징계 절차에서 증인의 지위와 의무를 명확히 규정한 것입니다. 증언은 사건의 사실관계 규명에서 핵심적 역할을 하기 때문에, 증인은 단순히 참고인에 머무는 것이 아니라 반드시 진실을 말해야 할 직접적인 의무를 집니다. 이는 절차적 공정성과 증언의 신빙성을 보장하기 위한 기본 전제입니다. 또한 증인의 출석 책임은 이를 요청한 당사자에게 있습니다. 증인을 불러 세우려면 해당 당사자가 출석을 보장해야 하고, 여비와 체재비 등 모든 비용을 부담해야 합니다. 이는 증인 신청을 단순한 전략적 수단으로 남용하지 못하도록 하는 장치입니다.

실무적으로는 증인을 소환하려는 측이 비용을 제대로 준비하지 않으면 절차 진행에 차질이 생길 수 있고, 이는 오히려 해당 당사자에게 불리하게 작용할 수 있습니다. 따라서 증인 신청은 신중해야 하며, 비용과 관리 책임까지 함께 고려해야 합니다. FIFA 에이전트 시험 대비에서는 두 가지를 기억해 두면 좋습니다. 증인은 진실을 말할 의무가 있다는 점, 그리고 증인의 출석 보장과 비용 부담은 신청한 당사자의 책임이라는 점입니다. 이 규정은 FIFA 징계 절차에서 증언의 공정성과 절차적 책임성을 동시에 강조하는 조항이라 할 수 있습니다.

제43조. 절차에서의 익명 참가자(Anonymous participants in proceedings)

1. FIFA 징계 절차에서 증언으로 인해 증인 본인 또는 가까운 사람의 신체적 안전을 위협할 수 있다고 판단되는 경우, 관할 사법기구 의장 또는 부의장은 다음과 같은 보호 조치를 명할 수 있습니다:

   a. 당사자 앞에서 증인의 신원을 밝히지 않음

   b. 증인이 청문회에 직접 출석하지 않도록 함

   c. 증인의 목소리를 변조함

   d. 증인을 청문회실 밖에서 심문함

   e. 증인을 서면으로만 심문함

   f. 신원을 특정할 수 있는 정보는 별도의 비공개 문서에만 포함함

2. 만약 해당 증언을 입증할 다른 증거가 없고, 익명 증언만으로 제재를 부과해야 하는 경우라면 반드시 다음 요건이 충족되어야 합니다:

   a. 당사자와 그 법률대리인이 서면으로 증인에게 질문할 기회를 가질 것

   b. 사법기구 구성원이 증인을 직접 인터뷰하고 신원을 확인하며 진술의 신빙성을 평가하여 이를 기록에 남길 것

3. 부여된 익명성을 침해하거나, 증인의 신원을 특정할 수 있는 정보를 무단으로 공개한 경우, 해당자에게는 별도의 징계가 부과됩니다.

　증언으로 인해 증인 본인 또는 가까운 사람의 신체적 안전을 위협할 수 있다고 판단되는 경우, 사법기구 의장 또는 부의장은 익명 보호 조치를 명할 수 있습니다. 승부 조작, 폭력 등 조직적 비위 조사에서 제보자는 계약 해지, 따돌림, 물리적 협박 등 보복 위험에 노출되기 쉽습니다. 제43조는 이러한 위험을 완화하여 내부 고발을 장려하면서도 피징계자의 방어권을 보장하는 균형점을 설정합니다.

조문이 열거하는 보호 조치로는 당사자 앞에서 증인 신원을 밝히지 않는 것, 청문회 직접 출석 면제, 목소리 변조, 청문회실 외부에서의 심문, 서면 심문, 신원 특정 정보의 별도 비공개 문서 보관 등이 있습니다. 이는 예시적 열거이므로 사법기구는 사안에 따라 추가적인 보호 수단을 채택할 재량이 있습니다.

익명 증언은 증거능력이 인정되지만, 이를 뒷받침할 다른 증거 없이 익명 증언만으로 제재를 부과하려면 추가 요건이 필요합니다. 피징계자와 법률대리인에게 서면 질문 기회를 부여해야 하고, 사법기구 구성원이 증인을 직접 면담하여 신원과 신빙성을 검증한 뒤 이를 기록에 남겨야 합니다. 이는 스포츠중재재판소(CAS)가 확립해 온 법리—익명성 자체가 증거를 배제하지 않으나 피징계자의 방어권이 본질적으로 침해되어서는 안 된다—를 FIFA 징계 절차에 명문화한 것입니다.

제3항은 익명 보호의 실효성을 담보합니다. 부여된 익명성을 침해하거나 증인 신원을 무단 공개한 자는 그 자체로 징계 대상이 됩니다. 이 규정이 없다면 보호 조치가 선언에 그칠 수 있으므로, 증인 보호 제도의 핵심 장치입니다.

징계위원회 결정문 중 익명 증인 보호가 적용된 사례는 그 특성상 익명화·비공개 처리되어 공개된 선례가 거의 없습니다. 이는 역설적으로 제43조가 의도한 대로 작동하고 있음을 보여 줍니다. 실무에서 제보자는 익명 보호를 요청할 수 있으나 최소한 사법기구에는 신원을 밝혀야 하고, 피징계자는 증인의 이름을 모르더라도 서면 질문을 통해 진술의 모순을 공격할 수 있습니다. 사법기구 입장에서는 익명 증언에만 의존하기보다 베팅 데이터·통신 기록 등 객관적 증거로 보강하는 것이 권장됩니다.

제44조. 익명 참가자의 신원 확인(Identification of anonymous participants in proceedings)

1. 익명이 보장된 사람의 안전을 위해, 신원 확인은 당사자가 배석하지 않은 상태에서 비공개로 진행됩니다. 이 확인 절차는 관할 사법기구 의장이 단독으로 수행하거나, 부의장 또는 위원들과 함께 수행할 수 있으며, 확인 내용(해당인의 개인정보 포함)은 회의록에 기록됩니다.

해설 이 조항은 FIFA 징계 절차에서 익명 참가자의 신원을 어떤 방식과 단계로 확인하는지를 구체적으로 설계한 규정입니다. 큰 틀에서는 세 단계로 나누어 이해할 수 있습니다.

첫째, 신원 확인은 반드시 비공개로, 그리고 당사자가 배석하지 않은 상태에서 진행됩니다. 관할 사법기구의 의장이 단독으로, 또는 부의장 및 위원들과 함께 해당 인물을 직접 대면하여, 실제로 절차에 참여하고 있는 사람이 누구인지, 어떤 지위를 가진 사람인지를 확인합니다.

둘째, 이렇게 확인된 정보는 별도의 회의록에 정리됩니다. 이 회의록에는 익명 참가자의 이름과 신분 등 개인정보가 포함되며, 해당 사법기구 내부에서만 열람 가능한 기록으로 보관됩니다. 조문에서 굳이 '회의록에 기재된다'고 명시한 것은, 나중에 절차의 적법성을 검증해야 하는 상황이 발생하더라도, 내부적으로는 '누구를 증인으로 삼았는지'를 재구성할 수 있어야 하기 때문입니다.

셋째, 외부로 전달되는 것은 이 회의록 자체가 아니라 형식적·요약적 통지서입니다. 통지서에는 '익명 참가자의 신원이 FIFA 사법기구에 의해 공식적으로 확인되었다'는 점, 그리고 '당사자가 그 사람을 특정할 수 있는 정보는 포함하지 않는다'는 점만 기재됩니다. 다시 말해, 당사자는 '실제 사람이 맞는지, 가짜 증인은 아닌지' 등 절차적 안전장치가 작동했다는 사실만 알 수 있을 뿐, 그 사람이 누구인지는 여전히 알 수 없습니다.

이처럼 제44조는 익명 참가자의 신원 확인을 비공개·비대면 구조, 내부 회의록 작성, 최소한의 형식적 통지라는 세 층위로 나누어 설계함으로써, 한편으로는 증인의 신변과 개인정보를 철저히 보호하면서도, 다른 한편으로는 사법기구 내부에서 절차의 적법성과 신뢰성을 사후적으로 점검할 수 있는 최소한의 기록 구조를 확보하고 있습니다. FIFA 에이전트 시험 대비 차원에서는 신원 확인이 반드시 당사자 없이 비공개로 진행된다는 점, 그리고 그 결과가 개인정보가 포함된 내부 회의록과 익명성을 유지한 형식적 통지로 이원화된다는 점을 중심으로 기억해 두시면 좋습니다.

제45조. 대리 및 지원(Representation and assistance)

1. 당사자는 제46조 규정에 따라, 자신의 비용으로 법률대리인을 선임할 수 있으며, 이 경우 정식 위임장

> 이 제출되어야 합니다.
>
> 2. 직접 출석 의무가 없는 경우, 대리 출석이 가능합니다.

해설　이 조항은 FIFA 징계 절차에서 당사자가 법률대리인이나 보조인을 통해 절차에 참여할 수 있는 권리를 명확히 규정합니다. FIFA는 절차적 공정성을 보장하기 위해, 당사자가 스스로를 방어할 뿐만 아니라 전문적인 법률대리인의 도움을 받을 수 있도록 허용합니다. 다만 그 비용은 전적으로 당사자 본인이 부담해야 하며, 이를 통해 FIFA는 권리를 보장하는 동시에 제도의 남용을 방지합니다.

법률대리인을 선임할 경우에는 반드시 정식 위임장이 제출되어야 하며, FIFA는 이를 근거로 해당 인물을 공식 대리인으로 인정합니다. 위임장이 제출되지 않으면 절차상 대리권은 인정되지 않습니다. 또한 당사자에게 직접 출석 의무가 부여되지 않은 경우에는 대리인이 대신 출석할 수 있어, 방어권은 유지되면서도 절차의 효율성과 유연성이 보장됩니다.

실무적으로 국제 징계 사건에서 선수, 구단, 에이전트는 대체로 스포츠법 전문 변호사나 로펌의 지원을 받습니다. 그러나 FIFA는 이 비용을 지원하지 않기 때문에, 당사자가 직접 비용을 부담해야 한다는 점이 현실적인 제약으로 작용합니다.

결국 제45조는 FIFA가 절차적 권리를 실질적으로 보장하는 장치로, (1) 대리인 선임권은 인정되지만 비용은 본인 부담, (2) 위임장은 필수, (3) 직접 출석 의무가 없는 경우 대리 출석 가능이라는 세 가지 원칙이 핵심입니다. 이는 당사자의 방어권을 보장하는 동시에 FIFA 절차의 공정성과 효율성을 균형 있게 유지하기 위한 규정이라 할 수 있습니다.

> ### 제46조. 법률구조(Legal aid)
>
> 1. 재정적 능력이 부족한 개인은 FIFA에 법률구조(Legal Aid)를 신청할 수 있습니다.
>
> 2. 신청 시 합리적 사유와 입증 서류를 제출해야 합니다.
>
> 3. FIFA 사무국은 무상 지원 변호사(Pro Bono Counsel) 명단을 유지합니다.
>
> 4. 법률구조 승인 시, 다음과 같은 지원이 가능합니다:
>
>   a. 절차 비용 면제
>
>   b. 명단 내 무상 지원 변호사 지정
>
>   c. 신청인 본인 및 그가 요청한 증인·전문가의 합리적인 여행·숙박 비용, 그리고 선정된 무상 지원 변

호사의 비용 지원

5. 법률구조 승인 여부는 해당 사법기구의 의장이 최종 결정합니다.

6. 세부 요건은 FIFA 회람문(Circular)으로 공지될 수 있습니다.

해설　제46조는 FIFA 징계·윤리 절차에서 재정적 약자의 방어권을 보장하기 위해 마련된 제도적 장치입니다. 법률구조(Legal Aid)란 경제적 형편이 어려운 당사자에게 법률 서비스와 소송 비용을 지원하여, 누구나 평등하게 절차에 참여할 수 있도록 돕는 제도입니다. 우리나라의 대한법률구조공단이 경제적 어려움이 있는 사람에게 민사·가사·행정 사건 등에서 변호사 비용과 소송 비용을 지원하는 것과 유사한 개념입니다.

　　법률구조를 신청하려면 합리적인 사유와 함께 소득 증명서, 은행 내역 등 재정 상태를 입증할 수 있는 자료를 제출해야 합니다. 승인될 경우 당사자는 절차 비용 면제를 받을 수 있고, FIFA가 유지하는 무상 지원 변호사(Pro Bono Counsel) 명단에서 지정된 변호사의 도움을 받을 수 있습니다. 나아가 신청인 본인과 증인·전문가의 여행·숙박 비용, 변호사의 활동 비용까지 FIFA가 부담할 수 있습니다. 승인 여부는 해당 사법기구의 의장이 최종적으로 판단하며, 세부 요건은 FIFA 회람문(Circular)을 통해 구체화될 수 있습니다.

제47조. 절차상 사용 언어(Language used in proceedings)

1. FIFA 징계 절차의 공용어는 영어, 프랑스어, 스페인어입니다. FIFA 사법기구와 당사자들은 이 언어 중 하나로 소통할 수 있습니다.

2. FIFA 사법기구(Judicial Bodies)의 결정문은 이 세 언어 중 하나로 작성됩니다.

3. 당사자가 공용어가 아닌 언어를 사용하는 경우, 번역 책임은 당사자 또는 그 소속 회원협회에 있습니다.

해설　이 조항은 FIFA 징계 절차에서 사용할 수 있는 언어의 범위를 명확히 함으로써, 절차의 효율성과 일관성을 보장하기 위한 규정입니다. FIFA는 국제기구로서 다양한 언어권의 이해관계자를 상대하지만, 절차적 혼란과 번역 부담을 줄이기 위해 영어·프랑스어·스페인어 세 가지를 공용어로 정해 두고 있습니다. 따라서 FIFA 사법기구가 내리는 모든 결정문 역시 반드시 이 세 언어 중 하나로 작성되며, 이를 통해 전 세계 어디에서든 동일한 형식과 기준으로 결정을 이해할 수 있도록 하고 있습니다.

공용어 사용 원칙과 함께, FIFA는 번역 책임을 당사자에게 명확히 전가합니다. 한국어, 일본어, 아랍어처럼 공용어가 아닌 언어를 사용하는 회원협회·구단·선수는 필요한 문서를 스스로 공용어로 번역해 제출해야 하며, FIFA가 별도로 번역 서비스를 제공하지는 않습니다. 이는 언어 문제로 인한 절차 지연과 혼선을 최소화하고, 국제 절차를 원활하게 운영하기 위한 실무적 장치입니다.

실제 절차를 진행할 때는 제출 문서가 FIFA가 요구하는 형식과 정확성을 충족해야 하므로, 대부분 회원협회·구단·선수 측은 전문 법률 번역가의 도움을 받아 서면을 준비합니다. 번역의 질이 떨어지면 제출 기한을 놓치거나, 핵심 내용이 왜곡되어 절차상 불이익을 받을 위험이 있습니다. 결국 제47조는 언어 다양성을 전면 부정하는 대신, 영어·프랑스어·스페인어를 축으로 삼아 FIFA 징계 절차의 통일성과 예측 가능성을 확보하려는 규정입니다.

제48조. 당사자와의 통신(Communication with the parties)

1. 모든 당사자에게 결정이 통지됩니다.

2. FIFA 사법기구 절차에서 FIFA와 관련 당사자 사이의 모든 통신은 오로지 FIFA 법무 포털(Legal Portal)을 통해서만 이루어집니다. FIFA 법무 포털을 통한 통신은 유효하고 구속력 있는 통신수단으로 간주되며, 기한의 설정 및 그 준수 확인에 충분한 것으로 봅니다.

3. 당사자와 회원협회는 주소·전화번호·이메일 주소를 포함한 연락처 정보를 항상 유효하고 최신인 상태로 유지해야 합니다.

4. 선수·구단·임원을 대상으로 하는 결정 및 기타 문서는, 해당 협회가 이를 해당 당사자에게 전달한다는 조건으로 해당 협회 앞으로 송부됩니다. 협회가 당사자를 대리하여 조치하는 경우, 그 협회에 대한 통지가 이루어진 다음 날에 최종 수신인에게 적법하게 송달된 것으로 간주됩니다. 당사자의 이메일 주소를 알 수 없어 문서가 FIFA 법무 포털을 통해 해당 협회로 송부된 경우에는, 그 협회에 대한 문서 통지가 이루어진 날로부터 4일이 지나면 최종 수신인에게 적법하게 송달된 것으로 간주됩니다. 협회가 위 지침을 준수하지 않을 경우, 본 규정에 따라 징계 절차가 개시될 수 있습니다.

해설 제48조는 FIFA 징계 및 윤리 절차에서 결정문·문서의 송달 방식과 그 법적 효력을 명확히 규정한 조항입니다. 절차적 권리 보장과 동시에, 당사자가 의도적으로 통신을 회피하거나 지연시키는 것을 차단하려는 목적을 갖습니다.

우선, 결정은 모든 당사자에게 반드시 통지됩니다. FIFA와 관련 당사자 사이의 공식적인 모든 통신은 FIFA 법무 포털(Legal Portal)을 통해서만 이루어집니다. 법무 포털을 통한 통신은 유효하고 구속력 있는 통신으로 간주되며, 기한 산정과 준수 여부를 판단하는 기준점이 됩니다. 이는 이메일이나 서면 통보처럼 불안정한 수단 대신, FIFA가 직접 통제하는 전자 시스템을 통해 절차의 투명성과 일관성을 확보하려는 장치입니다.

당사자 및 협회는 주소·전화번호·이메일 등 연락처 정보를 항상 최신 상태로 유지해야 하며, 이를 소홀히 하면 발생하는 불이익은 본인 또는 협회가 감수해야 합니다. 특히 선수·구단·임원에 대한 문서는 원칙적으로 해당 협회 앞으로 송부되고, 협회가 이를 당사자에게 전달할 의무를 집니다. 이 경우 협회에 문서가 도달한 시점의 다음 날부터 최종 수신자에게 적법하게 송달된 것으로 간주됩니다.

만약 당사자의 이메일 주소를 알 수 없어 문서가 FIFA 법무 포털을 통해 협회에만 송부된 경우라면, 협회에 대한 통지일로부터 4일이 지나면 자동으로 최종 수신자에게 송달된 것으로 간주됩니다. 이는 당사자가 이메일 확인을 게을리하거나, 협회가 전달을 늦추더라도 절차가 지연되지 않도록 하기 위한 강력한 규정입니다. 협회가 이를 이행하지 않을 경우에는 협회 자체가 징계 절차의 대상이 될 수 있습니다.

결국 제48조는 FIFA 징계 절차에서 '송달의 안정성과 효력'을 제도적으로 보장하는 조항입니다. 당사자가 통신을 확인하지 않았다는 이유로 항소 기간이나 제출 기한을 놓치는 것을 방지하기 위해, FIFA는 법무 포털을 통한 송달에 법적 추정 효력을 부여했습니다. 이는 절차적 안전성과 신속성을 강화하는 동시에, 협회와 당사자 모두에게 적극적 협조 의무를 부과하는 규정입니다.

제49조. 비용 및 경비(Costs and expenses)

1. 본 규정에 별도의 규정이 없는 한, 비용 및 경비는 제재를 받은 당사자가 부담합니다.

2. 징계위원회 절차 비용은 FIFA가 부담하며, 이의 제기 사건의 경우에는 패소한 당사자가 부담합니다.

3. 제재를 받은 당사자가 없는 경우, 비용 및 경비는 FIFA가 부담합니다. 만약 당사자가 자신의 행위로 인해 불필요한 비용을 발생시켰다면, 절차의 결과와 관계없이 당사자에게 비용이 부과될 수 있습니다.

4. 사안의 본질에 대해 판결하는 사법기구가 비용 및 경비의 배분 방식을 결정하며, 관련 금액은 해당 사법기구의 의장이 정합니다. 이 결정에 대해서는 항소할 수 없습니다.

해설　이 조항은 FIFA 징계 절차에서 발생하는 비용과 경비의 부담 주체를 명확히 하여, 절차 운영의 공정성과 책임성을 담보합니다. 원칙적으로 비용과 경비는 제재를 받은 당사자가 부담합니다. 이는 징계 절차의 결과에 따른 책임 귀속 원칙으로, 잘못이 인정된 자가 절차 비용까지 감수해야 한다는 취지입니다.

다만 절차 성격에 따라 예외가 있습니다. 징계위원회 절차 비용은 원칙적으로 FIFA가 부담하지만, 이의 제기(Protest) 사건에서는 패소한 당사자가 비용을 부담합니다. 이는 불필요한 이의 제기를 억제하고, 절차 남용을 방지하기 위한 장치입니다.

또한 제재가 없는 경우 비용은 FIFA가 부담합니다. 그러나 당사자가 불필요한 신청을 하거나 절차를 지연시켜 불필요한 비용을 발생시킨 경우에는, 결과와 관계없이 그 당사자에게 비용을 부과할 수 있습니다. 즉, FIFA는 절차적 무용과 남용을 금지하고, 비용 부담을 통해 당사자의 신중한 절차 운영을 유도합니다.

비용 부담의 최종 결정은 사안을 판결하는 사법기구의 의장이 내리며, 이는 항소할 수 없는 최종적 판단으로 확정됩니다. 따라서 비용 분쟁은 별도의 다툼 없이 종결되며, 사건 전략을 수립할 때 비용 리스크를 반드시 고려해야 합니다. 아울러 제46조의 법률구조 규정에 따른 경우를 제외하면, 각 당사자는 자신이 불러온 증인, 대리인, 변호인, 통역사 등과 관련된 비용을 각자 부담합니다. 이는 FIFA가 방어권을 보장하되, 그 비용까지 전적으로 부담하지는 않는다는 원칙을 확인하는 조항입니다.

제50조. 결정의 효력(Effects of decisions)

1. **FIFA 사법기구(Judicial Bodies)의 모든 결정은 당사자에게 통지되는 즉시 효력이 발생합니다.**
2. 다만 경고, 퇴장, 자동 출전 정지 제재는 통지 시점과 관계없이, 다음 경기부터 즉시 효력이 적용됩니다.

해설　이 조항은 FIFA 징계 절차에서 결정의 효력이 언제부터 발생하는지를 명확히 규정하는 조항입니다. 원칙적으로 모든 징계 결정은 당사자에게 통지되는 순간부터 효력이 발생하므로, 당사자는 통지를 받는 즉시 그 결정에 구속됩니다. 다만 경기와 직접적으로 연결된 징계, 즉 경고·퇴장·자동 출전 정지에 대해서는 예외가 적용됩니다. 이러한 제재는 별도의 통지 절차와 무관하게 곧바로 다음 경기부터 효력이 발생합니다. 예를 들어, 선수가 경기 중 퇴장을 당했다면, 공식 통보 문서를 아직 받지 않았더라도 다음 경기에 자동으로 출전할 수 없습니다. 이는 경기 규율의 연속성과 징계의 실효성을 확보하기 위한 장치입니다.

구단과 선수 입장에서는 '아직 공식 통보를 받지 않았다'는 이유로 출전 가능성을 기대할 수 없습니다. 퇴장이나 경고 누적에 따른 자동 제재는 다음 경기부터 당연히 적용되므로, 이를 잘못 해석해 제재 중인 선수를 출전시키면 추가 징계로 이어질 수 있습니다.

제51조. 잠정 조치(Provisional measures)

1. 관할 사법기구의 의장 또는 그 지명인은 적절한 사법 행정을 보장하거나, 스포츠 기강을 유지하거나, 회복 불가능한 손해를 피하거나, 또는 안전 및 보안상의 이유로 필요하다고 판단할 경우 잠정 조치를 발령할 권한이 있습니다. 이들은 당사자들의 의견을 청취할 의무가 없습니다.

2. 징계위원회 의장 또는 그 지명인이 발령한 잠정 조치에 대해서는 본 규정의 관련 조항에 따라 항소할 수 있습니다. 그러나 항소는 항소 수수료 납부 조건 없이, 이의가 제기된 조치를 통지받은 날로부터 3일 이내에 FIFA 법무 포털을 통해 서면으로 이유를 명시하여 FIFA에 제출되어야 합니다. 항소위원회 의장 또는 그 지명인은 단독 심판관으로서 해당 항소에 대해 결정합니다. 이러한 결정은 최종적입니다.

3. 잠정 조치는 최대 90일까지 적용될 수 있습니다. 해당 조치의 기간은 최종 징계 제재에서 감해질 수 있습니다. 관할 사법기구의 의장 또는 그 지명인은 예외적으로 잠정 조치의 유효 기간을 최대 90일까지 연장할 수 있습니다.

해설　　잠정 조치는 FIFA 징계 절차에서 긴급 제동장치입니다. 본안 절차의 최종 판결을 기다리다가는 경기 질서나 대회의 신뢰가 돌이킬 수 없을 정도로 훼손될 수 있기 때문에, 사법기구 의장이 즉각적이고 예방적으로 개입할 수 있도록 마련된 제도입니다. 이 제도는 크게 세 가지 가치를 반영합니다.

첫째, 절차적 신속성입니다. 일반 재판이나 징계 절차는 사실 확인과 증거 심리를 거치느라 시간이 필요합니다. 하지만 축구는 실시간으로 전 세계 팬과 이해관계자에게 영향을 미치므로, 빠른 대응이 무엇보다 중요합니다. 예를 들어, 승부 조작 의혹이 있는 심판이 계속 배정된다면 경기의 신뢰는 한순간에 무너집니다. 잠정 조치는 이러한 상황을 예방합니다.

둘째, 스포츠적 무결성입니다. 출전 정지, 직무 정지, 특정 구장 접근 제한과 같은 잠정 조치는 단순한 잠정 제재가 아니라, '경기 결과의 공정성을 훼손할 수 있는 리스크를 최소화하는 안전장치'입니다. 선수 개인의 권리와 비교할 때 대회의 신뢰성이 FIFA에겐 훨씬 큰 가치라는 인식이 반영되어 있습니다.

셋째, 균형의 확보입니다. FIFA는 잠정 조치가 자의적으로 남용되지 않도록 일정한 제어 장치를 두고 있습니다. 당사자 의견을 사전에 들을 필요가 없지만, 이의 제기 절차가 간단하면서도 빠르게 보장됩니다. 항소는 수수료 없이 3일 내 제기할 수 있고, 항소위원회 의장이 단독으로 최종 결정을 내려 분쟁을 신속히 종결합니다. 또한 잠정 조치가 본안 제재와 중복되는 것을 피하기 위해, 조치 기간은 최종 제재에 반영되어 감경됩니다.

실무적으로 잠정 조치는 90일이라는 비교적 짧은 기간으로 제한되어 있으며, 예외적으로 한 차례 연장이 가능해 최대 180일까지 지속될 수 있습니다. 이 제한은 FIFA가 '긴급 대응은 신속해야 하지만, 장기적으로는 본안 심리로 정당성을 확보해야 한다'는 균형적 접근을 하고 있음을 보여 줍니다.

제52조. 스포츠중재재판소(Court of arbitration for sport)

징계위원회(Disciplinary Committee)와 항소위원회(Appeal Committee)의 결정에 대해서는 FIFA 징계규정(Disciplinary Code)과 FIFA 정관 제49조·제50조에 따라 스포츠중재재판소(CAS)에 항소할 수 있습니다.

해설　이 조항은 FIFA 징계 절차에서 최종 항소 단계를 규정합니다. FIFA 내부에서는 징계위원회가 1심, 항소위원회가 2심 역할을 하지만, 그 결정에 불복할 경우 당사자는 FIFA를 벗어나 독립적인 국제 중재 기구인 스포츠중재재판소(CAS)에 사건을 회부할 수 있습니다. CAS 항소 절차는 FIFA 결정을 국제적으로 다시 검증할 수 있는 마지막 통로이며, 그 판정은 전 세계적으로 구속력 있는 최종 결정으로 인정됩니다. 따라서 선수, 구단, 에이전트 등 FIFA 결정에 불복하려는 당사자에게 CAS는 사실상 최종 구제수단으로 기능합니다.

특히 이 제도의 근거가 FIFA 정관 제49조와 제50조에 명시되어 있다는 점이 중요합니다. FIFA가 단순히 내부 규정 차원에서가 아니라 헌법적 성격을 가진 정관에까지 CAS 항소 가능성을 명문화한 것은, 절차적 정당성과 국제적 신뢰를 제도적으로 확보하려는 의도를 반영한 것입니다.

CAS는 FIFA 결정을 단순히 형식적으로 확인하는 데 그치지 않고, 증거와 법리를 종합적으로 다시 심리합니다. 따라서 FIFA 절차에서 불리한 결정을 받은 경우 CAS 항소를 준비한다는 것은 곧 완전히 새로운 단계의 소송 전략을 마련해야 하는 것을 의미합니다.

제53조. 소집, 당사자의 권리, 심리, 결정, 통신 및 비밀 유지(Convocation, rights of the parties, hearings, decisions, communications and confidentiality)

1. 원칙적으로 구두 변론은 없으며, FIFA 사법기구(Judicial Bodies)는 기록(서류)에 기초하여 결정을 내립니다.

2. 당사자 일방의 이유 있는 요청 또는 의장·부의장·관할 단독판사의 재량에 따라 심리(Hearing)를 개최할 수 있으며, 이 경우 모든 당사자를 소환합니다.

3. 본 규정에 달리 정함이 없는 한, 당사자는 결정 전 서면 의견서를 제출하고, 사건기록을 열람하며, 사건기록의 사본 교부를 신청할 권리를 가집니다.

4. 심리는 녹음(또는 기록)되어 보관됩니다. 당사자에게 심리 녹음에 대한 접근권은 부여되지 않습니다. 다만 당사자가 심리 중 절차 규칙이 자신에게 불리하게 위반되었다고 주장하는 경우, 관할 사법기구의 의장 또는 그 지정인은 해당 당사자의 녹음 열람을 허용할 수 있습니다. 녹음기록은 5년 후 파기합니다.

5. FIFA 사법기구는 당사자 전부 또는 일부가 불출석한 상태에서도 심리를 열고 결정을 내릴 수 있습니다.

6. 동일한 협회·구단·개인을 상대로 서로 다른 절차가 개시된 경우, 관할 사법기구는 사건들을 병합하여 포괄적 단일 결정을 내릴 수 있습니다.

7. FIFA 사법기구의 심리는 비공개가 원칙입니다. 다만 개인의 반도핑 규정 위반 사건에서는 피고(피신고인)의 적법한 요청과 해당 사법기구 의장 또는 그 지정인의 승인이 있는 경우 공개 심리를 허용할 수 있습니다. 승부 조작 사건에서는 공개 심리 실시 여부를 해당 의장 또는 그 지정인이 결정합니다. 공개 심리의 실시 여부 및 조건은 의장 또는 그 지정인의 재량에 따릅니다.

8. 관할 사법기구가 사건 결정을 위해 회의를 열기 전까지, 당사자는 언제든 책임을 인정하고 FIFA 사법기구에 특정 제재의 부과를 요청할 수 있습니다. FIFA 사법기구는 그 요청을 근거로 결정하거나, 본 규정의 취지에 비추어 적절하다고 판단되는 결정을 내릴 수 있습니다.

9. 협회, 구단 또는 개인과 관련된 모든 통신(절차 개시 통지 및 FIFA 사법기구의 결정 통지를 포함)은 해당 협회 또는 구단 앞으로 송부되며, 필요한 경우 해당 협회 또는 구단은 그 구단 또는 개인에게 직접 통지

해설　　제53조는 FIFA 사법기구 절차의 절차적 기본 원칙을 종합적으로 규정한 조항입니다. 사건 처리 방식, 당사자의 권리, 심리 운영, 결정 및 통신 방식, 그리고 비밀 유지 의무까지 하나의 절차 프레임워크로 통합하고 있습니다.

먼저, 원칙적으로 FIFA 사법기구는 서면 기록에 기초하여 사건을 결정합니다. 이는 절차의 효율성과 신속성을 보장하기 위한 것이며, 모든 사건에서 구술 심리를 열 필요는 없다는 점을 분명히 합니다. 다만 당사자가 정당한 사유로 요청하거나, 의장·부의장·관할 단독판사의 재량으로 판단되는 경우에는 심리(Hearing)가 개최될 수 있습니다. 이 경우 모든 당사자가 소환됩니다.

당사자는 절차에서 서면 의견 제출권, 사건기록 열람권, 사건기록 사본 청구권을 가지며, 이는 공정한 절차의 핵심 요소로 자리 잡고 있습니다. 심리가 열리면 모든 절차는 녹음·기록되지만, 당사자에게는 직접 접근권이 부여되지 않습니다. 다만 절차 규칙 위반이 자신에게 불리하게 작용했다고 주장할 경우, 관할 사법기구 의장 또는 그 지정인이 열람을 허용할 수 있습니다. 이 녹음기록은 5년간 보관된 후 파기됩니다.

심리는 당사자 전원이 불출석한 상태에서도 진행될 수 있으며, 동일 당사자를 대상으로 한 여러 사건이 개시된 경우, FIFA 사법기구는 이를 병합하여 단일 결정을 내릴 수 있습니다. 이는 사건 간 모순된 판단을 방지하고 절차의 효율성을 높이는 장치입니다.

심리는 비공개가 원칙입니다. 그러나 특정 사안, 예를 들어 도핑 사건의 경우 피신고인의 적법한 요청과 의장의 승인으로 공개 심리가 허용될 수 있습니다 승부 조작 사건은 공개 여부를 전적으로 의장의 재량에 맡기고 있습니다. 이는 사건의 민감성과 공익성을 조율하기 위한 장치입니다.

또한 절차 도중 당사자가 책임을 인정하고 특정 제재의 부과를 요청할 수도 있습니다. FIFA 사법기구는 이를 바탕으로 결정을 내리거나, 본 규정의 목적에 비추어 더 적절한 결정을 내릴 수 있습니다. 이는 사실상 '유죄 협상(Plea Bargain)'에 준하는 기능을 하며, 신속한 절차 종결을 가능하게 합니다. 모든 관련된 문서는 해당 협회나 구단 앞으로 전달되며, 이들은 다시 소속 개인이나 구단에 통지해야 할 의무를 집니다.

제54조. 결정(Decisions)

1. 결정은 단독판사(Single Judge) 또는 출석한 위원들의 단순 과반수로 의결합니다. 가부 동수인 경우에는 의장이 결정권(Casting Vote)을 가집니다.

2. FIFA 사법기구는 대면회의, 전화회의, 화상회의 또는 유사한 방식으로 결정을 내릴 수 있습니다.

3. 원칙적으로 FIFA 사법기구는 '이유를 기재하지 않은 결정'을 먼저 발부하며, 당사자에게는 그 주문만 통지합니다. 이때 당사자에게는 통지일로부터 10일 이내에 FIFA 법무 포털(Legal Portal)을 통해 서면으로 '이유가 기재된 결정(Motivated Decision)'을 요청할 수 있음을 고지합니다. 위 기한 내에 요청하지 않으면 해당 결정은 최종적 효력과 구속력을 갖게 되며, 당사자는 항소권을 포기한 것으로 간주됩니다.

4. 이유가 기재된 결정에는 최소한 다음 사항이 포함되어야 합니다:

   a. 사실관계의 간략한 요약(모든 쟁점을 일일이 포함할 필요는 없음)

   b. 위반된 조항

   c. FIFA 규정 위반 성립과 관련된 고려 요소

   d. 제재 수위를 정하는 데 사용된 기준

5. 제3항의 기한 내에 이유가 기재된 결정을 요청한 경우, 항소 제기 기간은 그 이유가 통지된 때부터 비로소 기산합니다. 이유가 기재된 결정은 해당 결정의 송달 대상인 당사자만이 요청할 수 있습니다.

6. 이유가 기재된 결정의 통지 전에 제기된 모든 항소는, 오로지 이유가 기재된 결정에 대한 요청으로만 취급합니다.

7. 도핑 관련 결정은 이유를 기재한 형태로 발부합니다. 다만 긴급하거나 기타 특별한 사정이 있는 경우, 관할 사법기구는 주문만을 먼저 통지할 수 있으며, 이 주문은 즉시 효력이 발생합니다. 이 경우 전부 서면 결정은 60일 이내에 통지합니다.

8. FIFA 사무국은 FIFA 사법기구가 내린 결정을 공표합니다. 결정에 기밀 정보가 포함된 경우, FIFA는 직권 또는 당사자의 요청에 따라 익명화본 또는 수정(가림)본 형태로 공표할 수 있습니다.

9. 이유가 기재된 결정의 요청은 결정의 집행에 영향을 미치지 않습니다. 결정은 통지 즉시 효력이 발생하며, 금전 지급 명령의 경우는 예외로 합니다.

10. 관할 사법기구는 언제든지 결정문상의 계산 오류나 그 밖의 명백한 오류를 정정할 수 있습니다.

해설　　제54조는 FIFA 사법기구가 내리는 결정의 형식, 절차, 효력을 규율하는 핵심 조항입니다. 이 조항은 결정이 어떻게 내려지고, 언제부터 구속력이 발생하며, 당사자가 항소권을 행사하기 위해 무엇을 해야 하는지를 명확히 하고 있습니다.

　먼저, 결정은 단독판사(Single Judge) 또는 회의에 참석한 위원들의 단순 과반수로 의결됩니다. 표가 동수일 경우에는 의장이 결정권(Casting Vote)을 행사하여 최종 결정을 확정합니다. 이러한 구조는 신속성과 합의적 절차를 모두 보장하기 위한 것입니다. 결정은 대면회의뿐만 아니라 전화, 화상회의 등 비대면 방식으로도 가능해, 절차적 유연성을 확보했습니다.

　가장 중요한 특징은 FIFA 사법기구가 원칙적으로 '주문(결정 요지)'만을 먼저 발부한다는 점입니다. 당사자는 통지일로부터 10일 이내에 FIFA 법무 포털을 통해 '이유가 기재된 결정(Motivated Decision)'을 요청할 수 있으며, 이 기한을 놓치면 결정은 곧바로 최종적이고 구속력 있는 효력을 갖게 되고, 당사자는 항소권을 포기한 것으로 간주됩니다. 따라서 항소를 고려하는 당사자는 반드시 기한 내에 이유가 기재된 결정을 요청해야만 권리를 보존할 수 있습니다.

　이유가 기재된 결정에는 최소한 사실관계의 요약, 위반된 규정 조항, 위반 성립과 관련된 고려 요소, 그리고 제재 수위를 정하는 기준이 포함되어야 합니다. 이러한 구조는 판결문의 형식적 완결성을 보장하고, 스포츠중재재판소(CAS) 등 상급심 판정 절차에서 심리의 근거가 됩니다. 또한 이유가 기재된 결정을 요청한 경우에만 항소 제기 기간이 시작되므로, 실제 실무에서는 이유가 기재된 결정을 요청하고, 이유를 통지받은 뒤, 그때부터 항소 기간이 진행되는 흐름이 일반적입니다.

　다만, 도핑 사건은 예외적으로 즉시 이유가 기재된 결정을 발부하는 것이 원칙입니다. 긴급하거나 특별한 사정이 있는 경우에는 주문만 통지할 수 있으나, 이 경우에도 60일 이내에 전부 서면 결정을 송부해야 합니다. 이는 도핑 제재가 선수 커리어에 치명적인 영향을 미치므로, 절차적 정당성을 강화하기 위한 장치입니다.

　결정은 FIFA 사무국을 통해 공표되며, 기밀 정보가 포함된 경우 익명화 또는 가림 처리됩니다. 이유가 기재된 결정 요청이 결정의 집행을 정지시키지는 않으며, 결정은 통지 즉시 효력을 갖습니다. 디만 금전 지급 명령은 예외입니다. 계산 오류나 명백한 실수는 언제든 정정할 수 있습니다.

> ### 제55조. 절차 개시(Commencement of proceedings)
>
> 1. 징계위원회 사무국은 다음 근거에 따라 절차를 개시할 수 있습니다:
>
>   a. 경기 감독관·심판 보고서
>
>   b. 항의 제기
>
>   c. FIFA 평의회 요청
>
>   d. 징계 및 윤리 검사(Disciplinary and Ethics Prosecutor) 요청
>
>   e. 윤리위원회 요청
>
>   f. FIFA 내부 보고(기구·위원회·자매기관·사무국 등)
>
>   g. 제21조(결정 불이행) 근거
>
>   h. 공공기관 문서 접수
>
>   i. 직권(Ex Officio)
>
> 2. 모든 개인 또는 단체는 FIFA 규정에 위배된다고 간주되는 모든 행위를 FIFA 사법기구에 신고할 수 있습니다. 이러한 고발은 반드시 서면으로 이루어져야 합니다. FIFA는 조사를 개시하고, 해당 고발을 조사하기 위해 징계 및 윤리 검사(Disciplinary and Ethics Prosecutor)를 임명할 수 있습니다.

해설 이 조항은 FIFA 징계위원회가 절차를 개시할 수 있는 근거와 주체를 규정합니다. FIFA 징계 절차는 단순히 경기 중 위반 행위에 대한 대응에 국한되지 않고, 다양한 출처의 정보와 요청을 바탕으로 폭넓게 시작될 수 있도록 설계되어 있습니다.

먼저 절차 개시는 경기 감독관이나 심판 보고서, 경기 관련 항의, FIFA 평의회나 윤리위원회의 요청, FIFA 내부 기구나 사무국의 보고 등 다양한 공식 경로를 통해 이루어질 수 있습니다. 또한 징계 및 윤리 검사(Disciplinary and Ethics Prosecutor)의 요청, 공공기관 문서의 접수, 그리고 직권(Ex Officio) 개시도 허용됩니다. 이는 FIFA가 외부 사건이나 자체적 판단에 근거하여 필요할 경우 신속히 절차를 시작할 수 있음을 의미합니다.

특히 제21조(결정 불이행)에 따른 사건도 절차 개시의 중요한 근거가 됩니다. 이는 재정적 의무나 CAS·FIFA 결정 불이행 사례가 실무에서 빈번히 발생하기 때문입니다.

또한 모든 개인이나 단체가 FIFA 규정 위반 행위를 서면으로 고발할 수 있습니다. 고발이 접수되면 FIFA는 자체적으로 조사 개시 여부를 판단하며, 필요시 징계 및 윤리 검사(Disciplinary and Ethics Prosecutor)를 임명해 사건을 조사할 수 있습니다. 이는 FIFA가 내부 관계자뿐 아니라 외부 이해관계자와 일반인의 제보까지 폭넓게 수용하여 규범 준수 문화를 확산하려는 제도적 장치입니다.

해설　이 조항은 FIFA 징계위원회가 어떤 범위에서 관할권을 행사하는지, 특히 다른 기구의 관할을 보충하는 '백업 기구'로서 어떤 역할을 하는지를 규정합니다. 원칙적으로 징계위원회는 윤리위원회, CAS 등 다른 기구의 전속 관할에 속하지 않는 모든 FIFA 규정 위반을 다룰 권한을 가지며, 이 조항을 통해 그 보충적·포괄적 관할이 명문화됩니다.

무엇보다 중요한 기능은 경기 현장에서 발생하는 한계를 사후적으로 보완하는 역할입니다. 심판이나 경기 감독관이 경기 중 발견하지 못한 중대한 위반 행위에 대해서는 징계위원회가 영상 자료나 추가 보고를 바탕으로 별도의 징계를 부과할 수 있습니다. 예를 들어, 경기 중 난투 상황에서 주심이 일부 장면만 포착해 한 선수에게만 퇴장을 명했다가, 경기 후 영상 분석 결과 다른 선수의 폭행 장면이 추가로 확인되는 경우가 있을 수 있습니다. 이때 징계위원회는 이를 근거로 해당 선수에게도 별도의 출전 정지와 벌금을 부과할 수 있습니다. 또한 심판의 징계 판정에 '명백한 오류'가 있을 때, 예를 들어, 잘못된 선수에게 퇴장 카드가 제시되었거나 규정상 퇴장이 되어야 할 행위에 단순 경고만 부과된 경우처럼 판정이 규정과 현저히 어긋난 상황에서는 징계위원회가 이를 시정할 수 있습니다.

　　자동 출전 정지에 대한 개입도 징계위원회의 중요한 권한입니다. 원칙적으로 퇴장에 따른 자동 출전 정지는 1경기이지만, 행위의 성격이 특히 폭력적이거나 인종차별·침 뱉기 등 중대한 위반에 해당하는 경우 징계위원회는 그 사안을 다시 검토하여 출전 정지 기간을 연장하거나 별도의 추가 징계를 선고할 수 있습니다. 이를 통해 단순히 기계적인 자동 제재에 머무르지 않고, 위반의 중대성과 구체적 사정을 반영한 맞춤형 제재가 가능해집니다.

　　아울러 징계위원회 의장 또는 부의장은 사건의 중요도, 파급력, 법리적 난이도 등을 고려해 필요하다고 판단할 경우 사건을 곧바로 항소위원회로 회부할 권한을 가집니다. 이는 처음부터 상급 기구의 판단을 받는 것이 더 적절한 사안, 예를 들어 광범위한 이해관계자에게 영향을 미치거나 선례적 의미가 큰 사건에 대비한 절차적 안전장치로 이해할 수 있습니다.

제57조. 징계위원회 단독판사의 권한

(Jurisdiction of the single judges of the disciplinary committee)

1. 의장은 단독판사로서 단독으로 판결할 수 있으며, 그 직무를 징계위원회의 다른 위원에게 위임할 수 있습니다. 특히, 단독판사로 활동하는 의장 또는 그 지명인은 다음 사안들에 관해 다음과 같은 결정을 내릴 수 있습니다:

   a. 긴급 사안 또는 이의 제기 사건

   b. 징계 절차의 개시, 중단 또는 종료 여부

   c. 개인에 대한 최대 5경기 또는 최대 3개월의 자격 정지

   d. 최대 100,000스위스 프랑(CHF)의 벌금 부과

   e. 제재 연장

   f. 징계위원회 위원에 대한 이의 제기로부터 발생하는 분쟁 해결

   g. 잠정 조치의 발령, 변경 및 무효화

   h. 본 규정 제21조, 제23조 제2항, 제23조 제3항 또는 제23조 제4항에 따른 사안을 포함하는 사건

   i. 경기의 질서 및 안전과 관련된 사건 또는

   j. 미개최 또는 중단된 경기.

2. 사무국은 의장 또는 부의장의 지도에 따라 관련 사건을 단독판사에게 배정할 책임이 있습니다. 단독판사에 의한 절차는 본 규정에 따라 수행되어야 합니다.

 이 조항은 FIFA 징계위원회 내에서 단독판사(Single Judge)가 처리할 수 있는 사건의 범위를 규정합니다. 단독판사 제도는 모든 사건을 패널(Panel) 전체가 다루지 않아도 되도록 하여, 특히 긴급하거나 경미한 사안을 신속하고 효율적으로 처리할 수 있게 하는 장치입니다.

관할 범위를 보면 주로 즉각적인 대응이 필요한 사건이나 제재 수위가 비교적 가벼운 사건이 포함됩니다. 예를 들어, 항의·이의 사건, 절차의 개시·중단·종결 여부, 제재 연장 여부, 위원 기피 신청 관련 분쟁, 잠정 조치의 발령·변경·취소 등이 있습니다. 제재의 경우에도 한정이 명확히 설정되어 있어, 단독판사는 최대 5경기 출전 정지, 최대 3개월 활동 금지, 또는 100,000스위스 프랑(CHF) 이하의 벌금에 해당하는 사건만 처리할 수 있습니다. 아울러 경기 운영과 직접 관련된 사건도 단독판사 관할에 속합니다. 결정 불이행 사건(제21조), 경기 질서·안전 위반 사건, 경기 미개최·중단 사건 등이 이에 해당합니다. 이는 경기 일정과 국제대회의 질서를 신속히 유지하기 위해 단독판사가 즉각적으로 개입할 수 있도록 한 것입니다. 다만 장기 활동 금지, 대규모 승점 삭감, 고액 벌금, 승부 조작·부패와 같은 중대한 사건은 반드시 패널 심리로 이관됩니다.

> ### 제58조. 사무국의 제재 제안(Proposal by the secretariat)
> 사무국(Secretariat)은 단독판사(Single Judge) 관할 사건에서 기존 자료에 근거해 제재안을 제시할 수 있습니다. 당사자는 통지를 받은 날로부터 규정된 기한 내 거부 의견과 그 사유를 제출해야 하며, 이 기한 내에 의견 제출이 없으면 사무국의 제재안은 그대로 확정됩니다.

 제58조는 FIFA 징계 절차에서 사무국(Secretariat)이 일정 범위 내에서 사건을 신속히 종결할 수 있도록 마련된 제도입니다. 특히 단독판사(Single Judge)가 관할하는 비교적 단순하거나 명백한 사건에서 절차 효율성을 높이는 기능을 합니다.

우선, 사무국은 사건기록에 이미 존재하는 자료와 정보를 토대로 제재안을 직접 제시할 수 있습니다. 이 경우 해당 당사자는 통지일로부터 정해진 기한 내에 제재안에 대한 거부 의견과 그 사유를 FIFA에 제출할 수 있습니다. 당사자가 의견을 제출하지 않으면, 사무국의 제재안은 자동으로 확정되어 최종적 효력과 구속력을 갖습니다.

이 제도는 일종의 간이 절차(Summary Proceedings)로 이해할 수 있습니다. 사건이 명백하거나 다툼의 여지가 크지 않은 경우, 굳이 단독판사가 별도로 심리와 결정을 내리지 않아도, 사무국이 제시한 제재안이 그대로 확정되어 절차를 마무리할 수 있습니다. 그 결과, 사건 처리 속도가 빨라지고, FIFA 사법기구의 업무 부담도 줄어듭니다. 다만, 당사자에게는 반드시 이의 제기 기회가 보장됩니다. 정해진 기한 내에 거부 의견과 사유를 제출하면, 사건은 다시 단독판사의 판단을 거쳐 정식 절차로 이어집니다.

해설　　본 조항은 징계 절차가 종결되는 네 가지 사유를 규정합니다.

첫째, 당사자 간 합의가 성립한 경우입니다. 징계 절차의 목적이 분쟁 해결에 있는 만큼, 당사자들이 자율적으로 합의에 도달하면 절차를 계속할 실익이 소멸합니다. 2023년 징계법 개정 이전에는 합의 체결만으로 징계 절차가 종결되었으나, 개정 이후에는 제21조 제9항에 따라 징계위원회가 해당 합의의 이행 여부까지 관할하게 되었습니다.

둘째, 당사자가 파산 등으로 의무 이행이 불가능하게 된 경우입니다. 구단이 파산 절차에 돌입하면 금전적 제재의 집행이 사실상 불가능해지므로 징계 절차를 진행할 실익이 없어집니다. FC 우니베르시타테아 클루지(FC Universitatea Cluj) 사건(CAS 2020/A/6873)이 이를 잘 보여 줍니다. 네덜란드 국적의 선수 벤야민 판 덴 브뢱(Benjamin van den Broek)은 루마니아의 FC 우니베르시타테아 클루지를 상대로 미지급 임금을 청구하였고, 2016년 3월 18일 FIFA 분쟁해결부(DRC)는 구단에 지급 의무가 있다고 결정하였습니다. 그러나 구단이 이를 이행하지 않자 FIFA는 2016년 6월 23일 사안을 징계위원회로 회부하였습니다. 그런데 2016년 9월 29일 루마니아 보토샤니 민사법원이 구단에 대한 파산 절차를 개시하였고, 루마니아축구협회는 2016년 10월 10일 FIFA에 해당 구단이 협회 소속이기는 하나 더 이상 협회 주관 대회에 참가하지 않는다고 통보하였습니다. 이에 FIFA 징계위원회는 2016년 12월 22일 구단의 결정 불이행에 대한 징계 절차를 공식 개시하면서도, 같은 날 파산 절차 진행 중임을 이유로 루마니아 법에 따른 청산 절차가 종료될 때까지 징계 절차를 중단(Suspended)한다고 결정하였습니다.

셋째, 구단이 제명되어 FIFA 관할권이 상실된 경우입니다. 구단이 회원협회에서 제명되면 FIFA 규정의 적용 대상에서 벗어나게 되어 징계 절차를 계속할 수 없게 됩니다.

넷째, 위반이 인정되지 않아 입증에 실패한 경우입니다. 무죄 추정의 원칙에 따라 징계 기관은 피조사자의 위반 행위를 상당한 확신(Comfortable Satisfaction)의 정도로 입증해야 하며, 이 기준에 미치지 못하면 절차는 종결됩니다.

제60조. 관할(Jurisdiction)

1. 항소위원회(Appeal Committee)는 FIFA 규정에 의해 최종적이거나 다른 기구에 위임 가능하다고 명시되지 않은 징계위원회(Disciplinary Committee)의 모든 결정에 대한 항소를 판결할 관할권을 가집니다. 또한 징계위원회 의장 또는 부의장이 심의 및 결정을 위해 회부한 사건에 대해서도 관할권을 가집니다.

2. 항소위원회는 또한 FIFA 윤리규정(Code of Ethics)에 명시된 바에 따라 윤리위원회(Ethics Committee) 결정에 대한 항소를 판결할 관할권도 가집니다.

3. 항소를 제기하려는 모든 당사자는 결정 이유를 통지받은 날로부터 3일 이내에 FIFA 법무 포털을 통해 서면으로 항소위원회에 항소 의사를 통보해야 합니다.

4. 항소 의사 표시 기한 만료일 후 5일 이내에 항소인은 FIFA 법무 포털(Legal Portal)을 통해 서면으로 항소 이유서를 제출해야 합니다. 이 이유서에는 항소인의 요구사항, 사실관계에 대한 설명, 증거, 제안된 증인 목록(예상 증언의 간략한 요약 포함) 및 항소인의 결론이 포함되어야 합니다. 항소인은 항소 이유서 제출 마감일 이후에 추가적인 서면 자료나 증거를 제출할 권한이 없습니다.

5. 긴급한 경우 및 대회 본선 기간 중에는 의장이 위에서 언급된 서류의 제출 마감일을 단축할 수 있습니다.

6. 항소 수수료는 1,000스위스 프랑(CHF)이며, 늦어도 항소 이유서 제출 시까지 납부해야 합니다.

7. 마감일 또는 위에서 언급된 요건 중 하나라도 충족되지 않을 경우, 해당 항소는 허용되지 않습니다.

해설　　제60조는 FIFA 항소위원회가 어떤 사건을 관할하는지, 그리고 항소 절차가 어떤 방식으로 진행되는지를 규정합니다. 항소위원회는 FIFA 징계 체계에서 사실상 최종 내부 심급으로 기능하며, 그 이후에는 스포츠중재재판소(CAS)로 이어질 수 있습니다. 항소위원회는 FIFA 규정에서 최종적이거나 다른 기구에 위임된 것으로 명시되지 않은 징계위원회(Disciplinary Committee)의 모든 결정을 심리할 권한을 가지며, 징계위원회 의장 또는 부의장이 심의·결정을 위해 회부한 사건 역시 항소위원회의 관할에 속합니다. 더 나아가 FIFA 윤리규정(Code of Ethics)에 따라 윤리위원회(Ethics Committee)가 내린 결정에 대해서도 항소위원회가 심리할 수 있습니다.

　　항소 절차에는 엄격한 시한과 요건이 부과됩니다. 항소를 원하는 당사자는 결정 이유를 통지받은 날로부터 3일 이내에 FIFA 법무 포털(Legal Portal)을 통해 항소 의사를 표시해야 합니다. 이어서 5일 이내에 항소 이유서를 제출해야 하며, 이 문서에는 항소인의 요구사항, 사실관계 설명, 증거, 제안된 증인 목록(예상 증언 요약 포함), 최종 결론이 포함되어야 합니다. 제출 마감일 이후에는 새로운 서면 자료나 증거를 추가로 제출할 수 없도록 제한하고 있는데, 이는 절차 지연을 막고 신속성을 확보하기 위한 장치입니다.

특별히 긴급한 사안이거나 FIFA 주요 대회 기간 중인 경우에는 항소위원회 의장이 제출 기한을 단축할 수 있습니다. 경기 운영의 연속성을 확보하면서도 최소한의 방어권을 보장하려는 절충적 조치로 볼 수 있습니다. 항소 수수료는 1,000스위스 프랑(CHF)이며, 늦어도 항소 이유서 제출 시점까지 납부해야 합니다. 수수료 미납, 시한 초과, 필수 기재사항 누락 등은 곧바로 항소 불허 사유가 됩니다. FIFA는 이러한 구조를 통해 무분별한 항소를 걸러내고, 실질적인 쟁점이 존재하는 사건에 절차 자원을 집중합니다.

해설　제61조는 FIFA 징계위원회의 결정에 대해 항소위원회(Appeal Committee)에 제기할 수 있는 항소의 범위와 제한을 규정합니다. 이는 불필요한 항소를 줄이고, 경미한 사건은 조속히 종결하면서도 중대한 사안에 대해서는 상급 심리를 보장하는 균형 장치라 할 수 있습니다.

먼저, 원칙적으로 징계위원회의 결정은 항소위원회에 항소할 수 있습니다. 그러나 몇 가지 경우에는 항소가 허용되지 않습니다. 대표적으로 경고나 견책 같은 경미한 제재, 최대 2경기 또는 2개월 이내의 출전 정지(단, 도핑 사건은 예외), 협회·구단에 15,000스위스 프랑(CHF) 이하, 개인에 7,500스위스 프랑(CHF) 이하로 부과된 소액 벌금, 제21조(결정 불이행), 제23조(일부 절차 규정 관련)에서 내려진 특정 결정에 대해서는 항소가 금지됩니다. 이는 경미한 사안까지 항소가 이어질 경우 FIFA 사법 시스템의 효율성이 마비될 수 있다는 현실적 고려를 반영한 규정입니다.

둘째, 항소는 반드시 이유가 기재된 결정(Motivated Decision)에 대해서만 제기할 수 있습니다. 즉, 단순히 주문(결정 요지)만 통보된 단계에서는 항소할 수 없으며, 당사자가 10일 이내에 사유서 요청을 통해 구체적인 이유가 포함된 결정을 받아야 항소권이 발생합니다. 이는 절차적 명확성과 공정성을 보장하는 장치입니다.

셋째, 징계위원회가 복수의 징계 조치를 함께 부과한 경우에는 그중 하나라도 항소 허용 한도를 초과하면 전체 항소가 적법하게 인정됩니다. 다만 항소위원회는 초과된 제재 범위에 대해서만 심리할 수 있습니다. 예를 들어, 한 사건에서 경고와 3개월 출전 정지가 병과되었다면, 출전 정지가 허용 한도를 넘으므로 항소는 적법하지만, 심리 대상은 출전 정지에 국한됩니다.

제62조. 항소권(Standing to appeal)

1. 징계위원회(Disciplinary Committee) 절차의 당사자였던 모든 이는 항소위원회(Appeal Committee)에 항소를 제기할 수 있습니다. 단, 해당 당사자가 항소 제기에 법적으로 보호되는 이익을 가지고 있는 경우에 한합니다.
2. 협회와 구단은 자신의 선수, 임원 또는 구성원에게 제재를 부과하는 결정에 대해 항소할 수 있습니다.

해설　항소를 제기할 수 있는 자격 요건은 제62조에서 정하고 있습니다. 항소위원회(Appeal Committee)가 FIFA 내부 절차의 사실상 최종 심급이라는 점을 감안하면, 누구에게나 무제한적으로 항소권을 열어 두기보다는 법적으로 정당한 이익이 있는 자에게만 항소를 허용하는 구조입니다.

첫째, 징계위원회(Disciplinary Committee) 절차의 당사자였던 모든 이는 원칙적으로 항소를 제기할 수 있습니다. 다만 단순히 결과에 관심이 있다는 정도의 이해관계만으로는 부족하고, 항소를 통해 법적으로 보호되는 이익(Legally Protected Interest)을 주장할 수 있어야 합니다. 이는 항소 제도를 절차 지연이나 시간 끌기 수단으로 남용하지 못하도록 하고, 실제로 권리나 법적 지위에 영향을 받은 당사자에게만 항소권을 인정하기 위한 장치입니다.

둘째, 회원협회(Member Association)와 구단도 항소권을 가집니다. 소속 선수·임원·구성원에게 제재가 내려진 경우, 해당 회원협회나 구단은 조직을 대표하는 주체로서 항소를 제기할 수 있습니다. 이를 통해 FIFA는 징계 대상 개인뿐 아니라 그를 둘러싼 조직 차원의 권익 보호와 절차적 공정성 확보까지 함께 고려하고 있음을 드러냅니다.

제63조. 평의와 결정(Deliberations and decisions)

1. 항소위원회의 평의는 비공개로 진행됩니다.

2. 항소 절차의 범위 내에서, 항소위원회는 사실과 법률을 전면적으로 심리할 권한을 가집니다.

3. 항소위원회는 다투어진 결정을 유지·변경·취소할 수 있습니다. 중대한 절차적 하자가 있는 경우, 항소위원회는 결정을 취소하고 사건을 징계위원회로 환송하여 재심리하게 할 수 있습니다.

4. 피신청인만이 항소를 제기한 경우에는 제재가 가중될 수 없습니다.

5. 항소 절차가 진행되는 동안 새로운 징계 위반이 밝혀진 경우, 해당 위반은 동일 절차의 범위 내에서 판단될 수 있으며, 이 경우 제재는 가중될 수 있습니다.

해설　이 조항은 FIFA 항소위원회(Appeal Committee)의 의사결정 방식과 권한 범위를 명확히 규정합니다. 항소심은 FIFA 징계 체계에서 사실상 2심 절차로 기능하며, 징계위원회의 결정을 전면적으로 재검토할 수 있는 권한을 갖습니다.

첫째, 항소위원회의 평의는 비공개로 진행됩니다. 이는 외부 압력이나 여론의 영향을 배제하고 위원들이 자유롭고 독립적으로 논의할 수 있도록 보장하기 위한 원칙입니다.

둘째, 항소위원회는 항소 절차에서 사실과 법률을 전면적으로 심리할 권한을 가집니다. 단순히 절차적 하자 여부만 검토하는 것이 아니라, 증거와 사실관계까지 다시 평가할 수 있는 완전심(Full Review) 권한을 가진다는 점이 특징입니다.

셋째, 항소위원회는 다투어진 결정을 유지, 변경, 취소할 수 있으며, 중대한 절차적 하자가 확인되면 사건을 징계위원회(Disciplinary Committee)로 환송하여 재심리를 명할 수 있습니다. 이는 절차적 정당성을 보완하면서도 실질적 정의를 구현하기 위한 장치입니다.

넷째, 불이익 변경 금지 원칙도 규정되어 있습니다. 피신청인(제재를 받은 당사자)만이 항소를 제기한 경우에는 제재가 더 무겁게 가중될 수 없습니다. 이는 항소권 행사를 위축시키지 않고, 절차적 권리 보장을 강화하기 위한 장치입니다.

다섯째, 항소 절차 중 새로운 징계 위반이 드러난 경우에는 해당 위반을 동일한 절차에서 심리할 수 있습니다. 이 경우에는 제재가 가중될 수 있습니다. 이는 징계 절차가 단순히 과거 결정을 검토하는 데 그치지 않고, 새롭게 드러난 위법 행위까지 종합적으로 판단할 수 있음을 보여 줍니다. 실무적으로 제63조는 FIFA 항소 절차가 단순한 형식적 검토가 아니라, 사실·법률의 재심리와 절차적 보완, 불이익 변경 금지, 새로운 위반 심리 가능성까지 포함하는 폭넓은 권한을 갖고 있습니다.

제64조. 항소위원회 의장의 단독 심판 권한(Jurisdiction of the chairperson ruling alone)

항소위원회 의장(또는 부재 시 부의장)은 다음 사항에 대해 단독으로 결정을 내릴 수 있습니다:

    a. 항소의 적법성을 포함한 예비 절차적 문제

    b. 긴급 사건 또는 항의 사건

    c. 제재 연장 결정에 대한 항소

    d. 항소위원회 위원에 대한 이의 제기로 발생한 분쟁 해결

    e. 징계위원회 의장이 내린 잠정 결정에 대한 항소

    f. 잠정 조치의 발령, 변경 및 취소

    g. 징계위원회가 부과한 제재가 500,000스위스 프랑(CHF) 이하의 벌금이거나, 최대 5경기 또는 12개월 이내의 출전 정지 및 직무수행 정지인 경우

    h. 당사자의 요청에 따른 결정

해설 이 규정은 FIFA 항소위원회(Appeal Committee) 의장(또는 부재 시 부의장)이 패널(Panel) 소집 없이 단독으로 결정할 수 있는 사안을 명시합니다. 이는 절차를 간소화하고, 특히 긴급하거나 경미한 사안에서 신속한 대응을 가능하게 하기 위한 제도적 장치입니다.

첫째, 의장은 항소의 적법성 여부를 포함한 예비 절차적 문제를 단독으로 판단할 수 있습니다. 이는 항소가 형식적 요건을 충족했는지, 기한 내 제출되었는지 등을 빠르게 확인해 절차 지연을 방지하는 역할을 합니다.

둘째, 긴급 사건이나 항의 사건은 신속한 대응이 필요하므로 의장이 단독으로 결정할 수 있습니다. 예를 들어, 대회 진행 중 발생하는 항의 사건은 지체되면 경기 운영에 직접적 차질이 생기기 때문에 즉시 판정이 요구됩니다.

셋째, 징계위원회가 내린 제재 연장 결정에 대한 항소, 징계위원회 의장이 내린 잠정 결정에 대한 항소, 또는 잠정 조치의 발령·변경·취소와 같은 긴급 사안도 단독 결정의 범위에 속합니다. 이는 선수 출전 자격, 대회 참가 여부 등 즉각적 영향을 미치는 사안에서 빠른 결정을 내릴 수 있도록 보장합니다.

넷째, 항소위원회 위원에 대한 기피 신청(Disqualification)이 제기된 경우에도, 의장이 단독으로 분쟁을 해결할 수 있습니다. 이는 위원회의 공정성을 빠르게 확보하기 위한 절차적 장치입니다.

다섯째, 경미한 제재에 대한 항소는 단독 결정 대상입니다. 구체적으로 징계위원회가 부과한 제재가 500,000스위스 프랑(CHF) 이하의 벌금, 또는 최대 5경기 출전 정지, 최대 12개월 직무 정지에 해당하는 경우, 의장이 단독으로 결정을 내릴 수 있습니다. 이는 경미한 사안을 패널까지 끌고 가지 않고, 효율성을 높이려는 취지입니다.

마지막으로, 당사자의 요청이 있는 경우에도 의장은 단독으로 결정을 내릴 수 있습니다. 이는 절차적 유연성을 확보하고, 사건 성격에 따라 당사자의 동의를 반영할 수 있는 장치입니다. 실무적으로 이 규정은 FIFA 항소 절차에서 중요하고 복잡한 사건은 패널에서 다루되, 긴급하거나 경미한 사건은 의장이 단독으로 처리하여 절차 지연을 방지하는 이원적 구조를 형성합니다.

> ### 제65조. 항소의 효력(Effects of appeal)
>
> 1. 항소는 원칙적으로 집행정지 효력이 없으며, 금전 지급 명령에 대해서만 예외적으로 집행정지 효력이 인정됩니다.
> 2. 의장, 부의장 또는 그들이 부재한 경우 가장 오래 재직한 위원은 정당한 사유가 기재된 요청을 받은 경우 집행정지를 명할 수 있습니다.

[해설] 이 조항은 FIFA 징계 절차에서 항소 제기의 집행정지 효력 여부를 규정합니다. 원칙적으로 항소를 하더라도 제재 집행은 중단되지 않으며, 당사자는 항소 중에도 제재를 이행해야 합니다. 다만 금전 지급 명령에 대해서만 예외적으로 집행정지가 허용됩니다. 또한 의장, 부의장 또는 최장기 재직 위원은 집행정지를 허용하는 조건으로 담보 제공을 명할 수 있습니다. 이는 집행정지가 남용되는 것을 방지하고, 금전적 책임을 확보하기 위한 장치입니다.

실무적으로는 항소가 제재를 자동으로 정지시키지 않는다는 점에서, 당사자가 항소를 준비하는 동시에 제재를 수행해야 하는 부담이 큽니다.

제66조. 퇴장 및 출전 정지(Expulsion and match suspension)

1. 퇴장당한 선수는

   a. 도핑 검사 대상자가 발표될 때까지 안내자와 함께 팀 드레싱룸 또는 도핑 검사실에 머물러야 하되, 도핑 검사 대상자로 선정되지 않았고 축구 장비를 착용하지 않으며 신변의 안전과 보안이 보장되는 경우에는 관중석 착석이 허용될 수 있음

   b. 경기 후 기자회견이나 경기장에서 열리는 그 밖의 미디어 활동에 참석할 수 없음

2. 출전 정지 징계를 받은 선수는

   a. 신변의 안전과 보안이 보장되는 경우 관중석에서 경기를 관람할 수 있으나, 경기장 필드 근처에는 앉을 수 없음

   b. 경기 전·중에는 드레싱룸, 터널, 기술 구역에 들어갈 수 없고, 워밍업에 참여하거나 팀 벤치에 앉을 수도 없으며, 다만 최종 휘슬 이후에는 드레싱룸에서 팀에 합류할 수 있음

   c. 경기 후 기자회견이나 경기장에서 열리는 미디어 활동에 참석할 수 없음

3. 퇴장당했거나 출전 정지를 받은 임원(Official)은

   a. 신변의 안전과 보안이 보장되는 경우 관중석에 앉는 것은 허용되지만, 경기장 필드 근처에는 앉을 수 없음

   b. 드레싱룸, 터널, 기술 구역에 들어가거나 경기와 관련된 그 어떤 사람(특히 선수나 코칭스태프)과도 경기 전이나 중간에 어떤 수단으로든 접촉해서는 안 됨

   c. 경기 후 기자회견이나 경기장에서 열리는 미디어 활동에 참석할 수 없음

4. 퇴장당한 경우, 자동으로 다음 경기 출전 정지가 부과됩니다. FIFA 사법기구는 추가적인 출전 정지나 그 밖의 징계 조치를 내릴 수 있습니다.

5. 자동 출전 정지와 추가로 부과된 출전 정지는 반드시 이행되어야 하며, 해당 퇴장이 나중에 무효, 몰수, 재경기로 처리된 경기에서 발생했더라도 예외가 없습니다.

6. 경기가 중단(Abandoned)·취소(Cancelled)·몰수(Forfeited)된 경우(단, 제19조 위반에 따른 몰수는 예외), 그 사유가 해당 선수의 소속팀 책임이 아니라면, 그 경기를 출전 정지를 이행한 것으로 간주하지 않습니다.

7. 선수가 출전 자격이 없음에도 경기에 출전하여 그 경기가 사후 몰수 처리된 경우, 해당 경기에서의 출

해설　제66조는 FIFA 주관 대회에서 선수와 임원의 퇴장 및 출전 정지 제재의 구체적 효과를 규정합니다. 단순히 경기 출전을 금지하는 차원을 넘어, 징계 대상자가 경기와 관련된 모든 활동에서 배제되도록 엄격히 통제하는 내용을 담고 있습니다.

먼저, 경기 중 퇴장당한 선수는 도핑 검사 대상자가 발표될 때까지 반드시 안내자와 함께 드레싱룸이나 도핑 검사실에 머물러야 합니다. 이는 경기 종료 후 진행되는 도핑 절차의 정확성을 보장하기 위한 조치입니다. 다만 도핑 대상자가 아니고, 축구 장비를 모두 벗은 상태에서 안전이 확보된다면 관중석에서 경기를 관람할 수 있습니다. 퇴장 선수는 경기 후 기자회견이나 경기장에서 열리는 어떤 미디어 활동에도 참여할 수 없습니다.

출전 정지 징계를 받은 선수 역시 철저히 활동이 제한됩니다. 원칙적으로 관중석에서 경기를 볼 수는 있지만, 경기장 필드 근처에는 착석할 수 없습니다. 또한 경기 전·중에는 드레싱룸, 터널, 기술 구역에 접근할 수 없고, 워밍업이나 팀 벤치 착석도 금지됩니다. 다만 최종 휘슬 이후에는 드레싱룸에서 팀에 합류할 수 있습니다. 기자회견 및 미디어 활동 역시 금지됩니다.

퇴장이나 출전 정지 제재를 받은 임원 또한 같은 수준의 제약을 받습니다. 관중석 착석은 허용되지만 경기장 인근 접근은 불가능하며, 경기 전·중에는 선수·코칭스태프와의 접촉이 금지됩니다. 기자회견이나 미디어 활동 역시 참석할 수 없습니다. 이는 감독이나 코치가 출전 정지 중에도 간접적으로 팀을 지휘하는 것을 막기 위한 장치입니다.

제재의 효력과 관련해서는 몇 가지 중요한 원칙이 있습니다. 퇴장당한 경우 자동으로 다음 경기 출전 징지가 부과되며, FIFA 사법기구는 필요시 추가 징계를 내릴 수 있습니다. 또한 이러한 자동 출전 정지 및 추가 제재는 반드시 이행되어야 하며, 나중에 해당 경기가 무효·몰수·재경기로 처리되더라도 예외가 없습니다. 즉, 이미 받은 징계는 어떤 상황에서도 소급 면제되지 않습니다.

경기가 중단·취소·몰수된 경우(제19조 위반으로 인한 몰수는 제외), 그 사유가 선수의 소속팀 책임이 아니라면 해당 경기는 출전 정지 이행 경기로 인정되지 않습니다. 예를 들어, 상대팀의 경기장 난입으로 경기가 중단되었다면, 출전 정지 중이던 선수는 다음 경기에서 다시 출전 정지를 이행해야 합니다. 반대로, 출전 자격이 없는 선수가 경기에 출전하여 그 경기가 사후 몰수 처리된 경우에는, 해당 경기에서의 출전 정지는 이미 소화된 것으로 간주됩니다. 이는 규정 위반으로 몰수된 경기라도 제재 이행 측면에서는 유효하게 처리된다는 특수한 규정입니다.

이러한 원칙이 실제로 적용된 최근 사례가 2025년 남아공 대표팀의 월드컵 예선 몰수패 사건입니다. 미드필더 테보호 모코에나(Teboho Mokoena)는 2026 FIFA 월드컵 아프리카 예선에서 옐로카드 2장을 누적해 자동 1경기 출전 정지 상태였습니다. 그러나 남아프리카축구협회(SAFA)는 이를 확인하지 못한 채 2025년 3월 21일 레소토(Lesotho) 전에서 모코에나를 선발 출전시켰고, 남아공은 2-0으로 승리했습니다. 6개월간의 조사 끝에 FIFA 징계위원회는 해당 경기를 0-3 몰수패로 처리하고 SAFA에 10,000스위스 프랑(CHF)의 벌금을 부과했습니다. 이 결정으로 남아공은 조 1위에서 2위로 밀려났고, 월드컵 본선 직행이 불투명해졌습니다. SAFA는 "단독판사가 이유 없이 결정했고 법적 주장 기회가 없었다"라며 항소 의사를 밝혔으나, 출전 정지 확인은 협회의 의무이므로 이러한 주장은 항변 사유로 인정되기 어렵습니다. 한편, 제66조 제7항에 따라 모코에나의 출전 정지 자체는 해당 몰수 경기로 이행된 것으로 간주되었습니다.

구단과 협회는 선수 영입이나 대표팀 소집 시 해당 선수의 징계 이력을 FIFA 커넥트 시스템이나 각 대회 주관 기관의 공식 기록을 통해 반드시 확인해야 합니다.

제67조. 경고 누적(Carrying over cautions)

1. 개인이 동일한 FIFA 대회 내 두 개의 다른 경기에서 경고를 받으면, 해당 대회의 다음 경기에 자동으로 출전 정지됩니다. 이러한 출전 정지는 다른 어떤 출전 정지보다 우선하여 이행되어야 합니다. 징계위원회는 특정 대회가 시작되기 전에 예외적으로 이 규정을 따르지 않거나 수정할 수 있습니다. 징계위원회가 내린 그러한 모든 결정은 최종적이며 구속력을 가집니다.

2. 한 대회에서 받은 경고는 다른 대회로 이월되지 않습니다.

3. 그러나 동일한 대회 내에서는 한 라운드에서 다음 라운드로 이월됩니다. 징계위원회는 특정 대회가 시작되기 전에 예외적으로 이 규정을 따르지 않을 수 있습니다. 이 조항은 본 규정 제68조 및 FIFA가 특정 대회를 위해 발행할 수 있는 모든 예외 규칙의 적용을 받습니다.

4. 개인이 다이렉트 레드카드를 받아 퇴장당하더라도, 해당 경기에서 이전에 받았던 다른 모든 경고는 유효합니다.

해설　제67조는 FIFA 주관 대회에서 선수가 받은 경고(Caution)가 어떻게 누적되고, 출전 정지로 이어지는지를 규율합니다. 규정의 목적은 경기 질서를 유지하고, 반복적인 반칙 행위에 대해 합리적 제재를 가함으로써 공정성을 보장하는 데 있습니다.

먼저, 한 선수가 동일한 FIFA 대회 내에서 두 개의 다른 경기에서 경고를 받으면, 그 대회의 다음 경기에서 자동으로 출전 정지됩니다. 이 출전 정지는 다른 어떤 사유의 출전 정지보다 우선적으로 이행되어야 합니다. 즉, 누적 경고로 인한 출전 정지는 별도의 징계 사유보다 먼저 적용됩니다. 이 규정이 얼마나 큰 영향을 미칠 수 있는지를 보여 주는 대표적인 사례가 2002년 FIFA 월드컵의 미하엘 발락(Michael Ballack)입니다. 당시 독일 대표팀의 핵심 미드필더였던 발락은 8강 미국전과 4강 한국전에서 각각 결승골을 넣으며 팀을 결승에 진출시켰습니다. 그러나 한국과의 준결승전에서 상대 공격을 저지하기 위해 전술적 파울을 범하며 두 번째 경고를 받았고, 이로 인해 브라질과의 결승전 출전이 자동 정지되었습니다. 발락 없이 치른 결승에서 독일은 브라질에 0-2로 패배했습니다.

다만 징계위원회는 특정 대회가 시작되기 전에 예외적으로 이 규정을 적용하지 않거나 수정할 수 있으며, 이러한 결정은 최종적이고 구속력을 가집니다. 실제로 발락의 결승전 결장은 FIFA가 경고 누적 규정을 재검토하는 계기가 되었고, 2010년 월드컵부터는 8강전 종료 후 기존 경고가 초기화되도록 규정이 개정되었습니다. 이른바 '발락 룰(Ballack Rule)'이라 불리는 이 변경은, 최고의 선수들이 누적 경고로 인해 결승전에 출전하지 못하는 상황을 방지하기 위한 조치였습니다. 제67조 제1항과 제3항이 징계위원회에 예외 적용 권한을 부여한 것은 바로 이러한 상황에 대응할 수 있도록 하기 위함입니다.

둘째, 한 대회에서 받은 경고는 다른 대회로 이월되지 않습니다. 예를 들어, 월드컵 예선에서 받은 경고는 월드컵 본선으로 넘어가지 않습니다. 이는 각 대회의 독립성과 형평성을 유지하기 위한 장치입니다.

셋째, 같은 대회 내에서는 경고가 라운드 간 이월됩니다. 따라서 조별리그에서 받은 경고는 토너먼트 라운드에도 반영됩니다. 다만 앞서 언급한 바와 같이 징계위원회는 특정 대회가 시작되기 전 예외적으로 이 규정을 적용하지 않을 수 있으며, FIFA는 특정 대회별 규정에서 별도의 기준을 마련할 수 있습니다. 현행 월드컵 규정에서 8강전 이후 경고가 초기화되는 것이 그 예입니다. 이는 FIFA가 대회 성격과 형식에 따라 경고 누적 규정을 탄력적으로 운영할 수 있음을 의미합니다.

넷째, 선수가 다이렉트 레드카드(Direct Red Card)로 퇴장당하더라도, 해당 경기에서 이전에 받은 경고는 그대로 유효합니다. 즉, 레드카드로 인한 퇴장과 별개로, 그 이전에 받은 옐로카드는 여전히 누적 경고 기록에 반영됩니다.

제68조. 경고 취소(Cancellation of cautions)

1. 징계위원회는 재량으로, 직권 또는 축구연맹의 정당하고 합리적인 요청에 따라, 퇴장이나 출전 정지로 이어지지 않은 경고를 항소의 대상이 되지 않는 결정으로 취소할 수 있습니다.

2. 징계위원회가 경고 취소를 심사할 때에는, 일반 원칙 외에도 대회의 무결성에 미치는 영향과 참가자들 간의 평등한 대우를 반드시 고려해야 합니다.

해설　제68조는 FIFA 징계위원회가 경고(Caution)를 예외적으로 취소할 수 있는 권한을 규정합니다. 원칙적으로 경기 중 심판이 내린 경고는 최종적 판단으로 존중되며 항소나 징계 절차의 대상이 되지 않습니다. 그러나 본 조항은 직권 또는 축구연맹의 정당한 요청이 있을 때, 퇴장이나 출전 정지로 이어지지 않은 경고를 특별히 취소할 수 있도록 허용합니다.

이때 징계위원회는 단순히 규칙 위반 여부만을 보는 것이 아니라, 대회의 무결성(Integrity of Competition)과 참가자 간의 평등한 대우(Equal Treatment)라는 더 큰 원칙을 반드시 고려해야 합니다. 다시 말해, 개별 경기의 경고가 단순한 판정 오류 차원을 넘어 대회의 공정성과 균형에 중대한 영향을 미친다고 판단될 경우에만 취소가 이루어질 수 있습니다.

따라서 제68조는 '심판 판정은 경기장에서 최종적이다'라는 축구의 기본 원칙을 지키면서도, 대회의 신뢰를 해칠 수 있는 상황에 대해서는 FIFA가 최소한의 시정권한을 행사할 수 있는 안전장치 역할을 합니다. 경고 취소 결정은 항소가 불가능하며, 일단 내려지면 구속력을 가진다는 점에서 그 효력이 매우 강력합니다. 이처럼 FIFA가 심판의 권위를 존중하면서도, 경기 운영의 공정성과 대회의 무결성을 보호하기 위해 제한적 예외를 제도화한 규정으로 이해할 수 있습니다.

제69조. 출전 정지의 이월(Carrying over match suspensions)

1. 원칙적으로 선수 및 기타 관계자에게 부과된 모든 경기 출전 정지는 동일 대회에서 한 라운드에서 다음 라운드로 이월됩니다.

2. 대회 외 경기에서 받은 퇴장으로 출전 정지가 발생한 경우, 혹은 대회 탈락·대회 종료 등으로 인해 남은 출전 정지 경기 수를 그 대회 안에서 모두 소화하지 못하는 경우에는, 해당 출전 정지는 다음과 같이 이월됩니다:

    a. FIFA 월드컵 및 FIFA 여자 월드컵: 해당 대표팀의 다음 공식 경기로 이월

    b. 연령 제한이 있는 대회: 동일 연령대의 대표팀 다음 공식 경기로 이월. 동일 연령대에서 소화할 수

   c. FIFA 클럽월드컵: 해당 구단의 다음 공식 경기로 이월

   d. 여자 올림픽 축구 토너먼트: 해당 대표팀의 다음 공식 경기로 이월

   e. 남자 올림픽 축구 토너먼트: 연령 요건을 충족하는 선수는 동일 연령대 대표팀의 다음 공식 경기로 이월. 동일 연령대에서 소화할 수 없으면 상위 연령대로 이월. 연령 요건을 충족하지 않는 선수는 대표팀의 다음 공식 경기로 이월

   f. 축구연맹 주최 대표팀 대회: 해당 대표팀의 다음 공식 경기로 이월

   g. 팀이 문화·지리·역사 등 특정 기준으로 선정되는 대회: 대회규정에 별도 정함이 없는 한, 대표팀의 다음 공식 경기로 이월

   h. 친선경기: 대표팀의 다음 친선경기로 이월

3. 대표팀이 대회 본선 개최국으로서 예선에 참가하지 않아 해당 대표팀의 '다음 공식 경기'가 그 본선인 경우, 모든 출전 정지는 대표팀의 '다음 친선경기'로 이월됩니다.

4. 동일 대회에서 여러 경기에 걸친 경고 누적에 따라 부과된 출전 정지는 어떤 경우에도 다른 대회로 이월될 수 없습니다.

5. 구단 또는 협회의 임원·관계자는 자신이 소속된 어느 구단·협회에서든 해당 출전 정지를 소화해야 합니다.

6. 다른 대회로 이월된 출전 정지는 그 사이 당사자의 지위가 변경되었는지 여부(선수에서 임원으로, 또는 그 반대의 경우를 포함하여)와 무관하게 반드시 해당 당사자가 이행해야 합니다.

해설 경기 출전 정지가 어떻게 다른 경기와 대회로 이어지는지에 관한 규범을 체계적으로 정리해 둔 규정입니다. 기본 원칙은 비교적 단순합니다. 같은 대회에서 받은 출전 정지는 동일 대회 내에서 한 라운드에서 다음 라운드로 그대로 이월되며, 이를 통해 징계의 실효성을 확보하고 규정 회피를 막고자 합니다.

다만 실제 상황에서는 대회가 끝나버리거나, 해당 대회가 아닌 경기에서 퇴장을 당하는 등 예외적 상황이 자주 발생하기 때문에, 나머지 부분이 상당히 정교하게 설계되어 있습니다. 대회 외 경기에서 받은 퇴장으로 출전 정지가 발생한 경우, 혹은 대회 탈락·대회 종료 등으로 인해 남은 출전 정지 경기 수를 그 대회 안에서 모두 소화하지 못하는 경우에는 징계가 다음 공식 경기로 이월됩니다. 여기서 '다음 공식 경기'의 기준은 대회의 종류에 따라 달라집니다.

FIFA 월드컵 및 여자 월드컵에서 발생한 출전 정지는 해당 대표팀의 다음 A매치 공식 경기로

이어집니다. 연령별 월드컵·연령 제한 대회에서는 동일 연령대 대표팀 경기가 우선 기준이 되며, 더 이상 그 연령대에서 뛸 수 없다면 상위 연령대 대표팀 경기로 순차적으로 이월됩니다. FIFA 클럽월드컵에서 적용된 출전 정지는 해당 구단이 치르는 다음 공식 구단 경기로 이어지고, 올림픽 토너먼트의 경우 여자 대회는 곧바로 성인 대표팀의 다음 공식 경기로, 남자 대회는 연령 제한 구조에 따라 동일 연령대 또는 상위 연령대, 더 나아가 연령 요건이 충족되지 않는 경우 일반 대표팀 경기로 이월됩니다.

축구연맹(Confederation) 대회나 문화적·역사적·지리적 기준으로 선발된 특별 대표팀이 참가하는 대회에서도 원칙은 동일합니다. 그 대회에서 발생한 출전 정지는 해당 대표팀의 다음 공식 경기로 이어지며, 친선경기에서 받은 제재는 다음 친선경기에서 소화하게 됩니다. 하나의 예외로, 개최국 자격으로 본선에 직행하는 대표팀은 예선을 치르지 않기 때문에, 형식상 '다음 공식 경기'가 월드컵 본선이 되지만, 이 경우 징계가 장기간 공백 상태로 남는 것을 막기 위해 다음 친선경기로 이월하도록 별도 규정을 두고 있습니다.

반면, 동일 대회 내에서 경고 누적으로 부과된 출전 정지는 어떤 경우에도 다른 대회로 이월되지 않습니다. 누적 경고 제도는 대회별 경기 수와 구조를 전제로 설계된 것이므로, 대회 간 이동을 인정하지 않고 그 안에서만 정리되도록 한 것입니다.

이 규범은 선수뿐 아니라 구단·협회 소속 임원과 관계자에게도 동일하게 적용됩니다. 어느 구단·어느 협회에 속해 있든, 징계를 받은 사람은 자신이 속한 조직에서 치르는 다음 관련 경기에서 출전 정지를 소화해야 하며, 선수에서 임원, 또는 임원에서 선수로 신분이 바뀌더라도 남아 있는 출전 정지 의무는 그대로 따라붙습니다. 직책이나 지위를 바꾸는 방식으로 징계를 회피하거나 소멸시키는 것은 허용되지 않는다는 점을 분명히 한 부분입니다.

결국 이 규정의 핵심은 출전 정지가 대회 변경, 팀 변경, 신분 변경을 이유로 무력화되지 않도록 하는 것에 있습니다. FIFA는 '언젠가 반드시 그 징계를 실제 경기에서 이행해야 한다'는 원칙을 통해, 규정 위반에 대한 제재가 시간의 경과나 외형적 상황 변화에도 흔들리지 않고 일관되게 집행되도록 제도적 안전장치를 마련해 둔 셈입니다.

제70조. 제재의 전 세계 적용(Extending sanctions to have worldwide effect)

1. 위반이 중대한 경우(예: 차별, 축구 경기·대회 조작, 경기임원에 대한 비행, 문서 위조·변조, 성적 학대 또는 괴롭힘 등을 포함하되, 이에 국한되지 않음) 회원협회·축구연맹 및 기타 주관 스포츠 단체는 자신들이 부과한

제재가 전 세계적으로 효력을 갖도록(전 세계 확장, Worldwide Extension) 징계위원회에 요청해야 합니다.

다른 국가 또는 국제 스포츠 단체, 국가 도핑방지기구(NADO)나 기타 국가기관이 기본적 법원칙에 부합하는 절차에 따라 부과한 도핑 관련 구속력 있는 제재는 FIFA가 자동으로 채택하며, 아래 및 FIFA 반도핑 규정 제74조의 요건을 충족하는 경우 모든 축구연맹과 회원협회에 의해 자동으로 인정됩니다.

2. 확장 요청은 FIFA 법무 포털(Legal Portal)을 통해 서면으로 제출하고 다음 서류를 첨부해야 합니다:

   a. 결정문의 인증된 사본(원본대조필 사본)

   b. 제재 대상자의 성명·이메일 주소·국적·생년월일, 또는 제재 대상 구단의 명칭·우편 주소·이메일 주소

   c. 관련 협회의 명칭

   d. 전 세계 확장을 신청하려는 제재의 시작일과 종료일

   e. (잠정 조치를 제외하고) 당사자에게 적법한 소환·통지가 이루어졌고 의견 진술의 기회가 부여되었음을 입증하는 자료

   f. 결정이 해당 당사자에게 적법하게 송달되었음을 입증하는 자료

   g. 당사자에게 해당 제재가 전 세계 확장 대상으로 제출될 것임을 통지했다는 입증 자료

3. 징계위원회가 회원협회·축구연맹 또는 기타 스포츠 단체가 전 세계 효력 확장을 요청하지 않았음을 발견한 경우에도, 직권(Ex Officio)으로 결정을 내릴 수 있습니다.

4. 전 세계 확장은, 제3항의 요건을 충족하고, 해당 결정이 FIFA 규정과 양립하며, 제재의 확장이 공서양속 또는 일반적으로 수용되는 행위기준에 반하지 않는 경우 승인됩니다.

5. 징계위원회 의장은 원칙적으로 심의나 구두 변론 없이 사건 기록만을 사용하여 결정을 내립니다.

6. 의장은 예외적으로 관련 당사자들을 소환하기로 결정할 수 있습니다.

7. 의장은 본 조의 요건 충족 여부만을 심사하며, 원결정의 실체(본안) 판단에는 관여할 수 없습니다.

8. 의장은 제재 확장 요청을 승인하거나 거부합니다.

9. 협회 또는 축구연맹이 부과한 제재는, 마치 그들 중 어느 하나가 부과한 것과 동일하게, FIFA의 각 회원협회·각 축구연맹·FIFA 자체에서 동일한 효력을 가집니다.

10. 법률상 아직 확정되지 않은 결정이 전 세계 효력으로 확장된 경우, 확장과 관련된 모든 후속 결정은 해당 협회 또는 축구연맹의 현재 결정 결과를 따릅니다.

 이 조항은 특정 위반 행위에 대한 징계가 국제적으로 동일한 효력을 가지도록 보장하는 제도, 즉 전 세계 확장(Worldwide Extension)을 규율합니다. 이는 중대한 위반 행위에 대해 지역 단위

징계에 그치지 않고, FIFA 전체와 모든 회원협회 및 축구연맹(Confederation) 차원에서 동일하게 집행되도록 하려는 장치입니다.

우선, 확장의 대상은 중대한 위반입니다. 차별, 경기나 대회의 조작, 경기임원에 대한 폭력이나 비행, 문서 위·변조, 성적 학대나 괴롭힘 등이 그 예시에 해당하지만 이에 국한되지는 않습니다. 이러한 경우 해당 제재를 부과한 회원협회, 축구연맹, 기타 주관 스포츠 단체는 FIFA 징계위원회에 제재의 전 세계적 확장을 요청해야 합니다.

도핑의 경우는 별도로 규정됩니다. 국가 도핑방지기구(NADO), 국제 스포츠 단체, 국가기관 등이 기본적 법 원칙에 따라 내린 구속력 있는 도핑 제재는 FIFA가 자동으로 채택합니다. FIFA 반도핑 규정(Anti-Doping Regulations) 제74조 요건에 부합하는 경우, 이러한 제재는 FIFA뿐 아니라 모든 축구연맹과 회원협회에서 자동으로 인정됩니다. 이는 도핑 제재의 보편적 집행력을 보장하려는 의도입니다.

확장을 요청할 때는 반드시 FIFA 법무 포털(Legal Portal)을 통해 서면으로 제출해야 합니다. 이때 결정문의 진본 사본, 제재 대상자의 인적 사항 또는 구단 정보, 관련 협회 명칭, 제재 시작일·종료일이 필수적으로 첨부되어야 합니다. 더불어 절차상 적법한 소환과 의견진술 기회가 보장되었음을 입증하는 자료, 결정이 당사자에게 적법하게 송달되었음을 입증하는 자료, 그리고 제재를 전 세계로 확장해 달라는 요청이 제기되었음을 당사자에게 통지했다는 자료를 함께 제출해야 합니다.

흥미로운 점은, 협회나 축구연맹이 FIFA에 확장 요청을 하지 않았더라도, 징계위원회가 이를 발견하면 직권(Ex Officio)으로 전 세계 확장을 결정할 수 있다는 점입니다. 이는 중대한 위반 사건에서 징계 회피를 원천 차단하려는 장치입니다.

승인의 요건은 세 가지입니다. 첫째, 제재 결정이 제출 요건을 충족해야 하고, 둘째, FIFA 규정과 양립해야 하며, 셋째, 공서양속이나 국제적으로 수용되는 행위기준에 반하지 않아야 합니다. 징계위원회 의장은 원칙적으로 사건기록만을 검토하여 심리나 구두변론 없이 결정을 내리며, 예외적으로만 관련 당사자를 소환할 수 있습니다. 특히 중요한 점은, FIFA 징계위원회는 원결정의 본안에는 개입하지 않고, 확장 요건 충족 여부만 심사한다는 것입니다.

승인된 제재 확장은 FIFA, 각 회원협회, 각 축구연맹 모두에서 마치 그 기구가 직접 부과한 것과 동일한 효력을 가지게 됩니다. 만약 법적으로 확정되지 않은 결정이 확장된 경우라면, 이후 해당 협회나 축구연맹의 최종 결정 결과가 FIFA 차원의 확장 제재에도 그대로 반영됩니다.

제71조. 재심(Review)

1. 당사자가 새로운 사실이나 증거를 발견하여, 그것이 존재했더라면 더 유리한 결정을 받을 수 있었을 것이나, 상당한 주의를 기울였음에도 불구하고 이전에는 제출할 수 없었던 경우, 이미 법적 구속력이 발생한 결정에 대하여 관할 사법기구에 재심을 청구할 수 있습니다.
2. 재심 청구는 그 사유를 발견한 날로부터 10일 이내에 제기되어야 합니다.
3. 재심 청구는 결정이 최종적 효력과 구속력을 갖게 된 날로부터 1년이 지난 뒤에는 제기할 수 없습니다.

해설 이 조항은 FIFA 징계 절차에서 법적 확정력이 발생한 결정이라 하더라도, 새로운 사실이나 증거가 발견된 경우 예외적으로 사건을 다시 심리할 수 있는 길을 열어둡니다. 이는 절차적 안정성과 실질적 정의 사이에서 균형을 맞추려는 장치입니다.

재심이 허용되려면 두 가지 요건이 충족되어야 합니다. 첫째, 새로운 사실이나 증거가 이미 존재했으나 당시에는 알 수 없었고, 당사자가 상당한 주의를 기울였음에도 불가피하게 제출할 수 없었던 것이어야 합니다. 둘째, 그 사실이나 증거가 존재했더라면 당사자에게 더 유리한 결정이 내려졌을 가능성이 있어야 합니다.

재심 청구는 엄격한 시한 제한을 받습니다. 당사자는 재심 사유를 발견한 날로부터 10일 이내에 청구를 제기해야 합니다. 또한 결정이 최종적·구속력을 가지게 된 날로부터 최대 1년이 지나면 재심 청구는 허용되지 않습니다. 이는 절차가 무한정 불안정하게 남지 않도록 하기 위한 절대적 제한입니다.

실무적으로 제71조는 FIFA 징계 절차가 단순히 신속성과 최종성에만 의존하는 것이 아니라, 중요한 불공정이 드러난 경우 이를 시정할 수 있는 보완적 안전장치임을 보여 줍니다. 그러니 동시에 요건과 시한이 엄격히 제한되므로, 재심은 극히 예외적인 수단으로만 기능합니다.

제72조. 공용어(Official languages)

1. 본 규정은 영어, 프랑스어, 스페인어로 작성됩니다.
2. 세 언어 간 해석상 불일치가 발생할 경우, 영문본이 우선합니다.

해설　이 조항은 FIFA 징계규정의 공식 언어 체계와 해석 우선순위를 정한 것입니다. FIFA는 전 세계 200개가 넘는 회원협회와 단체가 동일한 규율을 적용받아야 하기 때문에, 규정을 영어·프랑스어·스페인어 3개 언어로 병기하여 발행합니다. 이는 FIFA가 다국적·다문화적 조직임을 반영한 장치입니다.

그러나 언어의 특성상 같은 조항이라도 표현 차이로 인해 의미가 다르게 읽힐 가능성이 존재합니다. 이때 FIFA는 영문본을 최종 기준으로 삼아 해석상의 일관성을 보장합니다. 즉, 프랑스어나 스페인어 판에서 다르게 번역된 부분이 있더라도, 최종적으로는 영어 규정이 구속력을 갖습니다. 이는 국제 스포츠법의 실무에서 영어가 사실상 기본 언어로 기능하고 있음을 보여 줍니다.

실무적으로 변호사, 에이전트, 회원협회 관계자가 국제 분쟁이나 항소 절차를 준비할 때, 번역본만을 근거로 논리를 세우는 것은 위험할 수 있습니다. 실제로 FIFA와 스포츠중재재판소(CAS)는 판례에서 '영문본 규정의 문언을 기준으로 해석해야 한다'는 점을 반복적으로 확인한 바 있습니다. 따라서 중요한 절차에서는 반드시 영문본 조항을 최종 참조해야 하며, 번역본은 보조 자료로만 활용하는 것이 안전합니다.

제73조. 성별 및 수(Gender and number)

자연인을 지칭하는 용어는 남녀 모두에 적용됩니다. 단수형은 복수형에도, 복수형은 단수형에도 적용됩니다.

해설　이 조항은 FIFA 징계규정의 성중립적·문법적 해석 원칙을 명확히 합니다. 규정에서 사용되는 자연인 지칭 용어는 남성과 여성 모두를 포함하며, 단수형 표현은 복수형에도, 복수형 표현은 단수형에도 동일하게 적용됩니다.

제74조. 특별 징계규칙(Specific disciplinary rules)

FIFA 대회 본선 기간 동안 별도의 특별 징계규칙을 도입할 수 있습니다. 이 규칙은 대회 개막 전에 참가팀과 구단에 통보됩니다.

해설   이 조항은 FIFA가 대회 본선(예: 월드컵) 기간 동안 해당 대회의 특성과 운영 필요에 따라 별도의 특별 징계규칙을 도입할 수 있도록 한 규정입니다. 이러한 규칙은 일반 조항에 우선하여 적용될 수 있으며, 효력은 대회 기간에 한정된 한시적 성격을 가집니다.

제75조. 협회 징계규정(Associations' disciplinary codes)

1. 협회는 징계 조치의 조화를 위하여, 자체 징계규정을 본 규정의 일반 원칙에 부합하도록 정비·개정하여야 합니다. 본 규정 제15조 및 제66조 제4항은 국내 대회에서 의무적으로 적용되는 조항으로 간주됩니다.
2. FIFA가 요청하는 경우, 협회는 갱신된(최신) 자국 규정의 사본을 FIFA에 제출하여야 합니다.
3. 모든 협회는 구단 또는 협회 자체의 경영 및 운영에 관여하는 자 중 그 직무와 관련하여 부적절한 행위로 기소된 사람이나 과거 5년 이내 형사범죄로 유죄판결을 받은 사람이 없도록 보장하여야 합니다.

해설   국제 축구 질서가 하나의 공통된 기준 아래에서 운영되기 위해서는, 각국 협회가 스스로 마련한 징계규정 역시 FIFA 징계규정과 방향을 같이 해야 합니다. 제75조는 바로 이 국제 규범과 국내 규정 사이의 일관성과 조화를 확보하기 위한 '연결 고리' 역할을 합니다.

우선, 모든 협회는 자체 징계규정을 FIFA 징계규정의 일반 원칙에 맞춰 정비하고 지속적으로 개정해야 합니다. 다만 협회가 어느 정도의 자율성을 갖고 국내 규정을 설계할 수는 있지만, 이 두 조항만큼은 국내 리그·컵대회 규정 속에 반드시 녹여 넣어야 합니다.

또한 FIFA가 요청하는 경우, 협회는 항상 최신 버전의 징계규정 사본을 FIFA에 제출해야 합니다. 이를 통해 FIFA는 각 협회의 규정이 국제 기준과 실제로 조화되고 있는지 점검할 수 있고, 필요하다면 개정·보완을 요구할 수 있는 근거를 확보하게 됩니다.

중요한 또 하나의 축은 '누가 축구 행정에 관여할 수 있는가'에 관한 적격성 기준입니다. 모든 협회는 소속 구단과 협회의 경영·운영 과정에서 이른바 부적격자가 관여하지 않도록 보장해야 합니다. 구체적으로는, 해당 직위와 관련된 중대한 불법·부정 행위로 현재 기소 중이거나, 과거 5년 이내 형사범죄로 유죄판결을 받은 사람은 어떤 형식으로든 협회의 운영에 개입해서는 안 됩니다. 이는 축구 행정에 대한 신뢰를 지키기 위해, 최소한의 도덕성과 청렴성을 제도적으로 요구하는 장치입니다.

전체 구조를 놓고 보면, 제75조는 FIFA 징계체계가 국제무대에서만 작동하고 끝나는 것이 아니라, 각국 협회의 국내 규정과 맞물려 전 세계적으로 통일된 규범 네트워크를 형성하도록 설계되어 있음을 보여 줍니다. 동시에, 협회 내부 운영에서도 적격성과 도덕성을 유지하도록 명시적 의무를 부과함으로써, 축구 행정 전반의 청렴성과 투명성을 제도적으로 뒷받침하는 규정으로 이해할 수 있습니다.

> **제76조. 채택 및 시행**(Adoption and enforcement)
>
> 본 규정은 2025년 9월 5일 FIFA 평의회 사무국(Bureau of the Council)에 의해 채택되었으며, 즉시 시행됩니다.

본 규정 제6조는 FIFA의 사법기구가 자연인 및 법인에 대해 부과할 수 있는 징계 조치의 목록을 규정합니다.

이 부속서는 구체적인 사건을 심리할 때 해당 사법기구가 고려할 수 있는 구체적인 징계 조치 목록을 제공하는 데 목적이 있습니다.

질서 유지와 관련하여, 본 부속서에 제시된 징계 조치 목록은 예시적인 성격이며, 본 규정 제25조의 일반 원칙에도 영향을 미치지 않는다는 점을 유의하시기 바랍니다. 실제 징계 결정은 개별 사안에 따라 이루어지며, 징계 조치의 종류와 범위는 위반 행위의 객관적·주관적 요소는 물론 가중 사유와 감경 사유를 종합적으로 고려하여 해당 사법기구가 결정합니다.

1. 재정적 결정 불이행 시 제재(제21조)

(단위 : 스위스 프랑(CHF))

금액	벌금	관련 결정 이행 기한	기한 내 불이행 시 추가 징계 조치		
			구단의 경우	협회의 경우	자연인의 경우
0~10,000	1,000	30일	완납될 때까지 새로운 선수 등록을 금지함 (지속적인 불이행, 반복적인 위반, 중대한 위반이 있는 경우나 어떠한 사유로든 완전한 등록 금지 제재를 부과하거나 집행할 수 없는 경우, 승점 삭감이나 하위 디비전 강등이 등록 금지 제재에 추가로 명령될 수 있음)	추가 징계 조치	축구 관련 모든 활동 금지 (기타 징계 조치가 추가로 부과될 수도 있음)
10,001~20,000	2,000				
20,001~50,000	5,000				
50,001~75,000	7,500				
75,001~100,000	10,000				
100,001~250,000	15,000				
250,001~500,000	20,000				
500,001~750,000	25,000				
750,001~1,500,000	30,000				
1,500,001~3,000,000	30,000				
> 3,000,000	30,000				

A. 개최 구단 및 회원협회의 책임

(단위 : 스위스 프랑(CHF))

위반 내용	1차 위반 제재	2차 위반 제재	추가 위반 제재
경기 위험도 평가 미흡 및 고위험 경기 사실을 FIFA에 통보하지 않음	5,000	7,500	15,000
기존 안전 규정 미준수 및 경기 전·중·후 안전 예방 조치 미이행	5,000	7,500	15,000
심판, 원정팀 선수·임원의 안전 보장 실패	5,000	7,500	15,000
현지 당국과의 적극적인 협력 및 정보 공유 미흡	5,000	7,500	15,000
경기장 내외 법과 질서 유지 실패	10,000	15,000	30,000

B. 관중의 부적절한 행위에 대한 회원협회 및 구단의 책임

(단위 : 스위스 프랑(CHF))

위반 내용	1차 위반 제재	2차 위반 제재	추가 위반 제재
경기장 난입 또는 난입 시도	5,000(5명 미만) 7,500(5~10명) 10,000(10~20명) 20,000(20명 초과)	7,500	이전 벌금의 100% 인상
물품 투척	물품 개수 × 500	물품 개수 × 750	물품 개수 × 1,000
폭죽 또는 기타 물품 점화	폭죽 개수 × 500 (최소 1,000)	폭죽 개수 × 750 (최소 1,500)	폭죽 개수 × 1,000 (최소 2,000)
레이저 포인터 또는 유사 전자기기 사용	5,000	7,500	이전 벌금의 100% 인상
제스처·언행·물체 등으로 스포츠 행사에 부적절한 메시지 전달	5,000 (경미) 10,000 (중대)	10,000 (경미) 20,000 (중대)	이전 벌금의 100% 인상
기물 파손 행위	5,000 + 손해배상	7,500 + 손해배상	이전 벌금의 100% 인상
국가 연주 중 소란	5,000	7,500	이전 벌금의 100% 인상
드론 사용	15,000 (경기 중단/영향 없음 시) 25,000(경기에 영향 - 중단 또는 지연 시)	-	-

(단위 : 스위스 프랑(CHF))

FIFA 대회	벌금			
	경고(옐로카드)	경고 누적 퇴장	다이렉트 레드카드	팀 불미행위
FIFA 월드컵	10,000	15,000	20,000	15,000
FIFA 여자 월드컵	5,000	7,500	10,000	7,500
FIFA 클럽월드컵	10,000	15,000	20,000	15,000
FIFA U-20 월드컵	500	1,000	1,500	1,000
FIFA U-20 여자 월드컵	500	1,000	1,500	1,000
FIFA U-17 월드컵	500	1,000	1,500	1,000
FIFA U-17 여자 월드컵	500	1,000	1,500	1,000
FIFA 비치사커 월드컵	500	1,000	1,500	1,000
FIFA 풋살 월드컵	500	1,000	1,500	1,000
올림픽 축구 토너먼트 - 남자	500	1,000	1,500	1,000
올림픽 축구 토너먼트 - 여자	500	1,000	1,500	1,000
유스 올림픽 풋살 토너먼트 - 남자	-	-	-	-
유스 올림픽 풋살 토너먼트 - 여자	-	-	-	-

※ 팀 불미행위의 경우 해당 경기에서 심판이 같은 팀의 선수 다섯 명 이상에게 개별 징계 제재를 부과한 경우, 선수 개인에게 부과되는 벌금과 별도로 추가로 부과됩니다.

4. 기타 경기 관련 위반

<FIFA 장비 규정 위반>

(단위 : 스위스 프랑(CHF))

위반 사항	1차 위반 제재	2차 위반 제재	추가 위반 제재
FIFA 장비 규정 위반	경고	5,000	이전 벌금의 50% 인상

<FIFA 미디어 및 마케팅 규정 위반 시 제재>

(단위 : 스위스 프랑(CHF))

위반 사항	1차 위반 제재	2차 위반 제재	추가 위반 제재
관리 구역 내 장비에 대한 승인되지 않은 광고	경고	5,000	이전 벌금의 50% 인상
관리 구역 내 경쟁 음료 브랜드 소비	경고	500	이전 벌금의 50% 인상
공식 훈련 장소에서 승인되지 않은 광고	경고	5,000	이전 벌금의 50% 인상
관리 구역 내 미디어 활동 의무 불이행	경고	2,000	이전 벌금의 50% 인상
관리 구역 내 홍보물 전시 또는 배포	경고	1,000	이전 벌금의 50% 인상
FIFA 대회 마크의 승인되지 않은 사용	경고	2,000	이전 벌금의 50% 인상

<기타>

(단위 : 스위스 프랑(CHF))

위반 행위	1차 위반 제재	2차 위반 제재	추가 위반 제재
킥오프 지연	경고	10,000	이전 벌금의 100% 인상

※ 장비 규정 위반(2차 및 추가 위반)과 미디어 및 마케팅 규정 위반(2차 및 추가 위반)의 금액은 청소년 대회, 풋살 대회 및 비치사커 대회의 경우 성인 기준 금액의 20%로 감액 적용됩니다.

FIFA 징계규정은 정관(Statutes)이 그려 놓은 거버넌스의 큰 틀 속에서 '규범 위반이 발생했을 때 무엇을 할 것인가'에 관한 구체적인 답을 제시합니다. 누가 징계의 대상이 되는지, 어떤 행위가 어떤 위반으로 분류되는지, 어떤 제재를 어떤 절차로 부과할 수 있는지, 그리고 그 제재를 전 세계 어디까지 확장해 집행할 수 있는지까지, 국제 축구에서 징계가 실제로 작동하는 모든 단계가 이 규정에 응축되어 있습니다. 따라서 징계규정은 단순한 벌칙표가 아니라, FIFA가 스스로의 규범을 현실에서 집행 가능한 제도로 구현한 '운영 매뉴얼'이자 세계 축구 질서를 지키기 위한 법질서입니다.

이 규정은 징계를 단순한 '처벌'에 한정하지 않습니다. 경기 규칙 위반, 경기 질서 및 안전, 문서 위조, 승부 조작, 결정 불이행 같은 전통적 영역을 다루면서도, 인종차별, 폭력·혐오 표현, 성적 학대와 괴롭힘, 청소년 보호, 도핑, 재정적 투명성 등 현대 스포츠 거버넌스의 핵심 쟁점까지 포괄합니다. 피해자 진술권과 익명 보호, 법률구조 제도, '스포츠적 승계자' 개념, 전 세계 효력 확장, 결정 불이행에 대한 등록 금지·강등·활동 금지 제재—이러한 장치들은 '아무리 좋은 규정도 집행되지 않으면 무의미하다'는 인식에서 출발했습니다. 징계 및 윤리 검사 제도 역시 마찬가지입니다. FIFA가 조사와 기소 기능을 분리·강화한 것은 과거의 정치적 영향력과 불투명한 의사결정 구조를 법치주의적 절차로 전환하려는 노력의 일환입니다.

실무적으로 FIFA 징계규정을 이해한다는 것은 모든 관련 실무자가 공통된 '리스크 지도'를 갖게 된다는 의미입니다. 어떤 조항이 어떤 유형의 사건에 적용되는지, 각 기관이 어디까지 관여할 수 있는지, 기한·증기·입증 기준·항소 절차가 어떻게 설계되어 있는지를 얼마나 잘 파악하느냐에 따라 동일한 사건이라도 결과가 전혀 달라질 수 있습니다. 특히 엄격책임, 재범 가중, 전 세계 효력 확장, 결정 불이행 제재 등은 구단과 협회가 가장 민감하게 관리해야 할 영역입니다.

다음 섹션에서 다루게 될 FIFA 윤리규정(Code of Ethics)은 시선의 초점을 조금 다르게 둡니다. 징계규정이 주로 '경기와 대회에서 어떤 일이 벌어졌는가'를 기준으로 위반을 정의했다면, 윤리규정은 'FIFA와 축구에 관여하는 사람이 어떤 태도와 품성을 갖추어야 하는가'를 묻습니다. 뇌물·부패, 이해충돌, 권한 남용, 성적·인격적 학대, 부적절한 관계와 같이 개인의 직무 윤리에 관한 문제들이 중심이 되며, 여기서 내려진 결정 상당수가 다시 징계규정의 절차와 제재 틀 안에서 집행됩니다.

결국 정관-징계규정-윤리규정은 서로 분리된 세 문서가 아니라 하나의 구조를 이루는 세 축입니다. 정관이 FIFA와 세계 축구의 '헌법'이라면, 징계규정은 그 헌법을 보호하는 '형사·절차법', 윤리규정은 FIFA 구성원 개개인의 품위를 요구하는 '공직자 윤리법'에 비유할 수 있습니다. 다음 장에서는 윤리규정을 통해 징계규정이 마련해 둔 절차와 제재의 틀 안에서 어떤 가치와 기준이 실제로 요구되는지 살펴보겠습니다.

FIFA 윤리규정

(CODE OF ETHICS)

2023년 개정본

※ 이 내용은 집필 당시(2026.1.) 기준으로 최신 버전의 개정본을 바탕으로 구성되었습니다.

FIFA 윤리규정(Code of Ethics)은 정관(Statutes)과 징계규정(Disciplinary Code)을 보완하는 FIFA의 '행동 기준서'에 가깝습니다. 정관이 조직의 구조와 권한을, 징계규정이 규칙 위반에 대한 절차와 처벌을 다룬다면, 윤리규정은 FIFA와 전 세계 축구 관계자가 어떤 태도와 기준으로 행동해야 하는지를 규정합니다. 다시 말해, 이 규정은 '무엇이 허용되는가'보다 '어떤 행동이 FIFA와 축구의 명예에 걸맞은가'를 묻는 규범입니다.

이 규정은 FIFA 임원과 각국 협회·리그·구단의 지도자, 선수, 임원(Official), 에이전트에 이르기까지 축구 생태계 전반에 적용됩니다. 또한 이해충돌, 선물·금전적 이익, 직위 남용, 도박·베팅, 뇌물과 부패, 자금 유용, 경기 조작, 차별과 명예훼손, 성적 학대·괴롭힘 등 축구의 신뢰를 훼손할 수 있는 행위를 포괄적으로 규율합니다. 이 규정은 단순한 도덕적 권고가 아니라 FIFA 징계규정과 연결되어 실제 제재로 이어지는 구속력 있는 기준으로 작동합니다.

또한 윤리규정은 단지 부정을 처벌하는 데 그치지 않고, 피해자 보호와 절차적 권리, 내부 신고와 협조 의무, 조사와 재판의 독립성, 인권·존엄성 존중과 같은 현대 스포츠 거버넌스의 핵심 원칙을 함께 담고 있습니다. 이 규정을 통해 FIFA는 '경기 결과의 공정성'을 넘어서, 축구가 운영되는 방식 자체가 투명하고 책임 있게 유지되도록 요구하고 있으며, 나아가 축구가 세계 스포츠의 공적 신뢰를 유지하는 데 필요한 최소한의 윤리적 토대를 제시하고 있습니다.

FIFA 윤리규정의 역사는 경기장 안의 파울을 넘어 '축구 세계 전체의 품격을 어떻게 지킬 것인가?'라는 질문에 답하려는 긴 과정입니다. 2000년대 초반 월드컵 개최지 선정 과정에서의 부패 의혹, 고위 임원들의 뇌물 스캔들, 승부 조작 사건 등이 연이어 드러나면서, 단순한 경기 규칙과 일반 징계규정만으로는 국제 축구의 명예와 신뢰를 지키기에 부족하다는 자각이 FIFA 내부에 뿌리내리기 시작했습니다.

이 문제의식 속에서 2004년 FIFA 집행위원회는 최초의 'FIFA 윤리규정(Code of Ethics)'을 채택합니다. FIFA와 산하 모든 기구·관계자가 반드시 지켜야 할 최소한의 윤리 기준을 처음으로 독립된 규정 형태로 문서화한 것입니다. 2006년에는 윤리위원회(Ethics Committee)가 설립되어 징계위원회, 항소위원회에 이어 세 번째 사법기구로 윤리규정 집행을 담당하게 됩니다. 이후 2009년, 2012년 개정을 거치면서 윤리규정의 적용 범위와 내용은 점차 확대되었고, FIFA는 경기장 안의 반칙뿐 아니라 부패·승부 조작·권력 남용 등 '축구의 명예를 훼손하는 행위 전반'을 다룰 수 있는 제도적 기둥을 갖추게 됩니다.

중요한 전환점은 윤리위원회를 조사부(Investigatory Chamber)와 재판부(Adjudicatory Chamber)로 분리한 2012년 개혁입니다. 그 전까지는 하나의 위원회가 사실조사와 판정을 모두 담당하면서 '조사하는 기관이 곧 재판까지 한다'는 구조적 문제가 지적되어 왔습니다. 2012년 이후 한쪽은 조사와 기소, 다른 한쪽은 심리와 판정을 전담하는 구조가 정착되었고, 이는 절차적 공정성과 독립성을 제도적으로 강화하는 계기가 되었습니다. 같은 흐름 속에서 윤리규정은 뇌물·부패에 대해 최소 수년 이상의 활동 금지와 고액 벌금을 부과할 수 있도록 제재 수준을 끌어올렸고, 명예훼손(Defamation) 조항을 도입해 공적 발언과 커뮤니케이션까지 윤리 규율의 범위 안으로 끌어들였습니다. 이 시점부터 윤리규정은 '권고적 가이드라인'이 아니라, 조직과 개인을 실질적으로 구속하는 강행규범에 가까운 성격을 띠기 시작했다고 볼 수 있습니다.

이후 개정의 초점은 점차 인권 보호와 피해자 중심 절차로 이동합니다. 2018년 대대적 개정에서는 위반 유형별 최소 제재를 도입하고 절차적 투명성을 강화했으며, 2019년 개정에서는 성적 학대·착취를 윤리규정에 명시하면서 해당 행위에 대해 최소 10년 이상의 활동 금지 등 강력한 제재 하한을 두고 아동·청소년 보호와 무관용 원칙을 분명히 했습니다. 이어 2023년판 규정에서는 성적 학대·괴롭힘·착취에 대한 시효 배제, 피해자의 절차상 지위와 권리를 강화하는 내용이 반영되었습니다. 피해자는 이제 단순한 '조사 대상'이 아니라 절차의 한 당사자로서 기록 열람, 통지, 의견 제출 등 고유한 권리를 가진 주체로 인정되고, 조사·심리 단계에서의 보호 조치, 2차 피해 방지, 증인·피해자 신원 보호 규정이 구체적인 운영 원칙으로 자리 잡았습니다.

집행 구조 측면에서도 징계규정과 맞물려 의미 있는 변화가 있었습니다. FIFA가 2022년 말부터 2023년 사이에 도입한 '청렴성 전문가(Integrity Experts)' 제도는 독립된 전문가가 승부 조작·부패 등 사건을 조사·지원하도록 한 장치였는데, 최근 개정에서는 이들의 지위를 '징계 및 윤리 검사(Disciplinary and Ethics Prosecutor)'로 재정의하면서 역할과 권한을 한층 분명하게 규정했습니다. 명칭만 바뀐 것이 아니라, '조언하는 사람'에서 '직접 기소하고 절차를 이끄는 사람'으로 권한이 확장된 것입니다. 이는 FIFA 전체 사법 시스템 안에 보다 명확한 '검사–재판부' 축을 세우려는 시도로, 윤리 절차가 하나의 '준형사 절차'에 가까운 무게를 지니게 되었음을 의미합니다.

이처럼 단계별 개정을 거치며 오늘날 FIFA 윤리규정은 더 이상 단순한 '도덕 강령'에 머물지 않습니다. 경기장 안의 반칙뿐 아니라 집행부의 부패, 자금 유용, 차별, 성적 학대와 폭력, 승부 조작처럼 축구 생태계의 신뢰를 근본적으로 뒤흔드는 행위들을 하나의 체계 안에서 다루며, FIFA와 6개 축구연맹, 211개 회원협회에 공통으로 적용되는 '헌법적 규범'에 가까운 위치를 차지하게 되었습니다.

1. FIFA: 국제축구연맹(Fédération Internationale de Football Association)

2. 임원(Official): FIFA, 축구연맹, 회원협회, 리그 또는 구단의 이사(Board Member, 평의회 위원 포함), 위원회 위원, 심판, 부심, 감독(Coach), 트레이너 또는 기타 기술, 의무(Medical), 행정 사항을 담당하는 사람 뿐만 아니라 FIFA 정관을 준수할 의무가 있는 모든 사람(선수, FIFA 라이선스를 보유한 매치 에이전트, 축구 에이전트 제외)

3. 매치 에이전트(Match Agent): FIFA 매치 에이전트 규정에 따름

4. 축구 에이전트(Football Agent): FIFA 에이전트 규정의 정의에 따름

5. 선수(Player): 협회에 등록(Licensed)된 모든 축구 선수

6. 관련 당사자(Related Party): 본 규정의 적용을 받는 자와 관련된 당사자는 다음 기준 중 하나 이상을 충족하는 경우 관련 당사자로 간주됨: (a) 대리인 또는 피고용인, (b) 배우자 또는 동거인(Domestic Partner), (c) 개인적 관계와 무관하게 동일한 가구를 공유하는 개인, (d) 3촌 이내의 친밀한 관계가 있는 다른 가족 구성원, (e) 본 규정의 적용을 받는 자 또는 부당한 이익을 수령하는 자가 다음 중 하나에 해당하는 법인, 파트너십 또는 기타 신탁 기관: (i) 해당 법인, 파트너십 또는 신탁 기관 내에서 관리 직책을 맡고 있는 경우, (ii) 해당 법인, 파트너십 또는 신탁 기관을 직접적 또는 간접적으로 통제하는 경우, (iii) 해당 법인, 파트너십 또는 신탁 기관의 수혜자인 경우, (iv) 공식 계약의 존재 여부와 관계없이 해당 법인, 파트너십 또는 신탁 기관을 대신하여 서비스를 수행하는 경우

7. FIFA 행사(FIFA Events): FIFA 총회, 평의회 또는 위원회 회의, FIFA 대회를 포함하되 이에 국한되지 않으며, FIFA의 권한 내에 있거나 FIFA가 조직하는 모든 행사

8. 윤리위원회(Ethics Committee): 본 규정에서 윤리위원회에 대한 언급은 조사부(Investigatory Chamber) 또는 재판부(Adjudicatory Chamber)를 포함함

제1장. 적용 범위(Scope of Application)

제1조. 적용 범위(Scope of applicability)

제2조. 적용 대상(Persons covered)

제3조. 시간적 적용(Applicability in time)

제4조. 규정의 범위·누락·관습·학설 및 판례(Scope of the code, omissions, custom, doctrine and jurisprudence)

제5조. 윤리위원회의 구성 및 절차 분리(Division of the ethics committee, division of proceedings)

제2장. 실체법(Substantive Law)

제1절. 제재의 근거(Basis for sanctions)

제6조. 제재의 근거(Basis for sanctions)

제2절. 징계 조치(Disciplinary measures)

제7조. 제재의 유형(Type of sanctions)

제8조. 제재의 집행유예(Suspension of sanctions)

제3절. 제재의 결정(Determining the sanction)

제9조. 일반 원칙(General rules)

제10조. 경합 위반(Concurrent breaches)

제11조. 반복 위반(Repeated breaches)

제12조. 재범(Recidivism)

제4절. 시효(Limitation period)

제13조. 공소시효(Limitation period for prosecution)

제5절. 행동규범(Rules of conduct)

5-1. 의무(Duties)

제14조. 일반 의무(General duties)

제15조. 정치적 중립 의무(Duty of neutrality)

제16조. 충실 의무(Duty of loyalty)

제17조. 비밀 유지 의무(Duty of confidentiality)

　　이처럼 FIFA 윤리규정은 네 개의 장으로 나뉘어, 적용 범위와 대상부터 제재의 근거와 행동 규범, 윤리위원회의 조직과 절차, 그리고 최종 조항에 이르기까지 일관된 구조를 갖추고 있습니다. 큰 틀의 구성을 이해했다면, 각 조항을 차례로 짚어보며 그 의미와 실질적 함의를 살펴볼 차례입니다. 조문 하나하나에는 FIFA가 추구하는 윤리 원칙과 국제 스포츠 규범의 기준이 응축되어 있으며, 실제 사례와 FIFA 에이전트 시험 대비 포인트에서도 중요한 참고가 됩니다. 따라서 다음부터는 조항별 해설을 통해, 이 규정이 어떻게 국제 축구의 신뢰와 무결성을 지켜내고 있는지 구체적으로 확인해 보겠습니다.

제1조. 적용 범위(Scope of applicability)

1. 본 규정은 다른 FIFA 규정에서 경기장 내 사건에 관하여 별도로 정한 사항을 제외하고, 축구의 무결성 (Integrity)·명예·평판을 훼손하는 모든 행위에 적용됩니다. 여기에는 불법·비도덕적·비윤리적인 행동뿐 아니라, 축구 운영과 관련된 각종 부당한 관행이 포함됩니다.

2. 제2장 제5절(제14~30조)에 규정된 행동규범은 각 축구연맹과 회원협회의 관련 규정에 편입되어야 하며, 이미 동일한 내용이 규정돼 있지 않은 경우 최소한 이 수준 이상의 기준을 두어야 합니다.

해설   제1조는 FIFA 윤리규정의 적용 범위를 정하는 출발점으로, 그 효력은 경기장 안에서 발생하는 반칙이나 불공정 행위에 국한되지 않습니다. 이 조항은 행정·재정·인권 등 축구 운영 전반에서 일어나는 모든 부정행위를 규율 대상으로 삼고 있으며, 따라서 협회 임원이 외부 계약 과정에서 이해충돌을 숨기거나, 감독이 공식 SNS를 통해 차별적 발언을 하거나, 구단이 재정을 불투명하게 운용하는 경우에도 모두 윤리규정 위반으로 판단될 수 있습니다. FIFA가 단순히 경기 규칙을 넘어 조직 운영과 사회적 책무까지 포괄하려는 의도가 여기에 반영되어 있습니다.

또한 이 규정은 다른 FIFA 규정이나 각국 협회 및 리그 규정과 함께 적용되더라도 '최소 제재 기준'으로 작용한다는 점에서 중요한 의미를 가집니다. 어떤 규범이 병행되더라도 FIFA 윤리규정에서 정한 원칙이 최소한의 요건으로 고려되어야 하며, 이는 곧 국가별·조직별 편차를 줄이고 국제 스포츠 규범의 일관성을 확보하기 위한 장치라고 할 수 있습니다.

실무에서는 이를 흔히 윤리규정이 모든 규범 위에 놓인 최종적 안전망이라고 이해합니다. 예를 들어, 특정 협회가 자체 징계규정을 통해 사건을 처리하면서 FIFA 윤리규정보다 가볍게 제재하려 할 경우, 최종적으로는 FIFA 윤리규정이 정한 기준이 적용되어 더 무거운 처벌이 부과됩니다. 이는 협회나 리그가 자의적으로 규율을 완화하거나 사건을 축소하는 시도를 원천적으로 차단하는 효과를 지니며, FIFA가 국제 축구 전체의 무결성을 지켜내는 방식이기도 합니다.

제2조. 적용 대상(Persons covered)

1. 본 규정은 FIFA 및 각국 협회의 임원, 선수, 경기 관련 임원, 그리고 FIFA 라이선스를 보유한 매치 에이전트를 포함하여 제1조의 조건에 해당하는 모든 축구 관계자에게 적용됩니다.

2. 윤리위원회는 해당 인물이 직무에서 물러났더라도, 위반 행위가 있었던 시점의 자격에 따라 조사를 계속할 수 있으며, 절차 개시 시점 이후 어느 시점이든 판정을 내릴 수 있습니다.

해설　　제2조는 FIFA 윤리규정의 적용 대상을 폭넓게 설정합니다. FIFA 및 각국 협회의 임원, 선수, 경기 운영 관련 임원은 물론, FIFA 라이선스를 보유한 매치 에이전트까지 모두 포함되며, 제1조에서 정한 조건에 해당하는 한 누구도 예외가 될 수 없습니다.

이 규정의 핵심은 '직책 변경이나 사임으로 인한 면책 불가'입니다. 과거에는 FIFA나 일부 회원협회에서 규정 위반 의혹을 받는 인물이 스스로 사임함으로써 조사 절차를 피하거나 징계를 무력화하려는 사례가 종종 있었습니다. 그러나 제2조는 위반 당시의 신분이 규정 적용 대상에 해당한다면, 이후 직위가 바뀌거나 사임했더라도 절차가 끝까지 이어질 수 있음을 명시합니다. 이는 국제 스포츠에서 흔히 발생하던 '책임 회피성 사임'을 원천적으로 차단하기 위한 장치입니다.

이 원칙이 실제로 어떻게 작동하는지는 가나 축구협회(GFA) 회장이자, 아프리카 축구연맹(CAF) 부회장이었던 쿠에시 냐타키(Kwesi Nyantakyi) 사건에서 잘 드러납니다. 그는 2018년 탐사 언론인 아나스 아레메야우 아나스(Anas Aremeyaw Anas)의 다큐멘터리 〈Number 12〉에서 뇌물을 받는 장면이 공개되자 곧바로 모든 직위에서 사임했습니다. 그러나 FIFA 윤리위원회는 그의 사임과 무관하게 절차를 계속 진행하여, 같은 해 10월 영구 활동 금지(Life Ban)와 500,000스위스 프랑(CHF)의 벌금을 선고했습니다. 이후 스포츠중재재판소(CAS)가 2020년 제재를 15년 활동 금지와 100,000스위스 프랑의 벌금으로 감경했지만, FIFA는 위반 당시의 지위를 기준으로 책임을 물었고 징계 절차는 끝까지 유지되었습니다.

제3조. 시간적 적용(Applicability in time)

본 규정은 위반 행위가 규정이 제정되기 이전에 발생했더라도 적용될 수 있습니다. 다만, 위반 당시에도 해당 행위가 다른 규정에 의해 금지되어 있었어야 하며, 제재 수준은 위반 당시 적용 가능한 규정이 정한 최대 한도를 초과할 수 없습니다.

 이 조항은 FIFA 윤리규정의 시간적 적용 범위, 즉 소급 적용 가능성을 규정합니다. 핵심은 과거의 행위라도 당시 이미 FIFA 규정에서 금지된 것이었다면 징계할 수 있다는 점입니다. 다만, 징계의 수준은 반드시 위반이 발생한 시점의 규정이 정한 최대 한도를 초과할 수 없습니다. 이는 FIFA가 뒤늦게 드러나는 사건들까지 다룰 수 있는 권한을 확보하는 동시에, 법적 안정성과 피징계인의 방어권을 보장하는 균형 장치로 기능합니다.

대표적인 사례가 베르논 마닐랄 페르난도(Vernon Manilal Fernando) 사건입니다. 스리랑카 출신으로 FIFA 집행위원을 지낸 그는 2009년 AFC 선거 관련 뇌물 행위가 2012년 조사에서 뒤늦게 발견되어, 2013년 FIFA 윤리위원회로부터 뇌물수수, 이해충돌, 선물 수수 등을 이유로 8년 활동 금지를 선고받았습니다. 그러나 항소 과정에서 FIFA 항소위원회는 제재를 종신 활동 금지(Life Ban)로 강화했고, 페르난도는 스포츠중재재판소(CAS)에 항소했습니다. CAS는 2015년 그의 항소를 기각하며, FIFA 항소위원회가 부과한 종신 활동 금지를 그대로 확정했습니다. 이 사건은 FIFA가 과거의 규정 위반을 뒤늦게 적발하더라도, 행위 당시 규정이 이미 존재했다면 강력한 제재를 부과할 수 있음을 보여 줍니다.

따라서 이 조항은 FIFA가 무분별하게 과거를 소급해 제재하는 것이 아니라, '당시에도 금지된 행위였는가'라는 요건을 기준으로 삼고, 동시에 처벌 강도는 당시 규정의 최대 한도 내에서만 허용한다는 원칙을 분명히 합니다.

제4조. 규정의 범위·누락·관습·학설 및 판례

(Scope of the code, omissions, custom, doctrine and jurisprudence)

1. 본 규정은 조문 또는 해석의 의미가 적용되는 모든 사안에 효력을 가집니다.
2. 절차 규정에 누락된 부분이 있으면 FIFA의 관습에 따라 해석합니다.
3. 윤리위원회는 기존의 스포츠 법 판례와 이미 확립된 원칙을 참조하여 판단할 수 있습니다.

 제4조는 FIFA 윤리규정이 어떻게 해석되고 적용되어야 하는지를 보여 주는 일종의 법적 틀을 마련한 조항입니다. 규정의 문언이나 해석이 미치는 범위라면 모두 효력이 발생하며, 절차 규정에 공백이 존재할 경우 FIFA 내부에서 형성된 관습을 기준으로 보완하도록 규정하고 있습니다. 또한 윤리위원회가 기존 스포츠 법 판례와 확립된 원칙을 참조할 수 있도록 명시함으로써, 규정이 포괄하지 못하는 새로운 상황에도 일관성 있는 판단을 가능하게 합니다.

실무적으로 이 조항의 의미는 매우 큽니다. 국제 스포츠 사건은 특성상 모든 상황을 사전에 조문으로 규정하기 어렵습니다. 따라서 FIFA는 관습과 판례를 중요한 해석 기준으로 삼고 있으며, 그중에서도 스포츠중재재판소(CAS)의 판례와 FIFA 징계·윤리위원회의 과거 결정은 사실상 준사법적 권위를 지닙니다. 예를 들어, 새로운 유형의 이해충돌 사건이나 SNS에서 발생하는 차별 발언처럼 규정에 직접 언급되지 않은 사안도, 기존 CAS 판례와 FIFA 내부의 축적된 결정례를 근거로 합리적인 판단을 내릴 수 있습니다. 이는 곧 실무에서도 동일하게 적용되며, 규정에 공백이 있더라도 FIFA는 일관된 잣대를 통해 안정성과 실효성을 동시에 담보할 수 있다는 확신을 주는 핵심 근거가 됩니다.

제5조. 윤리위원회의 구성 및 절차 분리

(Division of the ethics committee, division of proceedings)

1. 윤리위원회는 조사부(Investigatory Chamber)와 재판부(Adjudicatory Chamber)로 구성됩니다.

2. 절차는 조사 절차와 판정 절차로 명확히 구분됩니다.

해설 제5조는 FIFA 윤리위원회의 이중 구조와 절차적 분리 원칙을 규정하고 있습니다. 윤리위원회는 사실조사와 기소를 담당하는 조사부(Investigatory Chamber)와 심리와 판정을 담당하는 재판부(Adjudicatory Chamber)로 구분되며, 두 단계는 반드시 독립적으로 운영됩니다. 이 구조는 2012년 FIFA 개혁 과정에서 도입된 것입니다. 그 이전까지는 동일한 기구가 조사와 판정을 모두 맡으면서 이해충돌과 공정성 부족에 대한 우려가 제기되었습니다. 특히 월드컵 개최권을 둘러싼 부패 의혹으로 FIFA의 신뢰가 크게 흔들리자, 조사와 판정 권한을 제도적으로 분리하고 절차적 독립성을 강화할 필요성이 강조되었습니다. 그 결과 조사와 재판 기능을 분리하는 새로운 체제가 마련되었습니다.

실무적으로 조사부는 이메일, 계약서, 재정 기록, 증언 등 다양한 자료를 수집해 사실관계를 규명하고, 재판부는 이러한 자료를 독립적으로 검토하여 위반 여부와 제재 수위를 최종 결정합니다. 이는 국가 형사사법 체계에서 검찰과 법원을 분리하는 구조와 유사하며, 피징계인의 절차적 권리(Due Process)를 보장하는 핵심 장치입니다.

이 규정은 FIFA가 징계 및 윤리 절차 전반에서 공정성과 독립성을 제도적으로 보장하려는 의지를 반영하고 있습니다. 2012년 이후 여러 주요 사건에서도 조사부가 사실관계를 밝히고 재판부가 별도로 판정을 내림으로써, 절차적 분리 원칙이 실제로 작동하고 있음을 확인할 수 있습니다. 이는 FIFA 윤리 절차의 신뢰성을 뒷받침하는 제도적 기반이라 할 수 있습니다. FIFA 에이전트 시험 대비 관점에서는 윤리위원회가 단일 기구가 아니라 조사부와 재판부로 분리된 이중 구조라는 점, 그리고 이 제도적 분리가 FIFA 절차에서 공정성과 신뢰성을 보장하는 핵심 원리라는 점을 기억해 두시는 게 좋습니다.

> ### 제6조. 제재의 근거(Basis for sanctions)
>
> 1. 윤리위원회(Ethics Committee)는 본 규정, FIFA 징계규정(Disciplinary Code), FIFA 정관(Statutes)에 명시된 제재를 부과할 수 있습니다.
>
> 2. 별도의 규정이 없는 한, 본 규정 위반 행위는 작위(Commission)뿐만 아니라 부작위(Omission)에도 해당하며, 고의·과실 여부와 무관하게 제재 대상이 됩니다. 또한 주범·공범·교사·방조 등 역할의 차이 없이 동일하게 적용됩니다.

해설　제6조는 윤리위원회의 제재 권한과 그 근거를 규정하면서, FIFA 윤리규정이 적용될 수 있는 범위를 매우 넓게 설정하고 있습니다. 윤리위원회는 본 규정뿐 아니라 FIFA 징계규정(Disciplinary Code)과 FIFA 정관(Statutes)에 따라 제재를 부과할 수 있으며, 이는 규정 위반 행위가 어떤 영역에서 발생하더라도 제재의 근거가 충분히 마련되어 있음을 의미합니다.

특히 이 조항은 단순히 적극적 위반 작위(Commission)만이 아니라, 의무 불이행이나 보고 태만 같은 부작위(Omission)도 제재 대상에 포함된다는 점에서 중요합니다. 다시 말해, 보고 의무를 이행하지 않거나 자료 제출을 거부하는 등 소극적 태도 역시 징계 사유가 될 수 있습니다. 또한 고의(Intent)와 과실(Negligence)을 불문하고 제재가 가능하므로, '몰랐다'거나 '실수였다'는 변명은 책임을 면하는 사유가 되지 않습니다. 더 나아가 주범·공범·교사·방조의 구분 없이 동일하게 적용되므로, 직접 위반을 저지른 자뿐만 아니라 이를 돕거나 사실상 방관한 자까지도 책임을 지게 됩니다.

이와 같은 책임 구조는 형사법 체계와 유사한 성격을 지닙니다. 국가 형사법에서도 작위·부작위 모두를 처벌 대상으로 삼고, 고의뿐만 아니라 과실도 일정한 범위에서 책임을 인정하며, 공범·방조·교사 역시 동일하게 처벌됩니다. FIFA 윤리규정은 이러한 원리를 준용함으로써, 사건 처리에서 책임의 사각지대가 발생하지 않도록 설계되어 있습니다. 실무적으로는 이 조항 덕분에 FIFA가 사건을 처리할 때 책임을 광범위하게 물을 수 있습니다. 예를 들어, 부패 의혹이 제기되었을 때 자료 제출을 적극적으로 거부하지 않았더라도 협조 의무를 다하지 않았다면 징계 사유가 될

수 있습니다. 승부 조작 사건에서도 주도적으로 조작에 가담한 선수뿐 아니라 이를 알고도 묵인한
관계자 역시 징계 대상이 됩니다.

제7조. 제재의 유형(Type of sanctions)

1. 본 규정 또는 다른 FIFA 규정 위반 시 부과될 수 있는 제재 유형은 다음과 같습니다:

    a. 경고(Warning)

    b. 견책(Reprimand)

    c. 교육·준수 훈련(Compliance training)

    d. 상 및 포상 회수(Return of awards)

    e. 벌금(Fine)

    f. 사회봉사(Community football service)

    g. 출전 정지(Match suspension)

    h. 라커룸·팀 벤치 출입 금지(Ban from dressing rooms and/or team bench)

    i. 경기장 출입 금지(Ban on entering a stadium)

    j. 축구 관련 모든 활동 금지(Ban on taking part in any football-related activity)

2. 각 제재의 세부 내용과 적용 방식은 FIFA 징계규정의 관련 조항을 따릅니다.

해설　　제7조는 FIFA 윤리규정을 위반했을 때 어떤 제재가 내려질 수 있는지를 구체적으로 나열한 조항으로, 제재의 범위가 단순히 징벌적 처분에 머무르지 않고 교육적·사회적 성격까지 포괄한다는 점에서 주목할 만합니다. 경고나 견책처럼 비교적 가벼운 수준의 제재부터, 모든 축구 활동을 전면적으로 금지하는 가장 무거운 조치에 이르기까지 단계적 구조를 갖추고 있으며, 특히 교육·준수 훈련이나 사회봉사와 같은 제도는 잘못을 단순히 처벌하는 데 그치지 않고 위반자가 다시 축구 공동체에 건강하게 복귀할 수 있도록 하는 회복적 의미를 담고 있습니다. FIFA가 징계를 단순한 응징의 도구가 아니라 신뢰 회복과 재통합의 기제로 활용하려는 의지를 보여 주는 부분입니다.

　　실제 사건에서 제재의 수준은 위반의 성격과 중대성, 반복 여부, 축구계 전반에 미친 파급효과 등을 종합적으로 고려하여 결정됩니다. 예를 들어, 첫 위반이 경미하다면 경고나 준수 교육만으로 마무리될 수 있지만, 뇌물수수나 승부 조작처럼 축구의 근간을 뿌리째 흔드는 행위의 경우에는 곧바로 모든 활동을 금지하는 최고 수위의 제재가 내려집니다. 이는 선수와 지도자의 커리어를 사실상 종결시키는 결과로 이어질 수 있으므로, 위반의 중대성과 재발 위험성이 충분히 입증될 때만 적용됩니다. 결국 윤리위원회는 징계와 예방이라는 두 가지 목적을 동시에 달성하기 위해 사건의 성격에 맞는 제재를 부과합니다.

제8조. 제재의 집행유예(Suspension of sanctions)

1. 사건 관련 당사자의 요청이 있을 경우, 재판부는 본 규정 제7조 제1항 (j)에 규정된 제재의 집행을 유예하기로 결정할 수 있습니다. 보호관찰 기간은 1년에서 5년 사이로 구성됩니다.
2. 만약 집행유예의 혜택을 받은 자가 보호관찰 기간 동안 본 규정의 다른 위반을 저지를 경우, 그 유예는 자동으로 취소되고 원래의 제재가 완전히 적용되며 새로운 위반에 대해 부과된 제재에 추가됩니다.

해설　이 조항은 FIFA 징계 절차에서 내려진 제재 중 가장 중대한 조치인 '축구 관련 모든 활동 금지'에 대하여 예외적으로 집행유예를 허용하는 규정입니다. 이는 무조건적인 제재 집행만이 능사가 아니며, 일정한 조건과 감독 하에 피징계인에게 재기의 기회를 부여할 수 있다는 점에서 절차적 유연성을 보여 줍니다. 집행유예가 적용되는 범위는 명확히 제한되어 있습니다. 다른 제재에는 적용되지 않고, 오직 제7조 제1항 (j)의 '축구 관련 모든 활동 금지' 제재에 대해서만 집행유예를 인정합니다. 유예기간은 최소 1년에서 최대 5년 사이로 정할 수 있으며, 이는 재판부의 재량에 속합니다.

그러나 집행유예는 조건부 혜택입니다. 유예기간 동안 피징계인이 다시 위반을 저지르면, 집행유예는 즉시 취소되어 원래 제재가 전부 집행되고, 동시에 새 위반에 따른 추가 제재까지 병과됩니다.

이 원칙이 실제로 어떻게 작동하는지는 비모 위르야소에카르타(Bimo Wirjasoekarta) 사건에서 잘 드러납니다. 인도네시아 구단 티라 페르시카보(Tira Persikabo, 현 Persikabo 1973)의 회장이었던 그는 브라질 출신 선수 알렉스 곤살베스(Alex Gonçalves)에게 계약된 급여의 25%만 지급했습니다. 선수가 FIFA 분쟁해결부(DRC)에 이를 제소하자, 위르야소에카르타는 역으로 선수를 명예훼손으로 고소하는 등 협박, 강압, 위협, 착취 행위를 저질렀습니다. 국제프로축구선수협회(FIFPRO)가 이 사건을 FIFA에 고발했고, 2023년 4월 FIFA 윤리위원회 재판부는 그에게 2년간 모든 축구 관련 활동 금지와 10,000스위스 프랑(CHF)의 벌금을 선고하되, 활동 금지 제재는 3년의 보호관찰 기간으로 집행을 유예했습니다. 이는 위르야소에카르타가 향후 3년간 윤리규정을 준수하면 2년 금지가 실제로 집행되지 않지만, 보호관찰 기간 중 재위반이 발생하면 원래 2년 금지가 즉시 발동되고 새로운 위반에 따른 제재까지 추가된다는 의미입니다.

따라서 집행유예를 부여받은 피징계인은 사실상 FIFA의 엄격한 감시 하에 놓이게 되며, 한 번 더 기회를 준다는 취지가 실질적으로 작동할 수 있도록 설계되어 있습니다.

제9조. 일반 원칙(General rules)

1. 제재를 부과할 때, 윤리위원회는 위반의 성격, 유사한 불법 행위 억제의 필요성(또는 공익), 위반자의 윤리위원회에 대한 지원 및 협조, 동기, 상황, 위반자의 과실 정도, 책임을 인정하는 범위, 그리고 해당하는 경우 부당 이득을 반환하여 과실을 경감했는지 여부를 포함한 사건의 모든 관련 요소를 고려해야 합니다.

2. 정상 참작 사유가 존재하고 사건의 모든 사정을 고려해 적절하다고 판단되는 경우, 윤리위원회는 최소 제재보다 낮은 수위의 제재를 부과하거나, 제7조 제1항에 규정된 대체 제재를 부과할 수 있습니다. 두 제재를 병행해 부과할 수도 있습니다.

3. 본 규정에서 별도로 언급하지 않는 한, 윤리위원회는 모든 제재의 범위와 기간을 결정합니다.

4. 제재는 특정 지리적 영역이나 하나 또는 그 이상의 특정 경기 또는 대회 범주로 제한될 수 있습니다.

5. 윤리위원회는 관련 법률 및 기존의 법적 절차에 저촉되지 않는 범위 내에서, 사건에 대한 정보를 적절한 공공기관과 직접 공유하거나 담당 FIFA 기구에 공유하도록 명령할 수 있습니다.

해설 제9조는 윤리위원회가 제재를 결정할 때 고려해야 할 양형의 일반 원칙을 제시합니다. 제재를 부과할 때, 윤리위원회는 위반의 성격, 유사 위반 행위 억제 필요성, 위반자의 위원회에 대한 협조, 동기, 과실 정도, 책임 인정 범위, 그리고 부당 이득을 반환하여 과실을 경감했는지 여부 등 사건의 모든 관련 요소를 종합적으로 참작해야 합니다. 이는 단순히 위반 사실만으로 제재를 일률적으로 부과하지 않고, 사건의 구체적인 맥락과 피징계인의 태도까지 반영하여 합리적인 결정을 내리기 위함입니다. 정상 참작 사유가 있는 경우, 윤리위원회는 규정된 최소 제재보다 낮은 수위의 처벌을 내리거나 본 윤리규정 제7조 제1항에 명시된 대체 제재를 부과할 수 있습니다. 또한 본 규정에 별도의 언급이 없는 한, 윤리위원회는 제재의 범위와 기간을 결정할 재량을 가집니다. 제재는 특정 지역이나 특정 대회에 한정하여 부과될 수도 있습니다.

나아가, 윤리위원회는 관련 법률 및 기존의 법적 절차에 저촉되지 않는 선에서, 사건 정보를 적절한 공공기관(경찰·검찰 등)과 직접 공유하거나 FIFA 내 담당 기구에 공유하도록 명령할 수 있습니다. 이는 FIFA가 국가 사법 절차에 협조할 수 있는 근거를 마련한 조항입니다. 실무적으로 제재 수위를 결정하는 데 있어 피징계인이 조사에 얼마나 성실히 협력했는지, 그리고 부당 이득을 반환하는 등 피해 회복을 위해 어떤 노력을 했는지는 핵심적인 감경 요소로 작용합니다. 반대로 반복적인 위반이나 고의적인 은폐 시도 등은 다른 조항에 근거하여 가중 사유로 고려될 수 있습니다.

제10조. 경합 위반(Concurrent breaches)

1. 둘 이상의 위반이 발생한 경우, 금전적 제재를 제외한 제재는 가장 중대한 위반을 기준으로 결정합니다.
2. 복수 위반은 가중 사유로 간주됩니다.

해설　제10조는 하나의 사건에서 여러 규정 위반이 동시에 발생했을 때, 제재를 어떻게 산정할지를 규정한 조항입니다. 이는 형법상 경합범 처리 원칙과 유사한 구조로, 제재의 중복 적용으로 인한 과잉 처벌을 방지하면서도 다수 위반의 심각성을 반영하는 균형점을 제시합니다.

제1항은 흡수주의 원칙을 채택하고 있습니다. 둘 이상의 위반이 발생하더라도 금전적 제재를 제외한 제재, 즉 라이선스 정지, 자격 박탈, 활동 금지 등은 가장 중대한 위반을 기준으로 결정됩니다. 예를 들어, 어떤 에이전트가 동일한 이적 거래에서 이해충돌 금지 위반(라이선스 정지 3개월 상당), 무허가 대리 행위(라이선스 정지 6개월 상당), 허위 서류 제출(라이선스 정지 2개월 상당)을 동시에 저질렀다면, 세 가지 정지 기간을 단순 합산하여 11개월을 부과하는 것이 아니라 가장 중대한 무허가 대리 행위의 6개월을 기준으로 제재 수위를 결정합니다. 다만 금전적 제재는 이 원칙에서 제외되므로, 각 위반에 대한 벌금은 별도로 부과될 수 있습니다.

제2항은 흡수주의의 한계를 보완합니다. 경합 위반 자체가 가중 사유로 고려되므로, 단일 위반보다 제재 수위가 높아질 수 있습니다 위 예시에서 무허가 대리 행위 단독이리면 6개월 정지에 그칠 수 있지만, 세 가지 위반이 경합하므로 8개월이나 10개월로 가중될 수 있다는 의미입니다. 결국 '가장 무거운 것 하나만 적용하되, 여러 개를 저질렀으니 더 무겁게'라는 이중 구조로 이해힐 수 있습니다.

제11조. 반복 위반(Repeated breaches)

1. 재범은 가중 사유로 간주되며, 경우에 따라 관련 규정이 허용하는 최고 수준의 제재를 부과할 수 있습니다.

해설　　제11조는 FIFA 규정 위반이 반복적으로 발생했을 때 적용되는 제재 원칙을 규정합니다. 단일 사건에 대한 징계보다 재범에 대해 훨씬 무겁게 대응하도록 명문화한 조항으로, FIFA 징계 체계의 억지 효과를 강화하는 핵심 규정입니다.

　　먼저, 반복 위반은 언제나 가중 사유로 간주됩니다. 즉, 동일하거나 유사한 위반이 다시 발생하면 FIFA는 단순 누적 차원이 아니라, 징계 수위를 상향 조정할 근거로 삼을 수 있습니다. 필요하다면 해당 규정이 허용하는 최고 수준의 제재까지도 부과할 수 있도록 열어 두었습니다. 이는 같은 잘못을 반복하는 개인이나 구단에게 '한 번으로 끝나지 않는다'는 경고 효과를 주려는 목적이 있습니다.

　　또한 유사한 위반이 장기간 반복되는 경우에는 위반의 횟수와 기간까지 고려하여 징계 수위를 한층 강화할 수 있습니다. 여기서 중요한 점은 공소시효 계산 방식입니다. 일반적으로 위반은 발생일 기준으로 시효가 기산되지만, 반복 위반의 경우 가장 최근의 위반일을 기준으로 시효가 새롭게 시작됩니다. 따라서 과거의 위반들도 사실상 처벌 가능 범위 안에 포함되는 효과가 있습니다.

　　이처럼 제11조는 조직적·상습적 위반을 근본적으로 제재하려는 FIFA의 강력한 의지를 반영합니다.

해설　　제12조는 FIFA 윤리규정에서 재범(Recidivism)을 강력한 가중 사유로 설정한 조항입니다. 동일한 성격과 중대성을 가진 위반이 기존 제재 결정의 통지일로부터 15년 이내에 다시 발생하면 재범으로 간주되며, 이 경우 윤리위원회는 해당 규정에 정해진 최대 제재를 넘어서는 처벌까지 선고할 수 있습니다. 이처럼 이례적으로 긴 15년 기간을 둔 것은 부패, 승부 조작, 성폭력, 자금 유용 등 축구의 근간을 무너뜨리는 중대 위반을 장기간 추적하고, 반복될 경우 사실상 영구 제재까지 가능하도록 설계한 결과입니다.

핵심은 윤리위원회가 단순히 '규정에 적힌 최고 수위'까지만 제재하는 데 그치지 않고, 재범이 인정되는 경우 그 상한선 자체를 넘어설 수 있다는 점입니다. 예를 들어, 특정 위반 유형에 대해 일반적으로는 최대 10년 활동 금지가 예정되어 있다고 하더라도, 당사자가 제12조 상 재범으로 평가되면 영구적인 활동 금지나 FIFA 관련 모든 활동에서의 전면 배제처럼 한층 더 무거운 처벌도 이론상 가능해집니다. 다시 말해, 제12조는 '재범인 경우에는 제재 상한선을 깨고 올라갈 수 있게 해 주는 스위치' 역할을 합니다.

이 구조가 주는 메시지는 분명합니다. 한 번 중대한 위반으로 제재를 받은 사람은 향후 15년간 항상 재범 리스크 아래 놓이게 되며, 유사한 위반을 다시 저지를 경우 그 자체만으로도 최고 수위 이상의 징계를 각오해야 한다는 것입니다. 실제로 FIFA는 과거 부패나 승부 조작 전력이 있는 인물이 다시 비슷한 유형의 사건에 연루되면, 이번 사안의 단발적 경중만이 아니라 '이 사람이 과거 어떤 전력으로 이미 제재를 받았는지'까지 함께 평가해, 조직 내 부정행위가 반복되지 않도록 강력한 제재를 부과하려는 경향을 보이고 있습니다.

실제 사례에서도 제12조의 엄격한 요건이 드러납니다. 방글라데시축구협회(BFF) 사무총장을 지냈던 아부 나임 쇼하그(Abu Nayeem Shohag) 사건(CAS 2024/A/10586)이 대표적입니다. 쇼하그는 FIFA 자금을 사용한 거래에서 위·변조 문서를 사용한 혐의로 2023년 4월 14일 첫 번째 제재 결정을 통지받았습니다. 이후 FIFA 윤리위원회는 그에게 또 다른 유사 위반(2022년 9월~2023년 2월 발생) 혐의를 제기하면서 재범 가중 여부를 검토했습니다. 그러나 윤리위원회 재판부는 쇼하그가 두 번째 위반을 저질렀을 당시 첫 번째 제재 결정이 아직 통지되지 않았다는 점에 주목했습니다. 제12조는 '이전 제재 결정의 통지일로부터' 15년 이내에 새로운 위반이 발생해야 재범으로 인정하는데, 이 사건에서는 위반 발생 시점이 통지일보다 앞섰기 때문에 재범 요건이 충족되지 않았습니다. 즉, 단순히 '예전에 문제를 일으킨 적이 있다'는 정도로는 부족하고, 이전 위반에 대한 제재 결정이 먼저 통지된 뒤 그로부터 15년 이내에 성격과 중대성이 비슷한 위반이 다시 발생해야 한다는 요건이 엄격하게 적용된다는 뜻입니다.

이처럼 제12조는 한편으로는 중대한 위반이 반복될 경우 사실상 '제도 밖으로 내보낼 수 있는' 강력한 가중 장치로 기능합니다. 다른 한편으로는 재범 요건을 엄격하게 정의함으로써 언제든지 자의적으로 '재범' 딱지를 붙여 과도한 제재를 가하는 일을 막는 균형 장치 역할도 합니다.

제13조. 공소시효(Limitation period for prosecution)

1. 본 규정 위반에 대한 기소는 원칙적으로 5년이 지나면 더 이상 제기할 수 없습니다.

2. 뇌물·부패(제28조) 및 자금 유용·횡령(제29조)과 같은 재정 범죄의 경우, 시효는 10년입니다.

3. 위협·이익 제공 약속·강요, 그리고 모든 형태의 성적 학대·괴롭힘·착취와 관련된 범죄에는 공소시효가 적용되지 않습니다.

4. 공소시효 만료 전 공식 조사가 시작되면, 시효 기간은 원래 기간의 2분의1(50%)만큼 연장됩니다.

5. 형사 절차 개시 시에는 시효가 중단되며, 절차 종료 시 재개됩니다.

6. 재범 사건의 경우, 시효의 기산점은 마지막 재범이 발생한 시점입니다.

해설 제13조는 FIFA 징계 절차에서 위반 행위에 대한 기소 가능 기간을 규정하면서도, 사건 유형과 특수성을 반영하여 시효를 달리 정하고 있습니다. 일반 위반 사건은 5년이 지나면 징계 절차를 개시할 수 없지만, 뇌물·부패(제28조) 및 자금 유용·횡령(제29조)과 같은 재정 범죄는 은폐 가능성과 장기적 파급 효과가 크다는 이유로 10년의 시효가 적용됩니다. 다만 이 10년 시효는 2018년에 도입된 것으로, 그 이전에는 뇌물·부패 사건에 시효가 없었습니다.

대표적으로 독일 2006년 월드컵 유치 의혹 사건에서 프란츠 베켄바워(Franz Beckenbauer), 테오 츠반치거(Theo Zwanziger), 호르스트 슈미트(Horst R. Schmidt) 등이 연루된 것으로 알려졌습니다. 이들은 2002년 카타르 축구 관계자 모하메드 빈 함맘(Mohammed bin Hammam)에게 10,000,000스위스 프랑(CHF)을 지급한 혐의를 받았으나, 해당 의혹은 당사자들이 부인했고 끝까지 사실로 확정되지 않은 채 논쟁으로 남았습니다. FIFA 윤리위원회 재판부는 혐의의 진위 여부를 본안 심리하기 전에, 이들의 행위 시점을 기준으로 시효가 이미 만료되었다고 판단했습니다. 베켄바워는 2012년, 츠반치거와 슈미트는 2015년에 각각 시효가 끝났다고 계산되어, 결국 2021년 2월 기소 자체가 불가능하다는 결정이 내려졌습니다. 이 사례는 의혹의 실체가 규명되지 않은 채 시간이 지나면, 설령 사회적으로 큰 파장을 일으킨 사건이라 하더라도 진상 규명과 제재 모두 불가능해질 수 있음을 잘 보여 줍니다.

반면 FIFA는 2023년 징계규정 및 윤리규정 개정을 통해, 성적 학대, 괴롭힘, 착취, 위협과 강요 같은 인권 침해적 범죄에 대해서는 시효를 아예 두지 않기로 했습니다. 이는 피해자가 장기간 침묵할 수밖에 없는 현실을 고려한 조치이자 FIFA의 무관용 원칙(Zero Tolerance)을 제도적으로 보장하는 장치입니다. 실제로 가봉 U-17 대표팀 전 감독 패트릭 아수무 에이(Patrick Assoumou Eyi)는 2006년부터 2021년까지 15년에 걸쳐 미성년 선수들을 상대로 성적 학대를 저질렀습니다. FIFA 조사에서 확인된 피해자는 최소 4명이지만, 가봉 스포츠 장관은 실제 피해자가 수백 명에 달할 수 있다고 언급했습니다. 이 사건은 가봉 축구계에 깊이 뿌리내린 구조적 착취의 실태를 드러냈으며, 에이는 2025년 FIFA로부터 영구 활동 금지와 1,000,000스위스 프랑(CHF)의 벌금 제재를 받았습니다. 시효 배제 원칙이 없었다면 2006년부터 시작된 초기 학대 행위는 이미 시효가 만료되어 제재 대상에서 제외되었을 것입니다. 이 사건은 시효 배제가 단순한 제도적 선언이 아니라, 오랜 기간 은폐된 학대에 대해 책임을 묻는 실질적 수단임을 보여 줍니다.

또한 시효 계산 방식도 유연하게 설계되어 있습니다. 시효 만료 전에 공식 조사가 개시되면 원래 시효의 절반이 연장됩니다. 일반 사건(5년 시효)의 경우 최대 7년 6개월, 뇌물·부패 사건(10년 시효)의 경우 최대 15년까지 기소가 가능합니다. 국가 형사 절차가 시작되면 FIFA 시효는 중단되며, 절차가 끝난 이후 다시 진행됩니다. 재범이 발생하면 마지막 위반 시점부터 새로 시효가 계산됩니다. 이는 반복 위반이나 은폐 시도로 시효 만료를 노리는 행위를 방지하기 위한 장치입니다. 따라서 제13조는 법적 안정성과 절차적 확실성을 담보하는 기본적 시효 규정을 유지하면서도, 재정 범죄에는 더 긴 시효를, 성적 학대와 같은 중대한 인권 침해에는 시효 배제를 통해 실질적 정의를 보장하는 균형적 체계를 마련하고 있습니다.

5-1. 의무(Duties)

제14조. 일반 의무(General duties)

1. 본 규정 적용 대상자는 자신의 직무와 의무의 중요성을 인식하고 이를 성실히 이행해야 하며, 특히 재정 관련 사안에 대해 주의 의무를 다해야 합니다.

2. FIFA의 규제 체계를 존중해야 하며, 적용 가능한 한도 내에서 이를 준수해야 합니다.

3. 자신의 행동이 FIFA의 평판에 미칠 영향을 고려하고, 신뢰성과 무결성을 유지하는 방식으로 행동해야 합니다.

4. 부적절한 인상을 주거나 부정행위로 보일 수 있는 행위는 피해야 합니다.

5. 위반 시 최소 10,000스위스 프랑(CHF)의 벌금과 최대 2년간 축구 관련 활동 금지가 부과됩니다.

해설　　제14조는 FIFA 윤리규정의 일반 의무를 규정하며, 모든 관계자가 지켜야 할 기본 행동 원칙을 제시합니다. 핵심은 '법적으로 문제가 없어도 윤리적으로 의심받을 수 있는 행위는 피하라'는 요구입니다. 예를 들어, 이해관계자와의 불필요한 금전 거래, 과도한 접대, 공식 행사에서의 경솔한 발언 등은 형식적으로 위법이 아닐 수 있어도 FIFA의 명예와 신뢰를 심각하게 훼손할 수 있으며, 이 경우에도 윤리규정 위반으로 제재를 받을 수 있습니다.

제15조. 정치적 중립 의무(Duty of neutrality)

1. 본 규정 적용 대상자는 정치적 중립을 유지해야 하며, FIFA, 축구연맹, 회원협회, 리그 및 구단과 관련된 직무수행 시 정치적 견해를 표출해서는 안 됩니다.

2. 위반 시 최소 10,000스위스 프랑(CHF)의 벌금과 최대 2년간 축구 관련 활동 금지가 부과됩니다.

해설　　FIFA 윤리규정에서 강조하는 정치적 중립 의무를 규정합니다. FIFA 및 그 산하 조직은 정치로부터 독립된 운영을 핵심 원칙으로 삼고 있으며, 이는 FIFA 정관과 국제 스포츠 규범 전반에 일관되게 반영되어 있습니다. 따라서 모든 관계자는 직무수행 과정에서 정치적 입장을 표명하거나, 특정 정당·정부·이념과 연계된 행위에 관여해서는 안 됩니다. 이는 단순히 개인적 발언에 그치지 않고, 직무와 관련된 결정, 외부 기관과의 협력, 공적 행사에서의 언행 전반에 적용됩니다.

실무적으로는 협회 임원이 특정 정부나 정당과 연계된 발언을 하거나, 경기 운영에 정치적 요소를 개입시키는 경우가 대표적인 위반 사례가 됩니다. 예를 들어, 국제대회 유치 과정에서 특정 국가 정부와 부당한 정치적 거래를 하거나, 국가대표 선발 과정에서 정치적 성향을 고려한다면 이는 명백한 정치적 중립 의무 위반으로 간주됩니다. FIFA는 이러한 위반을 단순한 개인적 일탈이 아니라, 조직 전체의 공정성과 신뢰성을 훼손하는 중대한 행위로 판단합니다.

> **제16조. 충실 의무(Duty of loyalty)**
>
> 1. FIFA, 축구연맹, 회원협회, 리그, 구단에 대해 충실 의무 원칙을 준수해야 하며, 이해충돌을 피해야 합니다.
> 2. 위반 시 최소 10,000스위스 프랑(CHF)의 벌금과 최대 2년간 축구 관련 활동 금지가 부과됩니다.

해설　이 조항은 축구 관계자가 반드시 지켜야 할 충실 의무(Duty of Loyalty)를 규정합니다. 이는 FIFA, 축구연맹, 회원협회, 리그, 구단 등 자신이 소속된 조직에 대해 충실 의무 원칙을 준수하고, 직무수행 과정에서 사적 이익과의 충돌을 피할 것을 요구합니다. 결국 '조직의 신뢰와 이익을 최우선에 두어야 한다'는 것이 핵심입니다.

실무적으로는 이 조항이 적용되는 범위가 매우 넓습니다. 대표적인 위반 사례는 내부 정보를 외부에 유출하여 개인적 이익을 취하는 행위입니다. 예를 들어, 협상 중인 스폰서 계약이나 선수 이적 관련 기밀을 제3자에게 제공하고 그 대가로 금전적 이득을 얻는 경우, 이는 명백한 충실 의무 위반이 됩니다. 또한 자신의 직책을 이용해 가족이나 지인에게 부당한 이익을 제공하거나, 구단의 의사결정 과정에서 개인적 이해관계가 개입되는 것도 모두 이 규정의 적용 대상이 됩니다. FIFA는 이러한 행위를 조직 내부의 신뢰를 근본적으로 훼손하는 중대한 위반으로 간주합니다.

충실 의무 위반의 대표적인 사례로 아프리카 축구연맹(CAF) 전 회장 이사 하야투(Issa Hayatou) 사건이 있습니다. 하야투는 1988년부터 2017년까지 29년간 CAF 회장을 역임하고, FIFA 평의회 위원과 2015~2016년 FIFA 회장 직무대행을 지낸 아프리카 축구계의 거물이었습니다. 2021년 FIFA 윤리위원회는 하야투가 2014~2017년 사이 CAF 회장으로서 라가르데르 스포츠(Lagardère

Sports)와 체결한 미디어·마케팅 권리 계약을 문제 삼았습니다. 윤리위원회는 이 계약이 적절한 입찰 절차 없이 단독으로 체결되었고, CAF에 재정적(약 2억 이집트 파운드(EGP)) 및 평판상 중대한 손해를 입힌 반경쟁적 계약이라고 판단했습니다. 이에 따라 당시 FIFA 윤리규정 제15조(충실 의무, 현행 제16조에 해당) 위반으로 1년간 축구 관련 활동 금지와 30,000스위스 프랑(CHF)의 벌금이 부과되었습니다. 그러나 하야투는 CAS에 항소했고, 2022년 2월 CAS는 '하야투가 FIFA 윤리규정을 위반했다고 볼 수 없다'며 제재를 전부 취소했습니다. 이 사례는 충실 의무 위반의 판단 기준이 실무적으로 단순하지 않으며, 조직 내부 승인 절차와 의사결정 과정의 문서화가 분쟁 시 핵심 쟁점이 될 수 있음을 보여 줍니다.

해설　이 조항은 FIFA 규정의 적용을 받는 모든 자가 직무수행 과정에서 알게 된 기밀 성격의 정보를 보호할 의무를 명문화하고 있습니다. FIFA는 전 세계 수많은 이해관계자가 얽힌 조직이므로, 내부 정보가 무분별하게 외부로 유출될 경우 절차적 신뢰와 공정성이 심각하게 훼손될 수 있습니다. 따라서 직무상 취득한 정보가 비밀 유지의 취지나 통지를 수반해 제공되었다면, 반드시 비밀로 간주해야 합니다.

비밀 유지 의무는 단순히 현직 기간에만 적용되는 것이 아닙니다. FIFA와의 관계가 종료된 이후에도 계속 존속하므로, FIFA에서 물러난 임원, 위원, 직원 등도 여전히 직무수행 중 알게 된 정보를 외부에 공개할 수 없습니다. 이는 FIFA가 절차적 무결성을 장기간 보장하려는 제도적 안전장치입니다. 이 조항을 위반하면 최소 10,000스위스 프랑(CHF)의 벌금과 함께 최대 2년간 축구 관련 활동 참여 금지라는 중대한 제재가 부과될 수 있습니다. 반복 위반이나 고의적 유출로 사안이 중대할 경우, 제재 수위는 더욱 무거워질 수 있습니다. 이는 비밀 유지 의무가 단순한 도덕적 요구가 아니라, FIFA가 강제력을 동원해 집행하는 법적 의무임을 보여 줍니다.

실무적으로는 징계 사건이나 윤리위원회 절차, 선수 이적 관련 협상, 재정·계약 정보, 내부 조사 자료 등이 대표적인 비밀 정보에 해당합니다. 이러한 정보를 함부로 외부 언론이나 이해관계자에게 제공하는 경우, FIFA는 관련자 개인뿐 아니라 소속 협회·구단에도 책임을 물을 수 있습니다.

해설 보고 의무는 FIFA가 내세우는 투명성과 무관용(Zero Tolerance) 원칙을 실제로 작동하게 만드는 장치입니다. 규정 위반을 목격하거나 관련 정보를 인지한 사람에게 '알았으면 신고해야 할 책임'을 부과하는 구조로, 위반 사실을 알고도 침묵하는 행위는 사실상 은폐에 협조하는 것으로 간주됩니다. 보고하지 않을 경우 최소 10,000스위스 프랑(CHF)의 벌금과 최대 2년간 활동 금지라는 중대한 처분을 받을 수 있습니다.

실무적으로는 보고 채널과 형식에 주의해야 합니다. 반드시 서면으로 제출해야 하며, 구두 보고나 비공식적 연락은 절차상 충분하지 않을 수 있습니다. 사건 발생 일시, 장소, 관련자, 구체적 행위 내용과 함께 관련 자료(영상, 사진, 문서 등)를 정리하여 첨부하고, 제출 문서와 발송 기록을 별도로 보관해 두는 것이 바람직합니다.

위로 관여하든, 윤리위원회의 지시가 없는 한, 해당 과정에서 알게 된 정보를 엄격히 비밀로 유지해야 합니다.

3. 본 규정의 적용을 받는 자는 실제 또는 잠재적 윤리위원회 절차를 방해, 회피, 저지하거나 다른 방식으로 간섭하는 것으로 보이는 행위를 해서는 안 됩니다.

4. 본 규정의 적용을 받는 자는 실제 또는 잠재적 윤리위원회 절차와 관련하여 중요한 사실을 은폐하거나, 허위 또는 오해의 소지가 있는 진술·표현을 하거나, 불완전하거나 허위·오해의 소지가 있는 정보나 자료를 제출해서는 안 됩니다.

5. 본 규정의 적용을 받는 자는 윤리위원회에 대한 실제 또는 잠재적 협조나 지원과 관련하여 타인을 괴롭히거나, 위협·협박하거나, 보복하는 행위를 해서는 안 됩니다.

6. 본 조항을 위반할 경우 최소 10,000스위스 프랑(CHF)의 벌금과 함께 최대 2년간 축구 관련 활동 참여 금지 제재가 부과될 수 있습니다.

해설　　제19조는 윤리위원회 조사 과정에서 모든 관계자가 성실히 협조해야 한다는 원칙을 규정합니다. 이 의무는 사건 당사자뿐 아니라 증인·참고인 등 절차에 관여하는 모든 주체에게 동일하게 적용됩니다. 위반 시 최소 10,000스위스 프랑(CHF)의 벌금과 최대 2년간 활동 금지가 부과되며, 사안이 중대한 경우 더 무거운 처벌로 이어질 수 있습니다.

협조 의무의 핵심 내용은 세 가지입니다. 첫째, 적극적 협조입니다. 사실관계 확인 요청에 전면적으로 응하고, 구두·서면 진술을 제공하며, 위원회가 요구하는 정보·문서·자료를 적시에 제출해야 합니다. 경우에 따라서는 소득·재정 상태와 같은 민감한 정보까지 공개해야 할 수 있습니다. 둘째, 비밀 유지입니다. 윤리위원회의 별도 허가 없이 조사 과정에서 알게 된 정보를 외부에 유출해서는 안 됩니다. 이는 증인 보호와 절차의 공정성을 위한 장치입니다. 셋째, 절차 방해 금지입니다. 조사를 고의로 지연·회피·방해하거나, 사실을 은폐하고 허위 진술을 하거나, 협조자에게 괴롭힘·위협·보복을 가하는 행위는 모두 엄격히 금지됩니다.

실제로 FIFA 윤리위원회는 조사 과정에서 비협조적 태도를 보인 임원들에게 이 조항을 근거로 제재를 부과한 사례가 있습니다. 단순히 본안 위반 혐의가 없더라도, 조사에 협조하지 않거나 절차를 방해한 것 자체가 독립적인 위반 사유가 될 수 있다는 점에서, 이 조항은 FIFA 윤리 절차의 실효성을 담보하는 핵심 규정입니다.

제20조. 이해충돌(Conflicts of interest)

1. 본 규정의 적용을 받는 자는 기존 또는 잠재적인 이해충돌이 직무수행에 영향을 미칠 수 있는 상황에서 해당 직무를 수행해서는 안 됩니다. 이는 특히 의사결정의 준비나 참여 과정에서 이해충돌이 우려되는 경우에 해당합니다. 이해충돌이란 본 규정의 적용을 받는 자가 직무수행의 독립성과 성실성을 해칠 수 있는 부수적 이해관계를 가지거나, 그러한 것으로 보이는 경우를 말합니다. 부수적 이해관계에는 본인 또는 관련 당사자가 어떠한 형태로든 이익을 얻을 수 있는 관계를 포함하되, 이에 국한되지 않습니다.

2. 선출, 임명 또는 고용되기 전에 본 규정의 적용을 받는 자는 장래 활동과 관련하여 이해충돌을 일으킬 수 있는 모든 관계와 이해관계를 공개해야 합니다.

3. 본 규정의 적용을 받는 자는 이해충돌이 발생할 우려가 있는 상황에서 직무(특히 의사결정 준비나 참여)를 수행해서는 안 됩니다. 이러한 이해충돌이 존재할 경우에는 즉시 이를 공개하고, 본 규정의 적용을 받는 자가 직무를 수행하는 해당 조직에 통보해야 합니다.

4. 본 조항을 위반할 경우 최소 10,000스위스 프랑(CHF)의 벌금과 더불어, 최대 2년간 축구 관련 활동 참여 금지 제재가 부과될 수 있습니다. 중대한 사안이거나 반복 위반일 경우에는 최대 5년까지 축구 관련 활동 참여 금지가 선고될 수 있습니다.

해설　제20조는 직무수행의 독립성과 성실성을 해칠 수 있는 모든 사실상·외관상의 이해충돌을 폭넓게 금지합니다. 핵심은 실제 이익의 수수 여부와 관계없이, 그렇게 보이는 상황 자체가 공정성에 대한 신뢰를 손상시키면 이해충돌로 본다는 점입니다. 따라서 징계, 선수 등록, 대회 운영 등 의사결정의 준비·참여 단계에서 본인 또는 관련 당사자에게 어떠한 형태로든 이익이 귀속될 수 있는 관계가 드러나면, 해당인은 즉시 이를 공개하고 스스로 회피해야 하며, 조직은 기록·관리 절차를 통해 이해충돌을 통제해야 합니다. 선출·임명·고용 직전의 사전 공개 의무도 같은 맥락입니다. 위반 시에는 최소 10,000스위스 프랑(CHF)의 벌금과 최대 2년 활동 금지, 중대·반복 위반 시 최대 5년 활동 금지가 부과됩니다.

　이 조항의 취지를 구체적으로 보여 주는 사례가 제프 블라터(Sepp Blatter)와 미셸 플라티니(Michel Platini) 사건입니다. 2011년, 당시 FIFA 회장이던 블라터가 당시 UEFA 회장이던 플라티니에게 2,000,000스위스 프랑(CHF)을 지급했는데, 이는 1999년경 자문 업무의 대가였다고 주장되었지만 서면 계약이나 평의회(Council)·재무위원회 승인 등 정식 절차가 확인되지 않았고, 지급 시점도 회장 선거를 앞둔 연임 국면과 겹쳤습니다. 즉, 지급을 승인하는 결정권자가 현직 유럽연맹 수장과 개인적으로 금전 거래를 하고, 그 거래가 문서화·사내 통제 없이 뒤늦게 처리되었으며, 정치적 이해가 걸린 시기에 이뤄졌다는 점이 결합해 합리적 관찰자 관점에서 의사결정의 독립성이 훼손되어 보이는 전형적 이해충돌로 평가되었습니다. FIFA 윤리위원회는 이를 이해충돌 및 신의성실 위반으로 판단해 장기간 활동 금지를 부과했고, 이후 스포츠중재재판소(CAS)도 위반 자체는 유지하되 제재 기간을 일부 감경하는 결론을 내렸습니다. 이 사건은 문서 없는 사적 합의, 승인 절차의 부재, 지급 시점의 정치적 민감성이 결합하면 실제 대가성이 완전히 입증되지 않았더라도 외관상 이해충돌이 성립할 수 있음을 보여 줍니다.

실무에서는 회색지대가 많습니다. 가족, 지인, 후원사와의 금전·고용·자문·지분 관계, 외부 행사 강연료·접대, 겸직·자문계약, 과거에 받은 무상 지원 등은 의사결정에 직접 개입하지 않아도 외관상 이해충돌을 쉽게 야기합니다. 안전한 운용 원칙은 명확합니다. 사전 공개를 하고 기록을 남기며, 이해충돌 여부가 의심되면 직무에서 회피하거나 제3자에게 심리를 맡기는 방식으로 차단 해야 합니다. 회피와 심리 배제 사실을 문서로 남기는 것도 중요합니다.

제21조. 선물·기타 이익 제공 및 수수 금지(Offering and accepting gifts or other benefits)

1. 본 규정의 적용을 받는 자는 FIFA 내부·외부 인사 또는 본 규정이 정의하는 중개인이나 관련 당사자와 선물이나 기타 이익을 주고받을 수 있습니다. 다만, 그러한 선물이나 이익은 반드시 다음 요건을 모두 충족해야 합니다:

   a. 단순히 상징적이거나 사소한 가치인 것만 받을 것

   b. 본 규정의 적용을 받는 자가 직무와 관련된 행위를 하거나, 하지 않아야 할 행위를 하도록 영향을 미치기 위한 수단으로 제공하거나 수수하지 않을 것

   c. 본 규정의 적용을 받는 자의 의무를 위반하는 방식으로 제공하거나 수수하지 않을 것

   d. 부당한 금전적 또는 기타 이익을 발생시키지 않을 것

   e. 이해충돌을 일으키지 않을 것

   위 요건을 모두 충족하지 못하는 선물이나 기타 이익의 제공·수수는 금지됩니다.

해설　선물·이익 수수 규정은 FIFA 규정을 적용받는 모든 사람이 직무와 관련해 어떤 혜택을 주고받을 수 있는지, 그리고 어디까지가 절대 금지인지에 대한 기준을 제시합니다. 기본 원칙은 명확합니다. FIFA 관계자, 외부 이해관계자, 중개인, 기타 관련 당사자 사이에 오가는 모든 선물·접대·경제적 이익은 상징적·사소한 가치에 한정되어야 하며, 직무수행에 영향을 주거나 부당한 이익을 발생시키는 방향으로는 절대 허용되지 않습니다. 이해충돌을 유발하거나, FIFA 규정상 의무를 우회·위반하는 수단으로 쓰이는 선물·이익 역시 원칙적으로 금지됩니다.

회색지대에 해당하는 경우일수록 기준은 더 엄격해집니다. 수수의 적정성이 불분명한 상황이라면, 제공·수락·제안·약속·요구 자체를 하지 않는 것이 원칙입니다. 특히 현금의 경우, 금액이나 형태를 불문하고 수수 자체가 절대적으로 금지됩니다. 다만 문화적 관습상 상대의 체면이나 예절 때문에 즉석에서 거절하기 매우 곤란한 선물이 있을 수 있는데, 이런 경우에는 소속 조직을 대표하여 예외적으로 수락하더라도 곧바로 상급 기관에 보고하고, 지체 없이 관할 기관에 인도해야 합니다. 겉으로는 문화를 존중하되, 실질적으로는 부패 가능성을 차단하려는 FIFA 특유의 균형적 설계가 반영된 부분입니다.

위반의 결과도 가볍지 않습니다. 규정을 어기면 최소 10,000스위스 프랑(CHF)의 벌금과 함께 최대 2년간 축구 관련 활동 참여 금지가 부과될 수 있으며, 부당하게 수수한 이익의 가액은 벌금 산정에 반영됩니다. 필요할 경우 그 이익 자체를 반환·회수하도록 명령받을 수 있고, 반복 위반이거나 사안이 특히 중대한 경우에는 제재가 강화되어 최대 5년까지 활동 금지가 선고될 여지도 열려 있습니다.

현장에서 문제되는 장면을 떠올려 보면 이해가 더 쉽습니다. FIFA, 축구연맹, 회원협회, 구단, 선수, 에이전트 사이에는 각종 선물·식사·접대·초청 행사 같은 '관계 유지용 혜택'이 빈번하게 오 갈 수밖에 없습니다. 이때 기준은 두 가지입니다. 해당 선물이 직무 관련 판단이나 의사결정에 직 접적·간접적 영향을 줄 가능성이 있는지, 그리고 실제 영향과 무관하게 객관적으로 보아 부적절 해 보일 수 있는지 여부입니다. FIFA는 '실제로 이익이 오갔는가'를 넘어서, 외관상 공정성이 훼손 될 위험이 있는 경우까지도 규정 위반으로 보고 있다는 점이 중요합니다.

제22조. 수수료(Commission)

1. 상업 계약에 따른 정당한 경우를 제외하고, 계약 협상이나 비즈니스 수행 대가로 수수료나 기타 이익을 받아서는 안 됩니다.
2. 위반 시 최소 10,000스위스 프랑(CHF)의 벌금과 최대 2년간 활동 금지가 부과되며, 심각한 경우 또는 재범 시 최대 5년까지 금지될 수 있습니다.

해설   제22조는 FIFA 윤리규정에서 수수료 수수의 금지를 명확히 규정합니다. 상업 계약에 근 거한 정당한 수수료가 아닌 경우, 계약 협상이나 비즈니스 수행 과정에서 수수료나 기타 경제적 이익을 받는 것은 허용되지 않습니다. 이는 특히 선수 이적, 스폰서십 계약, 중계권 협상 등 축구 산업의 주요 계약에서 빈번히 발생하는 관행을 직접 겨냥한 조항입니다.

실무적으로는 에이전트나 협회 관계자가 공식 계약과 무관하게 별도의 수수료를 챙기는 경 우가 대표적인 위반 사례입니다. 예를 들어, 선수 이적 협상 과정에서 구단과 별도로 비공식 수수 료를 요구하거나, 스폰서 계약 체결 시 개인 계좌로 '소개비'를 수취하는 경우 모두 위반에 해당합 니다. FIFA가 이를 엄격히 금지하는 이유는 이러한 수수료가 불투명한 자금 흐름을 유발하고, 제 3자 개입(Third-party Influence)과 결합할 경우 경기 운영과 선수 계약의 공정성을 근본적으로 훼손하 기 때문입니다.

또한 위반 시 최소 10,000스위스 프랑(CHF)의 벌금과 최대 2년간 활동 금지가 부과되며, 심각 한 경우나 재범의 경우 최대 5년까지 활동 금지가 선고될 수 있습니다. 이는 수수료 관행이 단순 한 금전적 문제를 넘어 국제적 신뢰를 해치는 중대한 위반으로 간주된다는 점을 보여 줍니다.

제23조. 차별 및 명예훼손(Discrimination and defamation)

1. 인종, 피부색, 민족, 사회적 배경, 성별, 장애, 성적 지향, 종교, 정치적 견해 등 어떠한 사유로도 차별적 발언·행동을 해서는 안 됩니다.

2. FIFA 또는 관계자에 대한 공개적인 명예훼손·비방도 금지됩니다.

3. 위반 시 최소 10,000스위스 프랑(CHF)의 벌금과 최대 2년간 활동 금지, 심각한 경우 최대 5년까지 금지됩니다.

해설 제23조는 FIFA 윤리규정에서 가장 엄격히 다루는 사안 중 하나인 차별 및 명예훼손 금지를 명문화합니다. 인종, 피부색, 민족, 사회적 배경, 성별, 장애, 성적 지향, 종교, 정치적 견해 등 어떤 사유로도 차별적 언행을 해서는 안 되며, FIFA 또는 관계자에 대한 공개적인 명예훼손과 비방 역시 금지됩니다. 이는 단순히 개인의 언행 규제를 넘어, 축구가 국제 사회에서 보편적 가치와 인권 존중을 실현해야 한다는 FIFA의 강력한 의지를 반영합니다.

실무적으로 이 조항은 선수, 감독, 임원 등 누구에게나 직접적으로 적용됩니다. 인종차별적 발언을 한 선수가 징계를 받는 사례는 이미 여러 차례 있었으며, 구단 차원에서도 경기 몰수, 승점 삭감, 무관중 경기와 같은 중대한 조직 제재로 이어질 수 있습니다. 특히 SNS와 같은 온라인 플랫폼에서의 발언도 예외가 아니며, 개인 계정에서의 게시물이라 하더라도 FIFA 규정 위반으로 징계 대상이 될 수 있습니다. 명예훼손 역시 단순한 비판을 넘어 FIFA 조직이나 관계자의 명예를 훼손하는 발언을 했을 경우 엄격히 제재됩니다.

제재 수위 또한 가볍지 않습니다. 최소 10,000스위스 프랑(CHF)의 벌금과 최대 2년간 활동 금지가 부과될 수 있으며, 행위가 심각하거나 반복적일 경우 최대 5년까지 활동 금지가 내려질 수 있습니다. 따라서 차별 및 명예훼손은 개인의 일탈을 넘어 조직 전체에 치명적 영향을 미칠 수 있는 위반으로 인식해야 합니다.

제24조. 신체적·정신적 안전 보호(Protection of physical and mental integrity)

1. 본 규정의 적용을 받는 자는 타인의 신체적·정신적 안전과 인격적 존엄을 존중하고 보호해야 합니다.

2. 본 규정의 적용을 받는 자는 상대방을 모욕하거나 타인을 선동하여 증오·폭력을 일으킬 목적으로 모욕적 제스처나 언어를 사용해서는 안 됩니다.

3. 본 규정의 적용을 받는 자는 모든 형태의 신체적·정신적 학대, 괴롭힘, 그리고 고립·배제·인격적 존엄

4. 위협, 이익 제공 약속, 강요, 그리고 모든 형태의 성적 학대·괴롭힘·착취는 특별히 금지됩니다.

5. 본 조항 위반 시 최소 10,000스위스 프랑(CHF)의 벌금과 더불어 최소 2년간 축구 관련 활동 참여 금지 제재가 부과됩니다. 성적 학대·착취 사건이나 중대한 사안, 또는 반복 위반의 경우에는 최소 10년간 축구 관련 활동 참여 금지가 선고될 수 있습니다.

6. 본 규정의 적용을 받는 자 중 성적 학대나 괴롭힘의 잠재적 피해자는, 본 규정에 따른 절차에 따라 재판부(Adjudicatory Chamber)의 결정을 대상으로 스포츠중재재판소(CAS)에 항소할 수 있습니다. 피해자는 결정문, 조사부의 최종 보고서, 당사자들이 제출한 모든 문서·증거를 제공받게 되며, CAS에 대한 항소 기한은 이러한 자료의 통지일로부터 시작됩니다.

7. 각 축구연맹(Confederation) 및 협회(Association)는 본 조항에서 규정한 행위로 인해 자국 기구가 인사 제재를 결정한 경우 이를 즉시 FIFA에 보고해야 합니다.

해설　이 조항은 FIFA 윤리규정의 핵심 가치 중 하나인 신체적·정신적 안전과 존엄성 보호를 다루고 있습니다. 규정 적용 대상자는 타인의 신체적·정신적 안전을 존중하고 보호해야 하며, 모욕적 언행, 폭력, 위협, 강요, 고립, 모멸감 유발과 같은 모든 행위가 금지됩니다. 이는 단순히 경기장에서의 행위만이 아니라, 직무수행 중 혹은 직무 외적 상황까지 포함하는 포괄적 보호 규정입니다.

특히 성폭력, 성희롱, 강제적 신체 접촉과 같은 중대한 인권 침해는 최소 2년 이상 활동 금지와 벌금이 병과되며, 심각한 경우 영구 활동 금지까지 가능합니다. FIFA는 피해자가 사건을 FIFA에 직접 보고할 수 있도록 절차를 열어두었고, 조사 과정에서 피해자 보호를 명문화하여 2차 피해를 방지하는 장치를 마련했습니다. 또한 가해자는 조사 절차에 성실히 응해야 하며, 피해자·증인에 대한 보복이나 위협은 추가 위반으로 간주됩니다.

실무적으로 이 조항은 경기 중 폭력 행위뿐 아니라 직장 내 괴롭힘, 조직 내 따돌림, 온라인 괴롭힘까지 포함됩니다. 예를 들어, 코칭스태프가 선수에게 지속적으로 모욕적 언행을 가하거나, 동료 선수들이 특정 선수를 고립시키는 행위도 모두 제24조의 적용 대상이 됩니다. FIFA는 이러한 위반을 단순한 비윤리적 행위가 아니라, 축구 공동체의 안전과 존엄성을 근본적으로 해치는 중대한 범죄로 간주합니다.

제25조. 문서 위조 및 변조(Forgery and falsification)

1. 본 규정 적용 대상자는 문서를 위조하거나, 진본 문서를 변조하거나, 위조·변조된 문서를 사용하는 행위를 해서는 안 됩니다.

2. 위반 시 최소 10,000스위스 프랑(CHF)의 벌금과 최소 2년간 축구 관련 활동 금지가 부과됩니다.

해설 제25조는 FIFA 윤리규정에서 문서 위조 및 변조 행위를 엄격히 금지합니다. 이는 축구 관련 행정의 근간을 이루는 문서의 신뢰성을 보호하기 위한 조항으로, 선수 등록 서류, 계약서, 이적 동의서, 신분증, 학적 증명서 등 모든 공식 문서가 그 대상에 포함됩니다. 규정 적용 대상자는 직접 위·변조하는 행위뿐 아니라, 이미 위·변조된 문서를 사용하는 행위까지 금지됩니다.

실무적으로는 이 조항이 적용되는 사례가 상당히 많습니다. 대표적으로 연령 조작(Age Fraud)은 국제 축구에서 빈번히 문제가 되어 왔으며, 학적 서류를 조작해 실제 나이보다 어린 선수로 등록하는 경우가 이에 해당합니다. 또한 이적 계약서 조작이나 신분증 위조 역시 반복적으로 적발되고 있으며, 이 경우 선수 개인뿐 아니라 구단, 협회까지 연대책임을 지게 됩니다. 제재는 최소 10,000스위스 프랑(CHF)의 벌금과 최소 2년간의 활동 금지로 규정되어 있으며, 위반이 심각할 경우 국제이적 금지, 선수 자격 박탈, 구단 제재 등 추가 조치로 이어질 수 있습니다. FIFA가 문서 위·변조를 단순 행정상 실수가 아닌, 축구 생태계의 신뢰를 뿌리부터 흔드는 중대한 범죄로 간주하는 이유가 여기에 있습니다.

제26조. 직위 남용(Abuse of position)

1. 본 규정 적용 대상자는 자신의 직위를 남용하여 사적 이익을 추구해서는 안 됩니다.

2. 위반 시 최소 10,000스위스 프랑(CHF)의 벌금과 최소 2년간 활동 금지가 부과되며, 직위와 관련해 부당이득을 취한 경우 제재가 가중됩니다.

해설 제26조는 직위 남용(Abuse of Position)을 금지하는 조항입니다. 규정 적용 대상자는 자신의 직위를 개인적 이익 추구의 수단으로 삼아서는 안 되며, 위반 시 최소 10,000스위스 프랑(CHF)의 벌금과 최소 2년간 활동 금지가 부과됩니다. 직위와 직접 연결된 부당이득을 취한 경우에는 제재가 가중됩니다.

이 조항의 특징은 이득의 금액이나 규모와 관계없이 위반이 성립한다는 점입니다. 사소한 편의 제공이나 소액의 이익이라도 직위를 근거로 한 것이라면 직위 남용에 해당합니다. 핵심 판단 기준은 '이익이 직위에서 파생되었는가'이며, FIFA는 이 연결성 입증에 주안점을 둡니다.

대표적 사례로 FIFA 고위 임원 보너스 스캔들이 있습니다. FIFA 전 회장 제프 블라터(Sepp Blatter), 전 사무총장 제롬 발케(Jérôme Valcke), 전 사무부총장 겸 재무이사 마르쿠스 카트너(Markus Kattner)는 2010년 남아공 월드컵, 2013년 컨페더레이션스컵, 2014년 브라질 월드컵의 재정적 성공을 명목으로 스스로에게 특별 보너스를 지급했습니다. 이들은 서로의 보너스를 교차 승인하는 방식으로 내부 감시를 회피했고, 카트너는 지급 실행과 장부 외 처리를 담당했습니다. 블라터는 23,000,000스위스 프랑(CHF)을 수령하고 다른 임원들에게 총 46,000,000스위스 프랑을 승인했으며, 3인이 5년간 취득한 총액은 약 79,000,000스위스 프랑에 달했습니다. FIFA 윤리위원회는 카트너에게 이해충돌과 직위 남용 위반으로 10년 활동 금지와 1,000,000스위스 프랑의 벌금을, 블라터와 발케에게는 각각 6년 8개월 추가 징계와 1,000,000스위스 프랑의 벌금을 부과했습니다.

제27조. 불법 베팅·도박·유사 행위(Involvement with betting, gambling or similar activities)

1. 본 규정 적용 대상자는 축구 경기 또는 관련 행사에 직접·간접적으로 베팅, 도박, 복권(Lottery), 스포츠 베팅 등 유사 행위에 참여할 수 없습니다.
2. 제3자와의 연계, 지분 보유, 금전적 이해관계 보유 등 간접적 형태도 포함됩니다.
3. 위반 시 최소 100,000스위스 프랑(CHF)의 벌금과 최대 3년간 활동 금지가 부과됩니다.

해설 제27조는 축구 관계자의 베팅·도박 및 유사 행위 전면 금지를 규정합니다. 적용 대상자는 베팅, 도박, 복권, 로터리 등 유사 행위에 직접·간접적으로 참여할 수 없습니다. 제3자를 통한 차명 투자, 베팅 기업의 지분 보유, 가족 명의 계좌를 이용한 참여 등도 모두 금지 대상에 포함됩니다. FIFA가 이러한 간접적 형태까지 명시적으로 규제하는 이유는, 이해관계의 개입이 단 한 번이라도 발생하면 경기의 공정성과 무결성이 심각하게 훼손될 수 있기 때문입니다.

실무적으로 이 조항은 승부 조작(Match-Fixing) 예방과 직결됩니다. 2023년 뉴캐슬 유나이티드

(Newcastle United F.C.) 소속 미드필더 산드로 토날리(Sandro Tonali)는 AC 밀란(AC Milan) 시절 불법 베팅 플랫폼을 이용해 자신이 소속된 팀의 경기에 베팅한 사실을 인정하여, 이탈리아축구협회(FIGC)로 부터 10개월 출전 정지 처분을 받았습니다. 토날리는 자신의 팀이 이기는 쪽에만 베팅했기 때문에 승부 조작 의혹은 받지 않았으나, FIFA와 FIGC 규정상 최대 3년 자격 정지가 가능했습니다. 조사 에 적극 협조한 덕분에 형량이 대폭 감경되었지만, 출전 정지 외에도 도박 중독 치료 프로그램 참 여와 16회 이상의 공익 강연 활동을 이행해야 했으며, 결과적으로 2023-24 시즌 전체와 유로 2024 대회 출전 기회를 상실했습니다. 이 사례는 승부 조작 의도가 없더라도 축구 관계자의 베팅 행위 자체가 중대한 징계 사유가 됨을 명확히 보여 줍니다.

제재 수준은 최소 100,000스위스 프랑(CHF)의 벌금과 최대 3년간의 활동 금지로 규정되어 있 습니다. 그러나 실제로는 위반의 성격이 승부 조작이나 불법 자금 세탁과 연결되는 경우가 많아, 징계 수위가 훨씬 더 무겁게 책정되는 사례가 많습니다.

제28조. 뇌물수수 및 부패(Bribery and corruption)

1. 본 규정의 적용을 받는 자는 어떠한 개인적 이익이나 부당한 금전적·기타 이익도 수수·제공·약속·요구·청탁해서는 안 됩니다. 이는 사업을 확보하거나 유지하거나, 그 밖의 부당한 이익을 얻기 위해 FIFA 내부 또는 외부의 누구와도 직·간접적으로, 혹은 제3자를 통한 방식으로 행해져서는 안 됩니다. 특히 본 규정의 적용을 받는 자는 직무와 관련된 어떠한 행위나 부작위를 유도할 목적으로, 자신에게 주어진 재량권을 벗어나거나 의무를 위반하는 형태의 금전적·기타 부당한 이익을 수수·제공·약속·요구·청탁할 수 없습니다.

2. 본 규정의 적용을 받는 자는 이러한 행위의 외관이나 의심을 불러일으킬 수 있는 모든 활동이나 행위를 피해야 합니다.

3. 본 조항을 위반할 경우 최소 100,000스위스 프랑(CHF)의 벌금과 함께 최소 5년간 축구 관련 활동 참여 금지 제재가 부과됩니다. 부당하게 수수한 금액은 벌금 산정에 포함되며, 제재는 해당 인사가 축구에서 고위직을 맡고 있는 경우나 수수한 이익의 성격과 규모에 따라 더욱 가중될 수 있습니다.

해설　　부패·뇌물 금지 규정은 FIFA가 축구 행정 전반에서 부패에 대해 완전한 무관용(Zero Tolerance) 원칙을 취하고 있음을 가장 명확하게 드러내는 부분입니다. FIFA 규정의 적용을 받는 사람은 누구든, 어떤 형태이든 금전적·비금전적 부당이득을 수수하거나 제공·약속·요구·청탁해서는 안 됩니다. 여기에는 직접적인 뇌물 거래뿐 아니라 제3자를 내세운 우회 지급, 가족·지인·법인 명의를 이용한 간접 수수까지 모두 포함됩니다. 목적이 사업 확보, 계약 유지, 경기·대회 관련 특혜, 인사·결정 과정에서의 영향력 행사 등 무엇이든 상관없이, 직무와 대가관계에 있는 모든 이익은 부패 행위로 평가됩니다.

특히 직무 관련 판단을 왜곡하게 하거나, 해야 할 일을 하지 않도록 만들거나, 해서는 안 될 일을 하도록 유도하는 대가로 제공하거나 수수하는 이익은, 어떤 형태라도 금지됩니다. FIFA는 실제로 이익이 오갔는지 여부만 보지 않고, 외관상으로도 부정한 의심을 살 수 있는 상황 자체를 피할 것을 요구합니다. 다시 말해, '실제로 부패가 성립했는가'라는 최소 기준이 아니라, '부패처럼 보일 수 있는가'라는 더 엄격한 잣대를 적용하라는 메시지에 가깝습니다.

이 규정을 위반하면 최소 100,000스위스 프랑(CHF)의 벌금과 함께 최소 5년간 축구 관련 모든 활동에서 배제되는 중대한 제재를 받게 됩니다. 부당하게 수수한 금액·이익의 규모와 성격은 벌금 및 활동 금지 기간 산정에 반영되며, 해당 인사가 축구 내 고위직을 맡고 있거나, 부패 행위가 구조적·조직적 양상을 보이는 경우에는 제재 수위가 더 높아질 수 있고, 극단적인 경우 영구 활동 금지(Expulsion)까지 선고될 수 있습니다. FIFA는 지난 수년간 드러난 고위 임원 부패 스캔들을 계기로, 반부패를 조직 생존과 신뢰 회복의 최우선 과제로 삼고 있습니다. 따라서 FIFA 체계 안에 있는 누구든, 의도적 부패 행위는 물론이고 제3자가 보기에도 의심스러울 정도의 혜택 수수까지 철저히 경계해야 하며, 모든 이해관계에서 투명성과 공정성을 최우선 기준으로 삼아야 한다는 점을 이 규정이 분명하게 상기시켜 줍니다.

제29조. 자금의 횡령 및 남용(Misappropriation and misuse of funds)

1. 이 규정의 적용을 받는 자는 FIFA, 축구연맹, 회원협회, 리그 또는 구단의 자금을 직·간접적으로, 또는 제3자와 연계하여 횡령하거나 남용해서는 안 됩니다.

2. 이 규정의 적용을 받는 자는 본 조항 위반에 대한 의심 또는 위반의 의혹을 살 수 있는 인상(Appearance)을 주는 모든 활동이나 행위를 삼가야 합니다.

3. 본 조항을 위반할 경우, 최소 100,000스위스 프랑(CHF)의 벌금과 더불어 최소 5년간 축구 관련 활동 참여 금지가 부과됩니다. 횡령된 자금의 액수는 벌금 산정에 포함되며, 위반자가 축구 분야에서 높은 지위를 보유한 경우 또는 해당 자금의 중요성·규모 및 그로부터 얻은 이익에 비례하여 제재는 가중될 수 있습니다.

해설 제29조는 FIFA 윤리규정에서 재정적 투명성과 책임성을 보장하기 위해 마련된 핵심 조항으로, 국제 축구 조직 내 자금 관리와 관련된 가장 중대한 위반 행위를 다룹니다. 본 규정의 적용을 받는 자는 FIFA, 축구연맹, 회원협회, 리그, 구단 등 어떠한 조직의 자금이라도 직·간접적으로 횡령하거나 남용해서는 안 됩니다. 여기서 주목할 점은 제3자를 통한 간접적 행위까지 포함된다는 것입니다. 단순히 직접적인 자금 횡령뿐 아니라 위장된 거래, 중개, 제3자 연계 행위까지도 포괄하여 우회적인 재정 비리를 차단하려는 의도가 담겨 있습니다.

특히 주목해야 할 부분은 제2항입니다. 실제 횡령이나 남용뿐 아니라, 위반에 대한 의심이나 오해를 살 수 있는 행위 역시 금지됩니다. 법적으로 명확히 위법이 입증되지 않았더라도, 외부에서 보기에 자금 관리의 투명성을 해치는 인상을 주는 행위 자체가 제재 사유가 될 수 있습니다. 이는 FIFA가 '보이는 청렴성(Appearance of Integrity)'까지 중시한다는 점을 잘 보여 주며, 일반 형사법보다 훨씬 높은 윤리적 기준을 적용하고 있음을 의미합니다.

본 조항 위반 시에는 매우 엄격한 제재가 부과됩니다. 기본적으로 최소 100,000스위스 프랑(CHF)의 벌금과 최소 5년간 축구 관련 활동 참여 금지가 내려집니다. 부당하게 수령한 금액은 벌금 산정에 포함되며, 위반자가 축구계에서 높은 직위에 있거나, 자금의 성격과 규모가 중대하거나, 그로 인해 얻은 이익이 클수록 제재는 더욱 가중됩니다. 아울러 FIFA 윤리규정상 중대한 위반의 공소시효는 일반 위반(5년)보다 긴 10년이 적용되며, 조사가 개시된 경우에는 15년까지 연장될 수 있어 장기간 은폐된 재정 비리도 추적할 수 있도록 설계되어 있습니다.

이러한 제29조가 실제로 적용된 최근 사례로 베네수엘라 축구협회(FVF) 전 사무총장 마누엘 알바레스(Manuel Álvarez) 건이 있습니다. 2025년 1월 17일 FIFA 윤리위원회는 알바레스에게 5년간 축구 관련 활동 참여 금지 및 993,603.93달러(USD)의 벌금을 부과했습니다. 그는 제29조(자금의 횡령 및 남용), 제16조(충성 의무), 제14조(일반적 의무)를 위반한 것으로 판정되었는데, 직무 수행 과정에서의 행위, 부작위, 주의 결여, 관리 소홀 및 태만이 FVF와 FIFA 자금의 횡령 및 남용을 가능하게 했다는 이유였습니다. 이 사건은 FIFA가 매년 211개 회원협회에 각각 최소 200만 달러씩 지급하는 개발 지원금과 관련된 것으로 알려졌습니다. 이 사례는 직접적인 횡령뿐 아니라 이를 방치하거나 가능하게 한 관리 책임까지 물을 수 있음을 보여 줍니다.

제29조는 FIFA가 재정적 청렴성을 국제 축구 조직 운영의 핵심 가치로 삼고 있음을 보여 주는 조항입니다. 이 조항은 단순히 돈을 잘못 쓰는 행위를 금지하는 수준을 넘어, 자금 관리에서의 무결성, 외관상 투명성, 그리고 책임성을 기본 원칙으로 확립했다는 점에서 큰 의의가 있습니다.

제30조. 축구 경기 또는 대회 조작(Manipulation of football matches or competitions)

1. 이 규정의 적용을 받는 자는 축구 경기나 대회의 조작에 관여하는 것이 금지되며, 경기 또는 대회의 조작 가능성과 직·간접적으로 관련된 활동에 대한 제안을 받거나, 관련 정보를 인지하게 된 경우 이를 즉시 FIFA 윤리위원회에 보고해야 합니다.

2. 경기 또는 대회 조작과 관련된 모든 행위에 대한 판단 권한은 경기장 안팎을 불문하고 전적으로 FIFA 징계위원회(Disciplinary Committee)에 속합니다.

3. 조사부(Investigatory Chamber)는 조사 과정에서 확보한, 본 조항 위반과 관련될 수 있는 모든 정보를 FIFA

해설　제30조는 경기·대회 조작(Match-fixing)을 다루고 있습니다. FIFA가 가장 중대한 위반 중 하나로 간주하는 행위이며, 축구의 공정성과 신뢰를 근본적으로 훼손하기 때문에 무관용 원칙이 적용됩니다.

규정의 적용을 받는 모든 사람은 경기나 대회의 조작에 직·간접적으로 관여하는 것이 전면 금지됩니다. 단순히 조작 행위에 참여하는 것뿐 아니라, 조작 가능성과 관련된 활동이나 정보에 접근했을 경우에도 이를 즉시 FIFA 윤리위원회(Ethics Committee)에 보고해야 합니다. 침묵이나 은폐도 위반으로 간주되며, 이는 내부 신고 의무를 제도화함으로써 조기 적발과 예방 효과를 노린 장치입니다.

경기 조작과 관련된 모든 행위에 대한 판단 권한은 경기장 안팎을 불문하고 FIFA 징계위원회(Disciplinary Committee)에 전속됩니다. 조작 문제가 불법 베팅·외부 개입·조직적 부정행위 등 광범위한 형태로 나타날 수 있음을 고려해, 경기 외적인 정황도 동일하게 다뤄집니다. 또한 윤리위원회 조사부(Investigatory Chamber)는 조사 과정에서 본 조항 위반과 관련될 수 있는 정보를 확보하면 이를 반드시 징계위원회에 이관해야 하므로, 윤리 절차와 징계 절차 간의 정보 연계가 의무화되어 있습니다.

이 조항의 필요성을 극명하게 보여 주는 사례가 싱가포르 출신 승부 조작자 윌슨 라즈 페루말(Wilson Raj Perumal)입니다. 그는 2010 FIFA 월드컵 예선을 포함해 80~100경기를 조작했다고 주장했으며, FIFA 회원협회의 약 1/4에 해당하는 50여 개국의 선수·심판·협회 관계자 네트워크를 보유하고 있었습니다. 짐바브웨 국가대표팀의 아시아 원정 경기에서는 베팅 신디케이트 대표들이 하프타임에 라커룸에 들어가 후반전 진행 방향을 지시했다는 FIFA 조사 보고서도 있습니다. 2019년 FIFA 징계위원회는 이 사건과 관련된 8명의 선수에게 영구 자격 정지를 선고했습니다. 조작자 한 명이 대륙을 넘나들며 조직적으로 활동할 수 있었던 배경에는 '알면서도 신고하지 않은' 수많은 관계자가 있었습니다. 제30조가 조작 행위 자체뿐 아니라 보고 의무까지 명시하고, 징계위원회에 전속 관할을 부여한 이유입니다.

제1절. 조직(Organisation)

1-1. 윤리위원회의 관할권(Competence of the ethics committee)

제31조. 윤리위원회의 관할권(Competence of the ethics committee)

1. 윤리위원회는 본 규정 적용 대상자의 행위 중 다음 사유에 해당하는 사건을 전속적으로 조사·판단할 권한을 가집니다:

   a. FIFA가 위촉·임명하거나 FIFA가 지정한 직무를 수행하는 과정에서 발생한 위반 행위

   b. FIFA 관련 직무나 책임과 직접 관련된 위반 행위

   c. FIFA 자금 사용과 관련된 위반 행위

2. 윤리위원회는 축구연맹이나 회원협회 관할이 아닌 사건을 심리할 수 있으며, 해당 사건이 FIFA로 이관되는 경우(예: 회원협회가 사건 인지 후 90일 이상 조치하지 않은 경우)에도 관할권을 가집니다.

해설　　제31조는 FIFA 윤리위원회의 관할권 범위를 명확히 규정합니다. 윤리위원회는 FIFA가 위촉·임명하거나 지정한 직무수행 과정에서 발생한 위반, FIFA 관련 직무와 직접적으로 연관된 위반, 그리고 FIFA 자금 사용과 관련된 위반을 전속적으로 조사하고 판단할 권한을 가집니다. 즉, FIFA와 직·간접적으로 연결된 모든 직무수행 행위는 윤리위원회의 관할 아래 들어갑니다.

또한 이 조항은 FIFA 관할권의 우선성을 강조합니다. 원칙적으로는 축구연맹이나 회원협회가 먼저 사건을 다뤄야 하지만, 해당 기구가 사건 인지 후 90일 이상 아무런 조치를 취하지 않을 경우 FIFA가 사건을 직접 회수하여 심리할 수 있습니다. 이는 중대한 사건이 협회 차원에서 축소·은폐되거나 무기한 지연되는 것을 방지하기 위한 제도적 장치입니다. 따라서 FIFA는 최종적이고 보충적인 권한을 통해, 국제 축구 전체의 무결성을 보장할 수 있습니다.

실무적으로는 협회 고위 임원이 자국 내 규정 위반을 저질렀으나 해당 협회가 정치적 이유로 징계를 미루거나 의도적으로 사건을 무마하려는 경우, FIFA 윤리위원회가 사건을 직접 가져와 처리할 수 있습니다.

> **제32조. 조사부·재판부 구성**(Composition of the investigatory and adjudicatory chambers)
> 윤리위원회는 FIFA 정관에 따라 조사부(Investigatory Chamber)와 재판부(Adjudicatory Chamber)로 구성됩니다.

해설　윤리위원회의 기본 구조는 제32조에서 조사부(Investigatory Chamber)와 재판부(Adjudicatory Chamber)로 이원화된 형태로 규정됩니다. 이는 FIFA 정관이 정한 사법기구 운영 원칙을 윤리 절차에 그대로 반영한 것으로, 절차의 공정성과 독립성을 제도적으로 담보하기 위한 핵심 장치입니다.

조사부는 사건의 사실관계를 파악하고 증거를 수집한 뒤, 기소 여부를 결정하는 역할을 맡습니다. 반대로 재판부는 조사부가 기소한 사건을 심리하고, 그 결과에 따라 최종 결정을 내립니다. 조사와 재판 기능을 이렇게 명확히 분리해 두었기 때문에, 조사 단계에서 형성된 선입견이 곧바로 판결로 이어지는 것을 구조적으로 차단할 수 있습니다.

이와 같은 이원 구조는 FIFA가 절차적 정의(Due Process)를 중시한다는 강한 신호이기도 합니다. 조사부가 모은 증거와 보고서를 기초로 하되, 재판부가 별도의 관점에서 독립적으로 심리하기 때문에, 피징계인은 조사 단계에서 불리한 정황이 드러났더라도 재판 단계에서 충분히 방어권을 행사할 수 있습니다. 국가 형사사법 제도에서 검찰과 법원의 기능을 분리해 두는 것과 유사한 구조로 이해할 수 있습니다.

> **제33조. 대리**(Deputising)
> 각 부서의 의장이 개인적 사유 또는 객관적 사유로 직무를 수행할 수 없는 경우, 부의장 중 1인이 그 직무를 대행합니다. 부의장 역시 직무를 수행할 수 없는 경우에는 해당 부서 소속 위원 중 연장자순으로 의장 직무를 대행합니다.

해설　윤리위원회 업무가 중단 없이 이어지도록 하기 위한 장치를 두고 있는 규정입니다. 각 부서 의장이 개인적 사유나 사실상의 사유로 직무를 수행할 수 없게 되면 부의장이 자동으로 직무를 대행하고, 부의장까지도 수행이 어려운 경우에는 해당 부서 소속 위원 중 연장자가 그 역할을 대신하도록 정하고 있습니다. 이를 통해 일시적으로 책임자가 공석이 되더라도 사건 처리가 지연되거나 결정 과정에 공백이 생기지 않도록 제도적 안전망을 마련해 둔 것입니다.

　윤리 절차 운영 관점에서 보면, FIFA 사건은 엄격한 시효와 각종 기한 규정에 따라 움직이기 때문에 담당자가 부재하거나 이해충돌로 회피해야 하는 상황이 발생했을 때 대리 체계가 지체 없이 작동하는지가 매우 중요합니다. 예를 들어, 조사부 의장이 특정 사건과 이해관계를 가져 회피해야 하는 경우, 부의장이나 다른 선임 위원이 곧바로 직무를 승계해야만 사건 진행이 멈추지 않고 정해진 기한 안에 처리될 수 있습니다.

제34조. 사무국(Secretariats)

1. FIFA 사무국(General Secretariat)은 독립위원회 사무국장(Director of the Secretariat to the Independent Committees)의 책임 하에, 조사부(Investigatory Chamber)와 재판부(Adjudicatory Chamber) 모두에 필요한 인력을 갖춘 사무국(Secretariat)을 제공해야 합니다. 각 부의 사무국은 사건 기록의 보관을 담당하며, 사건 기록은 최소 10년간 보존되어야 합니다.

2. 조사부 사무국은 조사부 의장 또는 수석 조사관의 권한 하에 절차와 관련된 행정·법률 업무를 담당하고, 조사부가 임무를 수행할 수 있도록 지원합니다. 특히 조사부 사무국은 회의록, 최종 보고서 및 조사부 위원이 요구하는 기타 모든 문서를 작성해야 합니다.

3. 재판부 사무국은 재판부 의장의 권한 하에 절차와 관련된 행정·법률 업무를 담당하고, 재판부가 임무를 수행할 수 있도록 지원합니다. 특히 재판부 사무국은 회의록 및 재판부 위원이 요구하는 기타 모든 문서를 작성해야 합니다.

해설　이 조항은 FIFA가 조사부(Investigatory Chamber)와 재판부(Adjudicatory Chamber)가 원활하게 기능할 수 있도록 사무국(Secretariat)을 두고, 그 역할과 책임을 명확히 규정한 것입니다. 먼저 FIFA 사무국(General Secretariat)은 독립위원회 사무국장(Director of the Secretariat to the Independent Committees)의 책임 하에 각 부서별 사무국에 필요한 인력을 배치합니다. 각 사무국은 사건 기록을 관리·보관하는 책임을 지며, 사건 기록은 최소 10년간 보존되어야 합니다. 이는 사건 처리의 투명성과 사후 검증 가능성을 보장하기 위한 장치입니다.

　조사부 사무국은 조사부 의장 또는 수석 조사관의 권한 아래 행정적·법률적 지원을 담당합니다. 구체적으로는 회의록 작성, 최종 보고서 정리, 조사부 위원이 요청하는 각종 문서 작성 등 조사 활동 전반을 지원합니다. 이는 조사부가 사실관계를 규명하고 혐의를 입증하는 데 필요한 증거·절차 관리의 전문성을 확보하기 위한 역할입니다.

재판부 사무국은 재판부 의장의 권한 아래 행정적·법률적 지원을 담당합니다. 역시 회의록 작성과 재판부 위원이 요청하는 문서 준비 등 절차적 운영을 보조하며, 패널(Panel)이 제재 여부를 판단하는 과정에서 절차적 정당성과 기록 관리를 뒷받침합니다.

결국 제34조는 FIFA의 징계·윤리 절차에서 행정적 뒷받침이 단순한 형식 지원에 그치지 않고, 투명성·지속성·절차적 정당성을 확보하는 핵심 기능이라는 점을 보여 줍니다. 실무적으로는 사건 기록이 최소 10년간 보존되므로, 과거 사례가 후속 사건이나 재심·항소 절차에서 중요한 참고 자료가 될 수 있습니다.

제35조. 독립성(Independence)

1. 윤리위원회(Ethics Committee)의 위원은 조사와 절차를 독립적이고 공정하게 관리하며, 결정을 내릴 때 전적으로 독립적이고 편견 없이 판단해야 하며, 제3자의 영향을 피해야 합니다.
2. 윤리위원회의 위원과 그 직계 가족은 FIFA 내 다른 사법기구, FIFA 평의회(Council), 또는 FIFA의 상설위원회에 소속될 수 없습니다.
3. 윤리위원회의 위원은 FIFA, 축구연맹, 회원협회와 관련하여, FIFA·축구연맹·회원협회의 사법기구 위원 직위를 제외한 어떠한 직위도 겸직할 수 없습니다.

[해설] 윤리규정에서 가장 먼저 강조하는 축 가운데 하나가 바로 윤리위원회(Ethics Committee)의 독립성과 공정성입니다. 윤리위원회는 다른 어떠한 기구의 영향도 받지 않은 채, 스스로의 판단에 따라 조사와 결정을 내려야 하며, 위원 개인은 절차 진행과 결정 과정에서 편견 없이 판단하고 외부의 압력이나 제3자의 영향으로부터 자유로워야 합니다. 이 원칙이 지켜질 때에만 FIFA 징계·윤리 절차 전체에 대한 신뢰가 유지될 수 있습니다.

위원의 겸직 제한도 매우 엄격하게 설계되어 있습니다. 윤리위원회의 위원이나 그 직계 가족은 FIFA 내 다른 사법기구, FIFA 평의회(Council), 상설위원회에 동시에 소속될 수 없습니다. 내부 권력 구조와 윤리 절차가 뒤엉키면, 실제 이해충돌이 발생하지 않았더라도 '내부 사람을 보호하는 기구'라는 의심을 피하기 어렵기 때문입니다.

나아가 윤리위원회 위원은 FIFA, 축구연맹(Confederations), 각국 회원협회와 관련하여 사법기구

위원 직위를 제외한 어떠한 역할도 겸할 수 없습니다. 예를 들어, 협회 사무총장, 집행부·평의회 구성원, 실질적 의사결정권을 가진 행정직·집행직을 동시에 맡는 것은 모두 금지됩니다. 조사·판단 기능과 집행·행정 권한이 한 사람 또는 한 조직 안에 섞여버리면, 이해관계가 얽히고 판단의 독립성이 훼손될 위험이 크기 때문입니다. 윤리위원회를 FIFA 내부 권력과 일정한 거리를 둔 준사법적 기관으로 세워 두려는 의도가 그대로 드러나는 부분입니다.

이러한 독립성 원칙 덕분에 윤리위원회는 FIFA 안팎의 정치적·경제적 이해관계와 분리된 결정을 내릴 수 있고, 그 결정 역시 스포츠중재재판소(CAS) 단계에서도 '절차적으로 정당한 과정을 거쳤다'는 전제를 인정받기 쉽습니다. FIFA가 윤리위원회에 대해 독립성, 불편부당성, 엄격한 겸직 금지 규정을 두고 있는 이유는, 단지 형식적 요건을 채우기 위함이 아니라 징계·윤리 시스템 전체의 신뢰와 정당성을 지탱하는 토대를 만들기 위해서라고 이해할 수 있습니다.

제36조. 회피 및 이의 제기(Withdrawal and challenges)

1. 윤리위원회(Ethics Committee) 위원(Member)은 독립성이나 공정성에 대한 정당한 의문이 제기될 수 있는 사안, 또는 이해충돌이 존재하는 사안의 조사나 심리에 참여하지 않아야 합니다. 해당 사유가 발생하는 경우 이를 공개해야 합니다.

2. 위 규정은 특히 다음과 같은 경우에 적용됩니다:

    a. 해당 위원이 사건의 결과에 직접적인 이해관계를 가지고 있는 경우

    b. 당사자에 대해 개인적 편견이나 선입견을 가지고 있거나, 쟁점이 되는 증거 사실에 대해 직접적인 개인적 지식을 보유하고 있거나, 당사자가 아닌 위치에서 사건 결과에 대해 의견을 표명한 경우, 또는 직계 가족이 사건 당사자이거나 사건 결과에 실질적인 영향을 받을 수 있는 이해관계를 가지고 있는 경우

    c. 해당 위원이 사건 당사자와 동일한 국적을 가지고 있는 경우

    d. 해당 위원이 윤리위원회 위원으로서가 아닌 다른 지위에서 이미 동일 사건을 다룬 경험이 있는 경우

3. 참여를 회피하는 위원은 즉시 의장에게 통보해야 합니다.

4. 윤리위원회의 특정 위원이 독립적이지 않거나 공정하지 않다고 판단되는 경우, 이해관계인은 그 사유를 인지한 날로부터 5일 이내에 이의 제기 신청을 해야 하며, 기한을 넘기면 해당 권리는 포기된 것으로 간주됩니다. 이의 제기 신청은 그 사유를 명시하고, 가능한 경우 이를 입증해야 합니다.

5. 관련 부서의 의장은 해당 이의 제기 신청이 타당한지를 판단합니다. 만약 당사 위원이 자발적으로 회

해설　윤리위원회(Ethics Committee) 위원의 독립성과 공정성을 제도적으로 보장하기 위한 장치로, 이해충돌이 있거나 불공정한 심리에 대한 의심이 제기될 때 위원이 스스로 심리에서 물러나야 하고, 당사자가 위원에 대해 이의를 제기할 수 있는 절차를 함께 규정하고 있습니다.

먼저 회피(Withdrawal)는 위원 본인이 자신의 독립성과 공정성이 훼손될 수 있는 상황임을 인지했을 때 자발적으로 심리에 참여하지 않는 것을 뜻합니다. 사건 결과에 직접적인 이해관계가 있거나, 당사자에 대해 개인적인 호불호·편견을 가지고 있는 경우, 직계 가족이 사건 당사자인 경우, 동일 국적을 가진 점이 문제될 수 있는 경우, 과거 다른 지위에서 이미 동일 사건을 다룬 이력이 있는 경우 등은 모두 대표적인 회피 사유로 간주됩니다. 이러한 사유가 있을 때 해당 위원은 지체 없이 의장에게 이를 통보해야 합니다.

이의 제기(Challenge)는 당사자가 특정 위원의 독립성·공정성에 의문을 제기하는 절차입니다. 사유를 알게 된 날로부터 5일 이내에 신청해야 하며, 이 기한을 넘기면 더 이상 이의를 제기할 수 없습니다. 신청자는 왜 그 위원이 공정하게 판단하기 어렵다고 보는지 구체적인 사유를 밝히고, 가능하면 이를 뒷받침할 자료도 함께 제시해야 합니다. 이의 제기가 접수되면 해당 부서의 부의장이 타당성을 검토하고, 해당 위원이 스스로 회피하지 않더라도 의장이 최종적으로 계속 관여 여부를 결정합니다. 만약 이의 제기 대상이 의장 본인이라면, 부의장 또는 FIFA 항소위원회(Appeal Committee)의 의장·부의장이 대신 판단을 내립니다.

이와 같은 회피·이의 제기 제도는 이해관계가 있는 위원이 심리에 관여하지 못하도록 하고, 당사자에게 위원의 공정성에 대해 문제를 제기할 수 있는 통로를 열어 둠으로써 절차의 투명성과 신뢰를 높이는 역할을 합니다. 특히 동일 국적이라는 사유만으로도 이의 제기 대상이 될 수 있다는 점은, 윤리 절차가 철저히 국제적 기준과 인식을 전제로 설계되어 있음을 보여 줍니다.

해설 윤리위원회(Ethics Committee)의 위원과 사무국(Secretariat) 구성원에게는 매우 엄격한 비밀 유지 의무가 부과됩니다. 윤리 절차는 부패, 승부 조작, 성적 학대처럼 민감한 사안을 다루는 경우가 많기 때문에, 조사·심의 내용이 외부로 유출되면 당사자의 권리가 침해되고 절차 전체에 대한 신뢰가 흔들릴 수 있습니다. 따라서 심리 과정에서 알게 된 사실관계, 진술 내용, 개인 신상정보 등은 FIFA 개인정보 보호 규정에 따라 철저히 보호되어야 하며, 직무상 취득한 정보는 원칙적으로 외부와 공유할 수 없습니다.

다만 절대적인 비밀주의만을 고집하는 것은 또 다른 불신을 낳을 수 있기 때문에, FIFA는 절차의 투명성과 공익을 위해 제한적 공개를 허용하는 예외를 두고 있습니다. 조사부(Investigatory Chamber)나 재판부(Adjudicatory Chamber)가 필요하다고 판단하는 경우, 진행 중이거나 종결된 절차에 관해 왜곡된 사실관계를 바로잡거나, 공익상 필요하다고 인정되는 최소한의 정보를 대중에게 알릴 수 있습니다. 이때도 무죄 추정 원칙과 당사자의 인격권은 반드시 존중되어야 하고, 공표의 범위와 방식은 신중하게 설계되어야 합니다.

특히 재판부 의장은 결정의 요지나 조사 종료 사실을 FIFA 공식 웹사이트(FIFA.com)를 통해 공지할 수 있습니다. 그러나 이 과정에서 사건과 직접 관련이 없는 인물의 이름이나, 재판부 의장이 민감하다고 판단한 정보는 반드시 익명 처리되어야 합니다. 다시 말해, 규정은 '알려야 할 것은 알리되, 보호해야 할 정보는 철저히 가린다'는 균형을 추구하고 있습니다. 만약 윤리위원회 위원이 비밀 유지 의무를 위반할 경우 단순한 경고로 끝나지 않고, 해당 부 소속 위원 다수의 결정에 따라 차기 FIFA 총회까지 직무에서 배제될 수 있습니다. 이는 위원회 내부에서도 비밀 유지 위반을 중대한 직무상 일탈로 취급한다는 점을 보여 줍니다.

2-1. 절차규정(Procedural rules)

2-1(1). 기본규정(General rules)

> **제38조. 당사자(Parties)**
>
> 피신고인만이 절차상 '당사자'로 간주됩니다.

해설　이 조항은 FIFA 윤리규정 절차에서 누구를 '당사자(Party)'로 볼 것인지 명확히 규정합니다. 절차상 당사자는 오직 피신고인(혐의받는 자)으로 한정되며, 신고인이나 참고인은 당사자로 인정되지 않습니다. 이는 징계 절차의 범위를 분명히 하여, 절차의 초점을 규정 위반 혐의를 받는 인물에게 집중하도록 설계된 것입니다.

실무적으로는 이 조항 덕분에 절차가 불필요하게 확대되거나 혼선이 발생하는 것을 방지할 수 있습니다. 예를 들어, 내부 고발자가 조사의 출발점이 되었다고 하더라도, 그는 절차상 '당사자'가 아니므로 징계 대상이나 피의자로서의 권리·의무를 갖지 않습니다. 마찬가지로 증인 또한 절차 진행에 중요한 역할을 하지만, 법적 지위는 '협조자'일 뿐 당사자가 될 수 없습니다. 결국 모든 절차의 권리와 의무, 그리고 제재의 귀속은 피신고인에게만 집중됩니다.

> **제39조. 변호권(Representation)**
>
> 1. 당사자와 관련인은 자신의 비용으로 변호인을 선임할 수 있으며, 당사자의 자유로운 선택에 따릅니다.
>
> 2. 위원회는 대리인 수를 제한할 수 있습니다(과도한 경우).

해설　제39조는 피신고인의 변호권(Representation)을 규정합니다. 당사자와 관련인은 자신의 비용으로 변호인을 선임할 수 있으며, 누구를 대리인으로 선택할지는 전적으로 자유입니다. 이는 절차적 권리를 보장하여, 피신고인이 충분한 방어권을 행사할 수 있도록 하기 위한 장치입니다.

다만 FIFA 윤리위원회는 필요할 경우 대리인의 수를 제한할 수 있습니다. 이는 동일 사건에서 지나치게 많은 변호인이 참여할 경우 절차가 과도하게 지연되거나, 불필요하게 복잡해지는 상황을 방지하기 위한 조치입니다. 따라서 피신고인은 변호인을 선임할 권리는 보장되지만, 방어권 남용을 통해 절차를 지연시키는 행위는 허용되지 않습니다.

실무적으로는 국제 사건의 특성상 피신고인이 여러 나라의 변호인을 동시에 선임하는 경우가 종종 있습니다. 이때 위원회는 사건의 성격과 필요성을 고려해 적정 인원만 허용할 수 있습니다. 또한 비용은 원칙적으로 본인 부담이므로, 피신고인은 방어 전략과 비용 부담 사이에서 현실적인 선택을 해야 합니다.

제40조. 법률구조(Legal aid)

1. 본 규정의 적용을 받는 자가 권리를 보장받기 위해 필요하나 재정적 수단이 부족한 경우, 윤리위원회(Ethics Committee) 절차와 관련하여 FIFA에 법률구조(Legal Aid)를 요청할 수 있습니다.

2. 법률 지원을 신청하려는 자는 사유가 기재된 신청서와 관련 증빙 자료를 제출해야 합니다.

3. 사무국(Secretariat)은 무상 지원(Pro Bono) 변호인 명부를 작성합니다.

4. FIFA의 사전 서면 승인을 전제로, 신청인의 필요에 따라 법률 지원은 다음과 같이 제공될 수 있습니다:

   a. 신청인은 절차 비용을 면제받을 수 있음

   b. 신청인은 사무국이 작성한 명부에서 무상 지원 변호인을 선택할 수 있음

   c. 신청인 본인의 합리적인 여행·숙박 비용과, 증인 및 전문가를 소환하는 경우 그들의 합리적인 여행·숙박 비용을 FIFA가 부담할 수 있으며, 여기에는 명부에서 선임된 무상 지원 변호인의 비용도 포함됨

5. 윤리위원회 재판부 의장이 법률 지원 신청에 대한 결정을 내리며, 그 결정은 최종적입니다.

6. 법률 지원 및 무상 지원 변호인과 관련된 추가 조건과 요건은 FIFA가 회람문(Circular)을 통해 공지할 수 있습니다.

7. 당사자와 연락이 닿지 않는 경우, 재판부 의장은 궐석 심리(In Absentia)를 위해 무상 지원 변호인을 선임하여 해당 당사자를 대리하게 할 수 있습니다. 부재 여부는 재판부가 회원협회를 통해 최종 보고서를 이메일로 송부했음에도 15일 이내에 응답이 없을 때 확정됩니다. 이 경우 회원협회는 본 규정 제43조에 따라 FIFA에 통보해야 합니다.

 앞서 법률구조(Legal Aid)의 기본 구조는 앞서 FIFA 징계규정(Disciplinary Code) 제46조에서 설명한 바와 같습니다. 윤리규정 제40조는 이 틀을 윤리위원회 절차에 적용하면서, 몇 가지 고유한 장치를 추가합니다.

첫째, 법률구조 승인 여부는 윤리위원회 재판부(Adjudicatory Chamber) 의장이 최종적으로 판단하며, 이 결정은 불복할 수 없습니다. 둘째, 당사자와 연락이 닿지 않는 경우에 대비한 규정이 있습니다. FIFA 사무국이 회원협회를 통해 최종 보고서를 송부했음에도 15일 이내에 응답이 없으면 부재가 확정되고, 재판부는 직권으로 무상 지원 변호인을 선임하여 궐석(In Absentia) 심리를 진행할 수 있습니다. 이는 당사자가 절차를 회피하더라도 최소한의 방어권이 형식적으로나마 확보된 상태에서 심리가 이루어지도록 하기 위한 장치입니다.

제41조. 협조 의무 위반(Failure to cooperate)

1. 본 규정의 적용을 받는 당사자나 기타 인물이 윤리위원회의 요청에 어떤 방식으로든 협조하지 않거나 고의로 응답을 지연하는 경우, 해당 요청을 발한 부(Chamber)의 의장은 사전 경고 후 이를 제19조(협조 의무) 위반으로 간주해 제재할 수 있습니다.

2. 당사자가 협조하지 않는 정도에 따라, 조사부는 자신이 보유한 사건 기록에 기초하여 최종 보고서를 작성할 때, 그리고 재판부는 자신이 보유한 사건 기록에 기초해 결정을 내릴 때, 이러한 불이행을 고려하여 제19조 위반에 따른 추가 위반 사유로 포함시킬 수 있습니다.

 제41조는 FIFA 윤리규정에서 규정하는 협조 의무 위반(Failure to Cooperate)에 관한 조항입니다. 당사자나 관련인이 윤리위원회의 요청에 대해 성실히 응하지 않거나, 의도적으로 지연 대응을 할 경우 의장은 단순 경고를 부과하는 데 그치지 않고, 별도의 위반 행위로 간주하여 제19조(협조 의무) 위반에 따라 기소할 수 있습니다. 또한 조사위원회나 재판부는 최종 보고서 작성이나 판결 단계에서 이러한 불성실한 태도를 가중 요소로 반영할 수 있습니다. 즉, 협조 부족은 단순한 절차 지연이 아니라, 위반 행위 자체로 평가되어 추가 제재 사유로 작용할 수 있습니다.

실무적으로는 조사 과정에서 자료 제출을 미루거나, 이메일·문서 요구에 응답을 지연하는 것만으로도 협조 의무 위반이 성립할 수 있습니다. 이는 FIFA가 절차적 신속성과 효율성을 중시한다는 점을 보여 주며, 피신고인이나 관계자가 전략적으로 시간을 끌거나 모호하게 대응하는 행위를 사전에 차단하는 효과가 있습니다. 예를 들어, 승부 조작 의혹이 제기된 선수가 반복적으로 조사 일정을 미루거나 불충분한 자료만 제출한다면, 이는 단순 비협조를 넘어 독립된 징계 사유로 취급되어 제재 수위가 높아질 수 있습니다.

해설　국제기구인 FIFA의 특성상 다국어 절차가 필수이며, 언어 선택권은 당사자의 절차적 권리를 보장하는 핵심입니다. 제42조는 FIFA 윤리 절차에서 사용되는 공용어와 언어 선택권을 규정합니다. FIFA의 공식 절차상 사용 언어는 영어, 프랑스어, 스페인어 세 가지이며, 당사자는 이 가운데 원하는 언어를 선택할 수 있습니다. 또한 필요할 경우 FIFA가 통역사를 제공하여 절차 참여의 실질적 권리를 보장합니다. 결정문 역시 이 원칙을 따르며, 가능하다면 당사자의 언어로 작성하여 이해 가능성을 최대화하는 것을 원칙으로 합니다.

실무적으로 이는 국제기구로서 FIFA의 특수성을 반영합니다. 징계나 윤리 절차의 당사자는 전 세계에 걸쳐 존재하기 때문에, 언어 장벽을 그대로 두면 절차적 권리가 침해될 수 있습니다. 예를 들어, 남미 소속 코치가 스페인어로 절차를 진행할 권리를 보장받지 못한다면, 조사나 판결 과정에서 방어권이 실질적으로 제한될 수 있습니다. FIFA는 이를 방지하기 위해 공용어 제도를 운영하고, 필요시 통역사를 제공하여 절차적 평등을 실현합니다.

또한 결정문을 당사자가 이해할 수 있는 언어로 제공하는 것은 판결의 정당성과 수용성을 높이는 중요한 요소입니다. 판결 이유를 충분히 이해하지 못하면 항소권 행사조차 제한될 수 있으므로, FIFA가 가능한 범위 내에서 당사자의 언어를 사용하도록 규정한 것은 국제 스포츠 재판에서 매우 중요한 장치라 할 수 있습니다.

해설 이 조항은 FIFA와 당사자 간 송달 방식과 그 효력을 규정하여, 절차의 일관성·효율성·예측 가능성을 보장합니다. 모든 결정과 문서는 FIFA 법무 포털(Legal Portal)을 통해서만 송부되며, 이는 곧바로 법적 효력을 갖고 기한 산정의 기준이 됩니다. 당사자는 해당 결정을 반드시 통지받아야 하며, 이는 절차적 권리 보장의 출발점이 됩니다.

송달은 당사자에게 직접 전달될 수도 있고, 협회를 통해 이루어질 수도 있습니다. 협회를 통한 송달은 협회가 문서를 수령인에게 전달하는 조건으로 유효하게 인정되며, 실제로 당사자가 직접 수령하지 않았더라도 FIFA가 송부한 시점에 이미 적법하게 송달된 것으로 간주됩니다. 특히 협회가 문서를 받은 경우, 송부일로부터 4일이 지나면 자동으로 수신인에게 전달된 것으로 간주되며, 모든 절차상의 기간은 문서 송부일 다음 날 자정(중앙유럽 표준시 기준)부터 기산됩니다. 이는 당사자가 고의 또는 과실로 송달을 지연·회피하려는 시도를 방지하기 위한 장치입니다.

또한 FIFA는 당사자의 소재가 확인되지 않거나, 직접 송달이 불가능하거나 과도한 불편을 초래하는 경우, 또는 당사자가 FIFA의 지시에 따라 연락처를 제공하지 않은 경우에는 FIFA 공식 웹사이트 공지를 통해 통지를 갈음할 수 있습니다. 이 경우 공지 게시일이 곧 통지일로 간주됩니다. 이는 절차가 무한히 지연되지 않도록 보장하는 제도적 장치입니다.

실무적으로는 당사자와 협회가 FIFA 법무 포털을 정기적으로 확인하고, 연락처를 최신 상태로 유지하는 것이 필수적입니다. 협회가 문서를 전달하지 않더라도 송달 효력은 발생하기 때문에, 협회는 내부 전달 체계를 엄격히 관리해야 하며, 이를 소홀히 하면 협회 자체가 FIFA의 제재 대상이 될 수 있습니다. 따라서 제43조는 FIFA 절차에서 송달 효력을 포털 중심의 전자적 체계로 일원화하고, 협회를 통한 송달과 웹사이트 공지까지 포함하여 실질적인 절차적 안정성과 신속성을 보장하는 규정이라 할 수 있습니다.

해설　제44조는 윤리위원회 결정이 언제부터 효력을 갖는지, 그리고 결정문에 오류가 있을 때 어떻게 다룰 수 있는지를 동시에 정리해 주는 규정입니다. 윤리위원회가 결정을 내리고 이를 당사자에게 통지하는 순간, 그 결정은 별도의 유예기간이나 추가 승인 없이 곧바로 효력이 발생합니다. 징계·윤리 절차가 지연 없이 집행력을 갖도록 하려는 취지로, 규정 위반 행위에 대한 제재가 '통지와 동시에' 현실에서 작동하도록 구조를 짜 둔 것입니다.

다만 한 번 통지되었다고 해서 결정문을 일체 손댈 수 없는 것은 아닙니다. 명백한 오류가 확인된 경우 윤리위원회는 언제든 이를 수정할 수 있도록 되어 있습니다. 여기서 말하는 오류는 사실관계에 대한 중대한 재평가나 판단 변경이 아니라, 사실관계 표기의 단순 착오, 문서 작성 과정에서의 오타·오기, 활동 금지 기간 계산의 산술 오류처럼 절차적 정당성에는 영향을 미치지 않지만, 결과의 정확성과 명료성을 해칠 수 있는 문제들을 가리킵니다. FIFA는 '결정은 통지 즉시 효력 발생'이라는 원칙과 '명백한 오류는 사후에 바로잡을 수 있다'는 예외를 함께 두어, 집행의 신속성과 결과의 정확성을 동시에 확보하려는 셈입니다.

현장에서 보면 이 구조 덕분에 제재는 지체 없이 발효되면서도, 결정문에 다소간의 기재 오류가 발견되었다고 해서 절차 전체를 다시 처음부터 되돌릴 필요는 없습니다. 예를 들어, 활동 금지 기간의 기산일이 잘못 적혔거나, 벌금 액수의 숫자 표기에서 단순 입력 오류가 난 경우, 윤리위원회가 그 부분만 정정해 효력을 그대로 유지할 수 있습니다. 이렇게 '즉시 집행과 사소 오류의 신속한 교정'을 병행하는 방식은 FIFA가 절차의 권위와 신뢰성을 지키면서도 불필요한 분쟁과 혼선을 줄이려는 설계라고 이해하면 좋겠습니다.

> ### 제45조. 증거의 종류(Various types of proof)
>
> 1. 어떠한 형태의 증거도 제출할 수 있습니다.
>
> 2. 특히 다음과 같은 증거가 포함됩니다:
>
>   a. 문서
>
>   b. 관계자의 보고서
>
>   c. 당사자의 진술
>
>   d. 증인의 진술
>
>   e. 음성 및 영상 기록물
>
>   f. 전문가의 의견
>
>   g. 그 밖에 사건과 관련된 모든 증거
>
> 3. 조사 과정에서 구두 진술이 이루어지는 경우, 해당 진술은 직접 출석, 전화 또는 영상 회의를 통해 제시할 수 있습니다.

해설 증거 규정은 FIFA 징계 절차에서 증거 능력에 원칙적인 제한이 없다는 점을 분명히 해줍니다. 형식이나 매체를 불문하고 모든 형태의 자료가 증거로 제출될 수 있으며, 그 범위에는 문서, 관계자 보고서, 당사자·증인의 진술, 음성·영상 기록물, 전문가 의견, 그 밖에 사건과 관련된 모든 자료가 포함됩니다. 조항에서 열거하는 유형은 어디까지나 예시에 불과하기 때문에, 사건의 성격이나 기술 발전에 따라 새로운 형태의 자료도 충분히 증거로 활용될 수 있습니다.

징계 사건의 특성상 경기 중 상황을 입증하기 위해 심판 보고서, 경기 감독관 보고서, 중계·경기 영상, VAR 기록 등은 실무에서 가장 자주 등장하는 증거들입니다. 여기에 디지털 환경이 일상화되면서 전자우편, 메신저 대화 내용, 서버 로그, 디지털 포렌식 자료도 중요한 증거로 제출되고 있습니다. 진술이 필요할 때 반드시 직접 출석에 의존할 필요도 없습니다. 전화 또는 화상 회의를 통해 진술을 청취할 수 있도록 허용하고 있어, 국가 간 거리와 시차, 비용 문제를 고려한 유연한 구조를 취하고 있습니다. 국제 사건을 다루는 FIFA 절차의 실효성과 접근성을 동시에 확보하려는 의도가 반영된 부분입니다.

다만 어떤 자료를 실제로 증거로 채택하고, 어느 정도의 신빙성과 비중을 부여할지는 전적으로 FIFA 사법기구의 재량에 달려 있습니다(제39조 참조). 제출 가능한 증거의 문은 넓게 열어 두되, 최종적인 평가와 배점은 재판부의 심증 형성 과정에서 정해지는 구조라고 이해할 수 있습니다. FIFA 에이전트 시험 대비 관점에서는, 형식에 관계없이 모든 형태의 증거 제출이 가능하다는 점, 문서·보고서·진술·녹음·영상·전문가 의견 등 다양한 유형이 예시로 규정되어 있다는 점, 그리고 구두 진술이 반드시 대면 출석에만 의존하지 않고 전화·영상 회의 방식으로도 제시될 수 있다는 점을 자연스럽게 연결해 기억해 두면 충분합니다.

해설　익명 참가자 보호 규정은 증인이나 관계자가 진술 과정에서 본인이나 가족이 보복·신체적 위험에 노출될 수 있는 상황을 전제로 마련된 안전장치입니다. 윤리위원회 관할 부서의 의장이나 그 대리인은 이런 위험이 있다고 판단되면 증인의 신원을 보호하기 위해 다양한 조치를 명할 수 있습니다. 신원 비공개, 청문회 출석 면제, 목소리 변조, 청문회실 외부에서의 심문, 서면 심문, 신원 특정 정보의 별도 비공개 기록 보관 등이 여기에 포함됩니다.

다만 익명 증언만을 근거로 제재를 부과하는 것은 예외적인 경우에만 허용됩니다. 다른 보강 증거가 없는 상황이라면 두 가지 절차적 요건이 충족되어야 합니다. 첫째, 피징계자와 법률대리인이 서면으로 증인에게 질문할 기회를 가져야 합니다. 둘째, 사법기구 위원들이 해당 증인을 직접 면담하여 신원을 확인하고 진술의 신뢰성을 평가한 뒤 이를 공식 기록으로 남겨야 합니다. 이를 통해 증인의 안전을 보호하면서도 피징계자의 방어권이 과도하게 침해되지 않도록 균형을 맞추고 있습니다.

아울러 익명이 보장된 증인의 신원이나 이를 유추할 수 있는 정보를 누설하는 행위는 그 자체로 독립된 징계 사유가 됩니다. 이 규정이 없다면 익명 보호 조치가 선언에 그칠 수 있으므로, 증인 보호 제도의 실효성을 담보하는 핵심 장치입니다.

이 원칙이 실제로 적용된 대표적 사례가 아프가니스탄축구협회(AFF) 전 회장 케라무딘 카림(Keramuudin Karim) 사건입니다(CAS 2019/A/6388). 카림은 여성 선수들을 장기간 성적으로 학대하고 협박한 혐의로 FIFA 윤리위원회에 회부되어 영구 활동 금지와 1,000,000스위스 프랑(CHF)의 벌금을 선고받았습니다. 피해자들은 보복이 두려워 신원 공개를 꺼렸고, FIFA는 철저한 익명 보호 절차를 도입했습니다. 스포츠중재재판소(CAS) 청문회에서 피해자들은 안전한 장소에서 전화로 증언했으며 목소리 변조기가 사용되었습니다. FIFA 사법기구는 피해자들을 직접 면담하여 신뢰도를 평가했고, 피징계자 측에는 서면 질의 기회를 보장했습니다. CAS는 이 절차를 근거로 익명 증언이 공정하게 수집·검증되었음을 인정하고 FIFA의 제재 결정을 유지했습니다.

도핑, 승부 조작, 성적 학대, 차별과 같이 민감하고 위험도가 높은 사안에서는 피해자와 내부 제보자가 안심하고 입을 열 수 있어야 실체적 진실에 접근할 수 있습니다. 제46조는 바로 그런 환경을 마련하기 위한 규정입니다.

제47조. 절차에서의 익명 참가자 신원 확인

(Identification of anonymous participants in proceedings)

1. 제46조에 따라 익명이 보장된 사람의 안전을 확보하기 위해, 해당인의 신원 확인은 당사자가 배석하지 않은 상태에서 비공개로 진행됩니다. 신원 확인은 관할 부서 의장이 단독으로, 또는 그 대리인이나 관할 부서 전체 위원이 함께 수행할 수 있으며, 해당인의 개인정보를 포함한 내용은 회의록에 기록됩니다.

2. 이 회의록은 당사자에게 전달되지 않습니다.

3. 당사자에게는 간단한 통지서가 제공되는데, 그 내용은 다음과 같습니다:

    a. 해당인의 신원이 공식적으로 확인되었음을 알리는 것

    b. 해당인의 신원을 특정할 수 있는 어떠한 세부 정보도 포함되지 않는 것

해설　앞서 제46조에서 규정한 익명 참가자 제도의 틀을 실제로 어떻게 작동시킬 것인지, 특히 익명이 보장된 증인의 신원을 어떤 방식으로 확인할지를 구체화한 규정입니다. 핵심은 증인의 안전을 최우선으로 보호하면서도, 절차 전체의 공정성과 신뢰를 일정 수준 이상 확보하려는 균형에 있습니다. 신원 확인은 당사자가 배석하지 않은 상태에서 비공개로 진행되며, 이는 익명 참가자나 그 가족이 보복·위협·사회적 낙인 등 추가적인 위험에 노출되는 것을 막기 위한 안전장치입니다. 확인 절차는 관할 부서 의장이 단독으로 진행할 수도 있고, 의장이 지정한 대리인이나 해당 부서 전체 위원이 함께 수행할 수도 있습니다. 이때 증인의 인적 사항은 회의록에 기록되지만, 열람 범위가 엄격히 제한된 비공개 자료로 관리됩니다.

이 비공개 회의록은 당사자에게 직접 전달되지 않습니다. 대신 FIFA는 당사자에게 '해당 익명 참가자의 신원이 윤리위원회에 의해 공식적으로 확인되었다'는 취지만을 담은 간단한 통지서를 제공합니다. 통지서에는 피징계인이 증인을 특정할 수 있는 세부 정보는 일절 포함되지 않습니다. 덕분에 피징계인은 익명 참가자가 허구의 인물이 아니라는 최소한의 절차적 신뢰를 확보할 수 있고, 증인은 자신의 신원이 노출될 위험 없이 진술을 제공할 수 있습니다. 다시 말해, FIFA가 증인 보호를 최우선 가치로 두면서도 피징계인의 방어권을 완전히 배제하지 않으려는 일종의 절차적 절충 장치라고 보면 됩니다.

실제 운영에서는 성적 학대, 승부 조작, 내부 고발, 인종차별 등 민감하고 위험을 수반하는 사안에서 이 규정이 자주 활용됩니다. 익명 참가자의 신원 확인은 항상 비공개로 이루어진다는 점, 그 결과는 개인정보를 모두 제거한 간략한 통지 형태로만 당사자에게 전달된다는 점, 그리고 이러한 구조가 증인의 안전과 피징계인의 방어권 사이에서 균형을 맞추기 위한 장치라는 점을 함께 기억해 두면 윤리 절차의 설계 의도를 이해하는 데 큰 도움이 될 것입니다.

제48조. 허용되지 않는 증거(Inadmissible evidence)

인권을 침해하거나 위법한 방식으로 확보한 증거, 또는 사건의 사실 입증에 명백히 기여하지 않는 증거는 채택되지 않습니다.

　　제48조는 FIFA 윤리 절차에서 증거능력의 하한선을 설정합니다. 인간 존엄성을 침해하는 방식으로 수집된 자료, 그리고 사건의 사실 입증에 명백히 기여하지 않는 자료는 채택하지 않습니다. 이는 제45조가 폭넓은 증거 유형을 허용하더라도, 수집 과정에서 당사자의 존엄성을 침해하는 방식은 배제하겠다는 선언입니다.

실무에서는 다음과 같은 사례가 대표적입니다. 강요·협박·기망으로 얻은 진술, 불법 해킹·무단 계정 접근으로 확보한 이메일·메신저 기록, 녹음 동의 요건을 충족하지 못한 비밀 녹음, 개인정보·의료정보의 무단 취득, 영장 없는 가택 수색으로 확보된 자료 등은 원칙적으로 사용할 수 없습니다. 또한 사실과 무관한 대용량 자료 덤핑(예: 무작위 SNS 캡처, 소문·루머 기사 스크린샷)도 '명백히 무관'한 자료로 분류되어 배제될 수 있습니다.

증거 배제의 범위는 원자료에 그치지 않을 수 있습니다. 이와 관련하여 미국 형사소송법상 독수독과이론(Fruit of the Poisonous Tree)의 법리가 참고될 수 있습니다. 이 이론에 따르면, 위법하게 수집된 '독이 든 나무(Poisonous Tree)'에서 열린 '열매(fruit)', 즉 파생 증거 역시 원칙적으로 증거능력이 부정됩니다. FIFA 윤리규정에 이 이론이 명시되어 있지는 않으나, 존엄성 침해 방식으로 취득한 자료를 단서로 찾아낸 2차 자료가 독립된 적법 경로로 확인되지 않는다면, 그 역시 채택이 거부될 가능성이 있습니다. 다만 이 원칙에는 예외가 인정됩니다. 동일한 사실이 독립된 출처(Independent Source)를 통해 제3의 공적 기록(예를 들어, 공식 서버의 접속 로그), 적법한 소환으로 확보한 원본 자료 등으로 다시 입증된다면 그 부분은 채택될 여지가 있습니다. 또한 해당 수집 방식과 무관하게 불가피하게 발견되었을(Inevitable Discovery) 자료라면 예외적으로 허용될 수 있습니다. 실무상 조사부는 수집 경로와 보관 연혁(Chain of Custody)을 문서화하고, 배제·채택 결정을 기록으로 남겨 감사 가능성을 확보합니다.

이 조항의 함의는 두 가지로 정리됩니다. 첫째, 목적이 정당해도 수단이 존엄성을 침해하면 증거는 배제됩니다. 위반 사실이 중대하더라도 인간 존엄성 침해에 기대어 유죄를 구성할 수는 없습니다. 둘째, 관련성·필요성 심사가 강화됩니다. 사건의 쟁점과 무관한 자료는 채택히지 않아 절차를 간결하게 유지하고, 제49조(증거 평가)·제50조(입증 기준) 단계로 가져갈 자료만 남깁니다. 결과적으로 조사 전략은 '무엇을 얼마나 모으는가'보다 '어떻게, 어떤 경로로 모았는가'가 관건이 됩니다.

사례로 보면, 익명 제보자가 제공한 파일이라도 수집 경위가 불법 해킹에 해당하면 원본은 배제되고, 동일 내용을 협회의 공식 시스템 백업에서 적법하게 재확보했다면 그 자료는 채택될 수 있습니다. 반면 라커룸 비밀 녹음이 양 당사자 동의가 필요한 관할에서 이루어졌다면, 독수독과이론의 법리에 비추어 그 녹음은 물론 이를 단서로 한 2차 추적 자료까지 배제될 가능성이 큽니다.

이런 맥락에서 피신고인 측 방어 전략은 증거 수집 과정의 존엄성 침해 여부와 관련성을 정면으로 다투고, 조사부는 적법한 대체 경로를 신속히 확보하는 것이 핵심입니다.

> ### 제49조. 증거 평가(Evaluation of proof)
> 윤리위원회는 제출된 증거에 대해 절대적인 재량권을 가지며, 어떤 증거를 채택하고 얼마나 신뢰할지 독자적으로 판단합니다.

해설　제49조는 윤리위원회가 증거의 채택(증거능력)과 증거의 신뢰도(증명력)를 분리해 평가하되, 법원식의 경직된 증거법보다 FIFA 절차의 목적에 부합하는 합리적 재량을 우선한다는 점을 분명히 합니다. 즉, 어떤 자료를 받아들일지(제48조로 걸러진 범위 내)와 그것을 얼마나 믿을지는 별개의 판단이며, 위원회는 전체 기록을 종합해 독자적으로 비중을 조절할 수 있습니다.

실무에서 위원회가 중점적으로 보는 요소는 다음과 같습니다. 첫째, 출처의 신뢰성(작성 주체, 이해관계, 전문성). 둘째, 객관 기록과의 일치(공식 보고서, 로그, 금융기록, 경기 영상 등과의 교차검증). 셋째, 연속성과 완전성(증거물 보관의 연속성, 편집·가공 여부, 메타데이터). 넷째, 진술의 일관성과 구체성, 그리고 보강 증거의 존재입니다. 익명 진술이나 전문증거(Hearsay)는 전면 배제되지 않더라도, 보강이 부족하면 낮은 비중만 부여됩니다(제46·47조와의 조화).

이 조항의 핵심은 '무엇이든 증거로 받아들일 수 있다'는 점이 아니라, 받아들인 증거의 신뢰도를 섬세하게 조절한다는 점에 있습니다. 디지털 증거는 진정성(Authenticity) 확인과 무결성(Integrity) 검증 절차를 통과해야 높은 신뢰도를 인정받으며, 수집 경로가 불명확하거나 편집이 의심되는 경우에는 제한적인 증명력만 부여됩니다. 당사자 진술 역시 동기, 이해관계, 반대신문 결과 등에 따라 비중이 달라지며, 상황에 맞게 신중하게 평가됩니다.

> ### 제50조. 입증 기준(Standard of proof)
> 윤리위원회는 '상당한 확신(Comfortable Satisfaction)' 기준으로 심리하고 판결합니다.

해설　제50조는 FIFA 윤리위원회가 적용하는 입증 기준(Standard of Proof)을 규정합니다. 국제 스포츠 중재에서 널리 채택되는 '상당한 확신(Comfortable Satisfaction)' 기준을 사용합니다.

이 기준은 형사법상의 '합리적 의심 이상(Beyond Reasonable Doubt)'과 민사법상의 '우월한 개연성(Preponderance of Evidence)' 사이에 위치합니다. 형사 기준처럼 절대적 확실성까지 요구하지는 않지만, 민사 기준처럼 '그럴 가능성이 조금 더 높다'는 정도만으로는 부족합니다. 위원회가 전체 정황과 증거를 종합했을 때 충분히 설득되고 납득할 수 있을 만큼 증거가 한 방향으로 분명히 기울어야 충족됩니다. 이러한 기준 설정은 FIFA가 다루는 사건의 특성을 반영합니다. 형사 재판과 달리 강제수사권이 없는 한편, 민사 재판처럼 단순한 확률 비교만으로는 경기의 무결성과 조직 신뢰를 지키기에 부족하기 때문입니다.

2020~2023년 아이티 성적 학대 스캔들은 이 기준이 실제로 어떻게 작동하는지 보여 줍니다. 이브 장바르(Yves Jean-Bart) 아이티축구협회(FHF) 회장은 미성년 여성 선수 성적 학대 혐의로 2020년 11월 영구 활동 금지와 1,000,000스위스 프랑(CHF)의 벌금을 부과받았습니다. 그러나 2023년 2월 스포츠중재재판소(CAS)는 이 제재를 번복했습니다. 직접 증인 2명 중 1명만 구두 증언했고, 휴먼라이츠워치(Human Rights Watch)와 국제프로축구선수협회(FIFPRO)가 제출한 보고서는 익명 출처에 기반해 증거로 인정되지 않았습니다. 스포츠중재재판소는 전체 증거가 '불일치하고 불명확하며 모순적'이라고 판단하며 '입증 실패(Case Not Proven)'를 선언했습니다. 이는 장바르의 결백을 확정한 것이 아니라, 제출된 증거가 '상당한 확신' 기준을 충족하지 못했다는 의미입니다. 반면, 같은 협회의 로스닉 그랜트(Rosnick Grant) 심판위원장 겸 부회장은 동일한 유형의 혐의로 영구 활동 금지를 받았고, 2023년 3월 CAS가 이를 확정했습니다. 피해자가 스위스까지 직접 출석해 증언했고, CAS는 그 증언이 '정확하고 일관되며 신뢰할 수 있다'고 평가했습니다. 같은 조직, 같은 유형의 혐의에서 직접 증거의 질과 신빙성이 입증 기준 충족 여부를 갈랐습니다.

제51조. 입증 책임(Burden of proof)

규정 위반 사실의 입증책임은 윤리위원회에 있습니다.

해설   제51조는 FIFA 윤리규정 절차에서 입증 책임(Burden of Proof)이 누구에게 있는지를 명확히 합니다. 규정 위반 사실을 입증할 책임은 오로지 윤리위원회에 있으며, 피신고인은 스스로 무죄를 증명할 의무가 없습니다. 이는 절차적 공정성을 보장하기 위한 기본 원칙으로, 징계 절차가 자의적으로 운영되지 않도록 하는 안전장치입니다.

제52조. 기한의 시작과 종료(Beginning and end of time limit)

1. 당사자 본인 또는 당사자가 지정한 대리인에게 직접 통지된 경우, 기한은 통지를 받은 다음 날 자정(중앙유럽 표준시 기준)부터 기산됩니다.

2. 문서가 해당 회원협회를 통해 송부되었고, 당사자나 그 법률대리인에게 직접 송부되지 않은 경우, 기한은 회원협회가 문서를 수령한 날로부터 4일이 지난 후 자정(중앙유럽 표준시 기준)부터 시작됩니다. 다만, 문서가 당사자나 법률대리인에게도 동시에 송부된 경우에는 문서를 받은 다음 날 자정(중앙유럽 표준시 기준)부터 기산됩니다.

3. 기한의 마지막 날이 해당인의 거주지에서의 공휴일과 겹치는 경우, 기한은 그 다음 근무일에 만료됩니다.

4. 기한은 정해진 마지막 날 자정(중앙유럽 표준시 기준)까지 해당 행위가 완료되었을 때 준수된 것으로 간주됩니다.

해설 기한 규정은 FIFA 징계 및 윤리 절차 전반에서 기산일과 만료 시점을 일관되게 정의하기 위한 장치입니다. 다양한 시차와 통신 수단이 존재하는 국제 절차의 특성상, 언제부터 언제까지가 '기한'인지를 명확히 표준화해 두지 않으면 불필요한 분쟁이 끊임없이 발생할 수 있기 때문에, FIFA는 통일된 계산 기준을 두고 있습니다.

우선 문서가 당사자 본인이나 지정 대리인에게 직접 통지된 경우에는, 그 문서를 받은 다음 날 자정(중앙유럽 표준시 기준)부터 기한 계산이 시작됩니다. 어느 나라에 있든 동일한 시간대를 기준으로 삼도록 한 것으로, 절차의 출발점을 국제적으로 통일하려는 의도가 담겨 있습니다. 반대로 문서가 당사자에게 바로 송부되지 않고 회원협회를 통해서만 전달된 경우에는, 협회가 문서를 받은 날로부터 4일이 지난 뒤 첫 번째 자정(중앙유럽 표준시 기준)부터 기한이 기산됩니다. 협회 내부에서 실제 당사자에게 문서를 전달하는 데 필요한 최소한의 시간을 감안한 완충 장치입니다. 다만 문서가 협회를 거치면서 동시에 당사자나 법률대리인에게도 직접 송부되었다면, 이때는 예외 없이 당사자가 문서를 받은 다음 날 자정을 기준으로 곧바로 기한이 시작됩니다.

기한이 끝나는 시점도 명확히 정해져 있습니다. 기본적으로 정해진 마지막 날 중앙유럽 표준

시 기준 자정까지 해당 행위(항소 제기, 서면 제출, 비용 납부 등)가 완료되면 기한을 지킨 것으로 봅니다. 마지막 날이 당사자의 거주지에서 공휴일과 겹치는 경우에는, 기한이 자동으로 다음 근무일로 연장되도록 하여 각국의 휴일 사정을 일정 부분 반영하고 있습니다.

이 체계는 항소, 재심, 의견서 제출과 같이 권리 행사에 직접 연결되는 절차에서 '언제부터 언제까지가 내 기한인가'를 판단하는 기준점이 됩니다. 기간 계산을 잘못하면 권리 자체가 소멸할 수 있습니다. 따라서 FIFA 절차를 다루는 사람이라면 몇 가지 원칙을 하나의 흐름으로 이해해 두어야 합니다. 직접 통지의 경우에는 통지 다음 날 자정부터 기한이 시작됩니다. 회원협회를 통한 단독 송달 방식이라면 협회가 문서를 수령한 날로부터 4일이 지난 뒤에 기간이 기산됩니다. 마지막 날이 공휴일이라면 다음 근무일로 자동 연장되며, 정해진 마지막 날 자정까지 행위를 완료하면 적법한 제출로 인정됩니다.

제53조. 기한 준수(Compliance)

1. 기한은 요구된 행위가 해당 기한 만료 전에 이행된 경우에만 준수된 것으로 간주됩니다.

2. 문서는 기한의 마지막 날 자정(중앙유럽 표준시 기준)까지 FIFA 법무 포털(Legal Portal)을 통해 관련 기구에 제출되어야 합니다.

3. 납부해야 할 비용과 수수료는 기한의 마지막 날 자정까지 FIFA 계좌에 확정적으로 입금이 완료된 경우에만 기한 내 납부로 인정됩니다.

해설　이 조항은 FIFA 절차에서 기한 준수 여부를 판정하는 기준을 구체적으로 규정합니다. 국제 징계 및 윤리 절차에서 가장 큰 분쟁 요소 중 하나가 '기한 내에 제출·납부가 완료되었는가'에 대한 점이므로, FIFA는 이를 엄격하고 명확하게 규율하고 있습니다.

먼저, 기한은 요구된 행위가 해당 기한 만료 전에 이행된 경우에만 준수된 것으로 간주됩니다. 단순히 발송하거나 준비를 시작했다는 사정만으로는 충분하지 않고, FIFA가 지정한 방식에 따라 최종적으로 완료되어야 합니다.

문서 제출의 경우, 모든 문서는 기한의 마지막 날 자정(중앙유럽 표준시 기준)까지 FIFA 법무 포털(Legal Portal)을 통해 관련 기구에 도달해야 합니다. 포털에 업로드된 시각이 곧 제출 완료 시각으로 간주되므로, 당사자는 네트워크 지연이나 기술적 문제까지 고려하여 사전에 준비해야 합니다. 비용이나 수수료의 납부 또한 엄격하게 적용됩니다.

기한의 마지막 날 자정까지 FIFA 계좌에 확정적으로 입금이 완료되어야 기한 내 납부로 인정됩니다. 중요한 것은 단순 송금 지시만으로는 인정되지 않고, 계좌에 도착해 반환 불가능한 상태여야 한다는 점입니다. 이는 은행 처리 시간, 국가별 금융 제도의 차이를 고려하더라도 FIFA가 절차의 확실성과 예측 가능성을 우선시한다는 의미입니다.

실무적으로는 문서 제출은 반드시 FIFA 포털을 통한 전자 제출이어야 하고, 비용 납부는 은행 송금 처리 시간을 감안해 며칠 전부터 준비하는 것이 안전합니다. 이를 소홀히 하면 항소권이나 재심권을 상실하는 등 치명적인 불이익이 발생할 수 있습니다.

제54조. 기한 연장(Extension)

1. 본 규정에 명시된 기한은 연장할 수 없습니다.

2. 다만 윤리위원회(Ethics Committee)가 별도로 정한 기한은 정당한 사유가 기재된 요청이 있는 경우 연장될 수 있습니다. 같은 기한은 예외적인 사정이 없는 한 두 번째 이상 연장할 수 없습니다.

3. 기한 연장이 거부된 경우에도 추가로 이틀이 부여될 수 있습니다. 긴급 상황에서는 연장 거부가 구두로 통보될 수 있습니다.

해설 제54조는 FIFA 윤리 절차에서 기한 연장의 가능성을 다루고 있습니다. 기본 원칙은 연장이 불가하다는 점이며, 이는 사건 진행의 신속성과 절차적 일관성을 확보하기 위한 강행 규정입니다. 그러나 현실적으로 불가피한 사정이 발생할 수 있으므로, 타당한 사유가 명백히 입증되는 경우에 한해 1회에 한정하여 연장이 허용됩니다.

또한 긴급 사안에서는 예외적으로 추가 연장이 가능하거나, 반대로 즉시 거절될 수도 있습니다. 이는 FIFA가 사건의 성격과 필요성을 고려해 절차적 유연성을 발휘할 수 있도록 한 장치입니다. 예를 들어, 당사자가 입원 치료로 인해 변론 준비가 불가능하다는 사실을 의료 기록으로 증명한다면 1회 연장이 인정될 수 있습니다. 반대로 명백히 절차 지연을 위한 형식적 신청으로 보이는 경우에는 즉각 거절됩니다.

실무적으로 기한 연장을 신청하려면, 구체적 사유와 증빙 자료를 반드시 첨부해야 합니다. 단순히 '시간이 부족하다'는 진술만으로는 불충분하며, 의료 증명서, 비자 문제로 인한 출국 제한 확인서, 예기치 못한 사고 관련 자료 등이 필요합니다. 또한 1회 제한 규정은 남용을 차단하는 기능을 하므로, 신청 시점부터 사유를 충실히 제시하는 것이 중요합니다.

> ### 제55조. 절차의 정지 또는 계속(Suspension or continuation of proceedings)
>
> 1. 본 규정의 적용을 받는 자가 절차 도중 직무에서 물러나더라도, 윤리위원회는 여전히 사건을 조사하거나 결정을 내릴 권한을 가집니다.
> 2. 본 규정의 적용을 받는 자가 절차 도중 직무에서 물러나는 경우, 조사부는 조사를 개시하고 수행하며 최종 보고서를 작성하여 재판부에 제출할 수 있습니다. 재판부는 절차를 정지하거나, 사건의 실체에 대해 결정을 내리고 적절한 제재를 부과할 수 있습니다.

해설　제55조의 핵심은 윤리 절차의 지속성입니다. 피징계인이 여전히 직무를 수행 중이라면 절차가 계속되는 것은 물론이고, 직무를 상실한 경우에도 이미 개시된 조사는 중단되지 않으며, 재판부는 조사 결과를 토대로 끝까지 제재를 부과할 수 있습니다. 단지 '직위를 내려놓았다'는 사정만으로 절차가 멈추거나 책임을 피할 수 없도록 한 것입니다. FIFA가 징계·윤리 절차에서 문제가 되었던 이른바 '책임 회피성 사임'을 원천적으로 차단하려는 취지가 분명히 드러납니다. 과거 일부 사례에서는 피징계인이 임원직을 자진 사임하면서 절차 자체를 무력화하려는 시도가 있었지만, 이 규정에 따르면 위반 사실이 인정되면 현재 어떤 직위를 가지고 있든, 더 이상 직책이 없더라도 제재는 그대로 부과됩니다.

윤리 절차 운영 측면에서 보면, FIFA는 사건 처리에서 책임의 연속성을 무엇보다 중시합니다. 예를 들어, 협회 자금 유용 사건에서 회장이 조사 도중 중도 사임했다고 하더라도, 이미 개시된 조사가 그 시점에서 종료되는 것은 아니며, 절차는 예정된 대로 종결되고 최종 판정이 내려집니다. 그 결과에 따라 해당 인물은 향후 협회·구단·연맹·FIFA 차원의 모든 축구 관련 활동에서 일정 기간 또는 영구적으로 배제될 수 있습니다. 직무 상실은 단지 현재 맡고 있는 자리의 유무에만 영향을 줄 뿐, 규정 위반에 대한 책임을 면제하는 사유가 될 수 없다는 점을 제55조가 제도적으로 확인해 주고 있는 셈입니다.

> ### 제56조. 절차 비용(Procedural costs)
>
> 절차 비용은 조사 및 판결 과정에서 발생한 윤리위원회(Ethics Committee)의 경비로 구성되며, 원칙적으로 위반자 또는 패소자가 부담합니다.

해설　제56조의 핵심은 FIFA 윤리 절차에서 발생하는 절차 비용(Procedural Costs)을 누가 부담할 것인지에 대한 기본 원칙을 정리하는 데 있습니다. 여기서 말하는 절차 비용에는 조사와 판결 과정에서 윤리위원회가 사용한 인력·행정·법률 지원·문서 관리·증거 분석 등에 소요된 경비가 포함되며, 원칙적으로는 규정 위반이 인정된 자, 다시 말해 절차에서 패소한 당사자가 이를 부담하도록 되어 있습니다.

이 구조는 국제 스포츠 징계 절차 전반에서 흔히 볼 수 있는 '패소자 부담 원칙'을 반영한 것입니다. FIFA가 징계·윤리 절차에서 발생하는 모든 비용을 항상 자체 부담한다면, 무리한 주장이나 절차 남용에 대한 억제 장치가 약해질 수밖에 없습니다. 반면, 책임 있는 자에게 비용을 부담시키면 공정성 확보는 물론 불필요한 분쟁에 대한 예방 효과까지 기대할 수 있습니다.

다만 FIFA가 직접 비용을 부담하는 예외도 완전히 배제되어 있지는 않습니다. 대표적인 경우가 피신고인에 대한 무혐의 결론이 내려진 상황입니다. 위반 사실이 인정되지 않았는데도 피신고인에게 절차 비용까지 떠넘기는 것은 부당하다고 보아, 원칙적으로 이 경우에는 FIFA가 자체적으로 비용을 감수합니다. 그렇다고 해서 피신고인의 태도가 완전히 고려 대상에서 제외되는 것은 아닙니다. 조사 과정에서 반복적인 지연 전술을 사용하거나, 비협조적인 태도로 불필요한 추가 비용을 발생시킨 정황이 있는 경우에는, 무혐의 결론이라 하더라도 일부 비용을 부담하도록 명할 수 있도록 여지를 남겨 두고 있습니다.

이 규정은 징계 절차에 임하는 태도와 전략에도 직접적인 영향을 미칩니다. 피신고인 입장에서는 단순히 '결과적으로 무죄가 나올지 여부'만이 아니라, 절차 전반에서 얼마나 성실하게 협조했는지, 불필요한 지연을 초래하지 않았는지가 비용 부담 여부에 반영될 수 있습니다. 반대로 FIFA는 제56조를 통해 당사자들에게 책임 있는 태도로 절차에 참여하도록 유도하고, 근거 없는 신청이나 시간 끌기를 제도적으로 억제하는 효과를 노리고 있습니다.

제57조. 절차 종료 또는 무죄 판결 시의 절차 비용

(Procedural costs in case of closure of proceedings or acquittal)

1. 별도의 규정이 없는 한, 절차 종료 또는 무죄 판결 시 절차 비용은 FIFA가 부담합니다.

2. 그러나 피신청인이 절차 개시의 원인을 제공하거나 절차 진행을 방해한 경우, 해당 당사자에게 전부 또는 일부 절차 비용을 부담시킬 수 있습니다.

해설　제57조는 FIFA 윤리 절차에서 절차가 종결되거나 무죄 결론이 내려진 경우, 절차 비용을 어떻게 처리할 것인지에 대한 기본 원칙을 제시합니다. 출발점은 분명합니다. 피신청인에 대해 혐의가 인정되지 않았거나 절차가 종료된 경우에는, 원칙적으로 FIFA가 비용을 부담하여 피신청인에게 추가적인 경제적 부담을 지우지 않는다는 것입니다. 이는 징계·윤리 절차에서도 무죄 추정과 절차적 공정성을 최대한 보장하려는 방향과 맞닿아 있습니다.

다만 '최종 결과가 무죄이면 모든 책임에서 완전히 자유롭다'는 의미는 아닙니다. 피신청인 스스로 절차의 개시나 진행을 불필요하게 복잡하게 만들거나 지연시킨 경우, 그 부분에 대한 책임은 별도로 물을 수 있기 때문입니다. 예를 들어, 허위 자료를 제출하여 조사를 혼란스럽게 만든 경우, 핵심 증거를 고의로 은폐한 경우, 정당한 사유 없이 반복적으로 조사에 불응하거나 지연하여 추가 비용을 발생시킨 경우 등이 이에 해당합니다. 이러한 행위가 확인되면 윤리위원회는 피신청인에게 절차 비용의 전부 또는 일부를 부담하도록 명할 수 있습니다.

운영 측면에서 보면, 제57조는 '무혐의라면 어떤 행태를 보였든 비용은 항상 FIFA가 부담한다'는 식의 도덕적 해이를 막는 안전장치 역할을 합니다. 예를 들어, 최종적으로 혐의가 입증되지 않아 무죄 결론이 내려졌더라도, 그 과정에서 피신청인이 비협조적 태도로 절차를 지연시키고 조직 자원을 과도하게 소모하게 했다면, 그 부분에 상응하는 비용을 되돌려 받겠다는 메시지입니다. 이는 한편으로는 FIFA 입장에서 절차 남용과 행정적 낭비를 막기 위한 장치이면서, 다른 한편으로는 피신청인에게도 '결과가 어떻게 나오든 절차에는 성실히 임해야 한다'는 신호를 주는 규정입니다.

요약하면, 제57조의 핵심은 '무죄는 자동 비용 면제'가 아니라는 데 있습니다. 절차가 종결되거나 무죄가 선고되었더라도, 그 과정에서 피신청인이 절차 개시 또는 지연의 원인을 제공했다면 전부 또는 일부 절차 비용을 부담할 수 있습니다.

해설 징계·윤리 절차에서 제재가 내려진 뒤 절차 비용을 누가, 어떻게 부담할 것인지에 대한 기본 구조를 정리해 둔 규범입니다. 기본 원칙은 패소자 부담으로, 제재를 받은 당사자가 절차 비용을 전적으로 책임지는 것이 출발점입니다. 둘 이상의 당사자에게 동시에 제재가 내려진 경우에는 각자의 책임 정도와 사건에 대한 기여도에 따라 비례적으로 분담하도록 되어 있어, 동일 사건이라도 개별 당사자의 역할과 과실 정도에 따라 비용 배분이 달라질 수 있습니다.

다만 조사 절차에 들어간 비용이 언제나 전부 피신청인에게 전가되는 것은 아닙니다. 규정상 '특히 조사 단계에서 발생한 비용의 일부는, 제재를 부과하는 것이 적절한 범위 안에서 FIFA가 부담할 수 있다'는 여지를 두고 있어, 사건의 성격과 규모, 조사에 FIFA 자체가 얼마나 관여했는지를 고려해 조직이 일정 부분을 감수하는 운용이 가능합니다. 예를 들어, 여러 국가와 이해관계자가 얽힌 복잡한 사건이나 국제적 파급력이 큰 사안의 경우, FIFA가 감독·조사 책임의 일부를 스스로 부담하는 것이 타당하다고 판단될 수 있습니다. 한편 당사자의 재정 상황이 극도로 열악한 경우에는 예외적으로 절차 비용을 감경하거나 면제할 수도 있습니다. 이때는 단순한 주장만으로는 충분하지 않고, 재무제표나 은행 거래 내역 등 객관적인 자료를 통해 재정 곤란을 입증해야만 합니다. 이렇게 해야만 제도의 남용을 막고, 실제로 지원이 필요한 당사자에게만 구제를 제공할 수 있기 때문입니다.

이 규정은 제재와 함께 뒤따르는 '경제적 부담'의 구조를 명확히 보여 줍니다. 어떤 사건에서는 출전 정지나 자격 정지보다, 조사·심리 전 과정에 투입된 비용을 부담해야 한다는 점이 오히려 더 큰 압박으로 작용하기도 합니다. 그래서 구단이나 개인은 징계 가능성이 있는 상황에서 단순히 결과만이 아니라, 패소 시 부담하게 될 비용 리스크까지 고려해 방어 전략을 세울 필요가 있고, 실무에서는 제재 수위와 함께 '절차 비용을 어느 정도까지 감경하거나 분담할 것인가'가 협의의 한 축이 되는 경우도 적지 않습니다.

해설　제59조의 가장 중요한 메시지는, FIFA 윤리 절차에서는 절차 보상(Procedural Compensation)이라는 개념을 인정하지 않는다는 데 있습니다. 일부 국가 법원이나 스포츠 중재 기구에서는 무혐의 결론이 난 당사자에게 소송 비용이나 잃어버린 시간, 변호사 비용 등을 일정 부분 보전해 주는 제도가 존재하지만, FIFA 윤리 절차 안에서는 이런 형태의 보상 제도가 원칙적으로 전혀 작동하지 않습니다.

따라서 피신청인이 최종적으로 무죄 판단을 받더라도, 그 과정에서 지출한 변호사 비용, 소송 준비와 관련된 각종 경비, 절차 진행으로 인해 발생한 시간적·경제적 손실은 FIFA로부터 돌려받을 수 없습니다. FIFA는 윤리 절차를 개인 간 사적 분쟁의 해결 수단이 아니라, 축구 공동체의 공익과 무결성을 지키기 위한 공익적·준규범적 절차로 이해합니다. 그렇기 때문에 국가 소송처럼 '손해를 배상한다'는 방향으로 접근하지 않고, 제56조부터 제58조까지에서 보듯이 절차 비용의 감경 또는 면제 정도를 통해 경제적 부담을 조정하는 수준에서만 개입합니다.

현실적인 관점에서 보면, 이 구조 때문에 FIFA 윤리 사건에 연루된 개인이나 단체는 언제나 일정 수준의 비용 리스크를 스스로 안고 갈 수밖에 없습니다. 무혐의 판정을 받더라도 '절차 보상'이라는 이름으로 금전적 보전을 기대할 수 있는 것이 아니라, 다만 절차 비용을 누가 부담할지, 어느 범위까지 FIFA가 감수할지에 따라 일부 경제적 부담이 줄어드는 정도입니다. 결국 사건 초기부터 방어 전략을 세울 때 '설령 무죄가 되더라도 보상은 없다'는 전제를 두고, 협회·선수·구단 모두가 예상 비용과 리스크를 현실적으로 고려해야 합니다.

2-2. 조사 절차(Investigatory proceedings)

2-2(1). 예비절차(Preliminary proceedings)

> **제60조. 진정 제기 권리**(Right to submit complaints)
>
> 1. 누구든지 본 규정 위반 가능성과 관련된 진정을 조사부 사무국에 제출할 수 있습니다. 진정은 반드시 서면으로 제출되어야 하며, 이용 가능한 증거를 포함해야 합니다. 조사부 사무국은 해당 진정을 조사부 의장에게 보고하고, 그 지시에 따라 조치해야 합니다.
> 2. 진정을 제출했다고 해서 반드시 절차가 개시되는 권리가 발생하는 것은 아닙니다.
> 3. 본 규정의 적용을 받는 자가 무고하다는 사실을 알면서도 특정인에 대해 진정을 제기하거나, 그 밖에 악의적인 방식으로 절차 개시를 유도하는 경우, 최소 10,000스위스 프랑(CHF)의 벌금과 더불어 최소 2년간 축구 관련 활동 참여 금지 제재가 부과됩니다.

해설　이 조항은 FIFA 윤리 절차에서 진정 제기 권리를 규정하며, 사실상 모든 절차의 출발점 역할을 합니다. 규정 위반 가능성이 있다고 판단되면 누구든지 조사부 사무국에 서면으로 고발할 수 있고, 이때는 반드시 증거를 첨부해야 합니다. 사무국은 접수 후 조사부 의장에게 통보하며, 사건의 처리 여부는 의장의 지시에 따릅니다.

그러나 고발을 제출했다고 해서 자동으로 절차가 개시되는 권리가 발생하는 것은 아닙니다. 조사부는 고발 내용의 신빙성, 증거의 충분성, FIFA 관할 여부 등을 검토한 뒤 정식 조사 개시 여부를 판단합니다. 이는 무분별한 고발로 절차가 불필요하게 남용되는 것을 방지하기 위한 장치입니다. 특히 고발자가 무고한 사람임을 알면서도 허위로 고발하거나, 악의적으로 절차를 남용한 경우에는 최소 10,000스위스 프랑(CHF)의 벌금과 최소 2년간 활동 금지라는 강력한 제재가 부과됩니다. FIFA는 단순한 고발권 보장을 넘어, 이를 악용하는 행위까지 엄격히 규율하여 제도의 신뢰성을 지키고 있습니다.

실무적으로는 선수, 감독, 구단 관계자, 에이전트 등 모든 이해관계자가 고발권을 갖습니다. 하지만 단순 의혹 제기만으로 사건이 개시되는 것은 아니며, 충분한 증거와 구체성이 요구됩니다.

> ### 제61조. 예비 조사(Preliminary investigations)
>
> 1. 조사부 의장의 지시에 따라, 조사부 사무국은 진정과 함께 제출된 문서를 초기 평가합니다.
>
> 2. 조사부 사무국은 제출된 진정을 바탕으로 본 규정 위반 가능성에 대해 예비 조사를 개시할 수 있으며, 조사부 의장의 지시에 따라 이를 수행합니다. 예비 조사에는 특히 조사부 의장의 지휘 하에 제3자를 조사 임무에 참여시키거나, 무결성 전문가(Integrity Expert)를 임명하는 것(징계규정 제36조 참조), 서면 정보 수집, 문서 제출 요구, 증인 진술 확보 등이 포함될 수 있습니다.
>
> 3. 조사부 의장은 자신의 재량과 시점에 따라 언제든지 예비 조사를 개시할 수 있습니다.

해설　제61조는 윤리위원회 조사부(Investigatory Chamber)가 정식 조사에 착수하기 전, 사건의 개연성과 신빙성을 일차적으로 점검하는 예비 조사 절차를 규정합니다. FIFA에는 매년 수많은 진정과 제보가 접수되므로, 모든 사안을 곧바로 본 조사로 전환하는 것은 현실적으로 불가능합니다. 예비 조사는 초기 단계에서 기초적인 사실 확인과 선별을 거쳐, 실제로 추가 조사가 필요한 사건에 자원을 집중하기 위한 필터 역할을 합니다.

예비 조사는 조사부 의장의 지시에 따라 조사부 사무국(Secretariat)이 수행합니다. 진정과 함께 제출된 문서 및 자료를 검토하는 것에서 출발하며, 필요한 경우 제3자를 조사 업무에 참여시키거나 무결성 전문가(Integrity Expert)를 임명할 수 있습니다. 이 과정에서 서면 정보 요청, 추가 문서 제출 요구, 관련자 진술 확보 등 기본적인 사실 확인 조치가 동원되며, 이러한 수단은 징계규정 제36조에서 정한 도구들과 연계됩니다. 참고로, 제2항의 '무결성 전문가'는 2025년 6월 시행된 개정 징계규정에서 '징계 및 윤리 검사(Disciplinary and Ethics Prosecutor)'로 명칭이 변경되었으나, 윤리규정 본문에는 이전 용어가 남아 있어 용어상 시차가 존재합니다.

예비 조사의 개시는 외부 진정에만 한정되지 않습니다. 조사부 의장은 자신의 재량에 따라 언제든지 예비 조사를 개시할 수 있으므로, 언론 보도, 내부 보고, 데이터 분석 등 다양한 경로의 정보를 바탕으로 선제적으로 사안을 검토할 수 있습니다. 이 점에서 FIFA 윤리 시스템은 접수된 신고에 수동적으로 반응하는 구조가 아니라, 조직 스스로 무결성을 능동적으로 감시·관리하는 체계라 할 수 있습니다.

이 조항의 실제 운용 사례로 2020년 인판티노 회장 관련 건을 들 수 있습니다. 인판티노 회장과 당시 FIFA 수사를 담당하던 스위스 연방검찰총장 미하엘 라우버(Michael Lauber) 간 비공개 회동 의혹이 언론을 통해 보도되자, 조사부 의장은 외부 진정이 접수되기 전에 보도 내용만을 근거로 예비 조사를 개시했습니다. 조사부는 2020년 6월 접수된 공식 진정을 비롯해 스위스 특별검사의 결정문과 연방법원의 관련 판결 등을 검토한 뒤, 같은 해 8월 일견 성립 가능한 사건(Prima Facie Case)이 확인되지 않는다는 이유로 사건을 종결했습니다. 이 사례는 조사부 의장이 직권으로 선제적 조사를 개시할 수 있다는 점(제3항), 그리고 예비 조사 단계에서 충분한 혐의가 소명되지 않으면 본 조사 없이 종결될 수 있다는 점을 보여 줍니다.

한편, 예비 조사 개시 자체가 상당한 압박 효과를 갖기도 합니다. 2016년 윤리위원회 심판부(Adjudicatory Chamber) 위원이었던 후안 페드로 다미아니(Juan Pedro Damiani)는 파나마 페이퍼스(Panama Papers)—파나마 소재 법률회사의 내부 문서 1,150만 건이 유출되어 전 세계 인사들의 역외 자산 은닉 실태가 드러난 사건—로 FIFA 부패 스캔들 피의자들과의 사업 관계가 노출되자 조사부의 조사 대상이 되었고, 정식 절차가 진행되기 전에 자진 사임했습니다.

> ### 제62조. 조사 절차 개시(Opening of investigation proceedings)
>
> 1. 예비 조사에서 일견 성립 가능한 사건(Prima Facie Case)이 확인되면 조사부 의장은 조사 절차를 개시해야 하며, 조사부는 가중 사유와 감경 사유를 균형 있게 심리합니다.
> 2. 당사자에게는 조사 절차 개시와 잠재적 규정 위반 사실이 통지됩니다. 다만 안전 및 보안상의 이유가 있거나, 이러한 통지가 조사 진행을 방해할 우려가 있는 경우에는 예외가 인정될 수 있습니다.
> 3. 조사부 의장은 개시되지 않은 사건들에 대해 정기적으로 조사부에 보고해야 합니다.

해설　　윤리위원회 조사부(Investigatory Chamber)가 정식 조사에 착수하기 전에, 사건의 개연성과 신빙성을 1차로 점검하기 위해 거치는 단계가 바로 예비 조사입니다. FIFA에는 매년 수많은 진정과 제보가 들어오기 때문에, 모든 사안을 곧바로 본 조사로 전환하는 것은 현실적으로 불가능합니다. 초기 단계에서 기초적인 사실 확인과 선별을 거쳐, 실제로 추가 조사가 필요한 사건에 자원을 집중하려는 구조입니다.

예비 조사는 조사부 의장의 지시에 따라 사무국(Secretariat)이 수행합니다. 가장 먼저 진정과 함께 제출된 문서·자료를 검토하는 것에서 출발하며, 필요하다면 조사부 의장이 특정 조사 업무를 위해 제3자를 참여시킬 수 있습니다. 이 과정에서 서면으로 정보나 설명을 요구하거나, 추가 문서 제출을 명하고, 필요시 관련자의 진술을 확보하는 등의 조치가 수반될 수 있습니다. 이러한 기본적인 사실 확인 방식은 징계규정 제36조에서 정한 조사 수단과도 연결되는 부분입니다.

예비 조사의 개시 여부는 외부 진정에만 묶여 있지 않습니다. 조사부 의장은 재량에 따라 언제든지 예비 조사를 시작할 수 있도록 되어 있어, 언론 보도, 내부 보고, 기타 정보 분석 결과를 바탕으로도 선제적으로 사안을 들여다볼 수 있습니다. 이를 통해 FIFA 윤리 시스템이 단순히 접수된 신고에 수동적으로 반응하는 구조가 아니라, 조직 스스로가 무결성을 적극적으로 감시·관리하는 능동적 시스템이라는 점이 드러납니다.

이와 같은 예비 조사 제도는 윤리 절차 전체에서 일종의 관문 역할을 합니다. 증거가 현저히 부족하거나 규정 위반 가능성이 낮은 사안은 이 단계에서 정리함으로써 불필요한 본 조사와 자원 낭비를 줄이고, 반대로 부패·승부 조작·성적 학대 등 중대한 정황이 포착된 사건은 빠르게 정식 조사와 기소 단계로 연결되도록 설계되어 있습니다.

제63조. 조사 개시 권한(Initiation of investigation)

1. 조사부 의장은 직권 또는 고발에 기초해 조사를 개시할 수 있습니다.

2. 개시 사유의 상세한 입증은 개시 단계에서 필요하지 않습니다.

해설　　제63조는 조사 절차 개시의 권한과 요건을 규정합니다. 조사부 의장은 고발이 접수된 경우뿐만 아니라 직권으로도 조사를 개시할 수 있으며, 이 단계에서는 개시 사유를 상세히 입증할 필요가 없습니다. 이는 FIFA 윤리 절차가 일반 법원의 소송 구조보다 훨씬 신속하고 유연하게 작동하도록 설계되었음을 보여 줍니다.

조사 개시 요건을 엄격히 두지 않은 이유는, 부패·승부 조작·성폭력 등과 같은 중대한 위반은 초기에 신속히 대응하지 않으면 증거 인멸이나 추가 피해로 이어질 수 있기 때문입니다. 따라서 조사부 의장은 잠재적 위반 정황만으로도 조사를 시작할 수 있으며, 정식 심리 과정에서 충분히 사실관계와 증거를 보강해 나가는 구조를 취합니다.

실무적으로 이 조항은 FIFA가 사건을 공익 보호 중심으로 접근한다는 점을 보여 줍니다. 예를 들어, 언론 보도나 제3자의 제보만으로도 조사부 의장이 직권 개시를 결정할 수 있으며, 이후 조사에서 위반 여부가 확인되면 징계 절차로 이어집니다. 이는 '사전에 완벽한 증거가 없어도 조사를 시작할 수 있다'는 점에서, 위반 은폐를 방지하고 예방적 기능을 강화하는 효과가 있습니다.

제64조. 조사부 직무와 권한(Duties and competences of the investigatory chamber)

1. 조사부는 본 규정 위반 가능성이 있는 사안을 직권으로 또는 제기된 진정을 바탕으로 전적으로 독립적인 재량에 따라 조사할 수 있습니다.

2. 조사부가 기초적으로 소명된 혐의(Prima Facie Case)가 없다고 판단하는 경우, 어떠한 조사 절차도 개시하지 않고 사건을 종결해야 합니다. 내부적으로 사건을 종결할 때, 조사부는 이해당사자에게 규정 준수 의무를 상기시키는 종결 서한을 발송하거나, 본 규정 위반이 발견되지 않았음을 알리는 종결 서한을 발송할 수 있습니다. 필요하다고 판단되는 경우, 조사부는 이와 관련해 추가적으로 소통할 수 있습니다.

해설   이 조항은 FIFA 윤리위원회 조사부(Investigatory Chamber)가 어떤 방식으로 사건을 다루고, 어디까지 권한을 가지는지를 명확히 규정합니다.

우선 조사부는 직권으로 또는 제기된 진정에 근거하여 FIFA 규정 위반 가능성이 있는 사안을 조사할 수 있습니다. 이때 조사 착수 여부와 범위는 전적으로 조사부의 독립적 재량에 속하며, 외부 압력이나 다른 기구의 지시로부터 자유롭게 결정됩니다. 이는 윤리 절차의 독립성을 보장하는 중요한 원칙입니다.

조사 결과 기초적으로 소명된 혐의가 없다고 판단되면, 조사 절차는 개시되지 않고 사건은 종결됩니다. 종결 시 조사부는 이해당사자에게 종결 서한을 발송할 수 있는데, 이는 두 가지 형태가 있습니다. 하나는 당사자에게 그들의 의무를 상기시키는 안내적 성격의 서한이고, 다른 하나는 명확히 위반이 발견되지 않았음을 통보하는 서한입니다. 필요하다면 조사부는 이와 관련해 추가 소통을 이어갈 수도 있습니다. 이를 통해 사건이 조용히 종결되더라도 당사자에게 명확한 피드백이 제공됩니다.

만약 조사가 완료되어 위반 정황이 드러나면, 조사부는 최종 보고서(Final Report)를 작성합니다. 이 보고서에는 조사 절차에서 확인된 위반 규정과 재판부(Adjudicatory Chamber)가 판결해야 할 사안이 구체적으로 기재됩니다. 보고서와 관련 기록은 재판부로 송부되며, 심리가 열리는 경우 조사부 위원 1명 이상이 출석하여 사건을 제시할 수 있습니다. 이는 재판부가 충분한 정보와 맥락을 바탕으로 독립적인 판단을 내릴 수 있도록 보장하기 위한 절차입니다.

또한 조사부는 단순히 형식적인 규정 위반뿐 아니라, 부도덕하거나 비윤리적인 행위와 관련된 FIFA 징계규정의 위반 여부도 조사할 수 있습니다. 이는 FIFA가 무결성과 윤리성을 중시하며, 축구계에서의 비도덕적 행위까지 포괄적으로 규제하겠다는 의지를 반영합니다. 실무적으로 제64조는 FIFA 윤리 절차에서 조사부가 단순히 수동적 역할에 그치지 않고, 사실상 사건의 문을 여는 주체라는 점을 보여 줍니다. 조사부가 어떤 사건을 종결할지, 재판부로 넘길지를 결정하는 것은 이후 절차의 흐름을 좌우하기 때문에 막대한 실무적 의미를 갖습니다.

해설 윤리규정 제65조는 FIFA 윤리 절차에서 어떤 사람이 어떤 사건을 맡아 진행할 것인지를 정하는 기준을 제시합니다. 조사부 의장은 특정 사건을 스스로 담당할 수도 있고, 필요에 따라 부의장이나 다른 조사관에게 배정할 수도 있습니다. 사건의 성격, 복잡성, 요구되는 전문성 등을 종합적으로 고려해 가장 적합한 담당자를 지정할 수 있도록 한, 비교적 유연한 권한 구조입니다.

이 덕분에 사건 처리의 효율성과 전문성을 동시에 노릴 수 있습니다. 예를 들어, 국제이적 관련 서류 위조처럼 법적·행정적 지식이 많이 필요한 사안은 해당 분야 경험이 풍부한 조사관에게 맡기는 편이 합리적이고, 복수의 이해관계자가 얽힌 대규모 부패 사건처럼 정치적·재정적 파급력이 큰 사건은 조사부 의장이 직접 담당하는 것이 일반적입니다. 이렇게 배정 권한을 탄력적으로 운용함으로써 사건별 특성과 난이도를 반영한 인력 배치가 가능해집니다.

또 한 가지 중요한 점은 업무 연속성과 책임 소재가 분명해진다는 것입니다. 의장이 직접 모든 사건을 처리하지 않더라도, 누구에게 어떤 사건을 맡겼는지가 공식적으로 결정되기 때문에, 담당자 부재를 이유로 절차가 지연되거나 책임 공백이 생길 여지가 줄어듭니다. 결국 제65조는 사건의 중요도와 난이도에 따라 조사부 내부 인적 자원을 합리적으로 배분하고, 각 사건에 대한 책임 주체를 명확히 하기 위한 제도적 장치라고 볼 수 있습니다.

해설 제66조는 수석 조사관(Chief of the Investigation)이 어떤 권한을 바탕으로 사건을 주도하는지를 구체적으로 보여 주는 조항입니다. 수석 조사관은 사무국(Secretariat)의 지원을 받아 서면 질의, 당사자·증인에 대한 구두 및 서면 질문 등 다양한 방식으로 사실관계를 확인할 수 있으며, 필요할 경우 선서 진술서(Affidavit)를 요구해 제출 문서의 진정성을 담보할 수 있습니다. 조사의 출발 단계부터 증거의 신뢰도를 최대한 끌어올리려는 절차적 장치라고 이해할 수 있습니다.

조사 인력 운영에서도 수석 조사관에게 폭넓은 재량이 부여됩니다. 조사부 의장이 직접 수석 조사관 역할을 맡고 있는 경우에는 다른 조사부 위원에게 협조를 요청해 팀을 구성할 수 있고, 의장이 아닌 위원이 수석 조사관으로 지정된 경우에는 의장에게 추가 위원 배정을 요청하는 방식으로 인력을 보강할 수 있습니다. 의장은 사건의 난이도·성격·전문성 요구 수준을 고려해 필요한 만큼 위원을 추가 배정할 수 있기 때문에, 조사팀 구성이 정형화된 틀에 갇히지 않고 사건별로 탄력적으로 운영됩니다. 복잡하거나 전문성이 요구되는 사건에서는 제3자 전문가나 조사관을 임시로 임명해 조사에 참여시키는 것도 허용되며, 이들은 수석 조사관의 지휘 아래 정해진 권한과 질의 범위 안에서 활동합니다. 외부 전문성을 활용해 사실관계를 보다 정밀하게 규명하려는 구조입니다. 수석 조사관이 의장이 아닌 경우, 이러한 제3자 임명 요청은 반드시 의장을 통해 이루어져야 한다는 점도 함께 규율됩니다.

조사 협조 의무를 강제하기 위한 장치도 포함되어 있습니다. 당사자나 관계인이 사실 확립에 협조하지 않거나, 의도적으로 조사를 방해하는 경우 수석 조사관은 조사부 의장에게 경고 처분을 요청할 수 있고, 상황이 개선되지 않으면 최대 90일간 축구 관련 활동 금지와 같은 징계 조치를 청구할 수 있습니다. 만약 의장 본인이 수석 조사관으로 활동하고 있다면, 이러한 요청은 부의장이 판단하도록 해 권한 남용의 여지를 줄이는 견제 장치도 함께 두고 있습니다.

결국 제66조는 수석 조사관을 단순한 보조 인력이 아니라, 조사 절차의 중심에서 방향을 설정하고 팀을 꾸리며, 외부 전문가를 활용하고, 협조 의무 위반에 대해 제재를 요청할 수 있는 실질적 권한 보유자로 위치시키는 규정입니다. 조사 주도권, 인력 구성 재량, 제3자 전문가 활용, 비협조자에 대한 제재 요청 권한이 모두 사실 규명을 확실히 하기 위한 장치라는 점에서, FIFA 윤리 절차의 실효성을 담보하는 핵심 규정으로 보면 됩니다.

> ### 제67조. 조사 절차 종결(Conclusion of investigation proceedings)
>
> 1. 수석 조사관이 조사가 충분히 이루어졌다고 판단하는 경우, 당사자에게 조사 절차가 종료되었음을 알리고 주요 혐의 요약을 포함한 조사 기록 사본을 제공해야 합니다. 당사자는 통지를 받은 날로부터 10일 이내에 의견을 제출할 수 있습니다.
>
> 2. 수석 조사관이 규정 위반이 있었다고 판단할 만한 충분한 근거가 있다고 보는 경우, 최종 보고서와 조사 기록을 재판부에 송부해야 합니다. 또한 수석 조사관은 조사 기록에 포함될 수 있는 다른 혐의가 여전히 조사 중임을 재판부에 알릴 수도 있습니다.
>
> 3. 수석 조사관이 규정 위반을 입증할 충분한 근거가 없다고 판단하는 경우, 사건을 종결해야 합니다. 이때 내부적으로 사건을 종결하는 것과 함께, 조사부는 당사자에게 의무를 상기시키는 종결 서한을 발송하고, 조사 결과와 잠정 제재의 해제 여부를 알려야 합니다.
>
> 4. 사건이 종결된 이후라도 새로운 사실이나 증거가 발견되어 위반 가능성이 제기되는 경우, 조사부는 조사를 재개할 수 있습니다.

해설　　　제67조는 윤리 절차에서 조사 단계의 종결 방식을 규정합니다. 핵심은 수석 조사관이 수집된 증거와 사실관계를 종합하여, 사건을 재판부에 회부할지 아니면 종결할지를 결정하는 권한을 갖는다는 점입니다. 먼저, 조사가 충분히 이루어졌다고 판단되면 피조사인에게 조사 파일 사본과 혐의 요약본을 제공하고, 이에 대해 의견을 제출할 기회를 보장해야 합니다. 이는 방어권 보장의 마지막 관문으로, 실무에서는 이 시점에서 변호인과 함께 의견서 및 반박자료를 집중 제출하는 경우가 많습니다.

위반 혐의가 뚜렷하게 입증될 만한 근거가 있으면 수석 조사관은 최종 보고서를 작성해 재판부에 회부합니다. 보고서에는 사실관계, 적용 조항, 증거 요약, 권고 제재 등이 포함되며, 이는 이후 판정 절차에서 핵심 참고 자료로 작용합니다. 반대로 증거가 불충분하다면 사건은 종결되지만, 반드시 종결 사유를 당사자에게 통지해야 하며, 이때 기록은 보존되어 추후 새로운 증거가 발견될 경우 다시 재검토될 수 있습니다.

또한 이 조항은 재개 가능성을 열어둠으로써, 단순히 일시적 증거 부족으로 사건이 완전히 종료되는 것을 방지합니다. 승부 조작이나 부패 사건처럼 은폐가 빈번한 사안의 경우, 시간이 지나 새 증거가 드러나면 절차를 다시 열어 책임을 물을 수 있도록 한 것입니다. 따라서 이 조항은 FIFA 윤리 절차의 탄력성과 완결성을 동시에 보여 줍니다. 신속히 종결할 사건은 마무리하되, 중대한 사안은 언제든 다시 다룰 수 있도록 설계하여, 위반 은폐와 책임 회피 가능성을 최소화하는 구조라 할 수 있습니다.

제68조. 최종 보고서(Final report)

1. 최종 보고서는 모든 사실관계와 관련 증거를 포함하고, 위반 조항을 명확히 기재해야 합니다.

2. 최종 보고서는 조사부(Investigatory Chamber) 의장이 서명하며, 조사부 의장이 수석 조사관이 아닐 경우 수석 조사관 또한 함께 서명해야 합니다.

해설 윤리위원회 조사부가 사건을 정리하여 재판부(Adjudicatory Chamber)에 넘길 때 작성하는 문서가 바로 최종 보고서입니다. 최종 보고서는 재판부가 추가적인 사실 조사를 하지 않고도 사건의 윤곽과 쟁점을 한눈에 파악할 수 있게 해 주는 기반 자료입니다. 따라서 내용과 형식 면에서 모두 높은 수준의 완결성을 갖추어야 합니다.

보고서에는 먼저 사건의 사실관계가 시간적·논리적 순서에 따라 정리되어야 하고, 이를 뒷받침하는 증거들이 어떤 경로와 방식으로 확보되었는지 구체적으로 제시되어야 합니다. 아울러 적용된 FIFA 규정 가운데 어떤 조항이 어떤 행위에 의해 위반되었다고 보는지 명확히 특정해야 합니다. 그래야 재판부가 별도의 보완 조사 없이도 규정 위반 여부와 제재 수위를 합리적으로 판단할 수 있습니다.

서명 절차 역시 단순한 형식 요건이 아니라 절차의 적법성과 투명성을 보장하는 장치입니다. 최종 보고서에는 반드시 조사부 의장의 서명이 들어가야 하며, 의장이 직접 수석 조사관으로 활동하지 않은 사건이라면 수석 조사관도 함께 서명해야 합니다. 이를 통해 '누가 이 조사를 책임지고 수행했는가'가 문서상 명확히 드러나고, 조사 과정에 대한 책임 소재도 분명해집니다.

결국 최종 보고서는 FIFA 윤리 절차에서 공소장(Indictment)에 준하는 역할을 합니다. 사건을 재판부로 이송하는 단계에서 어떤 사실관계를 전제로, 어떤 규정 위반을 문제 삼는지 명확히 특정하지 않으면 이후 심리는 초점을 잃게 됩니다. 따라서 이 단계에서 보고서를 어떻게 구성하고 서술하느냐가 사건의 향방을 사실상 좌우합니다.

제69조. 유죄 협상: 당사자 간 합의에 따른 제재 부과

(Plea bargain: application of a sanction by mutual consent)

1. 조사 절차가 진행되는 동안, 사건이 재판부(Adjudicatory Chamber)에 의해 결정되기 직전이거나 제76조에 따른 심리가 개시되기 전까지는 당사자들이 조사부(Investigatory Chamber) 의장과 협의하여 양형에 관한 상호 합의를 체결할 수 있습니다.

2. 재판부 의장이 해당 합의가 본 규정에 부합하며 제재가 적정하게 정해졌다고 판단하는 경우, 합의는 즉시 효력이 발생해 확정적 효력과 구속력을 갖게 되며, 추가적인 항소는 허용되지 않습니다.

3. 합의에 따른 금전적 제재가 결정일로부터 15일 이내에 이행되지 않는 경우, 합의는 자동으로 무효화됩니다.

4. 합의에 따른 준수 교육(Compliance Training)이나 지역사회 축구 봉사 활동이 당사자에 의해 합의된 조건대로 전부 이행되지 않는 경우에도 합의는 자동으로 무효화됩니다.

5. 합의가 무효화된 경우, 재판부는 사건기록을 바탕으로 60일 이내에 사건을 결정해야 하며, 해당 당사자와 조사부 의장 간에 새로운 합의는 더 이상 허용되지 않습니다.

6. 다음의 사안에 대해서는 원칙적으로 유죄 협상이 허용되지 않습니다. 신체적·정신적 안전 보호와 관련된 제재, 뇌물 및 부패, 횡령 및 자금 유용, 경기 조작이나 대회 조작 관련 범죄 등입니다. 다만, 당사자가 FIFA에 실질적 협조(Substantial Assistance)를 제공하는 경우에는 예외적으로 고려될 수 있습니다. 실질적 협조란 다음을 포함합니다:

   a. 위반과 관련된 모든 정보를 서명된 서면 진술서나 녹음된 인터뷰 형태로 완전하게 공개하는 경우

   b. FIFA 또는 결정 패널의 요청 시 청문회에서의 증언을 포함하여, 조사 및 재판 절차 전반에서 성실하게 협조하는 경우

   c. 사건이나 절차의 개시 근거가 될 만큼 중요한 정보를 제공하거나, 적어도 사건 개시의 충분한 토대가 될 신뢰할 만한 정보를 제공하는 경우

   단, 위와 같은 예외 규정에도 불구하고 성적 학대(Sexual Abuse) 사건에서는 주된 행위자나 그 행위에 직접적으로 가담한 자에 대해서는 어떠한 유죄 협상도 허용되지 않습니다.

  이 조항은 피징계자와 조사부가 합의로 제재를 결정하는 유죄 협상 제도를 규정합니다. 형사법 체계의 유죄 협상(Plea Bargain)을 준용한 것으로, 절차 효율성과 위반 사실의 조기 확정을 도모합니다. 한국에는 동일한 제도가 없어 정착된 번역어는 없으나, '유죄 협상' 또는 '사법 거래'로 통용됩니다.

유죄 협상의 본질은 피징계자가 혐의를 인정하고 합의된 제재를 수락하는 대신 재판 절차를 생략하는 것입니다. 피징계자는 재판 시 더 무거운 제재를 받을 위험을 회피하고 결과를 예측할 수 있으며, FIFA는 신속하게 사건을 종결하고 확정적 결과를 확보할 수 있습니다.

합의는 재판부 심리 개시 전까지 체결할 수 있으며, 재판부 의장이 승인하면 즉시 확정되어 항소가 허용되지 않습니다. 다만 금전적 제재가 15일 내 이행되지 않거나 준수 교육·봉사 활동이 완료되지 않으면 합의는 자동 무효화됩니다. 이 경우 재판부가 60일 내 결정을 내려야 하며, 재합의는 불가합니다.

뇌물, 횡령, 경기 조작 등 중대 위반에 대해서는 원칙적으로 유죄 협상이 금지됩니다. 다만 피징계자가 FIFA에 실질적 협조를 제공하면 예외적으로 고려될 수 있습니다. 실질적 협조란 관련 정보의 완전한 공개, 절차 전반에서의 성실한 협력, 또는 새로운 조사 개시의 토대가 될 중요한 정보 제공을 의미합니다. 그러나 성적 학대 사건의 주된 행위자나 직접 가담자에 대해서는 유죄 협상이 어떠한 경우에도 허용되지 않습니다.

2019년 모세스 마고고(Moses Magogo) 우간다축구협회(FUFA) 회장 사건은 이 제도의 작동 방식과 해석상 논란을 보여 줍니다. 마고고는 2014년 브라질 월드컵 티켓 177장을 미국인에게 약 45,000달러(USD)에 불법으로 재판매한 혐의로 조사를 받았습니다. 그는 재판에 따른 부담과 더 무거운 제재 가능성을 고려하여 혐의를 인정하고, 2개월 활동 금지와 10,000스위스 프랑(CHF)의 벌금 납부에 합의했습니다. 그러나 우간다 변호사 프레드 무웨마(Fred Muwema)는 티켓 재판매 행위가 당시 본 규정 제27조(현행 제28조)상 부패에 해당하므로 합의 자체가 무효라고 주장했습니다. FIFA는 티켓 재판매를 '부패'가 아닌 일반 윤리 위반으로 분류하여 합의를 승인한 것으로 보입니다. 이 사건은 동일한 행위의 부패 여부 판단에 따라 유죄 협상의 허용 가능성이 달라질 수 있음을 시사하며, 금지 사유의 해석에 논란의 여지가 있음을 시사합니다.

2-3(1). 절차의 개시 및 진행(Initiation and conduct of proceedings)

제70조. 재판부 직무·권한(Duties and competences of the adjudicatory chamber)

1. 재판부 의장은 사무국의 지원을 받아 최종 보고서와 조사 기록을 검토합니다.

2. 재판부 의장이 절차를 진행하기에 충분한 증거가 없다고 판단하는 경우, 사건을 종결하고 그 사실을 당사자에게 통보합니다.

3. 재판부 의장이 사건을 판정해야 한다고 판단하는 경우, 징계 절차를 진행하며 사무국에 최종 보고서와 조사 기록 사본을 관련 당사자에게 송부하도록 요청합니다.

4. 재판부는 청문회나 심리 전 언제든지 증거, 문서, 정보 수집이나 추가 설명을 요청할 수 있습니다.

해설　　윤리위원회 재판부(Adjudicatory Chamber)는 조사부가 넘겨준 최종 보고서를 바탕으로 사건을 심리하고 결론을 내리는, FIFA 윤리 절차의 '심판 단계'를 책임지는 기구입니다. 조사부가 사실관계를 정리하고 위반 여부를 문제 삼는 역할을 맡는다면, 재판부는 그 내용을 검증한 뒤 실제로 제재를 부과할지, 어떤 수준의 제재가 타당한지를 최종적으로 결정합니다.

먼저 재판부 의장은 사무국의 지원을 받아 최종 보고서와 관련 조사 기록을 면밀히 검토합니다. 그 결과, 규정 위반을 인정하기에 충분한 증거가 없다고 판단되면 더 이상 절차를 진행하지 않고 사건을 종결할 수 있으며, 이 결정은 즉시 당사자에게 통보됩니다. 근거가 빈약한 사건이 불필요하게 절차와 자원을 소모하는 일을 막기 위한 장치입니다.

반대로 의장이 사건을 계속 심리할 가치가 있다고 보면, 정식으로 징계 절차를 개시합니다. 이때 사무국은 최종 보고서와 조사 기록의 사본을 당사자에게 송부해 당사자가 사실관계와 적용 조항을 정확히 파악하고 방어권을 행사할 수 있도록 합니다. 윤리 절차에서도 적법절차(Due Process)를 보장한다는 점이 이 단계에서 분명하게 드러납니다.

재판부는 청문회 또는 서면 심리 전 어느 시점에서든 추가적인 증거, 문서, 정보, 설명을 요구할 수 있습니다. 단순히 조사부의 결론을 수동적으로 추인하는 위치가 아니라, 필요하다면 스스로 사실관계를 보완하고 의문점을 해소할 수 있는 적극적인 심판자라는 의미입니다. FIFA 윤리 시스템 전체의 구조를 기준으로 보면, 조사부가 사건을 '기소'하는 역할을 맡는다면, 재판부는 그 사건을 '재판'하고 '판결'하는 역할을 맡는 최종 판단 기관이라고 이해할 수 있습니다.

해설　제71조는 FIFA 윤리 절차에서 재판부(Adjudicatory Chamber)가 사건을 어떻게 심리할 것인지, 절차의 틀을 구체적으로 정리한 조항입니다. 사건이 정식으로 개시되면 재판부 의장은 당사자와 조사부에 그 사실을 통보하고, 사건의 성격과 난이도, 쟁점의 범위를 고려해 청문회 개최 여부를 결정합니다. 청문회가 열리는 경우에는 증인·전문가·당사자 진술이 포함될 수 있으며, 사안이 특히 민감하거나 증인 보호가 필요한 경우에는 비공개로 진행할 수 있습니다. 청문회의 준비와 실무 운영은 사무국이 담당하지만, 전체 절차의 방향과 진행은 재판부 의장이 지휘합니다.

이 규정의 특징은 문서심리와 구두심리를 병행할 수 있는 탄력성에 있습니다. 사건에 따라서는 서면 제출만으로도 사실관계와 법적 쟁점을 충분히 파악할 수 있어 문서심리만으로 결론을 내릴 수 있지만, 사실관계가 복잡하거나 당사자의 방어권을 보다 두텁게 보장할 필요가 있는 경우에는 청문회를 열어 증언과 대면 심리를 병행합니다. 이를 통해 절차의 효율성과 공정성을 사건별로 조정할 수 있도록 설계되어 있습니다.

특히 주목할 부분은 재판부가 심리 과정에서 FIFA 징계규정 위반 사안을 윤리 사건과 함께 병합 심리할 수 있도록 허용하고 있다는 점입니다. 동일한 행위가 윤리규정과 징계규정 모두에 저촉되는 경우가 많기 때문에, 절차를 인위적으로 둘로 나누지 않고 하나의 심리에서 통합적으로 판단할 수 있게 한 것입니다. 예를 들어, 승부 조작 사건은 윤리규정 위반인 동시에 FIFA 징계규정상 경기 조작·부정행위에 해당할 수 있는데, 이때 재판부가 이를 병합해 심리하면 중복 절차와 모순된 결론을 피하면서도, 하나의 사실관계에 대해 일관된 제재 체계를 적용할 수 있습니다.

이와 같은 구조 덕분에 FIFA 윤리 절차는 효율성과 일관성을 동시에 확보할 수 있습니다. 병합 심리를 통해 사건 처리 속도를 높이고, 동일 사실에 대해 상이한 판정이 내려질 위험을 줄이며, 비공개 청문회 옵션을 통해 미성년자 사건, 성적 학대, 내부고발자 보호, 증거 인멸 우려가 있는 사건 등 민감한 사안에서 증인과 피해자를 보호할 수 있습니다.

제72조. 재판부 의장의 단독 관할

(Jurisdiction of the chairperson of the adjudicatory chamber ruling alone)

1. 재판부(Adjudicatory Chamber) 의장은 경고, 견책, 준수 교육(Compliance Training) 등 금전 제재만을 부과하는 경미한 사건에 대해 단독으로 결정할 수 있습니다.
2. 재판부 의장은 당사자와 조사부 의장 간 체결된 유죄 협상 합의서(Plea Agreement)를 승인하는 권한도 가집니다.

해설　재판부 의장에게 부여된 단독 관할권(Jurisdiction to Rule Alone)은 사건의 성격과 예상 제재 수준에 따라 절차를 간소화하고, 심리를 보다 효율적으로 운영하기 위해 마련된 장치입니다. 경고(Warning), 견책(Reprimand), 준수 교육(Compliance Training)처럼 비교적 경미한 제재가 예상되는 사건의 경우에는 재판부 전체가 회의를 열 필요 없이, 의장이 단독으로 사건을 심리하고 결정을 내릴 수 있습니다. 사실관계가 복잡하지 않고 위반 정도도 가벼운 사안에까지 매번 전체 회의를 거치면 절차가 과도하게 비대해질 수 있기 때문에, 명백한 사건은 빠르게 종결해 불필요한 자원 소모를 줄이려는 취지가 반영된 구조입니다.

또 하나 중요한 부분은 유죄 협상(Plea Bargain)에 대한 승인 권한입니다. 당사자와 조사부 의장이 일정한 제재 수준에 합의했다고 해서 그 자체로 바로 효력이 발생하는 것은 아니며, 재판부 의장이 이 합의가 FIFA 규범과 전체 질서에 비추어 적절한지 최종적으로 검토한 뒤 승인해야만 구속력을 갖게 됩니다. 이를 통해 합의가 단순히 '당사자끼리 잘 타협한 결과'에 그치지 않고, FIFA 윤리규정이 추구하는 공익과 일관된 방향인지, 제재 수위가 과도하게 가볍거나 무의미한 것은 아닌지에 대한 마지막 필터 역할을 하게 됩니다.

절차 운용 측면에서 보면, 경미한 사건을 신속히 처리해 시스템의 속도와 효율성을 확보하는 한편, 합의 제재와 같이 남용 가능성이 있는 부분은 재판부 의장이 직접 적법성과 합리성을 검토하도록 한 구조입니다. 그 결과 FIFA는 사건 처리의 속도와 징계 시스템의 권위·정당성을 동시에 지키는 균형점을 마련하고 있다고 볼 수 있습니다.

해설　제73조는 FIFA 윤리 절차에서 피신고인의 진술권(Right to be Heard)을 명시적으로 보장하는 규정으로, 전체 절차를 지탱하는 핵심적인 기본권 장치입니다. 피신고인은 최종 결정이 내려지기 전에 자신의 입장을 제출할 수 있고, 이를 뒷받침할 증거를 제시하며, 상대방이 제출한 증거를 검토할 기회도 가집니다. 단순히 '한마디 해 볼 수 있는 기회'를 주는 수준이 아니라, 방어권을 실질적으로 행사할 수 있도록 설계된 절차적 권리라는 점이 중요합니다.

다만 이 권리가 어떤 경우에도 무제한적으로 보장되는 것은 아닙니다. 증인 보호, 신변 안전, 사건의 민감성 등 공익적 사유가 인정되는 때에는 자료 열람이나 대면 심문이 일정 부분 제한될 수 있습니다. 특히 성폭력, 성적 학대, 내부 고발과 같이 민감한 사건에서는 피해자 보호를 위해 증인의 신원을 익명 처리하거나, 피신고인에게 열람을 허용하더라도 일부 자료만 가려서 제한적으로 제공하는 방식이 자주 활용됩니다.

이 규정은 FIFA가 공정한 심리와 보호 의무 사이에서 균형을 모색하고 있음을 잘 보여 줍니다. 한편으로는 피신고인이 최소한의 검토권과 의견 제출권을 보장받도록 하면서도, 다른 한편으로는 피해자와 증인이 2차 피해에 노출되지 않도록 절차 설계를 통해 방어권과 보호 의무를 조화시키고 있습니다. 결국 진술권은 FIFA 윤리 절차의 근간이 되는 권리이지만, 다른 기본 원칙들—특히 증인 보호, 인격권, 안전 보장 원칙—과 조합하여 운용된다는 점을 함께 이해하시는 것이 중요합니다.

해설 제74조는 FIFA 윤리 절차에서 증거 채택 여부를 정하는 마지막 관문을 다룹니다. 재판부 의장은 제48조(허용되지 않는 증거)와 제49조(증거 평가 기준)에 따라 요건을 충족하지 못한 증거에 대해서는 당사자의 신청을 받아들이지 않을 수 있으며, 그렇게 판단한 경우 간략한 기각 사유를 당사자에게 통지해야 합니다. 다만 이 결정 자체에 대해서는 별도의 불복 절차가 인정되지 않으므로, 증거 채택 문제로만 절차가 계속 지연되거나 항의가 반복되는 상황을 미연에 차단하는 효과가 있습니다.

당사자 입장에서 보면, 제74조는 초기에 어떤 증거를 어떤 방식으로 제출할 것인지에 대해 상당한 책임을 부과하는 규정이기도 합니다. 한 번 신청한 증거가 적법성·관련성·신뢰성 측면에서 요건 미비로 기각되면, 그 결정에 대해 다시 다툴 수 없기 때문에, 피신고인과 대리인은 처음부터 증거 수집 과정의 절차적 정당성을 확보해 두어야 합니다. 특히 제48조에서 불법 수집 증거를 배제하는 원칙을 명시하고 있는 만큼, 조사 초반 단계부터 '어떤 경로로 입수한 자료인지, 제3자의 권리를 침해하지 않았는지, 조작이나 왜곡 가능성은 없는지'를 점검하지 않으면, 정작 중요한 자료가 심리 단계에서 문턱을 넘지 못하는 결과를 초래할 수 있습니다.

하지만 기각 사유를 간략하게라도 문서로 통지하도록 한 점은 절차적 투명성을 확보하는 장치로 볼 수 있습니다. 당사자는 적어도 자신의 증거가 왜 배척되었는지, 어떤 기준에서 부족하다고 판단되었는지 이해할 수 있고, 이후 다른 사건이나 추가 제출 시 참고할 수 있습니다. 다만 불복이 허용되지 않는 만큼, 이 영역에서는 재판부 의장의 재량이 상당히 강하게 작용하며, 그만큼 초기 증거 전략 수립과 적법한 수집·정리 과정이 윤리 절차에서 매우 중요한 의미를 갖게 됩니다.

> ### 제75조. 재판부 패널 구성(Composition of the panel)
>
> 1. 재판부 의장은 패널(Panel)의 구성과 위원 수를 결정하고, 관련 기록을 해당 위원들에게 제공해야 합니다. 당사자에게는 패널의 구성에 대해 통보됩니다.
> 2. 제72조의 규정을 해치지 않는 범위에서, 패널은 최소 3명의 위원이 참석한 경우, 그 결정이 법적으로 유효한 것으로 간주됩니다.

해설　이 조항은 FIFA 윤리위원회 재판부(Adjudicatory Chamber)에서 사건을 심리하고 판정하는 패널(Panel)의 구성 방식과 최소 요건을 규정합니다.

우선 재판부 의장은 패널의 구성과 위원 수를 결정하며, 사건 관련 기록을 지정된 위원들에게 제공합니다. 이를 통해 사건 심리에 필요한 자료 접근이 보장되고, 위원들이 독립적으로 사안을 검토할 수 있습니다. 아울러 당사자에게도 패널의 구성이 통보되어, 절차적 투명성이 확보됩니다. 이는 당사자가 특정 위원에 대해 이해충돌이나 기피 사유를 주장할 기회를 보장한다는 의미도 있습니다.

또한 패널은 일정 규모 이상으로 구성되어야 판정이 적법한 효력을 갖습니다. 제72조의 규정을 해치지 않는 범위 내에서 최소 3명의 위원이 참석한 경우, 해당 패널의 결정은 법적으로 유효한 것으로 간주됩니다. 이는 판정이 단순히 소수의 판단이 아니라 집단적이고 균형 잡힌 심리 과정을 거쳤음을 담보하기 위한 장치입니다.

실무적으로 재판부 패널의 구성은 사건의 중대성, 복잡성, 파급력에 따라 달라질 수 있습니다. 단독판사 제도가 신속성과 효율성을 보장하는 장치라면, 패널 구성은 중요한 사건에서 충분한 토론과 다각적 검토를 보장하는 제도적 장치입니다.

> ### 제76조. 심리 원칙(Hearings, principles)
>
> 1. 심리(Hearing)는 비공개로 진행되며, 요청 당사자가 직접 출석한 상태에서 이루어져야 합니다.
> 2. 재판부의 심리는 원칙적으로 공개되지 않습니다. 다만 피신청인이 정식으로 공개 심리를 요청한 경

해설　　윤리위원회 재판부(Adjudicatory Chamber)가 사건을 다루는 과정에서 어떤 방식으로 심리를 운영할지 정해 놓은 규정입니다. 심리는 원칙적으로 비공개로 진행되며, 심리를 요청한 당사자는 직접 출석해야 합니다. 외부의 시선이나 압력을 차단하고, 사건 자체에 집중할 수 있는 환경을 만들기 위한 구조입니다. 다만 피신청인이 정식으로 공개 심리를 요청하는 경우에는 예외적으로 공개가 허용될 수 있고, 이때 공개 여부와 범위, 조건은 재판부 의장 또는 그 대리인의 재량에 따라 정해집니다. 절차의 투명성을 일정 부분 보장하되, 사건의 민감성과 증인·피해자 보호 필요성을 함께 고려한 절충적 운용이라고 볼 수 있습니다.

최종 보고서 제출 이후 새롭게 드러난 위반 행위도 같은 절차 안에서 처리할 수 있도록 장치가 마련되어 있습니다. 새로운 혐의가 포착되면 조사부는 종결 의견서(Closing Statement)를 작성해 사실관계와 증거, 적용 가능성이 있는 규정 위반 및 제재 권고를 재판부에 제출할 수 있고, 당사자는 심리 과정에서 이러한 새로운 혐의에 대해 직접 답변할 권리를 보장받습니다. 만약 재판부가 심리를 열지 않기로 결정한 사건이라면, 조사부는 당사자의 입장이 제출된 후 2일 이내에 권고 의견을 내야 하고, 당사자는 재판부가 정한 기한 안에 서면으로 답변을 제출할 수 있습니다. 청문 절차가 생략되더라도 서면을 통해 최소한의 방어권이 보장되도록 한 장치입니다.

심리가 실제로 열리는 경우에는 재판부 의장이 심리 일정을 정하고, 패널의 인원과 구성, 진행 방식을 확정한 뒤 그 내용을 당사자에게 통지해야 합니다. 절차가 어떻게 진행될지 당사자가 미리 알 수 있도록 하는 최소한의 투명성 요건입니다. 전체적으로 제76조는 비공개를 원칙으로 하되 예외적 공개 가능성을 열어 두고, 절차 도중 새로 드러난 위반을 같은 틀 안에서 처리할 수 있게 하며, 심리 생략 시에도 서면 절차를 통해 방어권을 보완하는 구조를 통해 FIFA 윤리 심리가 단순한 형식 절차가 아니라 효율성과 공정성을 함께 고려한 시스템이라는 점을 보여 줍니다.

제77조. 심리 절차(Hearings, procedure)

1. 재판부 의장은 본 규정에 부합하는 범위에서, 심리 절차를 적절하다고 판단하는 방식으로 진행합니다.

2. 당사자는 자신이 요청한 증인의 출석을 보장할 책임이 있으며, 그와 관련된 모든 비용과 경비를 부담해야 합니다.

3. 당사자 또는 조사부가 신청한 증인은 원칙적으로 직접 출석해야 합니다. 다만 재판부 의장 또는 그 대리인은 영상 회의를 통해 당사자의 진술을 들을 수 있으며, 이 경우에는 의장 또는 대리인이 정한 특정 조건에 따라 진행됩니다.

4. 가능한 경우, 심리 절차는 다음의 순서에 따라 진행됩니다:

   a. 피신청인이 신청하고 재판부가 승인한 증인의 진술

   b. 조사부가 신청하고 재판부가 승인한 증인의 진술

   c. 재판부가 신청한 증인의 진술

   d. 조사부의 종결 진술(Closing Statement)

   e. 피신청인의 법률대리인이 있을 경우, 법률대리인의 종결 진술

   f. 필요할 경우, 조사부 및 당사자의 반박 진술(Rebuttal Statement)

   g. 피신청인에게 주어지는 최종 발언 기회

5. 예외적으로, 재판부 의장(또는 해당 절차에서의 부의장·대리 의장)은 영상 회의를 통해 심리 절차를 진행하기로 결정할 수 있습니다.

해설　　재판부(Adjudicatory Chamber)가 심리를 어떻게 운영할지에 대한 기본 틀을 잡아 주는 조항입니다. 재판부 의장은 규정의 범위 안에서 사건의 성격과 난이도, 당사자 구성 등을 고려해 절차를 어떤 방식으로 진행할지 재량을 가지고 조율할 수 있습니다. 덕분에 모든 사건에 일률적인 틀을 강요하기보다, 각 사건에 맞춘 탄력적인 심리 운영이 가능해집니다.

　증인과 관련해서는 책임과 비용 부담의 주체를 분명히 합니다. 특정 증인의 출석을 신청한 당사자가 그 증인의 실제 출석을 보장해야 하고, 이동·체류·준비 과정에서 발생하는 비용 역시 스스로 부담해야 합니다. 이는 중앙 기구가 증인 비용을 일일이 떠안지 않도록 해서, 의미 없는 증인 신청이 남용되는 것을 막으려는 취지가 담겨 있습니다. 증인은 원칙적으로 직접 출석해 진술해야 하지만, 재판부 의장이나 그를 대신하는 자는 필요하다고 판단되는 경우 영상 회의 방식의 진술도 허용할 수 있습니다. 이때 구체적인 방식과 조건은 의장이 정하며, 효율성과 안전, 증인의 사정 등

이 함께 고려됩니다.

심리가 열리는 경우 일반적인 진행 순서도 제시됩니다. 먼저 피신청인이 신청해 재판부가 승인한 증인의 진술이 이루어지고, 그 다음으로 조사부가 신청해 승인된 증인의 진술이 이어집니다. 이어 재판부가 직권으로 부른 증인이 있다면 그 증인의 진술을 듣고, 이후 조사부의 종결 진술(Closing Statement), 피신청인 측 법률대리인의 종결 진술이 순서대로 진행됩니다. 필요하다고 판단되면 양측 모두에게 반박 진술(Rebuttal Statement)의 기회를 주고, 마지막에는 피신청인 본인에게 최종 발언권을 부여합니다. 이 구조는 먼저 피신청인 측 증거와 논리를 충분히 제시하게 하고, 그 다음에 조사부와 재판부가 이를 검증·보완하는 흐름을 취함으로써 방어권과 공정성을 동시에 확보하려는 설계입니다.

또한 재판부 의장(또는 해당 절차를 주재하는 부의장·대리 의장)은 예외적으로 심리 전체를 영상 회의 방식으로 진행하기로 결정할 수 있습니다. 당사자가 여러 대륙에 흩어져 있거나, 이동이 어렵고 긴급성이 높은 사건, 안전 문제가 우려되는 사건 등에서는 이러한 방식이 현실적인 대안이 됩니다.

전체적으로 보면 제77조는 FIFA 윤리 심리가 형식적인 재판 구조를 상당 부분 따르면서도, 국제기구 특유의 유연성과 효율성을 반영하고 있음을 보여 줍니다. 증인 출석 책임과 비용, 진술 순서, 종결·반박·최종 발언의 구조가 모두 절차적 정의를 뒷받침하는 요소로 작동하도록 정교하게 설계되어 있다는 점이 핵심입니다.

> **제78조. 평의**(Deliberations)
>
> 1. 심리(Hearing)가 종료된 후, 재판부는 비공개로 평의를 진행하여 결정을 내립니다.
>
> 2. 상황이 허용하는 경우, 평의와 결정은 전화 회의, 화상 회의 또는 이와 유사한 방식으로도 진행할 수 있습니다.
>
> 3. 평의는 특별한 사정이 없는 한 중단 없이 진행됩니다.
>
> 4. 의장은 어떤 순서로 쟁점들이 평의에 회부될지를 결정합니다.
>
> 5. 재판부는 조사부가 제출한 사실관계의 법적 평가에 구속되지 않습니다. 특히 재판부는 조사부가 지적한 규정 위반을 확대하거나 축소할 권한을 가집니다.
>
> 6. 출석한 위원들은 의장이 정한 순서에 따라 의견을 개진하며, 의장은 항상 마지막으로 발언합니다.
>
> 7. 평의에는 사무국 구성원 1명이 입회해야 합니다.

해설　　평의 절차는 윤리위원회 재판부(Adjudicatory Chamber)가 심리를 마친 뒤 실제로 어떤 방식으로 논의하고 결론을 정리하는지 보여 주는 마지막 단계입니다. 심리가 끝나면 재판부는 원칙적으로 비공개로 모여 평의를 진행하며, 이 과정에서 외부의 압력이나 이해관계자의 간섭 없이 자유롭게 의견을 주고받을 수 있어야 합니다. 국제 기구라는 특성상 한 자리에 모이기 어려운 경우가 많기 때문에, 상황이 허락하면 전화 또는 화상 회의 등 원격 방식을 통해 평의와 결정을 내리는 것도 허용됩니다. 다만 어떤 방식이든, 특별한 사정이 없는 한 평의는 중간에 끊기지 않고 한 흐름으로 이어지도록 하는 것이 원칙입니다. 이 원칙은 재판부가 집중력을 유지하고, 며칠 간격을 두고 단편적으로 논의하다가 판단 기준이 흔들리는 일을 막기 위한 장치입니다.

쟁점을 어떤 순서로 다룰지는 의장이 정합니다. 의장이 정한 순서에 따라 위원들이 차례로 의견을 개진하고, 의장은 항상 마지막에 발언합니다. 이렇게 함으로써 회의 진행의 질서를 유지하고, 의장이 여러 의견을 모두 들은 뒤 전체 토론을 정리해 결론을 도출할 수 있는 구조를 갖추게 됩니다. 이때 재판부는 조사부(Investigatory Chamber)가 최종 보고서에서 제시한 사실관계에 대한 법적 평가에 구속되지 않습니다. 조사부가 어떤 조항 위반이라고 적시했는지를 그대로 따라야 할 의무는 없고, 필요하다면 위반 범위를 축소하거나, 반대로 사건의 성격상 더 중대한 규정 위반까지 포함하여 판단할 수도 있습니다. 재판부가 단순히 조사 결과를 '승인'하는 기구가 아니라, 독립적으로 최종 결론을 내리는 심판 기관이라는 점이 여기서 분명히 드러납니다.

평의에는 사무국(Secretariat) 구성원 한 명이 반드시 입회합니다. 이 사람은 토론 내용과 결정 과정을 문서로 정리하고, 필요한 행정적 지원을 담당합니다. 평의 자체는 비공개이지만, 절차의 큰 틀과 결정의 형성 과정이 내부적으로는 적절히 기록되고 사후 검증이 가능하도록 하기 위한 안전 장치라고 볼 수 있습니다. 결국 제77조·제78조가 함께 보여 주는 것은, FIFA 윤리 심리가 심리(청문)-평의-결정이라는 구조를 갖추되, 비공개 원칙과 의장의 조율, 조사부로부터의 독립성, 사무국의 보조를 통해 최종 결정의 정당성과 신뢰를 확보하려는 시스템이라는 점입니다.

해설 표결 원칙을 정리한 제79조는 재판부(Adjudicatory Chamber)가 심리와 평의를 마친 뒤 어떤 방식으로 최종 결정을 확정하는지를 보여 줍니다. 우선 결정은 회의에 출석한 위원들의 과반수 찬성으로 채택됩니다. 국제기구와 패널 재판부에서 통상 채택되는 다수결 원칙을 따르는 것으로, 개인이 아닌 패널의 판단이라는 정당성을 확보하기 위한 구조입니다. 출석한 모든 위원은 반드시 표를 행사해야 하고, 기권은 허용되지 않습니다. 각 위원이 책임 있는 판단을 회피하지 못하도록, '출석했다면 반드시 입장을 밝히라'는 요구를 제도화한 부분입니다.

가부가 정확히 동수로 나오는 경우에는 의장이 결정권(Casting Vote)을 행사합니다. 동점 상황이 계속되면 절차가 교착 상태에 빠질 수밖에 없기 때문에, 최종적으로 방향을 정할 수 있는 '마지막 한 표'를 의장에게 부여해 결론을 도출하도록 한 장치입니다. 이 때문에 의장은 단순히 회의를 주재하는 사회자가 아니라, 필요할 때에는 최종 결과를 가르는 결정적 역할을 맡는 인물로 자리매김합니다.

절차 운영의 관점에서 보면, 제79조는 FIFA 재판부가 형식적으로 절차만 밟는 기구가 아니라, 다수결과 책임 있는 표결을 통해 독립된 판단을 내리는 패널이라는 점을 분명히 합니다. 기권을 허용하지 않고, 동수일 때 의장에게 결정권을 부여함으로써, 한편으로는 논의와 표결의 진지함을 담보하고, 다른 한편으로는 결론이 끝내 내려지지 않는 상황을 방지하여 절차의 신속성과 최종성을 함께 확보하고 있습니다.

> ### 제80조. 결정 이유(Grounds of decision)
> 1. 재판부는 자신의 결정을 전면적이고 서면 형태로 통지해야 합니다.
> 2. 긴급하거나 다른 특별한 사정이 있는 경우, 재판부는 우선 결정의 요지만 당사자에게 통지할 수 있으며, 이 경우 그 효력은 즉시 발생합니다. 이후 전체 서면 결정문은 60일 이내에 통지되어야 합니다.

해설　제80조는 재판부(Adjudicatory Chamber)가 내리는 모든 결정에 대해 충분한 이유를 서면으로 제시할 의무를 규정합니다. 당사자는 자신에게 유리하거나 불리한 결정이 어떤 사실관계와 어떤 규정 해석, 어떤 판단 논리를 바탕으로 도출되었는지 파악할 수 있어야 하고, 그래야만 실질적인 절차적 정의(Due Process)가 보장됩니다.

따라서 서면 결정문에는 재판부가 인정한 주요 사실관계, 적용된 FIFA 규정 조항, 그 규정들을 어떻게 해석·적용했는지에 대한 논리적 경위, 그리고 최종적으로 어떤 이유로 해당 제재를 선택했는지가 포함되어야 합니다. 당사자가 단지 결론만이 아니라 결론에 이르는 과정 전체를 이해할 수 있을 정도의 설명이 요구됩니다.

다만 축구 대회와 경기 운영의 특성상, 항상 충분한 시간을 두고 완결된 서면 결정을 작성하기는 어렵습니다. 예를 들어, 특정 선수의 출전 가능 여부가 바로 다음 경기 진행과 직결되는 사안처럼 긴급성이 매우 높은 경우, 재판부는 먼저 결정의 요지(Summary Decision)만을 신속히 통보할 수 있습니다. 이 요지만으로도 제재는 즉시 효력을 발생하며, 경기 일정이나 대회 운영에 필요한 신속한 집행이 가능해집니다.

그 대신 이러한 경우에도 재판부는 60일 이내에 전체 서면 결정을 통지해야 합니다. 당사자는 이 전체 결정문을 통해 비로소 구체적인 사실인정, 규정 적용, 판단 이유를 충분히 검토할 수 있고, 이를 바탕으로 항소나 재심 등 후속 절차를 준비하게 됩니다. 요지 통보를 통해 집행의 신속성을 확보하면서, 일정 기한 안에 충분한 이유 제시를 의무화하여 당사자의 절차적 권리를 보장하는 구조입니다.

결국 제80조는 신속한 스포츠 징계 집행과 충분히 설명된 재판 절차라는 두 요구를 동시에 충족시키기 위한 규정입니다. 실무상 당사자는 결정 요지를 통보받는 순간부터 제재가 이미 발효된다는 점, 그리고 60일 이내 송부되는 전체 서면 결정을 기준으로 본격적인 항소 전략을 수립해야 한다는 점을 항상 염두에 두어야 합니다.

제81조. 결정문 형식과 내용(Form and content of the decision)

1. 결정문에는 다음이 포함되어야 합니다:

   a. 재판부 패널(Panel) 구성

   b. 당사자의 이름

   c. 결정일자

   d. 사실관계 요약

   e. 결정 이유

   f. 적용 규정

   g. 결정 주문(Terms of the Decision)

   h. 항소 가능 경로에 대한 고지

2. 결정문은 의장이 서명하고 사무국(Secretariat)을 통해 송부되어야 합니다.

해설　제81조는 제80조에서 규정한 '이유 있는 서면 결정'이 실제 문서로 어떤 틀과 구성을 가져야 하는지를 구체적으로 정한 조항입니다. 제80조가 결정의 시기와 이유 제시 의무에 초점을 맞춘 규정이라면, 제81조는 결정문의 형식과 내용에 관한 최소 요건을 제시하는 조항입니다.

결정문에는 우선 재판부 패널의 구성, 당사자의 이름, 결정일자가 반드시 기재되어야 합니다. 이는 누가 어떤 당사자에 대해 언제 결정을 내렸는지를 명확히 하기 위한 것으로, 이후 항소나 재심 단계에서 절차적 정당성을 확인하는 출발점이 됩니다. 특히 패널 구성의 명시는 단순한 형식 요건을 넘어, 해당 패널에 이해충돌이 있는 위원이 포함되지 않았는지, 적법하게 구성된 재판부인지를 사후적으로 검증할 수 있는 근거가 됩니다.

이어지는 사실관계 요약, 결정 이유, 적용 규정 부분은 제80조의 원칙을 구체화한 핵심 요소입니다. 사실관계 요약은 사건의 경과와 쟁점이 된 사실들을 간명하게 정리하고, 적용 규정은 FIFA 규정 중 어떤 조항을 근거로 삼았는지를 명시하며, 결정 이유는 그 규정들을 어떻게 해석·적용하여 해당 결론에 도달했는지를 설명합니다. 이 세 부분이 구조적으로 정리되어 있어야 당사자와 상급심이 판단의 경위와 적법성을 한눈에 검토할 수 있습니다.

　　결정 주문(Terms of the Decision)은 재판부가 실제로 무엇을 명령·금지·선언하는지를 구체적이고 명확하게 나타내는 부분입니다. 제재의 종류 및 기간, 벌금 액수와 지급기한, 특정 행위의 중지 또는 의무 이행 명령 등이 여기에 포함됩니다. 이 부분이 모호하면 집행 단계에서 불필요한 분쟁이 발생하므로, 실질적인 집행 가능성을 염두에 둔 명확한 문구가 중요합니다. 예를 들어, '일정 기간 활동 금지'라는 추상적 표현보다 '2024년 1월 1일부터 2024년 6월 30일까지 모든 축구 관련 활동 금지'처럼 시점과 범위를 특정해야 집행 과정에서의 해석 다툼을 방지할 수 있습니다.

　　항소 가능 경로에 대한 고지는 당사자의 절차적 권리를 실질적으로 보장하기 위한 장치입니다. 어떤 기구에, 어떤 방식과 기한으로 항소할 수 있는지 안내함으로써, 당사자가 권리 구제 수단을 놓치지 않도록 합니다. 제80조에서 말한 '이유 있는 서면 결정'이 내용 측면의 권리 보장이라면, 이 항소 안내는 후속 절차에 대한 접근권 보장입니다. 실무상 항소 기한은 결정문 수령일로부터 기산되는 경우가 많으므로, 이 고지가 누락되거나 부정확하면 당사자의 항소권 자체가 침해될 수 있습니다.

　　형식적 요건으로서 결정문은 재판부 의장의 서명을 거쳐야 하고, 사무국(Secretariat)을 통해 송부되어야 합니다. 의장의 서명은 그 결정이 재판부 내부의 적법한 의사결정 절차를 거쳐 채택된 최종 결론임을 확인하는 것이고, 사무국을 통한 송부는 문서 통지의 일관성과 기록 관리의 신뢰성을 확보하기 위한 운영 원칙입니다.

　　결국 제81조는 FIFA 징계·윤리 절차에서 내려지는 모든 결정문이 일정한 형식과 구성을 갖추도록 강제함으로써, 이후 항소나 재심 단계에서 결정문의 형식적 흠결을 둘러싼 다툼을 줄이고 쟁점을 실체 판단과 규정 해석에 집중시키는 기능을 합니다. 이는 스포츠중재재판소(CAS) 항소 과정에서도 실질적인 의미를 갖습니다. 그 이유는 CAS는 FIFA 결정의 절차적 적법성을 심사할 때 제81조의 요건 충족 여부를 검토하며, 형식적 요건이 충족되지 않은 결정은 그 자체로 취소 사유가 될 수 있기 때문입니다.

제82조. 결정 집행(Enforcement of decisions)

회원협회(Member Association)와 관련 축구 관계자는 윤리위원회 결정이 FIFA 규정에 따라 적법하게 이행되도록 보장해야 합니다.

해설　　제82조는 윤리위원회 결정이 '문서로만 존재하는 선언'에 그치지 않고, 실제 현장에서 집행되도록 만드는 마지막 고리입니다. FIFA는 전 세계 회원협회(Member Association)를 통해 규범을 강제하는 구조이기 때문에, 각국 협회가 결정 집행의 최일선에서 핵심적인 역할을 맡습니다.

회원협회와 그 산하의 구단·선수·임원 등 모든 축구 관계자는 윤리위원회 결정이 FIFA 규정에 따라 적법하게 이행되도록 보장해야 하며, 이 의무를 소홀히 하면 협회 자체가 다시 FIFA 징계 대상이 될 수 있습니다. FIFA가 국제기구로서 전 세계의 모든 개인을 직접 통제할 수는 없기 때문에, 각국 협회에 '집행 책임'을 부여해 규범을 실제로 작동시키는 구조라고 이해할 수 있습니다.

실제 집행 단계에서는, 징계 결정에 따라 회원협회가 해당 선수의 출전을 제한·금지하거나, 구단에 부과된 벌금을 부과·징수하고, 제재 대상 임원의 직무수행을 중지시키는 등의 방식으로 결정을 구현합니다. 만약 협회가 이런 조치를 취하지 않고 결정을 사실상 방치한다면, FIFA는 그 협회에 대해 국제대회 참가 제한, 재정 지원 중단, 추가 제재금 부과 등 간접적인 제재를 부과함으로써 집행을 강제할 수 있습니다.

결국 제82조는 '결정이 내려진 뒤에 무엇이 일어나는가'라는 질문에 대한 답을 제도적으로 마련해 둔 조항입니다. 윤리위원회가 아무리 정교한 결정을 내려도, 회원협회와 관계자가 이를 실제로 이행하지 않으면 규범의 실효성은 무너집니다. 이 규정은 그 마지막 단계를 각국 협회에 명시적으로 책임지우는 조항으로, FIFA 윤리 절차 전체의 집행력을 떠받치는 메커니즘이라고 볼 수 있습니다.

> **제83조. 항소위원회**(Appeal committee)
>
> 1. 본 규정 제30조(경기 또는 대회의 조작) 위반과 관련하여 FIFA 징계위원회(Disciplinary Committee)가 내린 결정에 대해, 이해당사자는 법적으로 보호되는 이익(Legally Protected Interest)을 근거로 그 결정을 변경하거나 취소할 필요성이 있다고 판단될 경우 항소위원회(Appeal Committee)에 항소할 수 있습니다.
> 2. 항소 제기 절차 및 항소위원회에서의 심리 절차에 관한 추가 규정은 FIFA 징계규정(Disciplinary Code) 제60조 이하에 명시된 바에 따릅니다.

해설　제83조는 경기 또는 대회 조작(제30조 위반)과 관련된 사건에서 항소 절차가 어떻게 보장되는지를 규정합니다. 이는 FIFA가 가장 중대한 위반 행위 중 하나로 간주하는 경기 조작 사안에 대해, 당사자에게 공정한 절차적 권리를 부여하면서도 동시에 FIFA 징계 체계의 일관성을 유지하려는 장치입니다.

먼저, FIFA 징계위원회(Disciplinary Committee)가 경기 또는 대회 조작 사건에 대해 내린 결정에 대해, 이해당사자는 법적으로 보호되는 이익(Legally Protected Interest)이 있다고 판단될 경우 항소위원회(Appeal Committee)에 항소할 수 있습니다. 즉, 단순히 불만을 이유로 한 항소는 허용되지 않으며, 해당 결정이 당사자의 법적 권리나 지위에 실질적인 영향을 미친 경우에만 항소권이 인정됩니다. 이를 통해 항소 절차가 남용되는 것을 방지하면서, 동시에 중대한 권익 침해에 대해서는 이중심사를 보장합니다.

둘째, 항소 제기의 구체적 절차 및 항소위원회에서의 심리 방식은 FIFA 징계규정(Disciplinary Code) 제60조 이하의 규정에 따릅니다. 즉, 항소권의 범위는 윤리규정에 명시되지만, 실제 절차적 프레임워크는 징계규정에 의해 뒷받침되는 구조입니다. 이는 FIFA가 모든 항소 절차를 징계규정 체계로 통일해 일관성을 유지하려는 설계라 할 수 있습니다.

제83조는 결국, 경기 조작 사건이라는 가장 중대한 위반 행위에 대해 이중적 심사 구조를 보장함으로써 FIFA 절차의 정당성과 투명성을 높이는 역할을 합니다. 즉, FIFA는 무관용 원칙 아래 강력한 제재를 부과하면서도, 당사자가 법적으로 보호되는 권익을 주장할 수 있는 합법적 경로를 열어 두어 '강력한 제재 및 공정한 절차'라는 균형을 추구하고 있습니다.

해설   제84조는 FIFA 윤리 절차에서 스포츠중재재판소(CAS)의 역할과 기능을 규정합니다. 재판부(Adjudicatory Chamber)가 내린 결정은 FIFA 내부적으로는 최종적이지만, FIFA 정관에 따라 당사자는 CAS에 항소할 수 있습니다. 또한 조사부의 수석 조사관(Chief of the Investigation) 역시 동일한 결정을 CAS에 제소할 권한을 가집니다. 이는 단순히 징계 대상자뿐 아니라 FIFA 내부 기구조차 CAS의 판단을 통해 외부적 정당성을 확보할 수 있도록 한 장치라 할 수 있습니다.

CAS는 FIFA 사건의 최종 불복 기관으로, 사실심과 법리심 모두를 심리할 수 있는 폭넓은 권한을 갖습니다. 당사자는 FIFA 내부의 조사부, 재판부, 항소위원회를 모두 거친 뒤 CAS에 사건을 제소할 수 있으며, 이를 통해 FIFA 내부 기구만으로는 확보하기 어려운 절차적 독립성과 공정성을 보완할 수 있습니다.

대표적인 사례로, 아시아 축구연맹(AFC) 회장이었던 모하메드 빈 함맘(Mohammed bin Hammam)은 2011년 FIFA 회장 선거를 앞두고 카리브 축구연맹(CFU) 회의에서 대표단에게 40,000달러(USD)가 든 봉투를 제공한 혐의로 FIFA 윤리위원회로부터 종신 자격 정지를 선고받았습니다. 그는 FIFA 내부 절차를 모두 거쳐 스포츠중재재판소(CAS)에 항소하였고, 2012년 7월 로잔의 CAS는 증거가 법적 기준을 충족하지 못한다(Case Not Proven)는 이유로 FIFA 항소위원회의 결정을 전면 취소했습니다. 이는 무죄 선언이라기보다는, 충분한 증거 없이는 유죄 확정이나 제재 유지가 불가능하다는 법 원칙을 그대로 적용한 사례였습니다.

CAS는 판결에서 FIFA가 제시한 증거만으로는 제재를 정당화하기에 부족하다고 명확히 지적했으며, 새로운 증거가 제시될 경우 사건을 다시 개시할 수 있다는 가능성까지 열어 두었습니다. 실제로 FIFA는 이후 동일 사건이 아닌 별도의 이해충돌 및 재정 운영 위반을 근거로 다시 빈 함맘에게 종신 제재를 부과했습니다. 이 사건은 CAS가 FIFA 내부 절차의 최종 불복 기관으로서 가지는 권한과 중요성을 단적으로 보여 주는 대표적 사례로 평가됩니다.

실무적으로 CAS 제소에서 가장 중요한 것은 기한 준수입니다. FIFA 규정마다 세부적으로 상이하지만, 일반적으로 결정 통지일로부터 21일 이내에 제소해야 하며 이를 넘기면 항소 자체가 각

하됩니다. 따라서 당사자는 결정문을 수령하는 즉시 항소 전략을 준비해야 하며, CAS 제소를 위해서는 비용을 선납하고 항소장에 결정 취소 요청, 법적 근거, 증거 자료를 빠짐없이 포함해야 합니다. 이러한 요건은 단순한 형식이 아니라 절차 성립 요건으로, 충족하지 않으면 사건은 시작조차 될 수 없습니다.

결국 제84조는 FIFA 윤리 절차에서 CAS가 '최종적이고 독립적인 심판자' 역할을 수행한다는 점을 명문화한 조항이며, FIFA 내부 기구가 내린 결정을 국제 스포츠법의 기준에 따라 다시 검증받을 수 있도록 보장하는 핵심 규정이라 할 수 있습니다.

제85조. 재심(Review)

1. 윤리위원회 조사부(Investigatory Chamber)는 법적 구속력이 발생한 결정으로 종결된 사건이라 하더라도, 당사자가 조사 당시 제출할 수 없었으나 이후 발견된 중대한 새로운 사실이나 증거가 존재하고, 그것이 더 유리한 결정을 이끌 수 있었던 경우에는 사건을 재개할 수 있습니다. 이러한 재개가 이루어질 경우, 조사 절차에 관한 규정이 적용됩니다.
2. 재심 청구는 당사자가 재심 사유를 발견한 날로부터 10일 이내에 제기해야 하며, 이 기한을 넘기면 접수되지 않습니다.
3. 재심 청구는 결정이 집행된 날로부터 1년을 초과할 수 없습니다.

해설 제85조는 이미 법적 구속력을 갖게 된 윤리위원회 결정이라 하더라도, 중대한 새로운 사실이나 증거가 뒤늦게 발견된 경우에는 예외적으로 사건을 다시 열어볼 수 있도록 하는 재심 장치를 두고 있습니다. 최종 결정의 안정성을 존중하면서도, 나중에 드러난 중대한 불공정을 그대로 방치하지 않겠다는 취지가 동시에 반영된 규정입니다.

재심이 받아들여지려면 먼저 '새로운 것'이어야 하고, 동시에 '결과를 바꿀 정도로 중대한 것'이어야 합니다. 조사 당시에는 제출할 수 없었지만 그 후에 비로소 발견된 사실이나 증거여야 하고, 단지 기존 자료를 늦게 내는 것처럼 당사자의 준비 부족을 재심 사유로 삼을 수는 없습니다. 아울러 그 새로운 사실이나 증거가 애초부터 제출되어 있었다면, 당사자에게 더 유리한 결론이 내려졌을 개연성이 있어야 합니다. 이 두 요건을 충족해 사건이 재개되면, 다시 조사 절차 규정이 그대로 적용되며 사건은 초기에 가까운 단계로 돌아가 추가 조사와 심리를 거치게 됩니다.

시간 요건은 매우 엄격하게 설정되어 있습니다. 재심 사유를 알게 된 날로부터 10일 이내에 청구를 제기해야 하고, 이 기한을 넘기면 더 이상 받아들여지지 않습니다. 별도로, 결정이 실제로 집행된 날로부터 1년이 지나면 재심 청구 자체가 절대적으로 허용되지 않는 시효가 적용됩니다. 어느 시점에서는 사건이 완전히 확정되어야 한다는 요구를 반영한 안전장치입니다.

이처럼 제85조는 FIFA 윤리 절차가 신속성과 최종성만을 강조하는 폐쇄적인 시스템이 아니라, 매우 예외적인 경우에 한해서라도 중대한 오류를 바로잡을 수 있는 최소한의 통로를 열어 두었다는 점에서 의미가 있습니다. 다만 재심 사유와 시한이 좁게 설정되어 있기 때문에, 새로운 증거를 확보했다면 지체 없이 10일 기한 안에 청구해야 하고, 그 증거가 정말로 '새로운지'와 '결과를 바꿀 만큼 중대한지'에 대해서는 윤리위원회의 엄격한 심사를 거친다는 점을 염두에 두어야 합니다.

> **제86조. 잠정 제재(Provisional sanction)**
>
> 1. 조사 절차 중 언제든지, 조사부 의장 또는 수석 조사관은 재판부 의장에게 잠정 제재를 요청할 수 있습니다. 이는 조사 절차가 방해받지 않도록 하거나, 본 규정 위반이 발생한 것으로 보이지만 사건의 실체에 대한 최종 판단이 신속히 내려질 수 없는 경우에 필요합니다.
>
> 2. 이해당사자는 잠정 제재 요청에 대해 통지를 받은 날로부터 5일 이내에 재판부 의장에게 의견을 제출할 수 있습니다.
>
> 3. 재판부 의장은 사건 기록을 바탕으로 지체 없이 결정을 내리거나, 이해당사자 또는 그 대리인의 의견을 청취하기로 결정할 수 있습니다.
>
> 4. 잠정 제재는 재판부 의장이 이를 통지(또는 통지된 것으로 간주)한 날부터 시작되며, 재판부의 최종 결정으로 종료됩니다. 다만 제67조에 따라 더 일찍 해제될 수 있습니다. 잠정 제재의 기간은 해당 위반과 관련하여 부과될 수 있는 제재의 최대 기간을 초과할 수 없습니다.
>
> 5. 잠정 제재 기간은 최종 결정에서 제재 기간 산정 시 고려됩니다.

해설 　잠정 제재(Provisional Sanction)는 본안에 대한 최종 유·무죄 판단과는 별개로, 조사 단계에서 발생할 수 있는 위험을 선제적으로 차단하기 위한 임시 조치입니다. 조사 절차가 진행되는 동안 증거 인멸, 증인·피해자에 대한 접촉이나 압력, 추가 위반의 반복 등으로 절차의 공정성이 훼손될 수 있기 때문에, 제86조는 조사부 의장 또는 수석 조사관이 언제든 재판부 의장에게 잠정 제재를 요청할 수 있도록 하고 있습니다. 피신청인은 잠정 제재 요청 통지를 받은 날로부터 5일 이내에 서면 의견을 제출할 수 있고, 재판부 의장은 사건 기록과 의견서를 바탕으로 지체 없이 결정을 내리거나, 필요할 경우 당사자 또는 대리인을 불러 의견을 직접 청취할 수 있습니다.

2023년 루이스 루비알레스(Luis Rubiales) 스페인축구협회장 사건은 잠정 제재의 목적과 운용 방식을 가장 선명하게 보여 줍니다. 여자 월드컵 결승 시상식에서 루비알레스가 선수 헤니 에르모소(Jenni Hermoso)에게 동의 없이 키스한 후, 에르모소는 동의하지 않았다고 밝혔으나 스페인축구협회(RFEF)는 오히려 '에르모소가 거짓말을 하고 있다'며 법적 조치를 위협했습니다. FIFA 징계위원회 의장 호르헤 이반 팔라시오(Jorge Iván Palacio)는 8월 26일 루비알레스에게 90일 잠정 직무 정지를 부과하면서, 루비알레스와 스페인축구협회 모두에게 에르모소 및 그 주변인에 대한 접촉금지 명령을 병행했습니다. FIFA는 판결문에서 이 조치가 '잠재적 증언이 압력, 두려움, 보복 없이 자유롭게 이루어질 수 있도록' 하기 위한 것이며, 스페인축구협회가 에르모소 측에 유리한 발언을 강요한 행위가 '징계 절차 방해에 해당한다'고 명시했습니다. 잠정 직무 정지로 루비알레스는 UEFA 회의 참석과 투표권을 상실했고, 2030 월드컵 유치 활동에서도 배제되었습니다. 최종적으로 FIFA는 3년 활동 금지를 확정했고, 스페인 법원은 별도로 접근금지 명령을 발부했습니다.

잠정 제재가 부과되면 통지일(또는 통지된 것으로 간주되는 날)부터 효력이 발생하며, 원칙적으로 재판부의 최종 결정이 내려질 때까지 유지됩니다. 다만 제67조에 따라 더 일찍 해제할 수도 있고, 무엇보다 잠정 제재의 전체 기간은 해당 위반에 대해 최종적으로 부과될 수 있는 제재의 최대 기간을 넘길 수 없습니다. 대신 잠정 제재로 이미 이행한 기간은 최종 제재를 산정할 때 전부 고려됩니다. 예를 들어, 잠정적으로 6개월 활동 금지를 받은 뒤 최종적으로 2년 정지가 선고되었다면, 실제로는 잔여 1년 6개월만 집행되는 방식입니다. 운영 측면에서 보면, 잠정 제재는 부패, 승부 조작, 성폭력, 조직적 괴롭힘 등 중대한 사건에서 특히 자주 활용됩니다. 본안 판결을 기다리는 동안에도 FIFA가 신속히 개입해 추가 피해를 막고, 증거 보전과 증인 보호를 담보하려는 장치이기 때문입니다. 동시에 피신청인에게는 5일 내 의견 제출권과, 필요시 청문 기회가 주어져 최소한의 방어권이 유지됩니다. 결국 제86조는 '최종 결론은 아직이지만, 그냥 두기에는 위험한 상황'을 다루기 위한 제도적 안전판으로, 조사 주체의 요청권과 재판부 의장의 신속한 판단, 그리고 최종 제재와의 기간 조정까지를 하나의 일관된 구조로 묶어 두고 있습니다.

제87조. 면책(Exemption from liability)

본 조항은 중대한 과실(Gross Negligence) 또는 악의적 의도(Malicious Intent)가 없는 한, 윤리위원회 위원 또는 사무국 직원은 절차와 관련된 어떠한 행위에 대해서도 개인적으로 책임을 지지 않는다고 규정합니다. 이는 FIFA 윤리규정의 집행 과정에서 업무 수행 중 발생할 수 있는 법적 리스크로부터 위원과 직원들을 보호하기 위한 조항입니다.

해설 국제 스포츠 단체에서 징계 절차를 담당하는 기구와 직원은 정치적 압력, 언론 보도, 소송 가능성 등에 항상 노출됩니다. 따라서 면책 규정은 조직 운영 안정성과 업무 독립성을 보장하는 핵심 장치입니다. 다만, '중대한 과실'이나 '고의'가 입증될 경우에는 면책이 적용되지 않으므로, 절차상 위법·위반 행위에 대해서는 여전히 개인적 책임이 발생할 수 있습니다.

제88조. 공식 언어(Official languages)

1. 본 규정은 영어, 프랑스어, 스페인어로 작성되어 있습니다.

2. 세 언어 간 해석이 다를 경우, 영문본이 우선합니다.

해설 해석에 차이가 있을 때는 영문본이 최종적·우선적 효력을 가집니다. 이는 국제 스포츠 중재에서 언어 해석 분쟁을 줄이고, 통일성을 확보하기 위한 조치입니다.

제89조. 채택 및 시행(Adoption and enforcement)

1. FIFA 평의회(Council)는 본 규정을 2022년 12월 16일에 채택했습니다.

2. 본 규정은 2023년 2월 1일부터 시행됩니다.

3. 본 규정의 절차 규정은 시행 즉시 발효되며, 시행일 기준으로 아직 재판 절차(Adjudicatory Proceedings)가 공식적으로 개시되지 않은 모든 사건에 적용됩니다.

FIFA 윤리규정은 단순한 선언적 규범이 아니라, 국제 축구의 무결성과 신뢰를 지탱하는 헌법적 기초 규정으로 자리매김하고 있습니다. 최초 제정 이후 FIFA는 부패, 승부 조작, 성적 학대, 자금 유용 등 시대별로 드러난 문제들을 규범 속에 지속적으로 반영해 왔고, 그 과정에서 적용 범위와 집행력은 점차 확대·정교화되었습니다. 그 결과 오늘날 윤리규정은 경기장 안의 반칙을 넘어, FIFA와 전 세계 축구 공동체의 행정적·재정적·정치적 영역 전반을 포괄하는 종합적인 규범 체계로 기능하고 있습니다.

최근의 개정 흐름은 특히 피해자 권리 강화와 인권 보호를 전면에 내세우고 있습니다. 성적 학대와 괴롭힘에 대해 공소시효를 엄격히 제한하거나 배제하고, 피해자에게 기록 열람·통지·항소권을 부여하며, 독립적인 무결성·윤리 전문가 제도를 도입하는 등 국제 사회가 요구하는 인권 기준과 보호 장치를 적극적으로 수용해 왔습니다. 아울러 무관용 원칙(Zero Tolerance)과 보편적 효력(Universal Applicability)을 통해, 위반자의 직위·국적·현직 여부와 관계없이 동일한 제재를 가하고, 그 효력이 모든 회원협회에 전 세계적으로 확장되도록 설계되어 있습니다. 이는 축구의 신뢰를 단순한 경기 규칙 차원을 넘어 국제 사회의 보편적 가치와 인권 기준에 부합하도록 보호하려는 의지를 보여 줍니다.

실무적으로 윤리규정은 다른 FIFA 규정과 병행 적용되더라도 '최소 제재 기준'으로 작동합니다. 각국 협회나 구단이 자의적으로 제재를 완화하는 것을 원천적으로 차단하고, 직위 사임이나 임기 종료를 통한 책임 회피도 허용하지 않습니다. 과거 행위라 하더라도 위반 당시 이미 금지되어 있었다면 소급하여 제재할 수 있도록 한 점 역시, 책임 추궁을 끝까지 관철하려는 방향성을 잘 보여 줍니다. 절차적으로는 조사부와 재판부의 이원 구조, 형사·민사와 구별되는 '상당한 확신(Comfortable Satisfaction)'이라는 독자적 입증 기준, 협조·보고 의무 위반 자체를 별도의 제재 대상으로 삼는 구조 등을 통해 국제 스포츠법 체계 안에서도 독특한 집행 메커니즘을 갖추고 있습니다.

FIFA 선수의 지위 및 이적 규정

(REGULATIONS ON THE STATUS AND TRANSFER OF PLAYERS)

2025년 7월 개정본

※ 이 내용은 집필 당시(2026.1.) 기준으로 최신 버전의 개정본을 바탕으로 구성되었습니다.

'FIFA 선수의 지위 및 이적 규정(RSTP)'은 오늘날 국제 축구의 뼈대를 이루는 핵심 규정입니다. 이 규정은 단순히 선수의 이적 절차만을 다루는 것이 아니라, 선수의 법적 지위, 계약 체결과 종료, 국제·국내이적, 등록 제도, 유소년 보호, 분쟁 해결에 이르기까지 축구 산업 전반을 아우르는 기본 원칙과 절차를 담고 있습니다.

RSTP는 전 세계 모든 선수, 즉 남녀 프로와 아마추어는 물론 풋살 선수까지 동일하게 적용됩니다. 축구 경기의 공정성과 투명성을 확보하고, 계약의 안정성을 보장하며, 무엇보다 선수의 권익을 보호하는 것이 그 목표입니다. 만약 이 균형이 무너진다면, 계약 불이행, 무단 계약 해지, 불법적 이적, 미성년자 착취 같은 심각한 문제가 발생할 수 있습니다. FIFA는 이러한 위험을 예방하고, 전 세계 축구가 하나의 규범 속에서 운영되도록 RSTP를 마련했습니다.

규정의 범위는 매우 광범위합니다. 선수의 법적 지위를 아마추어와 프로로 구분하고, 계약 체결·이행·종료 과정에서 지켜야 할 원칙을 제시합니다. 국내와 국제이적 절차를 엄격히 규정하며, 미성년자의 국제이적에는 특별한 제한을 두어 보호 장치를 마련했습니다. 등록 기간과 방식, 훈련 보상금과 연대기여금 제도는 유소년 육성에 투자한 구단이 정당한 보상을 받을 수 있도록 설계되었으며, 최근에는 여성 선수의 임신·출산·건강권을 보장하는 규정과 풋살 선수의 지위 및 국제이적까지 포괄하게 되었습니다.

RSTP는 단순한 규칙 모음집이 아니라 축구계의 '국제 표준 계약법'이라 할 수 있습니다. 축구가 가진 특수성을 반영하면서도 전 세계 어디서나 동일하게 적용되는 최소 기준을 설정하고 있기 때문입니다. 이러한 기준 덕분에 각국 리그와 구단은 공정한 경쟁 환경에서 운영될 수 있고, 선수들은 권익을 보호받으며 커리어를 이어길 수 있습니다. 따라서 RSTP에 대한 이해는 법률가와 행정가뿐 아니라 국제이적을 다루는 에이전트, 구단 경영진, 지도자, 그리고 선수 본인까지 축구에 관여하는 모든 이들에게 필수적입니다. RSTP를 이해하는 것은 곧 국제 축구 산업이 작동하는 원리를 이해하는 것과 다르지 않습니다.

오늘날 국제 축구에서 선수의 지위와 이적을 규율하는 'FIFA 선수의 지위 및 이적 규정(RSTP)'은 너무나도 당연한 제도적 장치로 여겨집니다. 그러나 불과 30여 년 전만 해도 이러한 통일된 틀은 존재하지 않았습니다. 과거에는 선수의 계약과 이적이 각국 협회의 관습과 구단 간 협상에만 의존 했기 때문에, 선수의 권익이 제대로 보호되지 못하거나 분쟁이 빈번하게 발생하곤 했습니다. 미성년 선수들이 무분별하게 해외로 이동하거나, 구단이 과도한 이적료를 요구해 선수의 진로를 가로막는 일도 흔했습니다. 축구가 세계적 산업으로 팽창하던 시기에 이러한 불완전한 구조는 더 이상 지속될 수 없었고, FIFA는 제도적 정비에 나설 수밖에 없었습니다.

현대 이적 규범의 출발점으로 흔히 거론되는 사건은 1995년 보스만 판결(Bosman Ruling)입니다. 벨기에 선수 장 마르크 보스만(Jean-Marc Bosman)은 RFC 리에쥬(RFC Liège) 소속이었는데, 계약이 끝난 뒤에도 구단이 이적료를 요구해 프랑스 구단 USL 됭케르크(USL Dunkerque)로 옮기지 못하자 소송을 제기했습니다. 이에 유럽사법재판소(ECJ)는 '계약이 종료된 선수는 자유롭게 이적할 수 있어야 하며, 국적을 이유로 차별을 받아서는 안 된다'는 취지의 판결을 내렸습니다. 이른바 '보스만 룰'은 축구계의 판도를 바꾸어 놓았습니다. 선수들은 계약 만료 후 자유계약(Free Agent)이라는 권리를 확보했고, EU/EEA 선수에 대한 국적 차별 금지 원칙이 확립되었습니다. 이는 선수의 직업 선택 자유와 이동권을 보장한 역사적 사건이자, FIFA가 국제 규정을 근본적으로 손볼 필요성을 자각하게 된 결정적 계기였습니다.

보스만 판결 이후 구단들은 큰 불만을 터뜨렸습니다. 막대한 비용을 들여 유망주를 육성했음에도, 계약 만료와 동시에 자유롭게 떠나버리는 선수를 잡아둘 방법이 사라졌기 때문입니다. 결국 FIFA와 UEFA는 유럽연합 집행위원회와 수년간 협의에 들어갔고, 2001년 역사적인 합의가 이루어졌습니다. 이 합의는 오늘날 RSTP의 근간을 이루는 원칙을 정립했습니다. 무엇보다 계약 안정성이 강조되어, 선수와 구단 모두 계약을 존중해야 하며 정당한 사유 없는 일방적 파기는 제재와 보상으로 이어진다는 틀이 마련되었습니다. 동시에 훈련보상금 제도가 도입되어, 만 23세 이하 선수가 첫 프로 계약을 체결하거나 이적할 때 해당 선수를 길러낸 구단이 육성 비용을 보전받도록 했습니다. 또한 연대기여금 제도를 통해, 선수가 국제적으로 이적할 때마다 이적료의 일부가 선수 성장 과정에 참여한 모든 유소년 구단에 돌아가도록 했습니다. 간단히 말해, 선수를 키운 구단들이 그 선수가 성장해 얻은 경제적 가치를 조금씩 나누어 가질 수 있게 된 것입니다. 이는 선수 자유와 구단 보호라는 상충된 가치를 균형 있게 조율한 합의였으며, 이후의 규범 발전 방향을 결정지었습니다.

2000년대 중반 이후 FIFA는 이러한 원칙을 보다 정교하게 다듬었습니다. 계약 안정성은 축구 규범의 핵심 원리로 확고히 자리 잡았고, 일방적 계약 파기, 미지급 임금, 보호 기간 등과 관련된 판례가 쌓이며 실제 사례에 적용될 수 있는 실체적 법리가 발전했습니다. 이 시기에 FIFA 분쟁해결부(DRC)와 선수지위부(PSC)는 국제 분쟁의 중심 무대로 자리 잡았으며, RSTP는 단순한 이적 규정집을 넘어 사실상 국제 축구의 준노동법으로 기능하기 시작했습니다.

2010년대 들어서는 기술적 혁신이 도입되었습니다. FIFA는 국제이적의 모든 과정을 전산화한 이적매칭시스템(Transfer Matching System, TMS)을 2010년 10월 1일부터 전 세계적으로 의무화했습니다. 구단들은 계약 조건, 금액, 일정 등을 시스템에 입력해야 하고, 양 구단이 입력한 내용이 일치해야만 이적이 승인됩니다. 이로써 국제이적의 모든 과정은 투명하게 기록되었고, 불법적 자금 흐름이나 미성년자 불법 이적을 상당 부분 차단할 수 있게 되었습니다.

2015년에는 제3자 소유권(Third Party Ownership, TPO)의 전면 금지가 시행되었습니다. 당시 남미와 유럽 일부 지역에서는 투자자나 펀드가 선수의 경제적 권리를 매입하여, 선수가 이적할 때마다 이익을 가져가는 관행이 만연했습니다. 그러나 이는 구단의 독립성을 훼손하고, 경기의 공정성을 해칠 위험이 컸습니다. FIFA는 결국 선수의 경제권은 오직 선수 본인과 구단 사이에만 귀속될 수 있다고 못 박으며, 2015년 5월 1일부터 TPO를 전면 금지했습니다. 이는 축구가 금융 투기의 대상이 되는 것을 근본적으로 막기 위한 결정이었습니다.

최근의 변화는 더욱 다채롭습니다. 여성 선수의 권익 보호를 위한 조항이 신설되어 임신, 출산, 가족휴가, 생리 긴급권이 보장되었고, 난민이나 전쟁 피해 선수들을 위한 특별 규정도 도입되었습니다. 특히 우크라이나 전쟁 발발 이후 FIFA는 부속서 7을 통해 해당 지역 소속 외국인 선수·코치가 계약을 일시 정지하고 안전하게 다른 팀에서 활동할 수 있도록 허용했습니다. 또한 대형 구단들이 수십 명의 선수를 임대해 '사재기'하듯 보유하는 관행을 억제하기 위해, 2022년부터 단계적으로 임대 제한 규정이 도입되어 2024-25 시즌부터는 한 시즌 동안 국제 임대할 수 있는 프로 선수 수가 최대 6명으로 제한되었고, 동일 구단 간에는 최대 3명까지만 임대가 허용됩니다. 이는 이적 시장의 균형과 공정 경쟁을 보장하려는 조치였습니다.

이처럼 보스만 판결이 선수 자유이동의 길을 열었다면, 2001년 합의는 구단 보호 장치를 마련했고, TMS와 TPO 금지 조치는 투명성과 공정성을 강화했으며, 최근 개정들은 선수 권익과 시장 질서를 세밀하게 다듬었습니다. 오늘날의 RSTP는 단순한 규정집이 아니라 선수와 구단, 더 나아가 축구 생태계 전체의 권리와 책임을 아우르는 국제 축구의 노동법적 헌장으로 자리 잡았습니다. 법과 스포츠가 교차하는 이 특별한 규범은 여전히 변화하는 시대적 요구에 따라 진화하고 있으며, FIFA의 규범 체계 가운데 가장 역동적이고 실질적인 역할을 수행하고 있습니다.

1. 이전 협회(Former Association): 원 소속 구단이 소속된 협회

2. 원 소속 구단(Former Club): 선수가 떠나는 구단

3. 새로운 협회(New Association): 신규 구단이 소속된 협회

4. 신규 구단(New Club): 선수가 합류하는 구단

5. 공식 경기(Official Matches): 국가 리그 챔피언십, 국가 컵 대회 및 구단 간 국제 챔피언십 등 조직화된 축구(Organised Football)의 틀 내에서 치러지는 경기. 단, 친선경기 및 연습(Trial) 경기는 포함되지 않음

6. 조직화된 축구(Organised Football): FIFA, 연맹(Confederations) 및 협회(Associations)의 주관하에 조직되거나 이들이 승인한 협회 축구(Association Football)

7. 보호 기간(Protected Period): 계약이 선수의 28번째 생일 이전에 체결된 경우, 계약 발효 후 세 번의 온전한 시즌(Seasons) 또는 3년 중 먼저 도래하는 기간. 반면, 계약이 선수의 28번째 생일 이후에 체결된 경우, 계약 발효 후 두 번의 온전한 시즌 또는 2년 중 먼저 도래하는 기간

8. 등록 기간(Registration Period): 제6조에 따라 해당 협회가 정한 선수 등록 가능 기간

9. 시즌(Season): 해당 협회의 공식 대회(국가 리그 챔피언십 및 국가 컵 대회 등)가 개최되는 기간으로, 협회가 정한 연속된 12개월의 기간

10. 훈련보상금(Training Compensation): 어린 선수의 육성 비용을 보전하기 위해 부속서 4에 따라 지급되는 금액

11. 미성년자(Minor): 아직 만 18세에 도달하지 않은 선수

12. 아카데미(Academy): 필요한 훈련 시설과 인프라 제공을 통해 선수에게 장기적인 훈련을 제공하는 것을 주된 장기 목표로 하는 조직 또는 독립 법인. 여기에는 축구 훈련 센터, 축구 캠프, 축구 학교 등이 주로 포함되나 이에 국한되지 않음

13. 이적매칭시스템(Transfer Matching System, TMS): 국제 선수 이적 절차를 간소화하고 투명성과 정보의 흐름을 개선하는 것을 주된 목적으로 하는 웹 기반 데이터 정보 시스템

14. 제3자(Third Party): 이적되는 선수, 선수를 서로 이적시키는 두 구단, 또는 선수가 이전에 등록되었던 구단을 제외한 당사자

15. FIFA ID: FIFA 커넥트 ID 서비스(FIFA Connect ID Service)가 각 구단, 협회, 선수 및 축구 에이전트에게

부여하는 전 세계적으로 고유한 식별자

16. 11인제 축구(Eleven-a-Side Football): 국제축구평의회(IFAB)가 승인한 경기 규칙에 따라 행해지는 축구

17. 국제이적(International Transfer): 한 협회에서 다른 협회로 선수의 등록이 이동하는 것

18. 풋살(Futsal): FIFA가 국제축구평의회(IFAB) 소위원회와 협력하여 제정한 풋살 경기 규칙에 따라 행해지는 축구

19. 국내이적(National Transfer): 동일한 협회 내에서 한 구단으로부터 다른 구단으로 선수의 등록이 이동하는 것

20. 등록(Registration): 다음 내용을 포함하는 선수의 세부 정보를 서면으로 기록하는 행위: (a) 등록 시 작일(형식: dd/mm/yyyy), (b) 선수의 성명(이름, 중간 이름, 성), (c) 생년월일, 성별, 국적, 신분(아마추어/프로), 및 등록의 성격(완전 이적 또는 임대), (d) 선수가 활동할 축구 유형(11인제 축구/풋살/비치사커), (e) 선수가 활동할 해당 협회 소속 구단명(구단의 FIFA ID 포함), (f) 등록 시점의 구단 훈련 카테고리 (Training Categorisation), (g) 선수의 FIFA ID; (h) 협회의 FIFA ID

21. 전자 국내이적시스템(Electronic Domestic Transfer System): 한 협회 내의 모든 국내이적(National Transfers)을 관리하고 모니터링할 수 있는 기능을 갖춘 온라인 전자 정보 시스템으로, 국제적 차원에서 이적매칭시스템(TMS)을 통해 구현된 모델의 원칙에 부합해야 함(부속서 3 참조). 최소한 선수의 성명, 성별, 국적, 생년월일 및 FIFA ID, 신분(이 규정 제2조 제2항에 따른 아마추어 또는 프로), 국내이적에 관여하는 두 구단의 이름 및 FIFA ID, 그리고 해당되는 경우 구단 간의 지급금을 수집해야 함. 전자 국내이적시스템은 정보를 전자적으로 교환하기 위해 협회의 전자 선수 등록 시스템 및 FIFA 커넥트 인터페이스와 통합되어야 함

22. 전자 선수 등록 시스템(Electronic Player Registration System): 해당 협회의 모든 선수 등록을 기록할 수 있는 기능을 갖춘 온라인 전자 정보 시스템. 전자 선수 등록 시스템은 정보를 전자적으로 교환하기 위해 FIFA 커넥트 ID 서비스 및 FIFA 커넥트 인터페이스와 통합되어야 함. 이 시스템은 FIFA 커넥트 인터페이스를 통해 12세 이상 모든 선수의 등록 정보를 제공해야 하며, 특히 FIFA 커넥트 ID 서비스를 활용하여 각 선수에게 FIFA ID를 부여해야 함

23. FIFA 커넥트 ID 서비스(FIFA Connect ID Service): 개인, 조직 및 시설에 전 세계적으로 유효한 고유 식별자(FIFA ID)를 부여하고, 동일 실체의 중복 등록 시 중복 정보를 제공하며, FIFA ID가 부여된 모든 실체의 현재 등록 기록을 중앙에서 관리하기 위해 FIFA가 제공하는 서비스

24. 브리지 이적(Bridge Transfer): 관련 규정이나 법률의 적용을 회피하기 위해, 또는 다른 사람이나 단체를 기망할 목적으로, 동일한 선수에 대해 연속적으로 이루어지는 두 번의 이적(국내 또는 국제)으로

서 중간 구단에 해당 선수를 등록하는 과정을 포함하며 서로 연결된 이적 행위

25. 순수 아마추어 구단(Purely Amateur Club): 프로 구단(Professional Club)과 법적, 재정적 또는 사실상의 관계가 없는 구단으로서: (i) 아마추어 선수만 등록할 수 있거나, (ii) 등록된 프로 선수가 없거나, (iii) 특정 날짜를 기준으로 지난 3년 동안 프로 선수를 등록한 적이 없는 구단

26. FIFA 커넥트 인터페이스(FIFA Connect Interface): 회원협회 간, 그리고 회원협회와 FIFA 간에 종단 간 (End-to-End) 암호화된 전자 메시지를 교환하기 위해 FIFA 커넥트 프로그램(FIFA Connect Programme) 내에서 FIFA가 제공하는 기술적 인터페이스

27. 훈련보상(Training Rewards): 어린 선수의 훈련 및 교육에 대한 훈련 구단의 역할에 보상하는 메커니즘으로, 훈련보상금(Training Compensation)(제20조 참조) 및 연대기여금 제도(Solidarity Mechanism)(제21조 참조)를 말함

28. 감독(Coach): 프로 구단 또는 협회에 축구 관련 직종으로 고용된 개인으로서, (i) 선수의 훈련 및 코칭, 경기 및 대회에서의 선수 선발, 경기 및 대회 중 전술적 선택 중 하나 이상의 업무를 수행하거나, (ii) 국내 또는 대륙별 라이선싱 규정에 따라 코칭 라이선스(자격증) 보유가 요구되는 업무를 수행하는 자

29. TMS 사용자(TMS User): 구단 또는 협회를 대신하여 TMS에 접근하도록 훈련받고 승인된 개인

30. TMS 관리자(TMS Manager): TMS에 접근 권한이 있는 구단 또는 협회의 주된 TMS 사용자이자 연락담당자

31. 프로 구단(Professional Club): 순수 아마추어 구단(Purely Amateur Club)이 아닌 구단

32. 이적 지시(Transfer Instruction): 선수를 한 구단에서 다른 구단으로 이적시키기 위해 TMS에 입력하는 정보. 이적 지시 유형은 입력된 정보에 따라 정의됨: (i) 영입(Engage) 또는 방출(Release), (ii) 완전 이적(Permanently) 또는 임대(Loan), (iii) 프로 선수(Professional Player) 또는 아마추어 선수(Amateur Player), (iv) 이적 합의서(Transfer Agreement) 유/무, (v) 유상(Against Payment) 또는 무상(Free of Payment)

33. 출산휴가(Maternity Leave): 임신을 이유로 여성 선수 및 감독에게 부여되는 최소 14주의 유급 휴가로, 이 중 최소 8주는 출산 후에 사용되어야 함

34. 검증 예외(Validation Exception): TMS 상의 국제이적에서 다음 단계로 진행되는 것을 막아 FIFA의 개입을 필요로 하는 문제

35. 구단 육성 선수(Club-Trained Player): 만 15세(또는 만 15세가 되는 시즌의 시작)부터 만 21세(또는 만 21세가 되는 시즌의 종료) 사이에, 국적이나 나이와 관계없이 현재 소속 구단에 3시즌(Entire Seasons) 또는 36개월 동안(연속 여부 불문) 등록되었던 선수

36. 대회 기간(Competition Period): 국가 리그 챔피언십 또는 국가 컵 대회의 첫 공식 경기(둘 중 먼저 도래하는 것)부터 해당 대회의 마지막 공식 경기까지의 기간

37. 트라이얼(Trial): 구단에 등록되지 않은 선수가 해당 구단에 의해 평가받는 임시 기간

38. FIFA 클리어링 하우스(FIFA Clearing House): 축구 이적 시스템 내에서 이루어지는 특정 지급금 처리를 중개하는 역할을 하는 법인

39. 전자 선수여권(Electronic Player Passport, EPP): 선수의 경력 전체에 걸친 통합된 등록 정보를 포함하는 전자 문서. 관련 회원협회, 신분(아마추어 또는 프로), 등록 유형(완전 이적 또는 임대), 그리고 만 12세가 되는 해(Calendar Year)부터 등록되었던 구단(훈련 카테고리 포함) 정보가 포함됨

40. 이적보상금(Transfer Compensation): 선수의 신규 구단이 선수를 구속력 있는 계약 관계에서 해제(Release)하는 것에 대한 대가로 원 소속 구단에 지급하거나 지급하기로 약정한 보상. 이 규정 제17조에 따른 계약 위반에 대한 보상금은 이적보상금으로 간주되지 않음

41. 매칭 예외(Matching Exception): 두 구단이 기본 정보(선수, 구단 및 이적 지시)를 올바르게 입력했으나, 세부 이적 내용(지급 세부사항 또는 임대 날짜)이 양측의 이적 지시에서 일치하지 않는 경우의 TMS 상 국제이적 상태. 이러한 불일치는 이적 진행을 막음

42. 입양휴가(Adoption Leave): 만 2세 미만의 아동을 입양하는 경우 여성 선수/감독에게 부여되는 최소 8주의 유급 휴가. 아동이 2세 이상 4세 미만인 경우 유급 휴가 기간은 4주로 단축되며, 4세 이상인 경우 2주로 단축됨. 입양휴가는 정식 입양일로부터 6개월 이내에 사용해야 하며, 동일한 아동에 대해 가족휴가(Family Leave)와 중복하여 사용할 수 없음

43. 가족휴가(Family Leave): 생물학적 어머니가 아닌 여성 선수/감독에게 아동 출생 후 부여되는 최소 8주의 유급 휴가. 가족휴가는 아동 출생일로부터 6개월 이내에 사용해야 하며, 동일한 아동에 대해 입양휴가와 중복하여 사용할 수 없음

부속서 5. 연대기여금 제도(Solidarity mechanism)

부속서 6. 풋살 선수의 지위 및 이적 규정(Rules for the status and transfer of futsal players)

부속서 7. 우크라이나 전쟁으로 인한 예외적 상황에 대응하는 임시 규정(Temporary rules addressing the exceptional situation deriving from the war in Ukraine)

'FIFA 선수의 지위 및 이적 규정(RSTP)'은 전 세계 모든 선수와 구단, 협회가 따라야 하는 선수·이적 관련 기본 규정 가이드북으로서, 현대 축구 산업의 가장 중요한 법적·제도적 기반 중 하나입니다. 선수의 지위와 등록, 국내·국제이적, 계약 체결·유지·해지, 미성년자 보호, 훈련보상금 및 연대기여금, 제3자 영향력 및 경제적 권리, 여자 선수와 지도자에 대한 특별 규정, 분쟁 관할과 집행 절차에 이르기까지, 축구 현장에서 반복적으로 문제가 되는 핵심 쟁점들이 체계적으로 정리되어 있습니다. 또한 국가대표팀 차출, 감독 고용, 이적매칭시스템(TMS), 풋살 선수 규정, 우크라이나 전쟁 관련 임시 규정 등은 부속서 형태로 별도 규율되며, 각 협회와 리그, 구단의 내부 규정 및 국내 노동·민사법과 결합되어 실제 사건에 적용됩니다. 따라서 본 규정의 체계와 각 조문의 취지를 정확히 이해하는 것은 선수, 구단, 에이전트, 변호사, 행정 담당자를 막론하고 축구 실무에 관여하는 모든 이들에게 필수적인 출발점이라 할 수 있습니다.

이제부터는 위 구성에 따라 각 장과 조항을 차례대로 살펴보면서, 규정의 취지와 실무상 의미를 함께 정리해 보겠습니다.

제1조. 적용 범위(Scope)

1. 본 규정은 선수의 지위, 조직화된 축구에 참가할 자격, 그리고 서로 다른 협회에 소속된 구단 간 이적에 관한 전 세계적이고 구속력 있는 규칙을 정합니다.

2. 동일한 협회에 소속된 구단 간 이적은 해당 협회가 제정한 별도의 규정에 의해 규율되며, 이러한 규정은 본 조 제3항에 따라 FIFA의 승인을 받아야 합니다. 이때 해당 규정에는 구단과 선수 간 분쟁 해결 절차와, 협회 소속 구단이 유소년 선수의 훈련·교육에 투자한 것에 대한 보상 시스템을 반드시 포함해야 합니다. 11인제 축구(Eleven-a-Side Football) 범위 내에서 남녀 프로 및 아마추어 선수의 모든 국내이적에는 전자 국내이적시스템(Electronic Domestic Transfer System) 사용이 의무입니다. 선수가 동일 협회 내의 신규 구단에 등록될 때마다 국내이적은 전자 국내이적시스템에 입력되어야 합니다. 전자 국내이적시스템을 사용하지 않은 선수의 신규 구단 등록은 무효가 됩니다.

3.

    a. 다음 조항들은 국가 차원에서 구속력을 가지며, 협회 규정에 수정 없이 포함되어야 함: 제2~8조, 제10조(본 조 제3항 (b)에 따름), 제11조, 제12조의2, 제18조, 제18조 제7항, 제18조의2, 제18조의3, 제18조의4, 제18조의5, 제19조 및 제19조의2.

    제18조 제7항, 제18조의4 및 제18조의5와 관련하여, 여자 프로축구에 관한 조항을 포함하는 유효하게 체결된 단체협약(Collective Bargaining Agreement, CBA)이 존재하는 경우, 해당 단체협약의 조항이 전체적으로 우선 적용되며, 협회 규정에는 해당 단체협약에 대한 명확한 참조가 포함되어야 함. 단체협약이 존재하지 않으나 국내법에 따라 더 유리한 조건이 규정되어 있는 경우, 해당 유리한 조건이 협회 규정에 포함되어야 함

    b. 협회는 2022년 7월 1일부터 3년 내에 국내 축구 이해관계자와의 합의를 통해, 경기의 공정성, 유소년 개발, 선수 사재기 방지 원칙에 부합하는 국내 임대 시스템에 관한 규칙을 시행해야 함. 오해를 피하기 위해 부연하자면, 국가적 차원의 임대 수 제한은 이러한 원칙과 일치하는 한 제10조와 달리 정할 수 있음

    c. 각 협회는 의무적인 국내법 및 단체협약을 존중하며, 계약 안정성을 보호하기 위한 적절한 수단을 규정에 포함해야 함. 특히 다음 원칙들을 고려해야 함:

해설　이 조항은 'FIFA 선수의 지위 및 이적 규정(RSTP)'의 적용 범위를 정의하며, 국제 축구에서 단일하고 구속력 있는 법질서를 확립하려는 FIFA의 의지를 보여 줍니다. 우선, FIFA 규정은 선수의 지위, 축구 참여 자격, 그리고 국제이적에 관하여 전 세계적으로 통일적이고 구속력 있는 규칙을 제정합니다. 이는 국가마다 다른 기준이 적용될 경우 발생할 수 있는 불평등과 혼란을 막고, 계약 안정성을 글로벌 차원에서 보장하려는 목적을 반영합니다.

한편, 동일 협회 소속 구단 간의 국내이적은 해당 협회의 규정에 따라 관리됩니다. 그러나 이러한 규정은 반드시 FIFA의 승인을 받아야 하며, 선수·구단 간의 분쟁 해결 절차와 유소년 선수 훈련·교육에 대한 보상 체계가 포함되어야 합니다. 특히 11인제 축구에서는 모든 프로 및 아마추어 선수의 국내이적에 전자 국내이적시스템 사용이 의무화되어 있습니다. 이 시스템에 입력하지 않은 선수 등록은 무효가 되므로, 투명성과 추적 가능성이 FIFA가 중시하는 핵심 가치임을 알 수 있습니다.

또한 FIFA는 협회 규정이 반드시 반영해야 할 최소 기준을 제시합니다. 제2조에서 제8조까지, 제10조, 제11조, 제12조의2, 제18조, 제19조 등 핵심 조항은 협회 규정에 수정 없이 포함되어야 하며, 계약 안정성 원칙(제13~17조) 역시 반드시 반영되어야 합니다. 특히 여성 선수와 관련해서는 단체협약(CBA)이나 국내법이 더 유리한 조건을 보장할 경우 이를 우선 적용하도록 하여, 성평등과 보호 장치 강화를 강조하고 있습니다. 또한 협회는 선수 사재기 방지, 유소년 보호, 경기 공정성 확보 원칙에 부합하는 임대 규정을 국내 이해관계자와 합의해 마련해야 합니다.

RSTP의 적용 범위는 선수에 국한되지 않습니다. 국가대표팀 차출 문제(부속서 1), 감독과 프로 구단·협회 간 계약(부속서 2), 그리고 우크라이나 전쟁과 같은 예외적 상황에 대응하기 위한 임시 규정(부속서 7)도 포함되어 있습니다. 이는 RSTP가 단순히 이적 규정이 아니라, 축구 산업 전반을 포괄하는 글로벌 기준임을 보여 줍니다.

결국 제1조는 FIFA 규정이 단순히 이적 절차를 다루는 데 그치지 않고, 국제적 통일성과 국가적 자율성 사이에서 균형을 잡으려는 규정임을 드러냅니다. FIFA는 모든 협회에 공통의 최소 기준을 강제하면서도, 각국의 법적·사회적 특수성을 반영할 여지를 남겨두고 있습니다. 실무적으로는 각 협회가 FIFA 규정을 자국 규정에 충실히 이식하고, 전자 국내이적시스템과 같은 기술적 장치를 도입해 운영할 의무를 지니며, 이를 소홀히 할 경우 FIFA 승인이 거부되거나 징계 위험에 직면할 수 있습니다. 따라서 제1조는 FIFA 규정 전체의 철학과 구조를 보여 주는 헌장적 조항으로, 국제 축구 법질서의 출발점이라 할 수 있습니다.

제2조. 아마추어와 프로 선수(Amateur and professional players)

1. 조직화된 축구 경기에 참여하는 모든 선수는 아마추어 또는 프로 선수로 구분되며, 이 외의 지위는 인정되지 않습니다.

2. 프로 선수는 구단과 서면 계약을 체결하고, 축구 활동으로 실비를 초과하는 보수를 지급받는 선수로 정의됩니다. 반면, 실비 보전 수준 이하의 보상만 받는 선수는 아마추어로 분류됩니다.

해설 제2조는 선수가 어떤 법적 지위로 축구에 참여하는지를 확정하는 출발점이 되는 규정으로, 국제 축구에서 모든 계약 관계와 분쟁 판단의 기준이 됩니다. 여기서 중요한 것은 선수의 경기력이나 명성이 아니라, 구단과의 서면 계약 존재 여부와 보수의 성격입니다. 국가대표 경력이 있더라도 교통비·장비비 등 실비 수준만 보전받으면 아마추어이고, 반대로 하위 리그에서 뛰더라도 생활비 이상의 급여를 받는다면 프로 선수로 분류됩니다.

실무에서는 이 구분이 매우 큰 법적·경제적 차이를 만들어 냅니다. 프로로 분류되는 순간 계약 안정성 규정(제13조부터 제17조)의 적용을 받아 정당한 사유 없이 일방적으로 계약을 해지하기 어려워지고, 훈련보상금과 연대기여금의 대상이 됩니다. 아마추어는 이러한 경제적 제도에서 원칙적으로 제외되기 때문에, 에이전트나 구단이 선수를 영입하거나 방출할 때는 해당 선수가 현재 프로인지 아마추어인지, 언제부터 프로로 간주되는지를 가장 먼저 확인해야 합니다. 이 신분 구분을 잘못 적용하면, 훈련보상금이나 연대기여금 지급 의무를 간과해 FIFA 분쟁 해결 절차에서 패소하거나, 예기치 않은 보상 의무를 부담하는 사례가 실제로 적지 않습니다.

제3조. 아마추어 지위 재취득(Reacquisition of amateur status)

1. 프로 선수로 등록된 선수는 마지막 공식 경기 이후 최소 30일이 지나야 아마추어로 재등록할 수 있습니다.

2. 아마추어 신분을 재취득할 때는 보상금이 발생하지 않습니다. 그러나 재취득 후 30개월 이내에 다시 프로 선수로 등록하는 경우, 신규 구단은 FIFA 규정 제20조에 따라 훈련보상금을 지급해야 합니다.

 제3조는 프로 선수였던 선수가 다시 아마추어로 돌아갈 수 있는 조건을 정하면서, 이 신분 변동이 훈련보상금 제도를 우회하는 수단으로 악용되지 않도록 막기 위한 규정입니다. 과거에는 훈련보상금 부담을 피하려는 시도도 있었습니다. 일부 구단이 선수를 잠시 아마추어로 돌려놓았다가 곧바로 다른 구단과 프로 계약을 체결하게 하는 방식으로 제도를 우회하려 한 것입니다. FIFA는 이를 막기 위해 최소 30일의 기간을 두고 아마추어 재등록을 허용하는 한편, 아마추어로 돌아간 뒤 일정 기간 내에 다시 프로가 되면 여전히 훈련보상금 지급 의무가 발생하도록 규정했습니다.

규정의 구조는 비교적 단순합니다. 먼저, 프로 선수로 등록된 선수는 마지막 공식 경기 이후 최소 30일이 지나야 아마추어로 재등록할 수 있습니다. 이 기간이 지나지 않은 상태에서 형식적으로만 '아마추어'라고 주장하는 것은 인정되지 않습니다. 또한, 한 번 아마추어 신분을 재취득하는 순간 그 자체로는 별도의 보상금이 발생하지 않습니다. 다만 이렇게 아마추어로 전환된 선수가 다시 프로로 복귀하는 시점이 중요합니다. 재취득 후 30개월 이내에 신규 구단과 프로 계약을 맺고 등록한다면, 신규 구단은 여전히 FIFA 규정 제20조에 따라 훈련보상금을 지급해야 합니다. 즉, '잠깐 아마추어로 돌렸다가 바로 프로로 되돌리는' 식으로 훈련보상금을 피하는 편법은 원칙적으로 통하지 않도록 설계된 것입니다.

이 규정을 실제 이적 업무에 적용할 때는 타임라인 관리가 매우 중요해집니다. 예를 들어, 어떤 구단이 '이 선수는 지금 아마추어니까 훈련보상금 부담이 없겠다'라고 단순하게 판단했다가, 실제로는 아마추어 재취득 후 30개월 안에 프로 등록을 하는 케이스에 해당되어 예상치 못한 보상금을 지급해야 하는 상황이 발생할 수 있습니다. 따라서 에이전트나 구단 실무자는 선수가 마지막으로 프로 상태에서 공식 경기를 뛴 날짜, 아마추어로 전환된 날짜, 그리고 다시 프로로 등록하려는 시점을 정확히 확인해 타임라인을 검토할 필요가 있습니다.

> ### 제4조. 활동 종료(Termination of activity)
> 1. 계약 만료로 경력을 마감한 프로 선수와 활동을 중단한 아마추어 선수는 마지막 소속 구단의 협회에서 30개월 동안 등록 상태가 유지됩니다.
> 2. 이 30개월은 선수가 마지막 공식 경기에 출전한 날로부터 계산됩니다.

 제4조는 선수가 경력을 마무리한 뒤에도 일정 기간 동안 등록 기록을 유지하도록 함으로

써, 선수와 구단 모두의 권리를 보호하려는 규정입니다. 은퇴나 활동 중단 선언이 있었다고 해서 협회 등록이 곧바로 사라지는 것이 아니라, 마지막 공식 경기에 출전한 날을 기준으로 30개월 동안은 해당 협회 소속으로 행정상 등록 상태가 계속 유지되도록 한 것입니다.

이 규정 뒤에는 두 가지 목적이 깔려 있습니다. 우선 선수 보호 측면입니다. 실제 현장에서는 '은퇴했다'고 선언한 뒤 생각이 바뀌어 복귀를 시도하거나, 부상 치료를 마치고 다시 현역으로 돌아오는 사례가 적지 않습니다. 등록 상태가 일정 기간 유지되면, 나중에 복귀를 결심했을 때 완전히 새로 등록 절차를 시작하는 것보다 훨씬 간편하게 돌아올 수 있어 불필요한 행정 장벽을 줄일 수 있습니다.

다른 한편으로는 구단의 권리 보호라는 목적도 있습니다. FIFA 시스템에서는 선수의 이적이나 복귀가 일어날 때 훈련보상금(Training Compensation)과 연대기여금(Solidarity Contribution) 규정이 함께 작동합니다. 만약 선수가 은퇴했다는 이유로 등록 기록이 즉시 소멸해 버린다면, 유소년 시절부터 선수를 육성해 온 구단들이 이후 복귀나 이적 시점에 정당한 재정적 권리를 주장하기 어려워질 수 있습니다. 마지막 공식 경기일을 기준으로 30개월 동안 행정상 등록을 유지시키는 것은, 이 기간 안에 선수가 다시 활동을 재개하거나 이적하는 경우에도 원 소속 구단이 훈련·육성에 대한 대가를 청구할 수 있도록 보장하려는 장치입니다.

이런 점에서 제4조는 단순히 '오래 기록해 두자'는 행정 편의 규정이 아니라, 은퇴·복귀라는 과도기적 상황에서 선수와 구단의 이해관계를 균형 있게 조정하는 안전장치라고 볼 수 있습니다. FIFA 에이전트 시험과 관련해서는 기산점이 '은퇴 선언일'이 아니라 마지막 공식 경기 출전일이라는 점이 포인트로 나올 가능성이 있습니다. 실제 사례형에서는 날짜를 제시해 놓고 '이 선수의 등록 상태는 언제까지 유지되는가?' 또는 '30개월이 언제 만료되는가?'를 계산하게 하는 식으로 응용될 수 있으니, 학습할 때 마지막 경기일을 기준으로 기간을 계산하는 구조를 함께 정리해 두면 도움이 됩니다.

제5조. 선수 등록(Registration)

1. 각 회원협회는 전자 선수 등록 시스템을 운영해야 하며, 최초 등록 시 모든 선수에게 FIFA 커넥트(Connect) ID를 부여해야 합니다. 선수는 아마추어 또는 프로 신분으로 협회에 등록해야 하며, FIFA 커넥트 ID가 부여된 선수만이 조직화된 축구에 참여할 수 있습니다. 등록 또는 트라이얼 참가를 수락하는 행위 자체는 FIFA·축구연맹·협회 규정을 준수하겠다는 동의로 간주됩니다.

2. 선수는 오직 축구 활동을 위해서만 구단에 등록할 수 있습니다. 다만, 기술적 이유로 등록이 필요한 경우 예외적으로 허용되며(부속서 3 참조), 트라이얼 중인 선수는 친선경기에 참가하기 위해 별도 등록을 할 필요가 없습니다(제19조의3 참조).

3. 선수는 한 번에 하나의 구단에만 등록할 수 있습니다.

4. 선수는 한 시즌 동안 최대 3개 구단에 등록할 수 있으며, 이 중 공식 경기에 출전할 수 있는 구단은 두 곳에 한정됩니다. 단, 시즌 일정이 상이하여 기간이 겹치는 협회 간 이동(예: 여름/가을 시작 vs 겨울/봄 시작)이 있는 경우에는 세 번째 구단에서도 공식 경기에 뛸 수 있습니다. 단, 이 경우에도 계약 의무, 등록 기간(제6조), 계약 최소 기간(제18조 제2항) 요건을 준수해야 합니다. FIFA 클럽월드컵 대회규정은 추가적인 예외를 둘 수 있습니다.

5. 모든 경우에 있어 경기의 무결성(Sporting Integrity)을 보장해야 합니다. 특히, 한 시즌 동안 동일 국내 대회나 컵 대회에서 두 개 구단을 초과해 공식 경기에 출전하는 것은 금지됩니다. 이 경우 각국 협회의 더 엄격한 대회규정이 우선 적용될 수 있습니다.

6. FIFA 커넥트 ID와 관련해, 각 회원협회는 다음을 준수해야 합니다:

   a. 기존에 등록된 선수 중 FIFA 커넥트 ID가 없는 선수에게 FIFA 커넥트 ID를 부여할 것

   b. 이미 FIFA 커넥트 ID가 부여된 선수는 동일한 ID를 사용해 등록할 것

   c. 한 선수가 두 개 이상의 전자 선수 등록 시스템에 중복 등록된 경우, 협회는 이를 5일 이내 해결하고 FIFA 커넥트 ID를 즉시 갱신할 것

   d. 다른 협회가 선수 등록과 FIFA 커넥트 ID 확인을 요청하면, 협회는 관련 개인 정보를 FIFA 커넥트 인터페이스를 통해 제공할 것

  제5조는 FIFA가 모든 선수를 전자 선수 등록 시스템을 통해 일원화해서 관리하고, 최초 등록 시 FIFA 커넥트(Connect) ID라는 고유 식별 번호를 부여하도록 한 조항입니다. FIFA 커넥트 ID는 쉽게 말해 선수의 국제적인 '신분번호'로, 전 세계 어디에서 뛰든 한 선수는 항상 하나의 ID만을 사용합니다. 이 번호를 기반으로 이적·계약·징계 이력 등이 추적되기 때문에, 이중 등록이나 허위 등록을 막고 선수 신분을 명확히 하는 핵심 장치가 됩니다. FIFA 커넥트 ID가 없는 선수는 조직화된 축구와 공식 경기에 참여할 수 없고, 등록 또는 트라이얼 참가를 수락하는 순간 FIFA·축구연맹·협회 규정을 준수하겠다는 동의가 있었던 것으로 간주됩니다. 협회는 이미 등록된 선수 중 ID가 없는 선수에게 지체 없이 ID를 부여해야 하고, 중복 등록이 확인되면 5일 이내에 정리해야 합니다.

등록의 기본 원칙은 간단합니다. 한 선수는 한 시점에 오직 한 구단에만 등록될 수 있고, 한 시즌 동안 등록 가능한 구단 수는 최대 세 곳이며, 공식 경기에 출전할 수 있는 구단은 두 곳으로 제한됩니다. 예외적으로 시즌 일정이 서로 다른 협회 간 이동(예를 들어, 여름 시작 리그에서 겨울 시작 리그로 이동하는 경우)이 있을 때에는 세 번째 구단에서도 공식 경기에 뛸 수 있습니다. 이 경우에도 등록 기간(제6조), 계약 최소 기간(제18조 제2항) 등 기본 요건은 반드시 지켜야 하고, FIFA 클럽월드컵 같은 특정 대회규정이 별도의 예외를 둘 수도 있습니다. 특히 한 시즌 동안 동일한 국내 리그나 컵 대회에서 세 개 이상의 구단 소속으로 공식 경기에 나서는 것은 금지되며, 각국 협회가 더 엄격한 규칙을 둘 경우 그 국내 규정이 우선 적용됩니다.

시즌이 다른 리그 간 이동 예외 조항은 2008년 1월에 신설되었는데, 그 배경에는 이른바 'FIFA Two' 사건이 있습니다. 2007년 아일랜드 국가대표 콜린 힐리(Colin Healy)와 개러스 패럴리(Gareth Farrelly)는 각각 잉글랜드에서 단기 계약(힐리는 반즐리 FC(Barnsley FC), 패럴리는 블랙풀 FC(Blackpool FC))을 맺은 후, 아일랜드 리그의 코크 시티(Cork City)의 2년 계약을 체결했습니다. 잉글랜드 FA는 단기 계약을 인정했지만, FIFA는 이를 정식 등록으로 간주했습니다. 아일랜드 리그는 3월부터 11월 시즌으로 운영되어 잉글랜드(8월부터 5월)와 달랐음에도, FIFA는 '1년(7월 1일부터 6월 30일) 내 세 번째 구단 출전 금지' 규정을 적용하여 7월 1일까지 출전을 금지했습니다. 코크 시티는 스포츠중재재판소(CAS)에 항소했으나 패소했고, 두 선수는 약 5개월간 급여만 받으며 출전하지 못했습니다. 이 사건이 계기가 되어 아일랜드축구협회(FAI)가 FIFA와 협의했고, 시즌 일정이 다른 리그 간 이동 시 예외를 허용하는 조항이 신설되었습니다.

제5조는 겉으로는 행정 절차처럼 보이지만, 실제로는 선수의 법적 지위와 경기 무결성을 동시에 관리하는 전략적 규정입니다. 협회가 FIFA 커넥트 ID 시스템을 제대로 운영하지 못하면 선

수 등록이 무효로 판단되어 출전 자격 문제가 발생할 수 있고, 구단이 몰수패나 재정적 제재를 받을 수 있습니다. 임대가 실패한 선수가 같은 시즌 내에 다른 구단으로 재이적해도 출전이 막히는 문제가 발생할 수 있으므로, 에이전트는 임대 계약 체결 시 이 규정의 영향을 미리 고려해야 합니다.

해설　브리지 이적은 선수의 정상적인 이동 절차를 우회하거나 규정을 회피하기 위해 중간 구단을 경유하는 형식적 이적을 의미합니다. 예를 들어, A 구단에서 곧바로 C 구단으로 이적하는 것이 불가능하거나 불리할 때, B라는 제3의 구단을 잠시 거쳐 사실상 C 구단으로 바로 이동하도록 설계하는 경우입니다. FIFA는 이러한 편법이 훈련보상금·연대기여금 회피, 제3자 개입 은폐, 이적 제한 규정 회피 등에 악용될 수 있다고 보고 브리지 이적을 전면 금지하고 있습니다.

특히 16주라는 기간 기준을 둔 것은, 단기간 내 연속 이적이 발생할 경우 실질적 목적이 '선수 이동'이 아니라 '규정 회피'일 가능성이 크다고 보기 때문입니다. FIFA는 별도의 정당한 사유가 입증되지 않는 한 16주 내 연속 이적을 브리지 이적으로 추정하며, 이 추정 규정은 구단이나 선수가 책임을 회피하지 못하도록 한 강력한 장치입니다.

대표적인 사례로 2021년 케빈 벰앙가(Kevin Bemanga) 사건이 있습니다. 벰앙가는 스페인 4부 리그의 데포르티보 헤레스(Deportivo Xerez)에서 프랑스 2부 리그의 파리 FC(Paris FC)로 이적해 첫 프로 계약을 체결한 지 약 6주 만에, 공식 경기 출전 없이 프랑스 1부 리그의 앙제 SCO(Angers SCO)로 재이적했습니다. FIFA 징계위원회는 이 구조가 훈련보상금 회피를 목적으로 한 것으로 판단했습니다. 스페인 4부 리그에서 프랑스 1부 리그로 직접 이적하면 높은 훈련보상금이 발생하지만, 파리 FC를 경유해 첫 프로 계약을 체결하면 이를 크게 줄일 수 있기 때문입니다. FIFA 징계위원회는 이를 브리지 이적으로 판단하고 파리 FC와 앙제 SCO에 각각 30,000스위스 프랑(CHF)의 벌금과

1회 등록 기간 이적 금지를 부과했습니다. 이 사건은 2020년 브리지 이적 규정 도입 이후 FIFA가 최초로 제재를 부과한 사례로 주목받았습니다. 다만 FIFA 항소위원회는 두 구단이 훈련보상금 회피 목적이 아니었음을 입증했다고 판단하여 제재를 취소했습니다. 하지만 이 사건은 FIFA가 브리지 이적 규정을 적극적으로 집행할 의지가 있음을 보여준 선례로 평가됩니다.

해설   제6조는 선수 등록과 이적이 언제 가능한지를 정하는 조항입니다. 시즌 내내 자유롭게 선수를 사고팔 수 있다면 리그 질서, 경기의 공정성, 계약 안정성이 모두 무너질 수 있으므로, FIFA는 전 세계 각 협회가 연간 두 차례의 등록 기간을 운영하도록 하고 이 기간 안에서만 선수 등록과 이적이 이루어지도록 강제합니다.

첫 번째 등록 기간은 시즌 종료 직후부터 새 시즌 개막 전까지 이어지는 여름 이적 시장으로 8주 이상 12주 이하로 운영됩니다. 두 번째 등록 기간은 시즌 중간에 열리는 겨울 이적 시장으로 4주 이상 8주 이하로 제한됩니다. 두 기간을 합산해도 16주를 넘길 수 없습니다. 협회는 해당 시즌의 경기 일정과 등록 기간의 구체적 날짜를 효력 발생일 기준 최소 12개월 전에 이적매칭시스템(TMS)에 입력해야 하며, 이를 이행하지 않으면 FIFA가 직접 일정을 정할 수 있습니다. 국내이적과 국제이적을 불문하고 모든 이적은 원칙적으로 등록 기간 내에서만 가능하며, 선수와 구단이 계약을 체결하더라도 해당 선수가 신규 구단 소속으로 등록되는 시점은 반드시 등록 기간 내여야 합니다.

다만 현실에서는 예측하지 못한 사정이 빈번히 발생하므로, FIFA는 등록 기간 밖에서도 예외적으로 선수를 등록할 수 있는 상황을 열거하고 있습니다. 대표적으로 정당한 사유가 있어 선수가 계약을 해지한 경우, 또는 구단이 정당한 사유 없이 선수를 일방적으로 해지한 경우에는 시즌 도중이라도 신규 구단에 등록할 수 있습니다. 계약이 자연스럽게 만료되었거나 구단과 선수가 상호 합의로 조기 종료한 경우에도 예외 등록이 가능합니다. 또한 임신, 입양, 가족휴가로 휴직한 여성 선수를 임시 대체하는 경우와 출산 및 가족휴가를 마치고 복귀하는 여성 선수의 경우에도 등록 기간 외 등록이 인정됩니다. 이는 출산과 육아로 인한 경력 단절을 최소화하고, 선수 생활과 가정의 양립을 제도적으로 보장하기 위한 장치입니다.

예외 사유가 인정되더라도 해당 대회의 스포츠적 무결성은 반드시 존중되어야 합니다. 우승이 걸린 시즌 막판에 예외 규정을 악용해 슈퍼스타를 긴급 영입하거나, 특정 구단에만 유리하도록 예외를 폭넓게 인정하는 운영은 원칙적으로 허용될 수 없습니다.

제5항은 선수의 이동 자유를 강하게 보호합니다. 정당한 사유로 계약을 해지한 선수가 신규 구단에 등록할 때 원 소속 구단의 동의를 요구하는 어떠한 규정이나 계약도 무효이며, 계약이 만료된 후의 등록에 대해서도 원 소속 구단의 동의는 필요하지 않습니다. 이는 구단이 선수의 이동을 인질로 잡는 관행을 차단하고, 계약 관계가 적법하게 종료된 이후에는 선수의 직업 선택과 이동의 자유가 온전히 보장되어야 한다는 원칙을 규범화한 조항입니다.

마지막으로 등록 기간 내 등록은 반드시 전자 선수 등록 시스템을 통해 구단이 협회에 신청서를 제출해야만 유효합니다. 한편 아마추어 선수만 참가하는 대회에는 제6조의 등록 기간 규정이 그대로 적용되지 않으며, 각 협회가 해당 대회의 특성에 맞는 별도의 등록 기간을 정할 수 있습니다.

제7조. 선수여권(Player passport)

1. FIFA 클리어링 하우스 규정(Clearing House Regulations)의 적용을 받지 않는 훈련보상 관련 권리에 대해서는, 기존의 선수여권 관련 의무가 변경되지 않고 유지됩니다. 즉, 등록 협회는 선수가 등록된 구단에 해당 선수의 관련 세부 정보가 포함된 선수여권을 제공할 의무가 있습니다. 선수여권에는 선수가 만 12세가 되는 해부터 등록되었던 구단이 명시되어야 합니다.

2. FIFA 클리어링 하우스 규정의 적용을 받는 훈련보상 관련 권리에 대해서는, 아래에 명시된 바와 같이 전자 선수여권(Electronic Player Passport, EPP)이 생성되어 사용되어야 합니다.

3. 전자 선수여권(EPP)은 선수의 전 경력에 걸친 통합된 등록 정보를 포함하는 전자 문서로서, 관련 회원 협회, 선수의 신분(아마추어 또는 프로), 등록 형태(완전 이적 또는 임대), 그리고 선수가 만 12세가 되는 해

해설　제7조는 FIFA가 청소년 선수 육성 보상 제도를 제대로 작동시키기 위해, 선수의 경력을 어떻게 기록·관리할 것인지에 대한 기본 틀을 마련한 조항입니다. 과거 종이 형태의 선수여권에서 출발해, 최근에는 전자 선수여권(EPP)으로 중심이 옮겨지고 있다는 점이 핵심입니다.

우선 FIFA 클리어링 하우스 규정(Clearing House Regulations)의 적용을 받지 않는 경우에는, 전통적인 의미의 선수여권 제도가 그대로 유지됩니다. 등록 협회는 선수가 만 12세가 되는 해부터 어떤 구단들에 등록되어 왔는지, 해당 이력이 모두 담긴 문서를 선수 소속 구단에 제공해야 합니다. 이 여권은 '이 선수를 어느 구단이, 언제부터 언제까지 훈련시켰는지'를 증명하는 기본 자료가 되며, 추후 훈련보상금 청구에서 결정적인 근거로 사용됩니다.

반면, 클리어링 하우스 적용 대상이 되는 권리·이적의 경우에는, 자동으로 생성되는 전자 선수여권(EPP)이 중심 역할을 합니다. EPP에는 선수의 전 경력에 걸친 등록 내역이 통합된 형태로 담기며, 관련 회원협회, 선수 신분(아마추어 또는 프로), 등록 형태(영구 이적 또는 임대), 만 12세 이후 등록되었던 모든 구단과 각 구단의 훈련 카테고리까지 포함됩니다. 이 정보를 기반으로 FIFA는 클리어링 하우스를 통해 훈련보상금과 연대기여금을 기계적으로 계산하고 분배할 수 있게 됩니다. 과거처럼 협회·구단이 서로 서류를 주고받으며 일일이 계산하던 구조에 비해, 누락·중복·지연과 같은 문제를 크게 줄이는 효과가 있습니다.

각 회원협회에는 그만큼 더 큰 책임이 부과됩니다. FIFA 커넥트 인터페이스를 통해 신뢰할 수 있고 정확하며 완전한 등록 데이터를 제공해야 하고, 어느 한 구단에서라도 등록 정보가 잘못 입력되면 훈련보상금이 원래 받아야 할 구단이 아니라 엉뚱한 곳으로 지급되거나, 정당한 권리가 통째로 사라지는 결과를 낳을 수 있습니다. 이러한 오류는 곧 분쟁이나 제재로 이어질 수 있기 때문에, 협회의 행정 인프라와 데이터 관리 역량이 점점 더 중요해지고 있습니다.

결국 제7조는 단순히 '선수 경력 기록을 잘 남겨라'라는 수준을 넘어, 청소년 육성에 투자한 구단이 정당한 경제적 보상을 받을 수 있도록 뒷받침하는 제도적 토대라고 볼 수 있습니다. 동시에 종이 여권에서 전자 여권으로의 전환은, FIFA가 축구 행정을 디지털 데이터 기반으로 통합·관리하려는 방향성을 보여 줍니다. 청소년 선수 보호, 구단의 투자 회수, 국제이적 시장의 투명성과 예측 가능성을 모두 달성하려는 전략적 장치라는 점에서, 이 조항은 실무와 규범 이론 양측에서 중요한 의미를 갖습니다.

해설　　제8조는 프로 선수 등록 신청이 단순히 '선수를 명단에 올리는 행정 절차'가 아니라, 선수 계약의 존재와 내용이 정식으로 검증되는 단계라는 점을 분명히 합니다. 프로로 등록하려면 반드시 선수 계약서 사본을 함께 제출해야 하며, FIFA와 각 협회는 이 문서를 기준으로 계약이 적법하게 체결되었는지, 규정에 반하는 조항은 없는지, 기본 정보가 누락되지는 않았는지 등을 확인합니다. 구두 합의나 비공식 약정은 인정하지 않고 문서화된 계약만을 공식 근거로 삼겠다는 원칙이 그대로 반영된 조항입니다.

관할 결정 기관이 '제출되지 않은 계약 수정 사항이나 추가 합의가 있다고 판단될 경우 이를 고려할 수 있다'고 한 부분도 중요합니다. 등록 신청 시 제출된 계약서가 전부인 것처럼 보이지만, 실제로는 별도의 부속 합의서나 비밀 계약이 존재한다는 정황이 드러나면, FIFA나 관련 기구는 그 부분까지 포함하여 사건을 판단할 수 있다는 뜻입니다. 다시 말해, 등록 단계에서 제출된 계약서만을 기준으로 하되, 뒤늦게 드러난 숨겨진 합의에 대해서도 필요한 경우 법적 평가를 할 여지를 남겨 둔 구조입니다.

현장에서 보면 이 조항은 분쟁 예방과 투명성 확보에 상당한 역할을 합니다. 예전에는 본 계약서 외에 부속 합의서나 '이면계약'을 따로 두어, 선수에게 이중적인 의무를 지우거나 세금 회피·임금 축소 등 편법을 시도하는 사례가 적지 않았습니다. 등록 신청 시점에서 계약서 사본 제출을 의무화하고, 이후 분쟁이 생기면 공식적으로 제출된 계약서를 중심으로 판단하게 함으로써, FIFA는 이런 위험을 상당 부분 차단하려는 것입니다. 에이전트·선수·구단 모두에게 '등록 시스템에 올려진 문서가 곧 나중에 자신을 보호하거나 제재하는 기준이 된다'는 신호를 주는 규정이라고 보셔도 좋습니다.

해설   국제이적증명서(ITC)는 국제이적에서 선수의 등록을 한 회원협회에서 다른 회원협회로 공식적으로 이전하기 위해 반드시 거쳐야 하는 문서 절차입니다. ITC가 발급되어야만 기존 협회에서 선수 등록이 해제되고, 새로운 협회에서 유효하게 등록이 이루어질 수 있기 때문에, 사실상 '국제 무대에서의 선수 자격'을 확인해 주는 유일한 증빙이라고 볼 수 있습니다. 이 제도를 통해 이중 등록이나 무단 이적, 불법적인 선수 이동을 구조적으로 차단하고 있습니다.

FIFA는 ITC와 관련해 몇 가지 핵심 원칙을 두고 있습니다. 그중 가장 중요한 것이 바로 무조건·무상 발급 원칙입니다. ITC는 어떤 수수료나 조건도 붙지 않은 상태로 발급되어야 하며, 발급 협회가 이적을 지연시키거나 금전적 요구를 하는 수단으로 활용하는 것은 원칙적으로 금지됩니다. 협회는 '발급 여부'로 선수와 구단을 압박할 수 없고, 오직 규정상 정해진 사유가 있을 때만 정당하게 거절하거나 보류할 수 있습니다. 이러한 구조가 선수의 이동 자유와 권익 보호를 뒷받침합니다.

현장에서 보면 ITC 발급 속도는 곧 구단 운영과 직결됩니다. 외국인 선수를 영입하더라도, ITC가 제때 발급되지 않으면 해당 선수는 공식 경기에 뛸 수 없고, 리그·컵대회 등록 마감과 맞물릴 경우 심각한 전력 손실과 재정적 피해로 이어질 수 있습니다. 그래서 계약이 체결되는 즉시 ITC 신청을 진행하고, 양 협회 간에 필요한 서류와 확인 절차를 신속하게 처리하는 것이 구단 행정에서 매우 중요한 관리 요소가 됩니다.

또 하나 눈여겨볼 부분은, 새로운 협회가 선수의 과거 등록 이력을 관련 구단·협회에 통보해야 한다는 규정입니다(클리어링 하우스 적용 대상인 경우에는 EPP를 통해 자동 반영). 이는 훈련보상금(Training Compensation)과 연대기여금(Solidarity Contribution) 제도가 제대로 작동하도록 하기 위한 장치입니다. 선수가 만 12세 이후 어떤 구단에서 훈련을 받았는지가 공식적으로 확인되면, 규모가 작은 유소년 구단이라도 국제이적 시 정당한 보상을 청구할 수 있는 근거를 확보하게 됩니다.

　　FIFA 에이전트 시험과 관련해서는, ITC가 다뤄질 가능성이 있는 대표적인 요소들이 있습니다. 예를 들어, '어떤 경우에 ITC가 필요한가?'(10세 이상 국제이적에서는 필수, 10세 미만은 예외), 'ITC 발급에 조건을 붙일 수 있는가?'(조건 부과나 수수료 요구는 허용되지 않음) 같은 유형이 문제로 나올 수 있습니다. 준비하실 때는 10세 기준, 무조건·무상 발급 원칙, 트라이얼용 친선경기에는 ITC가 발급되지 않는다는 점, 그리고 훈련보상·연대기여금과의 연계 구조를 함께 정리해 두면, 규정의 취지를 이해하고 응용하는 데 도움이 될 것입니다. 요약하자면, ITC는 단순한 행정 문서를 넘어 국제 축구 이적 질서와 선수 권리를 지탱하는 핵심 축이라고 볼 수 있습니다.

제10조. 프로 선수 임대(Loan of professionals)

1. 프로 선수는 원 소속 구단과 신규 구단 간의 서면 합의에 따라 일정 기간 동안 임대될 수 있습니다. 임대 계약은 반드시 서면으로 체결되어야 하며, 기간·재정 조건 등을 명시해야 합니다. 선수도 임대 계약의 당사자가 될 수 있습니다.

   a. 구단들은 임대 조건을 서면으로 명확히 할 것

   b. 선수와 신규 구단은 임대 기간 동안 별도의 계약을 체결하며, 이 계약에는 임대 상태임을 명시할 것

   c. 임대 기간 동안 선수와 원 소속 구단 간의 계약 의무는 원칙적으로 정지됨. 다만 당사자들이 서면으로 달리 합의한 경우는 예외로 함

   d. 제5조 제4항을 전제로, 임대 계약 기간은 최소 두 등록 기간 사이의 간격(즉, 반 시즌)부터 최대 1년까지로 설정할 수 있으며, 종료일은 원 소속 구단 협회의 등록 기간 내에 있을 것. 이보다 더 긴 임대 기간을 언급하는 모든 조항은 인정되지 않음

   e. 임대 계약은 위 최소 및 최대 기간 범위 내에서, 선수의 서면 동의로 연장할 수 있음

   f. 신규 구단은 선수를 제3 구단으로 재임대하거나 완전 이적시킬 수 없음

2. 이 규정 시행 이전에 1년 이상 기간으로 체결된 임대 계약은 종료 시까지 유효합니다. 해당 계약은 제10조 제1항 (e)에 따라서만 연장될 수 있습니다.

3. 임대는 제5~9조 및 부속서 3의 행정 절차를 준수해야 합니다.

4. 프로 선수와 신규 구단 간의 계약이 임대 계약에서 합의된 기간이 완료되기 전에 일방적으로 해지된 경우, 다음이 적용됩니다:

   a. 프로 선수는 원 소속 구단으로 복귀할 권리를 가짐

b. 프로 선수는 원 소속 구단에 조기 해지 사실과 복귀 의사가 있는지를 즉시 통보할 것

c. 프로 선수가 원 소속 구단으로 복귀하기로 결정하면, 원 소속 구단은 즉시 프로 선수를 복귀시키며, 임대 기간 동안 정지되었던 계약은 복귀 날짜부터 재개되고 원 소속 구단은 프로 선수에게 보수를 지급할 것

d. 국가 차원의 등록에 관한 규칙은 국내 축구 이해관계자와의 합의에 따라 협회가 결정할 것

5. 제10조 제4항의 규정은 다음 사항에 영향을 미치지 않습니다:

a. 프로 선수와 신규 구단 간 계약의 해지와 관련한 제17조의 적용

b. 원 소속 구단이 프로 선수를 즉시 복귀시키지 못할 경우의 제17조 적용

c. 프로 선수를 복귀시켜야 하는 의무로 인해 발생하는 손해에 대해 원 소속 구단이 보상을 청구할 권리. 이 경우 지급해야 할 최소 보상액은 복귀일부터 당초 임대 계약 종료 예정일까지의 기간 동안 원 소속 구단이 해당 프로 선수에게 지급해야 하는 금액임

6. 2024년 7월 1일부터는 다음과 같은 임대 제한이 적용됩니다:

a. 한 구단이 동시에 임대 보낼 수 있는 선수는 최대 6명

b. 한 구단이 동시에 임대 영입할 수 있는 선수도 최대 6명

7. 다음의 경우에는 위 제한을 적용하지 않습니다:

a. 선수가 만 21세가 되기 전에 임대가 종료되는 경우

b. 프로 선수가 원 소속 구단의 육성 선수(Club-Trained Player)인 경우

8. 연령이나 구단 육성 여부와 관계없이 적용되는 다음 제한 규정:

a. 특정 구단에 동시에 임대할 수 있는 선수는 최대 3명

b. 특정 구단으로부터 동시에 임대받을 수 있는 선수도 최대 3명

9. 과도기 규정:

a. 2022년 7월 1일~2023년 6월 30일: 최대 8명

b. 2023년 7월 1일~2024년 6월 30일: 최대 7명

해설　　제10조는 프로 선수의 임대를 체계적으로 규율함으로써, 과거처럼 무제한 임대나 선수 '사재기'에 가까운 관행을 줄이고자 하는 FIFA의 정책 방향을 반영합니다.

우선 임대는 원 소속 구단과 임대받는 구단 사이의 서면 합의를 통해서만 가능하며, 계약서에는 임대 기간, 재정 조건 등 주요 내용이 명확히 기재되어야 합니다. 선수 본인도 임대 계약의 당사자가 될 수 있고, 신규 구단과는 별도의 선수 계약을 체결해야 하며, 이 계약서에는 선수의 임대 신

분이 반드시 명시되어야 합니다. 임대 기간 동안 선수와 원 소속 구단 사이의 기존 계약은 원칙적으로 정지됩니다. 임대 기간은 최소 반 시즌(두 등록 기간 사이의 간격)부터 최대 1년까지로 설정할 수 있으며, 종료일은 반드시 원 소속 구단 협회의 등록 기간 안에 포함되어야 합니다. 그보다 긴 임대 기간을 약정하는 조항은 효력이 없습니다. 임대 연장은 선수의 서면 동의가 있어야만 가능하고, 신규 구단은 임대 선수를 제3의 구단으로 재임대하거나 완전 이적시킬 수 없습니다.

임대 계약이 합의된 기간보다 일찍 종료되는 경우의 처리도 규정에 포함되어 있습니다. 프로 선수와 신규 구단 간 계약이 임대 종료 이전에 일방적으로 해지되면, 선수는 원 소속 구단으로 복귀할 권리를 가지며, 조기 해지 사실과 복귀 의사를 즉시 통보해야 합니다. 선수가 복귀를 선택하면 원 소속 구단은 지체 없이 선수를 받아들여야 하고, 임대 기간 동안 정지되어 있던 원 계약은 복귀일을 기준으로 다시 효력을 회복하며, 원 소속 구단은 그 시점부터 선수에게 보수를 지급해야 합니다. 다만 이와 별개로 제17조에서 정한 계약 해지 원칙과 손해배상 청구권은 그대로 유지되므로, 조기 종료 과정에서 계약 위반이 있었는지는 별도로 평가될 수 있습니다.

임대 제한과 관련해서는 숫자 제한 규정이 중요합니다. 2024년 7월 1일부터 한 구단이 동시에 외부로 임대 보낼 수 있는 선수 수와 외부에서 임대로 영입할 수 있는 선수 수가 각각 최대 6명으로 제한됩니다. 이는 대형 구단이 수십 명의 선수를 계약한 뒤 전 세계로 임대 보내며 '권리만 확보'하던 관행을 줄이려는 목적입니다.

이러한 규정이 도입된 배경을 이해하는 데 있어 첼시 FC(Chelsea FC)의 사례는 가장 대표적인 참고 자료입니다. 첼시의 임대 시스템은 통상적으로 30~40명의 선수를 동시에 임대 보내는 방식으로 운영되었으며, 2018-19 시즌에는 42명의 선수가 임대 중인 역대 최다 기록을 세웠습니다. 메이슨 마운트(Mason Mount), 태미 에이브러햄(Tammy Abraham), 리스 제임스(Reece James) 등은 임대를 통해 경험을 쌓은 뒤 첼시 1군의 핵심 선수로 성장한 성공 사례로 꼽힙니다. 그러니 이러한 관행이 재정력이 약한 구단들의 경쟁력을 약화시키고, 대형 구단이 선수들의 미래를 과도하게 통제할 수 있게 한다는 비판도 제기됐습니다.

다만 두 가지 예외가 인정되어, 임대 종료 시점 기준으로 선수가 만 21세 미만이거나 원 소속 구단의 육성 선수(Club-Trained Player)인 경우에는 이 6명 제한에 포함되지 않습니다. 그러나 연령이나 구단 육성 여부와 관계없이 특정 두 구단 사이에서 동시에 오갈 수 있는 임대 선수 수는 한 방향당 최대 3명으로 고정되어 있어, 두 구단이 사실상 '위성 구단' 관계를 형성해 선수 이동을 독점하는 상황을 방지합니다. 이 규정의 배경이 된 대표적 사례가 첼시와 네덜란드 에레디비시(Eredivisie) 소속 비테세 아른험(Vitesse Arnhem)의 관계입니다. 흔히 '첼시 B팀' 또는 '피더 클럽'으로 불린

이 파트너십은 11년간 지속되며 선수 육성의 상호 이익 플랫폼을 제공했고, 2010년부터 첼시는 비테세에 총 28명의 선수를 임대했습니다.

해설 제11조는 축구에서 가장 기초적인 원칙, 즉 등록되지 않은 선수는 공식 경기에서 뛸 수 없으며, 이를 위반한 경기는 불법 경기로 간주된다는 점을 분명히 선언합니다. 협회에 정식으로 등록되지 않은 선수가 구단 소속으로 공식 경기에 나섰다면, 그 경기는 규정 위반 상태에서 치러진 것이 되고, 경기 결과를 원상 회복하거나 공정성을 회복하기 위한 각종 조치(예: 몰수패, 재경기 등)가 취해질 수 있습니다. 이때 책임은 선수 개인뿐 아니라 해당 선수를 출전시킨 구단에도 함께 미칠 수 있으며, 제재권은 해당 협회 또는 대회 주최자가 행사합니다.

현장에서 자주 문제가 되는 사례는 행정 착오입니다. 구단이 등록 절차를 모두 마쳤다고 생각했지만 실제로는 시스템상 등록이 완료되지 않았거나, 등록 기간을 착각해 선수 등록이 유효하지 않은 상태에서 출전시킨 경우가 대표적입니다. 이런 경우 해당 경기 결과가 몰수패로 처리되기도 하고, 선수에게도 별도의 징계가 내려질 수 있어 선수 커리어와 구단의 시즌 계획에 모두 큰 타격이 될 수 있습니다.

해설　　제12조는 선수가 한 협회에서 다른 협회로 이적할 때, 기존에 부과된 징계 제재가 어떻게 이어지고 집행되는지를 규정하고 있습니다. 이는 선수들이 단순히 국경을 넘어 이적함으로써 제재를 회피하지 못하도록 하기 위한 장치입니다. 우선 비교적 경미한 징계, 즉 최대 4경기 출전 정지나 최대 3개월 활동 금지까지의 제재는 새로운 협회가 그대로 이어받아 국내 차원에서 집행해야 합니다. 예를 들어, A협회 소속에서 2경기 출전 정지를 받고 단 1경기만 소화한 상태에서 B협회로 이적했다면, 남은 1경기는 B협회가 반드시 집행해야 합니다. 이 과정에서 국제이적증명서(ITC) 발급 시 이전 협회는 미이행 제재를 이적매칭시스템(TMS)을 통해 새로운 협회에 통보해야 하며, 이를 통해 집행 연속성이 보장됩니다.

반대로 4경기를 초과하거나 3개월을 초과하는 중대한 징계는 새로운 협회가 자동적으로 이어받지 않습니다. 이 경우에는 FIFA 징계위원회가 해당 제재를 전 세계적으로 효력이 미치도록 별도로 연장 결정을 내려야 하며, 그때에만 새로운 협회가 이를 집행합니다. 따라서 FIFA가 중앙에서 '국제적 효력 인정' 절차를 밟아야만 집행이 가능합니다. 이 경우에도 ITC 발급 시 이전 협회는 TMS를 통해 새로운 협회에 계류 중인 제재 사실을 통보해야 하며, 이를 근거로 FIFA와 새로운 협회가 적절히 제재를 이어갑니다.

결국 제12조는 징계의 국제적 집행 연속성을 확보하는 동시에, 경미한 제재와 중대한 제재를 구분하여 처리하는 구조를 보여 줍니다. 짧은 제재는 자동 승계로 빠르게 이어지고, 장기 제재는 FIFA의 심사를 거쳐야 하는 이유는, 제재의 무게와 범위가 큰 만큼 FIFA가 직접 통제해야 형평성과 정당성을 보장할 수 있기 때문입니다. 실무적으로 이 조항은 선수의 출전 자격 심사에서 매우 중요한 역할을 합니다. 협회가 ITC 발급 시 징계 정보를 TMS에 누락하거나 잘못 입력하면, 새로운 협회가 모른 채 선수를 출전시켜 몰수패 같은 큰 제재를 받을 수 있습니다. 따라서 각 협회 행정 부서의 책임은 막중하며, 구단도 이적 시 선수의 징계 이력이 정확히 집행되는지 꼼꼼히 확인해야 합니다.

제12조의2. 연체금(Overdue payables)

1. 구단은 프로 선수와 체결한 계약 및 이적 합의서에 명시된 조건에 따라 선수 및 다른 구단에 대한 재

2. 계약상 정당한 사유 없이 30일을 초과하여 지급을 지연한 사실이 일견(Prima Facie) 인정되는 경우, 해당 구단은 본 조 제4항에 따라 제재를 받을 수 있습니다.

3. 본 조항의 의미에서 구단이 연체금을 보유한 것으로 간주되려면, 채권자(선수 또는 구단)는 채무 구단에 서면으로 채무불이행을 통보하고 채무 구단이 재정적 의무를 이행할 수 있도록 최소 10일의 기한을 부여해야 합니다.

4. 축구재판소(Football Tribunal)는 관할권 범위 내에서(제22-24조 참고) 다음 제재를 부과할 수 있습니다:

   a. 경고

   b. 견책

   c. 벌금

   d. 신규 선수 등록 금지(국내·국제, 1~2 등록 기간)

5. 위에 명시된 제4항의 제재는 누적하여 적용될 수 있습니다.

6. 반복적인 위반은 가중 사유로 간주되어 더 무거운 처벌로 이어집니다.

7. 본 조항의 조건은 계약 관계의 일방적 해지 시 제17조에 따른 추가 조치의 적용에 영향을 미치지 않습니다.

해설　제12조의2는 FIFA가 전 세계적으로 가장 빈번하게 문제가 되는 임금 체불과 이적료 미지급 문제를 직접 다루고 있는 핵심 규정입니다. 구단은 프로 선수와 체결한 계약 및 다른 구단과 체결한 이적 합의서에 따른 재정적 의무를 반드시 이행해야 하며, 이를 어길 경우 징계 제재를 받을 수 있습니다. 특히 30일 이상 지급을 지연하면 원칙적으로 연체 상태로 간주됩니다. 다만 단순 지연만으로 제재가 바로 내려지는 것은 아니며, 채권자인 선수 또는 구단이 채무 구단에 서면 통보를 하고 최소 10일간의 추가 기한을 준 뒤에도 지급이 이루어지지 않아야 '연체금 보유'로 최종 확정됩니다. 이는 구단이 일시적 행정 착오나 은행 문제로 지급을 놓쳤을 경우 바로 제재를 받지 않도록, 절차적 공정성을 보장한 장치입니다.

연체가 확정되면 FIFA 축구재판소(Football Tribunal)가 관할권 범위 내에서 제재를 부과합니다. 제재 수위는 경고·견책·벌금부터 시작해, 가장 실효성이 큰 제재인 신규 선수 등록 금지(국내·국제, 1~2 등록 기간)까지 부과될 수 있습니다. 이 등록 금지 제재는 신규 전력 보강이 막히는 순간 구단의 경쟁력 자체가 크게 흔들리기 때문에, 전 세계적으로 구단이 가장 두려워하는 조치입니다.

제재는 누적될 수 있고, 반복적 위반은 가중 사유로 간주되어 더욱 무거운 처벌로 이어집니다. 중요한 점은 이 조항에 따른 제재가 제17조에서 규정한 계약의 정당한 해지 및 손해배상 규정과는 별도로 적용된다는 것입니다. 즉, 구단이 연체금을 지급하지 않아 선수 계약이 일방적으로 해지될 경우, 선수는 제17조에 근거해 추가적인 보상금 청구나 스포츠 제재 부과까지 요청할 수 있습니다. 결국 연체 문제는 단순한 재정 위반이 아니라 계약 해지·이적 분쟁과 연결되어 훨씬 더 큰 법적·스포츠적 파급효과를 낳을 수 있습니다.

제12조의2는 단순히 '돈을 제때 내라'는 규정을 넘어, FIFA가 글로벌 축구 생태계에서 계약 신뢰성과 재정 질서를 확립하려는 제도적 장치입니다. 실무적으로 이 조항은 선수와 구단 간 분쟁에서 가장 자주 원용되며, 특히 이적료를 분할 지급하는 관행이 널리 퍼진 상황에서 구단의 자금 사정 악화나 고의적 지연이 빈번하기 때문에 실제 집행력이 매우 크다고 할 수 있습니다.

제13조. 계약 존중(Respect of contract)

프로 선수와 구단 간의 계약은 계약 기간 만료 또는 상호 합의에 의해서만 종료될 수 있습니다.

해설　제13조는 'FIFA 선수의 지위 및 이적 규정(RSTP)' 전체를 관통하는 가장 기본적인 원칙, 곧 '프로 계약은 일방적으로 파기될 수 없다'는 계약 존중의 원칙을 선언하는 조항입니다. 프로 선수와 구단 사이에 한 번 유효하게 체결된 계약은, 원칙적으로 계약 기간이 만료되거나 양 당사자가 상호 합의에 이른 경우에만 종료될 수 있습니다.

이 규정의 목적은 일방적인 계약 해지를 구조적으로 방지하는 데 있습니다. 만약 구단이 임의로 선수와의 계약을 해지할 수 있고, 선수도 언제든 일방적으로 떠날 수 있다면, 선수는 장기적인 계획 아래 훈련과 경기에 전념하기 어렵고, 구단 역시 선수 육성과 영입에 투입한 비용과 시간을 보호받기 어렵습니다. 제13조는 이러한 불안정성을 최소화하여, 선수에게는 직업적 안정성을, 구단에게는 투자에 대한 예측 가능성을 보장하기 위한 국제 공통 원칙입니다.

이후 조항들(특히 제14조 이후)은 '정당한 사유가 있는 경우 예외적으로 계약을 조기에 종료할 수 있는가'라는 질문에 대한 세부 규정을 다루는데, 이때 항상 출발점이 되는 기준이 제13조입니다. FIFA 에이전트 시험과 관련해서는, '프로 계약은 어떤 경우에 종료될 수 있는가?', '일방적 해지가 허용되는가?'와 같이 계약 존중 원칙의 기본 구조를 묻는 형태로 다뤄질 가능성이 있습니다. 준비하실 때는 원칙: 기간 만료 또는 상호 합의만으로 종료 가능이라는 문장을 축으로 삼고, 그 밖의 예외는 모두 뒤 조항에서 별도로 정리된다는 점을 함께 기억해 두면 도움이 됩니다.

제14조. 정당한 사유에 의한 계약 해지(Terminating a contract with just cause)

1. 계약 당사자는 정당한 사유가 있는 경우, 어떠한 보상금 지급이나 스포츠 제재 없이 계약을 해지할 수 있습니다. 정당한 사유란, 더 이상 계약을 합리적이고 성실하게 이행할 수 없을 정도의 사정이 존재하는 경우를 말합니다.

2. 상대방이 계약 해지나 조건 변경을 강요하기 위한 학대 행위를 한 경우에도, 정당한 사유가 인정되어

　　　계약을 해지할 수 있습니다.

해설　'정당한 사유(Just Cause)'는 축구 규정에서만 쓰이는 특수 개념이 아니라, 일반 계약법에서도 널리 사용되는 개념입니다. 핵심은 더 이상 상대방과의 계약을 합리적이고 성실하게 유지하는 것이 불가능할 정도의 중대한 사정이 있는지 여부입니다. FIFA 규정 제14조는 이러한 정당한 사유가 존재하는 경우, 어느 일방이 보상금 지급이나 스포츠 제재 없이 계약을 해지할 수 있다고 정하고 있으며, 특히 상대방이 계약 해지나 조건 변경을 강요하기 위해 학대적·위협적 행위를 한 경우에도 정당한 사유가 인정될 수 있음을 명시합니다.

　　구체적으로 예를 들면 구단이 급여를 지속적으로 지급하지 않거나, 선수를 차별적으로 배제하고 사실상 정상적인 훈련·출전 기회를 박탈하는 경우 선수는 정당한 사유를 근거로 계약을 해지할 여지가 생깁니다. 반대로 선수가 무단으로 훈련에 반복적으로 불참하거나, 성실 의무를 중대하게 위반하는 경우에는 구단이 정당한 사유를 주장하여 계약을 해지할 수 있습니다. 다만 실제 분쟁에서는 '이 정도 상황이 정말로 계약 유지가 불가능한 수준의 위반인가'가 핵심 쟁점이 되며, FIFA와 스포츠중재재판소(CAS)는 단순한 불만, 일시적인 갈등, 경기력 부진 등은 정당한 사유로 보지 않고, 위반의 정도·기간·영향을 상당히 엄격하게 심리합니다.

　　이런 이유로 에이전트와 법률가 입장에서는 급여 미지급, 출전 배제, 훈련 환경 악화 등 계약 불이행이 얼마나 심각하고 반복적이었는지, 그리고 그로 인해 선수의 권리가 실질적으로 어떻게 침해되었는지를 객관적인 자료로 입증하는 것이 중요합니다. 한편 제14조는 '정당한 사유'에 관한 일반 조항이고, 미지급 급여를 이유로 한 계약 해지는 제14조의2에서 별도로 보다 구체적인 요건(미지급 기간, 통보 의무 등)을 두고 있기 때문에, 두 조항은 항상 함께 읽어야 전체 구조가 보입니다.

　　이러한 원칙이 실제로 어떻게 적용되는지를 보여 주는 대표적인 사례가 2005년 프랑크 리베리(Franck Ribéry) 대 갈라타사라이 SK(Galatasaray S.K.) 사건입니다. 프랑스 선수 리베리는 2005년 1월 터키 갈라타사라이에 입단하여 터키컵 우승에 기여하였으나, 구단으로부터 약 4개월간 급여를 지급받지 못하자 2005년 6월 계약을 일방적으로 해지하고 올랭피크 드 마르세유(Olympique de Mar-seille)로 이적하였습니다. 이에 갈라타사라이 SK는 계약 위반을 주장하며 마르세유에 10,000,000유로(EUR)의 보상금을 요구하는 분쟁을 제기했으나, 2005년 7월 FIFA는 리베리의 출전 자격을 인정하였고, 2006년 5월 분쟁해결부(DRC)는 선수의 계약 해지가 정당한 사유에 기반한 것이라고 최종 판단하였습니다. 갈라타사라이 SK는 이에 불복하여 CAS에 항소하였으나, CAS는

2007년 4월 25일 갈라타사라이 SK의 항소를 기각하며 급여 미지급이 '지속적이고 중대한 계약 위반'에 해당하여 선수가 계약을 해지할 정당한 사유를 구성한다고 확인하였습니다. 그 결과 리베리는 어떠한 이적료 지급 의무나 스포츠 제재 없이 자유이적 자격을 획득하였습니다. 이 사건은 급여 미지급을 이유로 한 계약 해지의 대표적 선례로 자리 잡았으며, 이후 FIFA와 CAS 판례를 통해 통상 3개월 이상의 급여 미지급은 정당한 사유로 인정될 수 있다는 기준이 확립되었고, 동시에 금액이 사소하거나 단순히 일시적인 지연에 불과한 경우에는 이에 해당하지 않으며, 선수는 계약 해지 전에 구단에 서면으로 시정 기회를 부여해야 한다는 원칙도 함께 정리되었습니다. 이러한 판례법의 축적은 결국 2018년 제14조의2 도입의 토대가 되었습니다.

해설　제14조의2는 2018년 6월 1일 발효된 조항으로, 급여 미지급을 이유로 한 계약 해지의 요건을 구체적으로 규정하고 있습니다. 이 조항이 도입되기 전까지 '정당한 사유'는 FIFA 규정상 명확히 정의되어 있지 않았고, FIFA 분쟁해결부(DRC)와 스포츠중재재판소(CAS)의 판례법을 통해 통상 3개월 이상의 급여 미지급이 정당한 사유로 인정된다는 기준이 형성되어 있었습니다. 그러나 2016년 국제프로축구선수협회(FIFPRO)가 54개국 약 14,000명의 선수를 대상으로 실시한 조사에서 41%의 선수가 최근 2시즌 동안 급여 지연을 경험했다는 결과가 나오면서, FIFA는 선수 보호를 강화하기 위해 보다 명확하고 선수에게 유리한 기준을 성문화하게 되었습니다.

제14조의2의 핵심은 크게 세 가지입니다. 첫째, 미지급 기간이 기존 판례상 3개월에서 2개월로 단축되었습니다. 이는 선수에게 보다 신속하게 계약 해지권을 부여함으로써 구단의 재정적 의무 이행을 촉구하려는 취지입니다. 둘째, 선수가 계약을 해지하기 전에 반드시 구단에 서면으로 채무 불이행 사실을 통지하고, 최소 15일간의 시정 기회를 부여해야 합니다. 이 절차적 요건은 구단에게 최후의 이행 기회를 주는 동시에, 선수의 계약 해지가 절차적으로 정당하게 이루어졌음을 입증하는 데 필수적입니다. 셋째, 이전에 일부 계약에서 활용되던 소위 '유예 조항(Grace Period)'—구단에게 지급기일 이후 추가적인 유예기간을 부여하는 조항—은 더 이상 FIFA에 의해 인정되지 않습니다(제18조 제6항). 이로써 구단이 유예 조항을 악용하여 급여 지급을 지연하는 관행이 차단되었습니다.

한편 제14조의2는 '급여(Salary)'에만 적용되며, 보너스, 계약금(Sign-on Fee), 초상권료 등 기타 금전적 급부의 미지급에는 직접 적용되지 않는다는 점에서 한계가 있습니다. 다만 FIFA 분쟁해결부(DRC)는 보너스 등 기타 급부의 미지급도 그 정도가 중대한 경우 일반 조항인 제14조의 '정당한 사유'를 구성할 수 있다고 보고 있으므로, 실무상으로는 두 조항을 종합적으로 검토해야 합니다. 또한 국내 단체협약이 존재하는 경우 그 내용이 제14조의2에 우선할 수 있으므로, 해당 국가의 노동법 체계와 단체협약 내용을 함께 확인하는 것이 중요합니다.

이 조항이 실제로 적용된 대표적인 사례가 2020년 니콜라이 보두로프(Nikolay Bodurov) 대 에스테글랄 FC(Esteghlal FC) 사건입니다. 불가리아 국적의 보두로프는 2020년 1월 30일 이란 구단 에스테글랄 FC와 월 25,000유로(EUR)의 급여 조건으로 단기 계약을 체결하였습니다. 그러나 계약 체결 직후 이란에 COVID-19가 확산되면서 2020년 2월 27일 이란 전역이 봉쇄에 들어갔고, 보두로프는 3월 6일 이란을 떠났습니다. 3월 14일 시점에서 구단은 2개월분의 급여를 지급하지 않은 상태였고, 보두로프는 같은 날 제14조의2에 따라 서면으로 미지급 급여 지급을 요청하며 15일의 시정 기한을 부여하였습니다. 구단은 지급 연기를 요청하였으나 보두로프는 이를 거부하였고, 기한 내 지급이 이루어지지 않자 3월 30일 계약을 해지하였습니다. 에스테글랄 FC는 COVID-19로 인한 불가항력(Force Majeure)을 주장하며 계약 해지의 부당함을 항변하였으나, 분쟁해결부는 구단이 불가항력의 존재를 입증하기 위한 어떠한 증거도 제출하지 않았고, 계약을 사전에 변경하거나 조정하려는 시도도 하지 않았다는 점을 지적하며 선수의 손을 들어주었습니다. 이 사건은 COVID-19라는 전례 없는 상황에서도 제14조의2의 절차적 요건—서면 통지와 15일 시정 기한 부여—을 준수한 선수의 계약 해지가 유효하게 인정될 수 있음을 확인한 중요한 선례입니다

제15조. 스포츠적 정당 사유에 의한 계약 해지(Terminating a contract with sporting just cause)

주전급 프로 선수(Established Professional)가 시즌 중 소속 구단의 공식 경기에서 10% 미만으로 출전한 경우, 선수는 '스포츠적 정당 사유(Sporting Just Cause)'를 근거로 조기 계약 해지를 요구할 수 있습니다. 스포츠적 정당 사유의 존재 여부는 사례별로 판단되며, 선수 개인의 상황이 고려됩니다. 이 경우, 선수에게 스포츠 제재는 부과되지 않지만, 손해배상 의무가 발생할 수 있습니다. 선수는 시즌 종료 후 마지막 공식 경기일로부터 15일 이내에만 이 사유로 계약 해지를 행사할 수 있습니다.

해설 　제15조는 선수 보호를 위한 특별 규정으로, 계약 존중의 원칙을 유지하면서도 예외적으로 선수가 구단과의 계약을 조기에 해지할 수 있는 길을 열어 둔 조항입니다. 핵심은 일반적인 '정당한 사유(Just Cause)'와 구별되는 '스포츠적 정당 사유'라는 개념을 별도로 도입했다는 점입니다.

일반적인 정당한 사유는 임금 체불, 계약 조건 불이행, 차별적 대우처럼 구단의 계약상 의무 위반을 전제로 합니다. 반면 스포츠적 정당 사유는 구단이 계약상 의무를 모두 이행했더라도, 선수가 경기 출전 기회를 사실상 박탈당한 경우를 상정합니다. 급여가 제때 지급되고 계약 조항이 형식적으로는 모두 지켜지더라도, 선수가 시즌 내내 거의 출전하지 못해 직업 활동이 무의미해진 수준이라면 이 조항을 근거로 계약 해지가 가능할 수 있습니다.

이 규정은 두 가지 목적에서 도입되었습니다. 첫째, 프로 선수의 직업적 존엄성 보호입니다. 선수의 커리어는 짧고, 출전 부족은 곧바로 경기력 저하와 시장 가치 하락으로 이어집니다. 둘째, 구단과 선수 사이의 권력 불균형 완화입니다. 출전 여부는 구단이 전적으로 통제하는데, 이 권한을 악용하면 선수를 계약으로 묶어 두면서도 실제로는 기용하지 않는 상황이 발생할 수 있습니다. 2016년 맨체스터 유나이티드(Manchester United F.C.)의 조제 무리뉴(José Mourinho) 감독이 바스티안 슈바인슈타이거(Bastian Schweinsteiger)를 1군에서 완전히 배제하고 리저브팀 훈련만 시켰을 때, 슈바인슈타이거가 시즌 종료 후 제15조를 근거로 계약 해지를 주장할 가능성이 논의되었습니다. 슈바인슈타이거는 FC 바이에른 뮌헨(FC Bayern Munich)에서 분데스리가 8회 우승과 2013년 UEFA 챔피언스리그 우승을 경험했고, 독일 국가대표로 121경기에 출전하며 2014년 월드컵 우승의 주역이었습니다. 이러한 경력을 고려하면 '주전급 선수' 요건 충족에 의문의 여지가 없었고, 시즌 종료 시점에 10% 미만 출전 요건도 충족할 가능성이 높았습니다. 결국 그는 제15조를 행사하지 않고 2017년 MLS의 시카고 파이어 FC(Chicago Fire FC)로 이적했지만, 이 사례는 빅클럽에서도 제15조가 현실적으로 적용될 수 있음을 보여 주었습니다.

다만 이 조항을 적용받으려면 단순히 출전 시간이 적다는 이유만으로는 부족합니다. 전술적 선택의 범위를 넘어선, 체계적이고 지속적인 배제가 있었는지, 그로 인해 선수의 커리어가 실제로 침해되었는지가 쟁점입니다. 또한 선수는 시즌 중 출전 부족에 대해 구단에 문제를 제기한 바 있어야 합니다. 제15조의 대표적인 CAS 판례인 CAS 2007/A/1369에서, 러시아 프리미어리그 FC 크릴리아 소베토프 사마라(FC Krylia Sovetov Samara) 소속 나이지리아 출신 선수가 스포츠적 정당 사유를 주장하며 계약 해지를 시도했으나 기각되었습니다. 선수가 시즌 중 구단에 불만을 표명한 적이 없어 구단에 시정 기회를 주지 않았다는 점이 핵심 이유였습니다.

스포츠적 정당 사유가 인정되면 선수는 출전 정지 같은 스포츠 제재는 면하지만, 구단이 손해를 입증하면 일정 범위 내에서 배상 책임을 질 수 있습니다. 다만 구단이 선수를 스포츠적 관점에서 완전히 방치했다는 점이 인정되면 손해배상 청구권 자체가 부정될 수도 있습니다. 따라서 선수와 에이전트는 이 조항을 활용할 때 해지 이후의 재정적 부담과 커리어 계획까지 종합적으로 고려해야 합니다. 시즌 종료 시점은 해당 선수가 등록된 주요 리그(국내 리그)의 마지막 공식 경기를 기준으로 판단합니다.

제16조. 시즌 중 계약 해지 제한

(Restriction on terminating a contract during the competition period)

경기 시즌 중에는 계약을 일방적으로 해지할 수 없습니다.

해설　제16조는 한마디로 '시즌이 진행되는 동안에는 마음대로 계약을 해지하지 마라'는 규범입니다. 리그가 진행 중인데 선수와 구단이 일방적으로 계약을 해지하고 이적을 반복하면, 전력 균형이 무너지고 대회 자체의 공정성이 흔들릴 수 있기 때문에, 원칙적으로 시즌 중 일방적 계약 해지를 금지한 것입니다.

다만 이 조항이 제14조, 제14조의2, 제15주에서 보장하는 권리를 부정하는 것은 아닙니다. 임금 체불, 중대한 계약 위반, 학대 행위 등으로 인한 일반 정당한 사유, 두 달 이상 급여 미지급에 따른 특별 규정, 극단적인 출전 기회 박탈에 해당하는 스포츠적 정당 사유가 있는 경우에는, 시즌 중이라도 예외적으로 계약 해지가 허용됩니다. 다시 말해 '단지 시즌 중이라서' 해지가 막히는 것이 아니라, 정당한 사유가 없을 때에만 시즌 도중 일방적 해지를 할 수 없다는 구조입니다.

현장에서 보면 이 규정은 구단과 선수가 모두 좀 더 신중하게 계약을 맺고, 시즌 도중에는 감정적 결정이나 단기 성적만을 이유로 관계를 끊는 일을 자제하도록 하는 역할을 합니다. 반대로 진짜 심각한 위반이 있는 경우에는 앞선 조항들(제14조, 제14조의2, 제15조)에 따라 여전히 계약 해지 카드를 쓸 수 있으므로, 제16조는 '계약 존중의 기본선 및 정당한 사유 예외'라는 전체 체계 안에서 이해하시는 것이 좋습니다.

제17조. 정당한 사유 없이 계약 해지 시 결과

(Consequences of terminating a contract without just cause)

계약이 정당한 사유 없이 해지된 경우 다음 조항들이 적용됩니다:

1. 모든 경우에 있어, 상대방의 계약 위반으로 인해 손해를 입은 당사자는 배상을 받을 권리가 있습니다. 훈련보상에 관한 제20조 및 부속서 4의 조항에 따르며, 계약에 달리 명시되지 않은 한, 위반에 대한 보상금은 해당 국가의 법률을 충분히 고려하고 각 사례의 개별적인 사실과 상황에 비추어 '이행이익(Positive Interest)' 원칙에 따라 발생한 손해를 고려하여 계산되어야 합니다.

   앞서 언급된 원칙들을 고려하여, 선수에게 지급될 보상금은 다음과 같이 계산됩니다:

   i. 선수가 이전 계약의 해지 이후 새로운 계약을 체결하지 않은 경우, 일반적으로 보상금은 조기 해지된 계약의 잔여 가치와 동일함

   ii. 선수가 결정 시점까지 새로운 계약을 체결한 경우, 조기 해지된 계약의 잔여 기간에 해당하는 새로운 계약의 가치는 조기 해지된 계약의 잔여 가치에서 공제됨('감액 보상(Mitigated Compensation)' 이라 함). 다만 계약의 조기 해지가 연체된 급여로 인한 경우에 한하여, 선수는 감액 보상과 별도로 3개월분 급여에 해당하는 금액을 추가로 지급받을 권리가 있음('추가 보상(Additional Compensation)'이라 함). 가중할 만한 사정이 있는 경우, 추가 보상액은 최대 6개월분 월급 상당액까지 증액될 수 있으나, 감액 보상과 추가 보상을 모두 합한 전체 보상액은 조기 해지된 계약의 잔여 가치를 초과할 수 없음

   iii. 국내법에 따라 사용자와 근로자 대표(선수 노조)가 유효하게 체결한 단체협약은 위 (i)와 (ii)에 규정된 원칙에서 벗어날 수 있으며, 그러한 협약의 조건이 우선함

2. 보상 청구권은 제3자에게 양도될 수 없습니다. 신규 구단이 선수가 계약을 위반하도록 유도했다고 입증될 수 있는 경우, 각 사례의 개별적인 사실과 상황을 고려하여 선수의 신규 구단은 보상금 지급에 대해 연대책임을 져야 합니다.

3. 보상금 지급 의무에 더하여, 보호 기간(Protected Period) 중에 계약을 위반한 것으로 밝혀진 선수에게는 스포츠 제재 또한 부과되어야 합니다. 이 제재는 공식 경기 출전을 4개월간 제한하는 것입니다. 가중

사유가 있는 경우, 제한은 6개월간 지속됩니다. 이러한 스포츠 제재는 선수가 해당 결정을 통지받는 즉시 효력이 발생합니다. 스포츠 제재는 시즌의 마지막 공식 경기와 다음 시즌의 첫 공식 경기 사이의 기간 동안은 유예되며, 두 경우 모두 국내 컵 대회와 구단 국제대회를 포함합니다. 그러나 선수가 자신이 대표할 자격이 있는 국가대표팀 주전 선수이고, 해당 협회가 시즌 마지막 경기와 다음 시즌 첫 경기 사이의 기간에 국제대회의 본선에 참가하는 경우에는 스포츠 제재의 유예가 적용되지 않습니다. 보호 기간 이후에 정당한 사유나 스포츠적 정당 사유 없이 일방적으로 계약을 위반한 경우에는 스포츠 제재가 부과되지 않습니다. 그러나 보호 기간 밖이라도, 선수가 등록된 구단의 시즌 마지막 공식 경기(국내 컵 대회 포함) 후 15일 이내에 해지 통지를 하지 않은 것에 대해서는 징계 조치가 부과될 수 있습니다. 계약을 갱신하면서 이전 계약 기간이 연장될 때, 보호 기간은 다시 시작됩니다.

4. (i) 보호 기간 중 계약을 위반한 것으로 밝혀진 구단 또는 (ii) 신규 구단이 보호 기간 중 선수가 계약을 위반하도록 유도했다고 입증될 수 있는 경우, 해당 구단에 스포츠 제재가 부과되어야 합니다. 해당 구단은 연속된 두 번의 전체 등록 기간(Entire and Consecutive Registration Periods) 동안 국내 또는 국제적으로 어떠한 신규 선수의 등록도 금지됩니다. 구단은 해당 스포츠 제재가 완전히 끝난 후 도래하는 첫 등록 기간부터 비로소 신규 선수를 국내 또는 국제적으로 등록할 수 있습니다. 특히, 더 이른 단계에 선수를 등록하기 위해 본 규정 제6조 제3항에 명시된 예외 조항들을 이용할 수 없습니다.

5. FIFA 정관 및 규정의 적용을 받는 자가 프로 선수와 구단 간의 계약 위반을 유도하여 선수의 이적을 용이하게 하는 경우 제재를 받아야 합니다.

해설   제17조는 FIFA 규정 중에서도 핵심적인 조항에 해당하므로, 본 해설에서는 이를 상세히 다루겠습니다.

2024년 10월 4일 유럽사법재판소(ECJ)가 내린 라사나 디아라(Lassana Diarra) 사건 판결은 '보스만 2.0'이라 불릴 만큼 축구 이적 시장의 근간을 흔든 역사적인 결정입니다. 제17조의 일부 조항이 EU 법, 특히 노동자의 이동권과 경쟁법에 위배된다고 판단되었습니다. 제17조는 FIFA 이적 시스템에서 '계약 안정성(Contractual Stability)'을 실질적으로 뒷받침하는 핵심 조항으로, 누가 일방적으로 계약을 깼는지, 그것이 정당한 사유 없이 이뤄졌는지, 그리고 그 시점이 '보호 기간' 내인지 여부에 따라 재정적 보상과 스포츠 제재가 어떻게 결합되어 작동하는지를 정교하게 설계한 규정입니다.

제17조의 첫 번째 축은 '배상금 산정'입니다. 기본 원칙은 '계약을 위반당한 쪽은 손해배상을 청구할 권리가 있다'는 것이며, 배상액 산정에는 '이행이익(Positive Interest)'이라는 민사법상 기준이 적용됩니다. 이행이익이란 계약이 정상적으로 이행되었더라면 얻었을 이익을 말합니다. 선수가

조기 해지 이후 아직 새 계약을 맺지 않았다면 배상액은 조기 종료된 계약의 잔여 가치 전체와 동일한 수준이 되고, 이미 신규 구단과 계약을 체결했다면 새 계약상의 수입을 공제하여 계산합니다. 후자가 규정에서 말하는 '감액 보상(Mitigated Compensation)' 구조입니다. 여기에 구단 측의 임금 체불 등 중대한 의무 위반을 이유로 선수가 계약을 해지한 경우, 선수는 기본 보상에 더해 최대 3개월분에서 6개월분 급여에 해당하는 추가 보상을 받을 수 있습니다. 다만 전체 보상액은 조기 해지된 계약의 잔여 가치를 넘을 수 없으며, 각국 노동법에 따라 유효하게 체결된 단체협약이 있다면 해당 협약의 기준이 우선합니다.

제17조의 두 번째 축은 '연대책임(Joint Liability)'입니다. 제2항은 보상 청구권을 제3자에게 양도할 수 없다고 규정하면서, 신규 구단이 선수의 계약 위반을 '유도(Inducement)'한 것으로 입증되면 선수와 함께 배상금에 대해 연대책임을 지도록 합니다. 원래 취지는 선수의 일방 해지 뒤에 숨은 신규 구단의 유인을 견제하는 것이었습니다. 그러나 실제로는 유도 여부와 관계없이 분쟁 중인 선수를 영입하는 것 자체가 연대책임의 위험에 노출되어, 어떤 구단도 해당 선수를 건드리지 못하게 만드는 억제 효과가 발생했습니다.

제17조의 세 번째 축은 '보호 기간(Protected Period)'과 '스포츠 제재'입니다. 보호 기간은 FIFA 가 계약 안정성을 특히 강하게 보호하고자 하는 계약 초반부를 의미합니다. 선수가 28세 생일 이전에 계약을 체결한 경우에는 계약 발효 후 3시즌 또는 3년 중 먼저 도래하는 기간이, 28세 생일 이후에 체결한 경우에는 2시즌 또는 2년 중 먼저 도래하는 기간이 보호 기간에 해당합니다. 이 기간 내에 선수가 정당한 사유 없이 계약을 해지하면, 배상금 외에 공식 경기 4개월(가중 사유 시 6개월) 출전 금지 처분이 내려집니다. 구단에 대한 제재는 이와 대칭을 이룹니다. 보호 기간 중 계약을 위반한 구단이나, 선수의 계약 위반을 유도한 신규 구단은 두 번의 전체 연속 등록 기간 동안 신규 선수 등록이 금지됩니다. 보호 기간 이후에는 출전 정지 제재가 자동 부과되지 않지만, 시즌 마지막 공식 경기 후 15일 이내에 해지 통지를 하지 않으면 별도 징계가 가해질 수 있습니다. 실무상 중요한 점은, 계약을 연장하거나 갱신하면 보호 기간도 다시 처음부터 계산된다는 것입니다.

이러한 제17조의 구조가 실제로 어떻게 작동했는지 보여 주는 것이 디아라 사건입니다. 디아라는 첼시 FC(Chelsea FC), 아스널 FC(Arsenal FC), 레알 마드리드 CF(Real Madrid CF) 등에서 뛰었던 프랑스 국가대표 미드필더입니다. 2013년 그는 FC 로코모티프 모스크바(FC Lokomotiv Moscow)와 2017년까지 4년 계약을 맺었으나, 1년 만인 2014년 구단이 급여 삭감을 시도하면서 갈등이 시작되었습니다. 디아라가 이를 거부하자, FC 로코모티프 모스크바는 계약 위반을 이유로 계약을 해지하고 FIFA 분쟁해결부(DRC)에 손해배상을 청구했습니다. DRC는 구단의 손을 들어 디아라에게

10,500,000유로(EUR)의 배상금을 지급하라고 결정했습니다.

문제는 그 다음에 발생했습니다. 벨기에 구단 로얄 샤를루아 SC(Royal Charleroi SC)가 디아라 영입을 추진했으나, 제17조의 연대책임 규정 때문에 계약이 무산된 것입니다. 당시 제17조 제2항은 '정당한 사유 없이 계약을 해지한 선수를 영입하는 신규 구단은 계약 위반을 유도한 것으로 추정된다(Shall be presumed to have induced)'고 규정하고 있었습니다. 로얄 샤를루아 SC가 '유도하지 않았다'는 것을 스스로 증명하지 못하면 10,500,000유로의 연대책임을 자동으로 떠안게 되는 구조였습니다. 게다가 FIFA는 분쟁이 해결되기 전까지 국제이적증명서(ITC) 발급을 거부할 수 있었고, ITC 없이는 어떤 구단도 디아라를 공식 등록할 수 없었습니다. 결국 로얄 샤를루아 SC는 영입을 포기했고, 디아라는 한동안 사실상 어디에서도 뛸 수 없는 처지가 되었습니다.

디아라는 2015년 벨기에 법원에 FIFA와 벨기에 축구협회(URBSFA)를 상대로 손해배상 소송을 제기했고, 벨기에 법원은 FIFA 규정이 EU 법에 위반되는지 여부에 대해 유럽사법재판소에 선결적 판단을 요청했습니다. 유럽사법재판소는 EU 기능조약(TFEU) 제45조가 보장하는 '노동자의 이동의 자유'와 제101조가 규정하는 '공정 경쟁 원칙'을 근거로 제17조의 적법성을 검토했습니다. 법원은 FIFA가 리그의 안정성과 경기의 공정성을 보장하려는 '정당한 목적'을 가지고 있다는 점은 인정했습니다. 그러나 그 목적을 달성하기 위한 수단이 '비례성의 원칙'에 어긋난다고 판단했습니다. 이행이익 원칙에 따른 천문학적 배상금, 신규 구단까지 책임을 지게 하는 연대책임 규정, 선수의 경력 자체를 위협하는 출전 정지와 등록 금지 제재가 결합되면, 선수로서는 어떤 상황에서도 계약 해지를 시도할 엄두를 낼 수 없게 됩니다. 법원은 FIFA가 같은 목적을 달성하면서도 선수의 권리를 덜 침해하는 방법을 충분히 찾을 수 있었을 것이라고 보았습니다.

판결 이후 FIFA는 2024년 12월 임시 규정 개정을 발표했습니다. 핵심적인 변화는 '유도 추정' 조항의 삭제입니다. 이제 신규 구단이 연대책임을 지려면 원 소속 구단이 유도 사실을 직접 입증해야 합니다. ITC 발급 절차도 자동화되어 분쟁 중에도 선수 등록이 가능해졌고, 배상금 산정 기준도 명확해졌습니다. 그러나 국제프로축구선수협회(FIFPRO)를 비롯한 선수 단체들은 이러한 개정이 판결의 취지를 충분히 반영하지 못한다고 비판합니다.

개정된 제17조가 실제 협상에서 어떻게 작동하는지는 알렉산데르 이삭(Alexander Isak) 사례에서 드러납니다. 이삭은 뉴캐슬 유나이티드 FC(Newcastle United FC)와 2028년까지 장기 계약을 맺고 있었고, 뉴캐슬은 리버풀 FC(Liverpool FC)의 110,000,000파운드(GBP) 제안을 거절하며 '계약이 남아 있으니 보낼 수 없다'는 태도를 고수했습니다. 그러나 선수 측은 제17조를 잠재적 카드로 쥐고 있었습니다. 보호 기간이 지난 뒤 시즌 마지막 공식 경기 후 15일 내 일방 해지를 통보하면, 재정적

보상을 전제로 신규 구단으로 이동할 수 있기 때문입니다. 일부 스포츠 변호사들은 이삭이 제17조를 발동할 경우, 뉴캐슬 유나이티드 FC가 110,000,000파운드가 아닌 50,000,000~60,000,000파운드 수준의 배상만 받고 선수를 잃을 위험이 있다고 지적했습니다. 결국 양측 모두 이 불확실성을 알고 있었기에 법적 분쟁 대신 이적 시장 안에서 합의를 선택했고, 2025년 9월 1일 이삭은 125,000,000파운드라는 영국 역대 최고 이적료로 리버풀에 이적했습니다. 제17조가 실제 발동되지는 않았지만, 그 존재 자체가 협상의 균형추 역할을 한 것입니다.

결론적으로, 제17조는 금전 배상과 출전 정지, 등록 금지를 결합하여 '계약은 존중되어야 한다'는 원칙에 실질적 힘을 부여하면서도 선수 측에 제한적인 탈출구를 열어두는 구조입니다. 디아라 판결은 이 구조가 목적의 정당성에도 불구하고 수단의 비례성을 결여했다고 판단했으며, 현대 축구 이적 시장 전체의 힘의 균형에 대한 근본적인 재검토를 요구하고 있습니다.

제18조. 프로 선수와 구단 간 계약에 관한 특별 규정

(Special provisions relating to contracts between professionals and clubs)

1. 축구 에이전트의 중개로 체결된 고용계약에는 반드시 에이전트의 성명, 클라이언트, FIFA 라이선스 번호, 서명이 포함되어야 합니다.

2. 계약 기간은 최소 계약 발효일부터 해당 시즌 종료 시까지이며, 최장 5년을 넘을 수 없습니다. 다른 기간의 계약은 국내법과 일치하는 경우에만 허용됩니다. 만 18세 미만 선수는 3년을 초과하는 프로 계약을 체결할 수 없으며, 이보다 더 긴 기간을 명시하는 모든 조항은 인정되지 않습니다.

3. 구단이 선수와 계약을 체결하려는 경우, 협상에 앞서 반드시 선수의 현 소속 구단에 알리고, 계약 만료 또는 만료 6개월 전부터만 협상이 가능합니다. 이를 위반하면 제재가 부과됩니다.

4. 계약의 유효성은 건강검진 통과나 취업허가 취득과 같은 조건에 종속될 수 없습니다.

5. 동일한 기간에 선수가 두 개 이상의 계약을 체결한 경우, 제4장에서 정한 규정이 적용됩니다.

6. 계약 조건에서 구단이 만기된 급여를 지연 지급할 수 있도록 허용하는 '유예기간(Grace Period)' 조항은 인정되지 않습니다. 단, 단체협약에 따른 경우는 예외입니다.

7. 여성 선수는 계약 기간 중 출산·입양·가족휴가를 누릴 권리를 가지며, 휴가 기간에는 계약 연봉의 3분의 2가 지급됩니다. 단체협약이 더 유리한 조건을 정한 경우에는 그 조건이 우선 적용되며, 국내법상 더 유리한 조건이 있으면 그 기준이 적용됩니다.

  제18조는 프로 선수와 구단 사이의 고용계약에서 자주 문제가 되는 지점을 미리 짚어 두고, 그 부분을 정교하게 규율함으로써 계약 관계의 투명성과 균형을 확보하려는 조항입니다. 한마디로, '형식은 계약서에 이미 적혀 있지만, 내용까지 공정하게 유지되도록 만드는 안전장치들의 묶음'이라고 볼 수 있습니다.

먼저 에이전트 관련 부분입니다. 축구 에이전트가 개입한 계약이라면 계약서에 에이전트의 이름, 누구를 대리하는지(클라이언트), FIFA 라이선스 번호, 서명이 반드시 포함되어야 합니다. 이는 누가 어떤 자격으로 이 계약을 중개했는지 책임 소재를 분명히 하려는 것이고, 자격 없는 브로커나 이른바 '유령 에이전트'가 뒤에서 움직이는 관행을 차단하기 위한 장치입니다. 실제 분쟁에서 계약서에 에이전트 정보가 빠져 있으면, 나중에 수수료나 책임 범위를 둘러싼 문제가 발생했을 때 해당 에이전트의 지위와 권한 자체가 다투어지는 경우가 많습니다.

계약 기간 제한은 선수 보호와 직결됩니다. 만 18세 미만 선수는 최대 3년까지만 프로 계약을 맺을 수 있고, 성인 선수라 하더라도 계약 기간의 상한은 5년입니다. 그보다 긴 기간을 적어 둔 조항은 원칙적으로 효력이 없습니다. 이는 장기 계약을 이용해 선수를 사실상 구단에 종속시키는 것을 막으려는 취지로, 선수에게도 커리어 중 일정한 주기마다 재협상과 이동의 기회를 보장하는 효과가 있습니다. 국내법이 별도의 기간 규제를 두고 있다면 그 기준과의 조화를 전제로 하지만, 기본 방향은 '너무 길게 묶어 두지는 말라'에 가깝습니다.

계약 교섭 절차도 엄격히 통제됩니다. 어떤 구단이 특정 선수를 데려오고 싶다면, 먼저 그 선수의 현 소속 구단에 접촉 사실을 알리고, 기존 계약이 이미 끝났거나, 만료 시점으로부터 6개월 이내에 들어간 경우에만 선수와 직접 협상할 수 있습니다. 이 요건을 무시하고 물밑에서 선수와 먼저 접촉하는 행위는 이른바 '탬퍼링'에 해당하며, 위반이 입증되면 신규 구단과 선수 모두 제재 대상이 될 수 있습니다. 국가별로는 이 규정을 둘러싼 분쟁이 곧바로 보상 문제나 향후 이적 제한으로 이어지는 경우가 많기 때문에, 협상 시작 시점과 통보 절차를 특히 주의해야 합니다.

재정적 의무와 관련해 눈에 띄는 부분은, 구단이 급여를 임의로 늦출 수 있도록 하는 '유예기간(Grace Period)' 조항을 원칙적으로 허용하지 않는다는 점입니다. 단체협약처럼 노동법 체계 안에서 집단적으로 합의된 경우를 제외하면, 계약서에 '월급은 ○개월까지 늦게 줘도 된다'는 식의 조항을 넣는 것은 인정되지 않습니다. 선수의 연봉은 기본적인 생계와 직업 안정성과 직결되므로, FIFA는 이 부분을 구단의 재량이 아니라 거의 절대적인 권리로 취급하고 있습니다.

여성 선수 보호 규정은 최근 FIFA의 정책 방향을 상징적으로 보여 주는 부분입니다. 여성 선수는 계약 기간 중 출산·입양·가족휴가를 누릴 권리가 있고, 그 기간에도 계약 연봉의 3분의 2에 해당하는 급여를 받을 수 있습니다. 그리고 단체협약이나 국내법이 더 유리한 조건을 정하고 있다면 항상 그 기준이 우선합니다. 출산·양육과 커리어를 병행하기 어려운 현실 속에서, 최소한 계약이 끊기거나 급여가 사라져 생계가 흔들리는 일을 막기 위한 안전망입니다.

전체적으로 보면 제18조는 '형식상 유효한 계약'을 넘어 '내용상 공정한 계약'을 요구하는 규정입니다. 에이전트, 계약 기간, 협상 시점, 급여 지급, 여성 선수의 휴가와 급여 등 실제 현장에서 분쟁이 자주 일어나는 지점들을 조목조목 짚어 주고 있기 때문에, 프로 계약을 설계하거나 검토할 때는 이 조항을 기준 삼아 하나씩 체크하는 습관을 들이는 것이 좋습니다.

제18조의2. 구단에 대한 제3자 영향력(Third-party influence on clubs)

1. 어떠한 구단도 상대 구단이나 제3자가 고용 및 이적 관련 사안에서 해당 구단의 독립성, 정책 결정, 팀 운영에 영향을 미칠 수 있는 계약을 체결해서는 안 됩니다.
2. 이를 위반한 구단은 FIFA 징계위원회로부터 제재를 받을 수 있습니다.

해설　제18조의2는 구단 운영의 핵심 원칙 가운데 하나인 독립성과 자율성을 보호하기 위한 조항입니다. 어느 구단이든 다른 구단이나 제3자와의 계약을 통해 고용·이적·팀 운영과 관련된 의사결정권을 외부에 넘겨서는 안 된다는 뜻입니다. 예를 들어, 투자자가 '특정 선수는 반드시 매각해야 한다'거나 '일정 금액 이상의 이적 제안은 수락해야 한다'는 조건을 계약에 넣는다면, 이러한 합의는 규정 취지에 정면으로 배치됩니다.

이 조항의 적용을 보여 주는 대표적 사례가 네덜란드의 FC 트벤테(FC Twente)와 도엔 스포츠(Doyen Sports) 간의 계약 건입니다. 2014년 FC 트벤테는 몰타 소재 투자회사 도엔 스포츠와 계약을 체결해 500만 유로(EUR)를 수령하고, 그 대가로 7명의 선수 이적료 권리의 10~50%를 넘겼습니다. 문제는 이 계약 구조상 구단이 일정 금액 이상의 이적 제안을 받거나 선수 계약 연장을 원할 때 도엔 스포츠가 사실상 재정적 압박을 가할 수 있었다는 점입니다. 재정난에 처한 구단의 이적 정책이 투자자의 이해관계에 직접 영향받는 구조였습니다. FIFA 징계위원회는 FC 트벤테가 '제3자가 고용 및 이적 관련 사안에서 구단에 영향을 미칠 수 있는 계약을 체결'한 것으로 판단해 185,000스위스 프랑(CHF)의 벌금을 부과했습니다.

현장에서 이 조항은 투자 계약, 스폰서 계약, 이적 계약 등 다양한 법률 관계를 검토할 때 반드시 점검해야 하는 기준이 됩니다. 구단이 외부 자본을 유치하거나 복잡한 계약 구조를 설계할 때, 그 대가로 이적 결정에 사실상 거부권을 넘겨주는 조항이 숨어 있지 않은지 확인할 필요가 있습니다. 그렇지 않으면 겉으로는 정상적인 투자처럼 보이더라도 제3자가 구단의 의사결정에 영향력을 행사하는 구조가 되어 FIFA의 제재 대상이 될 수 있습니다.

제18조의3. 선수 경제적 권리의 제3자 소유권

(Third-party ownership of players' economic rights)

1. 구단이나 선수는 제3자가 선수의 미래 이적료나 보상금에 대해 전부 또는 일부 권리를 가지도록 하는 계약을 체결할 수 없습니다.

2. 이 금지는 2015년 5월 1일부터 시행되었습니다.

3. 2015년 5월 1일 이전에 체결된 계약은 기존 만료 시점까지는 유효하지만, 연장은 불가능합니다.

4. 2015년 1월 1일~4월 30일 사이에 체결된 계약은 유효 기간이 발효일부터 최대 1년까지만 인정됩니다.

5. 모든 기존 계약은 2015년 4월 말까지 TMS에 등록되어야 하며, 모든 구단은 계약 전체 내용(가능한 부속서나 수정안 포함)을 업로드하고 관련된 제3자의 세부 정보, 선수의 전체 이름, 그리고 계약 기간을 명시하여 보고해야 합니다.

6. 이를 위반하는 구단이나 선수는 FIFA 징계위원회로부터 제재를 받을 수 있습니다.

해설　　제18조의3은 한때 축구계에서 널리 퍼졌던 제3자 소유권(Third-Party Ownership, TPO) 관행을 전면 금지하는 규정입니다. TPO란 투자자나 펀드, 에이전트 등 제3자가 특정 선수의 경제적 권리, 예를 들어, 향후 이적료의 일정 비율을 소유하고, 선수가 이적할 때마다 그 지분에 따라 수익을 배분받는 구조를 말합니다. 남미나 포르투갈 리그 등에서는 이러한 투자 펀드가 선수와 구단의 의사결정을 사실상 좌우하는 수준으로 개입해 큰 논란이 되었고, FIFA는 이를 선수의 자유와 구단의 독립성, 경기 무결성 모두를 해치는 관행으로 보았습니다.

이러한 배경에서 FIFA는 제3자가 선수 이적을 통해 금전적 이익을 직접 취득하는 구조를 금지하기로 하고, 해당 금지를 일정 시점부터 전면적으로 시행했습니다. 다만 이미 존재하던 계약들에 대해서는 과도기적 조치를 두었습니다. 시행일 이전에 체결된 TPO 계약은 기존 만료 시점까지는 유효하되 연장·갱신은 허용되지 않고, 일정 기간(2015년 초) 사이에 체결된 계약은 유효 기간의 상한을 따로 두어 최대 1년까지만 인정했습니다. 그리고 이 모든 기존 계약은 정해진 기한까지 이적매칭시스템(TMS)에 등록해야 했으며, 부속 합의나 수정안까지 포함한 전체 계약 내용, 관련 제3자의 신원, 선수의 전체 이름, 계약 기간 등을 빠짐없이 보고하도록 요구했습니다. 과거 계약을 완전히 투명한 상태로 올려놓은 뒤, 더 이상 새 TPO 계약이 생기지 못하도록 고리를 끊은 셈입니다.

TPO가 초래하는 문제를 가장 잘 보여 주는 상징적 사건으로, 2006년 카를로스 테베즈(Carlos

Tevez)와 하비에르 마스체라노(Javier Mascherano)의 이적 사례가 자주 언급됩니다. 두 선수는 SC 브라질 코린치안스(Sport Club Corinthians Paulista)에서 잉글랜드 웨스트햄 유나이티드 FC(West Ham United F.C.)로 이적했는데, 당시 이들의 경제적 권리가 구단이 아닌 에이전트 키아 주라브치안(Kia Joorabchian)과 연계된 제3자 기업들(MSI, Global Soccer Agencies 등)에 귀속되어 있다는 사실이 드러났습니다. 결국 웨스트햄 유나이티드 FC는 리그 규정 위반으로 기록적인 벌금을 부과받았을 뿐만 아니라, 당시 강등 피해를 입은 셰필드 유나이티드 FC(Sheffield United F.C.)로부터 소송을 당해 막대한 합의금을 지급해야 했습니다. 이 사건은 TPO 구조가 실제로 어떤 이해충돌과 분쟁을 야기하는지를 극명하게 보여준 사례로 평가받습니다.

현재 규정 아래에서는 구단이나 선수 누구도 제3자가 선수의 미래 이적료나 보상금에 대해 전부 또는 일부 권리를 갖도록 하는 계약을 체결할 수 없습니다. '미래 이적료 가운데 몇 %는 투자자에게 귀속된다'는 유형의 약정은 원칙적으로 허용되지 않고, 이를 위반하면 구단과 선수 모두 FIFA 징계위원회로부터 제재를 받을 수 있습니다. 투자·파트너십 계약을 설계할 때는, 구단 지분에 투자하는 구조와 선수 경제적 권리에 직접 지분을 부여하는 구조를 명확히 구별해야 하며, 후자의 형태는 TPO 금지에 정면으로 위배될 수 있다는 점을 항상 염두에 두어야 합니다.

제18조의4. 임신·입양·가족휴가에 관한 특별 규정

(Special provisions relating to pregnancy, adoption and family leave)

고용계약의 유효성(Validity of an employment contract)

1. 고용계약의 유효성은 임신 여부, 임신 가능성, 임신·출산·입양·가족휴가 이용 여부를 이유로 제한될 수 없으며, 이를 확인하기 위한 검사를 강요할 수 없습니다.

정당한 사유 없는 계약 해지와 그 결과(Termination of a contract without just cause and consequences)

2. 구단이 선수의 임신 테스트 거부, 임신 또는 임신 가능성, 출산·양육·가족휴가 사용, 혹은 이와 관련된 권리 행사를 이유로 일방적으로 계약을 해지하는 경우, 이는 정당한 사유 없는 계약 해지로 간주됩니다.

   a. 특별한 반증이 없는 한, 구단이 선수의 임신·출산·양육·가족휴가 기간 중 일방적으로 계약을 해지한 경우, 이는 선수의 임신·출산·양육 관련 권리 행사를 이유로 한 해지로 추정됨

3. 위와 같은 사유로 계약이 해지된 경우, 제17조 제1항의 예외로서 다음 사항이 적용됩니다:

   a. 보상 및 제재:

      i. 선수가 이전 계약 종료 후 새로운 계약을 체결하지 않은 경우, 일반 원칙으로 보상액은 조기 종료된 계약의 잔여 가치와 동일함

      ii. 선수가 결정 시점까지 새로운 계약을 체결한 경우, 조기 종료된 계약의 잔여 기간에 해당하는 부분만큼 새로운 계약의 가치가 조기 종료된 계약 잔여 가치에서 공제됨

      iii. 위 두 경우와 관계없이, 선수는 조기 종료된 계약에 따른 월급 6개월분에 해당하는 추가 보상을 받을 권리가 있음

      iv. 다만 사용자와 근로자 대표(선수 노조) 간에 국내법에 따라 유효하게 체결된 단체협약이 있는 경우, 위 원칙과 달리 정할 수 있으며 그러한 협약의 내용이 우선 적용됨

   b. 스포츠 제재: 구단이 선수가 임신 테스트를 거부했거나 임신, 임신 가능성, 출산, 입양, 가족휴가 사용 또는 이에 관련된 권리를 행사했다는 이유로 일방적으로 계약을 해지하는 경우, 해당 구단은 국내외를 불문하고 두 번의 연속 등록 기간 동안 신규 여성 선수를 등록할 수 없으며, 구단은 해당 제재가 종료된 후 첫 번째 등록 기간에서만 새 선수를 등록할 수 있고, 그 이전 단계에서는 제6조 제

3항 (c)에 따른 예외나 규정을 활용하여 등록할 수 없음

c. (b)항에서 정한 제재는 벌금과 누적적으로 병과될 수 있음

임신, 입양 및 가족휴가에 관한 권리(Rights relating to pregnancy, adoption and family leave)

4. 선수가 계약 기간 중 임신하게 되는 경우, 다음 사항이 적용됩니다:

   a. 선수는 구단에 대해 계속해서 스포츠 서비스를 제공할 권리를 가지며(예: 경기 출전 및 훈련), 구단은 선수의 결정과 의사를 존중해야 하며 임신 선수의 건강과 태아의 안전을 최우선으로 고려한 참여 계획을 수립할 것; 선수는 출산휴가를 실제로 사용할 때까지 전액 급여(Full Remuneration)를 받을 권리가 있음

   b. 선수가 안전상의 이유로 더 이상 스포츠 서비스를 제공하지 않겠다고 판단하거나 스스로 이를 원하지 않는 경우, 구단은 선수에게 대체 가능한 고용 서비스를 제공할 기회를 부여할 것; 선수가 대체 고용 서비스를 제공하거나, 또는 구단이 합리적으로 기대할 수 있는 대체 고용 서비스를 제공할 수 없는 경우에도, 선수는 출산휴가를 실제로 사용할 때까지 전액 급여를 받을 권리가 있음

   c. 임신과 관련된 의학적 사유로 인해 선수가 스포츠 또는 대체 고용 서비스를 제공할 수 없는 경우, 선수는 의료 휴가를 받을 권리가 있으며, 단 개인 산부인과 전문의 또는 해당 분야의 의학 전문가가 발급한 유효한 진단서를 제출할 것. 이 경우에도 선수는 출산휴가를 실제로 사용할 때까지 전액 급여를 받을 권리가 있음

5. 임신한 선수, 양부모, 혹은 가족휴가 권리를 행사하는 선수는 계약 기간 동안 다음과 같은 권리를 가집니다:

   a. 출산휴가·입양휴가·가족휴가의 시작일을 스스로 결정할 권리(단, 규정된 최소 기간은 반드시 준수할 것). 구단이 특정 시점에 휴가를 강요하거나 압박하는 경우, 이는 FIFA 징계위원회(Disciplinary Committee)의 제재 대상이 됨

   b. 출산·입양·가족휴가가 끝난 후, 다시 축구 활동으로 복귀할 권리. 특히 출산휴가를 마친 선수의 경우, 구단은 선수와 함께 산후 회복 계획을 마련하고 지속적인 의학적 지원을 제공하며, 선수의 경기 활동 복귀를 보장할 것(제6조 제3항 (d) 참조)

   선수는 복귀 이후에도 전액 급여를 받을 권리가 있습니다.

모유 수유(Breastfeeding)

6. 선수는 경기 활동을 하면서도 모유 수유를 하거나 유축할 수 있는 기회를 보장받아야 합니다. 구단은 해당 국가의 법률 또는 단체협약에 따라 적절한 시설을 제공해야 합니다. 선수가 이와 같은 이유로 근로 시간을 줄이는 것은 정당하게 인정되며, 이로 인해 급여가 삭감되어서는 안 됩니다.

 이 조항은 FIFA가 강화한 여성 선수 권익 보호 정책의 핵심에 자리합니다. 과거에는 여성 선수가 임신이나 출산을 이유로 일방적으로 계약을 해지당하거나, 정당한 사유 없이 급여 지급이 중단되는 사례가 적지 않았습니다. FIFA는 이러한 관행을 원천적으로 차단하기 위해, 임신·출산·가족휴가를 이유로 한 계약 종료를 무조건 정당한 사유 없는 해지로 간주하고, 이에 대해 금전적 보상과 스포츠 제재를 동시에 부과하는 강력한 장치를 마련했습니다. 2021년 1월 시행된 FIFA 출산 규정의 핵심 내용은 최소 14주의 유급 출산휴가(출산 후 최소 8주 포함), 급여의 2/3 이상 지급 보장, 임신 기간 중 전액 급여 수령 권리, 그리고 임신을 이유로 한 해고에 대한 특별 보호입니다.

이 규정이 실제로 집행된 최초의 사례가 2022년 5월 사라 비외르크 군나르스도티르(Sara Björk Gunnarsdóttir) 대 올림피크 리옹(Olympique Lyonnais) 사건입니다. 아이슬란드 국가대표 주장이자 두 차례 UEFA 여자 챔피언스리그 우승을 경험한 군나르스도티르는 2020년 리옹에 입단한 후 임신 사실을 알렸고, 코로나19 상황을 고려해 2021년 3월부터 아이슬란드에서 임신 기간을 보내기로 구단과 합의했습니다. 그러나 급여가 누락되기 시작했고, 구단은 FIFA 출산 규정이 아닌 프랑스 병가 관련 국내법을 적용하겠다고 통보했습니다. 군나르스도티르가 FIFPRO의 지원을 받아 FIFA에 제소한 결과, FIFA 분쟁해결부(DRC)는 리옹에 미지급 급여 82,000유로(EUR) 이상과 5% 이자를 지급하라고 명령했습니다. 특히 DRC는 구단이 '돌봄 의무(Duty of Care)'를 위반했다고 판단했는데, 이는 대체 고용 기회 제공 의무와 선수의 신체적·정신적 안녕을 확인할 의무를 포함합니다. 실제로 군나르스도티르가 아이슬란드로 돌아간 후 출산휴가 시작 전까지 약 5개월간 구단 프런트나 코칭 스태프 누구도 공식적으로 연락하지 않았던 것으로 확인되었습니다.

이 판결의 의의는 세계적 명문 구단도 FIFA 출산 규정의 적용 대상이며, 규정 준수를 선의에 맡겨서는 안 된다는 점을 확인시킨 데 있습니다. FIFA 출산 규정은 최소 기준이자 의무 규정으로서, 국내법보다 유리한 조건을 제공하는 경우 반드시 적용되어야 합니다. 리옹은 프랑스 국내법을 근거로 항변했으나, DRC는 FIFA 규정이 국내법에 우선한다고 판단했습니다.

실무적으로 가장 중요한 점은, 구단이 단순히 계약 해지 위험을 피하는 것에 그치지 않고, 선수의 복귀 권리를 적극적으로 보장해야 한다는 것입니다. 휴가 종료 후 선수는 반드시 원직에 복귀할 권리가 있고, 구단은 적절한 훈련 프로그램과 의료 지원을 제공해야 합니다. 또한 구단이 선수에게 대체 업무를 제공할 수 없는 경우에도, 선수가 복귀할 때까지 전액 급여 지급 의무를 부담합니다. 이는 일반 노동법보다 강력한 보호 장치로서, 여성 선수가 출산이나 가족 관련 사유로 경력이 단절되는 것을 방지합니다.

특히 모유 수유 권리를 명문화한 것은 프로 스포츠계에서 매우 진일보한 조치입니다. 구단은 선수에게 모유 수유를 위한 시간과 공간을 보장해야 하며, 이를 이유로 차별하거나 급여를 삭감할 수 없습니다. 이는 여성 선수의 생활권과 직업 수행의 권리를 동시에 보장하는 제도로, 실무 현장에서 반드시 지켜져야 합니다.

결론적으로 제18조의4는 단순한 규정이 아니라, 여성 선수가 출산과 커리어를 병행할 수 있는 제도적 안전망입니다. 군나르스도티르 사건은 이 규정이 실제로 집행 가능하며, 세계 최고 수준의 구단이라 하더라도 예외가 될 수 없음을 입증한 선례로서, 여자 축구의 제도적 보호 강화에 중요한 이정표가 되었습니다.

해설 제18조의5는 여성 선수가 생리 주기와 관련된 건강 문제를 이유로 불이익을 받지 않도록 보호하는 규정입니다. 그동안 국제대회나 장기 원정, 고강도 시즌 일정 속에서 선수의 생리·통증·피로를 고려하지 않은 훈련과 경기 운영이 반복적으로 문제 제기되어 왔고, FIFA는 이를 단순한 '컨디션 문제'가 아니라 분명한 건강·인권 이슈로 인식해 규정 차원에서 분명히 짚어 둔 것입니다.

이 조항의 핵심은 두 가지입니다. 하나는 존중, 다른 하나는 보장입니다. 구단은 여성 선수의 생리 주기와 그에 따른 컨디션·통증·피로도에 대해 선수 본인의 설명과 의료진의 소견을 진지하게 존중해야 하고, 의사의 판단에 따라 생리 기간 중 훈련이나 경기에서 빠질 필요가 있다는 의견이 나오면 이를 합리적으로 수용해야 합니다. 단순히 '정신력 문제'로 돌리거나, 휴식을 요청한 선수를 나태·불성실로 취급하는 태도는 규정 취지에 정면으로 반하는 것입니다.

또 하나는 급여 전액 보장입니다. 생리로 인해 훈련이나 경기에 참가하지 못하는 기간이 생기더라도, 정당한 의료상의 필요에 따른 결정인 이상 이 기간을 이유로 급여를 삭감하거나 성과급에서 불리하게 처리할 수 없습니다. 생리 건강을 이유로 임금을 줄이는 것은 사실상 성별을 이유로 한 차별에 해당할 수 있고, 구단에게 계약상·규정상 책임이 발생할 수 있습니다.

현장에서 보면, 이 규정은 일정·훈련 계획을 세울 때도 영향을 미칩니다. 여성 선수로 구성된 팀이나 여자 팀을 운영하는 구단은 훈련 강도 조절, 원정 일정, 회복 프로그램 설계 시 생리 주기를 고려한 개별적·유연한 접근이 필요하고, 선수와 의료진이 안전하게 본인의 상태를 이야기할 수 있는 환경을 만들어야 합니다. 이러한 구조가 갖춰지지 않은 상태에서 '모두 똑같이 훈련해야 한다'는 잣대를 일률적으로 적용하면, 규정 위반뿐만 아니라 장기적으로는 선수 생애와 경기력에도 큰 손상을 줄 수 있습니다.

제19조. 미성년자 보호(Protection of minors)

1. 국제이적은 선수가 만 18세 이상인 경우에만 허용됩니다.

2. 다만, 다음과 같은 예외에 해당하는 경우에는 만 18세 미만 선수의 국제이적이 인정될 수 있습니다:

    a. 선수의 부모가 축구와 무관한 이유로 새로운 국가로 이주하는 경우

    b. 선수가 만 16세 이상 만 18세 미만이고, 다음 중 하나에 해당하는 경우

        i. 이적이 유럽연합(EU) 또는 유럽경제지역(EEA) 내에서 발생하는 경우

        ii. 동일한 국가 내에 속한 두 협회 간에서 발생하는 경우

        이 경우 신규 구단은 다음 최소 요건을 반드시 충족할 것:

        iii. 선수에게 국가 최고 수준의 기준에 부합하는 적절한 축구 교육 및 훈련 제공(부속서 4, 제4조 참조)

        iv. 선수에게 정규 학업 및 직업 교육, 직업 훈련 기회를 보장하여, 축구 외의 진로 선택 가능성도 열어둘 것

        v. 선수가 최상의 환경에서 보호·돌봄을 받을 수 있도록 주거, 숙박, 후견인 배정 등 필요한 조치를 모두 취할 것

        vi. 선수 등록 시 협회에 위 요건이 충족됨을 입증하는 자료 제출

    c. 선수의 주거지가 국경으로부터 50km 이내이고, 이적 대상 구단의 본부도 동일 반경 내에 있으며, 주거지와 구단 본부 간 최대 거리가 100km 이내이고, 선수가 계속해서 부모의 집에서 거주하며 관련 양국 협회가 명시적으로 동의한 경우

    d. 선수가 인도적 사유로 부모 없이 본국을 떠나, 새로운 국가의 관계 당국으로부터 취약계층으로 인정받거나 최소한 임시 거주를 허가받은 경우(난민·보호 대상자로 인정받은 미성년자는 프로 또는 순수 아마추어 구단에, 망명 신청자·취약계층으로 인정받은 미성년자는 만 18세 전까지 순수 아마추어 구단에만 등록 가능)

    e. 선수가 학생으로서 학업상의 이유로 교환 프로그램에 참여하기 위해 부모 없이 다른 국가로 일시적으로 이동하는 경우(등록 기간은 1년 이내, 신규 구단은 프로 구단과 법적·재정적·사실상 관계가 없는 순수 아마추어 구단일 것)

3. 위 규정은 특정 상황에서도 예외 없이 동일하게 적용됩니다. 즉, 선수가 과거 어떤 구단에도 등록된

적이 없더라도, 새로운 협회가 속한 국가의 국적을 보유하지 않았더라도, 해당 협회에서 최초로 선수 등록을 하는 경우이더라도, 또는 최근 5년간 그 국가에서 연속적으로 거주하지 않았더라도 모두 같은 규율이 적용됩니다.

4. 만 10세 이상인 미성년 선수의 경우, 축구재판소 선수지위부(PSC)의 승인을 받아야 합니다. 승인 대상은 다음과 같습니다.

   a. 제2항에 따른 국제이적

   b. 제3항에 따른 첫 등록

   c. 해당 협회가 속한 국가의 국적을 보유하지 않은 미성년 선수가, 그 국가에서 최근 최소 5년 이상 연속적으로 거주한 경우의 첫 등록

5. 제4항에 따른 승인은, 국제이적증명서(ITC) 발급 요청이나 협회에 의한 첫 등록 신청 이전에 반드시 선행되어야 합니다.

6. 선수가 만 10세 이상인 경우, 협회는 선수 등록 요청을 받으면 해당 선수가 실제로 제2항 또는 제3항의 예외 사유에 해당하는지를 철저히 검증해야 합니다. 이 과정은 의심의 여지 없이 확인되어야 하며, 검증이 완료되기 전까지 등록은 허용되지 않습니다.

7. 회원협회는 축구재판소 선수지위부(PSC)에 제한적 미성년자 예외 사항(LME)을 신청할 수 있습니다.

   a. LME가 승인된 경우(단, 특정 조건하에서 순수 아마추어 구단에 등록하려는 아마추어 미성년 선수들은 제4항의 승인 의무 면제 가능)

   b. 다만 이러한 경우에도 국제이적증명서(ITC) 발급 요청이나 첫 등록 신청 이전에 해당 협회가 선수의 상황이 제2항·제3항·제4항의 예외 요건 중 하나에 해당함을 의심의 여지 없이 검증·확인할 것

8. 국내이적, 국제이적 또는 최초 등록을 통해 미성년 선수를 등록한 구단은 다음의 의무를 집니다:

   a. 미성년 선수에 대한 보호 의무를 부담할 것

   b. 가능한 모든 합리적인 조치를 취해 미성년 선수를 잠재적 학대 위험으로부터 보호할 것

   c. 미성년 선수에게 축구 외의 진로를 추구할 수 있도록, 해당 국가에서 가장 높은 기준에 부합하는 학업 교육 기회를 보장할 것

9. 절차 규칙(Procedural Rules)에 따라, 위와 같은 미성년자 예외와 관련한 신청 절차는 FIFA 축구재판소가 정한 방식으로 처리됩니다.

해설　제19조는 FIFA가 미성년자를 보호하기 위해 마련한 강력한 규정 중 하나입니다. 가장 기본 원칙은 단순합니다. 만 18세 미만 선수는 국제이적을 할 수 없고, 오직 규정이 열거한 예외에

해당할 때만 허용됩니다. 유럽에서 현실적으로 가장 많이 문제가 되는 예외는 축구와 무관한 사유로 인한 이주(제2항 (a))와 EU/EEA 내에서 만 16세 이상 만 18세 미만 선수가 이동하는 경우(제2항 (b))입니다. 특히 EU/EEA 지역에서는 노동력 이동의 자유라는 원칙 때문에 예외가 인정되지만, 해당 구단은 학업·직업 교육·주거·보호자 배정 등 강화된 의무를 부담합니다. 국경 인접 지역에 대한 예외(제2항 (c))는 프랑스－스위스, 독일－네덜란드 국경 인근처럼 집과 구단 본부 간 거리가 100km 이내이고 두 협회가 명시적으로 동의하면 등록이 허용될 수 있습니다. 인도적 사유 예외(제2항 (d))는 난민·보호대상자 등 취약한 상황에 놓인 미성년자를 위해 마련된 특례로, 그 지위에 따라 프로 구단 또는 순수 아마추어 구단 등록 여부가 달라집니다. 학생 교환 프로그램 예외(제2항 (e))는 교육·문화 교류를 위한 단기 체류를 전제로 하며, 등록 기간은 최대 1년, 등록 대상은 프로 팀과 연계 없는 순수 아마추어 구단에 한정됩니다.

이 조항이 이토록 엄격한 이유는 선수나 구단을 괴롭히기 위해서가 아니라, 축구계에서 실제로 벌어졌던 심각한 인권 침해를 막기 위해서입니다. 2000년대부터 2010년대 초반까지 '축구 인신매매' 문제는 심각한 수준이었습니다. 프랑스 기반 NGO인 Foot Solidaire와 일부 언론에 따르면 당시 매년 약 15,000명의 미성년자가 피해를 입고 있었고, 같은 단체는 아프리카에서만 연간 6,000명 이상이 유럽행을 꿈꾸다 버려지고 있다고 보고했습니다. 2009년 유엔인권위원회와 유럽위원회는 이 현상을 '현대판 노예무역'으로 규정했습니다. 가짜 에이전트들은 가난한 가정의 부모에게 거액을 받고 자녀의 유럽 진출을 약속했지만, 대부분의 경우 트라이아웃 기회조차 존재하지 않거나 계약으로 이어지지 않았습니다. 외국에 버려진 아이들은 교육도, 가족도, 법적 지위도 없이 거리에 방치되었습니다. FIFA는 이런 현실을 막기 위해 2001년 UEFA, 유럽위원회와 공동으로 미성년자 보호 원칙에 합의했고, 같은 해 FIFA 선수의 지위 및 이적 규정(RSTP)에 미성년자 보호 조항을 처음 도입한 뒤 2005년 개정을 통해 현재의 제19조 형태로 강화했습니다.

제19조 위반에 대한 FIFA의 엄격한 태도는 2014년 FC 바르셀로나(FC Barcelona) 제재 사건에서 명확히 드러났습니다. 2014년 4월 FIFA 징계위원회는 FC 바르셀로나가 2009년부터 2013년까지 10명의 미성년 선수에 대해 제19조를 위반했다고 판단하고, 2개 연속 이적 기간(2016년 1월까지) 국내외 신규 선수 등록 금지와 450,000스위스 프랑(CHF)의 벌금을 부과했습니다. 스페인 축구협회(RFEF)에도 500,000스위스 프랑의 벌금이 부과되었으나, 이후 CAS에서 280,000스위스 프랑으로 감액되었습니다. FC 바르셀로나는 구단의 훈련시설인 라 마시아(La Masia)를 통해 세계 최고 수준의 교육·훈련·숙소 환경을 제공한다고 항변했지만, FIFA와 CAS 모두 이를 받아들이지 않았습니다. 2014년 12월 30일 CAS는 바르셀로나의 항소를 기각하면서, 제19조는 프로와 아마추

어 선수 모두에게 적용되며, 아카데미의 우수성과 무관하게 절차적 요건을 반드시 준수해야 한다고 확인했습니다. CAS는 미성년자 국제이적이 특정 사례에서는 선수의 경력에 유리할 수 있지만, 대다수의 미성년자에게는 최선의 이익에 반한다는 FIFA의 입장을 지지했습니다. 이 사건 이후 레알 마드리드 CF(Real Madrid CF)와 아틀레티코 마드리드(Atlético de Madrid), 첼시 FC(Chelsea FC)에도 유사한 제재가 이어졌습니다.

국내에서는 이승우, 백승호, 장결희 선수 사례가 미성년자 보호 규정의 현실적 무게를 보여주는 대표적인 예입니다. 세 선수 모두 어린 나이에 라 마시아에 합류했지만, 부모와 함께 현지에서 거주하지 않고 구단 기숙사에서 생활했기 때문에 '부모 사유' 예외가 인정되지 않았고, EU 역내 이적이나 국경 인접 거주 요건도 충족하지 못했습니다. FIFA는 만 18세가 될 때까지 공식 경기 출전을 금지했고, 이승우 선수는 2년에 가까운 공백 끝에야 경기에 나설 수 있었습니다. 반대로 이강인 선수는 제19조 예외가 적법하게 적용된 사례입니다. 그는 만 10세에 가족과 함께 스페인으로 이주하여 발렌시아 CF(Valencia CF) 유스에 입단했는데, 구단 기숙사가 아닌 가족과 함께 현지에서 거주했고, 가족이 스페인에 정착하여 아버지가 비축구적 사유로 현지 거주 기반을 갖추어 제2항 (a)의 요건을 충족했습니다.

국제이적 업무를 담당하는 입장에서 제19조는 협상 초기 단계에서 가장 먼저 확인해야 하는 규정입니다. 위반 시 선수 등록 무효, 출전 정지, 구단 제재 등 후폭풍이 매우 크기 때문에, 예외 사유 해당 여부를 서류와 사실관계로 '의심의 여지 없이' 입증하는 것이 필수적입니다. FIFA 에이전트 시험에서는 '부모의 이주', '국경 인접 지역', '학생 교환 프로그램' 등 예외 사유가 주어진 사실관계에 해당하는지를 판단하는 문제가 출제될 수 있으므로, 만 18세 이전 국제이적 원칙 금지와 각 예외 사유의 전제 조건을 함께 정리해 두면 좋습니다.

제19조의2. 아카데미에서의 미성년자 등록·보고

(Registration and reporting of minors at academies)

1. 아카데미를 운영하는 구단(자체 조직 내에서 운영하거나, 구단과 법적, 재정적 또는 사실상의 관계가 있는 별도 법인을 통해 운영하는 경우 포함)은 해당 아카데미에 다니는 모든 미성년자(구단에 등록되었는지 여부와 무관)를 구단이 소속된 협회에 보고할 의무가 있습니다. 아카데미가 구단의 해당 협회 영토 밖에서 운영되는 경우, 보고는 해당 아카데미가 운영되는 지역의 협회에 구단이 해야 합니다.

2. 각 협회는 자국 영토 내에서 운영되는, 구단과 법적, 재정적 또는 사실상의 관계가 없는 모든 아카데

미(사설 아카데미)에 대해, 해당 아카데미에 다니는 모든 미성년자를 협회에 보고하도록 요청해야 합니다. 각 협회는 사설 아카데미에서 인지하게 된 모든 위법 행위를 관련 당국에 보고하고, 잠재적 학대로부터 미성년자를 보호하고 지키기 위해 필요한 모든 조치를 취해야 합니다.

3. 각 협회는 구단이나 아카데미로부터 보고받은 미성년자에 관하여, 최소한 다음 정보를 포함하는 선수 등록부를 유지해야 합니다: 이름, 국적, 생년월일, 출신 국가(또는 이전 거주 국가), 에이전트(있는 경우), 그리고 해당 아카데미를 운영하는 구단.

4. 사설 아카데미와 협력하고자 하는 구단은 다음을 준수해야 합니다:

    i. 해당 협력을 구단이 소속된 협회에 보고해야 합니다.

    ii. 사설 아카데미가 소속 선수들을 해당 아카데미가 운영되는 협회에 보고하도록 보장해야 합니다.

    iii. 사설 아카데미와 계약을 체결하기 전에, 해당 사설 아카데미가 미성년자를 보호하고 지키기 위한 적절한 조치를 취하고 있는지 확인해야 합니다.

    iv. 인지하게 될 수 있는 모든 위법 행위를 관련 당국에 보고하고, 잠재적 학대로부터 미성년자를 보호하고 지키기 위해 필요한 모든 조치를 취해야 합니다.

5. 보고 행위를 통해, 아카데미와 선수들은 FIFA 정관에 따라 축구를 실천하고, 조직화된 축구의 윤리적 원칙을 존중하고 증진할 것을 약속합니다.

6. 협회는 자국이 관할하는 영토 내의 아카데미에 다니는 미성년자 중 다음 경우에 해당하는 각 미성년자를 FIFA에 보고해야 합니다:

    i. 협회가 소재한 국가의 국민이 아닌 경우

    ii. 해당 국가에서 최소 지난 5년간 계속해서 거주하지 않은 경우

이러한 보고에는 해당 미성년자기 제19조의 요건을 충족히는지에 대한 일견(Prima Facie)의 평가가 포함되어야 합니다.

7. 이 조힝의 모든 위빈 헹위는 FIFA 징계규정에 띠리 징계위원회에 의해 제재를 받게 됩니다.

해설   제19조의2는 미성년자 보호를 위해 구단·협회·아카데미 모두에게 '등록·보고·보호' 의무를 부과하는 조항입니다. 단순히 명단을 올리는 행정 규정이 아니라, 불법 영입·학대·착취를 예방하고 청소년 선수의 권익을 지키기 위한 국제적 아동 보호 원칙을 축구 행정에 녹여 넣은 장치라고 볼 수 있습니다.

먼저, 구단이 직접 운영하는 아카데미뿐 아니라 법적·재정적·사실상 관계가 있는 별도 법인

형태의 아카데미도 모두 포함됩니다. 이런 아카데미에 다니는 미성년자는, 구단에 공식 등록된 선수인지와 관계없이 전원 협회에 보고되어야 합니다. 아카데미가 구단 소속 협회의 영토 밖에 있더라도 예외가 아니며, 그 경우에는 아카데미가 실제로 운영되는 국가의 협회에 보고해야 합니다. 이는 구단이 해외 아카데미를 통해 사실상 미성년자 스카우팅을 무제한으로 하는 관행을 통제하기 위한 장치입니다.

협회는 자국 내에서 운영되는 사설 아카데미에 대해서도 적극적으로 역할을 맡습니다. 구단과 직접 관계가 없는 사설 아카데미라 하더라도, 협회는 이들로부터 아카데미에 소속된 모든 미성년자 명단을 보고받아야 하고, 그 과정에서 학대·착취·불법 행위가 의심되면 관련 국가 기관에 신고하고 보호 조치를 취할 의무가 있습니다. 협회가 단순 행정 기관을 넘어서, 미성년자 보호기관으로서 기능하도록 요구하고 있는 셈입니다.

이렇게 보고된 정보를 바탕으로, 협회는 미성년자 선수 등록부를 유지해야 합니다. 이름·국적·생년월일·출신 국가(또는 이전 거주 국가), 에이전트 유무, 아카데미를 운영하는 구단 등의 정보가 포함되어야 하고, 이를 통해 '어떤 아이가 어디에서 어떤 경로로 축구를 하고 있는지'를 추적할 수 있어야 합니다. 이 데이터는 훗날 미성년자 국제이적 심사, 학대 의심 사례 조사, 훈련보상 및 선수 경로 분석 등 다양한 영역에서 핵심 자료로 활용됩니다.

구단이 사설 아카데미와 협력하는 경우에는 몇 가지 추가 의무가 부과됩니다. 협력 사실을 반드시 협회에 보고해야 하고, 해당 사설 아카데미가 소속 미성년자를 관할 협회에 보고하도록 구단이 보장해야 합니다. 또 계약을 맺기 전, 그 아카데미가 미성년자를 보호하기 위한 적절한 제도를 갖추고 있는지 스스로 확인해야 하고, 위법 행위를 알게 되면 관련 당국에 신고하고 보호 조치를 취해야 합니다. 이는 '사설 아카데미와의 제휴'가 미성년자 보호 규정을 우회하는 통로로 쓰이지 않도록 하는 안전장치입니다.

또 하나 중요한 부분은, 국적·거주 이력에 따른 FIFA 보고 의무입니다. 협회는 자국 내 아카데미 소속 미성년자 중 해당 국가 국적이 아니거나, 최근 5년 이상 연속 거주 요건을 충족하지 않는 경우를 FIFA에 보고해야 합니다. 이때 제19조(미성년자 국제이적 제한) 요건을 일견 검토한 평가도 함께 제출해야 합니다. 이는 '아카데미를 통한 우회 이적'까지 제19조 보호 체계 안으로 넣으려는 시도입니다.

이 조항을 위반하면 FIFA 징계규정에 따른 제재가 뒤따릅니다. 보고 누락, 허위 보고, 학대 의심 상황 방치 등은 협회와 구단 모두에게 중대한 징계 사유가 될 수 있고, 벌금이나 경고를 넘어 선수 등록 제한, 국제대회 참가 제한 등으로 이어질 수 있습니다.

결국 제19조의2는 미성년자 선수가 어디에서, 누구의 관리 아래, 어떤 환경에서 축구를 하고 있는지 보이지 않는 영역까지 공적으로 드러내고 관리하겠다는 선언입니다. 구단·아카데미·협회가 모두 이 시스템 안에서 책임을 나누어 지는 구조이기 때문에, 청소년 육성 사업을 계획하는 주체라면 이 조항을 전제로 제도와 계약 구조를 설계해야 합니다.

제19조의3. 트라이얼(Trials)

모든 트라이얼 참가 선수에 대한 일반 조건

1. 구단은 선수를 일정 기간 초청해 트라이얼을 진행할 수 있습니다. 다만, 이미 다른 구단과 계약한 프로 선수는 반드시 현 소속 구단의 서면 동의를 받아야만 트라이얼에 참여할 수 있습니다.

2. 구단과 초청 선수는 FIFA 트라이얼 양식(Trial Form)에 따라 체류 조건(숙박·교통·식사·일당 등)을 명확히 합의해야 하며, 이 양식은 트라이얼 시작 최소 10일 전까지 FIFA TMS에 등록되어야 합니다.

3. 트라이얼 기간 동안 구단은 선수에게 적절한 보호 의무를 부담하며, 부상 치료비를 포함한 모든 의료 지원을 제공해야 합니다.

4. 만 21세 이하 선수의 트라이얼은 한 구단당 한 시즌에 최대 8주(연속·비연속 포함)이고, 만 21세를 초과한 선수는 최대 3주로 제한됩니다.

5. 트라이얼 선수는 공식 경기에 출전할 수 없으며, 정규 대회에 속하지 않는 친선경기 등 조직화된 비공식 축구 활동에만 참여할 수 있습니다.

6. FIFA 규정에 따른 자격을 가진 자 외에는 트라이얼과 관련된 금전적 대가를 요구하거나 수수할 수 없습니다.

7. 구단은 트리이얼 기간 동안 훈련보상금을 청구할 수 없습니다.

미성년자에 관한 특별 조건

8. 미성년자의 트리이얼 참여는 다음 조건이 충족되어야만 가능합니다:

    a. 트라이얼 시작일이 미성년 참가자의 만 16세 생일이 도래하는 시즌 내에 있을 것(단, 미성년자와 구단 모두 유럽에 소재한 경우 만 15세 생일이 도래하는 시즌부터 가능)

    b. 부모의 명시적 서면 동의를 받을 것

    c. 구단은 전담 직원을 지정하여 미성년 참가자의 보호를 담당하게 할 것

    d. 미성년 참가자에게 최적의 숙박 및 생활 여건을 제공하고, 이에 필요한 비용을 보장할 것

    e. 만 16세 미만 아마추어 선수의 경우, 해당 미성년자의 원 소속 구단이 트라이얼 사실을 통보받고,

9. 미성년자는 1년 동안 최대 2회까지만 트라이얼을 허용받을 수 있으며, 각 트라이얼은 제19조의3 제4항에서 정한 기간을 초과할 수 없습니다.

기타 규정

10. 단체협약이 존재하는 경우, 트라이얼 관련 조건은 국가법과 협약에 따라 달라질 수 있습니다.

제재

11. 트라이얼 양식에 규정된 조건을 위반하거나, 정식 서명·등록 절차를 거치지 않은 경우, 선수와 구단 모두 FIFA 징계위원회의 제재를 받을 수 있습니다.

해설　유소년 선수와 부모님들이 특히 궁금해하는 부분이 바로 트라이얼(Trial, 입단 테스트) 규정입니다. RSTP 제19조의3은 트라이얼 절차의 투명성과 미성년자 보호를 확보하기 위한 목적에서 도입된 조항으로, '누구를, 어떤 조건에서, 얼마나 오래 시험해 볼 수 있는지'를 매우 구체적으로 정해 두고 있습니다. 과거 일부 구단이 사실상 불법 초청에 가까운 트라이얼을 진행하면서 숙박·안전·의료 지원을 제대로 제공하지 않거나, 금전적 착취가 발생한 사례가 있었기 때문에, FIFA는 트라이얼 양식(Trial Form)·TMS 사전 등록·보호 의무를 결합한 구조를 통해 이런 폐해를 차단하고자 했습니다.

트라이얼의 본질은 어디까지나 '평가 목적'입니다. 그래서 트라이얼 선수는 공식 리그 경기에는 뛸 수 없고, 친선경기 등 조직화된 정규 대회 외 활동에만 참여할 수 있습니다. 이를 통해 트라이얼을 빌미로 사실상의 이적을 먼저 실행해 버리는 행태를 막고, 충분한 평가가 끝난 뒤 정상적인 이적·등록 절차를 밟도록 유도합니다. 초청한 구단은 숙박·식사·교통을 포함하여 체류 조건을 FIFA 트라이얼 양식에 명시해야 하고, 이 양식을 트라이얼 시작 최소 10일 전에 TMS에 등록해야 합니다. 또한 트라이얼 기간 중 부상이 발생하면 치료비를 포함한 의료 지원을 전적으로 책임져야 합니다.

트라이얼 기간과 횟수에도 상한이 있습니다. 만 21세 이하 선수는 한 구단당 한 시즌에 최대 8주(연속·비연속 합산 기준)까지, 만 21세를 초과한 선수는 최대 3주까지만 트라이얼을 진행할 수 있습니다. 미성년자는 이보다 더 엄격한 기준이 적용되어, 원칙적으로 만 16세가 된 시즌부터(구단과 선수 모두 유럽 소재인 경우 만 15세 시즌부터) 트라이얼이 가능하고, 부모의 서면 동의와 전담 보호 담당자 지정, 적절한 숙박·생활 여건 보장 등이 필수입니다. 또한 미성년자는 1년 동안 최대 두 번까지만 트라이얼에 참가할 수 있는데, 이는 반복적인 초청으로 학업·생활이 침해되는 상황을 예방하기 위한 장치입니다.

트라이얼과 관련된 금전 거래 역시 엄격히 통제됩니다. FIFA 규정에 따라 자격을 갖춘 주체(예를 들면, 정식 등록된 에이전트 등) 외에는 트라이얼을 이유로 수수료나 대가를 요구하거나 받는 것이 금지되며, 훈련보상금 역시 트라이얼 단계에서 청구할 수 없습니다. 트라이얼은 어디까지나 '평가'일 뿐이고, 경제적 이해관계는 정식 계약과 등록 단계에서만 인정하겠다는 방향성입니다.

단체협약이 존재하는 리그의 경우, 국내법과 협약 내용에 따라 일부 세부 조건이 조정될 수 있지만, 기본적인 보호와 투명성 원칙은 그대로 유지되어야 합니다. 규정에서 요구하는 FIFA 트라이얼 양식 작성·TMS 사전 등록, 기간·횟수 제한, 미성년자 보호 조건을 지키지 않은 트라이얼은 애초에 유효한 트라이얼로 인정되지 않을 수 있고, 선수와 구단 모두 FIFA 징계위원회 제재 대상이 될 수 있습니다.

제20조. 훈련보상금(Training compensation)

훈련보상금은 선수의 훈련에 기여한 구단(훈련 구단)에 지급됩니다. 지급 사유는 두 가지입니다. 첫째, 선수가 최초로 프로 선수로 등록될 때, 둘째, 해당 선수가 만 23세가 되는 해의 12월 31일 이전에 프로 선수 지위로 이적할 때입니다. 이는 계약 기간 중에 이루어지는 이적과 계약 만료 후 이루어지는 이적 모두에 동일하게 적용됩니다. 훈련보상금의 세부 원칙과 계산 방식은 본 규정 부속서 4에 정리되어 있으며, 여자축구에는 적용되지 않습니다.

해설　　제20조의 훈련보상금 제도는 유소년 선수를 발굴하고 육성한 구단에 경제적 보상을 돌려주기 위한 장치입니다. 선수를 처음 발견하고 길러낸 구단이 그 선수가 프로로 성장하는 과정에서 일정한 금전적 혜택을 받아야 한다는 것이 기본 원칙입니다. 이러한 보상 체계가 없다면 소규모 구단이나 아마추어 구단이 장기간 유소년 육성에 투자할 유인이 줄어들고, 결국 축구 생태계 전체의 저변이 약화될 수 있습니다. FIFA는 2001년 RSTP를 개정하면서 훈련보상금과 연대기여금 제도를 신설했습니다.

훈련보상금이 발생하는 시점은 크게 두 가지입니다. 첫째는 선수가 처음으로 프로 선수로 등록될 때이고, 둘째는 선수가 23세 생일이 속한 역년(Calendar Year)이 종료되기 전에 프로 지위로 국제이적할 때입니다. 이적 시점에 계약이 남아 있는지, 계약 만료 후 자유계약으로 옮기는지는 관계없습니다. 여기서 말하는 시즌이란 회원협회의 공식 대회가 치러지는 연속 12개월을 의미하며, 훈련보상금 계산 시에는 역년 기준으로 12세 생일부터 21세 생일 사이의 훈련 기간을 산정합니다. 현행 규정상 여자축구에는 아직 적용되지 않지만, FIFA는 별도의 여자축구 훈련보상금 제도 도입을 준비하고 있습니다.

훈련보상금 산정의 핵심은 훈련 카테고리 시스템입니다. 각 회원협회는 소속 구단을 유소년 훈련에 대한 재정 투자 수준에 따라 1부터 4까지의 훈련 카테고리로 분류해야 하며, 훈련 카테고리 1이 가장 높고 훈련 카테고리 4가 가장 낮습니다. 한 번 지정된 훈련 카테고리는 해당 시즌 전체에 걸쳐 유효하고, 시즌 도중에는 변경할 수 없습니다. 훈련 카테고리별 연간 훈련비용은 FIFA가 매년 회람문(Circular)을 통해 발행하는 차트에 명시되며, 축구연맹과 훈련 카테고리에 따라 금액이 달라집니다. 주목할 점은 훈련 카테고리 1이 UEFA와 CONMEBOL에만 존재한다는 사실입니다. UEFA에서는 독일, 스페인, 잉글랜드, 프랑스, 이탈리아, 네덜란드, 벨기에 등 7개국, CONME-BOL에서는 아르헨티나와 브라질 2개국만 훈련 카테고리 1 구단을 보유하고 있으며, AFC, CAF, Concacaf, OFC 소속 국가들은 훈련 카테고리 2부터 시작합니다. 같은 국가 내에서도 구단마다 훈련 카테고리가 다를 수 있습니다. 예를 들어, 잉글랜드의 경우 프리미어리그 빅클럽은 훈련 카테고리 1이지만 하부 리그 구단은 훈련 카테고리 2, 3, 4로 분류됩니다. 자세한 금액과 계산 예시는 부속서 4에서 다루도록 하겠습니다.

다만 훈련보상금이 발생하지 않는 예외도 있습니다. 원 소속 구단이 정당한 사유 없이 선수와의 계약을 해지한 경우, 선수가 훈련 카테고리 4 구단으로 이적하는 경우, 프로 선수가 이적하면서 아마추어 지위를 재취득하는 경우도 이에 해당합니다. EU와 EEA 내 이적에서는 원 소속 구단이 선수에게 새 계약을 제안하지 않았고 보상 권리를 정당화하지 못하면 훈련보상금을 청구할 수 없습니다. 이 중 훈련 카테고리 4 면제 조항을 악용한 우회 이적이 오랫동안 문제로 지적되어 왔습니다. 선수를 훈련 카테고리 4 구단에 형식적으로 등록한 뒤 곧바로 상위 훈련 카테고리 구단으로 재이적시키는 방식인데, FIFA 분쟁해결부(DRC)는 이러한 우회 이적을 규정 회피로 보아 훈련보상금 지급을 명령한 사례가 있습니다.

실무적으로 훈련보상금은 이적료와 별개의 금액이므로 이적 협상 과정에서 간과되거나 축소 계산되는 경우가 종종 있습니다. 그러나 규정상 의무이기 때문에 선수 영입을 추진하는 구단은 이적료뿐 아니라 훈련보상금 부담까지 사전에 고려해야 합니다. 반대로 유소년을 육성한 구단은 자신의 권리를 행사하기 위해 선수의 등록 이력, 즉 전자 선수여권에 기록된 정보를 정확히 확인해야 합니다. 실제 분쟁에서도 어느 연두에 어느 협회 소속 어느 훈련 카테고리 구단에서 훈련을 받았는지가 핵심 쟁점이 되는 경우가 많습니다. FIFA는 각 회원협회에 소속 구단의 훈련 카테고리 정보를 국가등록시스템과 TMS에 정확히 반영하도록 요구하고 있으며, 기한 내 미이행 시 행정 제재 절차의 대상이 될 수 있습니다.

한편 여자축구와 관련해서는 프로화가 빠르게 진행되는 현실에서 여자 유소년 선수를 육성한 구단에 대한 보상 체계가 부재하다는 비판이 오랫동안 있었습니다. 이에 FIFA는 2023년 12월 FIFA 평의회(Council)에서 여자축구 훈련보상금 제도의 기본 프레임워크를 승인했고, 2024년 5월 회람문 1885호를 통해 각 회원협회 소속 구단들의 훈련비용 관련 재정 데이터를 수집했습니다. 이를 바탕으로 여자축구용 훈련 카테고리 분류와 훈련보상금 산정 기준이 마련될 예정이며, 향후 RSTP 개정을 통해 여자축구에도 훈련보상금이 공식 적용될 것으로 전망됩니다.

이러한 훈련보상금 제도의 실효성은 2022년 11월 FIFA 클리어링 하우스 도입으로 크게 높아졌습니다. 과거에는 훈련보상금 청구권이 있어도 실제 수령까지 복잡한 절차와 분쟁이 따랐지만, 클리어링 하우스 체계에서는 전자 선수여권을 기반으로 훈련 구단을 자동 식별하고 이적 대금에서 훈련보상금을 원천 공제하여 배분합니다. 런칭 이후 약 2년 반 만에 전 세계 7천여 개 구단에 5억 달러 이상이 배분되었고 이 중 3억 달러가 실제 지급되어, 소규모 훈련 구단도 자신의 권리를 보다 확실하게 보장받을 수 있게 되었습니다.

제21조. 연대기여금 제도(Solidarity mechanism)

프로 선수가 계약 기간 중 이적할 경우, 과거 그 선수의 교육·훈련에 기여한 구단은 이적료의 일정 비율을 배분받습니다. 이 제도는 '연대기여금(Solidarity Contribution)'이라 불리며, 구체적 규정은 부속서 5에 따릅니다.

해설　제20조의 훈련보상금이 '선수를 처음 키워낸 구단'에 대한 일차적 보상이라면, 제21조의 연대기여금 제도(Solidarity Mechanism)는 한 선수의 커리어 전반에 걸쳐 그 선수를 거쳐 간 모든 육성 단계를 대상으로 보상을 분배하는 제도입니다. 핵심은 프로 선수가 계약 기간 중 이적할 때마다 그 이적료의 일정 비율이 유소년 시절부터 선수를 길러 온 구단들에게 되돌아간다는 점입니다.

연대기여금은 훈련보상금과 달리 만 23세 이후에도 계속 작동합니다. 선수가 만 30세든 만 35세든, 계약 기간 중 이적료가 발생하는 이적이 이루어질 때마다 매번 연대기여금이 발생합니다. FIFA 규정상 이적료의 5%가 연대기여금으로 책정되며, 이 5%를 선수가 만 12세부터 만 23세까지 소속되었던 구단들에 연령대별 비율에 따라 배분합니다. 일반적으로 만 12세부터 만 15세까지는 매년 이적료의 0.25%, 만 16세부터 만 23세까지는 매년 0.5%를 기준으로 합니다. 실제 분배에서는 선수의 전자 선수여권(EPP)에 기록된 연도별 소속 이력을 바탕으로, 각 구단이 해당 연령대에서 선수를 얼마 동안 훈련시켰는지에 따라 최종 비율이 계산됩니다.

이 제도의 의미는 국제 사례를 통해 더 선명해집니다. 김민재 선수와 같이 큰 이적료가 발생한 이적에서, 유소년 시절 김민재 선수를 지도했던 초등학교·중학교·고등학교 팀, 대학팀, 국내 프로 구단들이 연대기여금을 지급받는 사례가 실제로 존재합니다. 한 선수가 빅클럽으로 이적할 때마다 과거 그 선수를 맡았던 여러 단계의 팀들이 수천만 원에서 많게는 수억 원 단위의 금액을 나누어 받는 구조가 형성되는 셈입니다. 이를 통해 유럽 상위 리그 구단뿐 아니라 한국처럼 시장

규모가 상대적으로 작은 국가의 학교·구단들 역시 '우리가 키운 선수가 세계 무대에서 인정받을 때 실질적인 보상을 받는다'는 경험을 할 수 있게 됩니다.

연대기여금은 단순히 '유스팀에 한 번 인센티브를 준다'는 제도가 아닙니다. 선수의 커리어 전체에 걸쳐 작동하는 일종의 '육성 투자 환원 장치'로 기능합니다. 초기 유소년 구단, 학교팀, 대학팀, 프로 2부·3부 팀이 당장에는 큰 수익을 얻지 못하더라도, 선수가 장기적으로 성장해 상위 리그로 이적할 때마다 반복적으로 연대기여금을 받을 수 있는 구조이기 때문입니다. 그 결과 각 단계의 팀들은 '지금 당장 이적료 수익을 올리지 못하더라도, 성실하게 육성하면 언젠가 보상이 돌아온다'는 기대를 가질 수 있고, 이는 유소년 투자와 교육 환경 개선을 지속적으로 유도하는 동인이 됩니다.

계약과 이적 실무 측면에서 연대기여금은 이적료와는 별도로 계산·지급되는 항목이기 때문에, 이적 협상 과정에서 간과되거나 축소 반영되는 경우가 적지 않습니다. 이적을 추진하는 구단과 에이전트는 선수의 전자 선수여권을 통해 만 12세 이후의 모든 소속 이력을 면밀히 확인하고, 어느 구단이 어느 정도의 연대기여금 청구권을 가지는지 사전에 정리해 두어야 합니다. 이 부분에 대한 정리가 없는 상태에서 이적을 강행할 경우, 추후 FIFA 분쟁해결부(DRC)에 추가 청구가 제기되거나 분쟁으로 비화될 위험이 매우 크다는 점을 반드시 염두에 둘 필요가 있습니다.

제22조. FIFA의 관할권(Competence of FIFA)

1. 선수, 감독, 협회 또는 구단이 고용 관련 분쟁에 대해 민사 법원에 구제를 요청할 권리를 침해하지 않는 범위에서, FIFA는 다음 분쟁을 심리할 관할권을 가집니다:

   a. 구단과 선수 간의 계약 안정성 유지(제13-18조)에 관한 분쟁으로서, 국제이적증명서(ITC) 발급 요청이 있었고 해당 ITC 요청과 관련하여 이해당사자로부터 청구가 제기된 경우. 특히 ITC 발급, 스포츠 제재 또는 계약 위반에 대한 보상에 관한 분쟁

   b. 국제적 차원의 구단과 선수 간 고용 관련 분쟁. 다만 해당 당사자들은 서면으로 명시적인 합의를 통해, FIFA의 국가 분쟁해결기구(NDRC) 인정 원칙에 따라 공식적으로 인정된 국가 분쟁해결기구 또는 동등한 명칭으로 운영되는 국가 분쟁해결기구에서 해당 분쟁을 처리하도록 선택할 수 있음. 이러한 모든 관할권 조항은 반드시 독점적이어야 하며, 계약서 또는 당사자들에게 적용되는 단체협약에 직접 포함되어야 함

   c. 국제적 차원의 구단 또는 협회와 감독 간 고용 관련 분쟁. 다만 구단과 감독은 서면으로 명시적인 합의를 통해 분쟁을 FIFA의 국가 분쟁해결기구 인정 원칙에 따라 공식적으로 인정된 NDRC 또는 동등한 명칭으로 운영되는 국가 분쟁해결기구에서 처리하도록 선택할 수 있음. 이러한 모든 관할권 조항은 반드시 독점적이어야 하며, 계약서 또는 당사자들에게 적용되는 단체협약에 직접 포함되어야 함

   d. FIFA 클리어링 하우스 규정(Clearing House Regulations)의 적용을 받지 않는, 서로 다른 협회 소속 구단 간의 훈련보상금(제20조) 및 연대기여금(제21조) 관련 분쟁

   e. 동일 협회 소속 구단 간의 훈련보상금(제20조) 및 연대기여금(제21조) 관련 분쟁으로서, 분쟁의 기초가 되는 선수의 이적이 서로 다른 협회 소속 구단 간에 발생했으며 FIFA 클리어링 하우스 규정의 적용을 받지 않는 경우

   f. FIFA 클리어링 하우스 규정 제10조 제3항에 따른 전자 선수여권(EPP) 검토 과정에서의 법적 또는 사실적 복잡성에 관한 사안 및 동 규정 제18조 제2항에 따른 구단 간 분쟁

   g. (a), (d), (e), (f)에 규정된 경우에 해당하지 않는, 서로 다른 협회 소속 구단 간의 분쟁

2. FIFA는 또한 본 규정 및 다른 FIFA 규정에 따라 제기되는 규제 관련 신청을 결정할 권한을 가집니다.

 제22조는 선수·감독·구단·협회 사이에서 발생하는 여러 유형의 분쟁 중, 어떤 경우에 FIFA가 직접 관할권을 행사하는지를 정리한 조항입니다. 전제가 되는 원칙은, 당사자들이 민사 법원을 통해 구제를 구할 권리는 여전히 보장된다는 점입니다. 다만 축구가 전 세계적으로 하나의 규범 체계 안에서 돌아가야 하기 때문에, 국제성이 있는 분쟁 중 상당 부분은 FIFA가 일관된 기준으로 처리하도록 구조를 만들어 둔 것입니다.

먼저 계약 안정성 관련 분쟁입니다. 구단과 선수 사이에서 제13조부터 제18조까지의 계약 안정성 원칙과 연결된 분쟁 중, 국제이적증명서(ITC) 발급 요청이 있었고 그 요청과 관련하여 이해당사자가 제기한 청구(ITC 발급 자체, 그와 연동된 스포츠 제재, 계약 위반에 따른 보상 청구 등)는 FIFA가 심리합니다. 국제이적이 얽힌 상황에서 회원협회별로 상반된 판단을 내리면 혼란이 커지기 때문에, 이 부분만큼은 FIFA가 직접 통제하는 구조입니다.

다음으로 국제적 차원의 고용 분쟁입니다. 서로 다른 협회에 소속된 구단과 선수 사이에 고용계약과 관련한 분쟁이 생기면 기본적으로 FIFA 관할입니다. 다만 당사자들이 서면 합의로, FIFA가 인정한 국가 분쟁해결기구(NDRC)에서 처리하기로 선택할 수도 있습니다. 이때 관할합의는 반드시 배타적이어야 하고, 계약서나 단체협약에 명시적으로 포함되어 있어야 효력이 인정됩니다. 같은 원칙이 구단–감독 관계에도 그대로 적용되며, 국제적 성격을 갖는 감독 고용 분쟁 역시 원칙적으로 FIFA가 관할하되, NDRC로 위임이 가능합니다.

훈련보상금과 연대기여금 분쟁도 FIFA가 맡습니다. 서로 다른 협회에 속한 구단 사이의 훈련보상금(제20조)·연대기여금(제21조) 관련 분쟁, 그리고 같은 협회 소속 구단끼리라 하더라도 그 분쟁의 원인이 국제이적에서 비롯된 경우는 FIFA 관할입니다. 다만, FIFA 클리어링 하우스가 적용되는 사안은 별도의 시스템을 통해 자동 집행되는 구조이기 때문에, 이 조항의 직접 대상에서는 제외됩니다.

전자 선수여권(EPP)과 클리어링 하우스와 관련된 문제도 FIFA의 영역입니다. FIFA 클리어링 하우스 규정 제10조 제3항에 따라 EPP를 검토하는 과정에서 복잡한 법적·사실적 쟁점이 생기거나, 제18조 제2항에 따른 구단 간 분쟁이 발생하는 경우, 그 판단 역시 FIFA가 담당합니다. 나아가 위에서 열거한 범주에 속하지 않는, 서로 다른 협회 소속 구단 사이의 국제 분쟁도 특별한 예외가 없는 한 FIFA 관할에 들어갑니다. 요약하자면 '국경을 넘는 구단 간 분쟁은 기본적으로 FIFA가 관할한다'는 구조입니다.

이와는 별도로, FIFA는 RSTP와 다른 FIFA 규정에 근거해 제기되는 각종 규제 관련 신청을 결정할 권한도 가지고 있습니다. 선수 등록 예외 승인, 이적 제한 규정의 적용 여부, 클리어링 하우스·EPP 관련 쟁점, 규정 해석과 관련된 질의 등에 대해 FIFA가 최종적인 행정·규범 판단을 내리는 역할을 한다고 이해할 수 있습니다.

전체적으로 제22조는 '어디까지가 국내 수준의 분쟁이고, 어디서부터 FIFA가 직접 나서는가'를 구분해 주는 기준선입니다. 국제이적이나 여러 협회가 연관된 계약 관계가 얽힌 사안, 훈련보상·연대기여금·EPP·클리어링 하우스처럼 전 세계적 통일성이 필요한 영역에서는 FIFA가 일괄적으로 관할함으로써, 국가별로 상이한 판단을 최소화하고 제도의 예측 가능성을 제고하려는 취지가 반영되어 있습니다.

해설　제23조는 FIFA 분쟁 해결 시스템의 중심축인 FIFA 축구재판소(Football Tribunal)의 역할과 구조를 정리해 주는 조항입니다. 축구재판소는 국제이적, 계약 안정성, 훈련보상금과 연대기여금, 선수·감독의 고용 분쟁 등 축구계에서 발생하는 다양한 국제 분쟁을 전문적으로 다루기 위해, 기존 위원회들을 통합·재편하여 만든 기구입니다.

축구재판소는 크게 두 부서로 나뉩니다. 먼저 분쟁해결부(DRC)는 제22조 제1항 (a), (b), (d), (e), (f)에 해당하는 사건을 담당합니다. 여기에는 구단 - 선수 간 계약 안정성 관련 분쟁, 국제적 고용 분쟁, 서로 다른 협회 소속 구단 사이의 훈련보상금·연대기여금 분쟁, 전자 선수여권(EPP) 및 클리어링 하우스 관련 분쟁 등이 포함됩니다. 전통적으로 DRC는 국제 분쟁에서 가장 빈번한 유형인 선수 - 구단 간 계약 분쟁을 다루는 기구로 자리 잡아 왔고, 실제로 많은 RSTP 판례가 이 부서에서 시작됩니다.

반면 선수지위부(PSC)는 제22조 제1항 (c), (g) 및 제22조 제2항에 따른 사건을 관할합니다. 주로 국제 수준의 구단-감독 고용 분쟁, 클리어링 하우스 적용 범위 밖에 있는 구단 간 분쟁, 각종 규정의 적용·예외 승인·규제와 관련된 신청 등, '선수·감독·구단·협회의 지위와 규정 해석'이 중심이 되는 사안을 심리합니다. 간단히 정리하면, DRC가 '계약 분쟁'을 다루는 곳에 가깝다면, PSC는 '지위·규정·승인 문제'를 다루는 기관에 가깝다고 이해하시면 됩니다.

시효 규정도 중요합니다. 사건 발생일로부터 2년이 지난 분쟁은 원칙적으로 접수되지 않습니다. 다만 이 시효를 어떻게 적용할지는 FIFA가 각 사건에서 직권(Ex Officio)으로 검토하며, 예외적으로 정의 실현을 위해 시효 적용을 완화할 여지를 남겨 두고 있습니다. 너무 오래된 분쟁은 사실관계 확정이 어렵고 관계자도 흩어지기 때문에, 일정 시점에서 분쟁을 정리하겠다는 취지입니다.

절차 측면에서는, 제22조에 따라 축구재판소가 관할하는 모든 사건은 FIFA 축구재판소 절차 규칙(Procedural Rules Governing the Football Tribunal)에 따라 진행됩니다. 이 절차 규칙이 '공통의 프로토콜' 역할을 하여, 어느 나라 구단·선수·감독이든 동일한 절차 규범 아래에서 사건이 처리되도록 하는 장치입니다.

결국 제23조는 FIFA가 국제 분쟁 해결에서 전문화·일관성·투명성을 확보하기 위해 축구재판소라는 틀을 도입했다는 점을 보여 줍니다. 회원협회나 각국 법원만으로는 처리하기 어려운, 국경을 넘나드는 복합적인 축구 분쟁에 대해 FIFA가 직접 책임지고 기준을 세우겠다는 선언이기도 합니다. 규범을 공부하는 입장에서는 '어떤 유형의 사건이 DRC로, 어떤 사건이 PSC로 가는지', '2년 시효가 어떤 의미를 갖는지', '모든 절차가 별도의 절차 규칙에 따라 진행된다'는 구조를 잡아 두면 전체 시스템을 이해하는 데 큰 도움이 됩니다.

제24조. 기한 내 관련 금액 미지급 시 효과

(Consequences for failure to pay relevant amounts in due time)

1. 다음의 경우, 지급 불이행 시의 결과가 판정문이나 확인서에 명시되어야 합니다:

    a. 축구재판소가 일방 당사자에게 상대방에 대한 금액 지급을 명령한 경우

    b. 분쟁 당사자들이 FIFA 사무국이 제시한 제안을 수락하거나 거부하지 않은 경우

2. 불이행 시의 결과는 다음과 같습니다:

    a. 구단에 대한 조치: 미지급액이 완납될 때까지 국내외 모든 신규 선수 등록을 금지합니다. 등록 금지는 최대 세 번의 전체 및 연속 등록 기간까지 지속될 수 있습니다.

    b. 선수에 대한 조치: 미지급액이 완납될 때까지 공식 경기 출전을 제한합니다. 출전 제한은 최대 6개월까지 지속될 수 있습니다.

3. 다만, 다음과 같은 경우 이러한 조치는 면제될 수 있습니다:

    a. 해당 사건에서 이미 제12조의2, 제17조 또는 제18조의4에 따른 스포츠 제재가 부과된 경우

    b. 채무 구단이 국내법에 따른 파산 관련 절차에 들어가 법적으로 명령 이행이 불가능하다고 통보된 경우

4. 제재가 부과된 경우, 채무자는 판정 통보일로부터 45일 이내에 전액(모든 관련 이자를 포함)을 채권자에게 지급해야 합니다.

5. 이 45일의 기한은 다음 경우에 정지됩니다:

    a. 결정 근거 제공에 대한 적법한 요청이 있는 경우(근거가 통지된 후 잔여 기간이 다시 기산됨)

    b. 스포츠중재재판소(CAS)에 항소한 경우

6. 채무자는 판정문 또는 확인서에 명시된 채권자의 은행 계좌로 전액을 지급해야 합니다.

7. 기한 내 지급이 이루어지지 않고 판정이 최종 확정되면, 채권자는 FIFA에 제재 집행을 요청할 수 있습니다. 요청 접수 시, FIFA는 채무자에게 제재가 적용될 것임을 통보하고 제재는 즉시 효력이 발생합니다. 만약 등록 기간 중에 제재가 시작될 경우, 그 등록 기간의 남은 기간 전체가 첫 번째 '완전한 등록 기간'으로 간주됩니다.

8. 제재가 집행된 경우, 채무자는 제재 해제를 위해 전액 납부 증빙을 FIFA에 제출해야 합니다. 증빙 접수 시, FIFA는 즉시 채권자에게 5일 이내에 수령 확인을 요청합니다. 채권자의 확인이 오거나 기한 내 응답이 없으면, FIFA는 당사자들에게 제재가 해제되었음을 통보하고, 제재는 즉시 해제됩니다. 그럼에도 불구하고, 전액이 지급되지 않았다면 제재는 전액이 지급될 때까지 유지되나, 최대 기간을 초과할 수는 없습니다.

해설　　제24조는 FIFA 축구재판소(Football Tribunal)나 FIFA 사무국(General Secretariat)이 내린 금전 지급 명령이 제대로 이행되지 않았을 때 어떤 결과가 따르는지를 규정하고 있습니다. 이는 분쟁 해결 과정에서 판정의 실효성을 보장하고, 구단과 선수가 재정적 의무를 회피하지 못하도록 하기 위한 장치입니다.

먼저 지급 불이행 시의 제재는 판정문이나 확인서에 반드시 명시되어야 합니다. 이는 FIFA 축구재판소가 한쪽 당사자에게 금액 지급을 명령했을 때뿐만 아니라, 당사자들이 FIFA 사무국의 제안을 받아들였거나 이의를 제기하지 않은 경우에도 적용됩니다. 이렇게 함으로써 당사자는 처음부터 판정 불이행의 결과를 분명히 인지하게 됩니다.

실질적인 제재는 두 가지 유형으로 나뉩니다. 구단이 채무자인 경우, 국내외 모든 신규 선수 등록이 금지되며, 이는 미지급액이 완납될 때까지 유지될 수 있습니다. 이 등록 금지는 최대 세 번의 전체·연속 등록 기간까지 이어질 수 있으므로 구단 운영에 치명적인 영향을 미칠 수 있습니다. 선수의 경우, 공식 경기 출전 금지가 내려지며, 이 역시 미지급액이 완납될 때까지 유효합니다. 다만 출전 금지 기간은 최대 6개월로 제한됩니다. 결국 구단은 전력 보강이 막히고, 선수는 경기 감각을 잃게 되는 만큼, 양쪽 모두에게 강력한 압박이 됩니다.

그러나 예외도 존재합니다. 이미 제12조의2(연체금), 제17조(정당한 사유 없는 계약 해지), 제18조의4(임신·입양·가족휴가에 관한 특별 규정)에서 스포츠 제재가 부과된 사건의 경우에는 중복 제재가 면제될 수 있습니다. 또한 채무 구단이 국내법상 파산 절차에 들어가 법적으로 지급이 불가능하다고 확인된 경우에도 제재는 적용되지 않습니다.

판정이 내려진 후 채무자는 판정 통보일로부터 45일 이내에 전액을 납부해야 합니다. 이 45일 기한은 예외적으로 정지될 수 있는데, 판정 이유서를 정식으로 요청했을 경우에는 이유서가 통보된 시점부터 다시 계산되며, 스포츠중재재판소(CAS)에 항소를 제기한 경우에도 항소 절차가 진행되는 동안 기한 계산이 중지됩니다. 납부는 반드시 판정문에 명시된 채권자의 은행 계좌로 전액 송금되어야 합니다. 만약 기한 내 지급이 이루어지지 않고 판정이 최종 확정되면, 채권자는 FIFA에 제재 집행을 요청할 수 있고, FIFA는 채무자에게 제재가 적용됨을 통보하며 즉시 효력이 발생합니다. 특히 등록 기간 중에 제재가 개시된 경우에는, 그 등록 기간의 남은 기간 전체가 첫 번째 '완전한 등록 기간'으로 간주되어 제재 기간 계산에 포함됩니다.

제재가 집행된 후 채무자가 전액 납부를 완료하면, 반드시 증빙 자료를 FIFA에 제출해야 합니다. FIFA는 이를 근거로 채권자에게 5일 이내에 수령 확인을 요청하고, 확인이 오거나 응답이 없으면 제재를 해제합니다. 다만 부분 지급이거나 잔액이 확인되지 않은 경우에는 제재가 해제되지 않고 지정된 최대 기간까지 지속됩니다. 결국 제24조는 FIFA가 판정 불이행에 대해 재정적·스포츠 제재를 직접 연계시켜 실질적 집행력을 확보한 규정이라 할 수 있습니다. 이는 단순한 벌금이 아니라 구단 운영과 선수 커리어에 직결되는 제재를 통해, 모든 이해당사자가 FIFA 판정을 결코 가볍게 여길 수 없도록 만든 제도적 장치입니다.

제25조. 결정 및 확인서의 이행(Implementation of decisions and confirmation letters)

1. 채무자의 스포츠적 승계자(Sporting Successor)는 채무자와 동일하게 간주되어 축구재판소(Football Tribu-

nal)의 모든 결정 및 확인서에 구속됩니다. 승계자인지 여부는 본부 소재지, 법적 형태, 팀 명칭, 유니폼, 선수단, 주주·이해관계자, 참가 대회 성격 등을 기준으로 판단합니다.

2. 축구재판소가 채무자에게 특정 금액(미지급 금액 또는 보상금) 지급을 명령한 경우:

   a. 채무자가 전액(모든 해당 이자 포함)을 채권자에게 지급해야만 이행으로 인정됨

   b. 채무자가 일방적으로 금액을 공제하거나 일부만 지급한 경우는 이행으로 인정되지 않음

3. 다음의 행위는 제12조의2, 제17조, 제18조의4 또는 제24조에 명시된 등록 금지 제재를 위반하는 것으로 보지 않습니다:

   a. 임대 계약이 자연스럽게 만료되는 경우에 한하여 프로 선수가 임대에서 복귀하는 경우

   b. 임대 계약이 자연스럽게 만료된 이후 프로 선수의 임대 기간을 연장하는 경우

   c. 등록 금지 제재가 부과되기 직전에 해당 구단에 임시로 등록되어 있던 프로 선수를 완전 이적으로 영입하는 경우

   d. 등록 금지 제재가 부과되기 직전에 해당 구단에 '아마추어로 이미 등록되어 있던 선수를 프로 선수로 등록'하는 경우

해설　　제25조는 FIFA 판정의 실효성과 집행력을 보장하기 위한 규정입니다. 핵심은 스포츠적 승계(Sporting Succession) 원칙으로, 구단이 법인을 해산하거나 명칭만 바꾸어 새로운 법인을 세우더라도 사실상 동일 구단으로 간주하여 이전 채무까지 승계하도록 합니다. 따라서 파산 직전 구단이 법적 형식만 바꿔 리그에 참가하려 해도, FIFA는 팀 컬러·선수단·소유 구조 등 외형을 근거로 승계를 인정해 채무 회피를 막습니다.

　　FIFA는 금전적 의무에 대해서도 엄격합니다. 판정에서 명령된 금액은 전액과 이자를 지급해야 하며, 일부만 지급하거나 임의로 공제하는 경우 불이행으로 처리됩니다. 등록 금지 제재와 관련해서는 합리적인 예외가 있습니다. 임대 계약이 끝나 선수가 원 소속 구단으로 돌아오는 경우나, 기존 아마추어 선수를 재등록하는 경우는 새로운 영입이 아니므로 제재 위반으로 보지 않습니다.

　　이 조항은 특히 구단 파산이나 승계 분쟁에서 실무적으로 큰 의미를 가집니다. 새로운 법인이 '별개의 구단'이라고 주장하더라도 FIFA는 스포츠적 승계를 근거로 동일하게 채무를 부담시킬 수 있기 때문에, 인수자와 투자자는 구단 인수 전에 반드시 FIFA 규정상 채무를 확인해야 합니다.

　　대표적인 스포츠적 승계자(Sporting Successor) 분쟁 사례로 불가리아 선수 라도슬라브 바실레프(Radoslav Vasilev) 사건이 있습니다. 바실레프는 원래 그리스 구단 잔티 FC(Xanthi FC)와 계약을 맺고

뛰었지만, 잔티 FC가 재정난으로 해산하면서 계약상 임금을 지급받지 못했습니다. 바실레프는 FIFA에 제소했고 승소했으나, 구단이 해산된 탓에 실제로 돈을 받을 수 없는 상황에 놓였습니다.

문제는 같은 지역에서 곧바로 새로 창단된 AO 잔티(AO Xanthi)라는 구단이었습니다. 이름이 비슷했고, 로고와 유니폼 색상도 동일했으며, 기존 잔티 FC의 훈련 시설을 그대로 사용하고 있었습니다. 무엇보다 AO 잔티는 공식 홍보 채널에서 '우리는 잔티 FC의 역사를 이어간다'라고 선언했습니다. 이런 외관상 연속성을 근거로 FIFA는 AO 잔티를 스포츠적 승계자로 인정하여, 바실레프에게 밀린 급여를 지급할 의무가 있다고 판정했습니다.

그러나 AO 잔티는 이 결정을 불복해 스포츠중재재판소(CAS)에 항소했습니다. CAS는 좀 더 실질적인 요소를 따졌습니다. AO 잔티는 잔티 FC 해산 후 1년 공백을 거쳐 최하위 아마추어 리그에서 새로 출발했고, 선수단·코칭스태프·스폰서·자산을 직접 승계하지 않았으며, 법적 법인 형태도 달랐다는 점을 강조했습니다. 결국 CAS는 AO 잔티가 잔티 FC의 법적·실질적 후계자가 아니라고 판단하며, FIFA의 결정을 뒤집었습니다.

이 사건에서 FIFA는 겉으로 드러나는 연속성(이름, 로고, 색깔, 훈련 시설, 홍보 방식)을 중시한 반면, 스포츠중재재판소(CAS)는 선수단·자산·법인 승계 여부 같은 실질적 연속성을 기준으로 본다는 차이를 분명히 보여 주었습니다. 라도슬라브 바실레프의 사례는, 단순히 외형이 이어진다고 해서 신규 구단이 채무를 떠안는 것이 아니라, 실제 승계가 입증되어야 한다는 점을 알려 주는 대표적 판례입니다.

제26조. 경과 규정(Transitional measures)

1. 본 규정이 시행되기 전에 FIFA에 제기된 모든 사건은 이전 규정에 따라 심리됩니다.

    a. 2021년 10월 1일 이후 선수지위부(PSC), 분쟁해결부(DRC) 또는 그 하위 위원회들에 제기되었으나 아직 판결이 내려지지 않은 사건은, 절차 규칙(Procedural Rules Governing the Football Tribunal)에 따라 축구재판소(Football Tribunal)의 해당 부서가 심리함

    b. 축구재판소 절차 규칙의 경과 규정이 해당 사건에 적용됨

    c. 제22조 제1항 (b), (c)는 2025년 1월 1일 이후 FIFA에 제기된 사건에만 적용되며, 그 외 사건은 모두 이전 규정에 따라 심리됨

    d. 여자축구 선수의 국가대표팀 차출과 관련된 원칙(부속서 1 제1조의2에 규정된 바)은 2026년 1월 1일부터 적용되며, 그 전까지는 2023년 12월 17일 FIFA 평의회에서 승인된 2024년 2월 버전 규정에 명시된 원칙이 적용됨

2. 일반 원칙으로, 다른 사건들은 본 규정에 따라 심리되지만, 다음은 예외입니다.

    a. 훈련보상금 관련 분쟁

    b. 연대기여금 제도(Solidarity Mechanism) 관련 분쟁

    위 일반 원칙의 적용 대상이 아닌 사건은, 분쟁의 핵심이 되는 계약이 체결된 시점이나 문제가 발생한 시점에 효력이 있던 규정에 따라 심리됩니다.

3. 회원협회는 제1조에 따라 본 규정에 부합하도록 자체 규정을 개정해야 하며, FIFA의 승인을 위해 이를 FIFA에 제출해야 합니다. 다만, 각 회원협회는 제1조 제3항 (a)를 반드시 이행해야 합니다.

해설　　제26조는 새 규정이 시행될 때, 어떤 사건에 이전 규정이 적용되고 어떤 사건에 새 규정이 적용되는지를 정리한 이른바 경과 규정 조항입니다. 선수·구단 간 분쟁은 사건 자체가 장기화되기 쉽고, 규정 개정 주기도 잦기 때문에 '어떤 버전의 규정을 기준으로 판단할 것인가'가 항상 중요한 쟁점이 됩니다. 이 조항은 그 기준선을 명확히 세우기 위한 장치입니다.

　　새 규정이 시행되기 전에 이미 FIFA에 제기된 사건은 원칙적으로 그 당시 효력이 있던 이전 규정에 따라 심리됩니다. 다만 2021년 10월 1일 이후 선수지위부(PSC), 분쟁해결부(DRC) 또는 그

하위 위원회에 제기되었으나 아직 판결이 선고되지 않은 사건들은, 절차 자체가 새로 신설된 축구 재판소(Football Tribunal)의 해당 부서로 이관되어 처리됩니다. 이 경우에도 어떤 내용 규정을 적용할 지, 어떤 절차 규정을 적용할지는 축구재판소 절차 규칙에 포함된 별도의 경과조항에 따라 판단하 도록 하고 있습니다. 즉, 사건을 담당하는 기구의 틀은 새로 바뀌더라도, 사건의 실체 판단에는 원 래 적용되던 규정이 그대로 유지될 수 있는 구조입니다.

국제적 고용 분쟁에 관한 관할 규정(제22조 제1항 (b), (c))은 2025년 1월 1일 이후 FIFA에 제기 된 사건에만 적용된다고 명시되어 있습니다. 그 이전에 제기된 사건들은 여전히 개정 이전의 관할 규정에 따라 처리됩니다. 여자대표팀 차출 관련 원칙(부속서 1 제1조의2)도 특정 날짜 이후부터 적 용된다고 분명히 규정하여, 여자축구 분야의 규범 체계가 언제부터 새 틀로 전환되는지 시점을 명 확히 하고 있습니다.

다음으로 그 밖의 일반적인 사건들은 통상 현재 효력을 가지는 최신 규정에 따라 심리되지만, 훈련보상금과 연대기여금 관련 분쟁은 예외를 둡니다. 이 두 분야에서는 분쟁의 핵심이 되는 계약 이 언제 체결되었는지, 또는 문제가 된 이적·등록이 언제 발생했는지를 기준으로, 그 시점에 효력 이 있던 규정을 적용하도록 하고 있습니다. 예를 들어, 훈련보상금 제도가 개정되기 전에 체결된 장기 계약에서 분쟁이 발생한 경우, 소 제기 시점이 개정 후라 하더라도 '계약 체결 당시 버전'의 규정을 적용하는 식입니다. 이는 오랜 기간에 걸쳐 발생하는 권리·의무를 중간에 바뀐 규정으로 뒤집지 않고, 이해관계자가 계약을 맺을 당시 가졌던 법적 기대를 존중하겠다는 취지입니다.

마지막으로, 각 회원협회는 제1조에서 정한 바에 따라 자국 규정을 이 새 RSTP에 맞게 개정 하고, 개정된 규정에 대해 FIFA의 승인을 받아야 합니다. 특히 제1조 제3항 (a)에 해당하는 의무 규정은 반드시 이행해야 한다고 별도로 강조하는데, 이는 FIFA가 전 세계 차원에서 최소한 통일 되어야 한다고 보는 핵심 원칙을 각 협회의 새량 의지와 무관하게 그대로 반영해야 한다는 의미입 니다.

제27조. 미규정 사항(Matters not provided for)

이 규정에 명시되지 않은 사항이나 불가항력(Force Majeure) 상황은 FIFA 평의회(Council)가 최종적으로 결정 합니다.

해설 제27조는 말 그대로 '규정에 없는 사항'을 위한 최종 안전장치입니다. 축구 현장에서 벌어지는 모든 상황을 규정 문구만으로 미리 다 담아낼 수는 없기 때문에, RSTP에 명시되지 않은 사안이나 예측이 어려운 불가항력(Force Majeure) 상황이 발생했을 때 누가 최종 판단 권한을 가지는지를 정해 둔 조항입니다. 그 역할을 맡는 기관이 바로 FIFA 평의회(Council)입니다.

아무리 RSTP와 다른 FIFA 규정에 세부 조항이 촘촘히 마련되어 있더라도, 현실에서는 항상 규정이 미처 따라가지 못하는 빈틈이 생길 수 있습니다. 예를 들어, 새로운 형태의 이적 구조, 디지털 플랫폼을 활용한 계약 방식, 팬 토큰이나 복합 스폰서십 구조와 얽힌 권리 분쟁 등은 규정이 제정되던 당시에는 전혀 상정되지 않았을 수 있습니다. 전쟁·대규모 자연재해·팬데믹과 같이 전 세계의 축구 일정과 계약 이행 자체를 뒤흔드는 사건 역시 '예외적인' 상황으로 발생할 수 있습니다.

> ### 제28조. 공식 언어(Official languages)
> 본 규정의 영어, 프랑스어, 스페인어판 간 해석 차이가 있을 경우, 영문본이 우선합니다. 이는 법적 해석의 통일성을 확보하기 위함입니다.

> ### 제29조. 시행(Enforcement)
> 본 규정은 2025년 6월 30일 평의회 사무국(Bureau of the Council)에 의해 승인되었으며, 2025년 7월 1일부터 시행됩니다. 본 규정은 2025년 1월 1일부터 축구재판소에 제기된 신규 사건 및 계류 중인 사건에 적용됩니다.

해설 제29조는 개정 RSTP의 발효 시기와 적용 범위를 확정하는 조항입니다. 공식적인 발효일은 2025년 7월 1일이지만, 축구재판소에 제기된 사건에 대해서는 2025년 1월 1일 접수분부터 이 규정을 적용한다고 명시하고 있습니다.

즉, 규범의 효력은 7월부터 발생하더라도, 분쟁 해결 실무에서는 1월부터 새 규정을 적용하도록 '이원화'한 것입니다. 이는 장기간 진행되는 사건 처리의 특성을 고려하여 법적 공백과 혼선을 줄이고, 개정된 내용을 더욱 빠르게 실무에 안착시키려는 의도입니다.

제1조. 남자축구의 기본 원칙(Principles for men's football)

1. 구단은 해당 선수의 국적을 기준으로 그 선수가 출전 자격을 가진 대표팀을 관할하는 협회로부터 소집을 받은 경우, 등록 선수를 대표팀에 차출해야 합니다. 선수와 구단 사이에 이에 반하는 어떠한 합의도 허용되지 않습니다.

2. 본 조 제1항에 따른 선수 차출 의무는, 국제경기 일정표(IMC)에 기재된 모든 국제경기 기간(본 조 제3항 및 제4항 참조)뿐 아니라 FIFA 월드컵, FIFA 컨페더레이션스컵, 각 축구연맹의 A대표팀 선수권대회 본선에 필수적으로 적용됩니다. 다만, 해당 협회가 그 대회를 주최하는 축구연맹의 회원이어야 합니다.

3. FIFA는 관련 이해관계자와의 협의를 거쳐 4년 또는 8년 단위의 국제경기 일정표를 발행합니다. 이 일정표에는 해당 기간 동안의 모든 국제경기 기간이 포함됩니다(제4항 참조). 국제경기 일정표가 공표된 이후에는 FIFA 월드컵 본선, FIFA 컨페더레이션스컵 본선 및 각 축구연맹 A대표팀 선수권대회 본선만 추가될 수 있습니다.

4. 국제경기 기간(International Window)은 대표팀 활동을 위해 지정된 기간으로, 월요일 아침부터 다음 주 화요일 종료 시까지 총 9일간입니다(아래 예외 규정 참조). 이 기간 동안 각 대표팀은 국제대회 예선과 친선경기를 합해 최대 두 경기까지 치를 수 있습니다(아래 예외 규정 참조). 경기는 수요일 이후라면 요일에 상관없이 편성할 수 있으나, 두 경기 사이에는 최소 이틀의 온전한 휴식일이 확보되어야 합니다 (예: 목요일/일요일, 토요일/화요일).

   a. 2026년부터 9~10월 국제경기 기간은 총 16일로 구성되며, 이 기간 동안 각 대표팀은 최대 네 경기까지 치를 수 있음

5. 대표팀은 국제경기 기간 동안 원칙적으로 같은 축구연맹 소속 지역에서 경기를 치러야 합니다. 예외는 대륙 간 플레이오프 경기뿐입니다. 두 경기 중 적어도 하나가 친선경기인 경우에는, 두 경기를 서로 다른 두 축구연맹 소속 지역에서 치를 수 있습니다. 다만 해당 경기장 사이의 이동 시간이 항공사 공식 운항 일정 기준 총 비행시간 5시간을 초과해서는 안 되며, 시차도 두 개 시간대를 넘어서는 안 됩니다.

6. 국제경기 기간 밖이나, 위 제2항에서 정한 국제대회 본선 기간(국제경기 일정표에 포함된 경우) 밖에서는

선수를 차출할 의무가 없습니다. 또한 같은 선수를 1년에 둘 이상의 A대표팀 국제대회 본선에 차출할 의무도 없습니다. 이 규칙에 대한 예외는 FIFA 컨페더레이션스컵에 한하여 FIFA 평의회(Council)가 정할 수 있습니다.

7. 국제경기 기간의 경우, 선수는 늦어도 월요일 아침까지 대표팀에 합류하기 위해 출국해야 하며, 국제경기 기간이 끝난 후 다음 주 수요일 아침까지는 소속 구단으로 복귀하는 이동을 시작해야 합니다. 위 제2항 및 제3항에서 말하는 국제대회 본선의 경우, 선수는 해당 대회 본선이 개막하는 주의 바로 전 주 월요일 아침까지는 대표팀에 합류하기 위한 이동을 시작해야 하며, 대표팀의 마지막 경기가 끝난 다음 날 아침에 협회로부터 복귀 허가를 받아야 합니다.

8. 관련 구단과 협회는 제7항에서 정한 것보다 더 긴 차출 기간이나 다른 형태의 일정에 합의할 수 있습니다.

9. 본 조에 따라 회원협회의 소집에 응한 선수는 차출 기간이 종료된 시점으로부터 24시간 이내에 소속 구단으로 복귀해 업무를 재개해야 합니다. 대표팀 활동이 선수의 소속 구단이 속한 축구연맹과 다른 축구연맹에서 이루어진 경우에는 이 기간이 48시간으로 연장됩니다. 구단은 선수의 출국 및 복귀 일정에 대해 차출 기간 시작 최소 10일 전에 서면 통보를 받아야 합니다. 각 협회는 선수들이 경기 후 제때 소속 구단으로 복귀할 수 있도록 보장해야 합니다.

10. 본 조에서 정한 기한까지 선수가 소속 구단으로 복귀하여 의무를 재개하지 않는 경우, 소속 구단의 요청에 따라 축구재판소 선수지위부는 해당 선수가 다음에 자국 협회의 소집을 받을 때 차출 기간을 다음과 같이 단축하도록 결정할 수 있습니다:

a. 국제경기 기간: 2일 단축

b. 국제 토너먼트 본선: 5일 단축

11. 이러한 규정을 반복적으로 위반하는 경우, 소속 구단의 요청에 따라 축구재판소 선수지위부는 다음 각 호의 결정을 내릴 수 있습니다:

a. 벌금 부과

b. 차출 기간 추가 단축

c. 이후 대표팀 활동과 관련하여, 해당 협회가 해당 선수 소집 금지

12. 이러한 의무를 반복적으로 위반하는 경우, PSC는 (a) 공식 경고, (b) 소집 기간 추가 단축, (c) 해당 협회에 선수 소집 금지 조치 등을 내릴 수 있습니다.

13. FIFA 클럽월드컵 대회규정에서 예외를 정할 수 있습니다.

　제1조는 구단과 협회 간 대표팀 소집 의무를 명확히 규정하여, 오랫동안 이어져 온 구단과 국가대표팀 간의 이해충돌을 제도적으로 조정하려는 장치입니다. 구단은 소속 선수가 대표팀에 차출될 경우 부상 위험과 경기력 손실을 우려하여 종종 반대하지만, FIFA는 국가대표 경기를 축구의 본질적 가치로 보며 강제적 소집 의무를 부과하고 있습니다.

이 규정은 실제 분쟁에서 자주 문제로 떠올랐습니다. 대표적인 예가 2008년 베이징 올림픽 사건입니다. FC 바르셀로나(FC Barcelona)는 리오넬 메시(Lionel Messi), SV 베르더 브레멘(SV Werder Bremen)은 지에구(Diego), FC 샬케 04(FC Schalke 04)는 하피냐(Rafinha)를 올림픽 대표팀에 보내지 않으려 했습니다. 그러나 스포츠중재재판소(CAS)는 남자 올림픽 축구가 FIFA 국제경기 일정표(IMC)에 포함된 공식 A매치 대회가 아니기 때문에 구단에 차출 의무가 없다고 판정했습니다. 결국 바르셀로나는 자발적으로 메시의 합류를 허용했지만, 법적 강제는 없다는 점이 분명히 확인된 사건입니다.

비슷한 논쟁은 2021년 도쿄 올림픽에서도 있었습니다. 이집트 대표팀이 모하메드 살라(Mohamed Salah)를 소집하려 했으나, 리버풀 FC는 올림픽이 국제경기 일정표에 포함되지 않는다는 이유로 차출을 거부했습니다. 살라는 최종 명단에서 제외되었고, 이는 구단이 규정을 근거로 합법적으로 행사할 수 있는 권한임이 다시 한번 드러난 사례입니다.

반대로 아프리카 네이션스컵(AFCON)은 국제경기 일정표에 포함된 대회이기 때문에 상황이 달랐습니다. 2022년 세네갈이 왓퍼드 FC(Watford F.C.)로부터 이스마일라 사르(Ismaïla Sarr)를 차출하려 했을 때, 구단이 거부했지만 FIFA가 개입해 결국 선수가 대표팀에 합류했습니다. 이 사례는 국제경기 일정표에 포함된 대회에는 구단이 반드시 선수를 내보내야 한다는 원칙을 분명히 보여 주었습니다.

소집과 복귀 시한도 중요한 쟁점입니다. 대표팀은 선수를 정해진 기한 안에 합류시켜야 하고, 경기가 끝난 뒤에는 24시간 이내(타 연맹 경기의 경우 48시간 이내)에 소속 구단으로 복귀시켜야 합니다. 이를 지키지 않으면 FIFA 축구재판소의 선수지위부가 다음 소집에서 의무 소집 기간을 단축하거나, 반복적 위반 시 선수 차출 자체를 금지하는 제재를 내릴 수 있습니다. 이러한 규정은 대표팀의 운영 편의와 구단의 권익을 균형 있게 보장하기 위한 장치라 할 수 있습니다.

앞으로 실무적으로 중요한 변화는 2026년부터 적용되는 새로운 국제 일정입니다. 9월과 10월의 국제일정이 기존 9일에서 16일로 확대되어 대표팀이 최대 네 경기를 치를 수 있게 되었습니다. 이는 대표팀 경기 수 확대라는 긍정적 효과를 낳는 동시에, 구단 입장에서는 선수 차출 부담이 크게 늘어날 수 있다는 점에서 주목됩니다.

결국 부속서 1은 구단과 협회 간 충돌을 방지하면서도 국가대표 경기가 지닌 보편성과 정당성을 보장하는 규정입니다. 실무적으로는 구단이 입을 손실을 보전하기 위해 FIFA가 운영하는 구단 보호 프로그램과 함께 작동하고 있으며, 학습 측면에서는 국제경기 일정 기간, 소집과 복귀 시한, 예외 조항 등을 정확히 이해하는 것이 핵심입니다.

제1조의2. 여자축구 국가대표팀 차출 규정(Principles for women's football)

1. 구단은 해당 선수가 자신의 국적을 기준으로 출전 자격을 가진 자국 대표팀 활동을 위해 소속 협회의 소집을 받은 경우, 등록 선수를 의무적으로 차출해야 합니다. 선수와 구단 사이에 이에 반하는 어떠한 합의도 허용되지 않습니다.

2. 본 조 제1항에 따른 선수 소집 의무는 여자 국제경기 일정표에 명시된 모든 국제경기 기간(아래 제3항 및 제4항 참조)에 적용되며, 다음 대회의 본선에도 동일하게 적용됩니다: FIFA 여자 월드컵, 여자 올림픽 축구 토너먼트, 각 축구연맹이 주관하는 여자 대표팀 선수권대회(해당 협회가 주관 축구연맹의 회원인 경우에 한함), 그리고 여자 올림픽 축구 토너먼트 축구연맹 최종 예선.

3. 관련 이해관계자와의 협의를 거쳐, FIFA는 4년 기간의 여자 국제경기 일정표를 발행합니다. 이 일정표에는 해당 기간 동안의 모든 국제경기 기간(제4항 참조)이 포함되며, FIFA 여자 월드컵 본선, 여자 올림픽 축구 토너먼트 본선, 각 축구연맹 여자 A대표팀 선수권대회 본선, 그리고 여자 올림픽 축구 토너먼트 대륙별 최종 예선전을 위한 차단 기간(Blocked Period)도 함께 규정됩니다. 여자 국제경기 일정표가 공표된 이후에는, FIFA 여자 월드컵, 여자 올림픽 축구 토너먼트, 각 축구연맹 여자 A대표팀 선수권대회 및 여자 올림픽 축구 토너먼트 대륙별 최종 예선전에 관한 구체적인 대회 날짜만 추가로 정해질 수 있습니다. 각 축구연맹 여자 A대표팀 선수권대회 본선과 여자 올림픽 축구 토너먼트 대륙별 최종 예선전은 해당 차단 기간에 포함됩니다. FIFA 여자 월드컵 본선, 여자 올림픽 축구 토너먼트 본선, 각 축구연맹 여자 A대표팀 선수권대회 본선 및 여자 올림픽 축구 토너먼트 대륙별 최종 예선전은 모두 각기 정해진 차단 기간 안에서 개최되어야 하며, 각 축구연맹은 해당 여자 A대표팀 선수권대회 또는 최종 예선전 개최 예정일을 최소 2년 전에 서면으로 FIFA에 통보해야 합니다.

4. 대표팀 활동을 위해 예약된 국제경기 기간에는 두 가지 유형이 있습니다:

    a. I형(Type I) 국제경기 기간은 월요일 아침에 시작하여 다음 주 화요일 밤에 끝나는 총 9일간의 기간으로 정의되며, 이 기간 동안 각 대표팀은 국제대회 예선과 친선경기를 합해 최대 두 경기까지 치를 수 있음. 경기는 국제경기 기간 중 수요일 이후라면 어느 요일에 배정하더라도 무방하나, 두 경기

사이에는 만 2일(48시간) 이상의 간격이 확보될 것(예: 목요일/일요일, 토요일/화요일)

   b. II형(Type II) 국제경기 기간은 화요일 아침에 시작하여 다음 주 토요일 밤에 끝나는 12일간의 기간으로 정의되며, 이 기간 동안 각 대표팀은 최대 세 경기까지 치를 수 있음. 해당 경기는 국제경기 기간 중 목요일 이후라면 어느 요일에든 배정할 수 있으나, 각 경기 사이에는 만 2일(48시간) 이상의 간격이 확보될 것(예: 목요일/일요일/수요일 또는 금요일/월요일/목요일)

5. 국제경기 기간 밖이거나, 여자 국제경기 일정표에 포함된 위 제2항의 대회 기간 밖에서는 선수를 차출할 의무가 없습니다.

6. I형 국제경기 기간의 경우, 선수들은 늦어도 월요일 아침까지 대표팀에 합류하기 위한 이동을 시작해야 하며, 국제경기 기간이 끝난 후 다음 주 수요일 아침까지는 소속 구단으로 복귀하기 위한 이동을 시작해야 합니다. II형 국제경기 기간의 경우, 선수들은 늦어도 화요일 아침까지 대표팀에 합류하기 위한 이동을 시작해야 하며, 국제경기 기간이 끝난 후 다음 주 일요일 아침까지는 소속 구단으로 복귀하기 위한 이동을 시작해야 합니다. 여자 올림픽 축구 토너먼트 대륙별 최종 예선전의 경우, 선수들은 예선전 개막 경기 전에 늦어도 월요일 아침까지 대표팀에 합류하기 위한 이동을 시작해야 하며, 자신이 속한 팀의 마지막 경기가 끝난 다음 날 아침에 협회로부터 복귀 허용(Release)을 받아야 합니다. 이와 같은 최종 예선전에서, 차출의 총 기간(월요일 아침 출국 시점부터 협회가 선수를 구단으로 돌려보내는 날까지)은 최대 16일로 합니다. 위 제2항 및 제3항에서 말하는 기타 대회 본선에 대해서는, 선수들은 해당 대회 본선이 시작되는 주의 바로 전 주 월요일 아침까지 대표팀에 합류하기 위한 이동을 시작해야 하며, 자신이 속한 팀의 마지막 경기가 끝난 다음 날 아침에 협회로부터 소속 구단으로 복귀해야 합니다.

7. 관련 구단과 협회는 제6항에서 정한 것보다 더 긴 차출 기간이나 다른 형태의 일정에 합의할 수 있습니다.

8. 본 조에 따라 자국 협회의 소집에 응한 선수는, 차출 기간이 종료된 시점으로부터 24시간 이내에 소속 구단으로 복귀해 업무를 재개해야 합니다. 대표팀 활동이 선수이 소속 구단이 속한 축구연맹과 다른 축구연맹에서 이루어진 경우에는 이 기간이 48시간으로 연장됩니다. 구단은 선수의 출국 및 복귀 일정에 대해 차출 기간 시작 최소 10일 전에 서면 통보를 받아야 합니다. 각 협회는 선수들이 경기 후 제때 소속 구단으로 복귀할 수 있도록 보장해야 합니다.

9. 본 조에서 정한 기한까지 선수가 소속 구단으로 복귀하여 의무를 재개하지 않는 경우, 소속 구단의 요청에 따라 축구재판소 선수지위부는 해당 선수가 다음에 자국 협회의 소집을 받을 때 차출 기간을 다음과 같이 단축하도록 결정할 수 있습니다.

a. 국제경기 기간: 2일 단축

b. 국제 토너먼트 본선: 5일 단축

10. 이러한 규정을 반복적으로 위반하는 경우, 소속 구단의 요청에 따라 축구재판소 선수지위부는 다음 각 호의 결정을 내릴 수 있습니다:

a. 벌금 부과

b. 차출 기간 추가 단축

c. 이후 대표팀 활동과 관련하여, 해당 협회의 해당 선수를 소집 금지

11. FIFA 여자 월드컵, 여자 올림픽 축구 토너먼트 및 각 축구연맹 여자 A대표팀 선수권대회의 본선 기간에는, 자녀가 있는 여자 선수들을 위하여 가족 친화적인 환경을 조성하도록 각 협회에 권장합니다.

해설 이 규정은 제1조(남자축구의 기본 원칙)를 여자 A대표팀 현실에 맞게 세분화한 것입니다. 기본 철학은 동일합니다. 국가대표 경기를 축구의 핵심 가치로 보고, 구단이 소속 선수를 일정 기간 동안 '반드시' 차출해야 하는 의무를 국제경기 일정표와 연결한 조항입니다. 다만 여자축구는 올림픽, 월드컵, 대륙별 선수권대회, 올림픽 대륙별 최종 예선의 구조가 남자축구와 다소 다르므로, 이를 반영하여 보다 입체적으로 설계되어 있습니다.

제1항은 제1조와 마찬가지로, 선수가 자국 여자 대표팀 출전 자격이 있고 소속 협회로부터 정식 소집을 받으면 구단은 해당 선수를 의무적으로 차출해야 한다고 규정합니다. '대표팀에는 참가하지 않는다', '구단 일정이 우선한다'는 식의 사전 약정은 규정에 정면으로 반하므로 효력이 없습니다. 제2항은 의무 차출이 적용되는 구체적인 대회와 기간을 열거합니다. 여자 국제경기 일정표에 포함된 모든 국제경기 기간은 물론, FIFA 여자 월드컵 본선, 여자 올림픽 축구 토너먼트 본선, 각 축구연맹 여자 A대표팀 선수권대회 본선, 여자 올림픽 축구 토너먼트 대륙별 최종 예선까지 모두 '구단이 거부할 수 없는' 영역에 포함됩니다. 특히 대륙별 최종 예선을 별도로 규정하고 최대 차출 기간을 16일로 제한한 것은, 본선뿐 아니라 본선 진출을 결정짓는 마지막 관문까지 제도적으로 보호하겠다는 의지를 반영합니다.

제3항은 여자 국제경기 일정표의 설계를 설명합니다. 여자축구의 국제일정은 4년 단위로 편성되며, 이 일정표에는 두 가지가 포함됩니다. 하나는 제4항에서 설명하는 각종 국제경기 기간이고, 다른 하나는 여자 월드컵 본선, 여자 올림픽 토너먼트 본선, 각 축구연맹 여자 A대표팀 선수권대회 본선, 올림픽 대륙별 최종 예선을 치르기 위한 차단 기간(Blocked Period)입니다. 해당 대회는 이 차단 기간 내에서만 개최될 수 있으며, 각 축구연맹은 여자 A대표팀 선수권대회나 올림픽 최종 예

선 예정일을 최소 2년 전에 서면으로 FIFA에 통보해야 합니다. 이를 통해 구단, 리그, 방송사, 스폰서 모두 향후 4년간 여자 A대표팀 일정을 예측하고 그 틀 안에서 리그 일정과 사업 계획을 수립할 수 있습니다. 대표팀 측에서도 일정표 외의 기간에 대회를 배치하여 구단과 충돌하는 상황을 줄일 수 있습니다.

제4항은 여자 국제경기 기간을 I형과 II형으로 구분합니다. I형은 남자 A매치 기간과 사실상 동일한 구조로, 월요일 오전에 시작하여 다음 주 화요일 자정에 종료되는 9일간의 기간입니다. 각 대표팀은 최대 2경기까지 치를 수 있으며, 경기는 수요일 이후 어느 요일에든 배정할 수 있으나 두 경기 사이에는 반드시 최소 이틀(48시간)의 간격이 있어야 합니다. 목요일 – 일요일, 토요일 – 화요일은 허용되지만, 토요일 – 월요일처럼 하루만 비우는 일정은 허용되지 않습니다. II형은 여자축구의 특성을 반영한 보다 긴 기간으로, 화요일 오전에 시작하여 다음 주 토요일 자정까지 이어지는 12일간의 기간입니다. 최대 3경기까지 배정할 수 있고, 마찬가지로 각 경기 사이에는 최소 이틀의 간격이 필요하며, 경기는 목요일 이후에만 배정할 수 있습니다. 실무적으로 I형은 단발성 A매치나 2연전(홈 – 원정)에 적합하고, II형은 소규모 토너먼트나 압축된 예선 라운드에 적합합니다. I형은 9일·2경기·월요일 시작, II형은 12일·3경기·화요일 시작이라는 핵심 키워드를 정확히 구분해 두시기 바랍니다.

제5항은 차출 의무의 범위를 명확히 한정합니다. 여자 국제경기 일정표에 포함된 국제경기 기간과 제2항에 열거된 각종 본선 및 최종 예선 기간을 벗어나면, 구단은 선수를 차출할 의무가 없습니다. 여자 대표팀 감독이 원한다고 해서 언제든 선수 소집을 강제할 수 있는 것이 아니라, FIFA가 승인한 일정표와 특정 대회 범위 내에서만 강제력이 인정됩니다. 일정표에 포함되지 않은 친선경기나 비공식 토너먼트는 구단과 대표팀이 협의하여 선수 파견 여부를 결정하는 순수 자율 영역입니다.

제6항부터 제8항은 선수의 소집·복귀 시한과 구단·협회의 의무를 시간 기준으로 정리합니다. I형 국제경기 기간의 경우, 선수는 늦어도 월요일 오전까지 대표팀 합류를 위한 이동을 시작해야 하고, 기간 종료 후에는 다음 주 수요일 오전까지 구단 복귀를 위한 이동을 시작해야 합니다. II형의 경우에는 화요일 오전까지 합류 이동을 시작하고, 기간 종료 후에는 다음 주 일요일 오전까지 복귀 이동을 시작해야 합니다. 여자 올림픽 토너먼트 대륙별 최종 예선의 경우, 예선 개막전 직전 월요일 오전까지 대표팀으로 출국해야 하고, 소속 팀의 마지막 경기가 끝난 다음 날 오전에 소속 구단으로 복귀해야 합니다. 이때 전체 차출 기간(월요일 오전 출국 시점부터 소집해제일까지)은 최대 16일로 상한을 두어, 예선 일정이 길어지더라도 구단이 감당해야 할 공백을 일정 범위 내로 제

한합니다. 제2항·제3항에서 언급하는 기타 대회 본선의 경우, 본선 시작 주의 직전 주 월요일 오전까지 이동을 시작해야 하고, 마지막 경기가 끝난 다음 날 오전에 소속 구단으로 복귀해야 합니다. 제7항은 구단과 협회가 합의를 통해 이 기본 틀보다 더 긴 차출이나 다른 형태의 일정을 정할 수 있는 여지를 열어 둔 조항입니다. 다만 이는 '최소 기준'을 정한 것이므로, 합의로 이를 단축하여 선수에게 불리하게 만드는 것은 허용되지 않습니다. 제8항은 남자 조항과 동일하게, 차출 기간 종료 후 선수는 24시간(타 축구연맹에서 경기를 한 경우 48시간) 내에 구단으로 복귀하여 업무를 재개해야 한다고 규정합니다. 구단은 차출 시작 최소 10일 전에 서면으로 출국·복귀 일정을 통보받아야 하며, 각 협회는 선수들이 경기 후 제때 구단으로 복귀할 수 있도록 모든 실무적 조치를 다해야 합니다.

제9항과 제10항은 복귀 시한을 지키지 않았을 때 발동되는 제재 메커니즘입니다. 선수가 규정된 기한까지 구단으로 복귀하여 의무를 재개하지 않으면, 구단의 요청에 따라 FIFA 축구재판소 선수지위부가 다음 소집에서 해당 선수의 차출 기간을 단축할 수 있습니다. 국제경기 기간의 경우 2일, 국제 토너먼트 본선의 경우 5일이 단축됩니다. 원래 12일을 데려갈 수 있는 일정에서 10일만 데려갈 수 있게 되는 식입니다. 협회 입장에서는 다음 소집 시 활용 가능한 기간이 줄어들어 전력 운영에 직접적인 타격을 받게 됩니다. 제10항은 이러한 위반이 반복될 경우, 같은 기관이 벌금 부과, 차출 기간 추가 단축, 나아가 해당 협회의 선수 소집 자체를 금지할 수 있다고 규정합니다. 협회가 선수를 늦게 돌려보내는 행위를 반복하면, 장기적으로 해당 선수들을 대표팀에 소집할 권리를 스스로 잃게 되는 구조입니다.

마지막으로 제11항은 여자 A대표팀 대회의 특수성과 선수 복지에 대한 FIFA의 정책 방향을 보여 줍니다. FIFA 여자 월드컵, 여자 올림픽 토너먼트, 각 축구연맹 여자 A대표팀 선수권대회 본선 기간에는, 자녀가 있는 여자 선수들을 위해 가족 친화적인 환경을 조성할 것을 각 협회에 권장합니다. 비구속적 권고 규정이지만, 최고 수준의 여자 대회에서 선수들이 어머니로서의 역할과 선수로서의 경력을 양립할 수 있도록 지원하는 것이 국제적 기준으로 자리 잡아가고 있음을 보여 줍니다.

합의도 허용되지 않습니다.

2. 1항에 따른 선수 차출 의무는, 풋살 국제경기 일정표(본 조 제3항 및 제4항 참조)에 기재된 모든 국제경기 기간뿐 아니라 FIFA 풋살 월드컵 본선과 각 축구연맹의 A대표팀 선수권대회 본선에도 필수적으로 적용됩니다. 다만, 해당 협회가 그 대회를 주최하는 축구연맹의 회원이어야 합니다.

3. FIFA는 관련 이해관계자와의 협의를 거쳐 4년 기간의 풋살 국제경기 일정표를 발행합니다. 이 일정표에는 해당 기간의 모든 국제경기 기간이 포함됩니다(제4항 참조). 풋살 국제경기 일정표가 공표된 이후에는, FIFA 풋살 월드컵 본선과 각 축구연맹 A대표팀 선수권대회 본선만 추가될 수 있습니다.

4. 국제경기 기간에는 두 가지 유형이 있습니다:

    a. Ⅰ형(Type I) 국제경기 기간은 월요일 아침에 시작하여 다음 주 수요일 밤에 끝나는 10일간의 기간으로 정의되며, 전적으로 대표팀 활동을 위해 배정됨. 이 기간 동안 각 대표팀은 국제대회 예선 경기와 친선경기를 합해 최대 네 경기까지 치를 수 있으며, 하나의 Ⅰ형 국제경기 기간 안에서 치러지는 최대 네 경기는 서로 다른 축구연맹 관할 구역을 두 개까지만 포함할 수 있음

    b. Ⅱ형(Type II) 국제경기 기간은 일요일 아침에 시작하여 그 다음 주 수요일 밤에 끝나는 4일간의 기간으로 정의되며, 전적으로 대표팀 활동을 위해 배정됨. 이 기간 동안 각 대표팀은 국제대회 예선과 친선경기를 통틀어 최대 두 경기까지 치를 수 있으며, 이 두 경기는 모두 같은 축구연맹 관할 구역 안에서 진행될 것

5. 풋살 국제경기 일정표에 포함된 국제경기 기간이 아닌 때나, 위 제2항에서 규정한 대회 본선 기간이 아닌 때에는 선수를 차출할 의무가 없습니다.

6. 두 종류의 국제경기 기간 모두에서, 선수는 늦어도 해당 국제경기 기간의 첫째 날 아침(각각 일요일 또는 월요일)까지 대표팀에 합류하기 위한 이동을 시작해야 하며, 국제경기 기간이 끝난 뒤 이어지는 목요일 아침까지는 소속 구단으로 복귀하기 위한 이동을 시작해야 합니다. 각 축구연맹의 A대표팀 챔피언십 대회 본선의 경우, 선수는 대회 본선 개막 12일 전 아침까지 대표팀에 합류하기 위한 이동을 시작해야 하며, 자신의 팀이 토너먼트에서 치르는 마지막 경기가 끝난 다음 날 아침에 협회로부터 복귀 허용(Release)을 받아야 합니다. FIFA 풋살 월드컵의 경우, 선수는 월드컵 개막 14일 전 아침까지 대표팀에 합류하기 위한 이동을 시작해야 하며, 자신의 팀이 대회에서 치르는 마지막 경기가 끝난 다음 날 아침에 협회로부터 소속 구단으로 복귀해야 합니다.

7. 관련 구단과 협회는 위 제6항에서 정한 것보다 더 긴 차출 기간이나, 그와 다른 형태의 일정에 합의할 수 있습니다.

8. 선수는 경기 종료 후 24시간 이내(타 연맹 경기의 경우 48시간 이내)에 반드시 구단에 복귀해야 하며, 협

회는 출발·복귀 일정을 최소 10일 원 소속 구단에 통지해야 합니다. 본 조에 따라 소속 협회의 소집에 응한 선수는, 차출 기간이 종료된 시점으로부터 늦어도 24시간 이내에 소속 구단으로 복귀하여 의무를 재개해야 합니다. 대표팀 활동이 선수의 구단이 속한 축구연맹과 다른 축구연맹에서 진행된 경우에는 이 기간을 48시간으로 연장합니다. 구단은 차출 기간 시작 10일 전까지 해당 선수의 출국 및 복귀 일정에 대해 서면으로 통보받아야 합니다. 각 협회는 선수들이 경기 후 제때 소속 구단으로 복귀할 수 있도록 보장해야 합니다.

9. 본 조에서 정한 기한까지 선수가 소속 구단으로 복귀하여 의무를 재개하지 않는 경우, 소속 구단의 요청에 따라 축구재판소 선수지위부는 해당 선수가 다음에 자국 협회의 소집을 받을 때 차출 기간을 다음과 같이 단축하도록 결정할 수 있습니다:

   a. 국제경기 기간: 2일 단축

   b. 국제 토너먼트 본선: 5일 단축

10. 이러한 규정을 반복적으로 위반하는 경우, 소속 구단의 요청에 따라 축구재판소 선수지위부는 다음 각 호의 결정을 내릴 수 있습니다:

   a. 벌금 부과

   b. 차출 기간 추가 단축

   c. 이후 대표팀 활동과 관련하여, 해당 협회가 해당 선수 소집 금지

해설　　제1조의3은 풋살 A대표팀에 대한 선수 차출 의무를 정리한 조항으로, 기본 원칙은 남자·여자축구와 같습니다. 선수가 자신의 국적을 기준으로 출전 자격이 있는 풋살 대표팀에서 소속 협회의 정식 소집을 받으면, 구단은 반드시 선수를 내보내야 하고 이에 반하는 계약·합의는 모두 무효입니다. 이 의무는 풋살 국제경기 일정표에 포함된 국제경기 기간과 FIFA 풋살 월드컵 본선, 각 축구연맹 풋살 A대표팀 선수권대회 본선에서만 강제되고, 그 밖의 시기에는 구단이 거절할 수 있는 자율 영역입니다.

국제경기 기간은 I형(약 10일 동안 최대 4경기)과 II형(짧은 기간 최대 2경기)으로 나뉘며, 대회 본선의 경우 월드컵은 개막 14일 전, 대륙 선수권은 12일 전부터 소집이 가능하고 마지막 경기 다음 날 아침에는 반드시 구단 복귀가 허용되어야 합니다. 차출 기간 종료 후에는 원칙적으로 24시간(다른 축구연맹에서 경기했을 경우 48시간) 이내에 구단에 복귀해야 하며, 이를 지키지 않으면 구단 요청에 따라 FIFA 축구재판소 선수지위부가 이후 소집 기간 단축, 벌금, 소집 금지 등 제재를 부과할 수 있다는 점이 핵심입니다.

제2조. 재정 및 보험(Financial provisions and insurance)

1. 이 부속서의 규정에 따라 선수를 보낸 구단은 어떠한 금전적 보상도 청구할 수 없습니다.

2. 선수를 소집한 협회는, 그 소집으로 인해 선수가 부담하게 되는 여행비용을 지급해야 합니다.

3. 해당 선수가 등록되어 있는 구단은, 차출 기간 전체에 걸쳐 선수의 질병 및 사고에 대한 보험 가입과 보장에 대한 책임을 져야 합니다. 이 보장은 선수가 차출되어 참가하는 국제경기 중 입은 모든 부상에도 동일하게 적용되어야 합니다.

4. 11인제 축구의 프로 선수(국제 A매치에 참가하는 선수)가 차출 기간 중 사고로 인해 신체적 부상을 입고, 그 결과 일시적으로 전면적인 경기 불능 상태가 되는 경우, 해당 선수가 등록된 구단은 FIFA로부터 보상을 받습니다. 이러한 보상의 구체적인 조건과 손해 처리 절차 등은 '기술 공지 - 구단 보호 프로그램(Technical Bulletin – Club Protection Programme)'에 규정되어 있습니다.

해설　제2조는 대표팀 차출에 따른 재정·보험상의 권리·의무 분담 원칙을 정리한 조항입니다. 제1항은 구단이 본 부속서에 따라 선수를 대표팀에 차출한 사실만으로는 어떠한 금전적 보상도 청구할 수 없음을 명시하고, 제2항은 선수를 소집한 협회가 해당 소집으로 인해 발생하는 일체의 여행비용을 부담하도록 규정합니다. 제3항은 차출 기간 중에도 선수가 등록된 구단이 질병 및 사고에 대한 보험 가입과 보장 책임을 계속 부담하며, 이 보장이 국가대표 경기 참가 중 발생한 부상에도 동일하게 적용되어야 하는 것을 규정합니다. 제4항은 11인제 축구 프로 선수가 국제 A매치 차출 기간 중 부상으로 인해 경기 불능 상태에 이른 경우, 해당 구단이 FIFA의 구단 보호 프로그램(Club Protection Programme)에 따라 일정한 보상을 받을 수 있음을 명시합니다.

이 조항들은 표면적으로 구단과 협회 간 비용 분담의 균형을 추구하지만, 구조적으로는 일정한 긴장 관계를 내포하고 있습니다. 구단은 선수의 급여, 훈련비, 의료비를 전액 부담하면서도 무상으로 차출해야 하고, 제3항에 따라 자신이 통제할 수 없는 대표팀 활동 중 부상에 대해서도 보험 책임을 집니다. 협회는 여행비만 부담하면서 최고 수준의 인적 자원을 활용하는 셈입니다. 제4항의 구단 보호 프로그램은 이러한 불균형을 부분적으로 완화하는 안전장치로 기능하는데, 일일 최대 20,548유로(EUR), 연간 최대 365일 한도로 보상하며 건당 최대 보상액은 7,500,000유로에 달합니다. 다만 보상은 부상으로 인한 경기 불능이 28일 이상 지속될 때만 발동되고, 고정급여만을 기준으로 산정되어 성과급과 보너스는 제외되므로 고액 연봉 선수일수록 실제 손실과 보상 사이의 간극이 벌어집니다.

2025년 뉴캐슬 유나이티드 FC(Newcastle United F.C.)의 요안 위사(Yoane Wissa) 사례가 이러한 구

조를 잘 보여 줍니다. 위사는 9월 브렌트포드 FC(Brentford F.C.)에서 5,500만 파운드(GBP)에 이적한 직후 콩고민주공화국 대표팀의 월드컵 예선(A매치) 차출 기간 중 PCL 부상을 입었습니다. A매치 차출이었기 때문에 FIFA 구단 보호 프로그램 적용 대상이 되어 이론상 최대 6,500,000파운드까지 보상받을 수 있었으나, 훈련 복귀와 함께 '일시적 완전 불능' 상태가 종료된 것으로 간주되면서 실제 수령액은 1,000,000파운드 미만에 그쳤습니다. 경기 출전까지는 약 3개월이 더 필요했지만 그 기간은 보상 대상에서 제외된 것입니다. 국제경기 일정이 늘어날수록 차출 빈도와 부상 위험이 동반 상승하는 상황에서, 현행 보상 체계가 이러한 변화를 충분히 반영하지 못한다는 구단 측의 비판은 지속적으로 제기되고 있습니다.

제3조. 선수 소집(Calling up players)

1. 원칙적으로 구단에 등록된 모든 선수는, 자국 국적을 기준으로 대표 자격이 있는 협회로부터 자국 대표팀 소집 통지를 받은 경우 이에 긍정적으로 응해야 할 의무가 있습니다.

2. 선수를 소집하고자 하는 협회는, 해당 선수가 대표팀 활동에 참여해야 하는 국제경기 기간(제1조 제4항 참조)의 첫날로부터 최소 15일 전에 서면으로 선수에게 통지해야 합니다. 국제 토너먼트 본선에 선수를 소집하고자 하는 협회 역시, 관련 차출 기간이 시작되기 최소 15일 전에 서면으로 선수에게 통지해야 합니다. 선수의 구단에도 동일한 시점에 서면으로 이를 알려야 합니다. 또한 협회는 소환장에 관련 구단의 협회를 참조로 포함할 것이 권고됩니다. 구단은 그 통지를 받은 날로부터 6일 이내에 선수 차출을 승인했음을 확인해야 합니다.

3. 해외에서 뛰는 선수의 차출과 관련해 FIFA의 도움을 요청하고자 하는 협회는 다음 두 조건을 모두 충족하는 경우에만 FIFA에 개입을 요청할 수 있습니다:

   a. 선수가 등록된 협회에 먼저 개입을 요청했으나 이를 통해서는 문제를 해결하지 못했을 것

   b. 선수가 필요한 경기일로부터 최소 5일 전에 해당 사안을 FIFA에 제출했을 것

해설 제3조는 소집 절차의 투명성을 보장합니다. 협회는 충분한 사전 통지를 해야 하고, 구단은 응답 의무를 가지며, FIFA 개입은 최후 수단으로만 가능합니다. 실무적으로는 종종 협회가 늦게 통보하거나, 구단이 답변을 지연시켜 분쟁이 발생합니다. 이 조항을 근거로 FIFA는 협회·구단 모두를 제재할 수 있습니다.

국적을 기준으로 대표 자격이 있는 협회로부터 소집을 받았으나, 부상이나 질병으로 인해 이에 응할 수 없는 선수는, 협회가 요구하는 경우 그 협회가 지정한 의사의 진단을 받아야 합니다. 선수의 요청이 있는 경우, 해당 의학적 검사는 선수가 등록되어 있는 협회 관할 지역에서 실시되어야 합니다.

해설 이 규정은 구단이 부상 핑계로 소집을 거부하는 관행을 차단하기 위한 장치입니다. 구단 진단서만으로 소집을 면제받을 수 없으며, 반드시 협회가 지정한 의사의 검진을 거쳐야 합니다. 실무에서는 이를 둘러싼 갈등이 많으며, 대표팀과 구단 간 신뢰 문제로 이어지기도 합니다.

제5조. 경기 출전 제한(Restrictions on playing)

자국 협회로부터 대표팀 소집을 받은 선수는, 해당 협회와 달리 합의된 바가 없는 한, 이 부속서의 규정에 따라 실제로 차출된 기간 또는 차출되었어야 할 기간 및 그 기간 종료 후 5일 동안은 자신이 등록된 구단을 위해 경기에 출전할 수 없습니다.

해설 제5조는 대표팀 소집 의무와 구단 경기 출전 사이의 균형을 맞추기 위해 마련된 규정입니다. 원칙적으로, 국가대표팀에 차출된 선수는 해당 차출 기간 동안 소속 구단에서 경기에 뛸 수 없습니다. 더 나아가 FIFA는 여기에 추가 5일간의 출전 제한을 두고 있는데, 이는 대표팀 소집에 응하지 않거나 무단으로 불참한 선수가 그 직후 곧바로 구단 경기에 나서는 상황을 방지하기 위함입니다.

즉, 선수가 대표팀에 소집되었거나 소집 대상이었음에도 불구하고 대표팀 활동에 참여하지 않았다면, 별도의 합의가 없는 한 차출 기간에 더해 추가로 5일 동안은 소속 구단 경기에 출전할 수 없습니다. 이를 통해 국가대표팀 소집 의무가 형식적인 절차에 그치지 않고 실질적인 강제력을 가지게 됩니다. 만약 이러한 제한이 없다면, 선수와 구단이 공모해 대표팀 소집을 회피하고 구단 경기에만 집중하는 사례가 빈번해질 수 있기 때문입니다.

제6조. 징계 조치(Disciplinary measures)

이 부속서에 규정된 조항을 위반하는 경우, FIFA 징계규정(Disciplinary Code)에 따라 FIFA 징계위원회가 결정하는 징계 조치의 대상이 됩니다.

 제6조는 국가대표 소집 의무를 위반했을 때 발생하는 최종적 제재 규정입니다. 실제로 구단이 고의로 선수를 차출하지 않거나, 협회가 절차를 지키지 않은 사례에서 FIFA는 벌금, 승점 삭감, 등록 제한 등의 제재를 내린 바 있습니다. 이는 국제 축구 질서를 유지하기 위한 FIFA의 강력한 권한 행사 장치입니다.

제1조. 적용 범위(Scope)

1. 본 부속서는 감독과 프로 구단 또는 협회 간의 고용계약에 관한 규칙을 규정합니다.

2. 이 부속서는 다음 각 호의 요건을 모두 충족하는 감독에게 적용됩니다:

    a. 실제로 지출한 비용을 초과하는 대가를 지도 활동에 대해 지급받는 자

    b. 프로 구단 또는 협회에 고용된 자

3. 이 부속서는 축구와 풋살 감독 모두에게 동일하게 적용됩니다.

4. 각 협회는 감독 고용계약의 계약 안정성을 보장하기 위해 자국 규정에 본 원칙을 반영해야 하며, 국내 법 및 단체협약도 존중해야 합니다.

5. 여성 선수에 관한 다음 조항들은 여성 감독에게도 동일하게 적용됩니다: 제18조 제7항 및 제18조의 4(단, 제4항 (a)와 (b)는 제외함).

해설　　제1조는 이 규정이 실비를 초과하는 보수를 지급받는 프로 축구 및 풋살 감독의 고용계약에 모두 적용됨을 명시합니다. 이에 따라 각국 협회는 자국 규정에 이 원칙을 반영할 때 국내법 및 단체협약을 반드시 존중해야 하며, 여성 감독에게는 선수와 동일한 임신·출산 관련 보호 조항을 적용하여 권리를 보장하도록 규정하고 있습니다.

제2조. 고용계약(Employment contract)

1. 감독은 반드시 구단 또는 협회와 개별적인 서면 계약을 체결해야 합니다.

2. 계약에는 고용계약의 본질적 요소가 포함되어야 하며, 여기에는 계약의 목적, 당사자의 권리와 의무, 당사자의 지위 및 직무, 합의된 보수, 계약 기간, 각 당사자의 서명 등이 포함됩니다.

3. 축구 에이전트 서비스 제공의 결과로 체결되는 모든 고용계약에는 FIFA 에이전트 규정에 따라, 에이전트의 이름, 클라이언트(감독), 해당 에이전트의 FIFA 라이선스 번호 및 서명이 명시되어야 합니다.

4. 계약의 유효성은 다음 사항을 조건으로 삼을 수 없습니다:

    a. 근로허가 또는 체류허가의 발급

b. 특정 지도자 자격증의 보유

c. 그 밖의 행정적·규제적 성격의 요건

5. 감독을 채용하는 과정에서 구단과 협회는, 감독이 채용에 필요한 요건(예: 요구되는 지도자 자격증 보유)을 충족하고 직무를 성실히 수행할 수 있도록 필요한 주의를 다하여 확인해야 합니다.

6. 계약상 이미 지급 기한이 도래한 금액을 감독에게 지급하는 것을 미루기 위해 구단 또는 협회에 추가적인 시간을 부여하는 조항(소위 '유예기간(Grace Period)' 조항)은 인정되지 않습니다. 다만, 국내법 및 단체교섭 관행에 따라 사용자와 노동자 대표가 유효하게 체결한 단체협약에 포함된 유예기간은 법적 효력이 있으며 인정됩니다. 이 규정이 발효될 당시 이미 존재하는 계약들은 이 금지 규정의 적용을 받지 않습니다.

해설　제2조는 감독과 구단·협회 사이의 고용계약이 어떤 최소 기준을 갖추어야 하는지를 정리한 조항입니다. 선수 파트의 규정을 감독 영역에 옮겨온 구조이지만, 감독은 노동법의 직접 적용을 더 강하게 받는다는 점에서 이 조항이 특히 중요한 기준이 됩니다.

먼저 감독은 반드시 구단 또는 협회와 개별적인 서면 계약을 체결해야 합니다. 구두 약속이나 단순한 제안서 수준으로는 FIFA 체계 안에서 권리를 온전히 보호받기 어렵습니다. 계약서에는 계약 목적(예: 1군 감독, 코치 등 직책), 권리·의무, 계약 기간, 보수 및 성과급 구조 등 기본 사항이 빠짐없이 포함되어야 하고, 추후 분쟁의 기준이 되는 만큼 표현도 명확해야 합니다.

에이전트가 개입한 계약이라면 에이전트 정보 기재가 필수입니다. 계약서에 에이전트 이름, 누구를 대리하는지(감독인지 구단인지), FIFA 라이선스 번호, 서명이 명시되어 있어야 합니다. 이는 나중에 수수료, 이해충돌, 대리권 범위 등을 둘러싼 분쟁이 발생했을 때 '누가 어떤 자격으로 이 계약에 관여했는지'를 명확하게 하기 위한 장치입니다. 이런 정보가 누락되면, 에이전트의 지위와 권한 자체가 문제되는 경우가 적지 않습니다.

눈에 띄는 부분은 계약 효력과 행정 요건을 분리해 두었다는 점입니다. 노동허가, 거주허가, 특정 지도자 자격증, 협회 등록 등은 감독이 실제로 업무를 수행하기 위해 반드시 필요하지만, FIFA 관점에서는 이것들을 '계약이 유효해질 조건'으로 삼을 수는 없습니다. 다시 말해, '비자가 나오면 계약이 효력이 생긴다'는 식의 조건부 조항은 계약 안정성을 해치는 요소로 보아 허용되지 않습니다. 계약은 계약대로 유효하고, 행정·규제 요건의 미비가 있다면 그것이 별도의 정당한 사유가 되는지 따로 판단해야 한다는 구조입니다.

그렇다고 구단·협회 책임이 가벼운 것은 아닙니다. 제2조는 동시에 구단·협회에 '감독을 채용할 때 필요한 자격 요건을 미리 확인하라'는 의무를 지웁니다. 리그에서 요구하는 지도자 라이선스, 국가법·협회 규정이 정한 필수 요건 등을 충족하지 못한 상태에서 무리하게 계약을 체결해놓고, 나중에 이를 이유로 계약 효력을 부인하는 것은 규정 취지에 맞지 않습니다. 감독 역시 자신이 가진 자격과 지위에 합당한 직무를 성실하게 수행해야 한다는 점에서 상호 책임 구조입니다.

마지막으로, 급여 지연을 정당화하는 '유예기간(Grace Period)' 조항의 금지가 명시되어 있습니다. 개별 계약에서 '월급은 몇 달까지 늦게 줘도 된다'는 식의 조항은 원칙적으로 무효입니다. 감독의 급여 역시 기본적인 생계와 직업 안정성과 직결되는 권리이므로, 단체협약 등 정식 노사 구조 안에서 합의된 예외가 아닌 이상, 임의의 지연 지급을 계약상 허용할 수 없도록 한 것입니다. 나중에 임금 체불을 이유로 분쟁이 발생하면, 이 조항이 제14조·제14조의2에 준하는 논의와 함께 중요한 판단 근거가 될 수 있습니다.

> **제3조. 계약의 존중(Respect of contracts)**
>
> 감독과 구단 간 계약은 계약 기간 만료 또는 상호 합의로만 종료될 수 있습니다.

해설   이는 선수 계약과 동일하게 계약 존중의 원칙을 선언한 조항입니다. 즉, 구단이 성적 부진을 이유로 일방 해지하거나, 감독이 더 좋은 제안을 이유로 중도 퇴출하는 것은 정당한 사유가 없는 한 허용되지 않습니다.

> **제4조. 정당한 사유에 의한 계약 해지(Terminating a contract with just cause)**
>
> 1. 감독과 구단 모두 정당한 사유(Just Cause)가 있을 경우 계약을 보상 없이 해지할 수 있습니다.
> 2. 상대방으로 하여금 계약을 해지하거나 계약 조건을 변경하도록 강요할 목적으로 한 당사자의 어떤 남용적 행위도, 상대방에게 정당한 사유를 근거로 계약을 해지할 권리를 부여합니다.

해설   이 조항은 정당한 사유(Just Cause) 개념을 감독 계약에 명문화한 것입니다. 예를 들어, 구단이 급여를 장기간 지급하지 않거나, 감독을 사실상 업무에서 배제하는 경우 감독은 정당한 사유로 계약을 해지할 수 있습니다. 반대로 감독이 업무를 지속적으로 이행하지 않거나 규율을 위반한 경우, 구단이 정당한 사유로 해지할 수 있습니다.

실무에서는 '정당한 사유'의 범위가 가장 큰 쟁점입니다. 단순한 성적 부진은 FIFA가 정당한 사유로 인정하지 않는 경우가 많습니다. 따라서 구단은 계약서에 '성적 조항(Performance Clause)'을 삽입해 정당한 사유 해지로 연결하려는 시도를 합니다. 하지만 이 역시 FIFA에서 엄격히 해석되므로 분쟁으로 이어지기 쉽습니다.

제5조. 미지급 급여를 사유로 한 정당한 해지

(Terminating a contract with just cause for outstanding salaries)

1. 구단이나 협회가 최소 2개월분 급여를 지급기일에 지급하지 않은 경우, 감독은 정당한 사유(Just Cause)로 계약을 해지할 수 있습니다. 단, 감독은 서면으로 채무불이행을 통보하고 최소 15일의 유예기간을 부여해야 합니다.

2. 급여가 월 단위로 지급되지 않는 경우, 2개월분에 해당하는 금액의 지급 지연 또한 계약 해지의 정당한 사유로 간주됩니다. 단, 이는 제1항에 명시된 해지 통지 절차를 준수하는 것을 조건으로 합니다.

3. 단체협약(CBA)에 따른 별도 규정이 있는 경우, 그 규정이 우선 적용될 수 있습니다.

해설　제5조는 감독의 고용 안정성과 생계 보장을 위한 규정으로, 구단이나 협회가 급여를 제때 지급하지 않을 경우 감독이 계약을 정당하게 해지할 수 있는 근거를 제공합니다.

기본 원칙은 다음과 같습니다. 구단 또는 협회가 최소 2개월분의 급여를 지급기일까지 지급하지 않으면, 감독은 이를 정당한 사유(Just Cause)로 삼아 계약을 종료할 수 있습니다. 다만 계약 해지를 위해서는 반드시 서면으로 채무불이행 사실을 통보하고, 최소 15일의 유예기간을 부여해야 합니다. 이는 구단이 단순한 행정 착오나 일시적 재정 문제만으로 곧바로 계약 해지 위기에 처하지 않도록 절차적 공정성을 확보하기 위한 장치입니다.

급여가 월 단위가 아닌 분기·반기·연 단위로 지급되는 경우에도 동일한 원칙이 적용됩니다. 2개월분에 해당하는 비례 금액이 지급되지 않은 상태가 지속되면, 감독은 계약 해지를 주장할 수 있습니다. 이 경우에도 서면 통지와 유예기간 부여 절차를 반드시 준수해야 정당성이 인정됩니다.

아울러 국가별 노동법 체계와 단체교섭 결과를 존중하기 위해, 해당 국가에서 유효하게 체결된 단체협약(CBA)이 있다면 그 규정이 FIFA 규정보다 우선 적용될 수 있습니다. 단체협약은 감독·선수들이 가입한 노동조합과 구단·리그가 임금, 근로시간, 복지, 징계, 분쟁 해결 절차 등을 포괄적으로 정한 집단 계약입니다. 따라서 리그나 국가에 따라 단체협약을 통해 감독에게 더 강력한 보호가 부여될 수도 있습니다. 이는 국제 규범과 국내 노동 질서가 충돌하기보다 상호 조화를 이루도록 설계된 장치입니다.

제6조. 정당한 사유 없는 계약 해지의 결과

(Consequences of terminating a contract without just cause)

1. 정당한 사유 없이 계약을 해지한 당사자는 보상금을 지급해야 합니다.

2. 보상금 산정은 계약서에 별도 규정이 없는 경우, 다음과 같이 계산됩니다.

   감독의 경우:

   a. 새로운 계약을 체결하지 않은 경우, 보상금은 잔여 계약 가치 전액

   b. 새로운 계약을 체결한 경우, 조기 해지된 계약의 잔여 기간에 해당하는 새로운 계약의 가치는 기존 계약의 잔여 가치에서 공제됨. 단, 계약 해지의 원인이 급여 연체인 경우에 한하여, 감독은 감액 보상에 더해 3개월분 월급에 해당하는 추가 보상을 받을 권리가 있고, 가중 사유가 있는 경우 추가 보상은 최대 6개월분 급여에 해당하는 금액까지 증액될 수 있으나, 전체 보상금은 조기 해지된 계약의 잔여 가치를 초과할 수 없음

   c. 단체협약(CBA)에 다른 규정이 있으면 그 규정이 우선

   구단·협회의 경우:

   a. 손해액은 '이행이익(Positive Interest)' 원칙에 따라 산정하며, 계약이 정상적으로 이행되었더라면 감독이 얻었을 이익을 기준으로 계산

3. 보상금 청구권은 제3자에게 양도될 수 없습니다.

4. 제3자가 감독 또는 구단에 계약 위반을 유도한 경우, FIFA는 제재를 가할 수 있습니다

해설   이 조항은 계약 안정성을 보장하기 위한 핵심 장치입니다. 정당한 사유 없이 계약을 해지하면 반드시 금전적 대가를 치러야 하며, 그 계산 방식까지 규정으로 명확히 제시하고 있습니다. 특히 감독의 경우 새 계약 체결 여부가 보상금 산정에 큰 영향을 줍니다. 이는 '이중 보상 방지'와 '실질적 손해 회복'이라는 원칙을 반영한 것입니다. 실무적으로는 구단이 성적 부진을 이유로 감독을 해임했을 때 이 조항이 자주 적용됩니다. 단순 성적 부진은 정당한 사유가 아니므로, 구단은 잔여 계약 가치 또는 합의된 보상금을 지급해야 합니다.

제7조. 연체금(Overdue payables)

1. 구단이나 협회는 감독과의 계약에 따른 재정적 의무를 준수해야 합니다.

2. 30일 이상 지급 지연이 발생하면 위반으로 간주될 수 있습니다.

3. 감독은 서면으로 채무불이행을 통보하고, 최소 10일의 추가 기한을 부여해야만 FIFA에 제소할 수 있습니다.

4. 축구재판소(Football Tribunal)는 연체 시 다음 제재를 내릴 수 있습니다:

   a. 경고

   b. 견책

   c. 벌금

5. 이러한 제재는 누적될 수 있습니다.

6. 반복 위반은 가중 사유가 되며, 더 무거운 제재가 내려질 수 있습니다.

7. 이 규정은 제6조(정당한 사유 없는 계약 해지에 따른 보상)와 별도로 적용될 수 있습니다.

해설   제7조는 감독 계약에도 선수 계약과 동일한 연체 규정을 그대로 확장 적용한 조항입니다. 핵심은 '30일 이상 미지급이면 위반'이라는 기준과, 서면으로 통지한 뒤 10일의 유예기간을 두는 절차입니다. 실무에서는 감독이 급여 체불 문제로 FIFA에 제소할 때 가장 먼저 인용되는 규정으로, 단순한 지급 지연만으로도 경고나 벌금 제재가 가능하고, 이런 상황이 반복될 경우 더 무거운 징계로 이어질 수 있습니다.

제8조. 기한 내 관련 금액 미지급 시 효과

(Consequences for failure to pay relevant amounts in due time)

1. 다음 각 경우에:

   a. 축구재판소가 일방(구단, 감독 또는 협회)에게 타방에 대한 금전 지급(미지급 금액 또는 보상금)을 명하는 경우, 기한 내 미지급 시의 효과는 해당 결정서에 포함되어야 할 것

   b. 분쟁 당사자들이 축구재판소 절차 규칙에 따라 FIFA 사무국의 제안을 수락하거나 거부하지 않는 경우, 기한 내 미지급 시의 효과는 해당 확인서에 포함되어야 할 것

2. 그 효과는 다음과 같습니다:

   a. 구단: 국내외를 불문하고 새로운 선수를 등록하는 것을 금지하는 제재로, 미지급 금액이 전액 지급

될 때까지 계속되며, 이 등록 금지의 전체 최대 기간은 본 조 제7항의 적용을 받아 연속하는 세 번의 전체 등록 기간을 상한으로 함

b. 협회: 발전기금(Development Funding)의 일정 비율을 수령하는 것을 제한하는 제재로, 미지급 금액이 전액 지급될 때까지 계속되며, 본 조 제7항의 적용을 받음

c. 감독: 미지급 금액이 전액 지급될 때까지 모든 축구 관련 활동을 제한하는 제재로, 그 전체 최대 기간은 본 조 제7항의 적용을 받아 6개월을 상한으로 함. 다만 채무 구단이나 협회가 국내법에 따른 파산 관련 절차에 들어가 법적으로 명령 이행이 불가능하다고 축구재판소에 통보된 경우, 제재는 예외적으로 면제될 수 있음

3. 축구재판소가, 채무자인 구단 또는 협회가 관련 국내법상 지급불능(Insolvency)과 관련된 사건의 적용을 받고 있어 법적으로 명령을 이행할 수 없다는 사실을 통보받은 경우에는, 위와 같은 제재를 배제할 수 있습니다.

4. 이러한 제재가 부과된 경우, 채무자는 결정이 통지된 날로부터 45일 이내에 채권자에게 지급해야 할 전액(적용 가능한 모든 이자를 포함)을 지급해야 합니다.

5. 45일의 기한은 결정서 또는 확인서가 통지된 때부터 기산되며, 다음 경우에 정지됩니다:

a. 결정 근거 제공에 대한 적법한 요청이 있는 경우(근거 통지 후 잔여 기간 다시 기산)

b. 스포츠중재재판소(CAS)에 항소가 제기된 경우

6. 채무자는 결정서 또는 확인서에 명시된 대로, 채권자가 지정한 은행 계좌로 전액(적용 가능한 모든 이자를 포함)을 지급해야 합니다.

7. 채무자가 정해진 기한 내에 전액(적용 가능한 모든 이자를 포함)을 지급하지 않고, 결정이 최종적·구속력이 있게 된 경우 다음이 적용됩니다;

a. 채권자는 FIFA에 제재의 집행을 요청할 수 있음

b. FIFA는 그러한 요청을 접수하는 즉시 해당 제재가 적용됨을 채무자에게 통지함

c. FIFA가 통지하는 즉시 제재는 곧바로 효력을 가지며, 등록 기간이 열려 있는 동안 적용되는 경우에도 예외가 아님. 이러한 경우, 해당 등록 기간의 남은 기간은 제2항 (a)에서 말하는 첫 번째 '온전한' 등록 기간으로 간주됨

d. 제재의 해제는 본 조 제8항에 따라 이루어지는 경우에만 가능함

8. 제재가 집행된 경우, 채무자는 제재 해제를 위해 FIFA에 전액 지급(적용 가능한 모든 이자 포함) 완료를 증명하는 서류를 제출해야 하며, 그 절차는 다음과 같습니다:

a. FIFA는 지급 증빙을 접수하는 즉시, 채권자에게 5일 이내에 전액 수령 여부를 확인해 줄 것을 요청함

해설　　제8조는 'FIFA 결정이나 합의에 따라 지급해야 할 금전을 기한 내에 지급하지 않으면 어떤 일이 벌어지는가'를 정리한 조항입니다. 축구재판소가 구단·감독·협회에게 금전 지급을 명하거나, FIFA 사무국이 제안한 합의안을 당사자들이 수락한 경우, 기한 내 미지급 시 어떤 제재가 따르는지가 해당 결정서 또는 확인서에 반드시 명시됩니다.

채무자는 결정 또는 확인서 통지일로부터 45일 이내에 원금과 이자를 전액 지급해야 합니다. 다만 이유서 요청이나 CAS 항소가 진행 중인 경우에는 이 기간이 정지되었다가, 이유서 또는 판정이 통지되면 다시 진행됩니다. 정해진 기한 내에 전액을 지급하지 않으면, 채권자는 FIFA에 제재 집행을 요청할 수 있으며, FIFA가 이를 통지하는 즉시 제재가 발동됩니다. 구단에게는 국내·국제이적을 불문하고 '선수 등록 금지' 제재가 최대 연속 3회 등록 기간 동안 부과되고, 감독에게는 모든 축구 관련 활동 금지가 최대 6개월간 부과되며, 협회에게는 FIFA 발전기금 수령 비율 제한이 부과됩니다.

다만 채무 구단이나 협회가 자국법상 지급불능(파산) 절차에 들어가 이행이 불가능한 상황임이 확인되면, 예외적으로 제재를 면제받을 수 있습니다. 제재는 채무자가 전액 지급을 증빙하고, 채권자가 5일 이내에 수령 여부를 확인한 경우에만 해제됩니다. FIFA가 채권자의 확인 또는 응답 기한 만료를 확인하고 제재 해제를 통지하면 그때부터 효력이 소멸하지만, 실제로 전액이 지급되지 않았다면 제재는 원래 정해진 기간까지 계속 유지됩니다.

이 조항이 실제로 어떻게 작동하는지를 보여 주는 대표적인 사례가 2023년 사우디아라비아 알 나스르 FC(Al Nassr FC) 사건입니다. 알 나스르 FC는 2018년 잉글랜드 레스터 시티 FC(Leicester City FC)에서 나이지리아 공격수 아흐메드 무사(Ahmed Musa)를 영입하면서 성과 조건부 추가금 약 460,000유로(EUR)를 지급하기로 했으나, 2019년 리그 우승으로 해당 조건이 충족된 후에도 이를 이행하지 않았습니다. FIFA는 2021년 지급 명령과 함께 3회 연속 등록 기간 내 미지급 시 등록 금지 제재를 경고했고, 알 나스르 FC가 이를 이행하지 않자 2023년 7월 등록 금지 제재가 즉시 발동되었습니다. 크리스티아누 호날두(Cristiano Ronaldo) 영입 이후 대형 선수 영입에 박차를 가하던 알 나스르 FC는 결국 레스터 시티에 전액을 지급하고 수령 확인을 받은 뒤에야 제재가 해제되어 세코 포파나(Seko Fofana) 등 후속 영입을 진행할 수 있었습니다. 510,000달러(USD)(당시 환율 기준 한화 약 6~7억 원) 상당의 미지급금이 구단의 영입 전략 전체를 일시 마비시킨 사례로, 금전 의무 불이행이 가져오는 실질적 리스크를 잘 보여 줍니다.

결론적으로 제8조는 'FIFA 결정대로 금전을 지급하지 않으면 등록 금지·활동 금지·발전기금 제한이라는 강력한 제재가 실제로 집행된다'는 점을 명확히 함으로써, 금전 지급 의무의 이행을 강하게 담보하는 조항입니다. 구단 입장에서는 패소 판정을 받았을 때 항소 여부와 관계없이 지급 일정을 미리 확보해 두는 것이 안전하며, 등록 기간이 임박한 시점에서 제재가 발동되면 시즌 전체가 흔들릴 수 있다는 점을 항상 염두에 두어야 합니다.

제1절. 일반 규칙(General rules)

제1조. 목적(Objectives)

1. 이적매칭시스템(TMS)은 국제이적제도의 목적을 달성하기 위해 설계되었습니다.

2. 구체적인 목적은 다음과 같습니다:

   a. 선수의 국제이적 절차를 모니터링하고 규율하는 것

   b. 축구 관련 기관에 축구 이적 시스템에 관한 정보를 제공하는 것

   c. 국제 축구 이적 시스템의 투명성·효율성·신뢰성을 제고하는 것

   d. 국제 선수 이적과 관련된 각종 지급금을 명확하게 구분하는 것

   e. 미성년자의 보호를 보장하는 것

해설　　제1조는 이적매칭시스템(TMS)이 왜 존재하는지, 이 시스템이 국제이적 구조 안에서 어떤 역할을 맡는지를 정리해 주는 조항입니다. 본질적으로 TMS는 '국제이적을 전부 기록하고, 양측 정보를 대조해 보고, 규정 위반을 자동으로 걸러내는 전자 모니터링 및 관리 시스템'이라고 정리할 수 있습니다.

과거 국제이적은 서류 위조, 유령 계약, 불투명한 금전 거래, 미성년자 불법 이적 등 여러 문제를 안고 있었습니다. 이적료·에이전트 수수료·보너스 구조가 계약서마다 다르게 적혀 있거나, 구단과 에이전트가 서로 다른 숫자를 주장해도 이를 체계적으로 검증할 수단이 거의 없었습니다. TMS는 이런 혼란을 줄이기 위해, 이적에 관여하는 양 구단이 각각 동일한 정보를 시스템에 입력하고, 이 정보가 일치해야만 ITC 발급과 이적 승인이 이루어지도록 설계되었습니다.

규정이 제시하는 목적들을 하나씩 보면, 우선 국제이적 절차 전반을 모니터링·규제하는 기능이 있습니다. 이적료, 계약 기간, 지급 일정, 에이전트 수수료, 셀온(Sell-on) 조항 등 핵심 정보가 모두 TMS에 입력되기 때문에, FIFA와 각 협회는 필요할 때마다 이 기록을 근거로 이적의 적법성과 투명성을 점검할 수 있습니다. 동시에 이적 자료가 전 세계적으로 통일된 형식으로 축적되기 때문에, 통계·정책 수립에도 활용될 수 있는 구조입니다.

정보 제공 기능도 중요합니다. 구단과 협회가 올려 놓은 데이터가 FIFA와 관련 축구 당국에 즉시 공유되므로, '누가, 어느 시점에, 어떤 조건으로 이적했는지'를 문서가 아니라 시스템에서 직접 확인할 수 있습니다. 그 결과, 같은 이적에 대해 서로 다른 버전의 계약서를 들고 나오는 상황을 줄이고, 분쟁이 생겼을 때도 TMS 기록이 핵심 증거로 활용됩니다.

금전 거래의 구분·추적 기능 역시 TMS의 핵심입니다. 이적료, 에이전트 수수료, 훈련보상금, 연대기여금, 보너스 등 각종 돈의 흐름이 어떤 항목명으로 누구에게 가는지를 시스템 안에서 구분해 입력하도록 되어 있어, '이적료 안에 에이전트 수수료를 섞어 넣는다'거나, '연대기여금을 축소·누락한다'는 식의 관행을 제도적으로 줄이려는 목적이 담겨 있습니다.

마지막으로, 미성년자 보호 기능은 TMS의 가장 민감한 역할 중 하나입니다. 미성년 선수의 국제이적이나 최초 등록이 이루어질 때, TMS는 자동으로 제19조(미성년자 보호 규정)와의 충돌 여부를 점검하고, 예외 요건 충족 여부를 확인하는 절차를 요구합니다. 이 과정에서 필요한 서류와 사실관계가 시스템에 모두 남게 되므로, 불법·편법 이적이 이루어졌을 때 사후 추적·제재가 가능해집니다.

국제이적 업무를 실제로 처리해 보면, TMS는 행정 부담을 늘리는 시스템이 아니라 '나중에 문제가 될 수 있는 부분을 미리 걸러주는 필터'에 가깝습니다. 양 구단의 입력 내용이 일치하지 않으면 아예 이적이 완료되지 않기 때문에, 이적료 숫자·지급 조건·계약 기간을 처음부터 정확히 맞춰 두어야 하고, 미성년자·금전 거래와 관련된 규정 위반도 일정 부분 자동으로 확인됩니다.

제2조. 적용 범위(Scope)

1. 본 부속서는 이적매칭시스템(TMS)을 통한 선수 국제이적 절차에 적용됩니다.
2. 모든 협회와 구단은 프로·아마추어 선수를 포함한 11인제 축구 국제이적에서 반드시 TMS를 사용해야 합니다.
3. FIFA는 협회와 구단에 TMS를 무료로 제공합니다. 따라서 TMS 이용에 추가 비용을 청구할 수 없습니다.

해설　제2조는 TMS가 '선택 사항'이 아니라 모든 국제이적에서 반드시 거쳐야 하는 의무 절차라는 점을 분명히 합니다. 11인제 축구에서 프로·아마추어를 불문하고 TMS를 사용하지 않고 진행된 국제이적은 원칙적으로 무효로 취급될 수 있고, 반복되거나 고의성이 드러나면 FIFA 징계 대상이 됩니다. 실제 업무에서는 협회 담당자와 구단 사무국이 이적료·계약 조건·송금 내역 등을 직접 시스템에 입력하게 되며, 의도적 누락이나 허위 기재가 확인될 경우 FIFA 징계위원회가 제재를 가할 수 있습니다. TMS 자체는 FIFA가 무료로 제공하므로, 이를 이유로 별도 수수료를 청구하는 것 역시 허용되지 않습니다.

제3조. 일반 조항(General provisions)

1. 선수의 국제이적과 관련하여, TMS 사용자는 FIFA가 각 사용자에게 부여한 권한의 범위 내에서 구단 또는 협회를 대리하여 TMS에서 필요한 행위를 수행할 수 있습니다.

2. FIFA 사무국(General Secretariat)은 본 부속서에 따라 필요한 조치를 취할 권한을 가집니다.

해설 제3조는 TMS를 누가, 어떤 권한으로 사용할 수 있는지를 규정한 조항입니다. 구단이나 협회 직원이 임의로 접속하는 것이 아니라, FIFA로부터 권한을 부여받은 사용자만 소속 구단·협회를 대신해 국제이적 업무를 처리할 수 있습니다. 이를 통해 책임 주체가 분명해지고, 무자격자가 시스템에 접근해 자료를 입력하거나 수정하는 일을 방지할 수 있습니다.

TMS 운영에 관한 최종 권한은 FIFA 사무국에 있습니다. FIFA 사무국은 이 부속서에 따라 필요한 조치를 취할 수 있으며, 시스템 사용 방식, 권한 회수, 제재 부과 여부 등을 최종적으로 결정합니다. 요컨대 TMS는 각 구단·협회가 사용하는 시스템이지만, FIFA 사무국이 중앙에서 관리·감독권을 행사하는 구조입니다.

제4조. TMS 접근 권한 취득 절차(Procedure to obtain access to TMS)

1. FIFA의 승인을 받은 사용자만 TMS에 접근할 수 있습니다.

협회(Associations)

2. TMS에 처음 접속하기 위해서는 협회가 최소 두 명의 TMS 사용자를 지정해야 하며, 해당 사용자들은 FIFA가 제공하는 교육을 이수해야 합니다.

3. 협회는 언제든지 새로운 TMS 사용자를 지정할 수 있습니다. 새로운 TMS 사용자는 해당 협회의 기존 공인 TMS 사용자로부터 교육을 이수해야 합니다. 교육이 완료되면, 협회는 TMS를 통해 신규 사용자 요청을 제출해야 합니다.

구단(Clubs)

4. TMS에 처음 접속하기 위해서는 구단이 최소 한 명의 TMS 사용자를 지정해야 하며, 해당 사용자는 구

단이 소속된 협회가 제공하는 교육을 이수해야 합니다. 교육이 완료되면, 협회는 TMS를 통해 신규 사용자 요청을 제출해야 합니다.

5. 구단은 언제든지 새로운 TMS 사용자를 지정할 수 있습니다. 새로운 TMS 사용자는 해당 구단의 기존 공인 TMS 사용자로부터 교육을 받아야 하며, 기존 TMS 사용자가 없는 경우에는 구단이 소속된 협회로부터 교육을 이수해야 합니다. 교육이 완료되면, 협회는 TMS를 통해 신규 사용자 요청을 제출해야 합니다.

해설 제4조는 TMS 접근 권한의 부여 체계를 규정한 조항으로, 단순한 계정 발급 규정이 아니라 국제 이적 시장의 투명성을 담보하는 게이트키핑 장치입니다. 협회에 최소 2명, 구단에 최소 1명을 요구하는 차등 기준에는 이유가 있습니다. 협회는 2명을 두어 업무 연속성과 상호 견제를 동시에 확보하고, 구단은 협회의 감독 하에 있으므로 1명으로도 운영이 가능하도록 한 것입니다.

FIFA에서 협회로, 협회에서 구단으로 이어지는 교육 체계도 주목할 부분입니다. 이는 단순한 시스템 사용법 전수가 아니라, FIFA의 규정 해석과 컴플라이언스 기준이 일관되게 전달되도록 하는 구조입니다. 협회가 구단 사용자를 직접 교육한다는 것은 해당 구단의 TMS 활동에 대해 협회가 감독 책임을 진다는 의미이기도 합니다.

특히 신규 사용자 요청을 협회가 최종 제출한다는 점이 중요합니다. 구단이 사용자를 지정해도 협회 승인 없이는 TMS 접근이 불가능합니다. 이는 협회를 자국 내 모든 국제 이적 데이터의 관문이자 책임 주체로 설정한 것입니다. 구단이 규정을 위반할 경우, 이를 승인한 협회에도 책임이 귀속될 수 있는 근거가 바로 여기에 있습니다.

제5조. TMS 사용자 요건(TMS user requirements)

1. TMS 사용자가 되기 위한 요건은 다음과 같습니다:

   a. 원칙적으로 구단 또는 협회에 직접 고용된 자일 것(직원이 없을 경우 자원봉사자·임원도 가능)

   b. FIFA 또는 기존 사용자가 제공하는 TMS 교육을 이수할 것

   c. 기본적인 컴퓨터 활용 능력을 갖출 것

   d. FIFA 공용 언어(영어, 프랑스어, 스페인어) 중 최소 한 가지 이상을 원활히 사용할 것

   e. FIFA의 신원 조회를 통과할 것(조직범죄, 마약 밀매, 부패, 뇌물수수, 자금세탁, 탈세, 사기, 경기 조작, 자금 유용, 전용(Conversion), 신의성실 의무 위반, 위조, 법률전문가의 직무상 비위, 성폭력, 강력범죄, 괴롭힘, 아동 또는 취약한 청소년에 대한 착취, 인신매매(성인 인신매매 포함) 등 유사 범죄)

> f. 동시에 두 개 이상의 조직에서 TMS 사용자로 활동할 수 없음
>
> g. 이해충돌 가능성이 있는 직위를 겸할 수 없음
>
> h. 현역 선수일 수 없음
>
> i. 현역 에이전트일 수 없음
>
> j. 개인 이메일 주소(가능하면 직장 이메일)를 제공할 것
>
> k. 만 18세 이상일 것
>
> 2. 각 협회는 이 외에 추가 요건을 자국 규정으로 정할 수 있습니다.

해설 제5조는 누가 이적매칭시스템(TMS)을 직접 다룰 수 있는지에 관해 자격 요건을 상당히 촘촘하게 정해 둔 조항입니다. 국제이적 정보와 금전 거래가 오가는 시스템인 만큼, 아무나 접근해서 데이터를 입력하거나 수정할 수 없도록 신뢰할 수 있는 인물만 사용자로 지정하라는 취지입니다. 기본 전제는 TMS 사용자가 반드시 구단이나 협회의 직접 고용인이라는 점입니다. 상근 직원이 없는 작은 구단이라면 임원이나 자원봉사자를 지정할 수 있지만, 어디까지나 해당 조직과 공식적인 법적·조직적 관계를 맺고 있는 사람이어야 합니다. 여기에 더해 FIFA 또는 기존 사용자가 제공하는 TMS 교육을 실제로 이수해야 하고, 기본적인 컴퓨터 사용 능력을 갖추어야 합니다. FIFA 공용어 가운데 최소 한 가지를 원활하게 사용할 수 있어야 한다는 요건도 두고 있어, 언어 능력이 부족하면 아예 사용자 승인이 거부될 수 있습니다.

신원과 이해충돌에 관한 요건 역시 매우 엄격합니다. TMS 사용자는 FIFA의 신원 조회를 통과해야 하고, 조직범죄·자금세탁·사기·성범죄 등 중대한 범죄 경력이 있을 경우 승인되지 않습니다. 동시에 두 개 이상의 조직에서 TMS 사용자로 활동하는 것은 금지되며, 이해충돌이 발생할 수 있는 직위를 겸하는 것 역시 허용되지 않습니다. 특히 현역 선수와 현역 에이전트는 TMS 사용자 자격이 없다는 점이 중요한데, 이적과 직접적인 이해관계를 가진 사람들이 시스템 안에서 정보를 열람하거나 조작할 가능성을 원천적으로 차단하려는 취지입니다.

이 밖에도 만 18세 이상일 것, 개인 이메일 주소(가능하면 직장 이메일)를 제공할 것과 같은 기본적인 신뢰성·책임성 요건이 함께 요구됩니다. 각 회원협회는 이러한 FIFA 차원의 최소 기준 위에 자국 규정으로 추가 요건을 더할 수 있기 때문에, 예를 들어, 해당 협회 공용어 능력이나 별도의 내부 교육 수료를 요구하는 방식으로 기준을 강화할 수 있습니다. 실제 현장에서는 대체로 협회 직원과 구단 사무국 직원이 TMS 사용자로 지정되고, 소규모 구단의 경우 신뢰할 수 있는 임원이나 자원봉사자가 이 역할을 맡는 경우가 많습니다.

제6조. 구단 및 협회의 일반 의무(General obligations: clubs and associations)

1. 구단과 협회는 자신이 지정한 TMS 사용자가 수행한 모든 행위에 대해 책임을 집니다.

2. 구단과 협회는 항상 다음을 준수해야 합니다:

   a. 성실하게 행동하여야 함

   b. FIFA 정관 및 모든 규정을 준수하여야 함

   c. FIFA 규정 위반이 의심될 경우 이를 FIFA에 보고하여야 함

   d. TMS에 입력된 모든 데이터의 기밀성을 유지하여야 함

   e. 오직 승인된 사용자만 TMS에 접근하도록 하여야 함

   f. TMS를 정기적으로 확인해 모든 의무를 이행하여야 함

   g. 지체 없이 미결 사항을 처리하여야 함

   h. 필요한 장비, 교육, 역량을 확보하여야 함

   i. TMS는 FIFA 규정에 정해진 목적에만 사용하여야 함

   j. 승인된 사용자의 이메일 주소가 항상 유효하도록 관리하여야 함

   k. 권한을 상실한 사용자의 계정은 즉시 비활성화하여야 함

   l. 입력된 모든 정보는 진실하고 정확하여야 함

   m. 업로드 문서는 진본·완전·가독성을 갖춘 PDF 형식이어야 하며, 지정된 섹션에만 업로드하여야 함

   n. FIFA 요청 시 문서 번역본을 FIFA 공용어(영어, 프랑스어, 스페인어) 중 하나로 제출하여야 함

3. 이 부속서와 관련하여 구단과 협회가 자신의 의무를 적절히 이행하고 있는지를 확인하기 위해, FIFA 사무국은 국제이적과 관련된 사안을 조사합니다. 선수의 국제이적, 그리고 구단과 협회의 TMS 사용과 관련하여 FIFA가 조사를 실시하는 경우, 구단과 협회는 이에 협조해야 합니다. 특히 사실관계를 규명하기 위해 협조하고, FIFA가 정한 기한 내에 자신들이 보유하고 있는 모든 문서·정보·그 밖의 자료를 제출하라는 요구에 응해야 하며, 해당 자료를 직접 보유하고 있지 않더라도 FIFA가 정한 기한 안에 취득할 권한이 있는 자료라면 이를 확보하여 제출해야 합니다.

해설 제6조는 이적매칭시스템(TMS)과 관련된 최종 책임이 누구에게 있는지를 분명히 하는 조

항입니다. 시스템에 실제로 로그인해 데이터를 입력하는 사람은 개별 사용자이지만, 그 사용차를 지정한 주체는 구단과 협회이기 때문에, 사용자의 모든 행위에 대한 책임은 결국 구단·협회가 진다는 구조입니다. 그래서 내부적으로 권한 관리, 계정 회수, 이중 확인 같은 통제 시스템을 갖추지 않으면, '직원이 잘못 올렸다'는 이유로도 제재를 피하기 어렵습니다.

구단과 협회가 항상 지켜야 할 의무도 구체적입니다. 성실 의무와 FIFA 규정 준수는 물론이고, 규정 위반이 의심되면 FIFA에 보고해야 하며, TMS 데이터의 기밀성을 유지하고 승인된 사용자 외에는 접근하지 못하도록 해야 합니다. TMS를 수시로 확인해 미결 사항을 지체 없이 처리하고, 필요한 장비·교육·역량을 갖추는 것도 의무입니다. 특히 업로드 문서는 진본·완전·가독성이 확보된 PDF여야 하고, 지정된 섹션에만 올려야 하며, 입력된 정보는 사실에 부합해야 합니다. FIFA가 요청할 경우 공용어 번역본을 제출해야 한다는 점도 기억할 필요가 있습니다. 퇴직자나 권한을 잃은 사용자의 계정을 즉시 비활성화하지 않고 방치하는 것 역시 중대한 위반이 될 수 있습니다.

FIFA 사무국은 국제이적과 관련된 사항을 조사할 권한을 가지고 있고, 구단과 협회는 요청을 받으면 기한 내에 필요한 자료를 모두 제출해야 합니다. 이 의무를 소홀히 하면, 단순한 행정 실수로 끝나는 것이 아니라 징계 사안이 될 수 있습니다.

제7조. 구단의 구체적 의무(Specific obligations: clubs)

이적매칭시스템(TMS)에 대한 접근 권한이 있는 구단은 다음 사항을 이행해야 합니다:

   a. 항상 최소 1명의 TMS 사용자를 지정하여야 함

   b. 우편 주소, 전화번호, 이메일 주소 등 구단의 연락처 정보가 유효하고 최신 상태로 유지되도록 하여야 함

   c. 구단의 은행 계좌 정보가 유효하고 최신 상태로 유지되도록 하여야 함

   d. 이적 지시를 입력·확정하고, 필요한 경우 요구되는 정보가 서로 일치하도록 보장하여야 함(이 부속서 제10조 참조)

   e. 국제이적과 관련하여 이루어진 모든 지급 내역을 TMS에 신고하여야 함

해설　　제7조는 이적매칭시스템(TMS)에 접근 권한이 있는 구단이 반드시 지켜야 할 기본 실무 의무를 정리한 조항입니다. 단순히 TMS를 열어 사용하는 것에 그치지 않고, FIFA가 요구하는 최소

한의 관리·신고 체계를 지속적으로 유지해야 한다는 의미입니다.

먼저, 구단은 항상 최소 1명의 TMS 사용자를 지정해 두어야 합니다. 실무에서는 통상 팀 매니저, 사무국 직원, 법무·등록 담당자 등이 TMS 책임자로 지정되며, 이 인원이 없으면 시스템상 이적 절차 자체를 진행할 수 없습니다.

연락처 정보와 은행 계좌 정보를 최신 상태로 유지하라는 의무는, TMS가 단순한 등록 플랫폼이 아니라 FIFA·협회·상대 구단과의 공식 소통 창구이자 각종 지급·정산 내역과 연결되는 시스템이라는 점에서 중요합니다. 이메일이나 전화번호가 오래된 상태로 방치되면 FIFA나 상대 구단의 공지 및 기한 통보를 놓치기 쉽고, 은행 계좌 정보가 잘못되어 있으면 연대기여금, 훈련보상금, 이적료 분할지급 등에서 분쟁이 발생할 위험이 큽니다.

(d)와 (e)는 TMS의 핵심 기능인 '이적매칭'과 '금전 흐름 투명성'을 뒷받침하는 의무입니다. 구단은 이적 지시를 TMS에 정확히 입력·확정해야 하고, 필요한 경우 양 구단이 입력하는 정보(이적료, 보너스 조건, 지급 일정 등)가 서로 일치하도록 조율해야 합니다. 이는 이 부속서 제10조와 연결되는 부분으로, TMS에서 양측 정보가 일치하지 않으면 국제이적증명서 발급이 지연되거나 거부될 수 있습니다. 또한 국제이적과 관련된 모든 지급 내역을 TMS에 신고해야 하는데, 이는 FIFA가 금전 흐름을 추적하여 제3자 소유권, 불투명한 수수료, 자금세탁 위험 등을 통제하기 위한 장치입니다.

제8조. 협회의 구체적 의무(Specific obligations: associations)

1. 각 회원협회는 다음 각 호의 의무를 부담합니다:

    a. 소속 구단의 TMS 활동을 상시 모니터링하여 본 규정 준수 여부를 점검하고, 위반이 의심되는 경우 지체 없이 FIFA에 보고할 것

    b. 최소 2명의 공인 TMS 사용자를 확보·유지할 것

    c. 소속 구단을 대상으로 TMS 관련 교육을 지속적으로 실시할 것

    d. 협회 및 소속 구단의 연락처(주소, 전화번호, 전자우편 주소 등)를 항상 최신 상태로 유지할 것

    e. 협회 및 소속 구단의 은행 계좌 정보를 정확하고 최신 상태로 유지할 것

    f. 소속 구단의 훈련 카테고리를 TMS에 정확하게 입력할 것

    g. 소속 구단 및 등록 선수에게 FIFA 커넥트 ID를 부여하고, 중복 등록이 발생한 경우 즉시 확인·정정할 것

    h. 새로 생성된 선수 등록 신청을 검토하여 승인 또는 거부하며, 이에 관한 절차는 부속서 3 제13조에 따를 것

    i. 국제이적증명서(ITC)에 관한 모든 절차를 수행하며, 구체적인 사항은 부속서 3 제11조를 준수할 것

    j. TMS 접근 권한이 부여되지 않은 소속 구단을 대신하여, 해당 구단 소속 아마추어 선수의 이적을 TMS에 입력할 것(부속서 3 제10조 참조)

    k. 대회, 시즌 및 등록 기간에 관한 모든 데이터를 TMS에 입력하며, 이는 다음 각 호에 해당하는 모든 대회에 관하여 대회 개시일로부터 최소 12개월 전에 완료할 것

       i. 남자 프로 대회

       ii. 여자 프로 대회

       iii. 남자 및 여자 아마추어 대회

2. 협회는 이미 TMS에 입력된 등록 기간을 해당 등록 기간 개시 전에는 수정할 수 있으며, 이 경우 그 내용을 FIFA에 반드시 통보하여야 합니다. 다만, 해당 등록 기간이 이미 개시된 이후에는 등록 기간을 수정할 수 없습니다.

해설   제8조는 협회가 이적매칭시스템(TMS)에서 어떤 역할을 해야 하는지, 구단과 어떻게 다른 책임을 지는지를 구체적으로 정리한 조항입니다. 한마디로 협회는 TMS의 감독·관리 주체입니다. 단순히 자기 협회 건만 처리하는 것이 아니라, 소속 구단들의 TMS 활동을 모니터링하고 규정 준수 여부를 점검하며, 위반이 의심되면 FIFA에 직접 보고해야 합니다.

협회는 최소 두 명 이상의 공인 TMS 사용자를 상시 보유해야 하고, 소속 구단을 대상으로 교육을 지속적으로 제공해야 합니다. 또 협회와 구단의 연락처·은행 계좌 정보, 훈련 카테고리, 선수·구단의 FIFA 커넥트 ID 등을 정확히 입력·관리해야 하며, 중복 ID가 확인되면 즉시 정리해야 합니다. 국제이적증명서(ITC) 발급 절차, 새 선수 등록 승인·거부, TMS를 쓰지 않는 아마추어 구단을 대신한 데이터 입력까지 모두 협회의 몫입니다.

대회·시즌·등록 기간 정보를 최소 12개월 전에 TMS에 입력해야 한다는 의무도 매우 중요합니다. 등록 기간이 한 번 시작되면 수정이 불가능하므로, 협회는 시즌 일정과 등록 기간을 미리 충분히 검토한 뒤 올려야 하고, 부득이하게 개시 전에 수정할 때는 FIFA에 반드시 통보해야 합니다. 이를 지키지 않으면 소속 구단의 선수 등록에 차질이 생기고, FIFA 제재로 이어질 수도 있습니다. 정리하자면, TMS에서 구단이 '개별 이적을 입력하는 실무 주체'라면, 협회는 그 위에서 전체를 관리·검증하고 FIFA와 직접 소통하는 중간 허브이자 최종 관문입니다.

해설　제9조는 이적매칭시스템(TMS)과 관련해서 FIFA 사무국이 어떤 역할을 맡고 있는지를 정리한 조항입니다. 한마디로 말해, TMS는 각 협회·구단이 쓰는 도구이지만, 그 위에서 전체를 관리·감독하고 최종 결정을 내리는 주체는 항상 FIFA 사무국이라는 점을 못 박고 있습니다.

구체적으로 FIFA 사무국은 기술적·규제적 문의에 답변하고 시스템 오류를 해결해 주는 한편, TMS 사용자 계정을 직접 부여·회수하면서 접근 권한을 통제합니다. 또한 규정 개정에 맞춰 협회와 구단을 대상으로 상시 교육과 안내를 제공해, 전 세계가 같은 기준과 절차로 국제이적을 처리하도록 조율합니다.

제재와 집행 면에서도 FIFA의 역할이 분명합니다. 구단이나 협회에 부과된 제재는 TMS에 직접 입력되어, 해당 구단이 향후 선수 등록이나 이적을 시도할 때 자동으로 걸리도록 관리됩니다. 아울러 TMS 사용 과정에서 규정 위반이 의심되면 FIFA 사무국이 직접 사실관계를 조사할 권한을 가지며, 본 부속서 위반이 확인되면 제17조에 따라 행정 제재를 부과할 수 있습니다. 즉, 구단·협회가 내부적으로 규정을 무시한 채 '우리끼리 합의했다'고 하더라도, FIFA가 TMS를 통해 언제든 제재를 집행할 수 있는 구조입니다.

정리하면, TMS는 단순한 IT 시스템이 아니라 FIFA 사무국이 중심에서 감독·교육·제재까지 책임지는 통합 관리 플랫폼입니다. 협회와 구단은 이 시스템을 통해 이적 절차를 처리하지만, 규정 해석·접근 권한·제재 집행에 관한 최종 열쇠는 항상 FIFA가 쥐고 있다는 점을 기억해 두면 됩니다.

제10조. 구단의 이적 지시 생성 절차(Clubs: creating transfer instructions)

1. 구단은 이적 지시를 생성할 때 반드시 다음 사항을 입력하고 관련 증빙 문서를 업로드해야 합니다:

   a. 이적 유형

   b. 이적 대상 선수

   c. 이적 세부 사항

   d. 이적 당사자

2. 구단은 이적 지시가 다음에 해당하는지를 표시해야 합니다:

   a. 선수를 영입하는지 또는 방출하는지

   b. 임대(Loan) 또는 완전 이적(Permanent transfer)인지

   c. 신규 구단에서의 선수 지위(프로/아마추어)

   d. 기존 임대와 연관된 경우, 다음 중 해당 사항 여부

      i.   임대 복귀

      ii. 임대 연장

      iii. 임대의 완전 이적 전환

      iv. 임대종료(즉, 구단 간 임대 계약이 종료되고 선수와 원 소속 구단 간의 계약도 함께 종료된 경우)

3. 이적 대상 선수와 관련하여, 구단은 이적 지시 유형에 따라 적용 가능한 경우 다음 정보를 입력해야 합니다:

   a. 원 소속 구단에서의 신분(프로/아마추어)

   b. 이름, 국적, 생년월일, 성별

   c. 임대의 경우, 해당 선수가 원 소속 구단 육성 선수(Club-Trained Player)에 해당하는지 여부 및 만 21세가 되는 시즌 종료 전에 원 소속 구단에서 임대가 이루어지는지 여부

   d. 원 소속 구단과의 고용계약 시작일과 종료일

   e. 신규 구단과의 고용계약 시작일과 종료일

   f. 신규 구단과의 고용계약에 명시된 고정 보수

   g. 원 소속 구단과의 고용계약 종료 사유

4. 이적 세부사항과 관련하여, 구단은 이적 지시 유형에 따라 적용 가능한 경우 다음 정보를 입력해야 합니다:

a. 원 소속 구단과 이적 계약이 존재하는지 여부. 명확히 하기 위하여, 여기에는 원 소속 구단이 이 부속서 제10조 제4항 (d)에 따라 다른 형태의 금전 지급을 받는 대가로 훈련보상금을 수령할 권리를 포기하기로 한 모든 합의를 포함함

b. 이적 합의서 체결일

c. 임대 계약의 시작일 및 종료일

d. 해당 이적이 다음 유형의 대금 지급 방식 중 어느 것에 해당하는지 여부:

   i. 고정 이적료 - 분할지급이 있는 경우 그 금액 및 지급일 포함

   ii. 바이아웃 금액(해지/이탈 조항에 따른 금액) - 분할지급이 있는 경우 그 금액 및 지급일 포함

   iii. 조건부 이적료 - 금액 및 구체적인 조건 내용 포함

   iv. 셀온(Sell-on) - 적용 비율(%) 포함

e. 대금 지급 통화(Currency)

f. 구단 은행계좌

g. 선수 경제적 권리에 대한 제3자 영향력 및 제3자 소유에 관한 선언(규정 제18조의2 및 제18조의3 참조)

5. 이적에 관여하는 당사자와 관련하여, 구단은 이적 지시 유형에 따라 적용 가능한 경우 다음 정보를 입력해야 합니다:

a. 선수의 원 소속 구단

b. 선수의 이전 소속 협회

c. 선수의 신규 구단

d. 선수의 새로운 소속 협회

e. 구단이 선임한 에이전트의 이름, 서비스 수수료 및 해당 에이전트에게 지급되는 기타 모든 수수료

f. 선수 개인의 에이전트 이름

6. 구단은 TMS에 입력된 정보와 관련하여 이적 지시 유형에 따라 적용 가능한 경우 다음의 필수 입증 서류를 업로드해야 합니다:

a. 신규 구단이 업로드할 자료

   i. 선수의 신원 증명서(여권 또는 국가신분증)

   ii. 선수의 직전 고용계약 종료일 및 그 해지 사유를 입증하는 자료

   iii. 신규 구단과 체결한 선수의 고용계약서

iv. 신규 구단과 원 소속 구단 사이에 체결된 이적 계약(완전 이적 또는 임대 불문, 필요한 경우 체결 완료 즉시 모든 변경계약 사본도 TMS에 업로드할 것)

v. (해당되는 경우) 에이전트와 체결한 대리 계약 사본(체결일로부터 14일 이내에 업로드하며, 필요한 경우 변경계약 사본도 체결일로부터 14일 이내에 TMS에 업로드할 것)

vi. (해당되는 경우) 대리 계약 이외에 축구 에이전트와 체결한 기타 모든 계약의 사본(체결일로부터 14일 이내에 업로드하며, 필요한 경우 변경계약 사본도 체결일로부터 14일 이내에 TMS에 업로드할 것)

b. 원 소속 구단이 업로드할 자료:

i. 선수의 경제적 권리에 대한 제3자 소유(TPO)가 신고된 경우(본 부속서 제10조 제4항 (g) 참조), 해당 제3자와의 계약서

ii. 임대의 경우, 해당 프로 선수가 원 소속 구단 육성 선수(Club-Trained Player)임을 입증하는 자료(본 부속서 제10조 제3항 (c) 참조)

iii. (해당되는 경우) 에이전트와 체결한 대리 계약 사본(체결일로부터 14일 이내에 업로드하며, 필요한 경우 변경계약 사본도 체결일로부터 14일 이내에 TMS에 업로드할 것)

iv. (해당되는 경우) 대리 계약 이외에 에이전트와 체결한 기타 모든 계약의 사본(체결일로부터 14일 이내에 업로드하며, 필요한 경우 변경계약 사본도 체결일로부터 14일 이내에 TMS에 업로드할 것)

7. 모든 관련 정보가 입력되고 필수 서류가 업로드되면, 구단은 지체 없이, 그리고 새로운 소속 협회의 등록 기간이 종료되기 전에 TMS에서 해당 이적을 확정해야 합니다(본 규정 제6조의 예외 적용 가능).

8. 이적 계약(완전 이적 또는 임대)에 따른 국제이적의 경우, 양 구단은 다음을 이행해야 합니다:

a. 서로 독립적으로, 이적 계약이 체결되는 즉시 이적 지시를 입력하고 확정하여야 함

b. 요구되는 정부가 서로 일치하도록 보장하여야 함

c. 정보 불일치로 인한 매칭 예외 사항이 있을 경우 이를 해결하기 위해 상호 협력하여야 함

9. 이 조항은 TMS 접근 권한이 없는 소속 구단을 대신하여, 아마추어 선수의 이적을 TMS에 입력하는 협회에도 동일하게 적용됩니다.

 제10조는 구단이 이적매칭시스템(TMS)에 이적 지시를 생성할 때 입력해야 할 정보와 업로드해야 할 문서를 구체적으로 규정한 조항입니다. 쉽게 말해, 'TMS에 무엇을 어떻게 기재해야 이적이 완료되는가'에 대한 체크리스트라고 볼 수 있습니다.

구단은 먼저 이적 유형(완전 이적/임대, 영입/방출 등), 선수 정보(신원, 계약 기간, 보수 등), 이적 세부 조건(이적료 유형, 금액, 지급 방식 등), 이적 당사자 정보(원 소속 구단, 새 구단, 에이전트 등)를 모두 입

력해야 합니다. 이와 함께 여권, 기존 계약 종료 증빙, 구단 간 이적 계약서, 선수와 신규 구단 간 고용계약서, 에이전트 대리 계약서(체결 후 14일 이내 업로드) 등 관련 문서를 전자파일 형태로 첨부해야 합니다. 제3자 영향력(제18조의2)이나 선수 경제적 권리의 제3자 소유(제18조의3)와 관련된 계약이 있다면 반드시 함께 신고해야 하며, 이를 누락할 경우 중대한 규정 위반에 해당할 수 있습니다.

국제이적의 경우 이 조항의 의미가 특히 강조됩니다. 이적에 관여하는 두 구단은 각자 독립적으로 TMS에 동일한 이적 지시를 입력해야 하고, 금액·기간·조건 등 모든 핵심 항목이 일치해야만 FIFA가 해당 이적을 승인할 수 있습니다. 단 하나의 숫자나 조건이라도 불일치가 있으면 시스템이 매칭을 거부하거나 예외 처리가 필요해지며, 그 결과 국제이적 절차가 지연되거나 진행되지 못할 수 있습니다. 아마추어 구단은 TMS 접근 권한이 없으므로, 해당 구단 소속 선수의 국제이적은 각국 협회가 대신 이적 지시를 입력합니다.

참고로, 제4항 (d) (iv)에서 언급된 '셀온(Sell-on)'이란 선수가 현재 이적하는 구단에서 향후 다른 구단으로 다시 이적할 경우, 이번 이적의 원 소속 구단이 그 미래 이적료의 일정 비율을 받을 수 있도록 하는 조항입니다. 예를 들어, A 구단이 B 구단에 선수를 이적시키면서 10% 셀온 조항을 설정했다면, 이후 B 구단이 해당 선수를 C 구단에 50,000,000유로(EUR)에 이적시킬 때 A 구단은 5,000,000유로를 수령하게 됩니다.

제11조. 협회의 ITC 절차 및 선수 등록(Associations: ITC procedure and player registration)

1. 구단이 이적 지시(Transfer Instruction)를 생성하고 선수가 확인되면, 새로운 협회는 이적매칭시스템(TMS)을 통해 국제이적증명서(ITC)를 요청할 수 있습니다.

    a. 새로운 협회는 TMS를 통해 해당 이적 지시가 ITC 요청 대기 상태임을 통보함

    b. 통보를 받은 후, 새로운 협회는 이전 협회에 ITC 발급을 요청할 수 있음

    c. ITC는 반드시 새로운 협회의 등록 기간 마지막 날까지 요청되어야 하며, 기간을 넘기면 원칙적으로 효력이 인정되지 않고 '검증 예외(Validation Exception)'로 처리됨

    d. 미성년자 국제이적의 경우, ITC 요청은 반드시 축구재판소(Football Tribunal)의 승인을 받거나 규정상 허용된 예외에 해당해야만 가능함

2. 선수가 원 소속 구단에서 프로 선수였던 경우, ITC 요청이 통지되는 즉시 이전 소속 협회는 해당 원 소속 구단에 다음 사항을 확인해 줄 것을 요청해야 합니다:

a. 고용계약이 이미 만료되었는지 여부

b. 조기 해지에 상호 합의가 있었는지 여부

3. 이전 협회는 ITC 요청을 받은 시점으로부터 72시간 이내에 ITC를 발급해야 합니다.

4. ITC를 발급할 때, 이전 협회는 선수에게 부과된 징계 제재와 그 효력이 전 세계에 미치는지 여부를 확인할 수 있는 문서를 함께 업로드해야 합니다.

5. 새로운 협회는 ITC를 수령한 즉시 이를 확인하고, 선수 등록 정보를 TMS에 입력하여 지체 없이 등록을 완료해야 합니다.

6. 이전 협회가 72시간 내에 응답하지 않으면, 새로운 협회는 선수를 직접 등록할 수 있으며 필요시 FIFA에 개입을 요청할 수 있습니다. ITC 발급 여부와 관계없이 선수와 구단 간의 계약 분쟁에는 영향을 미치지 않습니다.

7. 새로운 협회는 선수가 실제로 신규 구단에 등록될 경우에만 ITC 수령 또는 등록을 확인해야 합니다.

8. 선수는 새로운 협회가 ITC를 확인하고 등록 절차를 마쳐야만 출전 자격을 얻을 수 있습니다. 이 요건은 다음 두 가지 방식으로 충족됩니다:

a. ITC 수령을 확인하고, TMS 및 전자 선수 등록 시스템에 등록을 완료하는 방식

b. 이전 협회가 72시간 내 응답하지 않은 경우, 새로운 협회가 자체 전자 선수 등록 시스템에 선수를 등록하고 TMS에 등록을 완료하는 방식

9. 위 제8항의 두 방식은 동일한 효력을 가지며, 선수는 출전할 수 있습니다.

해설　제11조는 국제이적증명서(ITC)의 요청, 발급, 등록까지 이어지는 절차와 기한을 구체적으로 정한 조항입니다. ITC는 단순한 행정 서류가 아니라, 선수가 새로운 협회 소속으로 공식 경기에 출전할 수 있는 자격을 부여하는 마지막 관문입니다. 따라서 협회와 구단 모두 절차와 기한을 정확히 지켜야 하며, 한 단계라도 누락되면 선수의 출전 자격 자체가 문제될 수 있습니다.

절차의 흐름은 다음과 같습니다. 먼저 구단이 이적매칭시스템(TMS)에서 이적 지시를 생성하고 선수를 지정하면, 새로운 협회가 그 정보를 바탕으로 이전 협회에 ITC 발급을 요청합니다. 이 요청은 반드시 새로운 협회의 등록 기간이 끝나기 전까지 TMS를 통해 이루어져야 하며, 기한을 넘기면 원칙적으로 효력이 인정되지 않고 '검증 예외(Validation Exception)'로 처리됩니다. 검증 예외가 발생하면 FIFA에 별도의 승인 요청을 해야 하고, 지연 사유가 요청 측의 귀책이 아님을 소명해야 하므로 절차가 복잡해집니다. 특히 미성년자의 국제이적은 제19조에 따른 예외 사유에 해당하거나 축구재판소(Football Tribunal)의 사전 승인을 받은 경우에만 ITC 요청 자체가 가능하므로, 성인

선수보다 준비 기간을 넉넉히 확보해야 합니다.

실무에서 가장 중요한 포인트는 72시간 규칙입니다. 이전 협회는 ITC 요청을 받은 시점부터 72시간 이내에 ITC를 발급해야 하며, 선수에게 부과된 징계 제재가 있을 경우 그 효력이 전 세계에 미치는지 여부를 확인할 수 있는 문서를 함께 업로드해야 합니다. 72시간 내 아무런 응답이 없으면 새로운 협회는 ITC 없이도 자국 전자 선수 등록 시스템을 통해 선수를 직접 등록할 수 있으며, 필요시 FIFA에 개입을 요청할 수 있습니다.

이 규칙은 본 규정 제17조에서 다룬 2024년 10월 4일 유럽사법재판소(ECJ)의 라사나 디아라(Lassana Diarra) 판결 이후 더욱 강화되었습니다. 재판소는 계약 분쟁이 진행 중일 때 ITC 발급을 보류할 수 있도록 한 기존 규정이 선수의 이동의 자유와 EU 경쟁법을 침해한다고 판단했습니다. 이에 FIFA는 2024년 12월 22일 임시 규정 체계(Interim Regulatory Framework)를 채택하여 2025년 1월 1일부터 시행하고 있습니다. 개정된 규정에 따르면, 이전 협회는 계약 분쟁을 이유로 ITC 발급을 거부할 수 없으며, 72시간 내 응답하지 않으면 새로운 협회가 즉시 등록을 진행할 수 있습니다.

새로운 협회는 ITC를 정상적으로 수령한 경우 즉시 이를 확인하고, TMS 및 자체 전자 선수 등록 시스템에 선수 정보를 입력해 등록을 완료해야 합니다. 이전 협회가 72시간 내에 응답하지 않아 새로운 협회가 직접 등록하는 경우에도 TMS에 그 사실을 입력해 등록을 마쳐야 합니다. 규정은 두 경우 모두 동일한 효력을 부여하므로, 어느 방식으로든 등록이 완료되면 선수는 새로운 협회 소속으로 공식 경기에 출전할 수 있습니다. 다만 ITC 발급 여부와 관계없이 선수와 구단 간의 계약 분쟁은 별개의 문제로 남으며, ITC가 발급되었다고 해서 계약상 의무 위반이 치유되는 것은 아닙니다.

기한의 엄격성은 실제 사례에서도 여실히 드러납니다. 2017년 8월 31일 이적 마감일, 레스터 시티 FC(Leicester City FC)는 스포르팅 CP(Sporting CP)으로부터 포르투갈 국가대표 미드필더 아드리엔 실바(Adrien Silva)를 약 22,000,000파운드(GBP)(당시 환율 기준 약 28,700,000달러(USD))에 영입하는 계약을 체결했습니다. 그러나 FIFA TMS에 서류가 도착한 시각은 마감 시한을 14초 초과한 것으로 기록되었습니다. 레스터 시티 FC 측은 FIFA가 국제이적에 대해 1시간 연장을 부여했기 때문에 자정 전에 서류를 제출했다고 확신했지만, TMS 기록상 서류가 늦게 도착한 것으로 나타났습니다. 잉글랜드 축구협회(FA)는 FIFA에 검증 예외를 요청했으나 2017년 9월 27일 FIFA 선수지위위원회 단독판사가 이를 기각했습니다. 레스터 시티 FC는 스포츠중재재판소(CAS) 항소를 검토했으나, FIFA가 신속 절차를 지원하지 않겠다는 입장을 밝히자 2017년 10월 24일 구단 차원의 항소를 포기했습니다. 한편 실바 본인은 2017년 10월 3일 CAS에 직접 항소를 제기하고 긴급 잠정 조치를 신청하여 ITC 발급 명령을 요청했으나, 2017년 11월 17일 CAS가 이 신청마저 기각했습니다. 결과적으로 레스터 시티 FC는 약 22,000,000파운드(GBP)에 달하는 선수를 보유하면서도 2018년 1월 1일까지 공식 경기에 출전시킬 수 없었습니다. 실바는 2017년 10월 중순부터 1군 훈련에는 합류할 수 있었지만 경기 출전은 불가능했고, 레스터 시티 FC는 실바에게 등번호 14번을 부여했는데 일각에서는 이를 14초 지연에 대한 자조적 표현으로 해석하기도 했습니다. 14초의 지연이 약 4개월간의 출전 공백을 초래한 것입니다.

아드리엔 실바 사건은 TMS 서류 제출 기한이 얼마나 엄격하게 적용되는지를 보여 주는 대표적 사례입니다. 이적 마감일에 임박한 거래의 경우, 구단과 협회는 충분한 시간 여유를 두고 서류를 준비해야 하며, 시스템상의 지연 가능성까지 고려해야 합니다. 검증 예외 신청이나 CAS 항소를 통해 구제를 받을 가능성은 극히 낮으며, 절차적 하자는 원칙적으로 치유되지 않습니다. 2024년 라사나 디아라 판결 이후 ITC 발급 거부 가능성은 사실상 제거되었지만, 등록 기간 내 적시 제출의 중요성은 여전히 유효합니다.

제12조. 지급(Payments)

1. 구단은 국제이적과 관련된 모든 구단 간 지급 내역을 TMS에 신고해야 합니다(국제이적증명서 및 FIFA 클리어링 하우스 규정 제11조 제4항 참조). 지급 조건이 변경된 경우에도 즉시 신고해야 하며, 실제 지급이 이루어지면 신규 구단은 30일 이내에 해당 증빙을 TMS에 업로드해야 합니다.
2. 구단 간 지급 의무가 더 이상 존재하지 않게 되면, 해당 구단은 지체 없이 TMS를 통해 강제 종결(Forced Closure)을 요청해야 합니다.
3. 구단은 에이전트와 체결한 대리 계약(Representation Agreement)에 따른 모든 지급 내역을 신고해야 합니다. 지급이 이루어질 경우, 구단은 14일 이내에 증빙 자료를 TMS에 업로드해야 합니다.
4. 구단은 대리 계약 외의 다른 계약(예: 컨설팅, 자문, 협력계약 등)을 통해 축구 에이전트에게 지급하는 모든 내역 역시 신고해야 합니다. 이 경우에도 지급이 이루어진 후 14일 이내에 증빙 자료를 TMS에 업로드해야 합니다.

해설 제12조는 국제이적과 관련된 모든 금전 흐름을 TMS에 투명하게 기록하라는 구단의 의무를 구체적으로 적시한 조항입니다. 이적료, 분할 지급, 조건 변경, 에이전트 수수료, 컨설팅·자문 명목의 추가 지급까지 포함해, 구단이 다른 구단이나 축구 에이전트에게 지급하는 모든 돈이 언제 어떤 계약에 근거해 나갔는지 TMS에 남겨야 한다는 뜻입니다. 이는 FIFA가 자금 흐름을 추적하고, 탈세·자금세탁·제3자 개입 같은 문제를 사전에 걸러내기 위한 핵심 장치입니다.

특히 기한 관리가 중요합니다. 구단 간 지급에 대해서는 실제 송금이 이루어진 날로부터 30일 이내에 증빙을 업로드해야 하고, 에이전트 관련 지급(대리 계약 및 그 밖의 컨설팅·자문 계약 등)에 대해서는 14일 이내에 영수증·송금 확인서 등의 자료를 TMS에 올려야 합니다. 또 분쟁·상계·합의 등으로 더 이상 지급 의무가 남아 있지 않게 된 경우에는, 해당 구단이 직접 TMS에서 '강제 종결(Forced Closure)'을 요청해 상태를 정리해야 합니다. 그렇지 않으면 시스템상 미지급으로 계속 표시되어, 나중에 불필요한 분쟁이나 제재 위험으로 이어질 수 있습니다.

현장에서 이 조항을 제대로 이행하려면, 선수단 운영팀과 재무·회계팀이 긴밀히 협력해 이적 관련 지급이 발생하는 즉시 TMS에 반영하는 내부 프로세스를 마련할 필요가 있습니다. 한 번의 누락이나 지연이 그대로 규정 위반으로 기록될 수 있기 때문에, '돈을 썼다면 TMS에도 동시에 남긴다'는 원칙을 조직 전체에 철저히 공유해 두는 것이 안전합니다.

제13조. 선수 확인(Player confirmation)

1. 대상 선수가 TMS에 존재하지 않는 경우, TMS에 최초로 이적 지시를 입력한 구단이 해당 선수의 프로필을 생성해야 합니다. 이는 TMS에 접근 권한이 없는 소속 구단을 대신하여 아마추어 선수의 이적 지시를 입력하는 협회에도 동일하게 적용됩니다.

2. 새로 생성된 선수 정보가 이전 소속 협회에 의해 검증되고, 필요한 경우 수정되며, 최종적으로 확인될 때에만 ITC 절차가 개시됩니다. 이전 협회가 선수를 확인한다는 것은, 그 선수가 마지막으로 해당 협회에 등록되어 있었음을 인정하고, 선수의 인적 사항(이름, 국적, 생년월일, 성별)이 정확함을 확인하는 것입니다.

3. 이적 시점에 선수가 해당 협회에 등록되어 있지 않은 경우, 이전 소속 협회는 새로 생성된 선수 프로필을 거부해야 합니다.

4. 선수 확인 절차는 지체 없이 진행되어야 합니다.

해설　　제13조는 국제이적에서 해당 선수의 신원을 확인하는 절차를 규정한 조항입니다. TMS에 해당 선수의 프로필이 없는 경우, 처음으로 이적 지시를 입력하는 구단(또는 아마추어의 경우 이를 대신 입력하는 협회)이 선수 프로필을 새로 생성해야 합니다. 이렇게 생성된 정보는 반드시 이전 소속 협회가 검증·수정·확인해야만 ITC 절차가 개시됩니다.

이전 협회가 선수를 확인한다는 것은, 그 선수가 마지막으로 해당 협회에 등록되어 있었다는 사실과 이름·국적·생년월일·성별 등 인적 사항이 정확하다는 점을 공식적으로 인정하는 행위입니다. 만약 이적 시점에 선수가 해당 협회에 등록되어 있지 않다면, 이전 소속 협회는 새로 생성된 선수 프로필을 승인하는 대신 거부해야 합니다. 이는 잘못된 협회가 이전 협회로 오인되어 확인하는 상황을 방지하고, 선수 등록 이력의 연속성과 정확성을 보장하기 위한 장치입니다.

제13조가 궁극적으로 요구하는 것은, TMS 내에서 선수의 신원과 등록 경로를 하나의 연속된 프로필로 관리하라는 것이며, 이를 통해 중복 등록, 허위 등록, 타인 명의 사용 등의 위험을 방지하려는 취지입니다.

마지막으로, 선수 확인 절차는 지체 없이 신속하게 진행되어야 한다고 명시함으로써, 협회가 확인을 지연하여 이적을 사실상 방해하는 행위를 예방하는 기능도 수행합니다.

해설　　제14조는 이적매칭시스템(TMS)에서 이적이 자동으로 승인되지 않는 예외 상황, 즉 검증 예외(Validation Exception)를 규정합니다. 검증 예외는 미성년자 승인 미완료, 신규 구단의 등록 금지 제재, 임대 제한 초과, 등록 기간 외 ITC 요청, 이전 협회의 ITC 거부 후 새로운 협회의 이의 제기 등 다섯 가지 유형으로 발생합니다. 이러한 상황에서는 일반 절차로 진행이 멈추고, 협회가 FIFA 사무국에 개입을 요청해 선수지위부(PSC)의 개별 심사를 받아야 합니다. 관련 서류는 반드시 FIFA 공용어(영어, 프랑스어, 스페인어) 중 하나로 제출해야 하며, 사건별로 개별 판단이 내려집니다.

실무에서 가장 빈번하게 발생하는 검증 예외는 등록 기간 외 ITC 요청입니다. 앞서 제11조 해설에서 다룬 아드리엔 실바(Adrien Silva) 사건이 대표적인 사례이며, 2019년 불가리아에서도 유사한 사건이 있었습니다. 당시 잉글랜드 프리미어리그 울버햄프턴 원더러스(Wolverhampton Wanderers)는 주전 경쟁에서 밀린 두 선수, 윙어 조던 그레이엄(Jordan Graham)과 수비수 실뱅 데슬랑드(Sylvain Deslandes)를 불가리아 1부리그 로코모티브 플로브디프(Lokomotiv Plovdiv)에 시즌 임대로 보냈습니다. 불가리아의 2019-20시즌 여름 등록 기간은 6월 14일부터 9월 5일까지였고, 양 구단은 등록 기간 마지막 날인 9월 5일에 TMS에 필요한 정보를 모두 입력했습니다. 그러나 불가리아 축구연맹(BFU)의 ITC 요청은 등록 기간이 종료된 이후에야 이루어졌고, TMS에서 검증 예외가 발생했습니다. BFU는 로코모티브와 두 선수를 대리하여 FIFA에 검증 예외 면제를 요청했으나, 2019년 9월 24일 FIFA 선수지위위원회 단독판사가 두 청원 모두 기각했습니다. 정확한 기각 사유는 공개되지 않았으나, 등록 기간 내에 ITC 요청까지 완료되지 않은 점이 요청 측의 귀책으로 판단된 것으로 추정됩니다. 결과적으로 두 선수는 로코모티브에서 단 한 경기도 뛰지 못한 채 그해 11월 울버햄프턴으로 복귀해야 했고, 이듬해 1월 각각 다른 구단으로 재이적하며 반 시즌을 허비했습니다.

　FIFA는 검증 예외 면제를 허용하는 데 있어 매우 엄격하고 제한적인 접근 방식을 취합니다. 핵심은 지연이나 오류가 요청 측의 귀책이 아님을 입증해야 한다는 것입니다. 구단이 등록 기간 마감 전에 이적 지시를 정확히 입력하고 필수 서류를 모두 업로드했음에도, 기술적 문제나 이전 협회의 지연으로 인해 ITC 요청이 늦어진 경우에만 면제가 고려됩니다. 반면 구단의 부주의, 서류 오류, 정보 누락 등 자체 귀책 사유가 있는 경우에는 면제가 거부됩니다. FIFA는 '부주의나 지식 부족은 정당화 사유가 될 수 없다'는 원칙을 일관되게 적용하고 있습니다. 2020년 RSTP 개정 이후 모든 검증 예외 관련 요청은 TMS를 통해 일원화되어 처리되며, 이전 협회가 ITC를 거부한 경우 새로운 협회의 명시적 요청이 있으면 FIFA가 즉시 선수의 잠정 등록을 결정할 수 있게 되었습니다.

　등록 금지 제재를 받고 있는 구단이 국제이적을 시도하면 자동으로 검증 예외가 발생합니다. FIFA 회람문 제1843호에 따르면, 등록 금지는 국내이적과 국제이적 모두에 적용되며, 아마추어와 프로를 불문하고 모든 신규 선수 등록이 금지됩니다. 제재 기간이 완전히 종료되거나 FIFA가 제재를 해제하기 전까지는 어떠한 예외 조항(제6조 제3항)도 활용할 수 없습니다. 협회는 TMS뿐 아니라 자국 등록 시스템에서도 제재를 정확히 반영해야 하며, 이를 위반하면 FIFA 징계위원회의 제재를 받을 수 있습니다.

제15조. 취소(Cancellation)

1. 원칙적으로 잘못된 정보가 포함된 이적 지시는 취소되어야 합니다.

2. 구단 또는 협회(아마추어 구단을 대신하는 경우)는 ITC 요청 이전이라면 언제든 이적 지시를 취소할 수 있습니다.

3. ITC 요청 이후에는 해당 협회만이 TMS를 통해 취소 요청을 할 수 있으며, 반드시 취소 사유와 올바른 정보를 명시해야 합니다.

4. 취소 요청이 제기되면 상대 협회는 이를 수락하거나 이의를 제기할 수 있습니다.

    a. 수락 시, 해당 이적은 취소될 것

    b. 이의 제기 시, 해당 협회는 TMS에 소명 자료를 업로드하고 FIFA 사무국에 분쟁 해결을 요청할 것

해설　제15조는 이적매칭시스템(TMS)에 잘못 입력된 이적 지시를 어떻게 취소할 수 있는지, 그 절차와 권한을 정리한 조항입니다. 기본 원칙은 정보에 오류가 있는 이적 지시는 취소하여 바로잡

아야 한다는 점입니다. 다만 이적 절차가 어느 단계까지 진행되었느냐에 따라 누가, 어떤 방식으로 취소를 요청할 수 있는지가 달라집니다.

먼저 ITC를 아직 요청하기 전 단계라면, 이적 지시를 처음 올린 주체인 구단 또는 협회(아마추어 구단을 대신하는 경우)가 언제든지 해당 지시를 스스로 취소할 수 있습니다. 이 단계에서는 시스템상에서 비교적 간단히 정정이 가능하다고 보면 됩니다.

반대로 ITC 요청이 이미 들어간 뒤에는, 취소 권한이 협회로만 한정됩니다. 이때는 협회가 TMS를 통해 공식적으로 취소를 요청해야 하고, 단순 '취소해 주세요'가 아니라 취소 사유와 올바른 정보를 함께 명시해야 합니다. 취소 요청이 접수되면 상대 협회는 이를 수락하거나, 이유를 들어 이의를 제기할 수 있습니다. 수락하면 해당 이적은 취소되고, 이의가 제기되면 상대 협회가 TMS에 소명 자료를 올린 뒤 FIFA 사무국에 분쟁 해결을 요청하는 절차로 넘어갑니다.

제16조. 일반 조항(General)

1. 이 부속서의 규정을 위반한 구단 및 협회(그들의 TMS 사용자가 저지른 위반을 포함하여)에 대해서는 제재가 부과됩니다.

2. FIFA 사무국은 이 부속서에 포함된 규정의 모든 위반 행위를 조사할 책임을 집니다.

3. FIFA 징계위원회는 징계규정에 따라 이 부속서의 규정 위반에 대한 제재를 부과할 책임을 집니다.

해설　　제16조는 이 부속서 전체에 '이행 강제력'을 부여하는 조항입니다. TMS 관련 규정을 어기면 단순한 내부 지침 위반이 아니라 FIFA 징계 대상이 된다는 점을 분명히 합니다. 구단이나 협회뿐 아니라, 그들이 지정한 TMS 사용자까지 포함하여 책임을 물을 수 있다는 점에서, '실무자가 실수했으니 조직은 몰랐다'는 변명은 통하지 않습니다.

역할 분담도 뚜렷합니다. 위반 여부를 조사하는 주체는 FIFA 사무국(General Secretariat)이고, 그 조사 결과를 바탕으로 실제 제재 수준을 결정하는 기관은 FIFA 징계위원회(Disciplinary Committee)입니다. 제재는 경고·벌금부터 심하면 선수 등록 금지, 이적 효력 정지 등으로 이어질 수 있어, TMS 규정을 계약·이적 실무의 '옵션'이 아니라 지켜야만 하는 규범으로 이해해야 합니다.

제17조. 행정 제재 절차(Administrative Sanction Procedure, ASP)

1. FIFA 징계위원회의 권한을 침해하지 않는 범위 내에서, FIFA 사무국은 본 부속서 위반에 대해 행정 제재 절차(ASP)를 통해 제재를 부과할 수 있습니다.

2. 행정 제재 절차는 주로 기술적·행정적 성격의 위반을 다루며, 중대한 위반 사건과는 구분됩니다.

3. 위반이 발견되면 다음과 같은 절차가 진행됩니다:

    a. FIFA 사무국은 해당 협회나 구단에 위반 사실을 통보하고, 일정 기한 내에 진술서나 관련 자료 제출을 요청하며, 필요한 경우 위반 행위의 시정을 요구함

    b. FIFA 사무국은 제출 자료를 검토하거나, 기한이 만료된 후 필요시 제재 서한을 발송하여 제재를 부과할 수 있음

c. 당사자는 제재를 수락하거나 거부할 수 있으며, 거부하는 경우 FIFA 징계위원회에 사건이 회부됨

d. 당사자가 제재를 수락하고 정해진 기한 내 시정 조치를 완료하면 사건은 종결됨

e. 반대로 당사자가 응답하지 않거나 자료가 불완전하거나 제재를 따르지 않을 경우, 사건은 FIFA 징계위원회로 회부되어 최종 결정을 받음

4. 행정 제재 절차를 통해 FIFA 사무국이 부과할 수 있는 제재는 다음과 같습니다:

a. 경고(warning)

b. 견책(reprimand)

c. 최대 30,000스위스 프랑(CHF)의 벌금

해설　　제17조는 TMS 관련 위반에 대해 정식 징계 절차까지 가지 않고도 FIFA 사무국이 처리할 수 있는 '행정 제재 절차(ASP)'를 규정합니다. 쉽게 말해 규정 위반 중에서도 기술적·행정적 성격의 비교적 가벼운 사안을 신속하게 정리하기 위한 간이 절차입니다. 다만 FIFA 징계위원회의 권한을 대체하는 것이 아니라, 그 권한을 침해하지 않는 선에서 그 이전 단계에서 작동하는 장치입니다.

절차의 기본 흐름은 이렇습니다. 먼저 위반이 발견되면 FIFA 사무국이 해당 협회나 구단에 위반 사실을 통보하고, 소명서·자료 제출을 위한 기한을 줍니다. 필요하다면 '어떤 점을 어떻게 고쳐라'는 시정 요구도 함께 합니다. 그 다음 제출 자료를 검토한 뒤, 사무국이 적절하다고 보는 경우 제재 서한을 보내 경고·견책·벌금 등의 행정 제재를 부과할 수 있습니다. 당사자는 이 제재를 수락할 수도 있고, 수락을 거부하거나 응답하지 않거나, 시정 조치를 이행하지 않으면 사건은 FIFA 징계위원회로 넘어가 정식 징계 절차에서 다뤄지게 됩니다. 제재를 수락하고 기한 내에 시정을 마치면 그 시점에서 사건은 종결됩니다.

이 절차를 통해 FIFA 사무국이 직접 부과할 수 있는 제재는 경고, 견책, 그리고 최대 30,000스위스 프랑(CHF)까지의 벌금입니다. 보다 중대한 위반, 반복 위반, 혹은 제재 불이행 사례는 그대로 두지 않고 징계위원회로 넘겨 더 강한 스포츠 제재나 추가 징계를 검토할 수 있습니다.

요컨대 행정 제재 절차는 TMS와 관련된 비교적 경미한 위반을 신속하게 처리하는 일종의 1차 필터이자, 문제를 바로잡을 수 있는 추가 기회를 부여하는 단계입니다. 그만큼 구단·협회 입장에서는 FIFA 사무국의 통보와 시정 요구를 가볍게 넘기지 말고, 정해진 기한 안에 성실히 소명하고 시스템과 내부 절차를 정비함으로써 더 큰 징계로 번지는 것을 막아야 합니다.

해설　　제18조는 TMS와 TMS에 등록된 이메일을 통해 발송되는 모든 서신·결정이 법적 효력을 가진 공식 통지임을 못 박는 조항입니다. FIFA 사무국이 TMS 알림이나 등록 이메일로 보낸 순간, 그 시점이 곧 각종 기한(항소기간, 소명 제출기한 등)을 계산하는 출발점이 됩니다.

따라서 구단이나 협회는 '메일을 못 봤다', 'TMS를 확인하지 못했다'는 이유로 책임을 피할 수 없습니다. 담당 부서가 TMS와 등록 이메일을 수시로 확인하는 내부 체계를 갖추는 것이 필수이고, 주소·이메일 변경 시 즉시 갱신하지 않으면 그 자체가 리스크가 됩니다.

제1조. 목적(Objective)

1. 선수의 훈련과 교육은 만 12세부터 만 23세 사이의 기간에 이루어집니다. 원칙적으로 훈련보상금은 선수가 만 21세까지 받은 훈련에 대해 지급되지만, 선수가 이미 만 21세 이전에 훈련을 종료한 사실이 명백한 경우에는 해당 시점까지만 산정됩니다. 다만, 훈련보상금 지급 사유는 선수가 만 23세가 되는 해의 말일까지 발생할 수 있습니다. 금액 산정은 만 12세부터 실제 훈련이 종료된 시점까지의 기간을 기준으로 계산됩니다.

2. 훈련보상금 지급 의무는 계약 위반에 따른 손해배상금 지급 의무와는 별개로 적용됩니다.

해설   제1조는 FIFA 훈련보상금(Training Compensation) 제도의 목적과 적용 범위를 규정하고 있습니다. 핵심은 청소년 선수의 훈련과 교육에 투자한 구단이, 선수가 프로로 성장해 이적할 때 정당한 보상을 받을 수 있도록 보장하는 데 있습니다.

훈련 기간은 만 12세부터 만 23세까지로 설정되어 있습니다. 다만 실제 보상금 산정은 원칙적으로 만 21세까지의 훈련을 기준으로 합니다. 이는 FIFA가 선수의 기본적인 축구적 성장이 대체로 만 21세 이전에 이루어진다고 보는 데 따른 것입니다. 예외적으로 선수가 만 21세 이전에 훈련을 종료한 사실이 명백하다면, 그 시점까지만 훈련 기간으로 인정됩니다. 그러나 보상금 청구는 선수가 만 23세가 되는 해의 말일까지 가능하므로, 투자 구단이 보상을 청구할 수 있는 시한은 조금 더 길게 열어두고 있습니다. 금액 산정은 만 12세부터 실제 훈련 종료 시점까지의 기간을 기준으로 계산되며, 훈련 연차에 따라 FIFA가 정한 훈련 카테고리별 비용이 적용됩니다.

또한 중요한 점은, 훈련보상금 지급 의무가 계약 위반에 따른 손해배상과는 별개라는 것입니다. 예를 들어, 선수가 부당하게 계약을 해지한 경우 구단은 제17조에 따른 손해배상을 청구할 수 있지만, 그와 무관하게 훈련에 투자한 다른 구단들은 훈련보상금을 청구할 권리를 유지합니다. 즉, 훈련보상금은 계약 분쟁과 별도로 작동하는 독립적인 권리라는 점이 명확히 강조된 것입니다.

결국 제1조는 훈련보상금 제도의 목적을 '선수 육성에 투자한 구단에 대한 보상'으로 못박으면서, 보상 범위와 청구 가능 시점을 명확히 하고, 계약 분쟁과의 관계를 분리함으로써 청소년 육성 투자에 대한 안정적 인센티브를 제공하는 데 그 의의가 있습니다.

제2조. 훈련보상금 지급 사유(Payment of training compensation)

1. 훈련보상금은 다음 경우 발생합니다:

   a. 선수가 처음으로 프로 선수로 등록될 때

   b. 만 23세 미만의 프로 선수가 계약 기간 중 또는 종료 후 서로 다른 협회 소속 구단 간에 이적하는 경우

2. 훈련보상금이 발생하지 않는 경우도 있습니다:

   a. 구단이 정당한 사유 없이 선수 계약을 해지한 경우

   b. 선수가 훈련 카테고리 4 구단으로 이적하는 경우

   c. 선수가 이적 과정에서 아마추어 신분을 다시 취득하는 경우

3. FIFA 클리어링 하우스(Clearing House) 적용 사안의 경우, 훈련보상금 지급은 클리어링 하우스 규정에 따라 이루어집니다.

해설 제2조는 훈련보상금(Training Compensation)이 언제 발생하고, 언제 면제되는지를 규정하고 있습니다. FIFA가 청소년 육성 구단의 기여를 보상하려는 목적을 실질적으로 구현하는 조항이라 할 수 있습니다.

먼저, 훈련보상금이 발생하는 경우는 크게 두 가지입니다. 첫째, 선수가 처음으로 프로 선수로 등록되는 경우입니다. 이는 선수를 아마추어 단계에서 프로 수준까지 육성한 구단들이 그동안의 투자와 노력을 일정 부분 회수할 수 있도록 마련된 장치입니다. 둘째, 프로 선수가 만 23세가 되기 전에 서로 다른 협회 소속 구단으로 이적하는 경우입니다. 이때에는 이적 시점에 계약이 여전히 유효한지, 아니면 계약 만료 후 자유이적으로 이동하는지와 무관하게, 원칙적으로 훈련보상금 지급 의무가 발생합니다.

그러나 훈련보상금이 발생하지 않는 예외도 명시되어 있습니다. 구단이 정당한 사유 없이 선수 계약을 해지한 경우에는 오히려 구단이 계약 위반 책임을 져야 하므로 보상을 받을 권리를 상실합니다. 또한 선수가 FIFA 훈련 카테고리 중 카테고리 4 구단(훈련비용이 가장 낮은 아마추어·비전문 수준 구단)으로 이적하는 경우에는 훈련보상금이 면제됩니다. 그리고 선수가 이적 과정에서 아마추어 신분으로 다시 등록되는 경우에도 훈련보상금은 발생하지 않습니다. 이는 제도가 불필요하게 확대 적용되어 구단 간 거래나 선수 이동을 가로막지 않도록 하기 위한 예외입니다.

마지막으로, FIFA 클리어링 하우스(Clearing House)가 적용되는 경우에는 훈련보상금 지급도 클리어링 하우스 규정에 따라 처리됩니다. 즉, FIFA가 선수의 전 경력을 전자 선수여권(EPP)을 통해 확인하고, 관련 구단들에 자동으로 금액을 계산·분배하는 구조로 운영됩니다. 과거처럼 구단이 직접 청

구·집행하지 않고 FIFA가 중앙에서 관리함으로써 투명성과 집행력을 높이려는 제도적 개선입니다.

해설 제3조는 훈련보상금을 '누가, 언제, 누구에게' 지급해야 하는지를 정리한 조항입니다. 기본 전제는, 선수가 만 12세 이후 여러 구단에서 훈련을 받다가 처음 프로로 등록되면, 그 선수의 성장에 투자한 구단들에게 일정 부분 비용을 보전해야 한다는 것입니다. 다만 최근 상당수 건은 FIFA 클리어링 하우스를 통해 자동 정산되므로, 이 조항은 클리어링 하우스 규정이 적용되지 않는 경우에만 직접 작동하는 예외·보충 규범에 해당합니다.

제1항은 최초 프로 등록 시의 책임을 규정합니다. 선수에게 처음으로 프로 자격을 부여하는 구단은, 전자 선수여권에 표시된 선수의 경력을 기준으로, 만 12세가 되는 해 이후 해당 선수를 등록하여 훈련에 기여한 모든 과거 구단에게 훈련보상금을 지급해야 합니다. 지급 기한은 등록일로부터 30일이며, 금액은 각 구단에서 선수가 머무르며 훈련받은 기간에 비례하여 산정됩니다. 이후 해당 선수가 다른 프로 구단으로 이적할 때에는, 처음부터 전체 경력을 다시 정산하는 것이 아니라, 실제로 선수를 훈련시킨 기간에 대해서만 원 소속 구단에 훈련보상금을 지급하면 되고, 이전

단계의 유소년 구단들에 대해서는 다시 소급할 필요가 없습니다.

제2항은 클리어링 하우스가 적용되지 않는다는 전제를 다시 한번 명시하면서, 훈련보상금 지급 기한을 새로운 협회에서 프로로 등록된 날로부터 30일로 재확인합니다. 실무적으로는, 최초 등록인지 이후 이적인지에 따라 규범 구조가 달라지는 것이 아니라, 클리어링 하우스 적용 범위 밖에 있는 훈련보상금은 국제 프로 등록일 기준 30일 이내에 처리해야 한다는 단일 기준을 제시하는 것으로 이해하면 됩니다.

제3항은 훈련보상금을 받을 구단이 더 이상 존재하지 않는 경우를 위한 안전장치입니다. 원래라면 해당 구단이 받아야 할 훈련보상금을 소속 협회가 대신 수령할 수 있도록 허용하되, 그 구단이 더 이상 조직화된 축구에 참여하지 않는다는 점, 특히 파산·청산·해산·회원 자격 상실 등으로 실체가 소멸하였음을 입증해야 합니다. 이렇게 협회가 대신 수령한 훈련보상금은 해당 협회의 유소년 축구 발전 프로그램에만 사용할 수 있으며, 다른 일반 재원처럼 사용해서는 안 됩니다.

결론적으로, 제3조 전체는 선수를 육성한 구단(또는 협회)이 정당한 보상을 받도록 하면서도, 클리어링 하우스 적용 범위 밖에서도 일정한 기한과 절차를 통해 훈련보상 제도가 작동하도록 보완하는 규정입니다.

제4조. 훈련 비용(Training costs)

1. 훈련보상금 산정을 위해 협회는 소속 구단을 최대 4개 훈련 카테고리로 분류해야 하며, 이는 구단이 선수 훈련에 투자하는 재정 수준을 기준으로 합니다. 훈련 카테고리별 훈련비용은 '선수 1명을 1년간 훈련시키는 비용 × 선수 대비 프로 전환 비율(Player Factor)'로 계산됩니다.

2. 훈련비용은 축구연맹 단위로 산정되며, FIFA 공식 웹사이트(www.fifa.com)에 매년 말 업데이트되어 공표합니다. 협회는 소속 구단의 훈련 카테고리 정보를 TMS에 항상 최신 상태로 유지해야 합니다.

해설　　본 조항은 훈련보상금 산정의 기준이 되는 훈련 비용의 책정 방식을 규정합니다. RSTP 본문 제20조가 훈련보상금 제도의 전체적인 틀과 발생 요건을 다룬다면, 부속서 4는 실제로 얼마를 지급해야 하는지를 결정하는 산정 공식에 초점을 맞춥니다.

훈련 카테고리별 훈련비용은 단순히 지출 비용만 반영하는 것이 아니라, '선수 1명을 1년간 훈련시키는 비용 × 선수 대비 프로 전환 비율(Player Factor)' 공식을 통해 산출됩니다. 예를 들어, 어떤 협회에서 평균적으로 100명의 유소년 중 10명이 프로로 전환된다면, 단순 훈련 비용에 '10%

전환율'이 반영되어 실제 보상금 규모가 결정됩니다. 이는 모든 선수가 프로로 성장하는 것이 아니기 때문에, 구단의 투자 대비 실제 성과를 합리적으로 반영하려는 장치입니다.

해설 제5조는 훈련보상금을 산정하는 구체적 방식을 규정합니다. 훈련보상금 제도의 본질은 '선수를 영입하는 신규 구단이 직접 훈련시켰다면 발생했을 비용'을 기준으로, 과거 선수 육성에 기여한 구단들에게 보상을 분배하는 것입니다. 따라서 실제 지급액은 과거 구단의 투자 비용이 아니라 신규 구단의 훈련 카테고리 비용을 기준으로 계산됩니다. 이는 선수를 영입한 구단이 속한 경제적·스포츠적 수준에 맞춰 보상금 규모가 책정되도록 하려는 FIFA의 설계입니다.

선수가 최초로 프로 등록을 하는 경우에는 만 12세부터 만 21세까지의 전체 훈련 기간을 보상금 산정의 기준으로 삼습니다. 이는 프로 선수로 성장하기 위한 핵심 육성 단계가 만 21세 이전까지라는 FIFA의 기본 전제를 반영한 것입니다. 이후 이적할 때는 선수가 실제로 훈련을 받은 기간만 고려됩니다. 예를 들어, 선수가 만 16세부터 만 18세까지 특정 구단에서 훈련받았다면, 그 기간만을 기준으로 신규 구단의 훈련 카테고리 비용이 적용됩니다. 다만 만 12세부터 만 15세까지의 구간에 대해서는 보상금이 과도하게 책정되는 것을 막기 위해 상위 카테고리가 아닌 훈련 카테고리 4(최저 수준) 구단의 비용을 일률적으로 적용합니다. 이는 어린 시기의 훈련 기여를 존중하되, 과도한 금액 산정으로 인해 선수 이동이 불합리하게 제한되는 것을 방지하려는 취지입니다.

실제 분쟁이 발생했을 때 FIFA 분쟁해결부(DRC)는 보상금이 명백히 불합리하다고 판단되면 금액을 조정할 권한을 갖습니다. 이는 획일적인 공식 적용에서 생길 수 있는 불균형을 보완하기 위한 장치로, 각 사건의 구체적 사정을 고려해 합리적 수준의 보상이 이뤄지도록 하는 안전판 역할을 합니다.

훈련 비용은 개별 협회 단위가 아니라 축구연맹 단위로 산정됩니다. FIFA는 매년 말 훈련 비용 기준을 회람문(Circular)을 통해 공표하며, 2025년 기준 회람문 제1936호에 따른 연맹별 훈련비용은 다음과 같습니다:

축구연맹	훈련 카테고리 1	훈련 카테고리 2	훈련 카테고리 3	훈련 카테고리 4
UEFA	EUR 90,000	EUR 60,000	EUR 30,000	EUR 10,000
CONMEBOL	USD 50,000	USD 30,000	USD 10,000	USD 2,000
AFC	-	USD 40,000	USD 10,000	USD 2,000
Concacaf	-	USD 40,000	USD 10,000	USD 2,000
CAF	-	USD 30,000	USD 10,000	USD 2,000
OFC	-	USD 30,000	USD 10,000	USD 2,000

FIFA는 매년 말 훈련 비용 기준을 회람문(Circular)을 통해 공표하고, 협회는 소속 구단의 훈련 카테고리 정보를 이적매칭시스템(TMS)에 최신 상태로 유지해야 합니다. 이를 소홀히 하면 잘못된 보상금 산정으로 이어져 불필요한 분쟁이 발생할 수 있습니다.

계산 예시:

구체적인 계산 예시를 살펴보겠습니다. 한국 구단(AFC 소속)에서 만 12세부터 만 19세까지 훈련받은 선수가 만 20세에 잉글랜드 프리미어리그 훈련 카테고리 1 구단과 첫 프로 계약을 체결한 경우를 가정해 보겠습니다. 제5조 제3항에 따라, 만 12세부터 만 15세까지의 4년간은 훈련 카테고리 4 기준이 적용되어 10,000유로(EUR) × 4년 = 40,000유로가 산정됩니다. 만 16세부터 만 19세까지의 4년간은 신규 구단의 훈련 카테고리 1 기준이 적용되어 90,000유로 × 4년 = 360,000유로가 산정됩니다. 따라서 총 훈련보상금은 400,000유로이며, 영입 구단이 한국 구단에 이 금액을 지급해야 합니다. 최초 프로 등록 시에는 선수를 영입하는 신규 구단(이 사례에서는 잉글랜드)의 훈련 비용 기준이 적용되므로, 한국 구단에서 훈련했더라도 UEFA 기준 금액으로 계산됩니다.

제6조. EU/EEA 특별 규정(Special provisions for the EU/EEA)

1. EU/EEA 내에서 협회 간 이적 시, 훈련보상금은 다음 방식으로 계산됩니다:

    a. 낮은 훈련 카테고리 구단에서 높은 훈련 카테고리 구단으로 이적하는 경우, 두 구단의 훈련 카테고리별 훈련비를 평균한 금액을 적용함

    b. 높은 훈련 카테고리 구단에서 낮은 훈련 카테고리 구단으로 이적하는 경우, 낮은 훈련 카테고리 구단의 훈련비를 적용함

2. 훈련 종료 시점은 원칙적으로 만 21세까지지만, 선수가 더 일찍 훈련을 마쳤다면 그 시점까지만 인정됩니다.

3. 원 소속 구단이 선수를 붙잡기 위해 계약 연장을 원한다면, 계약 만료 60일 전까지 서면 제안을 해야 하며, 그 제안은 기존 계약과 최소 동등한 조건이어야 합니다. 그렇지 않으면 보상금을 청구할 수 없습니다.

해설   제6조는 FIFA 훈련보상금 제도와 유럽연합(EU)·유럽경제지역(EEA) 노동법 체계 사이의 조화를 반영한 조항입니다. 유럽 사법재판소의 보스만 판결(Bosman Ruling, 1995) 이후 선수의 자유로운 이동권은 EU 기본권으로 자리 잡았으며, 이에 따라 FIFA는 유럽 내 이적의 특수성을 고려한 별도 규정을 마련했습니다.

첫째, EU/EEA 내 협회 간 이적의 경우 훈련보상금 계산 방식이 일반 조항보다 완화됩니다. 낮은 훈련 카테고리에서 높은 훈련 카테고리로 이적할 경우에는 두 구단의 평균 훈련 비용을 적용합니다. 이는 빅클럽이 낮은 비용으로 선수를 영입해버리는 불균형을 막으면서도, 지나치게 과중한 보상을 요구하지 않도록 균형을 맞춘 방식입니다. 반대로 높은 훈련 카테고리에서 낮은 훈련 카테고리로 이적하는 경우에는 낮은 훈련 카테고리 비용을 적용합니다. 이는 재정 규모가 작은 구단이 선수를 데려올 때 과도한 부담을 지지 않도록 배려한 조치입니다.

둘째, 훈련 종료 시점은 원칙적으로 만 21세까지로 보지만, 선수가 더 일찍 프로 레벨의 훈련을 마친 것이 명백하다면 그 시점까지만 인정됩니다. 이는 실제 선수 발달 과정을 고려하여 불필요하게 보상 범위를 넓히지 않으려는 장치입니다.

셋째, 유럽의 계약법 원칙과 선수 권익을 반영하여, 원 소속 구단이 선수를 잡고 싶다면 계약 만료 60일 전까지 기존 계약과 최소 동등한 조건의 연장 제안을 해야 합니다. 만약 이러한 제안이 없다면, 원 소속 구단은 훈련보상금을 청구할 권리를 상실합니다. 이는 구단이 선수의 잔류를 원한다면 정당하게 조건을 제시해야 하고, 그렇지 않으면 단순히 보상금 수령을 목적으로 선수의 이적을 제한할 수 없다는 취지를 담고 있습니다.

계산 예시:

프랑스의 카테고리 3 구단(연간 훈련비 30,000유로(EUR))에서 만 12세부터 만 19세까지 훈련받은 선수가, 만 21세가 되는 해에 독일의 카테고리 1 구단(연간 훈련비 90,000유로)과 첫 프로 계약을

체결하는 상황을 가정하겠습니다. 이 경우 훈련보상금의 대상이 되는 기간은 선수가 원소속 프랑스 구단에서 실제로 등록되어 있던 만 12세부터 만 19세까지 8개 시즌입니다. RSTP 구조상 만 12세부터 만 15세까지 네 시즌은 항상 카테고리 4 구단의 표준 훈련비인 연간 10,000유로를 적용하고, 만 16세부터 만 19세까지 네 시즌은 참고 규정에서 정리한 EU/EEA 특별 규정 제1항 (a)에 따라 낮은 카테고리(프랑스 훈련 카테고리 3)와 높은 카테고리(독일 카테고리 1)의 훈련비를 산술 평균한 금액을 적용합니다. 프랑스 구단의 훈련비는 연간 30,000유로, 독일 구단의 훈련비는 연간 90,000유로이므로 평균 훈련비는 연간 60,000유로가 됩니다. 따라서 만 12세부터 만 15세까지 네 시즌에 대해서는 4 × 10,000유로를 적용하여 총 40,000유로가 산정되고, 만 16세부터 만 19세까지 네 시즌에 대해서는 4 × 60,000유로를 적용하여 총 240,000유로가 산정됩니다. 두 구간을 합산하면 EU/EEA 특별 규정에 따른 전체 훈련보상금은 280,000유로입니다.

반대 상황도 같은 규정을 기준으로 설명할 수 있습니다. 독일의 카테고리 1 구단에서 만 12세부터 만 19세까지 훈련받은 선수가 프랑스의 카테고리 3 구단으로 이적하는 경우, 이는 높은 훈련 카테고리 구단에서 낮은 훈련 카테고리 구단으로 이동하는 사례이므로 EU/EEA 특별 규정 제1항 (b)가 적용됩니다. 이 규정에 따르면 16세 이후 구간에는 낮은 카테고리 구단의 훈련비를 그대로 사용합니다. 만 12세부터 만 15세까지 네 시즌에 대해서는 앞선 예시와 동일하게 카테고리 4 기준인 연간 10,000유로를 적용하여 총 40,000유로가 산정되고, 만 16세부터 만 19세까지 네 시즌에 대해서는 낮은 카테고리인 프랑스 훈련 카테고리 3 구단의 연간 훈련비 30,000유로를 적용하여 4 × 30,000유로, 즉 120,000유로가 산정됩니다. 결국 이 경우 EU/EEA 특별 규정을 기준으로 한 전체 훈련보상금은 160,000유로가 되며, 하나의 예시는 평균 훈련비를 적용한 경우, 다른 예시는 낮은 카테고리의 훈련비를 적용한 경우가 되어, 참고 박스에 정리한 EU/EEA 특별 규정의 구조를 구체적인 수치로 보여 주는 사례가 됩니다.

제7조. 징계규정(Disciplinary measures)

FIFA 징계위원회는 본 부속서의 의무를 이행하지 않는 구단이나 선수를 대상으로 징계 조치를 부과할 수 있습니다.

해설　　제7조는 실체적 규정보다는 제재 근거 조항의 성격을 가집니다. 구단이 훈련보상금을 기한 내 지급하지 않으면, 벌금뿐만 아니라 이적 등록 금지 제재까지 받을 수 있습니다.

제1조. 연대기여금(Solidarity contribution)

1. 프로 선수가 계약 기간 중에 이적하는 경우, 신규 구단은 이적과 관련하여 지급되는 모든 보상금(원 소속 구단에 지급되는 훈련보상금 제외)에서 5%를 공제하여, 해당 선수의 훈련과 육성에 관여한 구단들에게 연대기여금으로 분배해야 합니다.

   a. 만 12세가 되는 역년: 전체 보상금의 5% 중 5%

   b. 만 13세가 되는 역년: 전체 보상금의 5% 중 5%

   c. 만 14세가 되는 역년: 전체 보상금의 5% 중 5%

   d. 만 15세가 되는 역년: 전체 보상금의 5% 중 5%

   e. 만 16세가 되는 역년: 전체 보상금의 5% 중 10%

   f. 만 17세가 되는 역년: 전체 보상금의 5% 중 10%

   g. 만 18세가 되는 역년: 전체 보상금의 5% 중 10%

   h. 만 19세가 되는 역년: 전체 보상금의 5% 중 10%

   i. 만 20세가 되는 역년: 전체 보상금의 5% 중 10%

   j. 만 21세가 되는 역년: 전체 보상금의 5% 중 10%

   k. 만 22세가 되는 역년: 전체 보상금의 5% 중 10%

   l. 만 23세가 되는 역년: 전체 보상금의 5% 중 10%

2. 훈련 구단은 다음 각 경우에 위 5% 연대기여금의 전부 또는 일부를 수령할 권리가 있습니다.

   a. 프로 선수가 완전 이적 또는 임대 여부와 관계없이, 서로 다른 협회 소속 구단 간에 이적하는 경우

   b. 프로 선수가 완전 이적 또는 임대 여부와 관계없이, 동일한 협회 소속 구단 간에 이적하더라도 해당 훈련 구단이 다른 협회에 소속된 경우

해설　연대기여금 제도는 FIFA가 유소년 육성 구단의 기여를 보상하기 위해 마련한 장치입니다. 프로 선수가 계약 기간 중 이적할 경우, 이적료의 5%를 선수의 만 12세부터 23세까지의 등록 이력에 따라 각 구단에 분배하도록 한 제도이며, 훈련보상금과는 별도로 운영됩니다. 연령대별 배분 비율은 미리 정해져 있는데, 만 12세부터 만 15세까지는 매 시즌 연대기여금의 5%, 만 16세부

터 23세까지는 매 시즌 연대기여금의 10%가 해당 시즌에 선수를 등록하여 훈련시킨 구단에 돌아가도록 설계되어 있습니다.

이 계산 구조를 이해하시기 위해 간단한 사례를 보시겠습니다. 선수 X가 막 만 21세가 되었고, 전자 선수여권에 따르면 만 12세부터 만 15세가 되는 역년에는 가나 축구협회 소속 A구단에, 만 16~20세가 되는 역년에는 미국 축구협회 소속 B구단에 등록돼 있었다고 가정하겠습니다. 선수 X는 만 21세가 되는 해 1월 1일, 미국의 B구단에서 독일 축구협회 소속 C구단으로 100,000달러(USD)의 이적료에 이적합니다.

연대기여금은 원칙적으로 국제이적에서 발생합니다. 한 협회 소속 구단에서 다른 협회 소속 구단으로 선수가 이적하고, 그 과정에서 이적료가 발생하는 경우, 신규 구단은 이적료의 5%를 선수의 유소년 시절에 선수를 훈련시킨 구단들에게 의무적으로 분배해야 합니다. 위 사례에서도 B구단(미국 소속)에서 C구단(독일 소속)으로의 이적이므로 연대기여금이 발생합니다.

이 경우 전체 이적료 100,000달러의 5%인 5,000달러가 이론상 연대기여금의 최대 금액입니다. 다만 연대기여금은 만 12세 이후의 경력만을 기준으로 하고, 실제로 치른 시즌만 배분 대상이 되므로 만 10~11세 기간은 계산에서 제외됩니다. A구단에는 만 12, 13, 14, 15세 네 시즌에 대해 매년 250달러(5,000달러의 5%)씩, 총 1,000달러가 지급됩니다. B구단에는 만 16, 17, 18, 19, 20세 다섯 시즌에 대해 매년 500달러(5,000달러의 10%)씩, 총 2,500달러가 배분됩니다. 즉, 이 이적에서 실제로 지급되는 연대기여금은 A구단 1,000달러, B구단 2,500달러, 합계 3,500달러입니다. 선수 X가 아직 만 21~23세 구간에서 시즌을 치르지 않았기 때문에, 그 연령대에 해당하는 몫은 이 사례에서는 자연스럽게 발생하지 않고, 결과적으로 이적료 중 나머지 1,500달러(5,000달러와의 차액)는 분배 대상 구단이 없어 연대기여금으로 지급되지 않습니다.

한편 예외적으로, 형식상 국내이적이라 하더라도 선수의 훈련 경력에 해외 협회 소속 구단이 포함되어 있다면 연대기여금이 발생할 수 있습니다. 예를 들어, 선수가 만 14세까지 브라질 구단에서 훈련을 받은 뒤 스페인 축구협회 소속 구단에 등록하고, 이후 같은 스페인 리그 내에서 다른 구단으로 이적하는 경우를 생각해 볼 수 있습니다. 이 거래는 형식상 스페인 내 국내이적이지만, 선수의 유소년 시기에 기여한 브라질 구단이 존재하므로 이적료의 5% 가운데 해당 부분은 브라질 구단에 분배됩니다.

반대로, 선수가 처음부터 끝까지 같은 협회 소속 구단들에서만 활동하다가 동일 협회 내에서만 이적하는 경우에는 FIFA 연대기여금 규정이 적용되지 않고, 각국 협회가 자체적으로 정한 규정이 있다면 그에 따르게 됩니다. 이처럼 연대기여금 제도는 '순수 국내이적'에는 적용되지 않지만, 국내이적이라 하더라도 국제적인 요소가 개입된 경우에는 적용될 수 있다는 점이 핵심입니다.

결론적으로 연대기여금은 단순한 재정 분배를 넘어서, 대형 이적으로 발생하는 자금을 유소년 육성 현장으로 다시 이전하고, 특정 국가나 리그의 규모와 무관하게 선수를 길러낸 구단이 정당한 보상을 받을 수 있도록 설계된 제도입니다.

제2조. 지급 절차(Payment procedure)

1. FIFA 클리어링 하우스 규정이 적용되지 않는 경우, 신규 구단은 위 규정에 따라 선수 등록일로부터 최대 30일 이내에(조건부 지급이 있는 경우에는 해당 금액이 실제 지급된 날로부터 30일 이내에) 훈련 구단에 연대기여금을 지급해야 합니다.

2. FIFA 클리어링 하우스 규정이 적용되지 않는 경우, 연대기여금의 액수를 산정하고 이를 선수의 전자 선수여권에 기재된 경력에 따라 분배할 책임은 신규 구단에 있습니다. 필요한 경우 선수는 신규 구단이 이 의무를 이행할 수 있도록 협조해야 합니다.

3. FIFA 클리어링 하우스 규정이 적용되는 사안의 경우, 연대기여금은 동 규정에 따라 지급되어야 합니다.

4. 어느 협회든, 원칙적으로 그 산하 구단 가운데 하나가 받을 법한 연대기여금 해당분을 대신 수령할 권리가 있습니다. 다만 이를 위해서는, 해당 프로 선수의 훈련과 육성에 관여했던 그 구단이 조직화된 축구에 더 이상 참여하지 않게 되었거나, 특히 파산·청산·해산 또는 회원 자격 상실 등의 사유로 더 이상 존재하지 않게 되었음을 입증해야 합니다. 이렇게 협회가 수령한 연대기여금은 해당 협회의 유소년 축구 발전 프로그램에 한해서만 사용되어야 합니다.

5. 징계위원회는 이 부속서에 규정된 의무를 준수하지 않는 구단에 대해 징계 조치를 부과할 수 있습니다.

해설   제2조는 연대기여금(Solidarity Contribution)이 '실제로 어떻게 지급되는가'를 규정하는 절차 조항입니다. 제21조와 부속서가 연대기여금의 취지와 배분 구조를 설계했다면, 제2조는 그 설계가 현실에서 집행되도록 만드는 기술적 토대에 해당합니다. 유소년 육성에 기여한 구단에 이적료의 일부를 돌려주겠다는 원칙이 살아 움직이려면, 누가, 언제, 무엇을 기준으로, 어떤 방식으로 지급할지까지 명확해야 하기 때문입니다.

먼저 FIFA 클리어링 하우스 규정이 적용되지 않는 경우, 신규 구단이 직접 지급 의무의 주체가 됩니다. 선수의 이적이 등록된 날을 기준으로 30일 이내에 각 훈련 구단에 연대기여금을 송금해야 하며, 이때 참고 기준은 전자 선수여권(EPP)입니다. 신규 구단은 EPP에 기재된 훈련 이력을 토대로 어느 연령대에 어느 구단이 선수를 훈련시켰는지 확인한 뒤, 연령별 배분 비율을 적용해 금액을 산정·분배해야 합니다. 선수에게 협조 의무를 부과한 이유도 여기에 있습니다. 훈련 이력이 누락되거나 상충하는 경우, 실제로 어느 기간에 어떤 구단에서 뛰었는지에 대해 가장 정확한 정보를 가진 당사자가 선수 본인이기 때문에, 선수의 사실 확인·자료 제공이 있어야 배분 절차가 원활하게 진행될 수 있습니다.

반대로 FIFA 클리어링 하우스가 적용되는 경우에는 지급 구조가 중앙집중 방식으로 전환됩니다. 이때는 신규 구단이 각 훈련 구단에 개별적으로 송금하는 대신, FIFA가 설립한 결제기관(FIFA 클리어링 하우스)이 EPP를 기반으로 권리 구단과 금액을 확정하고, 신규 구단으로부터 일괄 징수한 뒤 다시 각 훈련 구단에 분배합니다. 이러한 모델은 구단 간 직접 정산 과정에서 발생하던 미지급·지연 지급 문제를 줄이고, 자금 흐름을 금융 규제 수준의 준법 체계 안으로 끌어들이려는 개혁의 연장선에 있습니다. 특히 국제이적이 복잡해질수록, 개별 구단의 행정 역량 차이가 연대기여금 누락으로 이어지지 않도록 시스템 차원에서 보완하는 기능을 합니다.

광주FC – 아사니 사례는 제2조의 의미를 간단히 보여 주는 예로 참고할 수 있습니다. 연대기여금 약 3,000달러(USD)(당시 환율 기준 약 400만 원)를 제때 납부하지 못하면서 선수 등록 금지 징계가 내려졌고, 이후 그 등록 금지 조치가 제대로 이행되지 않아 제21조 '결정 불이행' 문제가 추가로 발생했습니다. 구체적인 징계 내용과 수위는 제21조 해설에서 다루었듯이 별도의 분석 대상이지만, 이 사건만 보더라도 연대기여금 지급 절차를 가볍게 여길 수 없다는 점, 그리고 제2조가 단순한 형식 규정이 아니라 후속 징계 구조와 맞물려 돌아가는 출발점이라는 점은 분명해집니다.

결국 제2조는 '연대기여금은 막연히 언제가 지급하면 되는 돈'이 아니라, 이적 등록 시점과 연동되어 엄격한 기한과 절차에 따라 처리되어야 하는 의무라는 점을 분명히 하는 조항입니다. 신규 구단의 30일 내 지급 의무, EPP를 기준으로 한 산정과 선수의 협조 의무, 그리고 클리어링 하우스가 적용되는 경우의 중앙집중 모델이라는 세 가지 축을 이해해 두면, 이후 규정에서 등장하는 미지급·지연 지급과 관련된 분쟁과 제재 구조를 해석하는 데 중요한 기준점이 됩니다.

제1조. 적용 범위(Scope)

1. 풋살 선수의 지위 및 이적 규정은 이 규정의 필수적인 요소입니다.

2. 이 규정은 풋살 선수의 지위, 조직화된 풋살에 참가할 자격, 그리고 서로 다른 협회에 소속된 구단 사이에서 이루어지는 이적에 관한 전 세계적으로 통일되고 구속력 있는 규정을 마련합니다.

3. 이 규정은 이 부속서에서 달리 명시된 경우를 제외하고, 남녀 선수, 아마추어 및 프로 선수 모두에게 동일하게 적용됩니다.

4. 같은 협회에 소속된 구단 사이의 풋살 선수 이적은 해당 협회가 제정하는 별도의 규정에 따라 관리됩니다. 이 규정에는 다음 사항이 포함되어야 합니다:

   a. 국내 강행법규와 단체협약(CBA), 그리고 본 RSTP 본문 제1조 제3항 (b)에 규정된 원칙을 존중하면서 계약 안정성을 보호하기 위한 적절한 수단

   b. 풋살 구단과 선수 간 분쟁을 해결하기 위한 구체적인 규칙

5. 본 규정의 다음 조항들은 풋살에 대해 국가 차원에서 구속력을 가지며, 협회 규정에 수정 없이 포함되어야 합니다: 제2~8조, 제10조, 제11조, 제12조의2, 제18조, 제18조 제7항, 제18조의2, 제18조의3, 제18조의4, 제18조의5, 제19조 및 제19조의2.

   제18조 제7항, 제18조의4 및 제18조의5와 관련하여, 여자 프로축구에 관한 조항을 포함하는 유효한 단체협약이 체결되어 있는 경우, 해당 단체협약의 조항이 우선 적용되며, 협회 규정에는 해당 단체협약에 대한 명시적 참조를 포함해야 합니다. 단체협약이 존재하지 않으나 국내법에 더 유리한 조건이 규정되어 있는 경우, 그 유리한 조건을 협회 규정에 포함해야 합니다.

해설 　제1조는 이 부속서가 풋살 선수의 지위와 이적에 대해 어떻게 적용되는지, 그 범위와 위상을 정리한 조항입니다. 풋살 선수의 지위·등록·국제이적에 관한 규정은 'FIFA 선수의 지위 및 이적 규정(RSTP)'의 한 부분으로서 전 세계적으로 통일되고 구속력 있는 기준을 제시하며, 별도 예외가 없으면 남녀·아마추어·프로 모두에게 동일하게 적용됩니다. 서로 다른 협회 소속 구단 사이의 이적은 이 규정이 직접 적용되며, 같은 협회 소속 구단 사이의 이적은 각국 협회가 별도 국내 규정을 두어 관리하되, 계약 안정성을 보호하는 장치와 구단 – 선수 분쟁 해결 절차를 반드시 포함

해야 합니다. 아울러 제2조부터 제8조까지, 제10조, 제11조, 제12조의2, 제18조 및 관련 조항, 제19조 등 일부 조항은 국가 단위 풋살에도 수정 없이 그대로 편입되어야 하는 강행 규정이며, 여자 프로와 관련해서는 국내 단체협약이나 국내법이 더 유리한 조건을 정한 경우 그 내용을 협회 규정에 반영해야 한다는 점을 명시하고 있습니다.

해설   제2조는 풋살 선수의 국가대표팀 자격을 어떻게 제한하는지를 정리한 조항입니다. 우선 국가대표팀 차출과 관련해서는 이미 보신 부속서 1 제1조의3(풋살 국가대표팀 차출 원칙)이 그대로 적용된다고 명시하고 있습니다. 그에 더해 '대표팀은 하나의 협회만 대표할 수 있다'는 원칙을 추가로 규정하고 있습니다. 즉, 선수는 풋살과 11인제 축구를 통틀어 한 협회 소속 대표팀만 대표할 수 있고, 어떤 형태이든 한 번 공식 대회 경기에 출전한 뒤에는 다른 협회 소속 대표팀의 국제경기에는 뛸 수 없습니다. 다만, 이 원칙은 FIFA 정관 적용규정 제9조에 규정된 국적·대표팀 변경에 관한 예외 규정을 통해 제한적으로 완화될 수 있습니다.

2. 풋살 선수는 한 번에 하나의 풋살 구단에만 등록될 수 있습니다. 다만, 동시에 하나의 11인제 구단에 등록하는 것은 허용됩니다. 이때 해당 풋살 구단과 11인제 구단이 반드시 같은 협회에 소속될 필요는 없습니다.

3. 11인제 구단과 프로 계약을 맺고 있는 풋살 선수는, 자신을 고용하고 있는 11인제 구단의 서면 승인을 받은 경우에만 다른 풋살 구단과 별도의 프로 계약을 체결할 수 있으며, 그 반대의 경우도 마찬가지입니다.

4. 풋살 선수는 한 시즌 동안 최대 세 개의 풋살 구단에 등록될 수 있습니다. 이 기간 동안 선수는 공식 경기에 두 개의 풋살 구단 소속으로만 출전할 수 있습니다. 다만 예외적으로, 시즌 시작 시기가 서로 겹치는(예: 한쪽은 여름/가을, 다른 쪽은 겨울/봄에 시즌 시작) 협회 소속 두 풋살 구단 사이를 이적하는 풋살 선수의 경우, 이전 풋살 구단들에 대한 계약상 의무를 모두 이행했다면, 해당 시즌 동안 세 번째 풋살 구단 소속으로 공식 경기에 출전할 자격을 가질 수 있습니다. 이와 동일하게, 등록 기간에 관한 규정(제6조)은 이러한 경우에도 적용됩니다.

해설　　제3조는 풋살 선수의 등록 장소와 방식을 규정한 조항입니다. 프로 선수나 아마추어 선수 모두, 공식 풋살 경기에 출전하기 위해서는 반드시 해당 협회에 등록을 마쳐야 합니다. 선수는 등록을 함으로써 FIFA 및 해당 축구연맹·회원협회의 정관과 제 규정을 준수하겠다는 데 동의한 것으로 간주됩니다.

선수는 한 번에 하나의 풋살 구단에만 등록할 수 있습니다. 다만 동시에 하나의 11인제 구단에도 등록하는 것은 허용되며, 이때 두 구단이 반드시 같은 협회 소속일 필요는 없습니다. 단, 11인제 구단과 프로 계약을 맺고 있는 선수가 별도의 풋살 구단과 프로 계약을 체결하려면 해당 11인제 구단의 서면 승인을 받아야 하며, 그 반대의 경우도 마찬가지입니다.

풋살 선수는 한 시즌 동안 최대 세 개의 풋살 구단에 등록할 수 있으나, 공식 경기 출전은 원칙적으로 두 구단까지만 허용됩니다. 다만 시즌 시작 시기가 다른 두 협회 간 이적의 경우, 원 소속 구단들과의 계약상 의무를 모두 이행했다면 같은 시즌에 세 번째 구단 소속으로 공식 경기에 출전하는 것이 예외적으로 허용됩니다.

제4조. 계약 존중(Respect of contract)

1. 풋살 선수와 구단 간의 계약은 계약 기간 만료 또는 쌍방 합의에 의해서만 종료될 수 있습니다.

2. 계약 안정성 유지와 관련해서는 RSTP 제13~18조 규정이 동일하게 적용됩니다.

　풋살 역시 11인제 축구와 동일하게 계약 안정성 원칙이 강하게 작동합니다. 따라서 임의 해지 시 손해배상·제재가 뒤따르며, 이는 국제 분쟁의 핵심 쟁점이 되곤 합니다. 실무적으로는 풋살 계약이 비교적 단기·저비용으로 체결되는 경우가 많아 구단이 계약을 가볍게 해지하려는 경향이 있으나, FIFA 규정상 동일하게 보호된다는 점을 명확히 인식해야 합니다.

제5조. 국제 풋살 선수 이적(International transfer of futsal players)

제5조의1. 기본 원칙(Principles)

1. 협회 소속 풋살 구단에 등록된 풋살 선수는 다음 절차를 모두 거친 경우에만 다른 협회 소속 풋살 구단에 등록할 수 있습니다:

    a. 새로운 협회가 국제 풋살 이적 증명서(International Futsal Transfer Certificate, IFTC)를 요청했을 것

    b. 이전 협회가 IFTC를 발급·송부했을 것

    c. 새로운 협회가 IFTC를 수령했을 것

    d. 새로운 협회가 자국 전자 선수 등록 시스템에 해당 선수를 등록했을 것

2. 위 원칙은 프로 및 아마추어 풋살 선수의 모든 국제이적에 동일하게 적용됩니다.

3. 풋살 선수는, 위 제1항의 요건이(해당되는 범위에서) 모두 충족되기 전까지는 새로운 풋살 구단을 위해 경기에 출전할 자격이 없습니다.

4. 만 10세 미만의 풋살 선수에 대해서는 IFTC가 요구되지 않습니다.

5. 구단과 협회는 항상 다음의 의무를 집니다:

    a. 신의성실하게(Good Faith) 행동할 것

    b. FIFA 정관 및 모든 FIFA 규정을 준수할 것

    c. 제공하는 모든 정보가 진실하고 정확함을 보장할 것

　풋살 선수의 국제이적 절차도 11인제와 마찬가지로 ITC 제도가 핵심입니다. 풋살용 국제이적증명서(IFTC) 없이는 경기에 출전할 수 없으며, 모든 행정 절차가 완료되어야 합니다.

제5조의2. 이적 절차: IFTC 절차 및 풋살 선수 등록

(Transfer process: IFTC procedure and futsal player registration)

1. 신규 풋살 구단은, 해당 협회가 정한 등록 기간 중 하나에, 이 규정 제6조의 예외를 전제로 하여, 풋살 선수의 등록을 신청해야 합니다. 해당 신청서에는, 필요한 경우 다음 서류를 첨부해야 합니다:

    a. 신규 풋살 구단과 풋살 선수 사이의 고용계약서 사본

    b. 신규 풋살 구단과 이전 풋살 구단 사이에 체결된 이적 계약서(완전 이적 또는 임대 불문) 사본

2. 신청서를 접수하는 즉시, 새로운 협회는 이전 협회에 해당 풋살 선수에 대한 IFTC 발급을 요청해야 합니다('IFTC 요청'). 이 IFTC 요청에는, 필요한 경우 위 제1항에 명시된 서류를 함께 첨부해야 합니다.

3. 이적이 해당 등록 기간 중에 효력이 발생하려면, IFTC는 늦어도 새로운 협회의 해당 등록 기간 마지막 날까지는 반드시 요청되어야 합니다.

4. 이전 풋살 구단에서 프로 신분이었던 풋살 선수의 국제이적의 경우, 이전 협회는 IFTC 요청을 접수하는 즉시, 이전 풋살 구단과 해당 선수에게 다음 사항을 확인해 줄 것을 요청해야 합니다:

    a. 고용계약이 이미 만료되었는지 여부

    b. 조기 해지에 상호 합의가 있었는지 여부

    c. 계약상 분쟁이 존재하는지 여부

5. 이전 협회는 IFTC 요청일로부터 7일 이내에 다음 중 어느 하나를 이행해야 합니다:

    a. IFTC를 새로운 협회에 송부할 것

    b. IFTC를 발급할 수 없다는 사실을 서면으로 새로운 협회에 통보할 것. 이 경우는 다음과 같은 사유가 있을 때에만 허용됨:

        1. 이전 풋살 구단과 선수 사이의 고용계약이 아직 만료되지 않은 경우

        2. 계약의 조기 해지에 관하여 상호 합의가 이뤄지지 않은 경우

        위 (b)의 규정은, 이전 풋살 구단에서 프로 신분이었던 풋살 선수의 국제이적에 한해서 적용됨

6. 이전 협회가 새로운 협회에 IFTC를 송부할 때에는, 다음 사항도 함께 이행해야 합니다:

    a. 전자 선수여권(EPP) 사본을 첨부할 것

    b. 해당 풋살 선수에게 부과된 미집행 징계 제재 및 (필요한 경우) 그 제재의 전 세계적 효력 부여 여부를 서면으로 새로운 협회에 통보할 것(본 규정 제12조 참조)

    c. IFTC 사본을 FIFA에 제출할 것

7. IFTC는 어떠한 조건이나 기한 제한 없이, 무료로 발급·송부되어야 합니다. 이에 반하는 어떠한 규정도 무효로 합니다.

8. IFTC가 송부되면, 새로운 협회는 자국 전자 선수 등록 시스템에 해당 선수를 등록해야 합니다.

9. 이전 협회가 IFTC 요청에 30일 이내에 응답하지 않는 경우, 새로운 협회는 지체 없이 해당 풋살 선수를 새로운 풋살 구단에 잠정적으로 등록('잠정 등록')하고, 관련 선수 등록 정보를 자국의 전자 선수 등록 시스템에 입력해야 합니다. 잠정 등록은 IFTC 요청일로부터 1년이 경과하면 자동으로 최종 등록으로 전환됩니다.

10. 위 제4항에 규정된 사정을 이유로 이전 풋살 구단과 풋살 선수 사이에 계약상 분쟁이 발생한 경우, 이전 협회는 해당 선수에 대한 IFTC를 발급하지 않습니다. 이 경우, 새로운 협회의 요청이 있는 때에는 FIFA가 예외적인 상황에서 잠정 조치를 취할 수 있습니다. FIFA는 이와 관련하여, IFTC 거절을 정당화하기 위해 이전 협회가 제출하는 주장들을 고려합니다. 축구재판소가 잠정 등록을 승인하는 경우(제23조 참조), 새로운 협회는 선수 등록을 진행해야 합니다. 또한 프로 풋살 선수, 이전 풋살 구단 또는 신규 풋살 구단은 제22조에 따라 FIFA에 제소할 권리가 있습니다. 선수의 잠정 등록에 대한 결정은, 그와 별도로 존재할 수 있는 계약상 분쟁의 본안 판단에 영향을 미치지 않습니다.

11. 새로운 협회는, 팩스나 이메일로 전송된 IFTC를 근거로, 진행 중인 대회 기간이 끝날 때까지 선수에게 임시 출전 자격을 부여할 수 있습니다. 그 시점까지 원본 IFTC가 접수되지 않더라도, 선수의 출전 자격은 최종적인 것으로 간주됩니다.

12. 위에서 정해진 규정과 절차는, 새로운 풋살 구단으로 이적하면서 신분이 변경된 프로 및 아마추어 풋살 선수 모두에게 차별 없이 동일하게 적용됩니다.

해설　　제5조의2는 풋살 선수의 국제이적 시 국제풋살이적증명서(IFTC)의 발급·수령 절차와 등록 완료 시점을 규정한 조항입니다. 원칙적으로 신규 풋살 구단은 등록 기간 내에 협회에 등록을 신청해야 하며, 필요시 계약서 또는 이적 계약서를 첨부합니다. 새로운 협회는 신청 접수 즉시 이전 협회에 IFTC를 요청합니다.

이전 협회는 요청일로부터 7일 이내에 IFTC를 발급해야 합니다. 다만 프로 신분이었던 선수의 국제이적에 한해, 계약이 아직 종료되지 않았거나 조기 해지 합의가 없는 경우에는 발급 불가 사유를 서면으로 통지할 수 있습니다. IFTC 발급 시에는 전자 선수여권과 미집행 징계 정보를 함께 전달해야 하며, 어떠한 조건이나 수수료 없이 무료로 발급되어야 합니다. IFTC가 도착하면 새로운 협회는 전자 선수 등록 시스템에 선수를 등록합니다. 이전 협회가 30일간 응답하지 않을 경우 새로운 협회는 선수를 잠정 등록할 수 있으며, 이 잠정 등록은 1년이 경과하면 자동으로 최종 등록으로 전환됩니다.

　　계약 분쟁으로 인해 IFTC가 발급되지 않는 경우, FIFA가 예외적으로 잠정 조치를 내릴 수 있고 분쟁 당사자들은 FIFA에 제소할 수 있습니다. 또한 IFTC가 팩스나 이메일로 먼저 도착한 경우, 협회는 해당 사본을 근거로 선수에게 임시 출전 자격을 부여할 수 있습니다. 대회 종료 시까지 원본이 도착하지 않더라도 해당 출전 자격은 최종적으로 인정됩니다. 요컨대 이 조항은 국제이적 시 IFTC 요청부터 발급, 등록, 무응답 및 분쟁 시 잠정 등록까지의 전체 절차를 단계별로 규정하고 있습니다.

제5조의3. 풋살 선수의 임대(Loan of futsal players)

1. 앞서 규정한 내용은 프로 풋살 선수가 한 협회 소속 풋살 구단에서 다른 협회 소속 풋살 구단으로 임대되는 경우, 그리고 이전 풋살 구단으로 복귀하는 경우에도 동일하게 적용됩니다.

2. 국제풋살이적증명서(IFTC) 요청 시, 임대 계약서 사본을 반드시 첨부해야 합니다.

3. 임대 기간이 종료되면, 선수의 이전 풋살 구단은 IFTC를 요청하여 선수를 복귀시켜야 합니다. IFTC 절차가 완료되어 새로운 협회가 선수 등록을 마치기 전까지는, 해당 선수는 원 소속 구단에서 뛸 수 없습니다.

해설　　이 조항은 풋살 선수의 임대와 복귀 절차를 명확히 규정해 행정 혼선을 방지합니다. 특히, IFTC 발급 절차를 거치지 않은 상태에서 선수 기용 시 '무자격 선수 출전' 문제가 발생할 수 있으며, 이는 대회 몰수패나 벌금으로 이어질 수 있습니다.

제6조. 징계 제재의 집행(Enforcement of disciplinary sanctions)

1. 풋살 경기에서 발생한 위반 행위에 따른 출전 정지 제재는 풋살 경기에서만 적용됩니다. 마찬가지로, 11인제 경기에서의 제재는 11인제 경기에만 적용됩니다.

2. 다만, 출전 정지 기간이 '일' 또는 '월' 단위로 부과된 경우, 해당 제재는 풋살과 11인제 모두에 적용됩니다.

3. 풋살 선수가 다른 협회에도 등록된 선수인 경우, 제재를 받은 협회는 해당 정보를 다른 협회에도 통보해야 합니다.

4. IFTC 발급 시, 이전 협회는 선수에게 부과된 모든 징계 내역과 전 세계 효력 확대 여부를 통보해야 합니다.

 제6조는 제재의 적용 범위를 '어떤 경기 종목에 미치는지'와 '어떤 기간 단위로 부과되는지'에 따라 구분하고 있습니다. 핵심은, 일·월 등 기간 단위로 부과되는 제재는 모든 종목에 적용되고, 경기 수 단위로 부과되는 제재는 그 제재가 선고된 해당 종목에만 적용된다는 점입니다.

제7조. 미성년자 보호(Protection of minors)

미성년 선수의 국제이적은 원칙적으로 금지되며, 선수는 만 18세가 된 이후에야 국제이적이 가능합니다.

다만, 제19조에 규정된 예외 사유에 해당하는 경우에는 예외적으로 허용됩니다.

 풋살 선수에게도 동일하게 RSTP 제19조의 보호 규정이 적용됩니다. 특히 가족 이주, EU/EEA 내 이동, 인도적 사유 등 예외 조항을 정확히 숙지하는 것이 필요합니다.

제8조. 훈련보상금(Training compensation)

제20조 및 부속서 4의 훈련보상금 규정은 풋살 선수의 이적에는 적용되지 않습니다.

 풋살의 특수성(비교적 짧은 선수 경력, 낮은 이전 빈도 등)을 반영해 훈련보상금 제도를 배제했습니다. 따라서 구단이 풋살 선수 이적 시 훈련보상금을 요구하는 것은 규정 위반입니다.

제9조. 연대기여금 제도(Solidarity mechanism)

제21조 및 부속서 5의 연대기여금 제도는 풋살 선수의 이적에는 적용되지 않습니다.

 풋살 선수 이적 시에는 구단 간 연대기여금 분배가 이루어지지 않습니다. FIFA 에이전트 시험에서는 특히 '풋살의 경우 훈련보상금과 연대기여금 모두 적용되지 않는다'는 점이 출제 포인트입니다.

제10조. FIFA의 관할권(Competence of FIFA)

1. 이 부속서 위반 시, FIFA는 구단과 협회에 제재를 부과할 수 있습니다.

2. FIFA 사무국은 해당 위반 사항을 조사할 권한을 가집니다.

3. FIFA 징계위원회는 이 규정 위반에 대한 제재를 부과합니다.

4. 풋살 선수, 코치, 협회 또는 구단은 민사소송을 제기할 권리를 침해하지 않는 범위에서 FIFA에 분쟁 해결을 요청할 수 있습니다.

5. 풋살 관련 모든 분쟁은 제22조 및 제23조에 따라 FIFA 축구재판소(Football Tribunal)가 관할합니다.

해설 　이 조항은 FIFA의 조사·제재·분쟁 해결 권한을 규정합니다. 특히 '민사소송 제기 가능성과 FIFA 절차의 병행 가능성'을 명시하고 있으며, FIFA 축구재판소 관할 범위가 풋살에도 동일하게 적용됨을 확인합니다.

제1조. 적용 범위(Scope of application)

1. 본 조 제2항을 침해하지 않는 범위에서, 본 부속서는 우크라이나 축구협회(UAF) 또는 러시아 축구연맹(FUR) 소속 구단과 선수·코치가 체결한 국제적 성격의 고용계약에 적용됩니다.

2. 본 부속서는 다음에 적용되지 않습니다:

   a. 2023년 5월 21일 또는 그 이후에 UAF 또는 FUR 소속 구단에 등록되었던 선수의 국제적 고용계약

   b. 2023년 5월 21일 또는 그 이후에 UAF 또는 FUR 소속 구단에 서비스를 제공했던 감독의 국제적 고용계약

   c. 2022년 3월 7일 이후 체결 또는 연장된 선수나 감독의 국제적 고용계약

해설　　제1조는 우크라이나 전쟁 상황에 따라 FIFA가 마련한 임시 특별 규정의 적용 대상을 정한 조항입니다. 이 규정은 분쟁 지역에서 발생하는 불확실성과 계약 불이행 위험으로부터 선수와 감독을 보호하기 위해 제정되었습니다. 원칙적으로 본 부속서는 우크라이나 축구협회(UAF) 또는 러시아 축구연맹(FUR) 소속 구단과 선수, 감독이 맺은 국제적 성격의 고용계약에 적용됩니다. 다시 말해 해당 회원협회 소속 구단이 외국인 선수나 감독을 고용했거나, 자국 선수가 해외 구단과 맺은 계약처럼 국제적 요소가 포함된 경우가 포함됩니다.

그러나 모든 계약에 적용되는 것은 아닙니다. 2023년 5월 21일 이후에 UAF나 FUR 소속 구단에 등록된 선수의 국제적 고용계약, 같은 날짜 이후에 해당 구단에서 서비스를 제공한 감독의 국제적 고용계약, 그리고 2022년 3월 7일 이후 체결되거나 연장된 선수나 감독의 국제적 고용계약은 이 규정의 적용을 받지 않습니다. 이는 전쟁 발발 이후 체결된 계약은 당사자가 이미 위험성을 인지하고 체결한 것으로 간주되기 때문에 FIFA가 특별 보호를 부여하지 않겠다는 의미를 담고 있습니다.

결국 제1조는 FIFA가 기존 계약과 새로운 계약을 명확히 구분하여, 이미 존재하던 고용관계에 대해서는 특별 보호를 제공하면서도, 전쟁 발발 이후 새롭게 맺어진 계약에 대해서는 국제적 예외 규정을 무제한으로 적용하지 않겠다는 입장을 보여 주고 있습니다. 이는 제도의 남용을 방지하는 동시에 선수와 감독의 권익을 최대한 보호하려는 균형적 접근으로 이해할 수 있습니다.

제2조. 국제적 고용계약(Employment contracts of an international dimension)

1. 본 규정의 조항에도 불구하고, 그리고 당사자 간에 달리 합의되지 않는 한, 선수 또는 코치와 UAF 또는 FUR 소속 구단 간의 국제적 성격을 가진 계약은 일방적으로 2026년 6월 30일까지 정지시킬 수 있습니다.

2. 계약을 유효하게 정지시키기 위해서는, 선수 또는 코치가 2025년 8월 1일까지 해당 구단에 서면으로 일방적 정지를 통보해야 합니다.

3. 본 규정 제18조 제2항에 따라 정해진 계약의 최소 기간은, 위 제1항과 제2항에 따라 계약이 정지된 해당 프로 선수가 체결하는 새로운 계약에는 적용되지 않습니다.

해설　　제2조는 전쟁 상황에서 우크라이나 축구협회(UAF)와 러시아 축구연맹(FUR) 소속 구단과 맺은 국제적 고용계약에 한해, 선수·감독에게 평시와 다른 '특별 정지 권리'를 인정하는 규정입니다. 기본 취지는 전쟁으로 인해 정상적인 축구 활동이 사실상 불가능해진 환경에서, 선수와 감독이 과도한 불이익 없이 다른 나라에서 안전하게 커리어를 이어갈 수 있도록 하려는 데 있습니다.

　　조문 구조를 정리하면 다음과 같습니다. 우선 UAF/FUR 소속 구단과 맺은 국제적 고용계약은, 당사자들이 따로 다르게 합의하지 않은 이상 선수 또는 감독이 일방적으로 2026년 6월 30일까지 계약을 일시 정지(Suspend) 시킬 수 있습니다. 평소 같으면 정당한 사유 없이 일방적으로 계약을 건드리면 제17조에 따른 보상·스포츠 제재가 뒤따르지만, 이 특별 규정은 전시라는 예외 상황을 고려해, 적법한 정지 통지만 이루어진 경우 이를 계약 위반으로 취급하지 않습니다.

　　다만 아무 때나 되는 것은 아니고, 계약 정지를 유효하게 행사하려면 선수나 감독이 2025년 8월 1일까지 해당 구단에 서면으로 일방적 정지 의사를 통지해야 합니다. 이 기한을 넘기면 더 이상 이 특례에 기대어 계약을 멈출 수 없습니다. 그리고 이렇게 정지한 뒤에 체결하는 새로운 계약에는, 원래 제18조 제2항에서 정해 둔 최소 계약 기간 요건(시즌 종료까지, 최장 5년 등)을 적용하지 않는다고 명시하고 있습니다. 전쟁·난민 상황처럼 불가항력에 가까운 맥락에서는, 선수·감독에게 최대한 유연한 이동과 단기 계약 옵션을 열어 두겠다는 의미입니다.

　　이 규정의 실제 작동 원리는 FC 샤흐타르 도네츠크(Shakhtar Donetsk)와 외국인 선수 간의 분쟁 사례에서 명확히 드러납니다. 2022년 러시아–우크라이나 전면전 발발 직후 FIFA가 외국인 선수 및 감독에게 계약 정지 권한을 부여하자, 우크라이나의 FC 샤흐타르 도네츠크 구단은 '구단의 귀책사유가 없음에도 핵심 자산을 이적료 없이 상실하게 되었다'며, 이는 재산권 침해라고 주장하고 스포츠중재재판소(CAS)에 제소했습니다. 하지만 CAS는 전례 없는 전쟁 상황에서 선수의 안전과 권익을 보호하기 위한 임시 규정의 필요성을 인정했습니다. 또한 FIFA의 조치가 그 목적에 비추어 비례의 원칙에 부합한다고 판단하여 FIFA의 손을 들어주었습니다. 이 사례는 제2조가 '계약 안정성 원칙'과 '선수·감독 보호' 사이에서 어느 쪽에 무게를 두고 있는지를 잘 보여 줍니다.

> ### 제3조. 계약 정지의 결과(Consequences of the suspension)
> 위 제2조 제1항 및 제2항에 따라 계약이 정지된 선수나 감독은 신규 구단과 계약하고 등록하는 것으로 계약 위반을 저지르는 것이 아닙니다. 본 규정 제18조 제5항은 제2조 제1항 및 제2항에 따라 계약이 정지된 프로 선수 및 감독에게는 적용되지 않습니다.

해설　제3조는 제2조에서 보장한 계약 정지 권리가 어떤 법적 효과를 가지는지를 분명히 해 줍니다. 우크라이나 축구협회(UAF) 또는 러시아 축구연맹(FUR) 소속 구단과의 국제적 고용계약을 제2조에 따라 적법하게 정지한 선수나 감독은, 그 이후 다른 구단과 새 계약을 체결하고 등록하더라도 이를 계약 위반으로 보지 않습니다. 평시 'FIFA 선수의 지위 및 이적 규정(RSTP)' 체계에서는 기존 계약이 살아 있는 상태에서 제3의 구단과 계약을 맺으면 곧바로 불법 계약, 나아가 계약 안정성 위반으로 이어지고, 제17조에 따른 보상 및 스포츠 제재까지 문제가 됩니다. 그러나 전시라는 특수한 맥락에서는 그러한 평시 원칙을 그대로 적용하면 선수와 감독의 안전·생계가 심각하게 침해될 수 있기 때문에, FIFA가 이 부분을 예외적으로 풀어 준 것입니다.

　　예를 들어, 우크라이나 프리미어리그 소속 A구단과 2024년 6월까지 계약이 남아 있던 브라질 국적 선수가, 2022년 전쟁 발발 직후 제2조에 따라 계약을 정지하고 포르투갈 B구단과 새로운 계약을 체결했다고 가정해 보겠습니다. 평시 RSTP 원칙에 따르면 이 선수는 A구단과의 계약이 여전히 유효한 상태에서 B구단과 계약을 맺은 것이므로, 정당한 사유 없는 계약 해지(제17조)에 해당하여 A구단에 대한 보상 의무는 물론 최대 6개월의 출전 정지라는 스포츠 제재까지 받을 수 있습니다. 그러나 제3조에 따르면 이 선수의 행위는 계약 위반이 아니며, A구단은 보상을 청구할 수 없고, 선수 역시 어떠한 스포츠 제재도 받지 않습니다. 전쟁이라는 예외적 상황에서 선수의 안전과 커리어 보장이 계약 안정성보다 우선한다는 원칙이 적용된 결과입니다.

　　또 하나 중요한 효과는 제18조 제5항의 배제입니다. 원래 제18조 제5항은 동일 기간에 두 개 이상의 계약을 체결하는 '이중 계약'을 금지해, 계약 관계의 혼란과 분쟁을 방지하는 역할을 합니다. 하지만 제2조에 따라 기존 계약이 정지된 경우에는 그 계약의 효력이 일시적으로 멈춰 있는 상태이므로, 신규 구단과의 계약을 추가로 맺더라도 이를 '동시에 두 개의 유효한 계약이 존재하는 상황'으로 보지 않습니다. 위 사례에서 브라질 선수는 A구단과의 계약(정지 상태)과 B구단과의 계약(활성 상태)을 동시에 보유하고 있지만, 제18조 제5항 위반으로 제재받지 않습니다. 결국 이 규정은 '전쟁으로 인해 계약이 정지된 선수·감독은, 그 정지 기간 동안 신규 구단과 자유롭게 계약하고 등록할 수 있다'는 점을 명확히 해 줍니다.

제3조는 평시 FIFA 계약 안정성 원칙이라면 허용되지 않을 예외를, 전쟁이라는 예외적 상황에서 제도적으로 인정한 조항입니다. 기존 계약을 정지한 뒤 신규 구단과 계약하는 행위에 대해 위반이나 이중 계약이 아닌 보호되는 선택지로 지위를 부여함으로써, 계약 안정성보다 인도적 보호와 커리어 보장에 우선순위를 둔 규정이라고 이해할 수 있습니다.

해설　제4조는 우크라이나 축구협회(UAF) 또는 러시아 축구연맹(FUR)에서 뛰었던 선수에 한해, 시즌 중 등록·출전 가능 구단 수를 완화해 주는 특별 규정입니다. 일반 RSTP 제5조 제4항에서는 한 시즌 동안 최대 세 개 구단에만 등록할 수 있고, 그중 두 개 구단에서만 공식 경기에 출전할 수 있도록 제한하고 있습니다. 그런데 전쟁으로 인해 리그 중단·일시 계약 정지·임시 이적 등이 반복되는 특수 상황에서는 이 원칙을 그대로 적용할 경우, 선수들이 정상적인 경기 출전 기회를 확보하기 어렵습니다.

이 조항은 바로 그 점을 보완하기 위해, 이전 등록 협회가 UAF 또는 FUR였던 선수에 대해 한 시즌 동안 최대 네 개 구단까지 등록을 허용하고, 그중 세 개 구단에서 공식 경기에 뛸 수 있도록 예외를 둔 것입니다. 전쟁 상황에서 선수들이 안전한 리그로 옮기거나 일시적으로 여러 구단을 전전하게 되는 현실을 감안해, 이동과 출전의 폭을 평시보다 넓혀 준 조치입니다. 다만 '전쟁 특례'이기 때문에, 다른 협회 출신 선수에게 일반화되는 규정은 아니며, 어디까지나 UAF/FUR에서 출발한 선수들의 커리어 보호를 위한 한시적·예외적 완화라고 이해할 수 있습니다.

해설 이 조항은 RSTP 제19조(미성년자의 국제이적 제한)와 관련해, 우크라이나 전쟁 상황에서 적용되는 특별 예외를 규정한 조문입니다. 원칙적으로 만 18세 미만 선수는 축구와 무관한 사유로 인한 부모의 이주, 국경 인접 국가 간 이적 등 예외 사유에 해당하지 않는 한 국제이적이 허용되지 않습니다.

다만 우크라이나 전쟁이라는 예외적 상황에서 이 원칙을 그대로 적용하면, 미성년 선수들이 안전한 환경에서 축구를 계속할 수 있는 길이 사실상 차단될 위험이 있습니다. 그래서 이 조항은 우크라이나 영토에 거주하면서 신규 구단에 등록하려는 모든 미성년자가 별도의 개별 심사 없이 제19조 제2항 (a)(부모 동반 이주) 또는 (d)(특정 예외)에 규정된 요건을 충족한 것으로 '간주'되도록 하고 있습니다. 즉, 전시 상황에서 우크라이나를 떠나는 미성년자는 FIFA 규정상 미성년자 예외 요건을 만족한 것으로 보아 국제이적을 허용한다는 뜻입니다.

해설　　제6조는 우크라이나 축구협회(UAF)나 러시아 축구연맹(FUR) 소속 구단에 등록되어 있던 선수들의 훈련보상금을 예외적으로 어떻게 처리할지 정한 특별 규정입니다. 기본 원칙은, 이 부속서가 발효된 이후에 이전에 UAF 또는 FUR 소속 구단에 등록되었던 선수가 만 23세가 되기 전에 처음 프로로 등록되거나, UAF/FUR 구단과의 계약을 규정에 따라 정지한 뒤 만 23세 이전에 다른 협회 소속 구단으로 이적하는 경우, 그 선수를 새로 등록하는 구단이 제20조와 부속서 4에 따라 훈련보상금을 지급해야 한다는 것입니다. 다만 이때 훈련보상금은 선수의 계약이 정지되기 이전에 실제로 훈련을 시킨 UAF/FUR 소속 구단에게만 지급됩니다.

반대로, 계약이 정지된 이후에 UAF/FUR가 아닌 다른 구단이 선수를 등록했다고 해서 그 구단들이 추가로 훈련보상금을 청구할 권리는 생기지 않습니다. 그리고 인도적 예외도 두 가지를 둡니다. 선수가 2022년 3월 7일 이후 우크라이나 또는 러시아를 떠난 뒤, 제19조의 예외에 따라 외국 구단에 등록한 경우이거나, 같은 날짜 이후 처음으로 UAF 또는 FUR 소속 구단에 프로로 등록하려는 경우에는, 비록 '처음 프로 등록'이라도 신규 구단에게 훈련보상금 지급 의무를 부과하지 않습니다. 요약하면, 제6조는 UAF·FUR 소속 선수들의 특수 상황을 고려해, 원칙적으로는 유소년을 훈련한 UAF/FUR 구단을 보호하되, 전쟁·위기 상황에서 이동한 선수들에 대해서는 신규 구단에게 추가 부담을 지우지 않도록 한 조항입니다.

아 축구연맹(FUR) 소속 구단과 새로운 계약을 체결할 수 없습니다.

해설 제7조는 제2조에 따라 계약을 정지한 선수에 대해, 그 이후 어떤 방식의 등록과 이적이 허용되는지를 한층 더 구체적으로 제한하는 규정입니다. 전쟁이라는 예외적 상황에서 선수에게는 안전하게 빠져나갈 '피난로'를 열어 주되, 그 통로가 다시 돈과 이해관계가 오가는 거래 수단으로 변질되는 것을 막겠다는 취지가 분명히 드러납니다.

먼저, 이 규정에 따라 계약이 정지된 선수는 정지 기간 동안 이적료가 수반되는 어떠한 형태의 이적, 즉 영구 이적이나 임대의 대상이 될 수 없습니다. 정지 제도의 본래 목적은 선수를 전시 환경에서 잠정적으로 구속 관계에서 풀어 주어, 사실상 자유계약에 가까운 상태에서 다른 나라의 구단과 새로 일할 수 있도록 하기 위한 것입니다. 만약 이 기간 동안에도 이적료를 주고받는 거래가 허용된다면, 전쟁을 피해 계약을 멈춰 둔 선수가 다시 '자산'처럼 사고팔리는 구조가 되어 버리고, 전시 특례의 인도적 취지가 퇴색하게 됩니다. 그래서 정지를 택한 선수는 신규 구단과 자유롭게 계약하고 등록할 수 있지만, 그 대가로 어떠한 이적료나 보상금도 원 소속 구단이나 제3자에게 지급되어서는 안 됩니다.

또한 이 조항은 정지 상태에 있는 선수가 같은 우크라이나 축구협회(UAF)나 러시아 축구연맹(FUR) 소속의 다른 구단과 새 계약을 맺는 것 역시 금지합니다. 제도의 방향이 '전쟁 지역 밖으로 나갈 수 있는 임시 탈출구'를 마련하는 데 있다는 점을 감안하면, 같은 국가·같은 협회 안에서의 단순한 '자리 이동'에 이 특례를 이용하는 것은 취지에 맞지 않습니다. 만약 이를 허용한다면, 특정 구단이 부담을 피하기 위해 선수에게 정지를 권고한 뒤 자국 내 다른 구단에 사실상 재배치하는 식의 편법이 나올 수 있기 때문입니다.

'FIFA 선수의 지위 및 이적 규정(RSTP)'은 국제 축구 산업의 근간을 이루는 헌장적 규정입니다. 이 규정은 단순히 이적 절차만을 정리한 것이 아니라, 선수의 법적 지위와 계약 안정성, 국제·국내이적 구조, 유소년 보호, 훈련보상금·연대기여금 제도, 여성 선수와 풋살 선수의 권익 보장까지 포괄하는 전방위적 규범 체계입니다. 축구라는 특수한 산업을 국제적 표준 계약법의 틀 속에서 관리하고, 전 세계 어디서든 동일한 기준이 작동하도록 만든다는 점에서 법적·제도적 의의가 큽니다.

역사적으로 RSTP는 1995년 보스만 판결을 계기로 선수 자유이동권이 확립된 이후, 2001년 FIFA·UEFA·EU 간 합의에서 구단 보호 장치와 계약 안정성 원칙이 마련되며 본격적으로 제도화되었습니다. 이어 이적매칭시스템(TMS)의 도입, 제3자 소유권(TPO) 전면 금지, 임대 제한, 여성 선수 임신·출산 보호 조항, 우크라이나 전쟁 특별 규정 등 시대적 과제를 반영한 개정이 이어지며 오늘날의 체계에 이르렀습니다. 이는 선수 자유와 구단 보호, 국제적 투명성이라는 세 가지 가치를 균형 있게 조율하려는 FIFA의 지속적 노력의 결과물이라 할 수 있습니다.

실무적으로 RSTP는 구단, 선수, 에이전트, 협회가 계약을 체결하거나 이적을 추진할 때 반드시 준수해야 하는 국제적 법질서로 기능합니다. 프로·아마추어 신분 구분, 계약 존중 원칙, 정당한 사유 없는 계약 해지 시의 금전적·스포츠 제재, 훈련보상금과 연대기여금 분배, 미성년자 국제이적 제한 등은 모두 국제 분쟁에서 핵심 쟁점으로 작용하며, FIFA 축구재판소와 CAS 판례를 통해 풍부한 해석이 축적되어 왔습니다. 특히 미성년자 보호, 임금 체불 방지, 선수 데이터 전산화(FIFA 커넥트 ID·전자 선수여권), 계약 해지 절차 등은 현장에서 빈번히 문제가 되는 영역으로, 규정을 소홀히 할 경우 구단과 선수 모두 중대한 불이익을 입을 수 있습니다.

결국 RSTP는 국제 축구 산업을 지탱하는 가장 역동적이고 실질적인 FIFA 규정입니다. 이는 선수 권익 보호와 구단 투자 보장이라는 상충된 가치를 조율하면서, 국제 축구 질서의 일관성과 투명성을 유지하는 제도적 장치로 작동하고 있습니다. 축구에 관여하는 모든 이해관계자에게 RSTP의 이해는 선택이 아닌 필수이며, FIFA 에이전트 시험 준비자에게는 조문과 해설, 판례를 아울러 숙지해야 할 필수 학습 영역입니다.

FIFA 축구재판소 절차 규칙

(PROCEDURAL RULES GOVERNING THE FOOTBALL TRIBUNAL)

2025년 개정본

※ 이 내용은 집필 당시(2026.1.) 기준으로 최신 버전의 개정본을 바탕으로 구성되었습니다.

FIFA 축구재판소(Football Tribunal)는 국제 축구에서 발생하는 분쟁을 전문적으로 심리하기 위해 마련된 FIFA 산하의 준사법적 기구입니다. 선수와 구단 간 계약 해지·임금 체불·이적 승인 문제부터 선수 등록·자격 변경, 나아가 에이전트 활동에 이르기까지, 오늘날 국제 축구가 직면하는 다양한 법적·규제적 사안을 다룹니다.

재판소는 세 개의 독립된 부서로 구성되어 있습니다. 분쟁해결부(DRC)는 계약과 금전적 의무 불이행, 훈련보상금 및 연대기여금 청구를 담당합니다. 선수지위부(PSC)는 선수 등록, 지위, 협회 변경, 미성년자 국제이적 승인과 같은 규제적 사안을 관할합니다. 마지막으로 에이전트부(AC)는 FIFA 에이전트 규정(FFAR)에 따른 자격, 수수료, 규정 위반 사건 등 에이전트와 관련된 모든 문제를 심리합니다. 이렇게 세 부서를 하나의 틀 안에 통합함으로써 FIFA는 국제 분쟁 해결 절차의 일관성과 전문성을 높이고 있습니다.

‘FIFA 축구재판소 절차 규칙(Procedural Rules Governing the Football Tribunal)’은 이 세 부서가 어떤 방식으로 운영되는지를 상세히 규정합니다. 조직 구성과 관할 범위, 사건을 심리하는 절차, 당사자의 권리와 의무, 기한 계산과 증거 제출 요건, 비용 부담 원칙 등 절차 전반이 여기에 포함됩니다. 모든 사건은 FIFA 법무 포털(Legal Portal)과 이적매칭시스템(TMS)을 통해 전자적으로 처리되며, 당사자는 정해진 형식과 기한을 철저히 따라야 합니다.

이 규칙은 단순한 행정적 절차를 넘어, 공정성과 독립성을 제도적으로 보장하는 장치이기도 합니다. 재판소 구성원은 FIFA 정관과 규정을 엄격히 준수해야 하고, 이해충돌이 있는 사건에는 참여할 수 없습니다. 당사자는 기피 신청, 사건 기록 열람, 증거 제출, 조정(Mediation) 참여 등 다양한 권리를 보장받으며, 동시에 성실하게 협력해야 할 의무를 부담합니다. 판정은 원칙적으로 서면 심리를 통해 내려지며, 필요한 경우 구두 심리가 병행될 수 있고, 최종 결정은 다수결 원칙에 따라 확정됩니다.

또한 절차 규칙은 일반 분쟁 해결뿐 아니라 국제 축구에서 특별히 문제가 되는 영역까지 포괄합니다. 훈련보상금과 연대기여금 청구 절차, 전자 선수여권(EPP) 검토, 그리고 미성년자의 국제이적 승인 등이 대표적입니다. 이는 단순히 사건을 처리하는 차원을 넘어, 선수 권익을 보호하고, 구단 간 형평성을 보장하며, 국제이적과 등록 질서를 안정적으로 관리하려는 FIFA의 의지가 반영된 것입니다.

결국 FIFA 축구재판소 절차 규칙은 국제 축구의 법적 인프라를 뒷받침하는 핵심 제도입니다. 이 규칙을 통해 전 세계 어디에서든 동일한 기준과 절차가 적용되며, 선수·구단·에이전트 모두가 공정하고 투명한 환경 속에서 권리와 의무를 행사할 수 있습니다. 따라서 이 규칙은 FIFA가 단순한 경기 운영 기구를 넘어, 국제 축구 질서를 관리하고 발전시키는 법적 토대를 제공하는 제도적 안전망 역할을 합니다.

국제 축구에서 발생하는 분쟁은 오랫동안 개별 협회나 대회 조직위원회의 재량에 따라 단편적으로 처리되었습니다. 선수 계약 해지, 임금 체불, 이적 승인 문제와 같은 핵심 사안조차 국제적 기준이 부재해 동일한 사건이 국가마다 전혀 다른 결론으로 이어지는 경우가 빈번했습니다. 이러한 불투명성과 불일치는 세계화된 축구 산업의 성장과 맞물려 더 이상 방치할 수 없는 구조적 과제로 부각되었습니다.

이에 대한 FIFA의 첫 제도적 해법은 2001년 'FIFA 선수의 지위 및 이적 규정(RSTP)' 개정과 함께 설치된 분쟁해결부(DRC)였습니다. 분쟁해결부는 선수와 구단 간 계약 분쟁, 훈련보상금(Training Compensation), 연대기여금(Solidarity Contribution) 등 국제 분쟁을 전문적으로 심리하면서 FIFA가 단순한 행정기관을 넘어 준사법적 기능을 수행하기 시작한 분수령이 되었습니다. 한편 선수 등록·자격·대표팀 변경 등 규제적 성격의 문제는 1990년대 초부터 운영되어 온 선수지위위원회(PSC)가 담당했습니다. 이렇게 DRC와 PSC 두 기구가 국제 축구법의 기초 인프라를 형성했습니다. 그러나 이원적 구조는 절차 중복과 사건 분산이라는 비효율성을 노출했습니다.

이 한계를 극복하기 위해 FIFA는 2021년 5월 총회에서 축구재판소(Football Tribunal) 설치를 승인하고, 같은 해 10월 1일 공식 출범을 선포했습니다. 축구재판소는 기존의 분쟁해결부와 선수지위부를 하나의 절차 체계로 통합하고, 여기에 새롭게 에이전트부(AC)를 더해 국제이적과 에이전트 활동까지 포괄하는 삼각 구조를 완성했습니다. 출범 직전에는 FIFA 평의회가 각 부서의 의장·부의장·위원을 임명하며 제도의 실질적 작동 기반을 마련했습니다.

축구재판소 보고서 2021/2022에 따르면, 출범 이후 FIFA는 전자 절차 시스템을 적극 도입하여 FIFA 법무 포털(Legal Portal)과 이적매칭시스템(TMS)을 통해 제소, 서류 송달, 기한 관리를 모두 온라인으로 처리하고 있으며, 2021-22 시즌 첫 해에만 14,540건의 사건, 신청 및 문의가 접수되었습니다. 2023년 10월 1일부로 FIFA 에이전트 규정이 발효되면서 축구재판소의 3개 부서 체계가 완비되었고, 선수·구단·에이전트가 얽힌 대부분의 국제 분쟁을 단일한 절차 안에서 해결할 수 있게 되었습니다. 그 결과 판정의 예측 가능성과 일관성이 크게 강화되었습니다.

가장 최근의 진전은 2025년 개정된 FIFA 축구재판소 절차 규칙입니다. 개정 규정은 기한 계산 방식, 전자송달 의무, 이유서 요청 및 비용 납부 요건, 조정 절차 제도화를 명문화하여 절차적 정밀성을 높였습니다. 동시에 선수·코치·에이전트가 당사자인 사건은 원칙적으로 무료로 진행되도록 하여 권리구제 접근성을 보장했습니다.

오늘날 FIFA 축구재판소는 단순한 분쟁 해결 기구를 넘어, 계약 안정성·선수 권익 보호·구단 간 형평성·에이전트 시장의 투명성을 확보하는 국제 축구 법질서의 핵심 인프라로 자리매김했습니다.

이 규정에서 별도로 정하지 않는 한, 'FIFA 선수의 지위 및 이적에 관한 규정(RSTP)', '축구 에이전트 규정(FFAR)' 및 '정관(Statutes)' 상의 정의가 본 규정에도 적용됩니다.

참고: 자연인을 지칭하는 용어는 모든 성별에 적용됩니다. 단수형 용어는 복수형에도 적용되며, 그 반대의 경우도 마찬가지입니다.

앞에서 본 목차는 FIFA 축구재판소 규정의 전체 틀을 보여 줍니다. 이제부터는 각 장과 조문을 차례로 따라가며 규정의 구체적인 내용과 그 의미를 하나씩 짚어보겠습니다. 먼저, 제1장에서 FIFA 축구재판소의 기본 원칙과 조직 구조를 살펴보겠습니다.

제1조. 적용 범위(Scope of application)

1. 이 규정은 FIFA 축구재판소(Football Tribunal)의 조직, 구성, 기능에 관한 사항을 규율합니다.

2. 축구재판소는 다음 세 개의 독립된 부서로 구성됩니다:

   a. 분쟁해결부(Dispute Resolution Chamber, DRC)

   b. 선수지위부(Players' Status Chamber, PSC)

   c. 에이전트부(Agents Chamber, AC)

해설 제1조는 이 규정이 다루는 대상을 분명히 하면서, FIFA 축구재판소(Football Tribunal)가 어떤 구조와 성격을 가진 기구인지를 개괄적으로 보여 줍니다. 이 규정에 따르면 축구재판소는 선수 및 감독과 구단 간의 분쟁 등 다양한 분쟁을 다루는 독립적인 준사법적 기관이며, 단순한 행정 부서가 아니라 FIFA 규정에 근거해 구속력 있는 결정을 내릴 권한을 가진 일종의 1심 법원과 같은 역할을 수행합니다.

축구재판소는 세 개의 부서로 나뉘어 있습니다. 분쟁해결부(DRC)는 주로 선수와 구단 사이의 계약 분쟁, 미지급 임금, 훈련보상금과 연대기여금처럼 금전·계약상의 다툼을 다루는 역할을 맡습니다. 선수지위부(PSC)는 선수의 등록과 자격, 국제이적 승인, 미성년자 예외 승인 등 규제·행정적 성격의 사안을 처리하는 부서로, 어느 협회가 어느 선수에게 등록 권한을 가지는지, 특정 이적이 규정상 허용되는지 등을 판단합니다. 에이전트부(AC)는 에이전트 라이선스, 수수료, 이해충돌, 불법 중개 행위 등 에이전트 규정 관련 분쟁과 제재를 전담하는 새로운 부서입니다.

이처럼 축구재판소는 FIFA 정관, FIFA 선수의 지위 및 이적 규정(RSTP), 에이전트 규정(FFAR) 등 상위 규범에 근거해 판단을 내리며, 그 결정은 전 세계 모든 회원협회와 당사자를 구속합니다. 당사자가 불복할 수 있는 상급심은 스포츠중재재판소(CAS)뿐이기 때문에, 실질적으로는 국제 축구 분쟁의 1차 심급이자 핵심 심판 기구라고 볼 수 있습니다.

실제 사건을 다룰 때는 제소 단계에서 자신의 사건이 어느 부서 관할에 속하는지 정확히 구분하는 것이 매우 중요합니다. 예를 들어, 미지급 급여나 계약 조기 해지와 관련된 분쟁은 보통 분쟁해결부가 맡지만, 미성년자 국제이적 예외 승인 여부나 특정 협회에 대한 등록 승인 문제는 선수

지위부가 담당합니다. 에이전트 수수료를 둘러싼 다툼이나 무자격 중개 행위와 관련된 사건은 에이전트부에 제기해야 합니다. 잘못된 부서에 제소하면 절차가 지연되거나 각하될 수 있으므로, 처음 단계에서 관할을 정확히 식별하는 것이 실무 전략의 중요한 출발점이 됩니다.

> **제2조. 관할**(Jurisdiction)
>
> 1. 각 부서의 관할은 FIFA 개별 규정에 의해 정합니다.
>
> 2. 어느 부서가 관할하는지 불명확한 경우 축구재판소 의장이 최종 결정합니다.

해설   각 부서의 관할은 FIFA의 개별 규정, 예를 들어 FIFA 선수의 지위 및 이적 규정(RSTP)이나 에이전트 규정 등에 의해 정해집니다. 따라서 사건을 제기하기 전 해당 규정에서 정한 관할 조항을 꼼꼼히 확인하지 않으면, 절차 지연이나 각하로 이어질 위험이 큽니다. 특히 계약·등록·에이전트 문제가 복합적으로 얽힌 사건에서는 어느 부서가 관할하는지가 명확하지 않은 경우가 자주 발생하는데, 이때는 FIFA 축구재판소(Football Tribunal) 의장이 최종적으로 관할 부서를 지정합니다. 이는 부서 간 권한 충돌을 방지하고, 절차적 일관성을 보장하기 위한 제도적 안전장치라 할 수 있습니다.

> **제3조. 준거법**(Applicable law)
>
> 부서는 사건 심리 시 FIFA 정관·규정을 우선 적용하며, 국내법·노동협약 및 스포츠 특수성을 함께 고려합니다.

해설   제3조는 FIFA 축구재판소(Football Tribunal)가 사건을 심리할 때 적용하는 법적 기준의 위계를 정한 조항입니다. 핵심 구조는 FIFA 정관과 각종 규정을 일차적 판단 기준으로 적용(Apply)하되, 해당 사건이 연결된 국가의 법률, 노동 관련 단체협약, 그리고 스포츠 특수성을 참작(Take into Account)한다는 것입니다. 다시 말해, FIFA 규정이 주된 준거법이고 국내법과 스포츠 특수성은 이를 보완하는 고려 요소로 기능합니다.

    실무에서는 동일한 사실관계라도 FIFA 규정상으로는 정당한 계약 해지로 평가되면서, 해당 국가의 노동법 기준에서는 부당해고에 해당하는 경우가 있습니다. 반대로 국내법상 적법해 보이는 조치가 FIFA 규정 위반으로 문제가 되는 경우도 적지 않습니다. 축구재판소는 FIFA 규정을 중심축으로 삼되 국내법·단체협약과 스포츠 특수성을 함께 고려하여 결론을 내리기 때문에, 분쟁을 다루는 변호사나 에이전트라면 FIFA 규정에 대한 정확한 이해를 바탕으로 국내법적 쟁점과 스포츠 실무의 특수성까지 종합적으로 분석하는 역량이 필수적입니다.

해설　　이 조항은 FIFA 축구재판소(Football Tribunal)의 구성 주체와 구성 방식에 대한 규정으로, 해당 기구의 '인적 구조 설계도' 역할을 하는 조항입니다. 이 조항을 보면 축구재판소가 단순한 내부 위원회가 아니라, 법률 전문가와 축구 이해당사자 대표가 함께 참여하는 준사법적 기구라는 점이 드러납니다.

　　먼저 축구재판소 전체를 이끄는 의장은 반드시 법률 자격(Legal Qualification)을 갖추어야 하고, FIFA 평의회에서 4년 임기로 임명됩니다. 각 부서의 의장·부의장·위원 역시 모두 평의회에서 4년 임기로 임명되는데, 의장과 부의장은 법률 전문가, 일반 위원들은 선수·구단·협회·리그 등 축구 현장의 전문 경력을 가진 인사들로 구성되도록 한 점이 특징입니다. 판정의 법적 정당성과 축구 실무에 대한 이해를 동시에 확보하려는 구조입니다.

분쟁해결부(DRC)는 가장 구체적인 구성을 가지고 있습니다. FIFA 제안에 따라 임명되고 선수·구단 대표가 합의로 승인하는 의장 1명과 부의장 2명, 그리고 선수협회 제안으로 선임된 선수 대표 15명, 회원협회·구단·리그 제안으로 선임된 구단 대표 15명으로 이루어집니다. 전형적인 '노사 동수 구조'에 가까운 설계로, 선수와 구단 측 대표가 균형 있게 참여함으로써 임금·계약 분쟁 등 민감한 사안을 다룰 때 어느 한쪽 이해만 반영되는 것을 방지하려는 의도가 담겨 있습니다.

선수지위부(PSC)와 에이전트부(AC)는 보다 유연한 구성입니다. 두 부서 모두 의장 1명과 부의장 1명을 두고, 그 아래 위원 수는 FIFA 평의회가 필요에 따라 정하도록 되어 있습니다. 선수지위부(PSC) 위원은 회원협회·연맹·선수·구단·리그의 제안으로, 에이전트부(AC) 위원은 여기에 축구 에이전트까지 포함된 제안 주체로부터 선임됩니다. 즉, 각 부서가 다루는 주요 이해관계자가 위원단 구성에 반영되도록 설계해 두고, 세부 인원은 상황에 따라 조정할 수 있게 해 둔 것입니다.

결원이 발생한 경우에도 연속성을 보장하기 위한 장치가 있습니다. 위원이 중도에 사임하거나 자격을 상실하면 FIFA 평의회가 잔여 임기를 채울 인사를 새로 임명하고, 축구재판소 의장이 부재할 때는 분쟁해결부(DRC) 의장 또는 선수지위부(PSC) 의장이 직무를 대행합니다. 이렇게 해서 재판소 운영이 중단되거나 의사결정 공백이 생기는 일을 막도록 한 것입니다.

요약하면, 제4조는 축구재판소가 법률 전문가와 축구 현장 대표들로 구성된 혼합형 기구이며, 분쟁해결부(DRC)는 선수·구단 대표가 동수로 참여하는 구조, 선수지위부(PSC)와 에이전트부(AC)는 역할에 맞는 다양한 이해관계자 대표를 포함하는 구조를 갖도록 설계되어 있음을 보여 줍니다. 이는 판정에 대한 법적 신뢰성과 축구 현장의 현실성을 동시에 확보하려는 FIFA의 설계 철학이 반영된 조항입니다.

제5조. 독립성 및 이해충돌(Independence and conflict of interest)

1. 축구재판소(Football Tribunal) 구성원은 FIFA 정관·규정·법률을 준수해야 합니다.

2. 축구재판소 구성원은 공정성에 합리적 의문이 있는 사건에 관여할 수 없으며, 이해충돌 사유를 공개해야 합니다. 국적은 그 자체로는 이해충돌 기피 사유가 되지 않습니다.

3. 당사자는 공정성에 합리적 의문이 있다고 판단되면, 해당 부서 구성 통지 후 5일 이내에 기피 신청을 할 수 있습니다. 기피 여부는 축구재판소 의장이 최종 결정합니다.

　이 조항은 축구재판소(Football Tribunal)의 결정이 형식만 공정해 보이는 수준을 넘어, 실제로도 독립성과 신뢰성을 갖추도록 설계되어 있다는 점을 잘 보여 줍니다. 재판소 구성원은 FIFA 정관과 각종 규정은 물론 일반 법률까지 준수해야 하며, 스스로 이해관계가 있거나 공정성에 합리적 의문이 제기될 수 있는 사건에서는 심리에 참여해서는 안 됩니다. 단순히 당사자와 국적이 같다는 이유만으로는 기피 사유가 되지 않고, 과거 대리·고용 관계, 금전적 이해관계, 친족·지배 관계 등 실제로 편파 가능성이 엿보이는 구체적 사정이 있어야만 문제가 됩니다.

당사자가 위원의 공정성에 의문을 제기하려면, 해당 부서의 구성 통지를 받은 날로부터 5일 이내에 기피 신청을 해야 하고, 이 신청을 받아들일지 여부는 축구재판소 의장이 최종적으로 결정합니다. 기피가 인용되면 해당 위원은 그 사건에서 빠지고, 기각되면 끝까지 심리에 관여하게 되므로, 사건 초기 단계에서 위원 명단을 면밀히 검토하고, 기피 사유가 있다면 짧은 기한 안에 구체적 사실과 근거를 정리해 두는 것이 중요합니다. 실무에서는 '과거에 상대 구단을 대리한 경우'나 '현재 관련 기관과 이해관계가 있는 경우'와 같은 상황은 이해충돌 사유로 인정될 여지가 큽니다. 반면 단순한 친분 관계나 같은 국적이라는 이유만으로는 이해충돌 사유로 보기는 어렵다는 점을 유의할 필요가 있습니다.

제6조. 비밀 유지(Confidentiality)

축구재판소(Football Tribunal) 구성원은 사건과 관련된 모든 사항에 대해 엄격히 비밀을 유지해야 합니다.

　재판소 운영의 토대를 이루는 원칙 가운데 하나가 바로 이 비밀 유지입니다. 축구재판소에 속한 모든 구성원은 자신이 다루는 사건과 관련된 사실관계, 서면, 내부 논의 내용, 결정의 이유 등에 대해 엄격한 비밀을 유지해야 하며, 이를 외부에 누설해서는 안 됩니다. 해당 의무를 어길 경우 단순한 내부 징계를 넘어, 당사자의 명예·프라이버시 침해나 재산상 손해에 대해 민사상 책임을 질 수도 있습니다. 실제 절차에서는 기록과 결정문, 평의 내용이 언론이나 제3자를 통해 흘러나오는 일이 없어야만 당사자가 안심하고 주장을 펼치고 증거를 내놓을 수 있고, 재판부 역시 외부 여론이나 이해관계자의 압력에서 자유롭게 논의할 수 있습니다. 결국 비밀 유지 조항은 축구재판소 절차의 공정성과 신뢰성을 지키기 위한 가장 기본적인 안전장치라고 보면 됩니다.

해설 면책 조항은 축구재판소(Football Tribunal)의 구성원과 FIFA 직원이 외부 소송이나 개인 책임에 대한 두려움 없이 독립적으로 일을 할 수 있도록 해 주는 안전장치입니다. 이 규정에 따르면, 이들이 적용 가능한 FIFA 규정이나 절차 규칙에 따라 내린 결정과 그 과정에서의 행위·부작위에 대해서는 개인적 책임을 지지 않는 것으로 간주됩니다. 다시 말해, 재판·행정 절차를 집행하는 과정에서 '개인적 손해배상 책임이 제기될 수 있다'는 부담 없이, 규정이 요구하는 선 안에서 가장 적절하다고 믿는 결정을 내릴 수 있도록 보호하는 기능을 합니다.

문언만 놓고 보면 별도의 예외가 명시되어 있지 않기 때문에, FIFA가 재판소 구성원과 내부 직원의 독립성을 상당히 폭넓게 보장하고 있다는 점도 읽을 수 있습니다. 축구재판소가 다루는 분쟁은 금액 규모와 이해관계가 큰 사건이 많고, 판정 결과에 따라 구단·선수·에이전트의 손익이 크게 달라질 수 있습니다. 이로 인해 당사자가 판정에 불만을 품을 경우, 담당 위원이나 직원을 상대로 개인적 책임을 묻고자 하는 동기가 생길 수 있습니다. 이런 위험을 제도적으로 차단하지 않으면, 사건 담당자가 여론이나 보복 소송을 의식해 판정을 회피하거나, 지나치게 방어적인 결정을 내릴 위험이 커집니다.

물론 이 조항이 '무엇을 해도 책임이 없다'는 백지 위임은 아닙니다. 실무에서는 규정에 명백히 반하는 자의적 처분이나, 고의적인 위법 행위가 있었는지 여부는 별도의 징계·해임 문제로 다뤄질 수 있고, 각국 법제나 일반 법 원칙에서 허용하는 범위도 함께 고려될 수 있습니다. 다만 FIFA 내부 규범 체계 안에서는, 규정과 절차에 따라 성실히 직무를 수행한 한, 축구재판소 구성원과 FIFA 직원이 개별 사건의 결과에 대해 민사적 책임까지 추궁당하지 않도록 방어막을 쳐 둔 것입니다.

제7조는 '책임 회피'를 위한 규정이 아니라, 공정하고 독립적인 판단을 위해 필요한 사법적 독립성 보장 수단으로 이해하는 것이 적절합니다. 구성원 입장에서는 규정과 절차에 충실하되, 외부 압력과 소송 위협에 휘둘리지 않고 결정을 내릴 수 있고, 당사자 입장에서는 결과에 대한 불만을 개인에게 돌리기보다는 상급심(예: 스포츠중재재판소(CAS)) 제도와 규정 개정 절차를 통해 문제를 다투도록 방향을 정해 준 조항이라고 볼 수 있습니다.

해설　FIFA 사무국은 축구재판소(Football Tribunal)를 뒷받침하는 행정·운영의 중심축입니다. 단순히 회의실을 잡아주고 서류를 전달하는 수준이 아니라, 재판소가 규정에 따라 제대로 기능하도록 조직·시스템·절차 전반을 설계하고 유지하는 역할을 맡습니다.

또한 이 규정이 위임한 범위 안에서는 사무국이 직접 결정을 내릴 권한도 가집니다. 예를 들어, 제소장이 형식 요건을 충족하는지, 제출 기한을 지켰는지, 관할이 명백히 어긋나 보이는지 등을 일차적으로 심사하고, 필요한 경우 의장에게 회부하거나 절차를 정리할 수 있습니다. 서류 송달과 FIFA 법무 포털(Legal Portal) 운영 역시 사무국이 관리하므로, 당사자 입장에서는 축구재판소와 맨 처음·맨 마지막까지 접촉하는 창구가 바로 사무국입니다.

실무에서는 사무국이 보내는 통지와 안내가 곧 절차의 방향과 속도를 좌우합니다. 기한 연장 여지가 거의 없기 때문에, 구단·선수 측 대리인은 사무국 공지를 수시로 확인하고, 정해진 기한 안에 대응하는 것이 필수입니다.

제9조. 당사자(Parties)

1. 관련 FIFA 규정에 따라, 다음과 같은 자연인 또는 법인만이 각 부서의 절차에서 당사자가 될 수 있습니다:

   a. 회원협회

   b. 회원협회에 소속된 구단

   c. 선수

   d. 지도자(코치)

   e. 단일리그(다만, FIFA 에이전트 규정(FFAR) 목적에 한함)

   f. FIFA가 인가한 축구 에이전트(Football Agent)

   g. FIFA가 인가한 매치 에이전트(Match Agent)

2. 당사자는 절차에서 자신을 대리할 권한을 가진 공식 대리인을 지정할 수 있으며, 이를 위해서는 해당 절차에 맞는 서면 위임장이 필요합니다.

3. 당사자는 자신이 지정한 대리인의 행위에 대해 책임을 집니다. 대리인은 진실을 말하고 성실하게 절차에 임할 의무가 있습니다.

4. FIFA 사무국은 절차 진행 중 언제든지 특정 자연인 또는 법인의 당사자 개입을 요청할 수 있습니다.

해설　이 조항은 FIFA 축구재판소(Football Tribunal) 절차에 누가 '정식 당사자'가 될 수 있는지를 규율하는 당사자 적격 규정입니다. 축구재판소는 임의의 개인이나 단체를 상대로 심리를 개시하는 기구가 아니라, FIFA 규정이 인정하는 주체만을 절차의 한쪽 당사자로 세웁니다. 그 범위에는 회원협회, 해당 협회에 소속된 구단, 선수, 지도자(코치), 단일리그(Single-Entity League, 다만 FIFA 에이전트 규정(FFAR) 목적에 한함), FIFA 인가 축구 에이전트, 그리고 FIFA 공인 매치 에이전트(Match Agent)가 포함됩니다. 즉, 국제 축구 생태계 안에서 규범상 '플레이어'로 인정된 주체들만 축구재판소 앞에서 서로를 상대로 분쟁을 제기하거나 방어할 수 있습니다.

　각 당사자는 자신을 대신해 절차에 참여할 대리인을 선임할 수 있고, 그 경우에는 해당 절차에 유효한 서면 위임장이 반드시 필요합니다. 다만 대리인은 당사자를 대신해 말하고 행동하는 사람일 뿐, 법적 책임의 주체는 여전히 당사자 본인입니다. 대리인이 기한을 놓치거나 허위 사실을 기재하면 그 책임이 곧 당사자에게 돌아오기 때문에, 실무에서는 누가 대리인으로 나설지, FIFA 규정과 절차에 얼마나 숙련되어 있는지부터 살피는 것이 매우 중요합니다.

또한, FIFA 사무국은 사건의 실체를 밝히고 절차를 완결하기 위해, 필요하다고 판단되면 특정 자연인이나 법인의 절차 개입을 요청할 수 있는 권한을 가집니다. 예를 들어, 어떤 급여 분쟁에서 리그 운영 주체나 다른 협회가 사실상 중요한 정보를 쥐고 있는 경우, 사무국이 그들을 절차상 '당사자' 또는 사실상 이해관계인으로 끌어들여 자료 제출과 소명을 요구할 수 있습니다.

제10조. 의사소통(Communications)

1. 모든 의사소통은 FIFA가 운영하는 법무 포털(Legal Portal) 또는 이적매칭시스템(TMS)을 통해 이루어집니다.

2. 구체적인 절차 규정에서 어떤 의사소통 방식을 사용할지는 사안별로 정합니다. FIFA가 당사자에게 발송하는 모든 공식 통지는 지정된 방식에 따라 송달된 것으로 간주되며, 이는 시한 계산과 의무 이행 판단에 있어 법적 효력을 갖습니다.

3. 당사자는 매일 최소 한 번 TMS와 법무 포털을 확인해야 하며, FIFA 통지를 확인하지 않아 발생하는 불이익은 본인 책임입니다. TMS에 등록된 연락처 정보는 당사자가 제공한 것으로, 해당 정보에 대한 책임 역시 당사자에게 있습니다.

4. 회원협회를 통한 TMS 의사소통은 해당 협회 소속 구단이 동의 여부나 조건 이행 여부와 관계없이 즉시 효력이 발생합니다.

해설　제10조는 FIFA 축구재판소 절차에서 어떤 방식과 통로로 의사소통을 할 것인지를 정한 규정입니다. 모든 공식 연락은 오프라인 우편이나 개인 이메일이 아니라, FIFA가 운영하는 두 전자 시스템인 법무 포털(Legal Portal)과 이적매칭시스템(TMS)을 통해서만 이루어집니다. 어느 사건에서 어떤 시스템을 사용할지는 해당 절차 규정이 정하며, 그 규정에 따라 FIFA가 발송한 통지는 곧바로 유효한 송달로 간주됩니다. 이 '송달 시점'이 항소 기한, 답변 기한, 자료 제출 기한 등을 계산하는 법적 기준 시점이 됩니다.

당사자에게는 이 구조가 사실상 하나의 의무로 작동합니다. 법무 포털과 TMS를 매일 최소 한 번 확인해야 하고, '메일을 못 봤다', 'TMS에 로그인하지 못했다'는 이유로 기한을 놓쳤다고 해도 책임은 당사자 쪽에 있습니다. TMS에 등록된 연락처(이메일·전화 등)는 본인이 제공한 정보를 기준으로 하기 때문에, 이를 갱신하지 않거나 잘못 입력해서 통지를 받지 못한 경우에도 그 불이익은 자신이 감수해야 합니다.

특히 협회를 통한 TMS 관련 의사소통은 조금 더 무게감 있게 다뤄야 합니다. 회원협회가 구단을 대신해 FIFA와 TMS로 주고받는 통지는, 해당 구단의 별도 동의 여부나 내부 의사결정과 무관하게 즉시 효력이 발생합니다. 극단적으로 말하면, 구단이 협회로부터 보고를 받지 못한 사이에 FIFA 절차가 이미 시작되거나, 중요한 답변 기한이 지나버릴 수도 있다는 뜻입니다. 그래서 실무에서는 협회 – 구단 간 내부 보고 체계를 얼마나 촘촘히 운영하느냐가 절차 리스크 관리의 핵심 중 하나로 취급됩니다.

결국 제10조는 '통지 수단과 송달 시점'을 둘러싼 모든 분쟁을 미리 정리해 두는 조항입니다. FIFA가 정한 전자 시스템으로 통지했다면 그것으로 끝이며, 그 순간부터 시간이 흐른다는 전제를 깔고 절차가 돌아가기 때문에, 분쟁 당사자는 '매일 포털 확인'을 사실상 필수 의무로 받아들여야 합니다.

제11조. 기한(Time limits)

1. 당사자가 직접 통지를 받은 경우, 기한은 해당 통지를 받은 다음 날부터 계산합니다.

2. 회원협회를 통해 통지를 받은 경우, 기한은 해당 협회가 통지를 받은 날로부터 4일이 경과한 다음 날부터 계산을 시작하며, 이는 당사자의 방어권을 실질적으로 보장하기 위함입니다.

3. 기한 만료일이 공휴일 또는 비영업일인 경우, 다음 첫 번째 영업일이 만료일이 됩니다.

4. 기한 준수 여부는 지정된 기한일 마지막 날 자정까지 당사자의 거주지(또는 대리인이 있는 경우 주뒤 법률대리인의 거주지)를 기준으로 요청된 행위가 완료되었는지를 판단합니다.

5. 12월 20일부터 1월 5일까지는 기한이 정지됩니다.

6. 규정으로 정해진 기한은 원칙적으로 연장할 수 없습니다. 다만 기한 만료 전에 제출된 사유서와 요청이 FIFA에 의해 승인되는 경우 예외적으로 연장될 수 있습니다.

해설   여기서는 FIFA 축구재판소 절차에서 기한을 어떻게 계산하고, 언제까지 완료해야 기한을 지킨 것으로 볼 것인지를 정리하고 있습니다. 통지를 당사자가 직접 받은 경우에는 그 다음 날부터 기한이 시작되고, 회원협회를 통해 전달된 경우에는 협회가 문서를 받은 날로부터 4일이 지난 다음 날부터 기산합니다. 협회 단계를 한 번 더 거치는 만큼, 실제 당사자가 방어 준비를 할 수 있도록 여유를 주려는 취지입니다.

기한의 마지막 날이 공휴일이나 비영업일이라면, 그 다음 첫 번째 영업일이 실제 만료일이 됩니다. 또 기한을 지켰는지 여부는 당사자의 거주지, 또는 주된 법률대리인의 거주지를 기준으로 마지막 날 자정까지 요청된 행위를 완료했는지로 판단합니다. 시차가 있는 국제 분쟁에서 기준점을 명확히 하기 위한 설정입니다.

연말에는 특례가 있습니다. 매년 12월 20일부터 1월 5일까지는 기한 진행이 정지되므로, 이 기간을 제외하고 기한을 산정합니다. 다만 이 규칙에서 직접 정한 '법정 기한'은 원칙적으로 연장할 수 없고, 당사자가 기한 만료 전에 사유를 소명하여 FIFA의 승인을 받은 경우에만 예외적으로 연장이 허용됩니다. 방어권 보장을 위한 최소한의 유연성은 인정하되, 전체적으로는 신속하고 일관된 절차 진행을 유지하려는 구조입니다.

제12조. 절차상의 권리와 의무(Procedural rights and obligations)

1. 당사자는 결정을 내리기 전에 FIFA에 의견서를 제출하고, 증거를 제시하며, 사건 기록을 열람할 권리가 있습니다.
2. 당사자는 항상 성실히 행동하고, 진실을 말하며, FIFA 사무국이나 각 부서의 정보 요청에 협조해야 합니다.
3. 이러한 의무는 해당 절차의 당사자가 아니더라도 FIFA 관할 하에 있으며, 절차 진행을 위해 정보 제공을 요청받은 모든 자연인·법인에도 동일하게 적용됩니다.

해설　이 조항은 FIFA 절차에서 당사자가 갖는 권리와 의무를 함께 규정하는 기본 원칙을 담고 있습니다. 먼저 권리 측면에서, 당사자는 결정이 내려지기 전에 의견서를 제출하고 이를 뒷받침할 증거를 제시하며 사건 기록을 열람할 수 있습니다. 당사자는 단순히 판결을 통보받는 대상이 아니라, 절차에 적극적으로 참여해 방어권을 행사하는 주체로 상정되어 있습니다. FIFA 절차가 단순 행정 처분이 아닌, 최소한의 공정성을 갖춘 준사법적 구조라는 점이 여기서 드러납니다.

의무 측면에서는, 당사자가 절차 전반에서 성실하게 행동하고 사실에 부합하는 진술을 하며 FIFA 사무국이나 각 부서의 정보·서류 요청에 협조해야 한다는 점이 명시됩니다. 주목할 점은 이 협조 의무가 사건 당사자에만 한정되지 않는다는 것입니다. FIFA 관할 아래 있는 모든 주체—협회, 구단, 선수, 감독은 물론 증인, 관계 기관, 이해관계가 있는 제3자까지—가 요청을 받으면 동일한 성실·진실·협력 의무를 부담합니다. 이를 통해 축구재판소는 일방의 주장에 의존하지 않고, 필요한 자료와 진술을 폭넓게 수집해 사건의 실체에 접근할 수 있습니다.

실무에서는 이 조항을 근거로 문서 제출 명령, 추가 자료 요청, 증인 진술 요구 등이 이루어집니다. 이에 응하지 않으면 불이익이 해당 당사자에게 귀속됩니다. 예를 들어, 구단이 급여 지급 내역을 제출하지 않으면, FIFA는 지급 사실이 없다는 방향으로 불리한 추론을 할 수 있습니다. 허위 진술이나 고의적 비협조는 별도의 제재 사유가 되기도 합니다.

제13조. 제출물 및 증거(Submissions and evidence)

1. FIFA에 제출하는 모든 문서는 영어, 스페인어, 프랑스어 중 하나로 작성되어야 하며, 그렇지 않으면 접수되지 않습니다.

2. 절차 과정에서 제출물은 비밀로 유지되어야 하며, 법률상 의무나 전문가 자문 목적이 아닌 한 제3자에게 공개할 수 없습니다.

3. 증거는 제한 없이 제출할 수 있으며, 외국어 증거는 위 3개 언어로 번역본을 첨부해야 합니다.

4. 재판부는 당사자가 제출한 증거 외에도, 이적매칭시스템(TMS) 기록 등을 포함하여 당사자가 직접 제출하지 않은 증거를 직권으로 고려하고 판결의 근거로 삼을 수 있습니다.

5. 입증책임은 주장하는 자에게 있습니다(입증책임의 원칙).

6. 당사자는 사실 확정을 위해 상호 협력할 의무가 있으며, 증거 제출 요청을 하는 당사자는 요청한 증거가 존재할 가능성이 높고(Likely to Exist) 해당 사건과 관련성이 있음을 입증해야 합니다. 요청 불응은 불리한 추론(Adverse Inference)의 근거가 될 수 있습니다.

해설　이 조항은 FIFA 절차에서 문서와 증거를 어떻게 다뤄야 하는지에 대한 기본 원칙을 정리합니다. 가장 먼저 눈여겨볼 부분은 언어 요건입니다. FIFA에 제출하는 모든 문서는 반드시 영어·스페인어·프랑스어 중 하나로 작성되어야 하고, 다른 언어로 된 자료는 이 세 언어 중 하나로 된 번역본을 함께 제출해야만 접수됩니다. 번역을 붙이지 않으면 아예 심리 대상에서 빠질 수 있으니, 사건 초기부터 필요한 번역을 미리 준비해 두는 것이 안전합니다.

제출된 서류는 원칙적으로 비공개이며, 법률상 의무에 따른 제출이나 전문가 자문 목적이 아닌 한 제3자에게 공유할 수 없습니다. 이는 분쟁 당사자의 이해와 사건의 민감성을 보호하기 위한 장치로, 비밀 유지 의무를 가볍게 어기면 별도의 제재나 손해배상 책임까지 이어질 수 있습니다.

증거와 관련해서는 '누가 주장하느냐, 그 사람이 입증한다'는 입증책임의 원칙이 적용됩니다. 어떤 사실을 근거로 삼고 싶다면, 그 사실이 실제로 존재하고 사건과 관련이 있다는 점을 주장한 쪽이 증거로 보여줘야 합니다. FIFA가 추가 자료 제출을 요구했는데도 응하지 않거나, 고의로 자료를 내지 않으면 재판부는 불리한 추론(Adverse Inference)을 적용해 그 당사자에게 불리한 방향으로 사실을 인정할 수 있습니다.

흥미로운 점은 재판부가 당사자가 낸 자료에만 갇혀 있지 않고, TMS 기록 같은 외부 자료도 직권으로 참조할 수 있다는 점입니다. 이적료, 계약 기간, 지급 내역 등은 이미 시스템에 남아 있기 때문에, 구단이 제출하지 않거나 일부만 내더라도 TMS를 통해 사실관계를 보완할 수 있습니다.

> ### 제14조. 회의 및 평의(Meetings and deliberations)
>
> 1. 각 부서는 서면 기록에 근거해 결정을 내리며, 필요시 의장이 구두 심리를 명할 수 있습니다. 구두 심리 절차는 의장이 결정합니다.
> 2. 평의는 전자적 방식 또는 대면으로 진행될 수 있으며, 비공개로 유지됩니다.
> 3. 의사결정은 과반수 찬성으로 이뤄지며, 가부동수일 경우 의장이 결정권(Casting Vote)을 가집니다.

해설   FIFA 축구재판소(Football Tribunal)에서 사건을 어떻게 논의하고 결론을 내리는지에 대한 기본 틀을 잡아 주는 조항입니다. 우선 심리 방식은 서면이 원칙입니다. 각 부서는 당사자가 제출한 서류와 증거를 중심으로 결정을 내리며, 사실관계가 복잡하거나 증인 진술 청취가 필요하다고 의장이 판단하는 경우에만 예외적으로 구두 심리가 열립니다. 구두 심리가 열릴지 여부, 언제·어떤 형식으로 진행할지는 모두 의장의 재량에 달려 있습니다.

평의는 대면 회의로 진행되거나 전자 회의 형식을 취하더라도, 회의 방식과 관계없이 반드시 비공개로 진행됩니다. 이는 위원들이 언론, 여론, 이해관계자의 압력에서 벗어나 독립적으로 토론하고 판단할 수 있도록 하기 위한 장치입니다. 의사결정은 출석 위원 과반수의 찬성으로 이루어지며, 찬반이 정확히 동수인 경우에는 의장이 결정권(Casting Vote)을 행사하여 최종 결론을 정합니다. 이러한 구조 덕분에 표가 갈리는 상황에서도 절차가 교착 상태에 빠지지 않고, 항상 한 방향의 결론에 도달하도록 제도가 설계되어 있습니다.

제15조. 결정 통지(Notifications of decisions)

1. 모든 결정은 해당 당사자에게 통지되며, 당사자가 구단인 경우 소속 협회 및 축구연맹에도 전달됩니다.

2. 결정이 당사자 또는 대리인에게 전달된 시점부터 효력이 발생합니다.

3. 결정은 통지 즉시 발효됩니다.

4. 원칙적으로 당사자는 결정의 요지만 통지받으며, 당사자에게 즉시 스포츠 제재(Sporting Sanctions)를 부과하는 결정은 그 사유와 함께 통지됩니다.

5. 절차 비용 부과가 없는 경우, 당사자는 결정 요지를 받은 날로부터 10일 이내에 이유가 기재된 결정 송부를 요청해야 하며, 기한 내 요청하지 않으면 불복권을 포기한 것으로 간주됩니다.

6. 절차 비용 부과가 있는 경우, 당사자는 결정 요지를 통지받은 날로부터 10일의 기한 내에 이유서를 요청함과 동시에 부과된 비용을 납부해야 하며, 이 두 가지 요건을 모두 충족하지 않으면 불복권이 소멸됩니다.

7. 제5항 및 제6항의 기한을 준수하지 못하면 이유서 요청은 기각되며, 결정은 확정됩니다.

8. 명백한 오기나 절차상 오류가 있는 경우 FIFA는 이를 직권 또는 신청에 의해 수정할 수 있으며, 수정된 결정 통지일부터 불복기간이 다시 기산됩니다.

해설 제15조는 FIFA 축구재판소(Football Tribunal)에서 내려진 결정이 언제, 어떤 방식으로 확정되는지를 규율하는 핵심 절차 규정입니다. 모든 결정은 당사자에게 통지되며, 당사자가 구단인 경우에는 소속 협회와 축구연맹에도 함께 전달됩니다. 통지가 이루어지는 순간부터 효력이 발생하고, 원칙적으로는 통지 즉시 발효됩니다. 다만 당사자가 받는 문서는 결정의 요지에 국한되는 경우가 많으며, 징계와 같이 즉시 효력이 발생하는 결정일 경우에는 그 사유까지 함께 제공됩니다.

특히 주목해야 할 부분은 이유서 요청과 불복권입니다. 절차 비용이 부과되지 않은 사건에서는 결정 요지를 받은 날로부터 10일 이내에 이유서를 요청해야 하며, 이를 소홀히 하면 항소권은 자동으로 소멸합니다. 반대로 절차 비용이 부과된 사건에서는 비용을 납부한 후 10일 이내에 요청을 해야 하고, 이 역시 기한을 지키지 못하면 불복권이 사라집니다. 따라서 당사자나 대리인은 결정 통지를 받는 즉시 이유서 요청 여부와 비용 납부 여부를 동시에 검토해야 하며, 시한 관리는 절차 전략에서 가장 중요한 요소로 꼽힙니다.

또 하나 놓쳐서는 안 될 부분은 결정문의 정정 절차입니다. 명백한 오기나 절차상 오류가 있는 경우 FIFA는 직권으로, 또는 당사자의 신청에 따라 이를 정정할 수 있습니다. 정정된 결정이 다시 통지되면 불복기간은 그날부터 새롭게 시작됩니다. 실무에서는 이 부분이 자주 간과되지만, 변호인 입장에서는 항소 기회를 다시 확보할 수 있는 중요한 창구가 될 수 있습니다.

종합적으로 볼 때 제15조는 항소 준비와 불복 절차 관리의 출발점이라 할 수 있습니다. 단순히 결정 요지만 받아 두고 아무 조치를 취하지 않으면 항소 기회는 그대로 사라집니다. 따라서 '통지 즉시 확인, 10일 이내 요청, 비용 납부 여부 검토'라는 세 가지 단계는 반드시 자동화된 체크리스트처럼 관리되어야 합니다.

해설　　언어 조항은 축구재판소 절차가 어떤 언어를 기준으로 움직이는지, 혼선 없이 정리해 주는 역할을 합니다. 모든 절차는 영어·스페인어·프랑스어 중 하나로만 진행할 수 있고, 세 언어 밖 자료는 번역 없이는 사실상 심리 대상이 되지 않습니다. 제출물과 증거가 한 가지 언어로만 준비된 사건이라면 그 언어로 심리가 진행되고, 결정도 같은 언어로 작성됩니다. 반대로 서면과 증거가 여러 언어로 섞여 있는 사건에서는 기준을 영어 하나로 통일해 절차와 결정 모두 영어로 작성하도록 한 것이 특징입니다.

실무에서는 영어가 사실상 기본 언어로 쓰이는 경우가 많습니다. 나중에 CAS 항소까지 염두에 두면 핵심 서면·증거를 처음부터 영어로 준비하는 편이 안전하고, 번역 품질이 낮으면 주장 취지가 왜곡되거나 아예 설득력을 잃을 수 있습니다. 그래서 국제 사건을 맡는 대리인은 '어떤 언어로 기록을 남길 것인지'를 전략의 일부로 보고, 전문 번역과 언어 선택까지 포함하여 사건을 설계하는 것이 필요합니다.

중재재판소(CAS)가 내린 판정을 legal.fifa.com에 공개할 수 있습니다.

2. 판정문에 기밀 정보가 포함된 경우, 당사자는 판정 이유서 통지를 받은 날로부터 5일 이내에 FIFA에 해당 정보를 비식별 처리(익명화)하거나 수정된 버전으로 공표할 것을 요청할 수 있습니다.

3. 미성년자가 관련된 사건에서는, 해당 미성년자의 신원을 보호할 수 있는 익명 처리된 판정문 또는 수정된 판정문만 FIFA가 공개할 수 있습니다.

해설　　판정 공표와 관련해 FIFA가 추구하는 두 가지 축은 투명성과 보호입니다. 축구재판소(Football Tribunal)의 결정과, 그 결정에 대한 항소 사건에서 CAS가 내린 판정은 FIFA 사무국이 legal.fifa.com을 통해 공개할 수 있고, 이를 통해 전 세계 이해관계자가 분쟁 처리 기준과 흐름을 직접 확인할 수 있습니다. 이렇게 축적된 판정들은 사실상 FIFA 규정 해석의 '판례집' 역할을 하며, 유사 사건에서의 예측 가능성과 일관성을 높이는 기능을 합니다.

다만 모든 내용을 그대로 노출하는 것은 아닙니다. 판정문에 재정 정보, 계약 세부 조건, 민감한 신상 등 기밀 요소가 포함되어 있다면, 당사자는 이유서를 통지받은 날로부터 5일 이내에 익명 처리(비식별)나 수정된 버전으로의 공표를 요청할 수 있습니다. 이 기한이 매우 짧기 때문에, 판정문을 받은 직후 어떤 정보까지 공개해도 되는지, 무엇을 가려야 하는지를 신속히 검토해 FIFA에 요청해야 합니다. 요청 없이 기간이 지나면, 원문에 가까운 형태로 판정이 공개될 위험이 있습니다.

미성년자가 관련된 사건에서는 기준이 한 단계 더 엄격합니다. 해당 미성년자의 신원이 드러날 수 있는 원문 형태는 공표할 수 없고, 반드시 익명 처리되거나 수정된 판정문만 공개할 수 있습니다. 이는 국제적 아동·청소년 보호 원칙에 부합하는 장치로, 절차 투명성을 유지하면서도 미성년자의 장래와 사생활이 불필요하게 노출되지 않도록 하려는 목적입니다. 결국 제17조는 판정 공표를 통해 '보이는 절차'를 만들되, 공개 범위와 방식에 일정한 제어 장치를 두어 당사자의 권리와 개인정보를 함께 지키려는 규정이라고 이해할 수 있습니다.

제18조. 청구(Claims)

1. 다른 당사자에 대한 청구는 FIFA 법무 포털(Legal Portal)을 통해 제출해야 하며, 다음 사항을 포함해야 합니다:

   a. 당사자의 성명, 이메일 주소, 우편 주소(통지용)

   b. (해당 시) 법정 대리인의 성명, 이메일, 우편 주소, 그리고 서면 위임장 사본

   c. 피신청인의 신원 및 주소

   d. 사실관계와 법률적 주장을 모두 포함한 청구서(Statement of Claim), 증거자료, 구제 요청 사항

   e. 청구인 명의의 은행계좌 정보와 서명된 은행계좌 등록 양식 사본

   f. 날짜 및 유효한 서명

   g. (해당 시) 소송 비용 예납 증명서

2. FIFA 사무국은 제출 요건 충족 여부를 심사하며, 미비 사항이 있는 경우 시정을 요청합니다. 기한 내 시정이 이루어지지 않으면 청구는 철회된 것으로 간주되며, 다시 제출해야 합니다.

해설　　제18조는 FIFA 축구재판소(Football Tribunal) 절차를 어떻게 '시작'할 수 있는지, 그 문턱이 어디에 있는지를 정리하고 있습니다. 모든 청구는 예외 없이 FIFA 법무 포털(Legal Portal)을 통해서만 제기할 수 있고, 형식 요건이 꽤 까다롭습니다. 청구인의 이름·이메일·우편 주소, 필요하다면 대리인의 정보와 서면 위임장, 피신청인의 신원과 주소가 기본적으로 들어가야 하고, 그 위에 사실관계와 법률적 주장을 정리한 청구서(Statement of Claim), 이를 뒷받침하는 증거자료, 구체적인 구제 요청까지 모두 갖추어야 비로소 '하나의 청구'로 인정됩니다. 여기에 더해 청구인 명의 은행 계좌 정보와 서명된 계좌 등록 양식, 날짜와 유효한 서명, 소송 비용 예납이 요구되는 절차라면 그 입금 증명까지 준비해야 합니다.

　　FIFA 사무국은 접수된 청구가 이 요건들을 충족하는지부터 심사합니다. 빠진 항목이 있으면 보완 기간을 주지만, 그 안에 보완하지 못하면 청구는 철회된 것으로 처리되고, 필요하다면 처음부터 다시 제기해야 합니다. 실무에서는 이 단계에서 사건의 절반이 이미 갈린다고 해도 과언이 아닙니다. 청구서에 사실관계·법적 논거·증거를 충분히 담지 못하거나, 은행 정보·위임장 같은 형식

요소를 놓치면, 내용의 옳고 그름을 따져 보기도 전에 '불완전 제출'로 밀려나기 쉽기 때문입니다.

제19조. 예비 절차 사항(Preliminary procedural matters)

1. FIFA 사무국은 청구가 완전한지 확인한 후 다음 사항을 검토합니다:

   a. 해당 사건에 관할권이 명백히 없는지 여부

   b. 청구가 명백히 시효를 경과했는지 여부

2. 위 검토 후, FIFA 사무국은 사건을 신속 처리(Expedited Decision) 여부 판단을 위해 해당 부서의 축구재판소(Football Tribunal) 의장에게 회부할 수 있습니다.

3. 해당 부서의 의장이 예비 절차상 문제가 없다고 판단하면, FIFA 사무국에 절차 진행을 명합니다.

해설　 이 조항은 본격 심리에 들어가기 전에 FIFA가 먼저 확인하는 '입구 단계'입니다. FIFA 사무국은 청구가 형식 요건을 갖췄다고 판단되면, 가장 먼저 두 가지를 살펴봅니다. 하나는 사건이 FIFA 축구재판소의 관할에 들어오는지, 다른 하나는 이미 시효(제소 가능 기간)를 넘긴 사건은 아닌지입니다. 관할이 명백히 없거나 시효가 지나 있다면, 사건은 그 단계에서 더 이상 진행되지 않습니다. 이 예비 심사를 마친 뒤, 사무국은 해당 사건을 신속 처리(Expedited Decision) 대상으로 볼 여지가 있는지 검토해 각 부문(DRC, PSC, AC)의 의장에게 회부할 수 있습니다. 부문 의장이 관할·시효 등 절차상 문제가 없다고 판단하면, 사무국에 '심리를 진행하라'고 지시하고 그때부터 비로소 본안 심리가 시작됩니다.

제20조. FIFA 사무국의 제안(Proposal from the FIFA general secretariat)

1. 청구가 완전하고, 복잡한 사실관계나 법률 문제가 없으며, 명확한 판례가 있는 경우 FIFA 사무국은 부서(Chamber)의 판결 없이 사건 종결을 제안할 수 있습니다. 이 제안은 향후 부서 결정에 영향을 주지 않습니다.

2. 당사자는 제안 수락 또는 거부 의사를 지정 기한 내에 밝혀야 합니다.

3. 기한 내 회신이 없으면 제안을 수락한 것으로 간주됩니다.

4. 제안이 수락되면 FIFA 사무국은 확인서를 발급하며, 이는 최종 결정과 동일한 효력을 갖습니다.

5. 제안이 거부되면, 피신청인은 제안서에 명시된 기한 내에 답변서를 제출해야 합니다.

  이 규정은 FIFA 사무국이 비교적 단순한 사건을 빠르게 정리할 수 있도록 둔 일종의 '간이 종결 절차'입니다. 청구가 형식 요건을 모두 갖추고, 사실관계가 복잡하지 않으며, 이미 명확한 판례가 존재하는 경우에는 굳이 각 부서가 정식으로 판정을 내리지 않고, 사무국이 당사자들에게 '이 선에서 사건을 마무리하자'는 제안을 할 수 있습니다. 이때 이런 제안은 다른 사건에 선례로 구속력을 갖지는 않지만, 해당 사건에 한해서는 정식 판정과 똑같은 효력을 가집니다.

당사자는 FIFA가 정한 기한 안에 수락 또는 거부 의사를 밝혀야 하고, 아무런 회신을 하지 않으면 자동으로 수락한 것으로 처리됩니다. 수락하면 사무국이 확인서를 발급하고, 그 시점부터 사건은 최종 결정이 내려진 것과 같은 상태가 됩니다. 반대로 제안을 거부하면 사건은 원래 절차로 넘어가고, 피신청인은 제안서에 적힌 기한 내에 정식 답변서를 제출해야 합니다.

실무에서는 미지급 급여처럼 다툼의 여지가 크지 않은 사건에서 시간과 비용을 줄일 수 있는 유용한 도구가 될 수 있지만, 제안을 수락하는 순간 사실상 항소 여지가 사라진다는 점을 함께 고려해야 합니다. 그래서 대리인 입장에서는 쟁점의 난이도, 금액 규모, 향후 스포츠중재재판소(CAS)까지 갈 가능성을 종합적으로 평가한 뒤, '빠른 종결'과 '추가 다툼의 여지' 사이에서 전략적 선택을 해야 하는 규정입니다.

제21조. 청구에 대한 답변 및 반소(Response to the claim and counterclaim)

1. 청구가 완전하다고 판단되고, 필요한 경우 예비 절차 사항이 종료되면, FIFA 사무국은 피신청인에게 지정된 기간 내에 FIFA 법무 포털(Legal Portal)을 통해 답변서를 제출하도록 요청합니다. 기한 내 답변이 제출되지 않으면, 사건은 제출된 서류만으로 판단됩니다.

2. 피신청인은 답변서와 함께 반소(Counterclaim)를 제출할 수 있습니다. 반소는 독립 청구와 동일한 형식을 갖추어야 하며, 답변서 제출 기한 내에 함께 제출해야 합니다.

3. 기존 사건과 관련된 새로운 청구가 제기되면, 이는 기존 사건의 반소로 병합될 수 있습니다. 이 경우 역시 기존 답변 기한 내에 제출해야 합니다.

4. 유효하게 제출된 반소에 대해서는 원청구인(기존 신청인)이 FIFA 사무국이 지정한 기한 내에 답변해야 합니다.

5. 반소와 직접 관련이 없는 사항에 대한 답변은 고려되지 않습니다.

6. 기한을 넘겨 제출된 반소는 심리 대상에서 제외됩니다.

 제21조는 청구가 접수된 뒤 양 당사자가 어떤 방식으로 공방을 주고받는지, 절차의 기본 골격을 정리하고 있습니다. 청구가 형식 요건을 모두 갖추어 예비 심사가 끝나면, FIFA 사무국이 피신청인에게 답변서 제출 기한을 정해 통지합니다. 피신청인이 이 기한 안에 답변서를 제출하지 않으면 재판부는 청구인이 제출한 자료만을 근거로 사건을 판단하게 되고, 사실상 일방 심리에 가까운 결과가 나올 수 있습니다.

피신청인은 답변서와 함께 반소를 제기할 수 있습니다. 이 반소는 독립된 청구와 동일한 형식 요건을 충족해야 하고, 반드시 답변 기한 안에 함께 제출되어야 심리 대상이 됩니다. 기한을 넘겨 제출된 반소는 원칙적으로 고려되지 않으며, 반소와 직접 관련이 없는 주장도 심리 범위에서 제외 됩니다. 한편 청구인 측에서 별도로 제기한 새로운 청구가 기존 사건과 밀접하게 관련되어 있을 경우, FIFA 사무국이 이를 기존 사건의 반소로 병합해 처리할 수 있고, 이렇게 적법하게 병합된 반 소에 대해서는 원청구인 역시 정해진 기한 안에 답변서를 제출해야 합니다.

실무적으로 이 조항은 피신청인의 방어권을 보장하는 동시에, 기한과 형식을 엄격히 요구함 으로써 절차의 효율성을 확보하는 역할을 합니다. 답변이나 반소를 준비하면서 '나중에 보충하면 된다'는 안일한 생각으로 제출을 지연하다가 기한을 넘기면, 그 순간 중요한 주장 자체가 심리에 서 배제될 수 있습니다. 특히 반소는 전략적으로 매우 강력한 카드지만, 독립 청구와 동일한 수준 의 사실·법률 주장과 증거 준비가 뒷받침되어야 하고, 초기 기한 안에 제출하지 않으면 아예 카드 로 쓰지 못하게 된다는 점을 유념해야 합니다.

제22조. 2차 서면 제출(Second round of submissions)

FIFA 사무국은 필요하다고 판단될 경우, 2차 서면 제출을 허용할 수 있습니다. 이 경우 모든 제출은 FIFA 법무 포털(Legal Portal)을 통해 이루어져야 합니다.

 제22조는 필요할 때 두 번째 서면 공방을 허용할 수 있는지 여부를 정하고 있습니다. 기 본 설계는 한 번의 서면 교환만으로도 결론을 낼 수 있도록 되어 있지만, FIFA 사무국이 '이 사건 은 추가 설명이나 반박이 더 필요하다'고 판단하면 예외적으로 두 번째 제출 라운드를 열 수 있습 니다. 이때도 모든 서류는 반드시 법무 포털(Legal Portal)을 통해 제출해야 하고, 이메일이나 다른 경 로로 보낸 문서는 공식 기록으로 취급되지 않습니다.

실제 운영에서는 2차 서면 제출 기회가 자주 부여되지 않으므로, 당사자와 대리인은 첫 번째 청구·답변 단계에서 사실관계, 법적 논거, 증거를 최대한 충실히 정리해야 합니다. 추가 서면 제출 기회가 있을 것이라는 전제는 위험하며, 제22조는 어디까지나 예외적인 보완 장치로 이해해야 합니다.

해설　제23조는 FIFA 절차에서 제출 단계가 언제 종료되는지와 그 법적 효과를 명확히 규정하는 조항으로, 사건 진행의 확정성과 효율성을 보장하는 장치라 할 수 있습니다. FIFA 사무국이 제출 종료를 통지하는 순간 당사자는 더 이상 새로운 주장이나 증거를 제출할 수 없으며, 이미 제시한 구제 요청을 변경하는 것도 금지됩니다. 이는 사건의 심리 범위를 명확히 확정해 절차 지연을 방지하고, 양측이 동일한 조건에서 심리에 임하도록 하기 위한 제도적 장치입니다.

다만 예외적으로 FIFA 사무국이나 해당 부서가 필요하다고 판단하는 경우에는 절차 도중에도 추가 자료나 정보를 요청할 수 있습니다. 이 경우 보충적 제출이 허용되며, 부서의 사실심리에 필요한 부분을 보완하는 역할을 하게 됩니다.

실무적으로 제23조는 당사자에게 '제출 단계가 종료되면 임의로 더 이상 보충할 수 없다'는 의미를 가집니다. 따라서 최초 제출 단계에서 사실관계, 법률적 주장, 증거, 구제 요청을 모두 완결적으로 담아야 하며, 이를 소홀히 하면 이후 기회가 차단됩니다. 제출 종료 이후 자발적으로 자료를 추가로 제출하더라도 이는 고려되지 않고, 오히려 절차적 신뢰성을 해칠 위험만 남습니다. 반대로 부서가 직접 보완을 요청하는 경우에는 제출이 허용되므로, 필요한 범위에서 제한적 보충 기회는 남아 있다고 볼 수 있습니다.

해설　　제24조는 FIFA 축구재판소 내 각 부서(분쟁해결부, 선수지위부, 에이전트부)에서 사건을 어떤 형태의 재판부가 맡을지를 정하는 기준을 제시합니다. 이는 사건의 규모와 복잡성에 따라 심리 방식을 달리해, 효율성과 전문성을 동시에 확보하려는 구조적 장치입니다.

먼저, 분쟁해결부(DRC) 사건의 경우에는 청구 금액이 핵심 기준이 됩니다. 청구 금액이 200,000달러(USD) 미만이라면 원칙적으로 단독판사(Single Judge)가 심리합니다. 이는 소규모 사건에 대해 불필요하게 패널을 꾸리지 않고, 신속하고 효율적으로 분쟁을 해결하기 위한 절차적 간소화입니다. 반면 청구 금액이 200,000달러 이상이거나 사건이 법률적으로 복잡한 경우에는 최소 3명의 판사가 참여하는 패널이 구성되며, 이때 심리는 의장(Chairperson)이나 부의장(Deputy Chairperson)이 주재합니다. 고액 또는 난이도가 높은 사건은 다수 판사의 심리와 합의를 통해 보다 정교하고 정당한 판단을 내리도록 한 것입니다.

선수지위부(PSC)와 에이전트부(AC) 사건은 원칙적으로 단독판사가 심리합니다. 그러나 사건이 법률적으로 복잡하다면 패널이 꾸려지며, 이 경우에도 의장 또는 부의장이 주재합니다. 이는 대부분의 사건이 사실관계가 비교적 단순한 선수 자격·등록 문제나 대리인 관련 사안임을 감안하되, 특정 사건에서는 다수 판사의 합의가 필요할 수 있다는 점을 반영한 예외 규정입니다.

제24조는 결국 FIFA 축구재판소가 사건의 규모·성격·복잡성에 따라 맞춤형 판정 구조를 운영하고 있음을 보여 줍니다. 소규모 사건에는 신속성과 효율성을, 복잡하고 중요한 사건에는 패널의 전문성과 정당성을 보장하는 균형적 설계라 할 수 있습니다. 실무적으로는 청구 금액과 사건 성격이 단독판사와 패널의 경계선을 가르는 핵심 기준이 되므로, 당사자들은 분쟁 제기 단계에서 이 점을 반드시 고려해야 합니다.

제25조. 비용(Costs)

1. 당사자 중 한 명이 선수, 코치, 축구 에이전트 또는 매치 에이전트인 경우 원칙적으로 절차 비용은 면

제됩니다.

2. 그 외 사건에서는 절차 비용이 발생하며, 사건 종료 시 담당 부서가 결정합니다.

3. 선수지위부(PSC) 사건 중 규제 신청(Regulatory Application)에 해당하지 않는 절차에는 예납금이 부과됩니다.

4. 청구인 또는 반소 청구인이 예납금을 납부해야 하며, 구체 금액은 부속서 1에 규정됩니다.

5. 담당 부서는 당사자의 승소·패소 비율과 절차 진행 태도를 고려해 최종 비용 부담 비율을 정합니다.

6. 절차 비용 납부 명령을 받은 경우, 실제 납부 의무가 발생하는 시점은 다음과 같습니다:

    a. 결정 요지만 통지받은 후, 이유서를 요청한 경우

    b. 결정이 처음부터 이유서와 함께 통지된 경우

7. 절차 비용은 통지일로부터 10일 이내에 지정된 계좌로 납부해야 하며, 납부 증명은 FIFA 사무국에 제출해야 합니다.

8. 각 당사자는 변호사 비용 등 소송비용을 스스로 부담합니다.

　　FIFA 절차에서 '비용'이 어떻게 다뤄지는지, 특히 누가 언제 무엇을 내야 하는지를 정리하고 있습니다. 가장 큰 축은 둘입니다. 하나는 개인 당사자의 접근성 보장, 다른 하나는 구단·협회에 대한 절차 비용 부담 원칙입니다.

　　우선 당사자 중 한 명이라도 선수, 코치, 축구 에이전트, 매치 에이전트라면 해당 절차는 무료입니다. 경제력이 상대적으로 취약한 개인 주체들이 비용 부담 때문에 권리 구제 자체를 포기하지 않도록 하려는 취지입니다. 반대로 구단과 협회만 얽힌 분쟁, 특히 선수지위부(PSC)에서 규제 신청이 아닌 사건의 경우에는 예납이 요구되고, 사건이 끝난 뒤 각 부서가 최종 절차 비용을 산정해 승패 비율과 절차 태도(협조 여부, 지연 행위 등)를 고려해 누가 얼마를 부담할지를 결정합니다.

　　예납금과 상한액은 분쟁 금액에 따라 단계별로 정해져 있습니다. 예를 들어, 분쟁 금액이 50,000달러(USD) 미만이면 예납 1,000달러, 최종 절차 비용 상한은 5,000달러, 200,000달러 이상이면 예납 5,000달러, 상한 25,000달러와 같은 구조입니다. 청구인 또는 반소인은 청구 단계에서 이 예납금을 납부해야 하고, 이를 하지 않으면 사건이 각하되거나 접수가 보류될 수 있습니다.

　　실제로 '돈을 언제 내야 하느냐'도 중요합니다. 절차 비용 납부 의무는 두 경우에만 발생합니다. 하나는 결정 요지만 통지된 뒤 당사자가 이유서를 요청할 때, 다른 하나는 결정이 처음부터 이유서와 함께 통지될 때입니다. 단순히 요지만 받아 두고 이유서를 요청하지 않으면, 비용 납부 의무는 발생하지 않습니다. 다만 이유서를 요청해 불복 절차로 나아가려면 통지일로부터 10일 이내에 지정 계좌로 비용을 납부하고, 납부 증명까지 FIFA 사무국에 보내야 합니다. 이 기한을 넘기면 이유서 요청이 기각되고, 결정은 그대로 확정됩니다.

끝으로 FIFA 절차에서는 소송비용(변호사·대리인 비용)에 대한 상환은 인정되지 않습니다. 각 당사자는 자신의 법률 비용을 스스로 부담해야 하며, 상대방에게 전가할 수 없습니다. 이 조항 전반은 '개인에게는 문턱을 낮추되, 조직 간 분쟁에서는 책임 있는 비용 부담과 기한 준수를 요구한다'는 방향으로 이해하면 좋습니다.

제26조. 조정(Mediation)

1. 조정 개시 권한: 축구재판소(Football Tribunal) 의장이 필요하다고 판단하는 경우, 당사자들에게 분쟁을 조정(Mediation) 절차를 통해 해결할 것을 제안할 수 있습니다.

2. 조정 절차의 성격: 조정은 자발적인 절차이며, 당사자에게 비용이 부과되지 않습니다. 조정 절차는 스포츠중재재판소(CAS) 조정규칙(Mediation Rules)의 일반 원칙에 따라 진행되며, FIFA가 이를 위해 제정한 별도의 규칙과 승인된 조정인 명단에 등재된 전문가를 통해 이루어집니다.

3. 조정 성립의 효과: 조정이 성공적으로 마무리되면, 당사자들은 합의서(Settlement Agreement)에 서명하며, 조정인과 해당 부서 의장이 이를 비준합니다. 이렇게 비준된 합의서는 FIFA 규정에 따라 축구재판소의 최종적이고 구속력 있는 판정과 동일한 효력을 가집니다.

해설　제26조는 축구재판소(Football Tribunal) 안에서 재판 대신 '조정(Mediation)'으로 분쟁을 풀 수 있는 길을 열어 둔 조항입니다. 먼저 눈여겨볼 점은 조정이 어디까지나 자발적 절차라는 점입니다. 축구재판소 의장이 필요하다고 보았을 때 당사자들에게 조정을 제안할 수는 있지만, 강제로 끌고 갈 수는 없습니다. 조정에 동의할지 여부는 당사자의 선택이며, 조정 절차 자체에는 별도의 FIFA 절차 비용이 부과되지 않습니다. 조정은 CAS 조정규칙(Mediation Rules)의 일반 원칙을 바탕으로, FIFA가 마련한 자체 규칙과 승인된 조정인 명단에 따라 진행됩니다. 이 명단에 오른 조정인들은 축구 규정과 업계 관행을 잘 이해하는 전문가들로, 단순한 '누가 옳고 그르다'를 가리는 것보다 실질적인 해결책을 찾는 데 초점을 맞춥니다.

조정이 성공적으로 마무리되면 당사자들은 합의서(Settlement Agreement)에 서명하고, 이를 조정인과 해당 부서 의장이 비준합니다. 이렇게 비준된 합의서는 단순한 신사협약 수준이 아니라, FIFA 규정상 축구재판소의 최종 판정과 동일한 구속력을 갖게 됩니다. 즉, 나중에 한쪽이 약속을 어길 경우에도 '재판부 판결'과 같은 방식으로 집행을 요구할 수 있는 효력이 생기는 셈입니다.

현장의 관점에서 보면, 조정은 특히 계약 해지 분쟁, 미지급 급여, 등록·이적과 관련된 이해관계 조정에서 자주 거론됩니다. 정식 재판보다 속도가 빠르고 비용 부담이 적으며, 양측이 직접 대면 또는 비대면으로 현실적인 타협점을 찾을 수 있다는 점에서 유용한 수단입니다. 다만 조정이 결렬되면 다시 본안 절차로 되돌아가야 하므로, 제안을 수락할지 여부는 사건의 복잡도, 금액 규모, 향후 관계 유지 필요성 등을 감안해 신중히 판단할 필요가 있습니다.

FIFA는 2021년 10월 축구재판소 출범과 함께 조정 제도를 도입하였고, 2023년 3월 10일 조정 가이드라인(Mediation Guidelines)을 공식 발표하였습니다. FIFA에 따르면 조정 도입 이후 다수의 사건에서 당사자들이 만족하는 우호적 합의가 이루어졌습니다. 스페인선수협회(AFE) 관계자인 산티아고 리스테(Santiago Liste)는 실제로 FIFA 조정을 활용하여 성공적으로 분쟁을 해결한 경험을 공유한 바 있습니다. 그는 "조정 절차는 오랜 문제를 해결하는 데 핵심적이었을 뿐 아니라 당사자 간 관계를 재건하는 데도 기여하였다"라며, "조정인의 도움으로 선수와 구단 양측의 입장과 이해관계를 효과적으로 파악하고, 그렇지 않았다면 불가능했을 합의점에 도달할 수 있었다"라고 평가하였습니다. 다만 조정은 비밀 유지 원칙이 적용되므로, 구체적인 당사자명이나 사건 내용은 공개되지 않습니다.

제27조. 훈련보상금 청구(Training reward claims)

1. 관련 FIFA 규정에 따라, 당사자가 훈련보상금(Training Compensation)이나 연대기여금(Solidarity Contribution)을 청구하고자 하는 경우, 이에 필요한 추가 서류와 함께 반드시 이적매칭시스템(TMS)을 통해 제출해야 합니다. 청구에는 청구의 성격에 따라 다음 사항들이 포함되어야 합니다:

   a. 청구인의 성명과 주소

   b. (해당되는 경우) 대리인의 성명과 주소, 그리고 최근에 작성된 구체적이고 유효한 위임장 사본

   c. 사실과 법리에 관한 주장을 모두 포함한 청구서(Statement of Claim), 증거자료와 구제 요청 내용

   d. 청구인 명의로 개설된 은행계좌 정보와 서명된 은행계좌 등록 양식 사본

   e. (해당되는 경우) 청구인 소속 협회가 발급한 확인서 - 선수와 함께한 기간 동안 해당 협회의 공식 시즌 시작일과 종료일 명시

   f. 선수의 완전한 커리어 기록 - 만 12세가 되는 해(Calendar Year)부터 피신청 구단에 등록될 때까지 모든 구단 경력, 등록 시점의 선수 신분(아마추어/프로), 등록이 일시적이었는지 영구적이었는지, 중간의 공백 여부까지 포함해야 합니다.

   g. (해당되는 경우) 해당 선수를 등록·훈련시킨 구단이 파산·청산·해산·자격 상실 등으로 더 이상 존속하지 않는다는 증거

   훈련보상금 청구에 한해 요구되는 사항:

   h. (해당되는 경우) 청구인의 소속 협회가 발급한 훈련 카테고리 확인서

   i. (해당되는 경우) 피신청인의 훈련 카테고리 확인서

   j. (해당되는 경우) 선수가 처음 프로로 등록된 정확한 날짜

   k. (해당되는 경우) 본 청구가 근거하는 이적의 정확한 날짜

   l. (해당되는 경우) 프로 계약 제안에 관한 증거

   연대기여금 청구에 한해 요구되는 사항:

   m. 본 청구가 근거하는 이적의 정확한 날짜

   n. 해당 이적에 관여한 모든 구단에 대한 정보

   o. 청구하는 연대기여금의 비율

해설   제27조는 훈련보상금과 연대기여금을 청구할 때 어떤 정보를 어떻게 갖추어야 하는지를 세세히 정리한 조항으로, 말하자면 산정과 심리의 출발점을 정확히 맞추는 설계도에 해당합니다. 모든 청구는 이적매칭시스템(TMS)을 통해서만 접수할 수 있고, 기본적으로 청구인의 인적 사항, 대리인 정보와 위임장, 사실·법률 주장을 담은 청구서(Statement of Claim), 이를 뒷받침하는 증거자료, 청구인 명의 은행 계좌 정보와 서명된 계좌 등록 양식을 포함해야 합니다. 여기에 해당 협회가 발급한 시즌 시작·종료일 확인서, 선수가 만 12세가 된 해부터 문제의 이적 시점까지 어떤 구단에 어떤 신분(아마추어/프로)으로, 어떤 형태(영구/임대)로 등록되어 있었는지를 모두 정리한 커리어 기록은 필수적인 핵심 요소입니다.

훈련보상금 청구의 경우에는 추가로, 청구인과 피신청 구단의 훈련 카테고리, 선수의 최초 프로 등록일, 이번 청구의 근거가 되는 이적일, (해당되는 경우) 프로 계약 제안이 있었음을 입증하는 자료까지 요구됩니다. 이는 훈련 연차와 훈련 카테고리별 단가를 정확히 적용하기 위해 필요한 정보입니다. 연대기여금 청구에서는 이적일, 이적에 관여한 모든 구단, 청구하는 연대기여 비율, 알려진 범위 내의 이적료 금액(또는 금액을 알 수 없다는 진술)을 중심으로 요건을 갖추게 됩니다. 이 단계에서 어느 구단이 얼마를 청구할 수 있는지가 사실상 윤곽이 잡히게 됩니다.

실제 절차에서는 이 조항이 단순한 '서류 체크리스트'를 넘어, 나중에 발생할 계산과 판정의 정확성을 미리 담보하는 역할을 합니다. 예를 들어, 최초 프로 등록일이나 협회 훈련 카테고리를 잘못 적으면 훈련보상금 산식 자체가 틀어져 청구 일부가 각하되거나 감액될 수 있고, 연대기여금 사건에서 이적료나 분배 비율을 제대로 소명하지 못하면 청구가 지연되거나 기각될 위험이 커집니다. 그래서 청구를 준비하는 구단·협회·대리인은 TMS에 올리기 전에 선수의 전 경력을 연도별로 정리하고, 협회 확인서·등록증명·계약서·이적 합의서·송금 내역 등을 교차 검증해 요구 항목이 빠짐없이 충족되는지 꼼꼼히 확인해야 합니다.

제28조. 훈련보상금 청구 절차(Procedure related to training reward claims)

제27조에서 명시한 요건을 갖춘 모든 청구는 반드시 TMS를 통해 접수·관리해야 하며, 제18조 제1항의 예외적인 경우를 제외하고 제3장 절차 규정이 동일하게 적용됩니다.

해설　　제28조는 FIFA 훈련보상금 청구 절차의 경로를 단일화하는 규정입니다. 제27조에서 요구하는 서류와 요건을 모두 갖춘 청구는 반드시 FIFA 이적매칭시스템(TMS)을 통해 제출·관리되어야 하며, 제18조 제1항에서 규정한 예외적인 경우를 제외하고는 제3장의 일반 절차 규정이 동일하게 적용됩니다. 과거에는 이메일, 우편 등 다양한 제출 방식이 혼용되었으나, FIFA가 전 세계적으로 TMS를 단일 창구로 지정하여 절차의 투명성, 추적 가능성, 자료 표준화를 보장하고자 하였습니다.

　　실무적으로 이 조항은 단순한 행정 절차 조항이 아니라, 관할권 인정 여부와 직결되는 기준으로 작용합니다. TMS 외의 경로로 제출된 청구는 적법한 제소로 인정되지 않으며, 자동적으로 각하되거나 절차 개시 자체가 무효화될 수 있습니다. 따라서 구단이나 에이전트는 훈련보상금 청구를 준비할 때 TMS 입력 요건과 시스템 업로드 형식을 정확히 숙지해야 하며, 첨부 파일 형식·언어 요건·번역본 제출 여부 등 세부 기술적 조건까지 철저히 점검해야 합니다.

제28조의2. 전자 선수여권에서의 법률·사실 복잡성

(Cases of legal or factual complexity in an EPP)

1. FIFA 사무국이 전자 선수여권(EPP)을 심사하는 과정에서 법률적 또는 사실적 복잡성이 있다고 판단하는 경우, FIFA 사무국은 해당 EPP 전체를 분쟁해결부(DRC)에 회부하여 공식 결정을 받아야 합니다.

2. 이를 위해 FIFA 사무국은 EPP 검토 과정에서 관련 당사자들로부터 필요한 정보와 문서를 수집해야 합니다. 관련 당사자는 해당 선수여권 검토에 참여하는 구단과 회원협회를 말합니다.

3. FIFA 사무국이 EPP를 분쟁해결부에 제출하면, 분쟁해결부는 훈련보상 분배와 관련된 모든 선수 등록 정보 및 EPP에서 검토된 문서를 기준으로 결정을 내려야 합니다.

4. FIFA 사무국은 EPP가 분쟁해결부에 제출된 사실을 당사자들에게 통지해야 합니다. 이 통지가 이루어진 이후에는 당사자들이 EPP 검토 과정에서 제출한 정보를 보완하거나 수정하거나 새로운 증거를 제출할 수 없습니다.

5. FIFA 사무국과 당사자 간의 모든 의사소통은 해당 선수의 EPP와 관련하여 TMS를 통해 이루어져야 합니다.

6. 원칙적으로 이러한 사건은 단독판사가 심리합니다.

7. 본 조항에서 규정된 절차는 무료로 진행됩니다.

8. 분쟁해결부의 결정은 FIFA 클리어링 하우스 규정(Clearing House Regulations) 제10조에 따라 TMS를 통해 당사자에게 통지되어야 합니다. 이와 관련하여 제15조 제2항, 제3항, 제8항이 적용됩니다.

 　전자 선수여권(EPP)은 선수가 만 12세 이후 거친 모든 구단과 등록 이력을 디지털로 모아, 훈련보상금과 연대기여금을 자동 산정하는 데 사용하는 핵심 데이터베이스입니다. 다만 여러 나라와 협회를 오간 선수, 중복 등록 기간, 불완전한 과거 기록처럼 단순 계산으로는 정리가 어려운 사례도 적지 않습니다. 제28조의2는 바로 이런 경우에 어떤 절차로 정리를 할지 정해 둔 규정입니다. FIFA 사무국이 EPP를 검토하다가 법률적 또는 사실관계 측면에서 사건이 복잡하다고 판단하면, 완성된 EPP 전체를 분쟁해결부(DRC)에 회부해 공식 결정을 받도록 합니다. 이 과정에서 사무국은 관련 구단과 회원협회로부터 추가 자료와 설명을 수집해 사실관계를 최대한 정리한 뒤, 그 자료를 토대로 DRC가 훈련보상 분배에 관한 최종 판단을 내리도록 하는 구조입니다.

　EPP가 DRC에 회부되면 FIFA 사무국은 당사자들에게 그 사실을 통지하고, 그 시점 이후에는 당사자들이 EPP 검토 과정에서 제출한 정보를 스스로 보완하거나 수정하거나 새로운 증거를 추가로 제출할 수 없습니다. 필요한 보완은 재판부나 사무국이 요청하는 경우에만 이루어질 수 있고, 모든 의사소통은 TMS를 통해서만 이루어져야 합니다. 사건은 원칙적으로 단독판사가 담당하며, 절차 비용은 부과되지 않습니다. 최종 결정은 FIFA 클리어링 하우스 규정 제10조에 따라 TMS를 통해 통지되며, 통지 방식과 효력에 관해서는 이미 본 제15조의 규정이 그대로 적용됩니다. 실무적으로 보면, 이 조항 덕분에 자동 시스템만으로는 해결하기 어려운 복잡한 EPP 사건을 분쟁해결부(DRC) 단독판사가 빠르고 전문적으로 정리해 줄 수 있고, 당사자는 별도 비용 없이 절차를 이용할 수 있는 대신 초기 단계에서 자신에게 유리한 자료와 주장을 충분히 제출해 두어야 한다는 점이 강조됩니다.

제29조. 규제 신청(Regulatory applications)

1. 관련 FIFA 규정에 따라, 선수지위부(PSC)는 다음과 같은 규제적 신청을 심리해야 합니다:

    a. 미성년자의 국제이적 또는 첫 등록

    b. 제한적 미성년자 예외 사항(Limited Minor Exemption, LME)

    c. 선수 등록을 승인하기 위한 FIFA의 개입

    d. 대표팀 자격 신청 또는 협회 변경 신청

    e. 대표팀 의무 수행 후 선수의 늦은 복귀

2. 모든 신청은 사실과 법리에 관한 완전한 서면 주장을 포함해야 합니다. FIFA 사무국은 신청을 처리함에 있어 적법절차(Due Process)의 원칙을 적용해야 합니다. 미성년자의 국제이적 또는 첫 등록에 관한 구체적 요건은 제30조에 규정되어 있습니다.

    a. 제29조 제1항 (a), (b), (c)에 따른 모든 신청은 반드시 TMS를 통해 제출·관리할 것

    b. 제29조 제1항 (d) 및 (e)에 따른 모든 신청은 반드시 법무 포털(Legal Portal)을 통해 제출·관리할 것

    c. 풋살 선수 관련 신청과 FIFA 회람문(Circular) 제1635호에 해당하는 신청은 이메일을 통해 제출·관리할 수 있음

3. FIFA 사무국은 신청을 접수하면 그 완전성을 심사해야 합니다.

    a. 신청이 완전하지 않은 경우, FIFA 사무국은 신청인에게 이를 통지하고 보정을 요구할 것

    b. 신청이 정해진 기간 내에 보정되지 않으면 철회된 것으로 간주되며, 다시 제출해야 할 것

    c. 신청이 완전하다고 판단되거나 신청인이 명시적으로 요청한 경우, 해당 신청은 선수지위부(PSC)에 회부되어 결정을 받을 것

4. 원칙적으로 단독판사가 이러한 사건을 심리해야 합니다. 다만 사건이 복잡하거나 예외적 상황이 존재하는 경우에는 최소 3명의 판사가 심리해야 합니다.

해설   제29조는 선수지위부(PSC)가 담당하는 규제적 신청(Regulatory Applications)의 범위와, 그 신청이 어떤 경로와 형식으로 제기되어야 하는지를 정리해 줍니다. 분쟁해결부(DRC)가 주로 임금·손해배상·훈련보상금·연대기여금 등 '돈'과 '계약' 중심의 사건을 보는 반면, PSC는 등록·자격·대

표팀 관련 문제처럼 '규정 적용'에 초점을 둔 사건을 맡는다고 이해하시면 됩니다.

PSC 관할에 속하는 대표적인 신청이 조문에 열거되어 있습니다. 미성년자의 국제이적이나 첫 등록, 제한적 미성년자 예외 사항(LME), 특정 선수 등록을 승인하기 위한 FIFA의 개입, 대표팀 자격 또는 협회 변경, 국가대표팀 차출 이후 선수의 늦은 복귀 문제가 모두 여기에 해당합니다. 이런 사건들은 누가 얼마를 내야 하는지보다, '이 선수가 어디에, 어떤 자격으로 등록·출전할 수 있는가'가 핵심 쟁점이기 때문에 PSC가 담당하게 됩니다.

신청을 제기할 때는 사실관계와 법률적 근거를 갖춘 서면 주장을 반드시 포함해야 하고, FIFA 사무국이 먼저 신청서가 완전한지 형식 심사를 합니다. 빠진 부분이 있으면 보완 기한을 주고, 그 안에 고치지 않으면 신청은 철회된 것으로 간주되어 처음부터 다시 제출해야 합니다. 충분히 갖춰진 사건만 PSC로 올라갈 수 있다는 점이 강조되는 부분입니다.

제29조가 특히 중요하게 구분해 두는 것은 신청의 제출 경로입니다. 미성년자 관련 신청은 반드시 TMS를 통해서만 제기·관리되어야 하고, 대표팀 자격·협회 변경, 국가대표팀 복귀 문제는 모두 FIFA 법무 포털(Legal Portal)에서 처리됩니다. 예외적으로 풋살 선수 관련 사항이나 FIFA 회람문 1635호에 해당하는 일부 신청만 이메일 제출이 허용됩니다. 이 채널 구분을 잘못 선택하면 절차가 반려되거나 지연될 수 있기 때문에, 실무에서는 '이 건이 미성년자·등록 문제인지, 대표팀·협회 변경 문제인지'를 먼저 정확히 분류하는 것이 필수입니다.

사건을 누가 심리하는지도 규정에 명시되어 있습니다. 원칙적으로 선수지위부(PSC) 사건은 단독판사가 처리하지만, 법률·사실관계가 복잡하거나 예외적인 사안으로 판단되면 최소 3인의 판사가 참여하는 패널이 구성되어야 합니다. 복잡 사건일수록 한 사람의 재량이 아니라 여러 명의 판단을 거치도록 안전장치를 둔 셈입니다.

국가에 최소 지난 5년 동안 계속적으로 거주해 온 경우의 첫 등록

2. 다음의 경우에는 신청이 필요하지 않습니다:

a. 미성년 선수가 등록을 희망하는 회원협회 소속 국가의 국적을 가지고 있으며, 다른 회원협회에 등록된 적이 없는 경우

b. 미성년 선수가 만 10세 미만인 경우

c. 회원협회가 제한적 미성년자 예외 사항(LME)을 부여받았고, 해당 미성년자의 국제 이동이 그 범위에 포함되는 경우

3. 신청에는 TMS에서 요구하는 서류가 반드시 포함되어야 하며, 이는 '미성년자 신청 제출 가이드(Guide to Submitting a Minor Application)'에서 정하는 바에 따라야 합니다.

4. 국제이적의 경우, 미성년 선수가 등록되어 있던 이전 회원협회는 다음과 같이 처리되어야 합니다:

a. 모든 비기밀 문서에 대해 TMS를 통해 접근 권한을 부여받을 것

b. FIFA 사무국이 정한 규제 기한 내에 의견서를 제출하고 필요한 문서를 제출할 기회를 부여받을 것

5. 인도적 사유에 따른 국제이적의 경우, 미성년 선수가 등록되어 있던 이전 회원협회에는 신청이 통보되지 않아야 합니다.

해설　　제30조는 RSTP 제19조의 미성년자 보호 원칙을 실제 절차로 옮겨 놓은 조항으로, 만 18세 미만 선수의 국제이적 및 첫 등록이 어떤 경우에, 어떤 방식으로 FIFA 승인을 받아야 하는지를 정리합니다. FIFA의 기본 입장은 미성년자의 국제이적을 예외적으로만 허용하겠다는 것이고, 그 예외를 적용할 때는 반드시 회원협회가 TMS를 통해 선수지위부(PSC)에 신청을 올려야 합니다.

신청이 필요한 상황은 크게 세 가지입니다. 미성년 선수가 다른 협회로 국제이적을 하는 경우, 외국 국적 미성년 선수를 첫 등록하는 경우, 해당 국가 국적은 없지만 그 나라에서 최근 최소 5년 이상 연속 거주한 미성년 선수를 최초 등록하려는 경우입니다. 이 세 경우에는 소속 구단의 요청을 받은 회원협회가 반드시 TMS를 통해 '미성년자 신청'을 넣어야 하며, TMS 내 '미성년자 신청 제출 가이드(Guide to Submitting a Minor Application)'에서 정한 필수 서류를 모두 첨부해야 합니다.

반대로 FIFA 승인이 필요 없는 경우도 분명합니다. 미성년 선수가 등록을 희망하는 협회가 속한 국가의 국적을 갖고 있고, 과거에 다른 협회에 등록된 적이 없는 경우, 나이가 아직 만 10세 미만인 경우, 또는 해당 협회가 제한적 미성년자 예외 사항(LME)을 부여받았고 그 이동이 LME 범위 안에 들어가는 경우에는 별도의 승인 신청을 하지 않아도 됩니다. 이 부분을 헷갈리면 '사소한 이동'이라고 생각했다가 승인 누락으로 곧바로 규정 위반이 될 수 있습니다.

국제이적이 수반되는 신청에서는 이전 협회도 절차에 참여합니다. FIFA 사무국은 이전 협회가 비기밀 서류에 접근할 수 있도록 TMS 권한을 열어 주고, 정해진 기한 내에 의견서와 관련 자료를 제출할 기회를 보장해야 합니다. 다만 인도적 사유에 따른 국제이적의 경우에는 예외적으로 이전 협회에 신청이 통보되지 않는 비공개 절차로 진행됩니다. 난민·보호대상자 등 민감한 케이스에서 선수·가족의 안전을 최우선으로 고려한 설계입니다.

실무 차원에서 보면 제30조는 구단·협회·에이전트가 미성년자의 이동을 계획할 때 반드시 첫 번째로 확인해야 하는 조항입니다. 국적 보유 여부, 과거 타 협회 등록 이력, 실제 거주 기간, LME 적용 가능 여부를 잘못 해석하거나, TMS 승인을 생략하면 구단과 협회 모두 중대한 제재를 받을 수 있습니다. 특히 승인 누락이 적발되면 선수 등록 무효, 출전 정지, 구단 제재로 이어질 수 있기 때문에, '만 10세 이상이니까 괜찮다'는 식의 단순 판단은 매우 위험합니다. 최종 승인 권한이 PSC에 있다는 점도 항상 염두에 두어야 합니다.

제31조. 경과 규정(Transitory provisions)

1. 이 규칙은, 특별한 규정이 없는 한, 발효일 이전에 개시된 절차에도 동일하게 적용됩니다.

2. FIFA 사무국은 본 규칙이 발효되기 전 개시된 절차에 본 규칙을 어떻게 적용할지에 관한 모든 결정을 내립니다.

해설 경과 규정은 규정 변경 시 기존 사건 처리 원칙을 명확히 하는 역할을 합니다. 일반적으로 새 규정은 발효일 이후 사건에만 적용되지만, FIFA는 본 조항을 통해 발효 이전에 시작된 사건에도 동일 규정을 적용하도록 하여 절차 일관성을 유지합니다. 이는 규정 해석과 적용 시 혼선을 방지하며, 특히 여러 시즌에 걸친 분쟁 사건에서도 동일한 법적 틀을 적용할 수 있도록 보장합니다. 다만, 당사자 입장에서는 새로운 규정이 적용될 경우 유불리가 달라질 수 있으므로, 사건 초기 단계에서 경과 규정의 영향을 반드시 검토해야 합니다.

제32조. 미규정 사항 및 불가항력(Matters not provided for and force majeure)

1. 본 규칙에서 다루지 않은 사항은 FIFA 사무국이 결정합니다.

2. 본 규칙에 영향을 미치는 불가항력 사유는 축구재판소(Football Tribunal) 의장이 최종적으로 판단합니다.

해설 제32조는 규정 공백 상황과 예기치 못한 사태에 대한 최종 판단 권한을 명시합니다. 본 규칙에서 다루지 않은 일반 사안은 FIFA 사무국이 처리하고, 불가항력 사유에 해당하는지 여부는 축구재판소(Football Tribunal) 의장이 최종적으로 판단합니다. 실무적으로 불가항력 인정 여부는 계약 이행, 마감일 준수, 제재 유예 등에 직접적 영향을 미치므로, 관련 증빙과 선례 분석이 필수입니다.

대표적 사례로 COVID-19 팬데믹이 있습니다. 2020년 3월 18일 FIFA는 COVID-19를 불가항력으로 선언했고, 같은 해 4월 FIFA 평의회 사무국(Bureau of the FIFA Council)은 회람문 제1714호를 통해 만료 예정 계약의 시즌 종료 시까지 연장, 등록 기간 조정, 구단의 일방적 급여 삭감 요건 등에 관한 가이드라인을 발표했습니다. 다만 FIFA는 개별 국가나 특정 계약에 불가항력이 자동 적용된다고 선언한 것은 아니며, 실제 분쟁에서는 당사자가 구체적 증거를 제출해야 합니다.

국제 제재와 관련한 불가항력 쟁점은 웨스트햄 유나이티드 FC(West Ham United F.C.)와 PFC CSKA 모스크바(PFC CSKA Moscow) 간 분쟁에서 본격적으로 다뤄졌습니다. 웨스트햄은 2021년 크로아티아 미드필더 니콜라 블라시치(Nikola Vlašić)를 약 2,670,000유로(EUR)에 영입하면서 이적료를 분할 지급하기로 했습니다. 그러나 2022년 2월 러시아의 우크라이나 침공 이후 영국 정부가 금융 제재를 부과하면서, 2022년 7월 납부 예정이던 2차 지급금 8,550,000유로를 송금할 수 없게 되었습니다. PFC CSKA 모스크바의 당시 소유주인 VEB 은행과 구단의 거래 은행 모두 제재 대상이었기 때문입니다. 웨스트햄 유나이티드 FC는 지급이 '객관적으로 불가능'하다며 불가항력을 주장했으나, 2023년 FIFA 축구재판소는 웨스트햄 유나이티드 FC가 지급 불가능을 충분히 입증하지 못했다고 판단하며 지급을 명령하고, 불이행 시 18개월간 이적 금지 제재를 예고했습니다. 웨스트햄 유나이티드 FC는 스포츠중재재판소(CAS)에 항소했고, 2025년 6월 CAS는 2대1 다수결로 웨스트햄 유나이티드 FC의 손을 들어주었습니다. CAS는 '당시 PFC CSKA 모스크바에 지급할 대안적 합법 경로가 없었다'고 판단하여 영국 정부의 허가 또는 제재 체제 변경 시까지 지급 의무를 정지시켰고, FIFA가 부과한 2022년 이후 5% 이자도 취소했습니다. 이 사건은 국제 제재와 FIFA 규정 간 충돌이라는 새로운 쟁점을 부각시켰으며, FIFA와 CAS가 불가항력 판단에서 상반된 결론을 내릴 수 있음을 보여 주는 중요한 선례가 되었습니다.

해설 국제 스포츠 규정은 다국어로 제공되지만, 미묘한 표현 차이가 법적 해석에 영향을 줄 수 있습니다. 본 조항은 이러한 해석 충돌 시 영문본을 최종 기준으로 삼아 분쟁을 예방합니다. 변호사나 에이전트는 실제 사건에서 각 언어판을 비교하되, 최종 판단은 영문본 기준으로 준비해야 합니다.

<FIFA 축구재판소(Football Tribunal) 부서별 관할 및 절차 요약>

부서	주요 관할 사안	주요 절차 경로	심리 구성	특징
분쟁해결부 (DRC)	선수·구단 간 계약 분쟁 (미지급금, 조기 해지 등), 훈련보상금·연대기여금 청구, 전자 선수여권(EPP) 관련 분쟁 등	TMS를 통한 전자 청구, 요건 심사 후 심리 진행	20만 달러(USD) 미만: 단독판사가 원칙 20만 달러 이상 또는 복잡한 사건: 3인 패널	계약 안정성 관련 핵심 판례 다수
선수지위부 (PSC)	선수 등록·지위 관련 규제 신청, 미성년자 국제이적 승인, 국가대표 복귀 허가 등	TMS 또는 FIFA 법무 포털 사용 (사안별 구분), 요건 미비 시 보완 요청	원칙: 단독판사(복잡 사건은 3인 이상)	규제·자격 중심, 미성년자 보호 규정 집행
에이전트부 (AC)	FIFA 에이전트 규정(FFAR) 위반, 수수료·계약 관련 분쟁, 제재 부과 등	FIFA 법무 포털 제출, 기한·형식 엄격 적용 등	원칙: 단독판사	에이전트 등록·활동 규제 집행, 수수료 정산 분쟁 다수

1. 비용 예납(Advance of Costs)은 다음과 같습니다.

(단위 : 달러(USD))

분쟁 금액	예납금
0~49,999.99	1,000
50,000~99,999.99	2,000
100,000~149,999.99	3,000
150,000~199,999.99	4,000
200,000 이상	5,000

2. 절차 비용(Procedural Costs)은 다음과 같습니다:

(단위 : 달러(USD))

분쟁 금액	절차 비용
0~49,999.99	최대 5,000
50,000~99,999.99	최대 10,000
100,000~149,999.99	최대 15,000
150,000~199,999.99	최대 20,000
200,000 이상	최대 25,000

3. 비용 예납 또는 절차 비용은 아래 계좌로 송금해야 하며, 송금 시 분쟁 당사자를 명확히 기재해야 합니다:

UBS Zurich

Account number: 230 – 366677.61N (FIFA Players' Status)

Clearing number: 230

IBAN: CH12 0023 0230 3666 7761 N

SWIFT: UBSWCHZH80A

FIFA 축구재판소 절차 규칙(Procedural Rules Governing the Football Tribunal)은 국제 축구 분쟁 해결의 투명성·공정성·예측 가능성을 제도적으로 보장하는 핵심 규범입니다. 선수와 구단 간 계약 분쟁, 미성년자 국제이적 승인, 훈련보상금·연대기여금 청구, 에이전트 활동 규제 등 다양한 사건이 축구재판소(Football Tribunal)라는 단일한 틀 안에서 처리되도록 절차적 일관성을 확립했습니다.

이번 개정본의 가장 중요한 특징은 전자 절차의 강화와 방어권 보장입니다. 모든 사건은 FIFA 법무 포털(Legal Portal)과 이적매칭시스템(TMS)을 통해 전자적으로 접수·관리되며, 통지와 기한 계산, 증거 제출이 온라인 플랫폼을 통해 일괄적으로 진행됩니다. 당사자는 의견 제출, 증거 제시, 사건 기록 열람, 조정(Mediation) 참여 등 권리를 폭넓게 보장받으며, 동시에 성실하게 협력할 의무를 집니다.

또한 사건 성격과 금액 규모에 따라 단독판사 또는 패널이 심리하도록 규정해 신속성과 전문성의 균형을 추구했습니다. 선수·코치·에이전트가 당사자인 사건은 원칙적으로 무료로 진행되며, 구단·협회 사건은 분쟁 금액에 따라 예납과 비용 분담이 발생합니다. 조정 제도 도입, 전자 선수여권(EPP) 사건 처리 절차, 미성년자 국제이적 승인 절차 등은 FIFA가 단순한 분쟁 해결을 넘어 선수 권익 보호와 국제적 형평성 확보라는 더 큰 목적을 지향하고 있음을 보여 줍니다.

실무적으로 이 규칙은 FIFA 축구재판소 판정의 집행력을 높이는 역할을 합니다. 결정 통지 즉시 효력이 발생하고, 이유서 요청·비용 납부와 같은 절차적 요건을 엄격히 지켜야만 불복이 가능하기 때문입니다. 따라서 사건 대리인은 초기 단계부터 시간 관리와 서류 완결성을 철저히 확보해야 합니다.

FIFA 클리어링 하우스 규정

(CLEARING HOUSE REGULATIONS)

2025년 8월 개정본

※ 이 내용은 집필 당시(2026.1.) 기준으로 최신 버전의 개정본을 바탕으로 구성되었습니다.

FIFA 클리어링 하우스(Clearing House)는 선수 이적 시 발생하는 훈련보상금과 연대기여금을 중앙에서 계산하고 징수·배분하는, FIFA의 감독 아래 있지만 법적으로는 독립된 결제기관입니다. 전자 선수여권(EPP), 이적매칭시스템(TMS), FIFA 커넥트 시스템에 축적된 데이터를 바탕으로 어느 구단이 얼마를 받아야 하는지 자동 산정하고, 신규 구단이 한 번만 납부하면 각 훈련 구단에 나누어 지급하는 일종의 '정산 허브' 역할을 합니다. 이 과정에서 자금세탁 방지, 국제 제재, 부패 방지 등 금융 규제 준수 여부를 함께 점검함으로써, 축구 이적 시장의 자금 흐름을 투명하게 관리하는 기능도 수행합니다.

FIFA 클리어링 하우스 규정(Clearing House Regulations)은 이런 클리어링 하우스가 어떻게 작동해야 하는지를 정리한 규정입니다. FIFA 선수의 지위 및 이적 규정(RSTP)이 만들어 놓은 '권리와 의무의 틀'을 실제 돈의 흐름으로 연결하는 결제·집행 매뉴얼이라고 이해할 수 있습니다. 유소년 시절부터 선수를 길러 온 구단이 처음 프로 계약을 맺거나, 국내외 이적으로 이적료가 오갈 때 정당한 훈련보상금과 연대기여금을 자동으로 받게 하려면, 누가 언제 어디에서 얼마 동안 선수에게 투자를 했는지, 이적료가 정확히 얼마가 오갔는지, 이 자금이 합법적인 경로를 타고 움직이는지까지 한 번에 관리해야 합니다. 클리어링 하우스 규정은 바로 이 과정을 표준화해 전자 선수여권(EPP), 이적매칭시스템(TMS), FIFA 커넥트를 하나의 흐름으로 묶고, 신규 구단이 클리어링 하우스에 일괄 납부하면 훈련 구단들에 FIFA가 산정한 비율대로 나누어 주는 구조를 제도화합니다.

국제 축구에서 훈련보상금(Training Compensation)과 연대기여금(Solidarity Contribution) 제도는 2001년 개정된 'FIFA 선수의 지위 및 이적 규정(RSTP)'에서 처음으로 명문화되었습니다. 그 취지는 분명했습니다. 유소년 육성에 투자한 구단이 선수가 프로로 성장하거나 이적할 때 정당한 보상을 보장받고, 동시에 엘리트와 생활체육(Grassroots) 축구 간의 연대(Solidarity)를 제도적으로 뒷받침하려는 것이었습니다.

그러나 실제 집행은 결코 단순하지 않았습니다. 각국 협회와 구단이 보고하는 방식이 제각각이었고, 이적대금 지급 과정에서 누락·지연·이중계약 같은 문제가 빈번히 발생하면서, FIFA 분쟁해결부(DRC)의 주요 사건은 훈련보상·연대 관련 분쟁으로 채워지곤 했습니다.

2007년 FIFA는 이적매칭시스템(TMS) 개념을 도입하고 자회사 'FIFA TMS GmbH'를 설립했으며, 2010년 10월 1일부터 모든 국제이적에 TMS 사용을 의무화했습니다. TMS는 양 구단과 협회가 동일한 필수 정보를 입력하도록 함으로써 허위 신고와 이적료 누락을 줄이는 데 큰 효과를 거두었습니다. 하지만 훈련보상금과 연대기여금 배분 문제는 여전히 복잡했습니다. 선수 등록 이력의 누락, 구단의 은행 정보 미제출, 국경 간 자금 이동에서 발생하는 자금세탁 위험까지 얽히면서, 제도의 실효성에는 한계가 드러났습니다.

이러한 배경 속에서 FIFA는 보다 근본적인 제도적 장치가 필요하다는 결론에 이르렀고, 2018년 9월 FIFA 축구이해관계자위원회(Football Stakeholders Committee)가 'FIFA 클리어링 하우스' 도입을 제안했습니다. 같은 해 10월 26일 르완다에서 열린 FIFA 평의회가 이를 승인하면서, 클리어링 하우스는 FIFA 이적 시스템 개혁 패키지(Transfer System Reform)의 핵심 과제로 자리 잡았습니다. 목표는 명확했습니다. 훈련보상금과 연대기여금을 '자동적·표준적·투명한 절차'를 통해 지급함으로써 육성 구단의 권리를 확실히 보장하고, 이적 시장의 불투명성을 차단하는 것이었습니다.

2019년 7월 FIFA는 클리어링 하우스 설립을 위한 입찰 절차를 공식 발표했고, 이후 프랑스 파리에 별도 법인 'FIFA Clearing House SAS'가 설립되었습니다. FIFA 클리어링 하우스는 FIFA와 법적으로 독립된 결제기관으로, 프랑스 금융건전성감독원(ACPR)의 인가를 받아 운영되며, 비영리적 구조를 채택하고 있습니다.

2022년 10월 22일 뉴질랜드 오클랜드에서 열린 FIFA 평의회가 'FIFA 클리어링 하우스 규정

(Clearing House Regulations)'을 승인했고, 같은 해 11월 16일부터 운영이 시작되었습니다. 이 과정에서 전자 선수여권(EPP)이 도입되어, 만 12세 이후 선수의 모든 등록 이력이 하나의 전자 문서로 집약·검증되도록 했습니다.

수년간의 운영을 거쳐, FIFA 평의회는 2025년 5월 9일 'FIFA 클리어링 하우스 규정' 개정안을 승인했고, 2025년 8월 1일부터 발효되었습니다. 이제 RSTP 및 FIFA 클리어링 하우스 규정 적용 범위에 해당하는 모든 훈련보상금과 연대기여금은 FIFA 클리어링 하우스를 통해 지급되며, 지급 과정에서는 자금세탁 방지(AML), 국제 제재 준수, 뇌물·부패 방지 등 국제 금융 규범을 철저히 반영하는 '준법 심사(Compliance Assessment)' 절차가 병행됩니다. 이는 단순한 대금 중개를 넘어, FIFA가 축구 이적 시장을 국제 금융 규제 수준의 투명성과 안정성으로 관리하기 시작했음을 의미합니다.

1. 인증(Accreditation): 구단 또는 회원협회가 FIFA 클리어링 하우스를 통해 지급하거나 지급받기 위한 목적으로 FIFA 클리어링 하우스의 고객(Client)으로 수락되는 절차

2. 배분명세서(Allocation Statement): FIFA 사무국(General Secretariat)이 FIFA 클리어링 하우스에 발행하는 문서로, 지급 처리에 필요한 정보, 특히 지급 당사자와 수령 당사자 및 분배될 금액 등의 정보를 제공함

3. 클라이언트 포털(Client Portal): FIFA 클리어링 하우스가 호스팅하는 온라인 포털로, 구단과 회원협회가 등록, 의사소통, 문서 수집 및 관련 거래의 개요를 파악하기 위해 사용함

4. 준법 심사(Compliance Assessment): FIFA 클리어링 하우스가 잠재적 고객을 수락하기 전에 금융 규제 요건을 충족하기 위해 수행해야 하는 절차

5. 분쟁해결부(Dispute Resolution Chamber): 절차 규칙에 정의된 축구재판소(Football Tribunal)의 분쟁해결부

6. 지급명세서(Distribution Statement): 해당 훈련 구단(Training Club)이 수령할 권리가 있는 훈련보상(Training Rewards) 지급에 관한 정보가 포함된, FIFA 클리어링 하우스가 생성하는 문서

7. 전자 선수여권(Electronic Player Passport, EPP): 선수의 경력 전체에 걸친 통합된 등록 정보를 포함하는 전자 문서. 관련 회원협회, 신분(아마추어 또는 프로), 등록 유형(완전 이적 또는 임대), 만 12세가 되는 해(Calendar Year)부터 등록되었던 구단(훈련 카테고리 포함) 정보가 포함됨

8. FIFA 클리어링 하우스 약관(FCH Terms & Conditions): 당사자가 FIFA 클리어링 하우스와 관련된 거래에 참여하기 위한 이용 약관

9. FIFA 클리어링 하우스(FIFA Clearing House): 프랑스 파리에 주소를 둔 독립 법인으로, 'FIFA Clearing House SAS'라는 명칭으로 운영되며, 축구 이적 시스템 내에서 이루어지는 특정 지급금 처리를 중개하는 역할을 함

10. 준법 심사 1차 불합격(First Failure of the Compliance Assessment): 당사자가 FIFA 클리어링 하우스가 통지한 확립된 절차 및 기한 내에 준법 심사를 통과하지 못한 경우

11. 의무 불이행 당사자(Non-Compliant Party): 준법 심사 1차 불합격 또는 준법 심사 2차 불합격의 대상이 되는 구단 또는 회원협회

12. 절차 규칙(Procedural Rules): FIFA 축구재판소 절차 규칙(Procedural Rules Governing the Football Tribunal)

13. 본 규정(Regulations): 본 FIFA 클리어링 하우스 규정

14. 지급 요청서(Request to Pay): FIFA 클리어링 하우스에 지급해야 할 금액을 상세히 명시하여 FIFA 클리어링 하우스가 발행하는 문서

15. RSTP: FIFA 선수의 지위 및 이적 규정(Regulations on the Status and Transfer of Players)

16. 준법 심사 2차 불합격(Second Failure of the Compliance Assessment): 의무 불이행 당사자가 준법 심사 1차 불합격 이후 확립된 절차 및 기한 내에 준법 심사를 통과하지 못한 경우

앞서 목차를 통해 규정의 전체 구조를 살펴보았습니다. 각 장과 조항을 차례로 따라가며, 조문의 내용과 의미를 구체적으로 해설하겠습니다. FIFA 클리어링 하우스 규정이 어떻게 설계되었는지, 실제 현장에서 어떤 법적·실무적 함의를 갖는지 함께 확인해 보겠습니다.

제1조. 목적(Objectives)

1. FIFA는 축구 이적 시스템과 관련된 모든 사안을 규제할 법적 의무가 있습니다. FIFA 클리어링 하우스는 FIFA 정관 및 RSTP에 따라 축구 이적 시스템의 핵심 목적을 보호하는 역할을 해야 하며, 특히 다음과 같은 목적을 수행합니다:

   a. 프로 선수와 구단 간의 계약 안정성 보호

   b. 유소년 선수 훈련 장려

   c. 엘리트 축구와 생활체육(Grassroots) 축구 간의 연대 의식 증진

   d. 미성년자 보호

   e. 경쟁 균형 유지

   f. 스포츠 대회의 정규성과 공정성 보장

2. FIFA 클리어링 하우스의 구체적인 목적은 다음과 같습니다:

   a. 구단 간 축구 선수 이적과 관련된 특정 지급 처리

   b. 축구 이적 시스템의 무결성 보호

   c. 축구 이적 시스템의 재정 투명성 강화 및 증진

   d. 축구 이적 시스템 내 사기 행위 방지

3. 이러한 목적을 추구하기 위해, FIFA 클리어링 하우스는 RSTP에 따라 지급 의무가 발생하는 축구 이적 시스템 내 훈련보상금 지급의 중개자 역할을 하며, 그 집행에 있어서 모든 필요한 준법 심사를 수행합니다.

해설　여기서는 FIFA 클리어링 하우스(Clearing House)가 왜 존재하는지, 어떤 역할을 맡고 있는지를 큰 틀에서 정리합니다. FIFA는 전 세계 이적 시스템을 규율할 책임이 있고, 클리어링 하우스는 그 책임을 실제로 구현하는 장치입니다. 특히 계약 안정성, 유소년 훈련 장려, 엘리트 단계와 지역·아마추어 축구 사이의 재정적 연계, 미성년자 보호, 경쟁 균형, 대회 운영의 규칙성 같은 이적 시스템의 핵심 가치를 보호하는 것이 출발점입니다. 단순히 이적료가 오가는 '시장'을 관리하는 수준이 아니라, 장기적인 축구 생태계와 공정성을 유지·관리하는 제도라는 점이 강조됩니다.

좀 더 구체적으로 보면, 클리어링 하우스는 구단 간 이적에 수반되는 특정 지급(훈련보상금, 연대기여금 등)을 중앙에서 처리하면서, 그 과정에서 자금 흐름의 투명성과 규정 준수 여부를 함께 점검합니다. 이적 시스템 안에서 누가 누구에게 얼마를 지급해야 하는지를 자동으로 계산·정산하는 동시에, 사기성 거래나 편법이 개입될 여지가 없는지 감시합니다. 제3항에서 말하듯, RSTP에 따라 발생하는 훈련보상금 지급과 관련하여 클리어링 하우스는 '중개자(Intermediary)'로 기능하며, 실제 지급이 이루어지기 전에 필요한 모든 컴플라이언스 체크를 선행하는 것이 이 기구의 핵심 기능이라고 이해하시면 됩니다.

제2조. 적용 범위(Scope)

1. 본 규정은 FIFA 클리어링 하우스를 통해 처리되는 모든 지급 절차를 규율합니다.

2. 본 규정은 11인제 축구(Eleven-a-Side Football)에 관한 지급에만 적용됩니다.

3. 본 규정은 FIFA 정관의 적용을 받는 모든 당사자에게 적용됩니다.

해설　이 조항은 FIFA 클리어링 하우스 규정의 적용 범위를 명확히 합니다. 적용 대상은 클리어링 하우스를 통해 처리되는 모든 지급 절차이며, 11인제 축구(Eleven-a-Side Football)에 한정됩니다. 풋살(Futsal)이나 비치사커(Beach Soccer)는 적용 대상이 아니므로, 해당 종목의 훈련보상금·연대기여금은 별도의 체계에 따라 처리됩니다.

또 하나 중요한 부분은 'FIFA 정관의 적용을 받는 모든 당사자'라는 표현입니다. 이는 회원협회와 그 산하 구단, 선수·코치뿐 아니라, FIFA 시스템 안에서 역할을 수행하는 제3자까지도 원칙적으로 이 규정의 범위에 들어온다는 뜻입니다. 예를 들어, 협회가 선수 등록 정보를 제대로 올리지 않거나, 구단이 클리어링 하우스를 거치지 않고 지급을 지연·누락하면, FIFA가 해당 주체를 직접 제재할 수 있는 근거가 됩니다.

정리하자면 제2조는 한편으로는 '11인제 축구의 지급 절차'라는 좁은 영역에 초점을 맞추면서, 다른 한편으로는 그 안에 포함되는 당사자 범위를 넓게 잡아 규정의 집행력을 강화하고 있습니다. 구단과 협회 입장에서는 풋살·비치사커 등은 별도 체계가 적용된다는 점, 그리고 11인제와 관련된 모든 지급은 클리어링 하우스 규정을 전제로 움직여야 한다는 점을 분명히 이해할 필요가 있습니다. FIFA 에이전트 시험 준비 측면에서는, 적용 대상 종목이 11인제로 한정된다는 점과 'FIFA 정관의 적용을 받는 모든 당사자'라는 문구가 어떤 의미를 갖는지 물어볼 수 있다는 정도를 기억해 두시면 좋습니다.

제3조. FIFA 클리어링 하우스(FIFA clearing house)

1. FIFA 클리어링 하우스는 프랑스 파리에 소재하며 FIFA와 별개의 독립 법인으로, 축구 이적 시스템에서 발생하는 지급을 중개하기 위해 설립되었습니다. 이는 공인된 감독기관의 허가를 받아 운영되는 결제 서비스 제공자이며, 법적 지위와 거버넌스 구조는 정관에 명시됩니다.

2. FIFA 클리어링 하우스는 수행하는 거래나 서비스에서 발생하는 자산으로부터 이익을 취하지 않습니다.

3. FIFA 클리어링 하우스와 당사자 간의 법적 관계는 'FIFA 클리어링 하우스 약관(Terms & Conditions)'과 본 규정에 의해 전적으로 규율됩니다.

4. FIFA 클리어링 하우스와의 모든 상호작용에는 FIFA 데이터 보호 규정이 적용됩니다.

해설　이 조항은 FIFA 클리어링 하우스(Clearing House)의 법적 성격과 운영 원칙을 규정합니다. 클리어링 하우스는 FIFA 산하 부서가 아니라 FIFA와 별개의 독립 법인으로 설립된 결제 서비스 제공자입니다. 공인 감독기관의 인가를 받아 운영되며, 법적 지위와 거버넌스 구조는 자체 정관에 규정됩니다. 형식상·재정상 독립성을 부여함으로써, 'FIFA가 자기 돈을 받아가는 플랫폼'이 아니라 공정한 중개 기관이라는 점을 분명히 한 것입니다. 흥미로운 점은 클리어링 하우스가 스위스 취리히의 FIFA 본부가 아닌 프랑스 파리에 설립되었다는 사실입니다. 2022년 9월 클리어링 하우스는 프랑스 금융건전성감독원(ACPR)으로부터 결제기관 라이선스를 취득했는데, ACPR 인가를 받으면 EU 금융규제 체계 아래에서 운영되므로 세계에서 가장 엄격한 수준의 금융규제를 적용받는다는 신뢰를 확보할 수 있습니다. FIFA가 굳이 본부 밖에 독립 법인을 세우고 EU 금융규제를 선택한 것은, '자기들끼리 하는 거 아니냐'는 의심을 원천 차단하려는 의도로 읽힙니다.

두 번째 축은 비영리 운영 원칙입니다. 클리어링 하우스는 자신이 처리하는 거래나 서비스에서 발생하는 자산으로 이익을 취하지 않습니다. 과거 이적료 정산 과정에서 중간 단계의 불투명한 수수료나 부당이득 개입에 대한 비판이 있었던 만큼, 이 플랫폼이 이적료 흐름에서 마진을 남기지 않는다는 점을 규범으로 명시해 신뢰를 확보하려는 의도입니다. 사실 클리어링 하우스가 필요했던 근본적 이유는 기존 시스템의 구조적 한계에 있습니다. 과거에는 훈련보상금과 연대기여금을 받으려면 훈련 구단이 직접 이적 사실을 파악하고, 자격을 입증하며, 상대 구단에 청구해야 했습니다. 그러나 아마추어 유소년 구단 대부분은 선수가 해외로 이적했다는 사실조차 알지 못하는 경우가 많았고, 설령 알더라도 청구 절차를 진행할 전문성이나 자원이 없었습니다. 2018년 기준으로 연대기여금으로 지급되었어야 할 3억 5천만 달러(USD) 중 실제로 훈련 구단에 전달된 금액은

6,800만 달러에 불과했다는 추산도 있습니다.

구단·협회 등 당사자와 클리어링 하우스 사이의 권리·의무 관계는 오직 두 문서, 'FIFA 클리어링 하우스 약관(Terms & Conditions)'과 본 규정에 의해 규율됩니다. 지급 지연, 오류, 이의 제기 등 실무 분쟁이 발생했을 때 책임의 범위를 따질 기준이 바로 이 두 문서입니다. 아울러 클리어링 하우스와 오가는 모든 데이터와 통신에는 FIFA 데이터 보호 규정이 적용되므로, 계약 내용·이적료·계좌 정보 같은 민감한 재정·개인 정보는 국제적 개인정보 보호 기준에 따라 처리됩니다.

이러한 제도 설계가 실제로 효과를 거두고 있는지는 숫자로 확인됩니다. 2022년 11월 본격 가동 이후 2025년 5월 기준으로 5억 달러 이상이 훈련보상금으로 배분되었고, 이 중 3억 달러가 실제 지급 완료되었습니다. 100개국 이상에서 7,000개 구단이 온보딩을 완료했으며, 분배 금액은 클리어링 하우스 도입 이전 어느 해보다 세 배 이상 많습니다. 자금 흐름의 방향도 주목할 만합니다. 순 지급 기준 상위 협회는 잉글랜드, 사우디아라비아, 독일이고, 순 수령 기준 상위 협회는 네덜란드, 프랑스, 아르헨티나입니다. 이는 '부유한 구매 시장에서 육성 강국으로' 자금이 흐르는 연대 메커니즘이 실제로 작동하고 있음을 보여 줍니다. 파라과이의 아마추어 구단 스포르티보 오브레로(Sportivo Obrero)는 106년 구단 역사상 처음으로 훈련보상금을 수령했고, 가나의 타말레 자이투나 FC(Tamale Zaytuna FC) 회장은 "예전에는 훈련보상금이나 연대기여금을 받기가 매우 어려웠는데, 이제 클리어링 하우스를 통해 모든 것이 명확하고 투명해졌다"라고 밝혔습니다. 클리어링 하우스는 이처럼 규정상의 권리를 실제 현금 흐름으로 전환하는 실행 인프라로 기능하고 있습니다.

이적·정산 업무를 담당하는 구단과 협회 입장에서는 '독립 법인, 비영리, 약관·규정 이중 구조, FIFA 데이터 보호 규정 적용'이라는 네 가지 키워드를 전제로, 클리어링 하우스를 별도의 법적 파트너로 인식해야 합니다. 단순한 행정 도구가 아니라 규정 위반 시 제재의 근거가 되는 법적 틀이라는 점을 염두에 두어야 하며, 특히 온보딩 절차(준법 심사 통과)를 완료하지 않으면 훈련보상금을 수령할 수 없으므로 아직 등록하지 않은 구단은 조속히 절차를 진행하는 것이 바람직합니다.

제4조. 선수 등록 및 이적(Registration and transfer of players)

1. 회원협회와 구단은 신뢰할 수 있고, 정확하며, 완전한 선수 등록 및 이적 정보가 항상 FIFA에 전자적으로 제공됨을 보장해야 합니다.

2. 회원협회와 구단은 전자 선수 등록 시스템, 전자 국내이적시스템, TMS, FIFA 커넥트 ID 서비스 및 FIFA 커넥트 인터페이스를 사용하여 등록 및 이적 정보를 FIFA에 전자적으로 전달해야 합니다.

3. 각 회원협회는 다음을 수행해야 합니다:

   a. 선수 등록을 위해 FIFA 커넥트 ID 서비스 및 FIFA 커넥트 인터페이스와 통합된 전자 선수 등록 시스템을 사용할 것

   b. 국내이적을 처리하기 위해 FIFA 커넥트 인터페이스와 통합된 전자 국내이적시스템을 사용할 것

4. 각 회원협회는 전자 선수 등록 시스템 및 FIFA 커넥트 ID 서비스 내의 선수 등록 데이터를 항상 정확하고 최신 상태로 유지해야 하며, 여기에는 다음 정보가 포함되지만 이에 국한되지는 않습니다:

   a. FIFA 선수의 지위 및 이적 규정(RSTP) 제2조에 따른 선수의 신분

   b. 선수가 참가하도록 등록된 축구의 종목(11인제 축구, 풋살 또는 비치사커)

   c. 선수가 등록된 구단의 훈련 카테고리

5. 각 회원협회는 전자 선수 등록 시스템 및 FIFA 커넥트 ID 서비스 내에 (현재 또는 이전의) 소속 구단에 관한 데이터를 항상 정확하고 최신 상태로 유지해야 하며, 여기에는 다음 정보가 포함되지만 이에 국한되지는 않습니다:

   a. 주소 및 연락처 정보

   b. 구단 분류에 관한 현재 및 과거 데이터

   c. 회원협회 소속에 관한 현재 및 과거 데이터

6. 구단은 FIFA 선수의 지위 및 이적 규정(RSTP)에 명시된 기준에 따라 회원협회에 의해 분류되어야 합니다. 다른 어떤 분류 시스템도 인정되지 않습니다.

7. 본 규정 제17조의 적용을 받으며, 회원협회에 의해 구단에 등록되고 본 조에 기술된 전자 시스템을 통해 FIFA 커넥트 ID로 식별된 선수만이 훈련보상금의 자동 계산 및 지급 대상으로 간주됩니다.

8. 회원협회는 최종 전자 선수여권(EPP)에 포함된 등록 정보에 대해 책임이 있습니다.

　　　제4조는 FIFA 클리어링 하우스 제도의 근간이라 할 수 있는 선수 등록 및 이적 데이터 관리 의무를 상세히 규정하고 있습니다. 훈련보상금과 연대기여금의 자동 산정과 배분은 전적으로 정확하고 신뢰할 수 있는 데이터에 기반하기 때문에, 이 조항은 제도의 실효성을 담보하는 핵심 조항이라 할 수 있습니다.

　　　우선, 회원협회와 구단은 선수 등록 및 이적과 관련된 모든 정보가 항상 FIFA에 전자적으로 제공될 수 있도록 보장해야 합니다. 이를 위해 전자 선수 등록 시스템, 이적매칭시스템(TMS), FIFA 커넥트 ID 서비스 및 인터페이스를 의무적으로 활용해야 합니다. 다시 말해, 모든 데이터가 FIFA가 통제하는 표준화된 플랫폼을 통해 통합 관리되어야만 합니다.

　　　특히 각 협회는 FIFA 커넥트 인터페이스와 연계된 전자 시스템을 통해 선수 등록과 국내이적을 처리해야 하며, 그 데이터는 항상 최신 상태로 유지해야 합니다. 여기에는 선수의 신분(프로·아마추어 등), 경기 형태(11인제, 풋살, 비치사커), 구단 훈련 카테고리 등 훈련보상금 산정에 직접 영향을 미치는 요소가 포함됩니다. 더 나아가 구단 관련 데이터(주소, 연락처, 분류, 소속 협회 정보) 역시 현재와 과거의 이력을 모두 반영하여 업데이트해야 하며, 다른 독자적인 분류 체계는 인정되지 않습니다.

　　　중요한 점은, FIFA 커넥트 ID로 식별된 선수만이 훈련보상금 자동 계산과 지급 대상에 포함된다는 사실입니다. 따라서 협회가 전자 시스템에 정확히 등록하지 않거나 FIFA 커넥트 ID 발급을 소홀히 한다면, 선수는 제도상 '존재하지 않는 선수'로 취급되어 훈련 구단이 정당한 보상을 받지 못하는 결과가 발생할 수 있습니다. 이 때문에 최종 EPP(전자 선수여권)에 포함되는 등록 정보의 정확성에 대한 책임은 전적으로 해당 협회에 부과됩니다.

　　　결국 제4조는 클리어링 하우스 시스템이 제대로 작동하기 위한 데이터 인프라의 표준화·중앙화·책임성 확보를 제도화한 조항입니다. FIFA는 이를 통해 각 협회의 독자적 운영으로 인한 혼란을 최소화하고, 전 세계적으로 일관된 방식으로 훈련보상금과 연대기여금 제도를 집행할 수 있도록 하고 있습니다.

제5조. 훈련보상 발생 사유: 최초 프로 등록

(Training rewards trigger: first registration as a professional)

선수가 가장 최근에 아마추어로 등록되었던 동일한 회원협회에서의 최초 프로 선수 등록

1.　선수가 가장 최근에 아마추어로 등록되어 있던 곳과 동일한 회원협회에서 해당 선수를 최초로 프로

선수로 등록하는 경우, 선수의 등록을 요청하는 구단의 신청에 따라 회원협회는 전자 선수 등록 시스템에 다음 사항을 입력하거나 확인해야 합니다:

   a. 최초 프로 등록이 선수가 가장 최근에 아마추어로 등록되었던 구단과 동일한 구단에서 이루어지는 경우, 회원협회는 해당 선수의 신분을 업데이트할 것

   b. 최초 프로 등록이 동일한 회원협회에 소속된 구단 간의 이적 후에 발생하는 경우, 관련 구단 또는 회원협회는 전자 국내이적시스템에 국내이적을 입력하고 신규 구단에서의 선수 신분을 업데이트할 것

   c. 이러한 절차는 각 회원협회가 발행하는 특정 규정에 의해 관리됨

2. 전자 선수 등록 시스템은 국내 등록 후 30일 이내에 FIFA 커넥트 인터페이스를 통해 FIFA에 최초 프로 등록의 세부 정보를 전달해야 합니다.

3. TMS는 회원협회가 전달한 정보로부터 선수의 최초 프로 등록을 식별하며, 이는 RSTP에 따라 훈련보상금을 받을 자격을 발생시킬 수 있습니다.

선수가 가장 최근에 아마추어로 등록되었던 동일한 회원협회에서의 최초 프로 선수 등록 - 수동 신고

4. 회원협회의 전자 선수 등록 시스템이 완전히 통합되지 않아 FIFA 커넥트 인터페이스를 통해 FIFA에 선수의 최초 프로 등록을 전달할 수 없는 경우, 회원협회는 다음 조건을 전제로 국내 등록 후 30일 이내에 TMS에 해당 등록을 예외적으로 수동 신고해야 합니다:

   a. 회원협회는 TMS상에서 수동 신고를 하기 위해 FIFA 사무국의 사전 서면 승인을 요청할 것

   b. 서면 승인은 FIFA 사무국의 재량에 따라 특정 기간 동안 부여될 수 있으며, FIFA 사무국의 재량으로 사안별로 조건이 부가될 수 있음

   c. 이 기간이 종료되면, 회원협회는 제4조 제2항에 명시된 전자 시스템 의무를 준수할 것

5. 회원협회는 TMS에 이 수동 신고를 입력할 때 필수 데이터를 제공해야 합니다.

6. 회원협회는 TMS에 입력된 정보를 뒷받침하기 위해 수동 신고의 일부로 해당 선수의 고용계약서를 업로드해야 합니다.

7. FIFA는 언제든지 회원협회에 추가 서류나 정보를 요청할 수 있습니다.

8. TMS는 회원협회가 신고한 정보를 토대로 선수의 최초 프로 등록을 식별하며, 이는 RSTP에 따라 훈련보상금을 받을 자격을 발생시킬 수 있습니다.

선수가 가장 최근에 아마추어로 등록되었던 곳과 다른 회원협회에서의 최초 프로 선수로 등록

9. 선수가 가장 최근에 아마추어로 등록되었던 곳과 다른 회원협회에서 프로로 처음 등록하는 경우, RSTP 및 부속서 3에서 요구하는 바에 따라 국제이적으로 TMS에 입력되어야 합니다.

10. 이적매칭시스템(TMS)은 국제이적 지시에 제공된 정보로부터 선수의 최초 프로 등록을 식별하며, 이는 RSTP에 따라 훈련보상금을 받을 자격을 발생시킬 수 있습니다.

해설 제5조는 훈련보상금이 최초로 발생하는 트리거 이벤트 중 하나인 선수의 최초 프로 등록(First Professional Registration)을 구체적으로 규율하고 있습니다. 훈련보상금은 선수가 프로로 성장하는 과정에서 기여한 유소년 구단들에 대한 보상 장치입니다. 따라서 선수의 최초 프로 등록 시점은 제도의 출발점이자 매우 중요한 순간입니다.

우선, 선수가 가장 최근에 아마추어로 등록되어 있던 동일한 협회에서 최초로 프로로 등록되는 경우를 상정합니다. 이때 등록 절차는 해당 협회의 전자 선수 등록 시스템을 통해 입력되거나 확인되어야 하며, 만약 동일 구단에서 아마추어에서 프로로 신분이 바뀌는 것이라면 협회는 단순히 신분 변경을 업데이트하면 됩니다. 반대로, 동일 협회 내 다른 구단으로 이적한 후 프로로 등록되는 경우에는 전자 국내이적시스템을 통해 이적을 입력하고 신규 구단에서의 프로 신분을 업데이트해야 합니다. 각 협회는 이를 관리하기 위한 자체 규정을 두어야 하며, FIFA의 전자 시스템과 일관되게 운영해야 합니다.

이와 같은 국내 최초 프로 등록 정보는 반드시 30일 이내에 FIFA 커넥트 인터페이스를 통해 FIFA에 전달되어야 하며, 이 정보를 기반으로 이적매칭시스템(TMS)은 해당 선수가 처음으로 프로로 등록되었음을 식별합니다. 이 식별은 곧 FIFA 선수의 지위 및 이적 규정(RSTP)에 따라 훈련보상금 지급 자격을 발생시키는 근거가 됩니다.

다만, 일부 협회가 아직 FIFA 커넥트와 완전히 통합되지 않은 경우에는 예외적으로 수동 신고(Manual Reporting)가 허용됩니다. 이 경우 협회는 FIFA 사무국의 사전 서면 승인을 받아야 하고, 승인된 기간 내에만 수동 신고가 기능하며, 이후에는 반드시 전자 시스템으로 전환해야 합니다. 수동 신고 시 협회는 필수 데이터를 TMS에 입력해야 하고, 선수의 고용계약서를 반드시 업로드해야 합니다. FIFA는 필요시 추가 자료를 요청할 수 있으며, 이를 통해 최초 프로 등록을 확인합니다. 이 역시 훈련보상금 발생 자격으로 이어집니다.

마지막으로, 선수가 다른 협회에서 프로로 처음 등록되는 경우에는 국제이적으로 처리됩니다. 즉, FIFA 선수의 지위 및 이적 규정(RSTP)과 부속서 3의 요건에 따라 이적매칭시스템(TMS)에 국제이적 절차를 입력해야 하며, TMS는 이 정보를 통해 최초 프로 등록을 식별합니다. 이는 특히 선수의 경력이 국경을 넘어 이어질 때 훈련보상금이 제대로 계산·분배되도록 하는 핵심 절차입니다.

제6조. 훈련보상 발생 사유: 국제이적(Training rewards trigger: international transfer)

1. 11인제 축구(Eleven-a-Side Football) 범위 내에서 이루어지는 선수의 국제이적에 관한 모든 정보는 RSTP 부속서 3에 따라 이적매칭시스템(TMS)에 입력되어야 합니다.

2. 훈련보상금은 이적보상금(Transfer Compensation)과 별개로 산정·지급되며, 이적보상금으로 신고되는 금액에 포함되어서는 안 됩니다.

3. 이적매칭시스템(TMS)은 이러한 국제이적 정보를 기반으로, RSTP에 따른 훈련보상금 지급 요건 발생 여부를 자동으로 식별합니다.

해설　이 조항은 국제이적(International Transfer)이 훈련보상금이 발생하는 또 하나의 핵심적인 사유라는 점을 분명히 합니다. 핵심 내용은 세 가지로 정리할 수 있습니다.

첫째, 모든 국제이적은 반드시 TMS에 입력되어야 합니다. 이는 단순한 형식 요건이 아니라, 선수 이동의 투명성을 확보하고, FIFA가 이적 데이터를 직접 관리·검증할 수 있도록 하는 기반입니다. TMS 입력이 누락되면 해당 이적에 대해 훈련보상금 절차가 자동으로 작동하지 않을 수 있으므로, 협회와 구단은 이를 '행정상의 참고사항'이 아니라 훈련보상금 등 재정적 권리 확보를 위한 필수 전제로 이해할 필요가 있습니다.

둘째, 훈련보상금은 이적보상금(Transfer Compensation)과 완전히 별개입니다. 과거에는 이적 협상 과정에서 훈련보상금을 이적료 안에 뭉뚱그려 넣거나, 명목을 섞어버리는 방식으로 사실상 훈련보상금을 희석시키는 관행이 문제였습니다. 본 조항은 이를 차단하기 위해 '훈련보상금은 이적료에 포함될 수 없으며, 별도의 항목으로 산정·지급되어야 한다'는 원칙을 분명히 합니다. 실무상으로는 이적 계약서와 회계 처리에서 이 두 항목을 명확히 구분해 표기해야 하고, 클리어링 하우스 절차에서도 훈련보상금은 이적료와 독립된 흐름으로 다뤄진다는 점을 감안해야 합니다.

셋째, 훈련보상금 발생 여부는 TMS가 자동으로 판별합니다. 구단이 따로 계산해서 '우리가 훈련보상을 달라'고 일일이 주장하지 않더라도, 국제이적 관련 데이터를 RSTP 부속서 3에 따라 정확히 입력하기만 하면, TMS가 그 정보를 바탕으로 '이 이적이 훈련보상금 요건을 충족하는지, 어떤 연령대·어떤 구단이 수혜자인지'를 자동으로 식별합니다. 이는 특히 유소년 구단의 권리를 보호하는 안전장치로, 데이터가 제대로 들어가 있는 한 훈련보상금 권리가 시스템상에서 자동으로 포착되도록 설계한 것입니다.

제7조. 훈련보상 발생 사유: 이적보상금이 수반되는 국내이적

(Training rewards trigger: national transfer involving transfer compensation)

1. 동일한 회원협회 소속 내에서 선수가 신규 구단에 등록되는 경우, 해당 국내이적은 전자 국내이적시스템에 입력되어야 합니다.

2. 각 회원협회는, 필요시, 전자 국내이적시스템에 그 산하 구단들이 입력·제출한 신고 데이터와 첨부 서류의 정확성을 확인·검증해야 합니다.

3. 전자 국내이적시스템은 이적에 관한 정보와 각 지급에 대한 증빙을 포함하여, 선수 등록일 또는 각 지급일로부터 30일 이내에 FIFA 커넥트 인터페이스를 통해 FIFA에 통보해야 합니다.

4. 이적매칭시스템(TMS)은 회원협회로부터 전달받은 정보를 바탕으로, FIFA 선수의 지위 및 이적 규정(RSTP)에 따라 훈련보상금 지급 사유가 될 수 있는 이적보상금이 수반된 국내이적을 식별합니다.

이적보상금이 수반되는 국내이적 - 수동 신고(Manual Declaration)

5. 회원협회의 전자 국내이적시스템이 FIFA 커넥트 인터페이스를 통해 이적보상금이 수반되는 국내이적의 세부 내용을 FIFA에 전달할 수 없는 경우, 해당 회원협회는 아래 조건을 충족하는 범위에서 예외적으로 30일 이내에 TMS에 해당 이적을 수동으로 신고해야 합니다:

    a. 회원협회는 TMS에서 수동 신고를 하기 위해 사전에 FIFA 사무국의 서면 승인을 받을 것

    b. 서면 승인은 FIFA 사무국의 재량에 따라 특정 기간 동안 부여될 수 있으며, 필요한 경우 사무국의 재량에 따라 개별 사안별로 조건이 부가될 수 있음

    c. 승인 기간 종료 이후에는 회원협회가 제4조 제2항에 규정된 전자시스템 관련 의무를 준수할 것

6. 회원협회(Member Association)는 TMS에 수동 신고를 입력할 때, 필요한 경우 이적계약서를 포함하여 필수 데이터를 함께 제출해야 합니다.

7. FIFA는 언제든지 회원협회에 추가 서류나 정부를 요청할 수 있습니다.

8. TMS는 회원협회가 제공한 정보를 바탕으로, RSTP에 따라 훈련보상금 지급 사유가 될 수 있는 이적보상금이 수반된 국내이적을 식별합니다

이적보상금이 수반되는 국내이적 - 예외 사항

9. 회원협회는 신청일 직전 1년(역년 기준) 동안 이적보상금이 수반된 국내이적이 100건 이상 발생한 경우, 본 조 제3항(또는 제5항)에 대한 예외 승인을 FIFA 사무국에 신청할 수 있습니다. 승인이 이루어진 경우, 해당 회원협회는 다음 각 호의 어느 하나에 해당하는 경우에 한해서만 이적보상금이 수반되는 국내이적에 관한 정보를 통지할 의무가 있습니다. (i) 해당 선수의 훈련 구단이 다른 회원협회에 소속된 경우, (ii) 선수의 전체 경력에서 모든 훈련 구단이 확인되지 않은 경우, 다음 각 호의 조건이 적용됩니다:

해설　　제7조는 이적보상금이 수반되는 국내이적이 발생했을 때, 훈련보상금이 제대로 포착되고 집행될 수 있도록 어떤 정보를, 누가, 어떤 방식으로, 언제까지 FIFA에 알려야 하는지를 규정한 조항입니다. 과거에는 국내이적 시 훈련보상금이 사각지대에 놓이는 경우가 많았습니다. 제7조는 이러한 현실을 반영하여, 국내이적도 전자시스템과 TMS를 통해 FIFA 차원에서 통합 관리하겠다는 의지를 담고 있습니다.

　　같은 회원협회 내에서 선수가 신규 구단에 등록되는 국내이적이 발생하면, 반드시 전자 국내이적시스템에 입력해야 합니다. 데이터와 첨부 서류의 정확성은 개별 구단이 아니라 회원협회가 최종적으로 확인·검증할 책임을 집니다. 정리된 정보는 선수 등록일 또는 각 지급일로부터 30일 이내에 FIFA 커넥트 인터페이스를 통해 FIFA로 전송되어야 하며, TMS는 이 데이터를 바탕으로 RSTP상 훈련보상금 지급 사유가 되는 국내이적을 자동으로 식별합니다. 협회와 구단이 별도로 '이 이적은 훈련보상금 대상'이라고 표시하지 않아도, 시스템이 연령·이적 유형·이적보상금 존재 여부 등을 종합하여 대상 사안을 자동 추출하는 구조입니다. 이 자동화된 식별 체계는 협회나 구단의 자의적 판단이나 누락 가능성을 최소화하고, 훈련보상금 청구 권리가 있는 구단이 자신도 모르게 권리를 잃는 상황을 방지합니다.

　　기술적·제도적 사정으로 전자 국내이적시스템을 FIFA 커넥트와 연동할 수 없는 회원협회는 30일 이내에 TMS에서 수동 신고를 해야 합니다. 다만 이는 임의로 선택할 수 있는 옵션이 아닙니다. FIFA 사무국의 사전 서면 승인하에 예외적으로만 허용되는 절차입니다. 승인은 일정 기간으로 한정될 수 있고, 개별 국가·상황에 따라 조건이 부가될 수 있으며, 승인 기간이 종료되면 전자시스템 의무를 다시 준수해야 합니다. 수동 신고 시에도 이적계약서를 포함한 필수 데이터 제출 의무는 그대로 유지되고, FIFA는 언제든지 추가 자료를 요구할 수 있습니다. 수동 입력된 정보 역시

TMS에서 훈련보상금 대상 국내이적을 식별하는 데 활용됩니다. 시스템 미작동을 이유로 보고 의무가 면제되는 것이 아니라, 전자 방식이 불가능할 때에도 수동으로 신고해야 한다는 안전장치입니다. IT 인프라가 부족한 개발도상국 협회도 훈련보상 체계에서 배제되지 않도록 하면서, 동시에 시스템 미비를 핑계로 보고를 회피하는 것을 차단하는 이중 기능을 수행합니다.

국내이적이 대량으로 발생하는 회원협회에 대한 특례도 있습니다. 신청 전년도에 이적보상금이 수반된 국내이적이 100건 이상인 경우, 해당 협회는 전자 보고 의무나 수동 신고 의무에 대해 예외 승인을 요청할 수 있습니다. 다만 승인을 받더라도 보고 의무가 완전히 면제되지는 않습니다. 선수의 훈련 구단이 다른 회원협회에 소속되어 있거나, 선수 경력 전반에서 훈련 구단이 모두 특정되지 않은 경우처럼 이해관계가 국제적으로 얽혀 있거나 정보 공백이 있는 사안에 대해서는 여전히 정보를 통보해야 합니다. 이 예외 역시 FIFA 사무국의 사전 서면 승인이 필요하고, 기간이 한정되며, 개별 사안별 조건이 부가될 수 있고, 기간 종료 시 새로운 신청을 해야 하는 갱신형 구조입니다. 훈련보상금 실제 발생 여부와 관계없이 관련 국내이적의 세부 내용을 30일 이내에 통보해야 하며, 예외 승인을 받고도 이 의무를 이행하지 않으면 징계 절차 대상이 될 수 있습니다. 100건이라는 기준은 이탈리아, 프랑스, 잉글랜드처럼 리그 규모가 크고 이적 시장이 활발한 국가를 염두에 둔 것으로, 행정 부담을 현실적으로 조율하면서도 국제적 이해관계가 걸린 핵심 사안은 놓치지 않겠다는 균형점을 반영합니다.

정리하면, 제7조는 국제이적이 아닌 국내이적에서 발생하는 이적보상금도 훈련보상 체계 안에서 빠짐없이 관리하기 위한 정보 보고·검증·예외 운영 규정입니다. 핵심 키워드는 전자 국내이적시스템 – FIFA 커넥트 – TMS로 이어지는 데이터 흐름, 30일이라는 보고 기한, 그리고 예외 상황에서도 유지되는 협회의 책임입니다. 이 구조를 파악해 두면, 훈련보상·연대기여금 계산 규정(부속서 4)과 FIFA 클리어링 하우스 규정을 검토할 때 어떤 이적이 시스템에 포착되어야 실제 금전 지급이 이루어지는지를 명확히 이해할 수 있습니다. 궁극적으로 제7조는 '데이터 없이는 권리도 없다'는 원칙을 국내이적에까지 관철시킨 조항으로, 유소년 육성에 투자한 구단이 정당한 보상을 받을 수 있는 제도적 기반을 강화합니다.

2. 임시 전자 선수여권(EPP)은 생성 후 10일간(검토 기간), 모든 회원협회와 구단이 이적매칭시스템(TMS) 에서 확인할 수 있습니다.

3. 검토 기간 동안:

   a. 임시 전자 선수여권(EPP)에 포함되지 않았지만, 자신 또는 소속된 구단이 최종 EPP에 포함되어야 한다고 판단하는 회원협회는 EPP 검토 절차에 포함되도록 요청할 수 있음

   b. 임시 EPP에 포함되지 않았지만, 자신이 최종 EPP에 포함되어야 한다고 판단하는 구단은 소속 회원협회에 EPP 검토 절차에 포함될 것을 요청하고, 관련 등록 정보를 제공할 것을 요청할 수 있으며, 회원협회는 이 요청에 응답할 때 성실하게 행동할 것

4. 검토 기간이 완료되면, FIFA 사무총장(Secretary General)은 임시 전자 선수여권(EPP)의 정확성과 관련성을 평가합니다. 임시 전자 선수여권(EPP)에 제공된 등록 정보에 선수가 다른 회원협회에 등록되었다는 표시가 없는 경우, FIFA 사무총장은 임시 전자 선수여권(EPP)을 폐기할 수 있습니다. 이해관계가 있는 회원협회나 구단의 타당한 요청이 있을 경우, 그리고 임시 EPP가 이미 폐기된 경우에도, FIFA 사무총장은 재량에 따라 언제든지 임시 EPP를 다시 열 수 있습니다.

해설   제8조는 훈련보상금과 연대기여금 제도의 핵심 기반인 전자 선수여권(EPP)의 생성과 검증 절차를 규정하고 있습니다. EPP는 선수의 전체 등록 이력을 집약한 전자 문서로, 어느 구단이 언제 해당 선수를 훈련시켰는지를 확인할 수 있는 공식 기록입니다. 이는 훈련보상금 및 연대기여금의 자동 계산과 배분을 가능하게 하는 데이터적 토대라고 할 수 있습니다.

훈련보상금 유발 요건이 충족되면, 이적매칭시스템(TMS)이 자동으로 임시 전자 선수여권을 생성합니다. 이 임시 EPP는 생성된 후 10일 동안 검토 기간(Inspection Period)으로 설정되며, 모든 회원협회와 구단이 이를 확인할 수 있습니다. 이 검토 기간 동안 누락된 이해관계자는 자신 또는 소속 구단이 최종 EPP에 포함되어야 한다고 판단될 경우 FIFA 시스템에 검토 절차 참여를 요청할 수 있습니다. 구단은 직접 FIFA에 요청할 수는 없고 반드시 소속 협회를 통해 요청해야 하며, 협회는 이러한 요청에 성실하게 대응해야 할 의무를 집니다.

검토 기간이 끝나면 FIFA 사무총장이 임시 EPP의 정확성과 관련성을 평가합니다. 만약 임시 EPP에 등록 정보가 불완전하거나 특정 선수의 과거 협회 등록 이력이 드러나지 않는 경우, FIFA는 임시 EPP를 종결(Close)하거나 폐기할 권한을 가집니다. 그러나 이해관계자의 요청이나 추가 자료 제출이 있는 경우에는 FIFA 사무총장이 재량으로 임시 EPP를 다시 열어 검토할 수 있도록 규정되어 있습니다.

제9조. 전자 선수여권 검토 절차(EPP review process)

1. 검토 기간이 완료되고 FIFA 사무국의 평가가 끝난 후, FIFA 사무국은 이적매칭시스템(TMS)에서 EPP 검토 절차를 개시하며, 다음과 같은 당사자들에게 통보합니다:

   a. 해당 선수를 위해 등록 정보를 제공한 회원협회(FIFA 커넥트 인터페이스를 통해 제공됨)

   b. 관련 구단

   c. 구단이 속한 회원협회

   d. FIFA 사무국이 필요하다고 판단하는 다른 회원협회들(해당 구단의 소속 여부와 무관함)

2. 전자 선수여권(EPP) 검토 절차는 통상적으로 15일 이내에 종료됩니다. FIFA 사무국은 정당한 이유가 있는 경우 이 기간을 합리적으로 연장할 수 있습니다.

3. 회원협회의 등록 정보 수정은 반드시 FIFA 커넥트 인터페이스를 통해 이루어져야 합니다.

4. FIFA 사무국에 제출되는 등록 관련 문서는 해당 회원협회의 공인 문서여야 하며, 그 범위는 다음을 포함하되, 이에 국한되지 않습니다:

   a. 선수 등록 양식 사본(해당하는 경우 서명 포함)

   b. 관련 국제이적증명서(ITC), 해당되는 경우

   c. 구단과 선수 간 계약서 사본

   d. 선수의 생년월일을 증명하는 공식 문서(예: 출생증명서, 여권)

5. 구단이 선수를 신규 구단에 등록했다고 주장하는 경우, 신규 구단은 반드시 해당 선수가 원 소속 구단과의 계약을 적법하게 종료했다는 증빙 서류를 제출해야 합니다. 그렇지 않으면, 그 등록은 FIFA 규정에 위배되는 것으로 간주될 수 있습니다.

6. FIFA 사무국은 선수 등록과 관련된 분쟁을 심리할 수 있으며, 관련 서류와 정보를 바탕으로 최종 결정을 내릴 수 있습니다.

7. 선수가 소속 구단에 의해 등록을 거부당했거나, 등록 절차에 참여할 수 없는 경우, 해당 선수는 이를 입증할 수 있는 자료를 제출할 권리가 있습니다.

8. FIFA 사무국은 선수가 등록된 구단이 제출한 서류의 진위 여부를 검증하기 위해 언제든 추가 자료를 요구할 수 있습니다.

9. FIFA 사무국은 필요할 경우 EPP 검토 절차와 관련된 당사자들에게 추가 정보를 요청할 수 있습니다.

10. FIFA 사무국은 EPP 검토 절차가 종료되면 모든 당사자들에게 TMS를 통해 그 사실을 통보합니다.

해설 제9조는 전자 선수여권(EPP)이 임시 단계에서 확정 단계로 넘어가기 전, FIFA 사무국이 중심이 되어 진행하는 검증 절차를 상세히 규정하고 있습니다. 이는 훈련보상금과 연대기여금의 근거가 되는 데이터의 정확성을 보장하기 위해 마련된 핵심 절차입니다.

우선, 임시 EPP의 검토 기간이 끝나고 FIFA 사무국의 1차 평가가 마무리되면, FIFA는 이적매칭시스템(TMS)을 통해 정식 EPP 검토 절차를 개시합니다. 이때 통보를 받는 대상은 해당 선수의 등록 정보를 제공한 협회, 관련 구단과 그 소속 협회, FIFA가 필요하다고 판단하는 기타 협회들입니다. 즉, 단순히 선수의 원 소속 구단만이 아니라, 전체 경력에 관여했을 가능성이 있는 모든 이해당사자가 검토에 참여할 수 있도록 범위를 넓혀 투명성을 확보합니다.

검토 절차는 통상적으로 15일 이내에 종료되며, FIFA 사무국은 정당한 이유가 있는 경우 이 기간을 합리적으로 연장할 수 있습니다. 모든 등록 정보 수정은 FIFA 커넥트 인터페이스를 통해서만 가능하며, FIFA에 제출되는 자료는 반드시 협회의 공인 문서여야 합니다. 여기에는 선수 등록 양식, 국제이적증명서(ITC), 계약서 사본, 출생증명서나 여권 등 선수 신분을 확인할 수 있는 자료가 포함됩니다.

구단이 선수를 새로 등록했다고 주장할 경우, 해당 구단은 선수와의 계약이 적법하게 종료되었다는 증빙을 제출해야 합니다. 그렇지 않으면 등록 자체가 FIFA 규정 위반으로 간주될 수 있습니다. 이는 선수의 이적이 단순한 행정 절차가 아니라, 계약 종료와 신규 계약 체결이 모두 적법해야 한다는 원칙을 반영한 것입니다.

또한 FIFA 사무국은 등록과 관련된 분쟁을 직접 심리할 수 있으며, 제출된 자료를 바탕으로 최종 결정을 내립니다. 선수는 자신이 부당하게 등록을 거부당했거나 등록 과정에 참여할 수 없는 상황에 처했다면, 이를 입증할 자료를 FIFA에 제출할 권리가 있습니다. FIFA는 필요시 구단이 제출한 자료의 진위를 검증하거나 추가 자료를 요청할 권한을 가지며, 모든 당사자들에게 추가 정보 제출을 요구할 수도 있습니다. 절차가 마무리되면 FIFA 사무국은 EPP 검토 절차 종료 사실을 TMS를 통해 모든 이해당사자에게 공식적으로 통보합니다.

제10조. FIFA 결정(FIFA determination)

1. 전자 선수여권(EPP) 검토 절차가 완료된 후, FIFA 사무국(General Secretariat)은 등록 정보 수정 요청을 평가합니다.

   a. 요청이 불분명하거나 불완전한 경우, FIFA 사무국은 관련 당사자에게 5일 이내에 추가 정보를 제공하도록 요구할 수 있음

b. FIFA의 요청을 정해진 기한 내에 이행하지 않을 경우, 해당 요청은 고려되지 않음

2. FIFA 사무국은 EPP 검토 절차 중이거나 그 이후라도, 관련 당사자에게 훈련보상금을 받을 권리에 대한 의견 제출을 요구할 수 있습니다. 여기에는 선수 등록의 적법성, 면제나 계약 제안의 유효성 등이 포함됩니다.

3. FIFA 사무국은 평가가 끝난 후, 최종 EPP에 반영될 등록 정보를 확정합니다. 법적·사실적 복잡성이 있는 경우 다음이 적용됩니다:

   a. 사무국은 사건을 절차 규칙에 따라 분쟁해결부(DRC)에 회부함

   b. 사건 관련 전체 파일은 분쟁해결부에 전달되며, FIFA 사무국의 EPP 검토는 결정이 내려질 때까지 중단됨

   c. 분쟁해결부는 절차 규칙에 따라 최종 EPP를 확정함

4. 이적매칭시스템(TMS)은 최종 EPP를 토대로 자동으로 배분명세서(Allocation Statement)를 산출하며, 이는 각 훈련 구단에 분배될 금액을 명시합니다.

5. FIFA 사무국은 최종 EPP와 배분명세서를 모든 관련 당사자에게 통지합니다.

   a. 통지에는 분쟁해결부의 결정과 그 근거가 포함되어야 함

   b. 이 통지는 FIFA 정관 제50조 제1항에 따라 FIFA 사무국의 최종 결정으로 간주되며, 스포츠중재재판소(CAS)에 항소할 수 있음

   c. FIFA 정관에서 정한 기한 내 항소하지 않으면, EPP와 배분명세서는 최종적이며 구속력을 가짐

   d. CAS에 적법하게 제기된 항소는 해당 사건이 CAS에서 종결될 때까지 EPP와 배분명세서의 법적 효력을 정지시킴

6. 각 훈련보상 발생 사유에 따른 최종 EPP는 모든 회원협회와 구단이 TMS에서 열람할 수 있도록 영구 보관됩니다.

   a. 최초로 확정된 EPP에 포함된 등록 정보는 해당 선수의 이후 모든 최종 EPP에 대해 구속력을 가짐

   b. 선수의 23번째 생일이 속한 역년(Calendar Year)이 도래하기 전에 최초 확정 EPP에 등록 정보가 추가된 경우, 해당 정보는 이후 EPP 절차부터 반영됨

   c. 분쟁해결부의 결정은 해당 결정 시점 이후 그 선수의 모든 최종 EPP에 대해 구속력을 가짐

   d. 이후의 최종 EPP에 최초 EPP와 상충하는 등록 정보가 포함된 경우, 정확한 등록 정보를 제공하지 않은 회원협회는 제17조에 따라 제재를 받음

 전자 선수여권(EPP) 검토 절차가 마무리되면, FIFA 사무국이 본격적으로 등록 정보 수정

요청을 평가합니다. 이 과정에서 FIFA 사무국은 단순히 서류를 형식적으로 확인하는 데 그치지 않고, 제출된 정보의 정확성과 완전성을 면밀히 심사합니다. 요청 내용이 불분명하거나 누락된 부분이 있으면, FIFA 사무국은 관련 당사자에게 5일 이내에 보완 자료를 제출하도록 요구할 수 있습니다. 예를 들어, 어떤 구단이 특정 기간 동안 선수를 훈련시켰다고 주장하면서 그 기간의 등록 증빙 서류를 제출하지 않았다면, FIFA는 해당 자료를 추가로 요구하게 됩니다. 정해진 기한을 지키지 않으면 해당 수정 요청은 더 이상 심리되지 않는데, 이는 절차의 신속성과 효율성을 확보하는 동시에 당사자들에게 기한 준수의 중요성을 각인시키는 장치입니다.

FIFA 사무국은 EPP 검토가 진행 중이거나 완료된 이후에도 언제든 관련 당사자에게 훈련보상금 수령 자격에 관한 의견 제출을 요구할 수 있습니다. 이는 단순한 등록 기록 확인을 넘어, 선수 등록의 적법성, 훈련보상금 면제 조항의 적용 여부, 계약 제안의 유효성 등 실질적인 쟁점을 다루기 위한 절차입니다. 가령 한 유소년 구단이 선수에게 적절한 계약을 제안했으나 선수가 이를 거절하고 해외 구단으로 이적한 경우, 해당 유소년 구단이 여전히 훈련보상금을 받을 자격이 있는지가 쟁점이 될 수 있습니다. FIFA는 관련 당사자들에게 증거와 의견을 제출하도록 요구함으로써, 판단이 일방적 추정이 아닌 충분한 자료에 근거해 이뤄지도록 합니다.

FIFA 사무국은 평가를 마친 뒤 최종 EPP에 반영될 등록 정보를 확정하며, 대부분의 사안은 이 단계에서 종결됩니다. 다만 법적·사실적으로 복잡한 쟁점이 있는 경우에는 별도의 절차가 진행됩니다. FIFA 사무국은 사건을 분쟁해결부(DRC)에 회부하고, 관련 자료 전체를 이관하며, 분쟁해결부의 결정이 나올 때까지 자체적인 EPP 검토를 중단합니다. 예를 들어, 두 회원협회가 서로 다른 시기에 동일 선수를 등록했다고 주장하면서 각자 훈련보상금 수령 자격을 내세우는 경우, 사실관계가 상충하고 제출된 증거의 해석에 법적 판단이 필요하므로 FIFA 사무국이 독자적으로 결론을 내리기 어렵습니다. 이런 상황에서 분쟁해결부의 전문적 심리가 요구되는 것입니다.

최종 EPP가 확정되면 이적매칭시스템(TMS)은 이를 기반으로 배분명세서(Allocation Statement)를 자동 산출합니다. 배분명세서는 각 훈련 구단에 분배될 훈련보상금 액수를 구체적으로 명시한 문서로, 자동화 시스템을 통해 계산 오류를 줄이고 투명성을 높입니다. 예를 들어, 한 선수가 12세부터 21세까지 세 개 구단에서 훈련을 받았고, 첫 번째 구단에서 4년, 두 번째 구단에서 3년, 세 번째 구단에서 3년을 보냈다면, TMS는 각 구단이 선수를 훈련시킨 기간과 구단 훈련 카테고리(1~4)를 함께 고려해 훈련보상금을 비례 배분합니다.

FIFA 사무국은 최종 EPP와 배분명세서를 모든 관련 당사자에게 통지하며, 분쟁해결부가 관여한 사건의 경우 결정 내용과 근거도 함께 포함됩니다. 이 통지는 FIFA 정관 제50조 제1항에 따른 FIFA 사무국의 최종 결정으로 간주되므로, 당사자들은 불복할 경우 스포츠중재재판소(CAS)에 항소할 수 있습니다. FIFA 정관이 정한 항소 기간(통상 21일) 내에 항소가 제기되지 않으면, 해당 EPP와 배분명세서는 최종적이고 구속력 있는 것으로 확정됩니다. 반면 CAS에 적법하게 항소가 제기되면, 그 사건이 CAS에서 최종 종결될 때까지 EPP와 배분명세서의 법적 효력이 정지됩니다. 이는 아직 확정되지 않은 결론에 따라 금전이 지급되거나 정산되는 상황을 방지하기 위한 안전장치입니다. 예를 들어, 훈련보상금 1,000,000달러(USD)의 배분을 둘러싸고 한 구단이 CAS에 항소했다면, CAS의 최종 판정이 나오기 전까지는 어느 구단도 해당 금액을 지급하거나 수령할 의무를 부담하지 않습니다.

각 훈련보상 발생 사유에 따라 확정된 최종 EPP는 TMS에 영구 보관되며, 모든 회원협회와 구단이 열람할 수 있습니다. 특히 주목할 점은 최초로 확정된 EPP가 갖는 구속력입니다. 한 번 확정된 EPP에 포함된 등록 정보는 그 선수와 관련해 이후 작성되는 모든 EPP에 동일하게 적용됩니다. 이는 동일한 사실관계에 대해 매번 다른 판단이 내려지는 것을 방지하고, 장기적인 법적 안정성과 예측 가능성을 확보하기 위한 장치입니다. 예를 들어, 선수 A가 처음 프로 계약을 체결할 때 확정된 EPP에서 만 12세부터 만 15세 훈련 기간이 B 구단으로 인정되었다면, 이후 A 선수가 다른 구단으로 이적하면서 새로운 훈련보상이 발생하더라도 해당 기간은 계속해서 B 구단의 훈련 기간으로 인정됩니다. 다만 선수가 만 23세가 되기 전에 새로운 등록 정보가 추가되는 경우에는, 그 시점 이후의 EPP 절차부터 해당 정보가 반영됩니다. 분쟁해결부가 특정 사안에 대해 내린 결정 역시 그 결정 시점 이후 작성되는 해당 선수의 모든 최종 EPP에 대해 구속력을 갖습니다. 만약 이후의 최종 EPP에 최초 EPP와 상충하는 등록 정보가 포함되면, 정확한 정보를 제공하지 않은 회원협회는 제17조에 따라 제재를 받습니다. 이는 회원협회들이 처음부터 정확하고 완전한 정보를 제공하도록 유도하는 강력한 인센티브로 작용합니다.

결국 제10조는 FIFA가 훈련보상금 관련 EPP를 어떻게 검토·확정·통지하는지, 그리고 복잡한 사안에서 분쟁해결부 회부와 CAS 항소라는 구제 수단이 어떤 절차적 틀 안에서 작동하는지를 체계적으로 규정합니다. 나아가 최초 확정 EPP의 구속력과 영구 보관 원칙을 통해 이해관계자에게 장기적인 법적 안정성과 예측 가능성을 제공하는 핵심 조항입니다.

제11조. 이적보상금 지급 증빙(Proof of payment of transfer compensation)

1. 국제이적에서 이적보상금이 수반되는 경우, 신규 구단은 각 지급일로부터 30일 이내에 해당 지급 증

빙을 TMS에 업로드해야 합니다(RSTP 부속서 3에 따라 적용).

2. 국내이적에서 이적보상금이 발생하는 경우에도, 신규 구단은 각 지급일로부터 30일 이내에 전자 국내이적시스템을 통해 증빙을 제출해야 하며, 다음 절차를 거칩니다:

   a. 해당 자료는 관련 회원협회가 검증한 뒤 FIFA에 제출됩니다.

   b. 전자 국내이적시스템은 FIFA 커넥트 인터페이스를 통해 FIFA에 자료를 전송합니다.

3. 제7조 제5항에 따라 수동 신고가 이루어진 국내이적의 경우, 회원협회는 각 지급일로부터 30일 이내에 TMS에 지급 증빙을 업로드해야 합니다.

4. 배분명세서(Allocation Statement) 산출을 위해, 제출된 지급 증빙상의 금액은 해당 이적보상금(또는 분할금)을 반영하는 것으로 간주되며, 이때 지급 구단은 전체 금액에서 5%를 연대기여금(Solidarity Contribution)으로 공제해 납부한 것으로 처리됩니다(RSTP 부속서 5 제1조 제1항 참조).

해설　제11조는 실제 지급이 확인되어야만 훈련보상금과 연대기여금을 분배할 수 있다는 원칙을 명문화한 조항입니다. 국제이적과 국내이적 모두에서 신규 구단은 지급일로부터 30일 이내에 반드시 지급 증빙을 제출해야 하며, 이를 소홀히 하면 배분 절차가 지연되거나, 심한 경우 무효 처리될 수 있습니다. 국제이적의 경우 모든 절차가 TMS를 통해 FIFA에 직접 보고되고, 국내이적의 경우 각국의 전자 국내이적시스템을 거쳐 회원협회가 일차적으로 검증한 뒤 FIFA에 전달됩니다. 이처럼 국내이적에서는 협회의 검증 책임이 한 단계 더 추가되며, 이는 각국 이적 시스템의 정확성과 신뢰성을 담보하기 위한 장치입니다. 또한 수동 신고가 허용된 상황에서도 '지급일로부터 30일 이내'라는 기준은 그대로 유지되며, 이 기한을 지키지 못하면 징계 절차로 이어질 수 있습니다.

특히 중요한 점은 지급 증빙에 기재된 금액이 곧바로 훈련보상금과 연대기여금 산정의 기준이 된다는 사실입니다. 이 과정에서 이적료의 5%는 자동적으로 연대기여금으로 간주되어 공제 처리되므로, 신규 구단은 내부 회계 처리 단계에서 이를 반드시 반영해야 합니다. 과거에는 이적료와 연대기여금이 혼합되거나 누락되는 사례가 적지 않았으나, 본 조항은 이러한 혼선을 제도적으로 차단하여 FIFA의 표준 계산 방식에 따라 투명하게 배분되도록 하는 역할을 합니다.

실무적으로 제11조는 재무팀과 이적 관리팀 간 긴밀한 협업을 전제로 합니다. 지급 직후 증빙 자료를 제때 업로드하지 않으면 훈련 구단이 정당한 보상금을 제때 수령하지 못할 뿐 아니라, 지급 구단 역시 FIFA로부터 제재를 받을 수 있습니다. 따라서 각 구단은 이적 계약 체결 단계부터 내부적으로 지급 단계, 증빙 업로드 단계, 협회 검증 단계를 하나의 표준 절차로 정립하고, 재무 흐름과 FIFA 보고 절차를 일치시키는 시스템을 구축할 필요가 있습니다.

제12조. 배분명세서(Allocation statement)

1. 각 배분명세서는 FIFA 사무국이 클리어링 하우스로 발송하며, 관련 금액을 징수하고 훈련 구단에 지급금을 분배하는 데 필요한 모든 정보가 포함됩니다.

2. TMS에서 이용 가능한 구단 및 회원협회에 대한 관련 정보는 결제 처리를 위해 FIFA 클리어링 하우스로 전송됩니다. 구단의 신원 확인 및 최초 연락에 필수적인 정보가 누락된 경우, FIFA 사무국은 관련 구단의 회원협회에 이 정보를 요청합니다. 회원협회는 필요한 경우, 유효하고 운영 가능한 이메일 주소를 포함하되, 이에 국한되지 않는 소속 구단의 추가 연락처 정보를 FIFA 사무국의 요청 후 15일 이내에 제공해야 합니다. 이 기간 내에 회원협회가 소속 구단의 연락처 정보를 제공하지 않을 경우, 제17조 제3항에 따라 제재를 받게 됩니다.

3. 배분명세서는 다음과 같이 생성됩니다:

   a. 훈련보상금: EPP가 확정된 후 (제10조)

   b. 연대기여금: EPP가 확정되고 (제10조) 각 지급 증빙을 수령한 후 (제11조)

   c. 분쟁해결부의 결정이 본 규정(제10조 제3항 (a) 및 (b) 또는 제18조 제2항 참조)에 따라 내려지는 경우, 해당 결정이 절차 규칙에 따라 최종적이고 구속력을 갖게 된 후

4. 연대기여금의 경우, 훈련보상금이 유로(EUR), 미국 달러(USD) 또는 영국 파운드 스털링(GBP)과 다른 통화로 계산되는 경우, FIFA 사무국은 지급해야 할 훈련보상금 금액을 유로(EUR)로 환전합니다. 적용되는 환율은 해당 이적보상금 지급이 이루어진 날짜의 환율입니다. 적용된 환율에 대해 이의를 제기할 권리는 없습니다.

5. FIFA 클리어링 하우스는 CAS에 대한 항소 기한이 만료되기 전에 제15조에 따라 준법 심사를 시작할 수 있습니다.

해설 배분명세서(Allocation Statement)는 클리어링 하우스 시스템에서 훈련보상금·연대기여금을 실제 금전 지급 단계로 연결하는 출발점입니다. 단순한 회계 서류가 아니라, FIFA 클리어링 하우스가 어떤 금액을 누구에게 징수·배분할지를 확정하는 공식 기준이 되는 문서라고 이해하시면 됩니다.

먼저 배분명세서는 항상 FIFA 사무국이 클리어링 하우스로 보내며, 그 안에는 징수·분배를

위해 필요한 모든 정보가 담깁니다. 이적매칭시스템(TMS)에 이미 올라가 있는 구단·협회 정보가 클리어링 하우스로 전달되지만, 해당 구단의 신원 확인이나 최초 연락에 필요한 정보가 누락된 경우 FIFA 사무국이 해당 협회에 보완을 요구합니다. 협회는 15일 안에 유효한 이메일 주소 등 추가 연락처 정보를 제공해야 하고, 이 기한을 넘기면 제17조 제3항에 따라 제재를 받을 수 있습니다. '연락이 안 된다'는 이유로 훈련 구단이 돈을 못 받는 상황을 막기 위한 장치입니다.

배분명세서가 언제 만들어지는지도 중요합니다. 훈련보상금의 경우에는 전자 선수여권(EPP)이 확정된 뒤에야 비로소 산출됩니다. 연대기여금은 한 단계 더 나아가, EPP 확정뿐 아니라 실제 지급 증빙(이적료 지급 내역 등)까지 확인된 이후에야 배분명세서가 생성됩니다. 여기에 더해 분쟁해결부(DRC)나 다른 부서가 본 규정에 따라 판결을 내린 사건은, 해당 결정이 최종적·구속력을 갖게 된 이후 배분명세서가 발급됩니다. 즉, '누가, 몇 퍼센트를 받아야 하는지'가 법적·사실적으로 확정된 뒤에만 정식 집행 단계로 넘어가도록 설계된 것입니다.

연대기여금과 관련해서는 통화 문제도 정리해 둡니다. 훈련보상금이 유로(EUR)·미국 달러(USD)·영국 파운드 스털링(GBP) 이외의 통화로 계산된 경우, FIFA 사무국이 이 금액을 유로(EUR) 기준으로 환산합니다. 기준 환율은 이적보상금이 실제로 지급된 날짜의 환율이며, 구단이 '환율이 불리하다'고 이의를 제기할 수 있는 여지는 없습니다. 통화 변동성에 따른 분쟁을 미리 차단하고, 집행의 일관성을 유지하기 위한 선택입니다.

마지막으로, 클리어링 하우스는 CAS 항소 기한이 완전히 끝나기 전이라도 준법 심사(Compliance Assessment)를 시작할 수 있습니다. 항소 여부와 상관없이 시스템과 구단의 의무 이행 상태를 미리 점검해 두어, 나중에 확정되었을 때 곧바로 집행할 수 있도록 준비하는 셈입니다.

종합하면 제12조는 '얼마를 누구에게 보내야 하는가'를 확정하는 문서가 어떻게 만들어지고, 누가 어떤 정보를 언제까지 제공해야 하는지, 환율과 제재까지 포함하여 훈련보상금·연대기여금 집행의 실무 토대를 깔아 주는 규정입니다. 구단과 협회 입장에서는 연락처·계좌 정보, EPP 데이터, 지급 증빙이 제대로 들어가 있느냐가 곧 돈을 받느냐 못 받느냐와 직결된다는 점을 잊지 말아야 합니다.

제13조. 신규 구단에 의한 FIFA 클리어링 하우스 납부

(Payment by the new club to the FIFA Clearing House)

1. 신규 구단과 훈련 구단이 준법 심사를 통과하고 관련 EPP 및 배분명세서가 최종적이고 구속력을 갖

게 되는 것을 조건으로, FIFA 클리어링 하우스는 총 지급액을 상세히 명시한 지급 요청서를 신규 구단에 발행합니다.

    a. 지급 요청서는 클라이언트 포털에서 신규 구단이 확인할 수 있으며, FIFA 클리어링 하우스는 제12조 제2항에 따라 확보한 주소로 신규 구단에 이메일을 통해 지급 요청 통지를 보내고, 이러한 수단에 의한 통지는 기한의 기산점(시작점)을 설정하는 데 유효한 것으로 간주됨

    b. 신규 구단은 TMS 또는 클라이언트 포털의 주소를 최신으로 유지하지 못할 경우 발생하는 모든 결과에 대해 책임을 지며, TMS 또는 클라이언트 포털에 등록된 주소로의 통지는 어떠한 경우에도 기한을 설정하는 데 유효한 것으로 간주됨

    c. 서로 다른 배분명세서와 관련된 여러 건의 지급이 만기된 경우, FIFA 클리어링 하우스는 이러한 지급들을 하나의 지급 요청서로 통합할 수 있음

2. 지급 요청서를 수령하면, 신규 구단은 30일 이내에 요청된 금액을 FIFA 클리어링 하우스에 지급해야 합니다.

3. 신규 구단은 모든 적용 가능한 은행 수수료를 포함하여 요청된 금액을 지급해야 합니다. FIFA 클리어링 하우스는 요청된 금액 전액을 수령해야 합니다. 신규 구단은 요청된 금액을 지급할 책임을 다른 당사자에게 전가할 수 없습니다. FIFA 클리어링 하우스는 구단 명의의 은행 계좌로부터의 은행 송금을 통한 훈련보상금 지급만 수락합니다.

4. 만약 신규 구단이 지정된 기한까지 요청된 금액 전액을 지급하지 못할 경우, 다음의 조치가 취해집니다:

    a. FIFA 클리어링 하우스에 의해 요청 금액의 2.5%에 해당하는 행정수수료(Administrative Fee)가 부과되며, 이는 연체 이자를 대신하여 각 훈련 구단에 지급됨

    b. 행정수수료를 포함한 요청 금액 전액을 FIFA 클리어링 하우스에 지급하기 위해 추가로 7일이 주어짐

5. 위 4항에 따른 추가 기한까지 요청 금액 전액을 지급하지 못하는 신규 구단은 제17조에 따라 징계 절차의 대상이 됩니다.

해설   제13조는 선수 이적 시 훈련보상금과 연대기여금이 실질적으로 어떻게 신규 구단으로부터 징수되는지를 규정한 조항으로, FIFA 클리어링 하우스의 집행력을 강화하고 구단이 지급 의무를 지연하거나 회피하지 못하도록 하는 절차적 장치를 담고 있습니다.

우선 지급 절차는 신규 구단과 훈련 구단이 모두 준법 심사를 통과하고, 전자 선수여권(EPP)과 배분명세서가 최종적·구속력을 갖는 상태로 확정된 이후에 비로소 시작됩니다. 이 전제가 충족되

면 FIFA 클리어링 하우스가 신규 구단을 상대로 지급 요청서(Payment Request)를 발행하게 됩니다. 이 지급 요청서는 클라이언트 포털에서 조회할 수 있고, 동시에 이메일을 통해 통지되며, 이러한 통지는 공식적인 지급 기한을 기산하는 유효한 통지로 간주됩니다. 따라서 신규 구단 입장에서는 TMS와 클라이언트 포털에 등록된 연락처 정보를 항상 최신 상태로 유지해야 하고, 이를 소홀히 했다고 해서 '통지를 받지 못했다'는 이유로 기한 준수 의무를 면할 수 없습니다.

신규 구단은 지급 요청을 받은 날로부터 30일 이내에 해당 금액을 FIFA 클리어링 하우스에 송금해야 하며, 이때 발생하는 모든 은행 수수료까지 포함한 전액을 부담해야 합니다. FIFA는 반드시 신규 구단 명의의 은행 계좌에서 이루어진 송금만을 인정하고, 제3자의 계좌나 다른 형태의 우회 지급은 허용하지 않습니다. 이는 자금 흐름의 투명성을 확보하고, 자금 세탁이나 책임 주체 불명확성 등의 위험을 차단하기 위한 장치로 이해할 수 있습니다.

만약 이 30일 기한 내에 전액 지급이 이루어지지 않으면, FIFA 클리어링 하우스는 요청 금액의 2.5%에 해당하는 행정수수료(Administrative Fee)를 부과합니다. 이 부담금은 일반적인 연체 이자를 대신하는 개념으로, 훈련 구단들에게 분배됩니다. 동시에 신규 구단에게는 추가로 7일간의 유예기간이 부여되며, 이 기간 내에 원금과 행정수수료를 모두 납부해야 합니다.

그러나 이 추가 7일마저 지키지 못하면 상황은 단순한 지연을 넘어 징계 영역으로 넘어가게 됩니다. 신규 구단은 제17조에 따른 FIFA 징계 절차의 대상이 되며, 이 단계에서는 벌금, 선수 등록 제한, 이적 금지 등 훨씬 더 중대한 제재가 부과될 수 있습니다. 실무적으로는 국제이적 시장에서의 활동 자체가 제약될 수 있는 리스크를 안게 되는 셈입니다.

결국 제13조는 신규 구단의 지급 의무와 기한을 명확하게 규정하고, 미이행 시 단계적으로 부담을 높이는 구조를 통해 훈련보상금 및 연대기여금 제도가 실제로 작동할 수 있는 집행 기반을 마련한 규정입니다. FIFA가 단순히 '훈련 구단을 보호한다'는 선언적인 규정을 두는 데 그치지 않고, 구단의 재정적 의무를 실효적으로 강제하는 메커니즘을 제도화한 대표적인 조항이라고 볼 수 있습니다.

제14조. FIFA 클리어링 하우스의 훈련 구단 지급

(Payment by the FIFA clearing house to the training club(s))

1. 신규 구단으로부터 지급금을 수령하면, FIFA 클리어링 하우스는 최종적이고 구속력 있는 EPP 및 배분명세서를 기반으로 지급명세서를 생성하여 훈련 구단에 해당 금액을 지급합니다. 이 배분명세서에

해설　　제14조는 FIFA 클리어링 하우스가 훈련 구단에게 실제로 돈을 지급하는 최종 단계를 규정합니다. 신규 구단으로부터 지급금이 들어오면, 클리어링 하우스는 확정된 EPP와 배분명세서를 바탕으로 각 훈련 구단에 해당 금액을 직접 입금합니다. 여기서 핵심은 '직접'이라는 점입니다. 과거에는 신규 구단에서 이전 구단으로, 다시 훈련 구단으로 돈이 전달되는 구조였기 때문에 중간에 누락되거나 지연되는 경우가 빈번했습니다. 이제는 FIFA가 중앙에서 모든 흐름을 관리하고, 등록된 구단 명의 계좌로 바로 입금하기 때문에 이런 문제가 원천 차단됩니다.

이 시스템의 효과는 숫자로 명확하게 드러납니다. 2025년 5월 FIFA 공식 발표에 따르면, 2022년 11월 도입 이후 2년 반 만에 5억 달러 이상이 전 세계 7,000개 훈련 구단에 배분되었고, 이 중 3억 달러가 실제 지급 완료되었습니다. 2024년 11월 FIFA 클리어링 하우스 연간 보고서에 따르면, 2024년 배분액은 도입 전 연간 지급액의 3배를 넘어섰습니다. 과거에는 훈련 구단이 직접 이적을 추적하고 청구서를 작성해야 했지만, 이제는 EPP 절차를 통해 자동으로 트리거가 식별되고 처리됩니다.

이 조항의 의미는 파라과이 아마추어 구단 스포르티보 오브레로(Sportivo Obrero)의 사례에서 잘 드러납니다. 2023년 로베르트 모랄레스(Robert Morales) 선수가 세로 포르테뇨(Cerro Porteño)에서 멕시코 데포르티보 톨루카 FC(Deportivo Toluca Fútbol Club)로 이적할 때, 이 작은 지방 클럽은 FIFA 클리어링 하우스를 통해 약 18,000달러(USD)의 연대기여금을 수령했습니다. 스포르티보 오브레로의 셀소 마르티네스(Celso Martínez) 회장은 2024년 11월 FIFA 공식 보도자료를 통해 "106년 구단 역사상 처음으로 이런 자금을 받았다"라며 "이 돈으로 우리 지역사회에서 더 많은 선수를 육성할 수 있게 됐다"라고 밝혔습니다. 과거라면 이 구단이 빅클럽을 상대로 직접 청구하고, 무시당하면 소송까지 가야 했을 겁니다.

제14조가 강조하는 또 하나의 원칙은 투명성입니다. 지급명세서에는 각 지급의 목적과 출처가 반드시 포함되어야 하고, 이메일 통지와 클라이언트 포털 확인이라는 이중 안전장치가 작동합니다. 또한 지급금은 오직 해당 구단의 라이선스 보유 법인 명의 계좌로만 입금되기 때문에 제3자가 중간에서 자금을 가로채는 것도 불가능합니다. 결국 이 조항은 단순한 송금 절차 규정이 아니

라 축구 생태계의 선순환을 만드는 핵심 장치입니다. 작은 유소년 클럽이 정당한 보상을 받으면 더 많은 인재 육성에 재투자하고, 그 인재들이 성장해 빅클럽으로 이적하면 다시 보상이 돌아오는 구조가 완성됩니다.

제15조. 준법 심사(Compliance assessment)

1. FIFA 클리어링 하우스는 자체 사업 관계 및 해당 관계가 유지되는 기간 동안 발생하는 거래를 감시할 법적 의무가 있습니다.

2. FIFA 클리어링 하우스는 FIFA 클리어링 하우스에 금액을 지급하거나 금액을 수령하는 데 관련된 모든 당사자가 다음에 관한 국내 및 국제 법률 및 규정을 준수하는지 확인하기 위해 이들을 평가합니다. 이는 다음에 국한되지 않습니다:

   a. 국제 결제 제재

   b. 자금세탁 방지

   c. 뇌물 및 부패 방지

   d. 테러 자금 조달 방지

3. 필요한 준법 심사를 수행하기 위해, FIFA 클리어링 하우스는 개인, 구단 또는 회원협회에 적용 가능한 경우 다음에 관한 정보를 제공하도록 요청할 수 있으며, 이는 다음에 국한되지 않습니다:

   a. 기업 구조

   b. 조직 구조

   c. 실소유권

   d. 자금 출처

   e. 재산 출처

4. 개인, 구단 및 회원협회는 FIFA 클리어링 하우스의 정보 요청에 적극적으로 협조해야 합니다. 개인, 구단 또는 회원협회의 협조 정도는 준법 심사의 일부를 구성합니다. 당사자의 협조가 부족할 경우 준법 심사를 통과하지 못할 수 있습니다.

5. FIFA 클리어링 하우스에 제공되는 모든 문서 및 의사소통은 영어, 스페인어 또는 프랑스어로 작성되어야 합니다. 다른 언어로 된 문서는 이 세 가지 언어 중 하나로 번역되어야 하며, 원본과 번역본이 모두 제공되어야 합니다.

6. 준법 심사를 수행하기 위해 당사자로부터 요청된 정보를 수령하고 분석한 후, FIFA 클리어링 하우스는 해당 당사자가 준법 심사를 통과했는지 또는 실패했는지에 대한 최초 평가 및 결정을 내립니다.

7. 준법 심사와 관련된 FIFA 클리어링 하우스의 모든 결정은 최종적이고 구속력을 가지며, 어떠한 항소의 대상이 되지 않습니다.

8. FIFA 클리어링 하우스와 배분명세서 당사자 간의 모든 의사소통은 클라이언트 포털을 통해 이루어져야 합니다. 배분명세서에 관련되어 있으나 아직 클라이언트 포털에 등록되지 않은 당사자에게는 제12조 제2항에 따라 확보한 주소로 연락하여 클라이언트 포털에 등록하도록 안내합니다. 해당 당사자는 통지를 받은 날로부터 15일 이내에 클라이언트 포털에 등록해야 합니다. FIFA 클리어링 하우스는 적용 가능한 마감일을 포함하여 정보나 문서에 대한 모든 요청을 클라이언트 포털 내에서 당사자에게 통지해야 합니다. 클라이언트 포털을 통한 통지와 이메일을 통한 통지는 모두 유효한 의사소통 수단으로 간주되며 기한을 설정하기에 충분합니다.

9. FIFA 클리어링 하우스가 당사자에게 최종 결정을 통지하면, 해당되는 경우 당사자는 클리어링 하우스 이용 약관에 서명해야 합니다.

10. 당사자는 준법 심사를 통과한 경우에만 FIFA 클리어링 하우스로부터 인증을 받게 됩니다. 이 인증은 FIFA 클리어링 하우스가 당사자에게 인증 갱신을 요청할 때까지 제한된 기간 동안 유효합니다. 인증의 유효 기간은 규제 요건 및 FIFA 클리어링 하우스의 내부 정책에 따라 설정됩니다.

해설　　제15조는 FIFA 클리어링 하우스(Clearing House)가 단순히 훈련보상금과 연대기여금을 징수·배분하는 역할을 넘어, 국제 금융 규제와 준법 감시 기능을 수행해야 한다는 점을 분명히 하고 있습니다. 이는 구단과 협회 간의 자금 흐름이 불투명하거나 불법 자금이 개입되는 것을 차단하고, FIFA가 국제적 금융 규제에 적극적으로 부응하겠다는 의지를 보여 주는 조항입니다.

우선 FIFA 클리어링 하우스는 모든 당사자에 대해 국제 결제 제재, 자금세탁 방지, 뇌물 및 부패 방지, 테러 자금 조달 방지 등 국제적·국내적 규정을 준수하는지를 점검할 법적 의무를 집니다. 이 과정에서 구단, 협회 또는 개인은 기업 구조, 조직 구조, 실소유권, 자금 및 재산 출처와 같은 민감한 정보를 제출해야 하며, FIFA의 요청에 적극적으로 협조하지 않으면 준법 심사를 통과할 수 없습니다.

특히 FIFA는 제출되는 모든 문서와 의사소통이 영어, 스페인어, 프랑스어 중 하나로 이루어져야 한다고 규정하여, 행정 절차의 표준화를 확보합니다. 다른 언어로 제출된 경우에는 반드시 번역본과 원본을 함께 제출해야 하므로, 언어 장벽을 이유로 심사가 지연되는 상황을 방지할 수 있습니다.

준법 심사의 결과는 FIFA 클리어링 하우스가 내리는 최종적이고 구속력 있는 결정으로, 별도의 항소 절차는 허용되지 않습니다. 따라서 당사자는 FIFA가 요구하는 기한 내에 모든 자료를 성실히 제출해야 하며, 기한을 놓치면 자동적으로 평가에서 불이익을 받게 됩니다. FIFA는 클라이언트 포털을 통해 모든 의사소통을 진행하며, 이메일 통보 역시 기한 산정을 위한 유효한 수단으로 인정됩니다. 통지를 받은 당사자가 아직 포털에 등록하지 않았다면, 통보일로부터 15일 이내에 반드시 등록해야 합니다.

준법 심사를 통과하면 FIFA 클리어링 하우스로부터 인증(Certification)을 받게 되며, 이는 일정 기간 동안만 유효합니다. FIFA는 필요시 인증 갱신을 요구할 수 있으며, 이 역시 국제 규제 요건과 내부 정책에 따라 결정됩니다. 따라서 구단과 협회는 단발성이 아니라 지속적인 준법 시스템 유지와 투명한 재정 운영을 해야만 FIFA 클리어링 하우스의 결제·배분 시스템을 이용할 수 있습니다.

결국 제15조는 FIFA 클리어링 하우스를 단순한 행정·재정 기구가 아니라, 글로벌 축구 금융의 준법 감시자로 기능하게 하는 규정입니다. 이는 국제 스포츠계가 직면한 자금 세탁, 불법 송금, 제재 회피 등의 위험을 사전에 차단하고, 축구 재정의 투명성과 신뢰성을 강화하는 데 핵심적인 역할을 합니다.

제16조. 준법 심사 불합격의 결과(Consequences of a compliance assessment failure)

1. 당사자가 준법 심사에서 1차로 불합격한 경우:

   a. FIFA 클리어링 하우스는 의무 불이행 당사자에게 준법 심사를 통과하지 못했음을 통지함

   b. FIFA 클리어링 하우스는 계류 중인 거래 또는 이와 관련된 지급을 처리하지 않음

   c. 해당 준법 심사는 계속되며, 의무 불이행 당사자는 준법 심사를 통과해야 할 의무를 계속 지니고, 인제든지 클리이언트 포털을 통해 준법 심사를 재개할 수 있음

   d. 의무 불이행 당사자는 제17조에 따라 징계 절차의 대상이 됨

   e. 의무 불이헹 당사지외 관련된 새로운 거래가 FIFA 클리어링 하우스에 접수될 경우, 해당 거래는 당사자가 준법 심사를 통과할 때까지 계류 상태로 유지됨

2. 의무 불이행 당사자는 준법 심사 1차 실패일로부터 6개월 이내에 준법 심사를 통과해야 합니다. 이 기한 내에 준법 심사를 통과하지 못할 경우 준법 심사 2차 탈락으로 간주됩니다. 당사자가 준법 심사에서 2차로 탈락한 경우, 제16조 제1항 (a), (b), (d), (e)가 적용됩니다.

3. 의무 불이행 당사자는 규정 준수 실패가 다음의 사유로 인한 경우 징계 절차의 대상이 되지 않습니다:

   a. 의무 불이행 당사자가 국제 제재의 대상인 국가 또는 영토에 주소를 두고 있는 경우

해설　제16조는 FIFA 클리어링 하우스의 준법 심사(Compliance Assessment)를 통과하지 못했을 때 어떤 법적·실무적 결과가 뒤따르는지를 단계적으로 정리한 조항입니다. 훈련보상금과 연대기여금이 오가는 과정에서 국제 금융 규제나 준법 요건을 지키지 않는 구단·협회·개인에 대해, 단순한 '주의' 수준을 넘어 거래 중단과 징계 절차 등 실질적인 불이익을 부과함으로써 제도의 신뢰성을 확보하려는 취지가 담겨 있습니다.

당사자가 준법 심사에서 1차 실패 판정을 받으면 FIFA 클리어링 하우스는 이를 의무 불이행 당사자에게 공식 통지합니다. 그 즉시 해당 당사자와 관련된 계류 중인 거래나 지급은 처리되지 않고, 관련 거래는 사실상 정지 상태에 놓입니다. 다만 준법 심사 자체가 종료되는 것은 아니며, 의무 불이행 당사자는 여전히 평가를 통과해야 할 의무를 부담하고, 클라이언트 포털을 통해 언제든 심사를 재개할 수 있습니다. 1차 실패는 제17조에 따른 징계 절차 개시 사유가 되며, 의무 불이행 당사자와 연결된 새로운 거래 역시 준법 심사를 통과할 때까지 모두 계류 상태로 남습니다.

예를 들어, K리그 소속 A구단이 자국 유소년 출신 선수의 해외 이적으로 훈련보상금 120,000달러(USD)를 수령해야 하는 상황에서, 실질적 소유자(Ultimate Beneficial Owner) 관련 서류를 제출하지 않아 1차 실패 판정을 받았다고 가정해 보겠습니다. FIFA 클리어링 하우스는 A구단에 이를 통지하고 해당 금액 지급을 보류합니다. 이후 A구단이 클라이언트 포털을 통해 누락 서류를 보완 제출하여 준법 심사를 통과하면, 보류되었던 120,000달러가 정상 지급됩니다. 반대로 A구단이 1차 실패 상태를 방치한 채 새로운 선수 이적이 발생하면, 그 거래에서 비롯된 금액 역시 자동으로 계류 처리되어 피해가 누적됩니다.

제16조는 시간적 한계도 명확히 설정합니다. 1차 실패를 한 당사자는 그 날로부터 6개월 이내에 준법 심사를 통과해야 하며, 이 기한 안에 요건을 충족하지 못하면 2차 실패로 간주됩니다. 2차 실패 시에도 통지, 거래 중단, 징계 절차 대상, 신규 거래 계류 등 제1항에서 규정한 결과가 동일하게 적용됩니다. 따라서 의무 불이행 상태가 장기간 지속되면 해당 구단·협회는 FIFA 클리어링 하우스를 통한 정상적인 자금 결제에서 사실상 배제되며, 국제이적과 관련된 지급·수령에 심각한 제약이 걸립니다.

다만 모든 경우에 징계 절차가 자동으로 뒤따르는 것은 아닙니다. 의무 불이행 상태가 국제 제재 대상 국가·영토에 주소지를 둔 데서 비롯되었거나, 준법 심사 기간 동안 당사자의 통제를 벗어나는 특수한 상황—예를 들어, 전쟁, 자연재해, 제재 강화에 따른 금융망 차단 등—때문에 발생했다는 점이 FIFA 클리어링 하우스에 알려진 경우에는 징계 절차 대상에서 제외될 수 있습니다. 이는 의도적·과실적 위반과 불가항력에 가까운 상황을 구분해 취급하겠다는 최소한의 형평성 장치입니다. 다만 징계 면제가 곧 거래 정상화를 의미하지는 않으며, 자금 흐름 자체는 준법 심사 통과 전까지 재개되지 않는다는 점에 유의해야 합니다.

제17조. 제재(Sanctions)

1. 개인, 구단 및 회원협회는 본 규정과 관련된 모든 사안에 대해 FIFA 사무국(General Secretariat) 및 FIFA 클리어링 하우스(Clearing House)에 협조해야 합니다. 이들은 본 규정에 기술된 절차와 관련하여 진실되고 정확한 정보를 제공해야 합니다. 모든 당사자는 (FIFA 사무국 또는 FIFA 클리어링 하우스로부터의 요청 여부를 불문하고) 보유하고 있거나 획득할 권리가 있는 모든 성격의 문서, 정보 또는 기타 자료를 제출하라는 요청을 준수해야 합니다. 당사자가 징계 제재의 대상이 될 때마다 FIFA 사무국 및 FIFA 클리어링 하우스와의 협조 수준이 고려되어야 합니다.

2. FIFA 사무국은 본 규정의 준수 여부를 감독해야 합니다.

   a. FIFA 사무국은 정보 또는 문서 제공 통지나 요청에 대한 불이행 사례, 또는 본 규정에 대한 기타 불이행 사례를 FIFA 징계규정에 따라 FIFA 징계위원회에 회부할 수 있음

   b. FIFA 사무국은 본 규정과 관련된 비윤리적 행위 사례를 FIFA 윤리규정에 따라 독립 윤리위원회에 회부할 수 있음

3. 전자 선수여권(EPP) 검토 과정에서 정확한 등록 정보를 제공하지 못하거나, 전자 선수 등록 시스템 또는 전자 국내이적시스템이 FIFA 커넥트 인터페이스와 통합되지 않은 회원협회에 대한 제재는 다음과 같습니다:

   a. 벌금

   b. 회원협회의 과실이나 태만, 또는 하나 이상의 시스템이 FIFA 커넥트 인터페이스와 통합되지 않아 정확한 등록 정보가 제공되지 않음으로써 소속 구단이 훈련보상 수령을 부당하게 거부당한 경우, 해당 구단에 지급되었어야 할 훈련보상금 상당액을 지급해야 함

      회원협회가 정확한 등록 정보를 제공하기 위해 최선의 노력을 다했으며, 그러한 노력에도 불구하고 정확한 등록 정보를 제공할 수 없었음을 FIFA 징계위원회가 충분히 납득할 수 있도록 증명할 수 있다면, 제17조 제3항 (b)는 적용되지 않습니다. 제12조 제2항에 따라 소속 구단의 연락처 정보를 제공하지 못한 회원협회에 대한 제재는 벌금입니다.

4. 훈련보상금 발생 사유를 FIFA에 자동으로 통신하거나 수동으로 신고하지 못한 회원협회에 대한 제재는 다음과 같습니다:

a. 벌금

b. 해당 실패로 인해 구단이 통상적으로 받을 자격이 있었던 훈련보상금을 받지 못한 경우, 지급되었
어야 할 훈련보상금에 상응하는 금액을 해당 훈련 구단에 지급해야 함

5. 국제이적 또는 국내이적 신고의 경우, 지급 증빙을 적시에 업로드하지 못한 구단은 FIFA 선수의 지위
및 이적 규정(RSTP) 부속서 3의 제16조 및 제17조에 따라 제재를 받습니다.

6. 제13조에 따라 요청된 금액 전액을 지급하지 못한 구단에 대한 제재는 다음과 같습니다:

a. 벌금, 및

b. 국내외 모든 신규 선수 등록 금지(해당 금액이 전액 지급되면 해제)

7. 준법 심사에서 1차로 불합격한 구단 또는 회원협회에 대한 제재는 다음과 같습니다.

a. 신규 구단의 경우:

i. 견책

ii. 산정된 훈련보상금의 2.5%에 해당하는 부과금을 지연이자 대신 FIFA 클리어링 하우스를 통해
훈련 구단에 지급하도록 하는 조치

iii. 벌금

b. 훈련 구단 또는 회원협회의 경우:

i. 견책

ii. 벌금

8. 준법 심사에서 2차로 불합격한 구단 또는 회원협회에 대한 제재는 다음과 같습니다.

a. 신규 구단의 경우:

i. 벌금

ii. 국내외 모든 신규 선수 등록 금지(준법 심사는 FIFA 클리어링 하우스가 해당 구단이 평가를 성공적으로
통과했다고 결정할 때까지 계속되며, 등록 금지 조치는 FIFA 클리어링 하우스가 해당 구단이 후속 준법 심사
를 통과했음을 확인한 후에만 해제)

b. 훈련 구단 또는 회원협회의 경우:

i. 특정 거래에 대해 해당 당사자에게 지급될 훈련보상금의 몰수(배분명세서는 신규 구단이 FIFA 클리
어링 하우스를 통해 해당 구단의 회원협회에 몰수된 훈련보상금을 지급하도록 지시하는 내용으로 수정되며,
해당 금액은 회원협회가 국가 수준의 축구 발전을 위해 사용)

ii. 당사자가 이미 관련 훈련보상금을 받을 권리를 상실했다는 점을 고려하여, 비례한다고 간주되
는 모든 추가 제재

해설 제17조는 FIFA 클리어링 하우스(Clearing House) 시스템이 단순한 '권고 규정'이 아니라, 위반 시 상당한 수준의 제재가 뒤따르는 강행 규범이라는 점을 분명히 하는 조항입니다. 훈련보상금·연대기여금 제도가 실질적으로 작동하려면, 모든 이해당사자가 정보 제공과 절차 준수에 성실히 협력해야 하고, 이를 강제하기 위한 집행 수단이 필요합니다. 이 조항이 바로 그 집행 수단의 틀입니다.

우선 FIFA 정관의 적용을 받는 모든 주체(개인, 구단, 회원협회)는 FIFA 사무국과 클리어링 하우스에 적극적으로 협조해야 하며, 관련 절차와 연관된 정보·문서를 진실하고 정확하게 제공할 의무가 있습니다. 요청이 있을 때뿐만 아니라, 자신이 보유하거나 접근할 수 있는 자료 전반을 요구에 따라 성실히 제출해야 하며, 나중에 징계 수위를 정할 때 이 협조 여부가 하나의 고려 요소로 반영됩니다. FIFA 사무국은 본 규정 준수 여부를 상시 감독하고, 정보·문서 제출 요구에 응하지 않거나 그 밖의 의무 위반이 확인되면 FIFA 징계규정에 따라 징계위원회에 회부할 수 있으며, 비윤리적 행위가 드러난 경우에는 독립 윤리위원회에 사건을 넘길 수 있습니다.

회원협회에 대해서는 몇 가지 구체적인 제재 틀도 제시됩니다. 전자 선수여권(EPP) 검토 과정에서 정확한 등록 정보를 제공하지 못하거나, 전자 선수 등록 시스템·전자 국내이적시스템을 FIFA 커넥트 인터페이스와 통합하지 않은 경우에는 벌금이 부과될 수 있습니다. 이로 인해 소속 구단이 정당한 훈련보상금을 받지 못했다면, '지급되었어야 할 금액과 동일한 수준의 배상'을 명령하는 것도 가능합니다. 다만 협회가 정확한 정보를 제공하기 위해 최선의 노력을 다했지만, 어쩔 수 없었다는 점을 징계위원회가 납득할 수 있도록 입증하면 이 배상 의무는 예외적으로 면제될 수 있습니다. 제12조 제2항에 따라 소속 구단의 연락처조차 제공하지 못한 경우에는 벌금 제재가 따릅니다.

훈련보상금 발생 사유를 FIFA에 자동 통신하거나 수동 신고해야 할 의무를 이행하지 못한 협회 역시 벌금과 함께 '누락으로 인해 실제로 지급되지 못한 훈련보상금 상당액을 해당 훈련 구단에 배상하라'는 명령을 받을 수 있습니다. 구단이 국제·국내이적 신고 과정에서 지급 증빙을 제때 업로드하지 않은 경우에도 RSTP 제16조, 제17조에 따라 별도의 제재가 뒤따릅니다. 한편 제13조에 따라 훈련보상금 지급 명령을 받은 구단이 전액을 지급하지 않으면, 벌금과 더불어 국내·국제 모든 신규 선수 등록 금지라는 강력한 제재가 부과될 수 있으며, 해당 금액이 전액 지급되어야만

이 등록 금지 조치가 해제됩니다.

준법 심사(Compliance Assessment)를 통과하지 못했을 때의 단계적 제재도 눈여겨볼 부분입니다. 1차 실패 시 신규 구단에는 견책, 연체 이자 대신 훈련보상금의 2.5%를 클리어링 하우스를 통해 훈련 구단에 부담시키는 조치, 그리고 벌금이 병과될 수 있고, 훈련 구단이나 협회도 견책·벌금 제재를 받을 수 있습니다. 같은 평가에서 다시 실패하면 제재 수위가 한층 높아집니다. 신규 구단은 벌금과 함께 국내·국제 모든 신규 선수 등록 금지를 당하며, 훈련 구단이나 협회에 대해서는 특정 거래에서 받을 권리가 있는 훈련보상금을 몰수하여 해당 회원협회가 국가 축구 발전 용도로 사용하도록 지정될 수 있습니다. 추가적인 제재도 비례의 원칙에 따라 부과할 수 있도록 열어두고 있습니다.

마지막 단락은 일종의 포괄 조항입니다. 제17조 제3항부터 제8항까지 나열된 위반 유형뿐 아니라, 기타 형태의 의무 위반이나 반복 위반에 대해서도 FIFA 징계위원회 또는 독립 윤리위원회가 사건의 성격에 따라 적절한 제재를 선택할 재량을 갖는다고 규정합니다. 규정의 빈틈을 악용하려는 시도를 막고, 각 사안의 특수성을 반영해 유연하게 대응하기 위한 장치라고 볼 수 있습니다.

전체적으로 제17조는 클리어링 하우스가 '돈을 대신 보내주는 중간 기구'에 머무르지 않고, 규정 위반 시 벌금·배상·등록 금지·권리 몰수 등 실질적인 재정·스포츠 제재를 통해 훈련보상금·연대기여금 제도를 강하게 집행하는 구조임을 보여 줍니다. 이는 FIFA가 이적 시스템의 공정성과 신뢰성을 지키기 위해 규정을 마련하는 수준을 넘어, 실제 위반 시 상당한 비용을 치르게 만들겠다는 의지를 제도화한 조항이라고 이해할 수 있습니다.

1. 본 규정에서 명시된 모든 최종 결정은, 본 규정에 달리 명시되지 않는 한 FIFA 정관에 따라 스포츠중재지판소(CAS)에 항소할 수 있습니다.

2. 다음 각 호의 요건을 모두 충족하는 구단은 절차 규칙 제27조에 따라 관련 구단을 상대로 이의를 제기할 수 있으며, 분쟁해결부(DRC)가 해당 이의 제기에 대해 결정합니다:

   a. 관련 전자 선수여권(EPP) 검토 과정에 참여하지 않았을 것

   b. 브리지 이적(RSTP 제5조의2 참조), 선수 교환, 또는 신규 구단이나 그 회원협회가 신고한 정보(구단의 훈련 카테고리 포함)의 결과로 다음 중 하나에 해당한다고 판단할 것:

      i. 훈련보상금 수령 자격이 부당하게 부정되었거나, 산정되었어야 할 금액보다 적은 금액을 수령

해설 제18조는 분쟁이 어떻게 마무리되고, 이의 제기는 어디까지 가능한지에 대한 큰 틀을 잡아 주는 조항입니다. 먼저, 본 규정에 따라 내려진 모든 최종 결정은 특별히 달리 정해진 경우를 제외하고 FIFA 정관에 따라 스포츠중재재판소(CAS)에 항소할 수 있습니다. 즉, 클리어링 하우스나 축구재판소 단계에서 절차가 끝나는 것이 아니라, 독립적인 상급심으로 가져갈 수 있는 최소한의 통로가 열려 있습니다.

다음으로 특정 조건을 만족하는 구단에게는 분쟁해결부(DRC)에 직접 이의를 제기할 수 있는 별도의 구제 수단이 주어집니다. 전자 선수여권(EPP) 검토 과정에 참여하지 못했던 구단이 브리지 이적(RSTP 제5조의2), 선수 교환, 신규 구단 또는 그 협회가 잘못 신고한 정보(훈련 카테고리 오류 등) 때문에 자신이 훈련보상금을 받을 자격이 없다고 잘못 처리되었거나, 받아야 할 금액보다 적게 산정되었다고 보거나, 애초에 EPP 검토 절차가 진행됐어야 한다고 판단하는 경우가 여기에 해당합니다. 중요한 전제는 '해당 구단이 훈련보상금을 받을 자격이 있다고 스스로 주장할 수 있어야 한다'는 점입니다. 단순한 불만 제기가 아니라, 권리 침해를 근거로 한 분쟁 제기여야 DRC가 관할하게 됩니다.

예를 들어, K리그 소속 A구단이 만 12세부터 만 18세까지 6년간 선수를 육성했는데, 해당 선수가 동남아시아 B구단으로 이적한 뒤 불과 3개월 만에 유럽 C구단으로 재이적했다고 가정해 보겠습니다. 이 경우 EPP 검토 과정은 B구단에서 C구단으로의 이적을 기준으로 진행되므로, 실질적 육성 기여를 한 A구단은 검토 과정에 참여할 기회를 얻지 못할 수 있습니다. A구단 입장에서는 선수의 성장에 6년간 투자했음에도 훈련보상금 수령 자격이 부당하게 부정되거나, 산정 금액에서 누락되는 결과가 발생합니다. 이때 A구단은 제18조 제2항에 따라 DRC에 이의를 제기할 수 있으며, DRC는 브리지 이적 여부와 A구단의 훈련보상금 수령 자격을 심사하여 최종 결정을 내리게 됩니다.

마지막으로, 클리어링 하우스 시스템이 제대로 작동하려면 정확하고 최신의 정보가 전제되어야 합니다. 따라서 본 규정에 따라 요구된 정보를 제공하지 않거나 불성실하게 대응하는 행위는 그 자체로 징계 절차의 대상이 됩니다. 협회·구단·기타 당사자가 등록 정보, 지급 관련 자료, 구단 분류 등 필수 데이터를 제대로 업데이트하지 않으면, 훈련보상금이나 연대기여금이 잘못 계산되거나 누락될 수 있고, FIFA 징계규정에 따른 제재가 뒤따를 수 있습니다.

결국 제18조는 CAS 항소, DRC 이의 제기, 정보 제공 의무라는 세 축을 통해, 클리어링 하우스 관련 분쟁이 투명하고 일관된 절차 속에서 처리되도록 틀을 잡아 주는 규정입니다.

제19조. 적용 시점(Applicability in time)

이 규정은 발효일 이후 훈련보상금이 발생하는 모든 거래에 적용됩니다.

해설　　적용 시점 명시는 분쟁 예방을 위해 필수적입니다. 규정 발효 이전 거래에는 소급 적용되지 않으므로, 구단·협회는 발효일을 기준으로 처리 절차와 금액 산정 방식을 명확히 구분해야 합니다.

제20조. 경과 규정(Transitory provisions)

FIFA 클리어링 하우스가 인허가 의무와 관련된 사유로 운영을 할 수 없는 경우에는 다음과 같이 적용됩니다.

   a. 본 규정 제4~12조까지는 계속 적용됨

   b. 본 규정 제13~16조까지는 FIFA 클리어링 하우스가 거래를 처리할 수 있게 될 때까지 잠정적으로 효력이 정지됨

   c. 배분명세서(Allocation Statement)에 규정된 훈련보상금의 지급 의무는 여전히 존속함

   d. 훈련보상금 지급 의무가 있는 당사자는 최종적이며 구속력 있는 EPP 및 배분명세서에 따라, 각 훈련 구단이 제공한 해당 구단 명의의 은행 계좌로 직접 지급하여야 함. 지급은 FIFA 사무국의 통지(제10조 제5항 참조)를 받은 날부터 30일 이내에 이루어져야 하며, 이를 이행하지 않을 경우 제17조 제6항에 규정된 징계 제재가 부과됨

해설　　본 조항은 FIFA 클리어링 하우스가 인허가 문제로 운영을 할 수 없는 상황에 대비한 안전장치입니다. 클리어링 하우스가 기능을 수행할 수 없더라도 훈련 구단의 정당한 보상 수령권이 침해되지 않도록 대체 절차를 마련해 둔 것입니다.

규정의 구조를 살펴보면, 훈련보상금 산정과 배분의 기본 원칙을 담은 제4조부터 제12조까지는 그대로 유지되고, 클리어링 하우스를 통한 실제 거래 처리를 규정한 제13조부터 제16조까지만 잠정 정지됩니다. 즉, 중개 시스템만 일시적으로 멈출 뿐 지급 의무 자체는 소멸하지 않습니다.

실무적으로 주의해야 할 점이 있습니다. 먼저, 클리어링 하우스를 경유하지 않고 훈련 구단에 직접 송금해야 하므로, 평소 각 훈련 구단의 은행 계좌 정보를 정확히 확보해 두어야 합니다. 또한 FIFA 사무국 통지일로부터 30일 이내에 지급을 완료해야 하며, 이를 어길 경우 제17조 제6항에 따른 징계 제재가 부과됩니다. 클리어링 하우스 운영 중단이 지급 지연의 면책 사유가 되지 않는다는 점에 특히 유의해야 합니다. 아울러 직접 지급 시에도 반드시 최종적이며 구속력 있는 EPP 및 배분명세서에 따라야 하므로, 해당 문서의 확정 여부를 사전에 확인하는 것이 중요합니다.

결론적으로, 클리어링 하우스는 지급을 중개하는 시스템일 뿐, 시스템의 운영 여부가 훈련보상금 지급 의무의 존부에는 영향을 미치지 않습니다.

제21조. 참조(References)

1. 제9조 및 제10조에는 통신 및 기한에 관한 FIFA 절차 규칙 제10조 및 제11조가 적용됩니다.

2. 용어 해석은 FIFA 정관과 RSTP를 따릅니다.

해설　관련 규정과의 연계를 명확히 하여 해석 일관성을 확보합니다. 이는 조문 해석 시 혼동을 줄이고, FIFA 규정 체계 내에서의 통합 운용을 보장합니다.

제22조. 미규정 사항(Matters not provided for)

1. 규정에 없는 사항은 FIFA 사무국이 결정합니다.

2. 불가항력 사안은 FIFA 평의회가 최종 결정합니다.

해설　예기치 못한 상황에 대한 권한 분배를 명확히 하여 신속한 의사결정을 보장합니다. 불가항력 인정 여부는 계약이행·제재 면제 등에 직접 영향을 미치므로, 실무상 매우 중요한 판단입니다.

제23조. 공식 언어(Official languages)

여러 언어 간 해석 차이가 있으면 영문본이 우선합니다.

 국제 규정의 일관성과 법적 확실성을 위해 기준 언어를 정했습니다. 실제 분쟁 시 영어 해석이 최종 기준이 되므로, 중요한 계약 및 청구 관련 문서 등은 영문본을 반드시 확인해야 합니다.

제24조. 불일치(Inconsistency)

1. FIFA 정관과 불일치 시 FIFA 정관이 우선합니다.

2. 다른 FIFA 규정과 상충하는 경우 다음이 적용됩니다:

   a. 수령 자격과 관련하여 규정 내용이 불일치하는 경우에는 RSTP가 우선함

   b. 그 밖의 사항에 관해 불일치가 있는 경우에는 본 규정을 우선적으로 적용함

 규정 간 충돌 해결 원칙을 명문화했습니다. 특히 훈련보상금 관련 사안은 RSTP가 최종 기준이므로, 실무자는 해당 조항과 반드시 대조해야 합니다.

제25조. 운영 관리(Operational management)

FIFA 사무국이 본 규정의 운영을 총괄하며, 세부 절차와 필요한 결정을 내릴 권한을 가집니다.

 실무 집행 주체를 FIFA 사무국으로 지정해 중앙집권적 관리를 가능하게 합니다. 이는 절차 통일성과 신속한 대응에 유리하지만, 권한 집중에 따른 투명성 확보 장치도 필요합니다.

제26조. 시행(Enforcement)

이 규정은 2025년 5월 9일 FIFA 평의회에서 승인되었으며, 2025년 8월 1일부터 시행됩니다.

 시행일과 승인 절차를 명시해 법적 효력 발생 시점을 분명히 합니다. 구단·협회는 시행일 전후로 규정 적용 여부를 반드시 검토해야 합니다.

FIFA 클리어링 하우스 규정(Clearing House Regulations)은 국제 축구 이적 시장에서 훈련보상금과 연대기여금을 자동적이고 투명한 표준 절차로 집행하기 위한 최종적인 제도적 장치입니다. 과거 각국 협회와 구단의 개별 처리에 의존하여 발생했던 누락, 지연, 자금세탁의 위험을 제거하기 위해 FIFA는 전자 선수여권(EPP), 이적매칭시스템(TMS), FIFA 커넥트 인터페이스를 하나의 체계로 통합했습니다. 이를 통해 이적 데이터의 입력부터 권리 발생 확인, 신규 구단의 일괄 납부 및 훈련 구단으로의 분배까지 이어지는 전 과정을 자동화했습니다. 특히 이번 규정은 단순한 지급 중개를 넘어, 국제 금융 규제 수준의 준법 심사(Compliance Assessment)를 도입했다는 점에서 큰 의미가 있습니다. KYC(고객확인), 자금세탁 방지, 국제 제재 준수 등 엄격한 글로벌 금융 규범이 적용됨에 따라, 훈련보상금 지급은 단순한 행정 절차를 넘어 합법성과 투명성이 보장된 금융 거래로 격상되었습니다.

이러한 시스템의 실효성은 강력한 의무와 제재 조항을 통해 뒷받침됩니다. 신규 구단은 지급 요청일로부터 30일 이내에 송금하지 않을 경우 행정수수료와 징계 절차에 직면하며, 회원협회 또한 데이터 검증 소홀이나 허위 보고 시 미지급 보상금 전액을 배상해야 하는 엄중한 책임을 집니다. 결국 FIFA 클리어링 하우스 규정은 유소년 육성 투자에 대한 정당한 환원을 제도적으로 보장하고, 축구 이적 시장을 국제 금융 규범 수준의 신뢰성 있는 시장으로 변모시킨 규범적 전환점이라 한 수 있습니다.

클리어링 하우스가 구단 간의 지급 흐름을 투명하게 통제하는 시스템이라면, 이적 시장의 또 다른 핵심 축인 중개인의 활동과 보수를 규율하는 제도가 필수적으로 동반되어야 합니다. 이러한 맥락에서, 이어지는 장(Chapter)에서는 이적 시장의 건전성을 완성하는 또 하나의 퍼즐인 FIFA 에이전트 규정(FFAR)을 살펴보겠습니다.

FIFA 에이전트 규정

(FOOTBALL AGENT REGULATIONS)

2025년 개정본

※ 이 내용은 집필 당시(2026.1.) 기준으로 최신 버전의 개정본을 바탕으로 구성되었습니다.

FIFA 에이전트 규정(FFAR)은 국제 축구 이적 시스템에서 활동하는 모든 축구 에이전트의 자격, 업무 범위, 권리와 의무, 수수료 규제, 그리고 분쟁 해결 절차를 종합적으로 규율하는 핵심 규정입니다. 이 규정은 단순히 에이전트 개인의 활동을 관리하는 차원을 넘어, 선수·구단·코치 간의 계약 안정성을 보호하고, 국제이적 시장의 투명성과 공정성을 확보하며, 유소년 선수와 미성년자의 권익을 보장하는 것을 목적으로 합니다. 특히 이해충돌 방지, 합리적 수수료 한도 설정, 계약 체결 절차의 표준화, FIFA 클리어링 하우스(Clearing House)를 통한 금전 정산 의무화 등을 통해 건전한 시장 질서를 확립하고 불공정 관행을 차단합니다.

FFAR의 적용 범위는 국제이적이 수반되는 모든 대리 계약과 관련 활동에 미치며, 코치와 감독의 국제적 이동 역시 포함됩니다. 에이전트가 되기 위해서는 FIFA가 주관하는 자격시험 합격, 연간 라이선스 수수료 납부, 지속적 전문성 개발(Continuing Professional Development, CPD) 이수 등 엄격한 요건을 충족해야 하며, 자격을 취득한 이후에도 보고 의무와 자격 유지 요건을 꾸준히 이행해야 합니다. 또한 규정은 대리 계약의 형식과 기간(개인 대상 최대 2년), 필수 기재사항, 미성년자 대리 요건, 수수료 지급 주체·방식·상한(연봉 또는 이적료 기준)을 명확히 규정해 불필요한 분쟁 발생을 예방하고 있습니다.

더 나아가 FFAR은 FIFA 축구재판소(Football Tribunal) 내 에이전트부(AC)를 관할기관으로 지정하여 국제적 요소가 있는 대리 계약 분쟁을 신속하고 전문적으로 처리하도록 하고, 스포츠중재재판소(CAS)로의 항소 절차 또한 보장합니다. FIFA는 모든 에이전트와 대리 계약, 수수료 내역, 제재 정보를 외부에 공개해 시장 투명성을 높이며, 규정 위반 시 벌금, 라이선스 정지·취소, 등록 금지, 수수료 몰수 등 강력한 제재를 부과합니다.

결국 FIFA 에이전트 규정은 국제 축구 산업의 신뢰성과 공정성을 유지하기 위한 법적·제도적 기반으로, 에이전트·선수·구단 모두에게 명확한 기준과 절차를 제시합니다. 실무 종사자는 조문뿐만 아니라 FIFA 플랫폼 보고 기한, 수수료 구조, 미성년자 보호 요건, 분쟁 관할권 등 세부사항까지 정확히 이해하고 준수해야 하며, 이를 소홀히 할 경우 중대한 제재와 시장 퇴출 위험에 직면할 수 있습니다.

오늘날 국제 축구에서 에이전트는 선수와 구단 사이를 잇는 가교로 당연하게 받아들여집니다. 그러나 불과 수십 년 전만 해도 이들의 지위와 역할은 제도적으로 명확히 규정되지 않았습니다. 1980~1990년대 유럽과 남미에서는 브로커나 지인, 심지어 가족이 선수 계약 협상에 개입하는 일이 흔했고, 과도한 수수료·불리한 조건·미성년자의 무분별한 해외 이적 등이 사회적 논란을 일으켰습니다. 이런 비공식 개입이 누적되면서 '에이전트를 제도권으로 편입해야 한다'는 목소리가 FIFA 내부에서 점차 힘을 얻었습니다.

이에 FIFA는 1991년 최초의 '선수대리인 규정(Players' Agents Regulations)'을 제정했습니다. 단순 등록제가 아니라 시험과 면허를 통한 엄격한 자격 검증 체계였습니다. 응시자는 범죄 이력이 없어야 했고 보증금을 예치해야 했으며, 시험은 국제법·계약법·FIFA 규정 등을 포괄했습니다. 합격자만이 'FIFA 공인 에이전트'로 활동할 수 있었고, 이는 선수 보호와 시장 신뢰 확보를 위한 첫 제도적 실험이었습니다. 2001년에는 각국 협회 주관 면허 발급, 책임보험·재정 보증 요건 등이 추가되며 체계가 정교화되었습니다. 다만 높은 진입 장벽과 행정 부담에 대한 논란도 이어졌습니다.

한편 FIFA는 국제 이적의 투명성을 높이기 위해 2010년 10월 1일부터 이적매칭시스템(TMS)을 전면 의무화했습니다. 매수·매도 구단이 동일한 데이터를 입력·대조해야만 이적이 성사되는 구조로, 불투명한 거래 관행을 제도적으로 봉쇄한 것입니다. TMS는 이후 FIFA 글로벌 이적 보고서의 기초 자료이자 감독·통계의 토대로 자리 잡았습니다.

그러나 2015년 FIFA는 에이전트 규제의 방향을 급격히 틀었습니다. 시험과 면허제를 전면 폐지하고 '중개인 규정(Regulations on Working with Intermediaries, RWWI)'을 도입한 것입니다. FIFA는 "접근 자체를 규제하기보다는 거래 투명성을 강화하겠다"라며 시장 자율을 내세웠습니다. 그러나 결과는 시장의 무질서였습니다. 등록만 하면 누구나 활동할 수 있게 되면서 전문성이 부족한 인력이 대거 유입되었고, 과도한 수수료·미성년자 불법 영입·브로커식 거래가 성행했습니다. 관리 역량이 부족한 회원협회에서는 규제 공백까지 발생했고, "시험 폐지 이후 오히려 문제가 증가했다"라는 비판이 쏟아졌습니다.

결국 FIFA는 재규제의 필요성을 인정했습니다. 2017년부터 회원협회·선수단체·에이전트 단체 등과 이해관계자 협의를 거쳐 2022년 12월 16일 새로운 'FIFA 에이전트 규정(FFAR)'을 채택했습니다. 2023년 1월 9일 면허 취득 절차가 개시되고 4월과 9월 두 차례 시험이 시행되면서 면허제가 부활했으며, 10월 1일 전면 시행이 이루어졌습니다. 주요 골자는 시험 통과·연례 수수료·지속적 전문성 개발(CPD) 이수를 통한 자격 유지, 복수대리 제한과 이해충돌 방지, 연봉·이적료 기준 수수료 상한제 도입이었습니다. 각국 협회는 2023년 9월 30일까지 자국 규정을 FIFA 기준에 맞추도록 요구받았습니다.

FFAR 추진과 병행하여 FIFA는 분쟁 해결과 자금 흐름 관리 체계도 정비했습니다. 2021년 10월 출범한 축구재판소(Football Tribunal)는 선수지위부(PSC)·분쟁해결부(DRC)·에이전트부(AC)로 구성되어 국제 분쟁을 전문적으로 다루게 되었고, 2022년 9월 첫 활동 보고서를 발간해 판례 축적을 투명하게 공개했습니다. 같은 해 11월에는 FIFA 클리어링 하우스(Clearing House)가 운영을 시작했습니다. 전자 선수여권(EPP)을 통해 선수의 등록 이력을 12세부터 자동 추적하고, 훈련보상금·연대기여금의 산정과 배분을 자동화했습니다. 각 이적별 배분명세서(Allocation Statement)를 통해 지급 과정이 표준화되면서, 소규모 육성 클럽도 정당한 보상을 받을 수 있는 기반이 마련되었습니다.

물론 FFAR은 여전히 법적 논란과 맞닿아 있습니다. 독일·스페인·영국 등에서는 경쟁법 충돌을 이유로 소송과 집행정지가 제기되었고, FIFA는 2023년 12월 EU 연관 이적에 대해 일부 조항의 전 세계적 일시 정지를 발표했습니다. 2025년 5월 유럽연합 사법재판소(CJEU) 법무관은 의견서에서 FFAR이 정당한 목적을 추구하며 비례성 심사를 통과할 여지가 있다고 밝혔고, FIFA는 이를 환영했습니다. 다만 해당 의견은 일부 규정이 경쟁 제한 효과를 가질 수 있어 추가 검토가 필요하다는 점도 지적해, 양측 모두에게 해석의 여지를 남겼습니다. CJEU의 최종 판결은 2025년 하반기로 예상됩니다. 에이전트 제도의 향방은 단순히 특정 직역의 문제가 아니라, 선수 권익 보호와 시장 투명성, 나아가 스포츠 자치와 경쟁법의 경계를 어디에 그을 것인지를 시험하는 중요한 분기점이 될 것입니다.

1. **에이전시**(Agency): 선수를 대신해 계약·이적·권리 문제를 전문적으로 관리해 주는 중개·대리 조직

2. **접근**(Approach): (i) 클라이언트와의 모든 물리적·대면 접촉 또는 전자 통신 수단을 통한 접촉, (ii) 가족이나 친구와 같이 클라이언트와 연결된 다른 사람이나 조직과의 직접적 또는 간접적 접촉, (iii) 축구 에이전트가 위 (i) 또는 (ii)에 기술된 방식으로 자신을 대신하여 클라이언트에게 연락하도록 다른 사람이나 조직을 이용하거나 지시하는 모든 행위

3. **클라이언트**(Client): 축구 에이전트 서비스를 제공하기 위해 축구 에이전트를 고용할 수 있는 회원협회, 구단, 선수, 코치 또는 단일리그(Single-Entity League)

4. **연결된 축구 에이전트**(Connected Football Agent): 축구 에이전트가 다른 축구 에이전트와 연결되는 경우: (i) 축구 에이전트 서비스가 수행되는 동일한 에이전시에 고용되거나 계약상 유지되는 경우, (ii) 축구 에이전트 서비스가 수행되는 동일한 에이전시의 이사, 주주 또는 공동 소유주인 경우, (iii) 서로 배우자, 동거인, 형제자매, 부모와 자녀 혹은 의붓자녀 관계인 경우, (iv) 공식적이든 비공식적이든, 한 번 이상의 경우에 서비스 제공에 협력하거나 축구 에이전트 서비스의 일부 수익이나 이익을 공유하기 위해 어떠한 계약적 또는 기타 합의를 한 경우

5. **영입 구단**(Engaging Entity): 선수나 코치를 영입할 수 있는 구단, 회원협회, 단일리그

6. **축구 에이전트**(Football Agent): 축구 에이전트 서비스를 수행하기 위해 FIFA로부터 라이선스를 받은 자연인

7. **축구 에이전트 서비스**(Football Agent Services): 거래(Transaction)를 성사시킬 목적, 목표 또는 의도를 가지고 클라이언트를 위해 또는 클라이언트를 대신하여 수행하는 축구 관련 서비스. 여기에는 협상, 그와 관련된 또는 준비를 위한 의사소통, 또는 기타 관련 활동이 포함됨

8. **개인**(Individual): 선수 또는 코치

9. **이해관계**(Interest): (i) 관련 활동을 수행하는 법인에 대한 실질적인 소유권(Beneficial Ownership). 단, 구단 업무에서 단일 투표권만을 부여하는 양도 불가능한 일반적이고 자유롭게 접근 가능한 개인 멤버십은 제외함, (ii) 직접적·간접적·공식적·비공식적 여부를 불문하고 자연인이나 법인의 업무에 대해 중대한 재정적·상업적·행정적·관리적·기타 영향력을 행사할 수 있는 위치에 있는 것

10. **기타 서비스**(Other Services): 축구 에이전트가 클라이언트를 위해 또는 클라이언트를 대신하여 수행

하는 축구 에이전트 서비스 이외의 모든 서비스. 여기에는 법률 자문 제공, 재무 설계, 스카우팅, 컨설팅, 초상권 관리 및 상업 계약 협상 등이 포함되나 이에 국한되지 않음

11. 플랫폼(Platform): 라이선스 절차, 분쟁 해결 절차, 지속적 전문성 개발(CPD) 및 보고가 이루어지는, FIFA가 운영하는 디지털 플랫폼

12. 본 규정(Regulations): 수시로 개정되는 본 축구 에이전트 규정(Football Agent Regulations)

13. 방출 구단(Releasing Entity): 선수나 코치가 영입 구단에 고용 또는 등록되기 위해 떠나는 구단, 회원협회 또는 단일리그

14. 보수(Remuneration): 협상된 고용 계약에 명시된 고용에 대한 총 금전적 보상(gross financial compensation). 여기에는 기본 급여, 계약금(Sign-on Fee), 그리고 특정 조건이 충족될 경우 지급되는 금액(예: 로열티 보너스 또는 성과 보너스)이 포함됨. 오해를 피하기 위해, 합의된 미래의 이적보상금(Transfer Compensation)과 차량 제공, 숙박 또는 통신 서비스 제공과 같은 비급여성 혜택은 총 금전적 보상 산정에 포함되지 않음

15. 대리 계약(Representation Agreement): 축구 에이전트 서비스를 제공하기 위한 법적 관계를 수립할 목적으로 작성된 서면 합의서

16. RSTP: 수시로 개정되는 FIFA 선수의 지위 및 이적 규정(Regulations on the Status and Transfer of Players)

17. RWWI: FIFA 중개인 규정(FIFA Regulations on Working with Intermediaries)

18. 단일리그(Single-Entity League): 회원협회에 가입된 단체로서, 리그(또는 리그들)를 조직하고 소속 구단들의 공동 이익을 대표하는 단체(예: 모든 구단 선수의 고용주 역할을 하는 경우)

19. 특정 거래(Specified Transaction): 관련된 모든 당사자가 정의되고 식별된 거래

20. 거래(Transaction): (i) 구단 또는 단일리그와 선수 간의 고용, 등록 또는 등록 해지, (ii) 구단, 단일리그 또는 회원협회와 코치 간의 고용, (iii) 한 구단에서 다른 구단으로 선수의 등록 이적, (iv) 개인의 고용 조건 생성, 종료 또는 변경

목차를 통해 FIFA 에이전트 규정의 전체 구조를 확인했습니다. 자격 취득에서 시작해 직무수행, 수수료, 권리·의무, 분쟁 해결, 최종 조항으로 이어지는 흐름입니다. 이제 각 조항을 순서대로 살펴보며 구체적인 내용과 실무 적용 방식을 검토하겠습니다.

제1조. 목적(Objectives)

1. FIFA는 축구 이적 시스템과 관련된 모든 사안을 규율할 법적 의무가 있습니다. 축구 이적 시스템의 핵심 목적은 다음과 같습니다:

   a. 프로 선수와 구단 간의 계약 안정성 보호

   b. 유소년 선수 훈련 장려

   c. 엘리트 축구와 생활체육(Grassroots) 축구 간의 연대 의식 증진

   d. 미성년자 보호

   e. 경쟁 균형 유지

   f. 스포츠 대회의 정규성과 공정성 보장

2. 축구 에이전트(Football Agent)의 직무 또는 활동을 규율하는 목적은 그들의 활동이 축구 이적 시스템의 핵심 목적뿐 아니라 다음의 목적과도 일치하도록 하는 데 있습니다:

   a. 축구 에이전트 직업에 대한 최소한의 전문적·윤리적 기준 설정 및 제고

   b. 축구 에이전트가 클라이언트(Client)에게 제공하는 서비스의 질 보장 및 공정하고 합리적인 통일적 수수료 체계 적용

   c. 이해충돌을 제한하여 클라이언트를 비윤리적 행위로부터 보호

   d. 재정적·행정적 투명성 향상

   e. 축구 이적 시스템에 대한 경험이나 정보가 부족한 선수 보호

   f. 선수·코치·구단 간의 계약 안정성 강화

   g. 남용적·과도한·투기적 관행 방지

해설　　제1조는 FIFA가 축구 이적 시스템과 축구 에이전트 제도를 규율하는 근본적인 목적을 선언한 조항입니다. 규정 전체의 방향과 해석 기준을 제시하는 일종의 '헌장적 조항'에 해당하며, 이후 등장하는 모든 세부 규정은 이 조항에서 밝힌 목적에 부합하도록 이해되고 적용되어야 합니다.

　　먼저 제1항은, 앞서 열거한 여섯 가지 목적을 통해 축구 이적 시스템이 지향해야 할 '질서 있는 시장 구조'를 그려 줍니다. 핵심은 프로 선수와 구단 간의 계약 안정성을 지키면서도, 유소년·

유망주에 대한 체계적인 훈련과 보호를 보장하고, 엘리트와 생활체육(Grassroots) 축구 사이의 연대, 리그 간 경쟁 균형, 그리고 대회의 정규성과 공정성을 함께 확보하는 데 있습니다. 이 조항은 FIFA가 단순히 경기 규칙만을 관리하는 단체가 아니라, 축구 산업 전반의 신뢰와 지속 가능성을 책임지는 규제 기관이라는 점을 분명히 보여 줍니다.

이어지는 제2항은 축구 에이전트 제도의 목적을 별도로 명시함으로써, 에이전트 활동이 이적 시스템의 기본 원칙과 조화를 이루어야 한다는 점을 강조합니다. 에이전트에게 요구되는 최소한의 전문성과 윤리성을 기준으로 제시하고, 합리적이고 통일된 수수료 체계, 이해충돌의 제한, 재정·행정적 투명성, 정보·경험이 부족한 선수의 보호, 계약 안정성 강화, 남용적·투기적 관행 방지 등 구체적인 목표를 나열합니다. 결국 제1조는 '이적 시스템'과 '에이전트 제도'를 별개의 영역이 아니라, 동일한 목적 아래 움직이는 하나의 규범 구조로 묶어 두는 출발점이라고 이해하시면 좋습니다.

해설　　제2조는 FIFA 축구 에이전트 규정이 어떤 상황에서 적용되고, 어떤 경우에는 각국 규정이 앞에 서는지를 가르는 기준선 역할을 합니다. FIFA가 직접 규율하는 영역은 '국제이적시스템'과 연결된 에이전트 업무이고, 그 핵심 잣대가 바로 '국제적 성격이 있는지 여부'입니다. 그래서 국제적 성격을 가진 대리 계약(Representation Agreement)과, 국제이적이나 국제 거래와 관련된 행위 전반에는 이 규정이 적용됩니다.

대리 계약이 국제적 성격을 갖는지 여부는 조문에서 구체적으로 정의합니다. 특정 거래 한 건만을 대상으로 하는 계약이라도 그 거래가 국제이적과 연결되어 있다면, 또는 코치가 다른 회원협회 소속 구단으로 이동하는 것과 연관되어 있으면 국제 계약으로 본다는 뜻입니다. 두 개 이상의 특정 거래를 포괄하는 계약 안에 국제이적이 하나라도 섞여 있는 경우에도 마찬가지로 전체 계약이 국제적 성격을 띤 것으로 간주됩니다. 계약에 포함된 거래들 중 단 한 건만 국경을 넘더라도, 그 순간 FIFA 에이전트 규정의 적용 범주로 들어오는 구조입니다.

반대로, 에이전트 서비스가 국내이적이나 국내 거래에만 관련되거나, 국제이적과 무관한 특정 거래만을 규율하는 경우에는 FIFA 규정이 아니라 해당 회원협회의 국내 에이전트 규정이 기준이 됩니다. 이때 기준 시점은 대리 계약을 체결할 당시 클라이언트가 어느 협회에 등록되어 있었는지, 또는 어느 협회 관할 국가에 거주 중이었는지입니다. 예를 들어, 한 선수가 특정 회원협회 소속으로 등록되어 있고 그 협회 관할 안에서만 계약과 이적이 오간다면, 해당 사건은 FIFA 규정이 아니라 그 국가의 국내 규정에 따라 처리됩니다.

이렇게 적용 범위를 나누어 놓음으로써, 국제적 성격을 가진 사안에 대해서는 FIFA가 직접 통제해 전 세계적으로 일관된 기준을 세우고, 순수 국내 사안은 각 회원협회가 자율적으로 규율하도록 맡기는 구조가 만들어집니다. 에이전트 입장에서는 자신이 관여하는 계약과 행위가 어느 쪽에 속하는지 처음부터 정확히 분류하는 것이 필수이고, 규정을 공부할 때도 '국제적 요소가 끼어드는 순간 FIFA 규정이 적용된다'는 큰 틀을 잡아 두면 전체 체계를 이해하기가 한결 수월해집니다.

> ### 제3조. 국내 에이전트 규정(National football agent regulations)
>
> 1. 회원협회(Member Association)는 2023년 9월 30일까지 국가별 축구 에이전트 규정을 시행하고 집행해야 합니다.
> 2. 국가별 축구 에이전트 규정은 해당 회원협회의 관할 영토 내에서 활동하는 축구 에이전트의 직업을 규율하며, 국제적 성격을 갖지 않는 모든 대리 계약(Representation Agreement)에 적용됩니다. 국가별 규정은 본 규정과 일치해야 하며, 특히 다음을 포함해야 합니다:
>
>   a. 본 규정 제11~21조를 준용할 것

해설　제3조는 FIFA가 정한 국제 기준 위에 각 회원협회가 자국 사정에 맞는 에이전트 규정을 반드시 얹어놓도록 요구하는 조항입니다. 글로벌 차원의 최소 룰을 깔아 두되, 국내 특수성과 법제까지 반영할 수 있는 이중 구조를 제도화한 셈입니다.

우선 모든 회원협회는 2023년 9월 30일까지 자국 내에서 통용될 국가별 축구 에이전트 규정을 제정·시행해야 하고, 이 규정은 해당 협회 영토 안에서 활동하는 에이전트의 직업 전반과, 국제적 요소가 없는 모든 대리 계약(Representation Agreement)에 적용됩니다. 순수 국내 거래에 대해서는 각국 협회가 1차 규제자가 되는 구조입니다. 다만 그 내용은 FIFA 에이전트 규정과 조화를 이뤄야 하고, 특히 제11~21조에 담긴 핵심 원칙을 준용해야 합니다. 여기에 더해 국내 강행법 규정도 반드시 반영해야 하고, 분쟁 해결과 징계 권한을 국가 수준의 기관(NDRC 등)에 부여해야 한다는 점이 함께 요구됩니다.

한편 회원협회는 FIFA 기준을 '최소선'으로 삼되, 그보다 더 강한 규제를 두는 것도 허용됩니다. 예를 들어, 수수료 상한을 더 낮게 설정하거나, 이해충돌 방지 요건을 강화하는 식으로 자국 시장 상황에 맞게 규범을 업그레이드할 수 있습니다. 반대로 국내 강행법과 정면으로 충돌하는 부분이 있다면, 해당 요소에 한해 FIFA 규정을 그대로 적용하지 않고 국내법에 맞게 조정할 여지도 열어 두고 있습니다.

FIFA는 감독자로서의 역할도 유지합니다. 요청이 있으면 회원협회는 자국 규정을 FIFA에 제출해 검토를 받아야 하고, 이 과정을 통해 국제 기준과의 정합성을 점검받게 됩니다. 제3조 전체를 관통하는 방향성은 '국제적 일관성'과 '국내 자율성' 사이의 균형에 가깝고, 에이전트 규제가 더 이상 방치 영역이 아니라는 점을 분명히 하고 있습니다.

제4조. 일반 조항(General provisions)

1. 자연인(Natural Person)은 다음 요건을 충족함으로써 축구 에이전트가 될 수 있습니다:

   a. 플랫폼을 통해 완전한 라이선스 신청서를 제출할 것

   b. 자격 요건을 충족할 것

   c. FIFA가 실시하는 시험에 합격할 것

   d. FIFA에 연간 수수료를 납부할 것

2. 라이선스를 신청하는 자는 본 규정, FIFA 정관(Statutes), 윤리규정(Code of Ethics), 징계규정(Disciplinary Code), FIFA 선수의 지위 및 이적 규정(RSTP)을 준수할 것에 동의한 것으로 간주됩니다. 이 문서들은 FIFA 공식 웹사이트(fifa.com)에서 확인할 수 있습니다.

해설　축구 에이전트가 되기 위한 '출발선'을 어떻게 설정하는지가 제4조의 핵심입니다. 아무나 명함만 파서 에이전트라고 주장할 수 있는 구조가 아니라, 일정한 자격과 책임을 전제로 한 공식 라이선스 직업으로 만들겠다는 방향이 분명히 드러집니다.

먼저 자연인이 정식 축구 에이전트가 되려면 네 가지 요건을 모두 충족해야 합니다. FIFA가 지정한 온라인 플랫폼을 통해 완전한 라이선스 신청서를 제출해야 하고, 규정에 정해진 자격 요건을 만족해야 하며, FIFA가 직접 실시하는 시험에 합격해야 합니다. 여기에 더해, 라이선스를 유지하기 위한 연간 수수료를 FIFA에 납부해야 합니다. 형식적 요건(신청), 실질적 능력(시험), 제도 유지 비용(연회비)을 한 묶음으로 요구함으로써, 에이전트 활동에 최소한의 진입 장벽을 세운 구조입니다.

또 하나 중요한 지점은, 라이선스를 신청하는 행위 자체가 FIFA 규범 질서 전체를 받아들이겠다는 동의로 간주된다는 점입니다. 본 에이전트 규정뿐 아니라 FIFA 정관, 윤리규정, 징계규정, RSTP까지 모두 준수하겠다고 약속하는 효과가 생기고, 이 문서들은 FIFA 웹사이트에서 누구나 확인할 수 있습니다. 에이전트는 이제 '축구 바깥의 중개인'이 아니라, FIFA 법질서 안에서 규율되는 내부 주체라는 의미입니다.

이 구조를 통해 FIFA는 에이전트 직업에 대해 명확한 진입 요건과 규범적 책임을 동시에 부

과합니다. 시험만 통과한다고 끝나는 것이 아니라, 관련 규정 전체를 준수할 의무와 연간 수수료를 통한 제도적 기여까지 함께 요구되는 만큼, 업을 유지하려는 사람에게도 일정 수준의 전문성과 지속적인 책임감을 전제로 하는 제도라는 점을 분명히 하고 있습니다.

제5조. 자격 요건(Eligibility requirements)

1. 신청자는 다음의 요건을 충족해야 합니다:

   a. 라이선스 신청 시점과 그 이후(라이선스 취득 후 포함)에:

   i. 신청서에 허위·오해의 소지가 있거나 불완전한 내용을 기재하지 않을 것

   ii. 조직범죄, 마약 밀매, 부패, 뇌물, 자금세탁, 조세포탈, 사기, 승부 조작, 횡령, 배임, 직무유기, 위조, 변호사 직무 비위(또는 법조윤리 위반), 성범죄, 폭력 범죄, 괴롭힘, 아동·청소년 인신매매 등과 관련하여 유죄 판결이나 합의 처벌을 받은 적이 없을 것

   iii. 2년 이상 자격 정지·제명·등록 취소 처분을 받은 적이 없을 것

   iv. FIFA, 축구연맹, 회원협회, 리그, 구단 또는 관련 단체의 임직원이 아닐 것(단, FIFA·연맹·협회 산하 공식 기구에서 에이전트를 대표하는 직위로 임명·선출된 경우는 예외)

   v. 개인적으로 에이전시를 통해 구단·아카데미·리그·단일리그(Single-Entity League)에 이해관계를 보유하지 않을 것

   b. 신청 전 24개월 동안 무자격 상태에서 에이전트 활동을 한 사실이 없어야 합니다.

   c. 라이선스 신청서 제출 전 5년 동안(그리고 이후에도 포함):

   i. 개인 파산을 신청했거나 선고받은 적이 없고, 파산·청산·관리절차에 들어간 기업의 주요 주주·이사 핵심 임원이었던 적이 없으며, 신청 전 12개월 동안 스포츠 도박 사업에 이해관계를 보유하지 않을 것

   d. 라이선스 신청서 제출 전 12개월 동안(그리고 이후에도 포함):

   i. 스포츠 베팅 활동에 관여하는 기업·단체·조직에 어떠한 이해관계도 보유하지 않을 것(예: 경기 결과에 금전적 내기를 거는 활동을 중개·주선·운영하는 경우)

2. 신청자는 다음 시점에 자격 요건을 충족해야 합니다:

   a. 시험 응시 신청 시점

   b. 제17조에 따라 면허 취득 이후 모든 시점

3. FIFA 사무국(General Secretariat)은 신청자가 자격 요건을 충족하는지 여부를 조사·판단합니다.

　　　제5조는 FIFA가 축구 에이전트에게 요구하는 최소한의 신뢰성과 도덕성 기준을 구체적으로 풀어 놓은 조항입니다. 결격 사유의 범위가 단순한 범죄 경력에 그치지 않고, 재정 건전성, 직업 윤리, 이해충돌 여부까지 폭넓게 포괄되어 있다는 점이 특징입니다. 라이선스를 신청하는 과정에서 허위·누락·오해 소지가 있는 내용을 적는 순간 자격 심사에서 탈락할 수 있고, 조직범죄·부패·자금세탁·조세포탈·사기·승부 조작·성범죄·폭력 범죄 등 중대한 전과가 있는 경우는 물론, 횡령·배임·직무유기·위조·비윤리적 행위와 같이 신뢰를 근본적으로 훼손하는 행위 역시 모두 배제 사유에 해당합니다. 또한 FIFA·연맹·회원협회·리그·구단 등의 임직원으로 재직 중인 사람은 이해충돌을 막기 위해 원칙적으로 에이전트 라이선스를 취득할 수 없도록 하고, 개인적으로나 에이전시를 통해 구단·아카데미·리그·단일리그에 이해관계를 갖는 것도 금지합니다.

눈여겨볼 부분은 '최근 24개월간 무자격 상태에서 에이전트 활동을 한 사실이 없어야 한다'는 요건입니다. 자격을 취득하기 전부터 사실상 에이전트 역할을 수행해 온 이른바 '그림자 에이전트'를 걸러내기 위한 장치로, 시험 응시를 준비하는 사람이라면 과거 2년간 자신의 활동이 규정 위반에 해당하지 않는지 반드시 점검해야 합니다. 여기에 더해 신청 전 5년 동안 개인 파산 이력이나 파산·청산·관리 절차에 들어간 회사의 주요 경영진으로 관여한 경력이 없어야 하고, 신청 전 12개월 동안 스포츠 베팅 기업·조직에 어떠한 이해관계도 가져서는 안 된다는 요건까지 포함되어 있습니다. 선수와 구단의 이해를 대리하는 직업인 만큼, 재정적으로 취약하거나 도박 이해관계와 얽혀 있는 사람은 구조적으로 위험하다고 보는 것입니다.

이 자격 요건은 시험 응시 신청 시점뿐만 아니라 라이선스를 취득한 이후 전 기간에 걸쳐 계속 충족되어야 합니다. FIFA 사무국이 신청자와 기존 라이선스 보유자에 대해 자격 유지 여부를 언제든 조사·판단할 수 있도록 한 이유도 여기에 있습니다.

제5조 제1항 (a)(iii)의 '2년 이상 자격 정지' 요건이 실제로 어떻게 적용되는지를 보여 주는 사례가 툴리오 틴티 대 FIFA 사건(CAS 2025/A/11173)입니다. 이탈리아 에이전트 툴리오 틴티(Tullio Tinti)는 2012년 이탈리아 축구협회(FIGC) 징계 절차에서 36개월 자격 정지 처분을 받았고, 2015년 정지 기간 만료 후 활동을 재개했습니다. 2023년 9월 FIFA로부터 라이선스를 정상 발급받았으나, 2025년 1월 FIFA 사무국은 2012년 징계 이력을 근거로 제5조 위반을 이유로 라이선스를 잠정 정지했습니다. CAS는 틴티의 항소를 인용하여 라이선스 복원을 명령했습니다. CAS는 라이선스 발급 당시 이미 2012년 징계 이력이 존재했음에도 FIFA가 라이선스를 발급한 경위, 검찰과의 합의에 의한 징계가 (a)(iii)에 해당하는지 여부, 이후 13년간 아무런 제재 없이 활동한 점 등이 충분히 검토되지 않았다고 판단했습니다.

해설 여기서는 FIFA 에이전트 시험이 '신청만 하면 누구나 볼 수 있는 시험'이 아니라, 자격 심사를 통과한 사람에게만 열리는 단계적 절차라는 점을 분명히 하고 있습니다. 먼저 제5조에서 정한 자격 요건을 FIFA가 직접 검토한 뒤, 적격하다고 판단된 신청자에게만 시험 응시 초청이 발송됩니다. 다시 말해, 라이선스 신청서 제출이 곧 시험 응시권을 의미하는 것이 아니고, 신원·전과·재정·이해관계 등 필터를 통과해야 비로소 시험장에 들어갈 수 있는 구조입니다. 그래서 지원자는 공부 이전에 본인의 이력과 이해관계가 규정에 저촉되지 않는지부터 점검할 필요가 있습니다.

실제로 FIFA가 공개한 2024년 12월 리포트에 따르면, 같은 해 1월부터 12월 5일까지 접수된 라이선스 신청은 19,827건이었으나 실제 시험에 응시한 인원은 10,887명에 그쳤습니다. 또한 FIFA는 자격 요건 미충족 혐의로 1,606건의 조사를 개시했고, 이 중 일부는 무자격 에이전트 활동이 확인되어 시험 응시 자체가 금지되었습니다. 시험 합격률은 40.4%로, 응시까지 도달하더라도 절반 이상이 탈락하는 구조입니다.

시험의 구체적인 형식, 연간 시행 횟수, 일정은 모두 FIFA가 일괄적으로 정해 공지하며, 국가별로 다른 버전의 시험이 존재하지 않습니다. 전 세계 지원자가 동일한 기준과 동일한 문제를 가지고 평가를 받는 셈이므로, 각국 지원자는 FIFA가 내놓는 최신 회람문(Circular)과 안내문을 수시로 확인해야 합니다.

해설 수수료 납부는 단순한 행정 절차가 아니라 자격 유지 요건입니다. 90일 내 미납 시 자동 무효가 되므로, 합격 직후 결제가 필수입니다. 수수료는 FIFA 에이전트 포털(Agent Portal)을 통해 온라인으로 납부할 수 있습니다.

해설 라이선스 구조를 보면, FIFA가 에이전트 자격을 한 번 부여하면 원칙적으로 유효기간을 두지 않고 계속 인정하되, 그 대신 상시 감독과 제재 가능성을 강하게 걸어 두고 있다는 점이 드러납니다. 자연인에게 발급된 라이선스는 형식상 '무기한(Indefinite)'이지만, 제17조에 따른 정지·취소 사유가 발생하면 언제든 효력을 잃을 수 있습니다. 안정성과 책임이 동시에 부여된 셈입니다.

또 하나 중요한 특징은 이 자격이 철저히 개인에게 귀속되는 권리라는 점입니다. 회사 명의로 발급받을 수도 없고, 다른 사람에게 빌려주거나 양도·매매할 수도 없습니다. 에이전트 업무의 신뢰 기반이 '어느 조직'이 아니라 '어떤 개인이 어떤 자격과 이력으로 활동하느냐'에 있기 때문에, 모든 책임과 권한이 라이선스를 가진 개인에게 직접 따라다니도록 설계된 구조입니다.

한 번 발급된 라이선스는 특정 국가나 협회에 국한되지 않고, 전 세계 어디에서나 동일한 효력을 가집니다. 즉, 자격을 유지하는 한 어느 회원협회 관할 리그에서도 FIFA 에이전트로 활동할 수 있는 글로벌 권한을 갖게 되는 것입니다. 그만큼 시장 기회는 폭넓게 열리지만, 동시에 어느 관할에서 발생한 위반 행위도 곧바로 FIFA 규범 위반으로 연결될 수 있다는 점을 항상 염두에 두어야 합니다.

해설 제9조는 축구 에이전트에게 '한 번 자격을 취득하면 끝이 아니라, 지속적으로 학습하며 전문성을 유지하라'는 요구를 제도화한 조항입니다.

라이선스를 유지하려면 매년 FIFA가 정하는 지속적 전문성 개발(CPD) 프로그램을 이수해야 하며, 구체적인 내용과 시간·형식은 매년 별도로 공지됩니다. 형식은 세미나, 온라인 강좌, 공식 연수 과정 등 다양하지만, 목표는 하나입니다. 끊임없이 변화하는 FIFA 선수의 지위 및 이적 규정(RSTP), 에이전트 규정, 클리어링 하우스 제도, 징계·윤리 기준을 최신 상태로 파악하고, 에이전트로서의 전문성과 규정 이해도를 지속적으로 높이라는 것입니다.

CPD 프로그램은 선택 사항이 아니라 라이선스 유지의 필수 요건입니다. 정해진 기한 내에 이수하지 않으면 즉시 라이선스 정지 사유가 됩니다. 이는 미국 변호사의 '지속적 법률 교육(Continuing Legal Education)'과 유사한 제도입니다. 이 프로그램은 미국 대부분 주에서 변호사 자격 유지를 위해 매년 일정 시간의 법률 교육 이수를 의무화한 제도로, FIFA 역시 에이전트를 규범 공동체의 일원으로 보고 최소한의 학습·갱신 의무를 부과하는 것입니다. 이러한 장치는 장기적으로 시장 전체의 전문성과 신뢰를 뒷받침하는 역할을 합니다.

제10조. 라이선스 정지·취소 요청(Request for a suspension or termination of licence)

1. 에이전트는 사유서를 제출해 라이선스의 일시 정지 또는 영구 취소를 요청할 수 있습니다.

2. 향후 다시 활동하려면 신규 신청 절차(시험 포함)를 전부 다시 거쳐야 합니다.

해설 제10조는 축구 에이전트가 본인의 사정에 따라 라이선스의 정지 또는 취소를 직접 요청할 수 있도록 허용하는 조항입니다. 장기 휴직이나 업종 전환 등 개인적 사유가 있는 경우, FIFA 플랫폼을 통해 사유서를 제출하면 자발적 정지·취소가 가능합니다. 다만 정지와 취소 모두 본인의 요청으로도 이루어질 수 있다는 점을 기억해야 하며, 재개를 원할 경우에는 신규 신청 절차를 전부 다시 거쳐야 합니다. 여기에는 시험 응시까지 포함되므로, 사실상 처음부터 다시 시작하는 것과 동일합니다. 실무적으로는 장기 휴직이 예상되는 경우 '취소'보다 '정지'를 선택하는 것이 일반적이며, 이는 추후 활동 복귀를 염두에 둔 보다 유연한 선택입니다.

제11조. 일반 조항(General provisions)

1. 오직 FIFA 라이선스를 보유한 축구 에이전트만이 에이전트 서비스를 수행할 수 있습니다.

2. 에이전트는 항상 제5조에서 규정한 자격 요건을 충족해야 합니다.

3. 에이전트는 에이전시(Agency)를 통해 업무를 수행할 수 있습니다. 다만, 해당 에이전시 소속의 무자격 직원이나 외부 계약자는 에이전트 서비스를 제공하거나 대리 계약 체결을 위한 접근(Approach)을 시도할 수 없습니다. 에이전트는 에이전시, 그 직원, 계약자, 대표자가 규정을 위반했을 경우에도 전적으로 책임을 집니다.

4. 다음과 같은 자연인 또는 법인은 에이전트 또는 그 에이전시의 업무에 이해관계를 가질 수 없습니다:

   a. 클라이언트(Client)

   b. 제5조에 따라 자격이 없는 자

   c. 선수 등록권을 직접 또는 간접적으로 보유하는 자(이는 RSTP 제18조의2 및 제18조의3 위반에 해당)

해설　축구 에이전트 규정의 구조를 보면, 제11조가 '누가 에이전트 업무를 할 수 있는지'와 '어디까지가 에이전트의 독점 영역인지'를 선명하게 그어 주는 조문이라는 점이 드러납니다. 첫 번째 축은 자격의 독점입니다. 오직 FIFA 라이선스를 보유한 축구 에이전트만이 에이전트 서비스를 제공할 수 있고, 이 자격은 시험을 통과하고 라이선스를 취득한 자연인에게만 주어집니다. 라이선스를 얻은 뒤에도 제5조의 자격 요건을 계속 유지해야 하므로, 한 번 자격을 따고 나서 규범을 무시해도 된다는 구조가 아니라는 점이 강조됩니다.

　두 번째 축은 '누가 실제로 움직일 수 있는가'에 대한 통제입니다. 에이전트는 에이전시를 통해 업무를 조직적으로 수행할 수 있지만, 소속 직원이나 외부 계약자, 다른 대표자가 직접 에이전트 서비스를 제공하거나 대리 계약 체결을 위한 접근(Approach)을 하는 것은 허용되지 않습니다. 내부 인력이 선수·구단과 접촉하고 협상을 주도한다면, 형식상 등록된 에이전트만 있을 뿐 실질적으로는 무자격자가 시장을 움직이게 되기 때문입니다. 규정 위반이 발생하면 에이전시 자체가 아니라 해당 FIFA 라이선스를 가진 에이전트가 최종 책임 주체가 되므로, 내부 통제와 교육을 어떻게 설계하는지가 에이전트에게 매우 중요한 과제가 됩니다.

세 번째 축은 이해관계 제한입니다. 클라이언트 본인, 제5조에 따라 자격이 없는 자, 그리고 선수 등록권을 직접·간접적으로 보유한 자는 에이전트 업무나 에이전시 구조에 이해관계를 가질 수 없습니다. 특히 선수 등록권을 가진 제3자가 에이전시 뒤에 서게 되면, 이적·계약 과정에서 누구의 이익을 대변하는지 경계가 흐려지고, RSTP 제18조의2 및 제18조의3이 금지하는 제3자 영향력·소유 구조와 곧바로 연결될 수 있습니다.

이 규정 전체를 관통하는 메시지는 간단합니다. 접근(Approach)과 대리(Representation)는 자격을 갖춘 에이전트만이 할 수 있고, 그 뒤에 있는 조직과 사람들까지도 FIFA 규정의 통제 아래 있어야 한다는 점입니다. 이를 통해 시장에 난립해 온 무자격 중개자를 배제하고, 선수·코치·구단이 누구와 일하는지, 그 사람이 어떤 책임과 의무를 지는지 한눈에 확인할 수 있는 환경을 만들려는 의도가 반영되어 있습니다.

제12조. 대리(Representation)

1. 에이전트는 반드시 클라이언트와 서면 대리 계약(Representation Agreement)을 체결한 경우에만 서비스를 제공할 수 있습니다.

2. 잠재적 클라이언트에게 접근(Approach)하거나 대리 계약을 체결할 수 있는 자는 오직 에이전트뿐입니다.

3. 개인(Individual)과 에이전트 간의 대리 계약은 최대 2년까지만 유효하며, 자동 연장 조항이나 계약 기간이 2년을 초과하게 만드는 어떠한 연장 조항도 무효입니다. 연장은 반드시 새로운 계약으로만 가능합니다.

4. 동일 개인과 동시에 하나의 대리 계약만 체결할 수 있습니다. 신규 체결이나 기존 계약 수정 시, 에이전트는 다음을 이행해야 합니다:

   a. 해당 개인에게 독립적인 법률 자문을 받을 것을 권고해야 하며,

   b. 개인으로부터 법률 자문을 받았거나, 받지 않기로 결정했다는 사실을 서면으로 확인받아야 함

5. 영입 구단(Engaging Entity) 또는 방출 구단(Releasing Entity)과의 대리 계약은 기간 제한을 받지 않습니다.

6. 동일 영입 구단 또는 방출 구단과는 복수 계약을 체결할 수 있으나, 각각 다른 거래(Transaction)에 한정됩니다.

7. 대리 계약은 다음의 최소 요건을 반드시 포함해야 합니다:

   a. 당사자들의 이름

b. 계약 기간

c. 수수료 금액

d. 제공할 서비스의 범위

e. 당사자 서명

8. 원칙적으로 동일 거래에서 에이전트는 한 당사자만 대리할 수 있습니다.

   a. 단, 허용된 이중대리(Permitted Dual Representation)의 경우 개인과 영입 구단을 동시에 대리할 수 있으며, 이때는 반드시 양측의 명시적인 사전 서면 동의가 필요함

9. 다음 조합의 경우 동일 거래에서 쌍방을 대리할 수 없습니다:

   a. 방출 구단과 개인

   b. 방출 구단과 영입 구단

   c. 동일 거래의 모든 당사자

10. 해당 에이전트와 연결된 에이전트(Connected Football Agent) 역시 동일 거래에서 서로 다른 클라이언트를 대리할 수 없습니다. 단, 제8항에 따른 허용된 이중대리의 경우는 예외입니다.

11. 에이전트가 개입한 거래에서 체결되는 모든 계약(이적·고용계약)에는 반드시 에이전트 이름, 클라이언트 이름, FIFA 라이선스 번호, 서명이 기재되어야 합니다.

12. 클라이언트는 에이전트 없이도 거래를 협상·체결할 수 있으며, 이 경우 그 사실을 계약서에 명시해야 합니다.

13. 대리 계약(Representation Agreement)에 다음과 같은 조항이 포함된 경우, 모두 무효입니다:

   a. 개인(선수·코치)이 에이전트 없이 독자적으로 고용계약을 협상·체결하는 것을 제한하는 조항

   b. 개인이 에이전트 없이 스스로 고용계약을 협상·체결했다는 이유로 불이익을 주는 조항

14. 대리 계약은 언제든 정당한 사유(Just Cause)가 있는 경우 당사자 일방이 해지할 수 있습니다. 정당한 사유 없이 계약을 해지할 경우, 해지한 당사자는 상대방이 입은 손해를 배상해야 합니다. 정당한 사유란, 신의성실 원칙상 계약 관계를 유지할 수 없을 정도의 사유를 의미하며, 다음과 같은 경우를 포함합니다:

   a. 에이전트 라이선스 취소 또는 정지

   b. 축구 관련 활동 전면 금지 제재

   c. 국내외 모든 신규 선수 등록 금지 제재(최소 1개 등록 기간)

   대리 규정은 에이전트와 클라이언트 사이의 관계를 어떤 구조와 절차 속에서 운영해야

하는지를 정하는 기본 틀입니다. 모든 활동은 서면 대리 계약(Representation Agreement)을 전제로 해야 하며, 구두 약속이나 비공식 합의만으로는 에이전트 서비스 제공이 허용되지 않습니다. 개인(선수·코치)과 체결하는 대리 계약은 최대 2년까지만 유효하고, 자동 연장 조항이나 2년을 초과하는 연장 조항은 모두 무효입니다. 매번 새로운 계약을 통해 조건을 다시 협의하도록 강제함으로써, 특정 에이전트에게 장기적으로 종속되는 구조를 방지하려는 취지가 담겨 있습니다.

동일 개인과는 언제나 하나의 대리 계약만 유지할 수 있습니다. 새 계약을 체결하거나 기존 계약을 수정할 때, 에이전트는 개인에게 독립적인 법률 자문을 받을 것을 권고해야 하고, 실제로 자문을 받았는지 또는 스스로 받지 않기로 했는지에 대한 개인의 서면 확인을 받아 두어야 합니다. 형식상의 절차처럼 보일 수 있지만, 정보 비대칭을 줄이고 '충분한 설명을 듣지 못했다'는 유형의 분쟁을 미리 차단하기 위한 장치라고 볼 수 있습니다.

이 규정의 핵심 중 하나는 이해충돌 방지입니다. 에이전트는 원칙적으로 한 거래에서 한 당사자만을 대리할 수 있습니다. 에이전트의 본질적 의무가 '자기 클라이언트의 이익을 최대한 관철시키는 것'인데, 동일 거래에서 서로 이해관계가 상반되는 두 당사자를 동시에 맡게 되면 어느 한쪽의 이익을 희생하지 않고는 협상이 불가능합니다. 특히 수수료가 계약 총액이나 이적료에 연동되는 현실을 감안하면, 에이전트가 자신의 보수 극대화를 위해 어느 쪽에 실질적으로 더 충성하는지 불투명해질 위험이 크기 때문에, 규정은 원칙적으로 이중대리(Dual Representation) 자체를 금지·무효로 보는 구조를 취합니다. 이는 정보와 협상력이 상대적으로 약한 선수·코치를 보호하려는 목적도 함께 가지고 있습니다.

이런 원칙 아래에서 예외적으로 허용되는 형태가 '허용된 이중대리(Permitted Dual Representation)'입니다. 이는 동일 거래에서 에이전트가 개인(Individual)과 영입 구단(Engaging Entity)을 동시에 대리하되, 양측 클라이언트 모두로부터 사전의 명시적 서면 동의(Prior Explicit Written Consent)를 받은 경우에 한해 인정되는 이중대리를 말합니다. 다시 말해, 이해관계가 비교적 조정 가능한 조합에 대해서만, 양측이 충분한 정보를 가진 상태에서 서면으로 동의했다는 전제가 있을 때에만 예외를 열어 둔 것입니다.

반대로 방출 구단이 개입된 조합(방출 구단과 개인, 방출 구단과 영입 구단, 또는 거래의 모든 당사자가 함께 참여하는 조합)은 이해충돌이 구조적으로 지나치게 크다고 보아, 어떤 형태로도 이중대리가 허용되지 않습니다. 여기에 더해, 해당 에이전트와 연결된 에이전트(Connected Football Agent)도 같은 거래에서 서로 다른 클라이언트를 나눠 맡을 수 없도록 함으로써, 명목상 에이전트를 쪼개 두는 방식의 우회 이중대리도 봉쇄하고 있습니다.

에이전트가 관여한 이적·고용계약에는 반드시 에이전트의 이름, FIFA 라이선스 번호, 클라이언트 이름, 서명이 기재되어야 합니다. 한편 클라이언트는 원칙적으로 에이전트 없이 스스로 계약을 협상·체결할 수도 있으며, 이 경우에는 에이전트의 개입 없이 체결되었다는 사실을 계약서에 명시하기만 하면 됩니다. 개인이 에이전트 없이 계약하는 것을 제한하거나, 그렇게 했다는 이유로 불이익을 주는 내용은 모두 무효입니다. 에이전트 활용 여부는 어디까지나 개인의 선택이라는 점을 규범으로 못 박은 부분입니다.

대리 계약은 일방이 단순히 '마음이 바뀌었다'는 이유만으로 언제든 해지할 수 있는 계약이 아니며, 신의성실 원칙상 더 이상 계약 관계를 유지하기 어려운 정당한 사유(Just Cause)가 있는 경우에만 해지가 허용됩니다. 에이전트 라이선스 취소·정지, 축구 관련 활동 전면 금지, 일정 기간(최소 1개 등록 기간) 신규 선수 등록 금지 제재 등은 대표적인 정당한 사유에 해당합니다. 이러한 사유가 없음에도 일방적으로 계약을 해지하면, 해지한 당사자는 상대방이 입은 손해에 대해 배상 책임을 질 수 있습니다.

제12조는 이처럼 대리 계약의 형식·기간·이해충돌 관리·해지 요건을 종합적으로 규율함으로써, 에이전트 – 클라이언트 관계를 일정한 공통 기준 안에서 운영하도록 유도하고, 특히 선수·코치가 불균형한 계약이나 과도한 종속 상태에 빠지지 않도록 제도적 안전망을 제공하는 규정이라고 할 수 있습니다.

제13조. 미성년자 대리(Representation of minors)

1. 에이전트가 미성년자 또는 그 법적 대리인에게 접근(Approach)하거나 대리 계약을 체결할 수 있는 시점은, 해당 미성년자가 법적으로 첫 프로 계약을 체결할 수 있는 연령에 도달하기 6개월 전부터입니다. 이때 접근은 반드시 법적 대리인의 사전 서면 동의를 받아야 하며, 동의 없이 이루어진 접근은 금지됩니다.

2. 에이전트가 미성년자 또는 미성년자가 포함된 거래에서 구단을 대리하고자 하는 경우, 반드시 미성년자 관련 FIFA 지정 지속적 전문성 개발(CPD) 과정을 먼저 이수해야 합니다. 또한 해당 국가·지역의 법률에서 요구하는 미성년자 대리 요건을 충족해야 합니다.

3. 에이전트와 미성년자 간의 대리 계약은 다음 요건을 모두 충족할 때만 유효합니다:

   a. 제12조 제7항의 대리 계약 최소 요건(이름, 기간, 수수료, 서비스 범위, 서명 등)을 포함해야 할 것

   b. 본 조 제1항(접근 시점·서면 동의)과 제2항(CPD 이수 및 국가법 요건)을 충족해야 할 것

해설 미성년자 대리에 관한 규율 중에서도 가장 강도가 높은 장치가 바로 제13조입니다. 핵심은 딱 두 축입니다. 에이전트가 언제부터 미성년자에게 접근할 수 있는지(접근 시점), 그리고 어떤 전제와 절차를 갖추었을 때만 그 대리가 유효한지(요건)입니다. 이른바 '6개월 규칙'에 따르면, 에이전트는 해당 국내법상 미성년자가 첫 프로 계약을 체결할 수 있는 연령에 도달하기 6개월 전부터만 접촉을 시작할 수 있습니다. 그 이전 시점의 모든 접근은 금지되며, 설령 시점이 맞더라도 반드시 법적 대리인의 사전 서면 동의가 있어야만 합법적인 접근으로 인정됩니다. 보호자 동의 없이 미성년자에게 먼저 연락하는 것 자체가 규정 위반이라는 메시지를 분명히 준 셈입니다.

미성년자가 포함된 거래에 관여하려는 에이전트에게 요구되는 자격도 한층 더 엄격합니다. FIFA가 지정한 미성년자 관련 CPD를 선이수해야 하고, 동시에 해당 국가·지역의 아동·청소년 보호법이 요구하는 모든 대리 요건을 충족해야 합니다. 다시 말해, 미성년자 특유의 법적·심리적 특성을 이해하고 있다는 것을 교육·제도 차원에서 증명해야만, 미성년자와 그를 둘러싼 거래에 들어갈 자격이 생깁니다.

미성년자와 에이전트 사이의 대리 계약이 유효하려면 세 겹의 안전장치를 모두 통과해야 합니다. 제12조 제7항에서 정한 계약의 최소 기재사항(당사자 이름, 기간, 수수료, 서비스 범위, 서명 등)을 갖추어야 하고, 위에서 본 6개월 규칙과 보호자 서면 동의, 지속적 전문성 개발(CPD) 이수 및 국내법 요건까지 충족해야 합니다. 마지막으로 계약서에는 반드시 미성년자와 법적 대리인이 함께 서명해야 하며, 해당 국내법에 정합해야 합니다. 어느 한 조각이라도 빠지면 FIFA 기준에서는 원칙적으로 무효 계약으로 취급될 수 있습니다.

위반에 대한 제재도 가볍지 않습니다. 제1항에 명시된 시점 이전에 보호자 동의 없이 접근한 경우, 최소 벌금과 함께 최대 2년간 라이선스 정지가 가능하도록 규정하고 있습니다. 단순 경고 수준이 아니라, 사실상 업을 중단해야 할 수 있는 제재 수위입니다. 그 배경에는 과거 무자격 브로커·과도한 조기 스카우팅으로 인해 학업과 성장 환경이 침해되거나, 취약 지역 출신 미성년자가 해외 이적 과정에서 각종 학대·인권 침해를 겪었던 사례들이 자리하고 있습니다. FIFA가 '미성년자는 거래 대상이 아니라 보호 대상'이라는 원칙을 매우 강하게 밀어붙이고 있다는 점에서, 이 조항은 에이전트 규정 전체 중에서도 가장 엄중하게 다뤄야 할 부분입니다.

제14조. 수수료 – 일반 원칙(Service fee - general principles)

1. 에이전트는 클라이언트와 체결한 대리 계약(Representation Agreement)에 따라 서비스 수수료(Service Fee)를 청구할 수 있습니다.

2. 수수료 지급 의무자는 원칙적으로 클라이언트이며, 제3자가 대신 지급하도록 계약하거나 위임할 수 없습니다.

3. 단, 예외적으로 개인의 연간 보수가 200,000달러(USD) 이하인 경우, 영입 구단(Engaging Entity)이 개인을 대신해 에이전트에게 수수료를 지급할 수 있습니다. 이 경우에도 다음 조건을 충족해야 합니다:

   a. 대납이 에이전트의 신의성실 의무(Fiduciary Duty)에 영향을 주거나, 에이전트가 영입 구단에 종속되는 관계를 만들어서는 안 됨

   b. 지급액은 개인-에이전트 간 계약서에 명시된 금액을 초과할 수 없음

   c. 영입 구단(Engaging Entity)은 해당 금액을 개인의 급여에서 공제할 수 없음

4. 수수료는 반드시 청구서(Invoice)로 청구해야 합니다.

5. 수수료는 사전에 계약서에 명시된 서비스에 대해서만 받을 수 있으며, 계약이 유효한 상태에서 제공된 서비스에 한해 청구할 수 있습니다.

   a. 선수 계약 기간이 대리 계약 기간을 초과하는 경우, 사전에 서면 합의가 있는 때에 한하여 대리 계약 종료 후에도 해당 선수 계약이 유효한 기간 동안 수수료를 받을 수 있음

6. 수수료 지급은 등록 기간 종료 후 3개월마다 분할 지급되며, 실제 수령한 보수를 기준으로 비례(Pro Rata)하여 계산합니다.

7. 개인이 실제로 수령한 보수(Remuneration)에 대해서만 수수료가 산정됩니다.

8. 고용계약이 6개월 미만인 경우, 수수료는 계약 종료 시점에 일괄 지급됩니다.

9. 미성년자 관련 서비스에서는, 해당 선수가 첫 프로 계약을 체결하기 전까지 수수료를 받을 수 없습니다.

10. 허용된 이중대리(Permitted Dual Representation) 상황에서, 영입 구단은 전체 수수료의 최대 50%까지만 부담할 수 있습니다.

11. 방출 구단(Releasing Entity)은 이적료 분할금이 지급될 때마다 에이전트에게 수수료를 지급해야 하며, 지급 사실을 통지해야 합니다.

12. 에이전트는 아직 지급 시점이 도래하지 않은 수수료를 미리 지급(선지급)받을 수 없습니다. 이는 다음의 경우에도 마찬가지입니다:

    a. 개인이 계약 만료 전에 다른 구단으로 이적하는 경우

해설　수수료 규율의 뼈대를 잡아 주는 조문이 바로 제14조입니다. 가장 앞에 놓인 원칙은 '누가 누구에게 얼마를, 어떤 구조로 지급할 수 있는가'를 명확히 하는 데 있습니다. 에이전트는 클라이언트와 체결한 서면 대리 계약에 근거해 수수료를 청구할 수 있고, 그 지급 의무자는 원칙적으로 클라이언트 본인입니다. 제3자가 대신 내도록 약정하거나 위임하는 방식은 금지되는데, 구단이 에이전트를 재정적으로 쥐고 흔들면서 사실상의 '고용 관계'로 전락시키는 상황을 막기 위한 장치입니다.

예외가 하나 있습니다. 개인의 연간 보수가 200,000달러(USD) 이하인 경우에는 영입 구단(Engaging Entity)이 대신 수수료를 지급할 수 있도록 열어 두었습니다. 다만 이때도 몇 가지 제약이 붙습니다. 영입 구단 대납이 에이전트의 신의성실 의무(Fiduciary Duty)를 훼손하거나 에이전트를 영입 구단에 종속된 위치로 밀어 넣어서는 안 되고, 지급액은 개인 – 에이전트 간 계약서에 미리 적어 둔 금액을 넘을 수 없으며, 나중에 선수 급여에서 공제하는 방식으로 되돌려 받는 것도 허용되지 않습니다. 형식은 '대납'이지만 실질은 여전히 '클라이언트의 수수료'라는 점을 분명히 해 둔 셈입니다.

수수료 청구 방식과 시점도 세밀하게 정리되어 있습니다. 반드시 인보이스(Invoice)를 발행해야 하고, 사전에 계약서에 명시된 서비스에 대해서만 받을 수 있으며, 유효한 대리 계약이 존재하는 기간에 제공된 서비스만이 청구 대상이 됩니다. 한 가지 예외는 고용계약 기간이 대리 계약 기간을 넘는 경우인데, 이때는 사전에 서면으로 합의한 경우에 한해, 대리 계약이 끝난 뒤에도 고용계약이 유지되는 동안 일정 기간 수수료를 받는 구조를 둘 수 있습니다. 수수료 지급은 기본적으로 등록 기간 종료 후 3개월마다 나누어 지급되고, 실제 수령한 보수에 비례(Pro Rata)하여 계산됩니다. 고용계약이 6개월 미만이라면 분할 대신 종료 시점에 한 번에 지급하도록 정리해 둔 점도 눈에 띕니다.

보수의 범위 역시 '실제로 수령한 금액'을 기준으로 삼습니다. 허공의 명목상 연간 보수가 아니라, 개인이 실제로 받은 보수에 연동해 수수료를 산정해야 한다는 뜻입니다. 미성년자와 관련된 서비스에 대해서는 첫 프로 계약이 체결되기 전까지 수수료를 받을 수 없고, 허용된 이중대리(Permitted Dual Representation) 구조에서는 영입 구단이 전체 수수료의 최대 50%까지만 부담할 수 있다는 상한선도 설정되어 있습니다. 이적료를 분할 지급하는 구조에서는 방출 구단이 각 분할금이 지급될 때마다 에이전트 수수료를 지급하고 그 사실을 통지해야 하고, 아직 지급 시점이 도래하지 않은 수수료를 미리 앞당겨 받는 것은 금지됩니다. 특히 개인이 계약 만료 전에 다른 구단으로 이적했거나, 정당한 사유 없이 계약을 조기 종료한 경우에는 그 영향을 어떻게 처리할지에 대한 제한이 명시되어 있습니다.

마지막으로 큰 틀에서의 변화는 모든 수수료 지급을 FIFA 클리어링 하우스를 통해 처리하도록 한 부분입니다. 제도가 본격 시행되기 전 체결된 계약에 한해서만 직접 지급이 허용되고, 그 이후 발생하는 모든 수수료 흐름은 클리어링 하우스를 통과해야 합니다. 이로써 '누가, 어느 거래에서, 얼마를 받았는지'에 대한 기록이 중앙에서 관리되며, 에이전트 보수 영역에서도 투명성과 추적 가능성이 확보되도록 설계되어 있습니다.

제15조. 수수료 상한(Service fee cap)

1. 에이전트의 수수료 산정 기준은 다음과 같습니다:

   a. 에이전트가 개인(Individual) 또는 영입 구단(Engaging Entity)을 대리하는 경우에는 해당 개인의 연간 보수를 기준으로 산정함

   b. 에이전트가 방출 구단(Releasing Entity)을 대리하는 경우에는 해당 이적에 관한 이적보상금(Transfer Compensation)을 기준으로 산정함

2. 거래에 관여한 에이전트 수와 무관하게, 특정 클라이언트에 대한 최대 수수료율은 다음과 같습니다:

클라이언트 구분	연간 보수 ≤ USD 200,000	연간 보수 > USD 200,000
개인(Individual)	개인 연간 보수의 5%	개인 연간 보수의 3%
영입 구단(Engaging Entity)	개인 연간 보수의 5%	개인 연간 보수의 3%
개인 및 영입 구단 동시 대리 (허용된 이중대리)	개인 연간 보수의 10%	개인 연간 보수의 6%
방출 구단 (Releasing Entity, 이적료 기준)	이적료의 10%	이적료의 10%

의문의 여지를 없애기 위하여, 다음 사항을 명시합니다:

a. 개인(선수·코치)의 보수 총액 산정 시, 조건부 지급금(Conditional Payment)은 제외됨

b. 개인의 연간 보수가 200,000달러(USD)를 초과하는 경우, 초과분에 대해서는 다음과 같은 상한이 적

해설   수수료 상한 규정은 에이전트가 받을 수 있는 수수료의 최대치를 정하는 조항입니다. 산정 기준은 대리 대상에 따라 달라지는데, 개인(선수·코치) 또는 영입 구단을 대리할 때는 개인의 연간 보수, 방출 구단을 대리할 때는 이적보상금(Transfer Compensation)이 기준이 됩니다.

개인·영입 구단을 단독 대리하는 경우, 연간 보수 중 200,000달러(USD) 이하 구간에는 5%, 초과 구간에는 3%가 적용됩니다. 허용된 이중대리(Permitted Dual Representation)로 개인과 영입 구단을 동시에 대리하면, 200,000달러 이하 구간에 10%, 초과 구간에 6%가 최대치입니다. 개인 보수 산정 시 조건부 지급금(Conditional Payment)은 포함되지 않습니다. 방출 구단을 대리하는 경우에는 이적료의 10%가 상한이며, 계약 위반 배상금(제17조 또는 부속서 2)과 재판매 수수료(Sell-on Fee)는 산정 기준에서 제외됩니다.

주목할 부분은 '기타 서비스(Other Services)'에 대한 처리입니다. 거래 전후 24개월 내에 동일 클라이언트를 위해 제공된 기타 서비스(Other Services)는, 별도의 반증이 없는 한 해당 거래의 대리 서비스로 간주되어 수수료 상한에 합산됩니다. 이는 에이전트가 대리 수수료를 낮게 책정하고 컨설팅·자문 명목으로 추가 비용을 받는 변칙을 방지하기 위한 장치입니다.

실무 적용을 위해 가상 사례를 살펴보겠습니다. 공인 에이전트가 허용된 이중대리로 선수와 영입 구단을 동시에 대리하고, 선수의 연간 보수가 500,000달러(기본급 + 사인온 보너스, 퍼포먼스 보너스 제외)로 합의되었다고 가정합니다. FFAR은 단일 비율이 아닌 누진 구조를 적용하므로, 200,000달러까지는 10%(20,000달러), 나머지 300,000달러에는 6%(18,000달러)가 적용되어, 최대 수수료는 38,000달러가 됩니다.

예상되는 실무 쟁점으로는 '기타 서비스' 조항의 적용 범위가 있습니다. 예를 들어, 에이전트가 이적 협상 6개월 전에 선수의 미디어 매니지먼트나 스폰서십 자문을 별도 계약으로 제공했다면, 이 비용이 대리 수수료에 포함되는지 여부가 다툼의 대상이 될 수 있습니다. 에이전트 입장에서는 해당 서비스가 이적 거래와 무관한 독립적 업무였음을 입증해야 하며, 이를 위해 별도의 서비스 계약서, 업무 범위 명시, 독립적인 보수 산정 근거 등을 사전에 갖춰두는 것이 분쟁 예방에 필수적입니다.

제16조. 권리와 의무(Rights and obligations)

1. 에이전트는 다음과 같은 권리를 가집니다:

   a. 제12조에서 정한 최소 요건을 갖춘 서면 대리 계약을 체결한 클라이언트에게 서비스 제공 가능

   b. 다른 에이전트와 독점 대리 계약(Exclusive Representation Agreement)을 맺은 클라이언트에게는, 계약 종료 전 2개월을 제외하고 접근(Approach) 불가

   c. 동일하게, 독점 계약이 유효한 클라이언트와는 계약 종료 전 2개월을 제외하고 새 대리 계약 체결 불가

2. 에이전트는 다음 의무를 성실히 준수해야 합니다:

   a. 항상 클라이언트의 최선의 이익을 위해 행동하여야 함

   b. FIFA, 축구연맹, 회원협회의 규정·결정·지침을 준수하여야 함

   c. 이해충돌을 방지하여야 함

   d. 본인 이름·라이선스 번호·서명, 그리고 클라이언트 이름을 계약서에 반드시 기재하여야 함

   e. 자격 요건을 지속적으로 충족하여야 함(제5조, 제17조 연계)

   f. FIFA에 연간 라이선스 수수료를 기한 내 납부하여야 함

   g. 매년 지속적 전문성 개발(CPD) 요건을 충족하여야 함

   h. FIFA가 요구하는 보고 및 공시 의무를 이행하여야 함

   i. 규정 위반 사실을 즉시 보고하여야 함

   j. FIFA 플랫폼(Platform)에 다음 사항을 업로드하여야 함:

      i. 대리 계약(Representation Agreement)의 체결, 수정 또는 종료일로부터 14일 이내에 해당 대리 계약 및 플랫폼에서 요구하는 관련 정보

      ii. 대리 계약 이외에 클라이언트와 체결한 모든 계약(기타 서비스(Other Services) 관련 계약 포함)의 경우, 체결일로부터 14일 이내에 해당 계약 및 플랫폼에서 요구하는 정보

iii. 서비스 수수료(Service Fee) 지급일로부터 14일 이내에 플랫폼에서 요구하는 정보

iv. 대리 계약 외의 계약과 관련된 수수료 지급일로부터 14일 이내에 플랫폼에서 요구하는 정보

v. 발생일로부터 14일 이내에 두 명 이상의 축구 에이전트가 서비스를 공동으로 제공하거나, 에이전트 서비스에서 발생하는 수익 또는 이익을 공유하기 위해 체결한 모든 계약 및 합의 내용

vi. 발생일로부터 14일 이내에 자격 요건(Eligibility Requirements) 충족에 영향을 미칠 수 있는 모든 정보

vii. 발생일로부터 14일 이내에 클라이언트 또는 다른 축구 에이전트와 체결한 모든 합의(Settlement Agreement)

k. 에이전트가 자신의 업무를 에이전시(Agency)를 통해 수행하는 경우, 다음 사항을 FIFA 플랫폼(Platform)에 업로드해야 함:

i. 에이전시가 관여하는 첫 번째 거래일로부터 14일 이내에 에이전시의 소유 구조, 주주의 신원, 주식 자본의 지분율 또는 실질적 소유자의 신원

ii. 해당 에이전시가 관여하는 첫 번째 거래일로부터 14일 이내에 동일한 에이전시를 통해 업무를 수행하는 축구 에이전트의 수 및 모든 직원의 성명

iii. 에이전시 관련 기제출 정보에 변경이 발생한 경우, 발생일로부터 30일 이내에 해당 변경 사항

3. 에이전트는 다음과 같은 행위를 할 수 없습니다:

a. 개인이 정당한 사유 없이 계약을 조기 종료하도록 유도하거나, 고용계약상 의무 위반을 부추기는 행위(언론 발언·접근 포함)

b. 부당한 이익 제공

i. 협회·구단·리그 임직원에게 금전적·개인적 혜택 제공

ii. 개인(선수·코치) 또는 그 가족·법적 대리인·지인에게 이익 제공

c. 중대한 사실 은폐

i. 이해충돌 발생 사실을 밝히지 않는 경우

ii. 클라이언트가 받은 제안(서면 제안 포함)을 보고하지 않는 경우

d. 수수료 상한 회피(기타 서비스(Other Services) 비용을 부풀려 상한선을 우회하는 행위)

e. 이적료·훈련보상금 직접 수령(RSTP 제18조의3에서 금지하는 선수 등록권 관련 권리 포함)

f. 브리지 이적(Bridge Transfer) 참여 또는 선수 등록권 소유(이는 RSTP 제18조의2 및 제18조의3 위반에 해당)

g. 그 밖의 FIFA 에이전트 규정 위반 행위

4. 에이전트는 투명성 확보를 위해 다음을 준수해야 합니다:

a. 클라이언트가 받은 모든 서면 제안을 즉시 통보할 것

> b. 클라이언트 요청 시, 대리 계약 사본, 기타 서비스 계약, 선수 계약서 및 관련 서류, 에이전트가 수령
>
> 한 수수료·비용 내역서(거래별 상세 내역 포함) 등을 제공할 것
>
> c. FIFA, 축구연맹 또는 회원협회 요청 시, 모든 형태의 자료에 대해 즉시 협조할 것

[해설]　제16조는 에이전트의 권리와 의무를 종합적으로 규율하여, 계약 질서와 시장 투명성을 확보하려는 FIFA의 핵심 규정입니다. 우선 권리 측면에서, 에이전트는 제12조의 최소 요건을 갖춘 서면 대리 계약을 체결한 경우에만 서비스를 제공할 수 있으며, 다른 에이전트와 독점 대리 계약을 맺은 클라이언트에게는 계약 종료 2개월 전을 제외하고는 접근하거나 새로운 계약을 체결할 수 없습니다. 이는 에이전트 간 불필요한 경쟁을 차단하고 계약 안정성을 보장하기 위한 장치입니다.

의무 측면에서는 단순히 클라이언트의 이익 보호나 이해충돌 방지에 그치지 않고, FIFA가 요구하는 보고·공시 체계를 철저히 이행해야 합니다. 특히 모든 거래와 계약, 수수료 지급 등은 원칙적으로 14일 이내 FIFA 플랫폼에 보고해야 하지만, 에이전시 정보가 변경된 경우에는 30일 이내에 수정 보고해야 하는 등 사안별 기한을 정확히 준수해야 합니다. 또한 에이전시를 통해 업무를 수행하는 경우에는 최초 거래일로부터 14일 이내에 소유구조와 실소유자, 직원 현황을 제출해야 하고, 변경 사항이 생기면 30일 내 업데이트해야 합니다. 이처럼 에이전시 구조까지 공개하도록 한 것은 시장의 투명성을 제도적으로 강화하려는 취지입니다.

더 나아가 에이전트에게는 특정 행위가 엄격히 금지됩니다. 대표적으로 클라이언트가 정당한 사유 없이 계약을 조기 종료하도록 유도하는 행위, 협회·구단 임직원이나 선수 가족에게 금전적 이익을 제공하는 행위, 이해충돌 은폐, 제안 미보고, 수수료 상한 회피, 이적료·훈련보상금 직접 수령, 브리지 이적이나 선수 등록권 소유 등이 모두 금지됩니다. 이는 부패 방지와 시장 왜곡 차단을 위한 조항으로, 위반 시 중대한 제재로 이어집니다.

실무적으로는 이러한 보고·공시 의무와 금지행위를 간과할 경우 단순한 행정 실수가 아닌 FIFA 징계 절차로 직결될 수 있으므로, 대형 에이전시일수록 내부 규정과 전담 인력을 두어 체계적으로 관리하는 것이 필요합니다.

제17조. 지속적인 자격 요건 준수(Compliance with ongoing licensing requirements)

1. 에이전트가 다음 각 호 중 어느 하나에 해당하면, 라이선스는 자동으로 잠정 정지(Provisional Suspension) 됩니다:

a. 언제든 자격 요건을 충족하지 못하는 경우

b. FIFA에 연간 라이선스 수수료를 기한 내 납부하지 못한 경우

c. 해당 연도 지속적 전문성 개발(CPD) 요건을 충족하지 못한 경우

d. 보고 의무를 이행하지 않은 경우

2. FIFA 사무국은 위 항목 준수 여부를 조사할 책임을 집니다.

3. 제1항 (a) (자격 요건 미충족) 위반 시

a. FIFA 사무국은 에이전트에게 자격 요건 불충족 사유가 있다고 통보하고, 자동 잠정 정지를 알림

b. 사건은 FIFA 징계위원회(Disciplinary Committee)에 회부되어 최종 판단을 받음

4. 제1항 (b), (c), (d) (수수료 미납·CPD 미이수·보고 불이행) 위반 시

a. FIFA 사무국은 에이전트에게 위반 사실과 자동 잠정 정지를 통보함

b. 에이전트가 잠정 정지일로부터 60일 이내 시정하지 않으면, 라이선스는 영구적으로 철회됨

해설　　에이전트 라이선스는 한 번 따고 나면 끝나는 자격이 아니라, 계속해서 조건을 충족해야 유지할 수 있는 자격이라는 점을 이 조문이 분명히 하고 있습니다. 시험 합격과 최초 발급은 출발일 뿐이고, 그 이후에도 네 가지 축을 상시 지켜야 합니다.

먼저, 자격 요건 자체에 흠이 생기지 않아야 합니다. 제5조에서 정한 범죄 전력, 파산, 이해충돌 등 결격 사유가 새로 발생하면 자격 요건을 더 이상 충족하지 못하는 상태가 됩니다. 여기에 더해 연간 라이선스 수수료 납부, 해당 연도 지속적 전문성 개발(CPD) 이수, 각종 보고 의무(계약·수수료·이해충돌 등) 이행까지 모두 제때 완료해야 합니다. 이 네 가지 중 어느 하나라도 빠지면, FIFA가 별도의 결정을 내리기 전에 라이선스는 곧바로 자동 잠정 정지(Provisional Suspension) 상태로 들어갑니다.

위반 내용에 따라 이후 절차가 갈립니다. 자격 요건 자체가 무너진 경우(제1항 a목 위반)에는 FIFA 사무국이 에이전트에게 불충족 사유와 자동 정지 사실을 통보하고, 사건을 FIFA 징계위원회로 넘겨 최종 판단을 받게 됩니다. 반면 수수료 미납, 지속적 전문성 개발(CPD) 미이수, 보고 불이행(제1항 (b)-(d))처럼 절차적 의무를 지키지 않은 경우에는, 사무국이 위반 사실과 잠정 정지를 통보한 뒤 60일의 시정 기간을 부여합니다. 이 기간 안에 미납 수수료 납부, 지속적 전문성 개발(CPD) 이수, 보고 이행 등을 모두 마치지 못하면 라이선스는 자동으로 영구 철회됩니다.

에이전트 입장에서는 FIFA 플랫폼 알림과 각종 기한을 체계적으로 관리하는 것이 필수입니다. 잠정 정지 상태에서는 어떤 대리 활동도 할 수 없고, 60일 시정 기간을 흘려보내면 다시 라이선스를 얻기까지 큰 장벽이 생기기 때문입니다.

제18조. 축구 에이전트의 고용(Engagement of football agents)

1. 클라이언트(선수, 코치, 구단, 회원협회, 단일리그 등)는 다음을 준수해야 합니다:

   a. 클라이언트는 축구 에이전트를 고용하여 서비스를 의뢰할 수도 있고, 에이전트 없이 스스로 협상·체결하는 방식을 선택할 수도 있음

   b. FIFA 규정 및 대리 계약·고용계약·이적계약 조건에 따라, 에이전트에게 합의된 수수료를 적시에 지급할 것

   c. 계약 체결 전, 해당 에이전트가 FIFA 라이선스를 보유했는지 확인할 것

   d. 협회·연맹·FIFA가 요청하는 경우, 에이전트 관련 정보를 제공할 것

   e. 요청 시, 에이전트로부터 모든 지급 내역(보수, 수수료, 비용 포함) 명세서를 받을 것

   f. 구단은 국제이적이 포함된 거래에 대해 FIFA 이적매칭시스템(TMS)에 14일 내 필수 정보를 업로드할 것:

      i.   거래 완료 보고

      ii. 대리 계약의 수정·종료 사항

      iii. 기타 서비스 계약

      iv. 수수료 지급 내역

   g. FIFA·연맹·회원협회 규정 위반 사실을 알게 되면 즉시 보고해야 합니다.

2. 클라이언트(해당 임직원 포함)는 다음 행위를 할 수 없습니다:

   a. 무자격자에게 에이전트 서비스를 의뢰하는 행위

   b. 에이전트로부터 부당한 이익을 요구하거나 수락하는 행위

   c. 에이전트에게 서비스 수수료 외의 대가를 제공하거나, 선수 가족 등 제3자를 통해 대가를 제공·약속하는 행위

   d. 구단·리그·협회가 개인의 에이전트 선택권을 방해하거나 제한하는 행위

   e. 에이전트 수수료 상한 규정을 회피하거나 우회하는 행위

   f. 에이전트나 그 에이전시의 업무에 이해관계를 갖는 행위(제11조 제4항 위반)

   g. 구단·리그·협회가 선수를 강제로 특정 에이전트와 계약하게 하거나, 기존 계약을 위반하도록 유도

하는 행위

h. 규정 위반 사실을 인지하고도 보고하지 않는 행위

i. 에이전트 또는 그 에이전시가 클라이언트(구단·리그 등)에 이해관계를 갖도록 허용하는 행위

j. 기타 모든 규정 위반 행위

해설　제18조는 선수, 코치, 구단, 회원협회, 단일리그 등 클라이언트의 입장에서 FIFA 에이전트를 어떻게 고용하고 활용해야 하는지를 규정하는 조항입니다. 핵심 취지는 무자격자 개입과 이해충돌, 부당이득 제공을 철저히 차단하고, 에이전트 제도의 공정성과 투명성을 보장하는 데 있습니다. 클라이언트는 원할 경우 에이전트를 고용할 수 있지만, 반드시 FIFA 라이선스 보유 여부를 사전에 확인해야 하고, 대리 계약·고용계약·이적계약에 명시된 수수료를 적시에 지급해야 합니다. 또한 FIFA나 연맹·협회가 요구할 경우 에이전트 관련 정보를 제공해야 하며, 특히 구단은 국제이적이 포함된 거래에서는 14일 이내에 FIFA TMS에 거래 완료, 대리 계약 변경·종료, 기타 서비스 계약, 수수료 지급 내역 등을 보고해야 합니다.

아울러 클라이언트와 그 관계자는 일체의 금지 행위를 해서는 안 됩니다. 대표적으로 무자격자 고용, 에이전트로부터 부당한 이익 요구·수락, 수수료 외 대가 제공, 에이전트 선택권 방해, 수수료 상한 회피, 에이전트 업무에 이해관계 개입, 특정 에이전트와의 강제 계약 유도 등이 모두 금지됩니다. 규정 위반 사실을 알고도 보고하지 않는 행위 역시 제재 대상이 됩니다.

실무적으로는 계약 체결 전 에이전트의 라이선스 여부를 반드시 FIFA 공개 데이터베이스에서 확인하는 절차를 갖추는 것이 중요하며, 구단의 경우 TMS 보고 기한을 놓치면 곧바로 제재로 이어질 수 있으므로 이적·계약 프로세스와 연계된 내부 보고·승인 체계를 마련해야 합니다. 또한 규정 위반 사실을 은폐하면 선수나 구단도 함께 제재 대상이 되므로, 내부 준법 감시 부서와 협력해 신속히 보고·시정하는 구조를 구축하는 것이 안전합니다.

제19조. 공개 및 공시(Disclosure and publication)

1. FIFA는 다음 사항을 외부에 공개해야 합니다:

   a. 모든 축구 에이전트의 이름과 세부 정보

   b. 각 에이전트가 대표하는 클라이언트, 해당 대리 계약의 독점 여부, 계약 만료일

   c. 각 클라이언트에게 제공된 축구 에이전트 서비스의 내용

   d. 축구 에이전트 및 클라이언트에게 부과된 모든 제재 사항

   e. 축구 에이전트가 관여한 모든 거래 내역(특히 에이전트에게 지급된 서비스 수수료 금액을 포함)

해설　제19조는 FIFA가 축구 에이전트 관련 핵심 정보를 외부에 공시하도록 하는 조항입니다. 에이전트의 인적 사항, 대리 클라이언트 및 계약 정보, 제공 서비스 내용, 부과된 제재, 거래 및 수수료 내역 등을 공개함으로써 에이전트 시장의 투명성을 확보하려는 목적을 갖습니다.

제20조. 관할(Jurisdiction)

1. 축구 에이전트(Football Agent)나 클라이언트(Client)가 일반 법원에 제소할 권리를 침해하지 않는 범위에서, 축구재판소(Football Tribunal) 산하 에이전트부(AC)는 다음 분쟁에 대해 관할권을 갖습니다:

   a. 국제적 성격을 가진 대리 계약(Representation Agreement)에서 발생하거나 그와 관련된 분쟁(본 규정 제2조 제2항 참조)

   b. 축구재판소 절차 규칙(Procedural Rules Governing the Football Tribunal)에 따라 제기된 청구

   c. 분쟁의 원인이 된 사건 발생일로부터 2년을 초과하지 않은 경우(이 기간 준수 여부는 각 사건마다 직권으로 심사됨)

2. 분쟁 해결을 위한 구체적 절차는 축구재판소 절차 규칙에 규정되어 있습니다.

3. 축구 에이전트나 클라이언트가 일반 법원에 제소할 권리를 침해하지 않는 범위에서, 국제적 성격이 없는 대리 계약과 관련된 분쟁은 해당 회원협회의 국가별 축구 에이전트 규정에 의해 지정된 결정기구가 관할권을 가집니다(본 규정 제2조 제3항 참조).

해설　　제20조는 축구 에이전트와 클라이언트 사이에서 발생하는 분쟁을 어느 기구가 다루어야 하는지, 다시 말해 FIFA 에이전트부(AC)와 각국 국내 기구의 관할 범위를 가르는 기준을 정한 조항입니다. 먼저 국제적 성격을 가진 분쟁은 FIFA 축구재판소(Football Tribunal) 산하 에이전트부가 관할합니다. 여기서 국제적 성격이란 제2조 제2항에서 정한 것처럼, 대리 계약이 국제이적과 연결되어 있거나, 코치가 다른 회원협회 소속 구단으로 이동하는 거래와 연관된 경우를 의미합니다. 특정 거래 한 건만 포함된 대리 계약이라도 그 거래가 국경을 넘는 이적과 연결되어 있다면, 그 계약에서 비롯된 분쟁은 AC의 관할 대상이 됩니다. 또한 두 개 이상의 거래를 규율하는 대리 계약 안에 국제이적이 한 건이라도 섞여 있으면 전체 계약이 국제적 성격을 띠는 것으로 보아 FIFA 관할로 들어갑니다. 다만 이런 사건이라도 일반 법원에 제소할 수 있는 권리를 전면 배제하는 것은 아니므로, 이 규정은 어디까지나 FIFA 내부 절차상의 관할을 정하는 기준이라고 이해하시면 됩니다.

　　FIFA 에이전트부에 사건을 제기하려면 형식 요건과 시효 요건도 함께 충족해야 합니다. 청구는 축구재판소 절차 규칙(Procedural Rules Governing the Football Tribunal)에 따라 법무 포털을 통해 제기

되어야 하고, 당사자 정보, 사실관계, 법률적 주장, 증거자료 등 절차 규칙이 요구하는 내용을 갖추어야 합니다. 형식이 미비하면 관할 이전에 접수 단계에서 보정 요구나 각하가 이루어질 수 있습니다. 또 분쟁의 원인이 된 사건이 발생한 날로부터 2년이 지나면 원칙적으로 제소할 수 없고, 이 2년 시효를 지켰는지 여부는 매 사건마다 FIFA가 직권으로 심사합니다. 예를 들어, 수수료 미지급이 2022년 5월에 발생했다면, 적어도 2024년 5월 전까지는 청구가 제기되어야 AC가 실질 심리에 들어갈 수 있습니다.

반대로 국제적 요소가 전혀 없는, 순수 국내 대리 계약과 관련된 분쟁은 FIFA가 아니라 각 회원협회가 정한 국내 결정기구가 관할합니다. 제2조 제3항과 연결해 보면, 대리 계약에 규율되는 거래가 해당 협회 관할 영토 안에서의 국내이적·재계약 등으로만 구성되어 있고, 다른 협회 소속 구단이나 국제이적이 전혀 포함되지 않은 경우가 여기에 해당합니다. 이 경우에는 대리 계약이 체결된 시점에 클라이언트가 등록되어 있거나 거주하고 있는 회원협회의 국가별 에이전트 규정이 적용되고, 그 규정에 따라 지정된 국내 결정기구가 분쟁을 다루게 됩니다. 예를 들어, 한 선수가 특정 회원협회에만 등록되어 있고, 그 국가 안에서만 이적과 재계약이 이루어졌다면, 해당 분쟁은 FIFA 에이전트부가 아니라 그 협회의 국내 에이전트 분쟁 해결기구에서 처리하게 된다고 이해할 수 있습니다.

제21조. 관할 및 집행(Competence and enforcement)

1. FIFA 징계위원회(Disciplinary Committee)와, 필요한 경우 독립 윤리위원회(Independent Ethics Committee)는 다음 위반 행위에 대해 제재를 부과할 권한을 가집니다:

   a. 국제적 요소가 있는 대리 계약과 관련된 모든 행위

   b. 국제이적 또는 국제 거래와 관련된 모든 행위

2. 각 회원협회는 자국의 축구 에이전트 규정 위반에 대한 제재 권한을 가지며, 관할 범위는 다음과 같습니다:

   a. 국제적 요소가 없는 대리 계약과 관련된 행위

   b. 국내이적 또는 국내 거래와 관련된 행위(즉, 국내적 성격의 위반은 해당 회원협회가 처리함)

3. FIFA 사무국은 규정 준수 여부를 점검할 수 있으며, 주요 권한은 다음과 같습니다:

   a. 요청을 받은 당사자는 합리적인 기간 내에 보유 자료(문서, 정보, 기타 자료)를 제공해야 하며, 필요한 경우 제3자로부터 입수 가능한 자료도 제출할 것(거부 시 FIFA 징계위원회 제재 대상이 되며, 요청 시 자료는 반드시 영어·프랑스어·스페인어 중 하나로 제출할 것)

   b. FIFA 플랫폼, TMS, 이메일을 통한 전자 통지는 모두 유효한 통지로 간주되며, 기한 산정 근거로 인정됨

   c. FIFA 사무국은 위반 사항 발견 시 FIFA 징계위원회에 회부할 수 있음

   d. FIFA 사무국은 윤리적 위반 혐의가 발견되면 독립 윤리위원회에 회부할 수 있음

해설 관할 구조를 정리하는 조항으로, 국제적 요소가 있는 대리 계약·이적·거래와 관련된 위반은 FIFA 징계위원회(필요시 윤리위원회)가 제재를 담당하고, 순수 국내 대리 계약·국내이적·국내 거래와 관련된 위반은 각 회원협회가 제재 권한을 가집니다. FIFA 사무국은 규정 준수 여부를 점검하면서 자료 제출을 요구할 수 있고, 협조 의무 불이행이나 위반 정황이 발견되면 징계위원회나 윤리위원회에 사건을 회부할 권한을 갖습니다.

제22조. 경과 규정(Transitory provisions)

1. 2023년 10월 1일 이후 만료되는 대리 계약은, 본 규정 승인 당시 유효하다면 제12조 제7항의 최소 요건을 충족하지 않더라도 만료 시까지는 그대로 효력을 유지합니다. 다만, 연장은 허용되지 않습니다.

2. 규정 승인 이후 체결·갱신되는 모든 대리 계약은 2023년 10월 1일부터 반드시 본 규정을 준수해야 합니다.

3. 2023년 10월 1일 이후에도 에이전트 업무를 계속 수행하려는 자는 반드시 본 규정에 따른 FIFA 라이선스를 취득해야 합니다.

해설　　경과 규정은 새 규정이 도입될 때 기존 대리 계약을 어떻게 처리할지에 대한 과도기 기준을 정한 부분입니다. 먼저 2023년 10월 1일 이후에 만료되는 대리 계약이라 하더라도, 이 규정이 승인될 당시 이미 유효하게 체결되어 있었다면 제12조 제7항에서 정한 최소 요건(이름, 기간, 수수료, 서비스 범위, 서명 등)을 모두 갖추지 못했더라도 계약 기간이 끝날 때까지는 그대로 효력을 유지할 수 있습니다. 다만 이러한 계약을 연장하는 것은 허용되지 않으므로, 만료 이후에는 반드시 새 규정에 맞춘 계약으로 다시 체결해야 합니다. 또한 규정 승인 이후 새로 체결되거나 갱신되는 모든 대리 계약은 2023년 10월 1일부터 반드시 본 규정의 요건을 충족해야 하고, 이 날짜 이후에도 대리 업무를 계속 수행하고자 하는 사람은 예외 없이 본 규정에 따른 FIFA 라이선스를 취득해야 합니다. 전체적으로 보면, 기존 계약에는 일정 기간 유예를 주되, 2023년 10월 1일을 기준으로 에이전트 시장을 전면적으로 새 규정 체계로 전환하겠다는 취지로 이해하시면 됩니다.

제23조. FIFA 선수대리인 규정에 따른 기존 등록 에이전트

(Agents formerly licensed pursuant to the FIFA players' agent regulations)

1. 과거 FIFA 선수대리인 규정(1991, 1995, 2001, 2008)에 따라 라이선스를 취득했던 자는, 다음 요건을 충족하면 본 규정상 시험을 면제받습니다:

    a. 2023년 9월 30일까지 라이선스 신청서를 제출할 것

    b. 과거 FIFA 선수대리인 규정에 따라 라이선스를 보유했다는 증빙 제출

해설   여기서는 과거 FIFA 선수대리인 규정(1991, 1995, 2001, 2008)에 따라 이미 라이선스를 보유한 에이전트에게 어떤 '전환 경로'를 열어 주는지 정리하고 있습니다. 한마디로 말해, 예전 제도 아래에서 정식 선수대리인(Players' Agent)으로 활동했던 에이전트들은 일정 요건을 충족할 경우, 새 규정상 시험을 다시 보지 않고도 라이선스를 부여받을 수 있습니다.

다만 이 특례가 아무에게나 인정되는 것은 아닙니다. 2023년 9월 30일까지 라이선스 신청서를 제출해야 하고, 과거 라이선스 보유 사실을 입증해야 하며, 신청 시점에 제5조의 자격 요건을 모두 충족하고 있어야 합니다. 또한 2015년 4월 1일부터 새 규정이 승인될 때까지 FIFA 중개인 규정(RWWI) 또는 이에 상응하는 국내 규정에 따라 중개인으로 활동했다는 점을 입증해야 하며, 법인 형태로 등록되어 있었던 경우에는 해당 법인의 대표, 임직원 또는 소유자였다는 사실을 보여줘야 합니다. FIFA 사무국이 이와 같은 정보를 검토해 시험 면제 자격이 있다고 판단하면, 그 다음 단계로 제7조에 따른 연간 수수료를 납부한 뒤 제8조에 따라 정식 라이선스를 발급받게 됩니다

시험이 면제된다고 해서 이후 의무까지 가벼워지는 것은 아닙니다. 이렇게 전환 라이선스를 받은 에이전트도 일반 에이전트와 마찬가지로 연간 수수료, 보고 의무, 자격 유지 요건 등 모든 지속적 의무를 동일하게 준수해야 합니다. 오히려 전문성 측면에서는 5년간 CPD 이수 의무가 강화되어, 매년 FIFA가 공지하는 기준에 따라 일정 학점을 채워야 하며, 이를 이행하지 않을 경우 제17조에 따른 잠정 정지나 라이선스 철회 리스크가 발생할 수 있습니다.

FIFA 사무국은 위 조건 충족 여부 전반을 조사·판단할 책임을 지고 있으므로, 과거 라이선스 보유 이력과 중개인 활동이 명확히 입증되는지, 현재 자격 요건·재정 상태·이해관계에 문제가 없는지 등 관련 사항을 모두 점검한 뒤 신청하는 것이 실무상 안전합니다.

해설　　제24조는 국내법에 따라 운영되는 축구 에이전트 라이선스 제도를 FIFA가 어떻게 인정할 수 있는지를 정한 규정입니다. 특정 국가나 지역에서 법률에 근거해 마련된 제도라면, 지원자·라이선스 보유자에 대한 명확한 자격 요건과 축구 규정 관련 시험 또는 이에 상응하는 교육 요건을 갖춘 경우 FIFA의 승인을 신청할 수 있고, 회원협회는 이를 FIFA 사무국에 플랫폼을 통해 제출해야 합니다. 이렇게 승인된 국가 라이선스를 가진 사람은 일정 조건(승인된 제도에 따른 라이선스 보유, 규정 발효 전부터 해당 제도 하에서 활동 가능했음을 입증, 제5조 자격 요건 충족, 연간 수수료 납부)을 충족하면 FIFA 시험을 면제받고 제8조에 따른 FIFA 라이선스를 부여받을 수 있으며, 일반 에이전트와 동일한 지속적 요건을 따르되 5년간 지속적 전문성 개발(CPD) 이수 의무가 강화됩니다. 승인 여부와 구체적 심사는 FIFA 사무국이 담당합니다.

 FIFA 에이전트 워킹그룹은 프로축구 이해관계자(선수·코치·구단·리그·협회 등)와 에이전트 단체 대표들이 함께 모여, 에이전트 제도와 관련된 사항을 상시적으로 논의하기 위해 두는 자문기구입니다. 규정을 집행하는 FIFA가 일방적으로 제도를 설계하는 것이 아니라, 현장에서 직접 영향을 받는 주체들의 의견을 정기적으로 청취하고 정책·규정 개정에 반영하기 위한 통로라고 볼 수 있습니다.

워킹그룹 자체가 결정을 내리는 심판 기구는 아니지만, 에이전트 수수료 구조, 이해충돌 규제, 등록·보고 절차, 지속적 전문성 개발(CPD) 요건과 같은 세부 사안에 대해 지속적으로 논의하고 FIFA에 권고하는 역할을 하기 때문에, 장기적으로 에이전트 규정의 방향성과 세부 운영에 상당한 영향력을 갖는 상설 협의체로 기능하게 됩니다.

제26조. 미규정 사항(Matters not provided for)

1. 본 규정에 없는 사항은 FIFA 사무국이 결정합니다.
2. 불가항력 사안은 FIFA 평의회(Council)가 최종 판단을 내립니다.

해설 제26조는 규정에 공백이 있는 경우에는 FIFA 사무국이 해석·적용 방식을 결정하며, 전쟁·불가항력·국제 제재 등 불가항력(Force Majeure)에 해당하는 사안에 대해서는 FIFA 평의회(Council)가 최종 판단 권한을 가진다는 점을 명확히 하고 있습니다.

제27조. 공식 언어(Official languages)

1. 언어 해석 차이가 있을 경우 영문본이 우선합니다.

해설 국제 분쟁 시 해석 기준을 명확히 하여 법적 확실성을 높입니다. 계약·분쟁 대응 시 반드시 영문본을 기준으로 검토해야 합니다.

제28조. 시행(Enforcement)

1. 이 규정은 2024년 12월 10일 FIFA 평의회 승인 후, 2025년 1월 1일부터 시행됩니다.

FIFA 에이전트 규정(FFAR)은 단순히 에이전트라는 직역을 관리하는 하나의 규정이 아니라, 국제 축구 이적 시스템 전체를 지탱하는 '축'으로 설계되어 있습니다. 자격 요건, 시험, 라이선스 발급, CPD, 수수료 규제, 이중대리 제한, 클리어링 하우스, 분쟁 관할, 징계 구조에 이르기까지, 에이전트가 언제, 어디서, 어떤 권한과 책임을 가지고 활동할 수 있는지를 처음부터 끝까지 일관된 논리로 규정하고 있습니다. 그 출발점에는 선수·코치·구단 간 계약 안정성과 시장 투명성 확보, 그리고 특히 정보와 협상력에서 상대적 약자인 선수(그중에서도 미성년자)를 보호하겠다는 목적이 명확히 자리 잡고 있습니다.

역사적으로 FFAR은 1991년 선수대리인 규정에서 출발해 2015년 FIFA 중개인 규정(RWWI)을 거쳐 다시 시험·면허제로 회귀하는 과정에서 축적된 시행착오와 논쟁의 결과물입니다. 과거 규제 완화가 무자격 중개인 난립, 과도한 수수료, 미성년자 남용 등 심각한 부작용을 낳았다는 평가 속에서, FIFA는 다시 한번 에이전트를 '전문자격 직역'으로서 엄격히 관리하는 방향을 택했습니다. 여기에 축구재판소 산하 에이전트부(AC), 스포츠중재재판소(CAS) 항소 절차, 클리어링 하우스, 전자 선수여권(EPP), 공개·공시 의무 등 사법·정산·투명성 장치를 결합하여 규정의 실효성을 담보하고자 합니다.

실무적으로 FFAR은 에이전트뿐 아니라 선수, 코치, 구단, 리그, 회원협회 모두에게 상당한 준법 부담을 부과합니다. 시험 합격과 라이선스 취득은 출발점에 불과하며, 제5조 자격 요건의 상시 충족, 연간 라이선스 수수료 납부, 지속적 전문성 개발(CPD) 이수, 플랫폼 보고 의무, 수수료 상한 준수, 이중대리 제한, 미성년자 보호 요건, TMS·클리어링 하우스 보고 등 여러 층위의 규범이 동시에 작동합니다. 어느 하나라도 소홀히 하면 단순 행정상 경고를 넘어 라이선스 정지·취소, 수수료 몰수, 중징계로 이어질 수 있으며, 이는 곧 시장 퇴출 리스크로 직결됩니다. 따라서 에이전트와 구단·선수 측 모두 조문을 아는 수준을 넘어, 실제 절차·기한·보고 방식까지 내부 컴플라이언스 시스템에 반영해 두어야 합니다.

마지막으로, FFAR은 여전히 경쟁법·노동법·국내 강행규정과의 충돌, 각국 판례와의 상호작용 속에서 진화하고 있는 규정입니다. 향후 유럽사법재판소(ECJ) 판단, 국가 법원 판결, FIFA 축구재판소 결정과 CAS 판례가 축적될수록, 오늘 살펴본 각 조항은 새로운 해석과 적용례를 통해 계속 구체화될 것입니다. 실무 종사자 입장에서는 'FIFA가 무엇을 금지·허용·장려하려 하는가'라는 큰 방향을 놓치지 않으면서, 회람문(Circular), 판례, 실무 안내를 정기적으로 업데이트해 나가는 자세가 필요합니다. 그런 의미에서 FIFA 에이전트 규정은 이미 완성된 종착점이 아니라, 국제 축구 산업의 신뢰와 공정성을 계속 시험하게 될 살아 있는 규범 체계로 이해하는 것이 적절합니다.

마지막 장

축구를 사랑하는 모든 분께 이 책을 바칩니다.

선수로서, 가족으로서, 에이전트로서, 변호사로서, 그리고 구단 관계자로서 각자의 자리에서 축구라는 세계를 조금이라도 더 공정하고 투명하게 만들기 위해 힘써 오신 분들이 계시기에 규정은 비로소 생명력을 갖게 됩니다. 규정은 사람을 위해 존재하는 것이지, 사람이 규정을 위해 존재하는 것은 아닙니다. 이 단순하지만 중요한 원칙을 늘 마음에 새기며, 더 나은 축구 환경을 함께 만들어 가시기를 바랍니다.

이 책의 마지막 장을 덮는 순간은 끝이 아니라 시작입니다. 앞으로 여러분이 마주하게 될 경기장과 회의실, 계약서와 판정 하나하나가 곧 이 책의 다음 장이 될 것입니다. 그 긴 여정에서 이 책이 작은 나침반이 될 수 있기를 바라며, 끝까지 읽어 주신 모든 분께 깊이 감사드립니다.

저자 신동재

FIFA 룰 마스터북

초판 1쇄 인쇄 2026년 2월 12일
초판 1쇄 발행 2026년 2월 26일

지은이 신동재

발행인 양원석　**편집장** 권오준
디자인 스튜디오 글리　**영업마케팅** 조아라, 박소정, 김유진, 원하경, 정민지

펴낸 곳 ㈜알에이치코리아
주소 서울시 금천구 가산디지털2로 53, 20층(가산동, 한라시그마밸리)
편집문의 02-6443-8830　**도서문의** 02-6443-8800
홈페이지 http://rhk.co.kr
등록 2004년 1월 15일 제2-3726호

ISBN 978-89-255-6977-2 13690